Heribert Heckschen

Das MoMiG in der notariellen Praxis

Das MoMiG in der notariellen Praxis

von

Dr. Heribert Heckschen
Notar in Dresden

Verlag C. H. Beck München 2009

Verlag C. H. Beck im Internet:
beck.de

ISBN 978 3 406 58167 0

© 2009 Verlag C.H. Beck oHG
Wilhelmstraße 9, 80801 München
Druck und Bindung: Druckhaus Thomas Müntzer
Neustädter Straße 1–4, 99947 Bad Langensalza

Satz: Jung Crossmedia Publishing GmbH, Lahnau

Gedruckt auf säurefreiem, alterungsbeständigem Papier
(hergestellt aus chlorfrei gebleichtem Zellstoff)

Vorwort

Die GmbH ist mit Abstand die beliebteste Gesellschaftsform des Mittelstands und hat sich in weit über 100 Jahren nicht nur in Deutschland bewährt, sondern wurde vielfach kopiert. Als Kapitalgesellschaft nimmt sie in der Beratungspraxis die zentrale Position ein. Sie stellt für den Fall, dass die Personenhandelsgesellschaft in der Form der Kommanditgesellschaft gewählt wird, in aller Regel die erste Option für die Komplementärgesellschaft dar.

Ausgangspunkt des sog. MoMiG (Mo = Modernisierung; Mi = Missbrauch) waren Überlegungen zur Steigerung der Seriosität der GmbH und zu Maßnahmen gegenüber sog. Firmenbestattern. In der Gesetzgebungsphase wurden diese Überlegungen allerdings überlagert von der Forderung, die Gesellschaft flexibler und „moderner" zu machen. Beide Ziele stehen sich nicht selten konträr gegenüber.

Das Ergebnis des Gesetzgebungsverfahrens ist von vielen Kompromissen geprägt und für die Beratungspraxis ergeben sich eine große Zahl von Änderungen, die nicht nur formale, sondern auch materielle Punkte betreffen. Zentrale Regelungsgebiete des MoMiG sind die Gründungsphase, Rechtsfragen rundum die Frage der Kapitalerhaltung und Eigenkapitalersatz sowie Neuregelungen zum gutgläubigen Erwerb von Geschäftsanteilen und Missbrauchsregelungen.

Die Rolle des Notars wird entgegen mancher Befürchtungen während des Gesetzgebungsverfahrens durch das MoMiG gesteigert. Der Notar bleibt die vom Gesetzgeber anerkannte zentrale Stelle zur Beratung, Belehrung und Beweissicherung im Gründungsverfahren. Seine Mitwirkung soll eine materielle Richtigkeitsgewähr bieten. Berücksichtigt man noch die zuvor eingetretenen Neuregelungen durch das EHUG, so ist er der Dreh- und Angelpunkt des mittlerweile in aller Regel schnellen, reibungslosen und für den Rechtsverkehr äußerst preiswerten Verfahrens sowohl bei der Gründung als auch bei jedweder Strukturänderung. Neben die Beweissicherungs- und Belehrungsfunktion tritt nun im Rahmen von Geschäftsanteilsübertragungen die materielle Richtigkeitsgewähr für die durch den Notar aufgrund der Anteilsübertragung zu erstellende Gesellschafterliste, die mit dieser notariellen Tätigkeit verbunden wird.

Das vorliegende Werk stellt die Änderungen durch das MoMiG umfassend dar, gibt an allen zentralen Stellen Praxishinweise, bietet Formulierungsbeispiele und vollständige Mustersätze, Checklisten und immer wieder Hinweise auf Haftungsrisiken und Gestaltungsoptionen. Das Werk richtet sich vor allem an den Praktiker, der als Berater, Justiziar, aber auch insbesondere als Notar die GmbH täglich begleitet.

Dresden, im Januar 2009 *Heribert Heckschen*

Inhaltsverzeichnis

Verzeichnis der Formulierungsbeispiele und Muster XV
Verzeichnis der Checklisten und Übersichten XVII
Verzeichnis der Praxis- und Beratungshinweise XVIII
Abkürzungsverzeichnis XIX
Literaturverzeichnis XXVII

A. Die Geschichte und Ziele des MoMiG 1

B. Kurzüberblick über die wesentlichen Änderungen durch das MoMiG 7

C. Gründungsverfahren nach dem MoMiG 11

I. Allgemeine Erleichterungen bei der Gründung der GmbH 11
  1. Die neuen „Arten" der GmbH 11
  2. Wegfall staatlicher Genehmigungen als Eintragungsvoraussetzung . 12
    a) Ausgangslage 12
    b) Neuregelung 13
    c) Satzungsänderung 13
    d) Praxishinweis 13
  3. Belehrung nach dem BZRG 14
    a) Ausgangslage 14
    b) Neuregelung 14
    c) Praxishinweis 15
    d) Formulierungsbeispiel für Belehrung nach BZRG (Deutsch/Englisch) 15

II. Bar- und Sachgründung (Kapitalaufbringung) 17
  1. Ausgangslage 17
  2. Das Mindeststammkapital einer GmbH 17
  3. Praxishinweis 18
  4. Kurzcheckliste 18
  5. Bestimmbarkeit des Nennbetrags des Geschäftsanteils 19
    a) Nennbetrag des Geschäftsanteils 19
    b) Verhältnis Stammkapital und Summe der Nennbeträge 19
    c) Praxishinweis 20
    d) Formulierungsbeispiel 20
    e) Stimmrecht 21
      aa) Neuregelung 21
      bb) Praxishinweis 21

cc) Formulierungsbeispiel 21
6. Neuregelungen bei der Einmann-GmbH 21
   a) Ausgangslage 21
   b) Neuregelung 22
   c) Hintergrund 22
   d) Praxishinweis 23
7. Prüfungsbefugnisse des Registergerichts bei der Bargründung/Kapitalerhöhung 24
   a) Ausgangslage 24
   b) Neuregelung 25
   c) Praxishinweis 26
8. Prüfungsbefugnisse des Registergerichts bei der Sachgründung . . . 27
   a) Ausgangslage 27
   b) Neuregelung 28
   c) Praxishinweis 29
9. Die Neuregelung der verdeckten Sacheinlage 30
   a) Ausgangslage 30
   b) Reform der Rechtsfolgen 31
   c) Allgemeines zu den Rechtsfolgen nach der Neuregelung 32
   d) Sanktionen 33
   e) Die Anrechnung 34
   f) Beweislast 37
   g) Übergangsregelung 37
   h) Praxishinweis 38
   i) Formulierungsbeispiel für die Einzahlung des Differenzbetrages aus einer verschleierten Sachkapitalerhöhung 39
III. **Hin- und Herzahlen** 39
  1. Ausgangslage 39
  2. Neuregelung 41
  3. Voraussetzungen der Erfüllungswirkung 42
   a) Vereinbarung zwischen Gesellschaft und Gesellschafter 42
   b) Hin- und Herzahlen/Keine verdeckte Sacheinlage im Sinne § 19 Abs. 4 GmbHG 43
   c) Vollwertigkeit des Gegenanspruchs 45
   d) Offenlegung 46
   e) Barkapitalerhöhung 47
   f) Beweislast 47
  4. Rechtsfolgen des § 19 Abs. 5 GmbHG 48
  5. Haftungsgefahren für den Geschäftsführer/Strafbarkeit 49
  6. Übergangsregelung 50
  7. Beratungshinweis 51
  8. **Muster** – Darlehensvertrag bei Hin- und Herzahlen 52
IV. **Formulierungsbeispiel für die Handelsregisteranmeldung bei Hin- und Herzahlen (Gründung/Kapitalerhöhung)** 53

Inhaltsverzeichnis

V. **Muster – Gründungsurkunde mit Belehrungshinweisen bei Gründung einer Gesellschaft mit mehreren Gesellschaftern außerhalb des Musterprotokolls**	54
VI. **Muster – Gesellschaftsvertrag und Registeranmeldung**	58
1. Gesellschaftsvertrag	58
2. Handelsregisteranmeldung einer neu gegründeten GmbH	68
VII. **Die Unternehmergesellschaft (haftungsbeschränkt)**	73
1. Ausgangslage	73
2. Konzeption der Neuregelung	74
3. Die Gründung einer UG (haftungsbeschränkt)	75
4. Das Sacheinlagenverbot	78
5. Rücklagenbildung	80
6. Pflicht zur Einberufung der Gesellschafterversammlung	82
7. Die UG (haftungsbeschränkt) als Gesellschafterin	83
8. Die UG (haftungsbeschränkt) als Vorratsgesellschaft	85
9. Unternehmensverträge mit der UG (haftungsbeschränkt)	86
a) Möglichkeit zum Abschluss von Unternehmensverträgen	86
b) Steuerliche Rahmenbedingungen und Bilanzierung	86
10. Die „Umwandlung" der UG (haftungsbeschränkt) zur GmbH	87
11. „Umwandlung" einer GmbH in eine UG (haftungsbeschränkt)?	88
12. Liquidation der UG (haftungsbeschränkt)	89
13. Umwandlungsfähigkeit einer UG (haftungsbeschränkt) nach dem UmwG	90
a) Die UG (haftungsbeschränkt) als Zielgesellschaft	91
aa) Formwechsel nach §§ 190 ff. UmwG	91
bb) Verschmelzung auf die UG (haftungsbeschränkt)	93
cc) Spaltung auf die UG (haftungsbeschränkt)	94
b) Die UG (haftungsbeschränkt) als Ausgangsgesellschaft	95
aa) Formwechsel einer UG (haftungsbeschränkt)	95
bb) Verschmelzung einer UG (haftungsbeschränkt)	97
cc) Spaltung einer UG (haftungsbeschränkt)	97
14. Beratungshinweise	98
15. **Muster** – Kurzsatzung für eine UG (haftungsbeschränkt)	102
16. **Muster** – Gründungsurkunde und Gesellschaftsvertrag für eine Mehrmann-UG (haftungsbeschränkt)	104
17. **Muster** – Handelsregisteranmeldung der Ersteintragung einer UG (haftungsbeschränkt)	110
18. **Muster** – Barkapitalerhöhungsbeschluss einer UG (haftungsbeschränkt) auf 25 000 € mit Änderung des Rechtsformzusatzes	113
19. **Muster** – Handelsregisteranmeldung der Kapitalerhöhung und Umfirmierung einer UG (haftungsbeschränkt) in eine GmbH – Barkapitalerhöhung	117
20. **Muster** – Kapitalerhöhung aus Gesellschaftsmitteln	118
21. **Muster** – Handelsregisteranmeldung bei Kapitalerhöhung aus Gesellschaftsmitteln	121

Inhaltsverzeichnis

VIII. Das Musterprotokoll 122
   1. Ausgangslage 122
   2. Neuregelung 124
   3. Inhalt des Musterprotokolls 125
      a) Sitz 126
      b) Firma 126
      c) Rechtsformzusatz 126
      d) Höhe des Stammkapitals 126
      e) Unternehmensgegenstand 126
      f) Angabe zu den Gründern 127
      g) Geschäftsanteil 128
      h) Einlageverpflichtung 128
      i) Bestellung des Geschäftsführers 129
      j) Gründungskosten 129
      k) Urkundsabschriften 129
      l) Hinweise 130
   4. Keine Abweichungen 130
   5. Rechtsfolgen von Abweichungen 131
   6. Kosten der Gründung 131
   7. Praktische Eignung des Musterprotokolls bei Mehrpersonengesellschaften 133
   8. Änderungen des Inhalts des Musterprotokolls 133
   9. Verwendung des Musterprotokolls und Anwendung des § 19 Abs. 4, 5 GmbHG 137
      a) Praxishinweis 138
      b) Handelsregisteranmeldung bei Verwendung des Musterprotokolls 139
   10. Das Musterprotokoll (Anlage 1 zu § 2 GmbHG) 139
      a) Musterprotokoll für die Gründung einer Einpersonengesellschaft mit ausführlichen Belehrungshinweisen 140
      b) Musterprotokoll für die Gründung einer Mehrpersonengesellschaft mit bis zu drei Gesellschaftern mit ausführlichen Belehrungshinweisen 143
      c) **Muster** – Handelsregisteranmeldung bei Nutzung des Musterprotokolls (Einmann-UG-Gründung) 147

IX. Verwaltungssitz abweichend vom Satzungssitz/Verwaltungssitz im Ausland 150
   1. Ausgangslage 150
   2. Neuregelung 154
   3. Beratungs- und Gestaltungshinweise 156
   4. Formulierungsbeispiele 157
   5. Reform des EGBGB 157
   6. Auswirkungen auf die ausländische Kapitalgesellschaft & Co. KG ... 158

X. Checkliste – Satzungsänderungen/Registeranmeldungen nach MoMiG 159

Inhaltsverzeichnis

D. Geschäftsanteile ... 161

I. Übernahme mehrerer Geschäftsanteile und praktische Vor- und Nachteile ... 161
1. Ausgangslage ... 161
   a) Mehrere Geschäftsanteile in einer Hand ... 162
   b) Wahrnehmung des Stimmrechts ... 163
2. Neuregelung ... 164
   a) Mehrere Geschäftsanteile ... 164
   b) Ausübung des Stimmrechts ... 164
   c) Praxishinweis ... 165

II. Auseinanderfallen von Stammkapitalziffer und Summe der Geschäftsanteile ... 167
1. Alte Rechtslage ... 167
2. Neue Rechtslage ... 168

III. Teilbarkeit von Geschäftsanteilen und Auswirkungen auf die Praxis ... 169
1. Ausgangslage ... 169
2. Neue Rechtslage ... 171

IV. Zusammenlegung von Geschäftsanteilen ... 174
1. Ausgangslage ... 174
2. Neuregelung ... 175

V. Gesellschafterliste ... 175
1. Ausgangslage ... 175
   a) Die Stellung als Gesellschafter ... 175
   b) Die Gesellschafterliste ... 176
      aa) Person der Gesellschafter ... 177
      bb) Die Anteilsinhaberschaft ... 177
   c) Die Geschäftsanteile ... 178
2. Neuregelung ... 179
   a) Überblick ... 179
   b) Die relative Gesellschafterstellung ... 182
      aa) Bedeutung und Grenzen der Fiktion ... 183
      bb) Haftung des Rechtsnachfolgers ... 184
3. Mindestinhalt/Muster ... 185
4. Gesellschafterliste bei Teilung und Zusammenlegung ... 186
5. Sich kreuzende Gesellschafterlisten ... 188
6. Einreichung der Gesellschafterliste ... 189
   a) Durch den Geschäftsführer ... 189
   b) Durch den Notar ... 192
      aa) Allgemeines ... 192
      bb) Mitwirkung ... 193
      cc) Mittelbare Mitwirkung ... 194
      dd) Späteres Wirksamwerden der Veränderung ... 196

  c) Praxishinweis 197
  d) Formulierungsbeispiel 197
   aa) Mitwirkung des Notars beim Erwerb von Todes wegen ... 197
   bb) Notarbescheinigung 198
  e) Durch einen ausländischen Notar 200
 7. Folgen des Verstoßes gegen die Einreichungspflicht 205
  a) Haftung des Geschäftsführers 205
  b) Haftung des Notars 206
 8. Übergangsregelung 206
VI. Gutgläubiger Erwerb von Geschäftsanteilen 208
 1. Allgemeines 208
 2. Voraussetzungen 209
  a) Rechtsinhaberschaft des Veräußerers ausweislich Gesellschafterliste 209
  b) Erwerb eines Geschäftsanteils oder eines Rechts daran 210
  c) Erwerb durch Rechtsgeschäft 212
  d) Dreijahresfrist 212
  e) Zurechenbarkeit 214
  f) Gutgläubigkeit 214
  g) Widerspruch 215
 3. Grenzen der Gutglaubenswirkung 220
 4. Gutgläubiger Erwerb von Scheinerben 221
VII. Notarielle Beurkundung der Anteilsübertragung 221
VIII. Muster – Verkauf und Abtretung eines Geschäftsanteils 223
IX. Muster – Verpfändung eines Geschäftsanteils 234
X. Muster – Treuhandvertrag über einen Geschäftsanteil (Vereinbarungstreuhand) 238

E. Kapitalerhöhung 243

I. Bar- und Sachkapitalerhöhung 243
 1. Barkapitalerhöhung 243
  a) Übernahme mehrerer, individuell gestalteter Geschäftsanteile .. 243
   aa) Ausgangslage 243
   bb) Neuregelung 244
  b) Hin- und Herzahlen 244
   aa) Ausgangslage 244
   bb) Neuregelung 245
 2. Sachkapitalerhöhung 247
II. Kapitalerhöhung aus Gesellschaftsmitteln 248
III. Kapitalerhöhung unter Verwendung des genehmigten Kapitals .. 249
 1. Ausgangslage 249
 2. Neuregelung 250
 3. Zeitpunkt der Beschlussfassung 251

Inhaltsverzeichnis

    4. Der Verfahrensablauf im Einzelnen 253
    5. Praxishinweis 256
    6. Formulierungsbeispiele 257

F. Neuregelung zur Kapitalerhaltung – Grundzüge 263

I. Ausgangslage 263
II. Neuregelung 265

G. Grundzüge des neuen Eigenkapitalersatzrechts/ Insolvenzrechtliche Bezüge 269

I. Ausgangslage 269
II. Neuregelung 270
III. Auswirkungen auf die Gestaltung von Unternehmensverkäufen .. 272
IV. Eigenkapitalersetzende Nutzungsüberlassungen 273
    1. Regelungsinhalt und Standort der Norm 274
    2. Das Nutzungsverhältnis in der Insolvenz der Gesellschaft 274
        a) Fortsetzung des vertraglichen Nutzungsverhältnisses 274
        b) Nicht-Fortsetzen des vertraglichen Nutzungsverhältnisses 275
    3. Neuregelung der „eigenkapitalersetzenden" Nutzungsüberlassung –
        Voraussetzungen 275
    4. Rechtsfolgen des § 135 Abs. 3 InsO 276
V. Kleinbeteiligungs- und Sanierungsprivileg 277
VI. Die Bilanzierung in der Überschuldungsbilanz 278
VII. Gerichtsstand für Klagen des Insolvenzverwalters 279

H. Neuregelungen betreffend den Geschäftsführer 281

I. Ausgangslage 281
    1. Bei der Gründung 281
    2. Bei der bestehenden Gesellschaft 281
    3. Bei der Gesellschaft in der Krise 283
    4. In der Liquidation 283
II. Neuregelung 283
    1. Ausweitung der Verantwortung und Haftung der Geschäftsführer . 283
    2. Erweiterung der Ausschlussgründe 285
        a) Insolvenzverschleppung 286
        b) Falsche Angaben nach § 82 GmbHG oder § 399 AktG 286
        c) Unrichtige gesellschaftsbezogene Darstellungen 286
        d) Verurteilungen wegen sonstiger vermögensrechtlicher Delikte .. 286
        e) Auslandsdelikte 287
    3. Übergangsregelung 288
III. Auswirkungen auf Auslandsgesellschaften 289
IV. Haftungserweiterungen für Geschäftsführer 290

1. Rechtliche Einordnung der Norm 290
2. Haftungsvoraussetzungen 291
   a) Geschäftsführerstellung 291
   b) Zahlungen 291
   c) Kausaler Eintritt der Zahlungsunfähigkeit 292
   d) Entlastung 293
3. Rechtsfolgen 294
4. Anwendung auf (Schein-)Auslandsgesellschaften 294
5. Weitere Haftungserweiterungen 295

    I. Zustellung und Zustellungserleichterungen 297

I. Firmenanschrift und Empfangsbevollmächtigter 297
1. Inländische Geschäftsanschrift 297
   a) Ausgangslage 297
   b) Neuregelung 297
2. Empfangsbevollmächtigter 298
3. Öffentliche Zustellung 299
II. Führerlose Gesellschaften 299
1. Ausgangslage 299
2. Neuregelung 299
III. Weitere Maßnahmen gegen „Firmenbestatter" 300
1. Insolvenzantragspflicht der Gesellschafter 300
2. Rechtsfolgen bei Verstoß gegen Insolvenzantragspflicht 300
3. Insolvenzantragsrecht 301
IV. Regelungen für die Zweigniederlassung von Gesellschaften mit Sitz im Ausland 301
1. Inländische Geschäftsanschrift 301
2. Insolvenzantragspflicht 301

    J. Überblick über die Änderungen im Recht der Aktiengesellschaften 303

Anhang

I. Synopse GmbHG vor und nach MoMiG 313
II. Musterprotokolle: Anlage 1 (zu Artikel 1 Nr. 50) 391
   1. Musterprotokoll für die Gründung einer Einpersonengesellschaft .. 391
   2. Musterprotokoll für die Gründung einer Mehrpersonengesellschaft mit bis zu drei Gesellschaftern 393
III. GmbHG-Einführungsgesetz 395
IV. Synopse InsO vor und nach MoMiG 398
V. Synopse EGInsO vor und nach MoMiG 409
VI. Synopse KostO vor und nach MoMiG 410

Stichwortverzeichnis 415

Verzeichnis der Formulierungsbeispiele und Muster

		Rn.
1.	Formulierungsbeispiel für Belehrung nach BZRG (Deutsch/Englisch) ..	29
2.	Formulierungsbeispiel für Neuausgabe von Geschäftsanteilen	42
3.	Formulierungsbeispiel für die Neuregelung des Stimmrechts	44
4.	Formulierungsbeispiel für die Einzahlung des Differenzbetrages aus einer verschleierten Sachkapitalerhöhung	109
5.	Muster – Darlehensvertrag bei Hin- und Herzahlen	158
6.	Formulierungsbeispiel für die Handelsregisteranmeldung bei Hin- und Herzahlen (Gründung/Kapitalerhöhung)	159
7.	Muster – Gründungsurkunde mit Belehrungshinweisen bei Gründung einer Gesellschaft mit mehreren Gesellschaftern außerhalb des Musterprotokolls	160
8.	Muster – Gesellschaftsvertrag	161
9.	Muster – Handelsregisteranmeldung einer neu gegründeten GmbH	162
10.	Muster – Kurzsatzung für eine UG (haftungsbeschränkt)	269
11.	Muster – Gründungsurkunde und Gesellschaftsvertrag für eine Mehrmann-UG (haftungsbeschränkt) (ausführliches Muster)	270
12.	Muster – Handelsregisteranmeldung der Ersteintragung einer UG (haftungsbeschränkt)	271
13.	Muster – Barkapitalerhöhungsbeschluss einer UG (haftungsbeschränkt) auf 25 000 € mit Änderung des Rechtsformzusatzes	272
14.	Muster – Handelsregisteranmeldung der Kapitalerhöhung und Umfirmierung einer UG (haftungsbeschränkt) in eine GmbH – Barkapitalerhöhung	273
15.	Muster – Kapitalerhöhung aus Gesellschaftsmitteln	274
16.	Muster – Handelsregisteranmeldung bei Kapitalerhöhung aus Gesellschaftsmitteln	275
17.	Formulierungsbeispiel für die Notarbescheinigung einer Gesellschafterliste	318
18.	Formulierungsbeispiel für den Wortlaut einer Satzungsbescheinigung ...	320
19.	Musterprotokoll für die Gründung einer Einpersonengesellschaft mit ausführlichen Belehrungshinweisen	337
20.	Musterprotokoll für die Gründung einer Mehrpersonengesellschaft mit bis zu drei Gesellschaftern mit ausführlichen Belehrungshinweisen	337
21.	Muster – Handelsregisteranmeldung bei Nutzung des Musterprotokolls (Einmann-UG-Gründung)	338
22.	Formulierungsbeispiel für die Aufnahme des Verwaltungssitzes in die Satzung	362
23.	Formulierungsbeispiel für die Erweiterung der zustimmungspflichtigen Geschäfte	363
24.	Formulierungsbeispiel für die Satzungsgestaltung bei Stimmrechtsausübung aus mehreren Geschäftsanteilen	402

Verzeichnis der Formulierungsbeispiele und Muster

	Rn.
25. Formulierungsbeispiel für eine Satzungsklausel die Teilung von Geschäftsanteilen betreffend	433
26. Formulierungsbeispiel für einen Gesellschafterbeschluss die Teilung eines Geschäftsanteils betreffend	434
27. Muster einer Gesellschafterliste	467
28. Muster einer Gesellschafterliste nach Teilung/Zusammenlegung eines Geschäftsanteils	469
29. Formulierungsbeispiel für eine Satzungsklausel zu den Pflichten der Gesellschafter bei Anteilsveränderungen	484
30. Formulierungsbeispiel für Satzungsbestimmung bzgl. Verpflichtung der Geschäftsführer zur Übersendung der Gesellschafterliste an Gesellschafter	488
31. Formulierungsbeispiel für die Gestaltung einer Bedingung bei Anteilsveräußerung	510
32. Formulierungsbeispiel für eine Notarbescheinigung nach § 40 Abs. 2 Satz 2 GmbHG	539
33. Formulierungsbeispiel für einen Widerspruch nach § 16 Abs. 3 Satz 4 GmbHG	582
34. Formulierungsbeispiel für einen Antrag auf Löschung des Widerspruchs nach § 16 Abs. 3 Satz 4 GmbHG	583
35. Muster – Verkauf und Abtretung eines Geschäftsanteils	595
36. Muster – Verpfändung eines Geschäftsanteils	596
37. Muster – Treuhandvertrag über einen Geschäftsanteil (Vereinbarungstreuhand)	597
38. Formulierungsbeispiel für eine Satzungsbestimmung für genehmigtes Kapital bei der Gründung	660
39. Formulierungsbeispiel für eine Satzungsbestimmung für genehmigtes Kapital bei bestehender Gesellschaft	661
40. Formulierungsbeispiel für eine Satzungsbestimmung für ein genehmigtes Kapital	662
41. Formulierungsbeispiel für eine Anmeldung der Satzungsänderung und des genehmigten Kapitals zur Eintragung in das Handelsregister	662a
42. Formulierungsbeispiel für die Ausübung des Ermächtigungsbeschlusses	662b
43. Formulierungsbeispiel für Beschluss der Geschäftsführung zur Änderung der Satzung	662c
44. Formulierungsbeispiel für Handelsregisteranmeldung nach Durchführung der Kapitalerhöhung	662d

Verzeichnis der Checklisten und Übersichten

		Rn.
1.	Gläubigerbenachteiligende Regelungen	12
2.	Kurzüberblick über die wesentlichen Änderungen durch das MoMiG	14
3.	Kurzüberblick über nicht umgesetzte Reformvorschläge	15
4.	Kurzcheckliste Nachteile UG (haftungsbeschränkt)	35
5.	Checkliste UG (haftungsbeschränkt)	268
6.	Checkliste Satzungsänderungen/Registeranmeldungen nach MoMiG	373
7.	Checkliste betreffend Veränderungen, die zur Einreichung einer neuen Gesellschafterliste führen	451
8.	Checkliste für Veränderungen, die nicht zur Einreichung einer neuen Gesellschafterliste führen	451
9.	Checkliste Einreichungspflicht des Notars betreffend Gesellschafterliste	497
10.	Checkliste von Anteilsveränderungen, bei denen ein gutgläubiger Erwerb ausscheidet	551
11.	Checkliste Ablauf des Verfahrens zur Eintragung eines Widerspruchs	581
12.	Überblick über die Änderungen im Recht der Aktiengesellschaften	819
13.	Checkliste – Auf den Aufsichtsrat übergehende Rechte und Pflichten (Führungslosigkeit)	826

Verzeichnis der Praxis- und Beratungshinweise

	Rn.
1. Zum Wegfall der öffentlich rechtlichen Genehmigungserfordernisse bei Handelsregistereintragungen	24
2. Zur Belehrung nach BZRG	28
3. Praxishinweis zur Rechtsformwahl UG (haftungsbeschränkt) – GmbH	34
4. Zur Auswirkung des § 5 Abs. 3 S. 2 GmbHG (Identität von Stammkapital und Summe der Geschäftsanteile)	40
5. Stimmrecht	44
6. Einmann-GmbH/Sicherheiten aus der Vergangenheit	52
7. Bargründung/Einreichung der Registeranmeldung	63
8. Nachweisführung gegenüber dem Handelsregister bei Bar- und Sachgründungen	72
9. Hinweise zur verdeckten Sachgründung	104
10. Wertung und Konsequenzen der Neuregelung zum Hin- und Herzahlen	157
11. Ausführliche Hinweise zu Vor- und Nachteilen der UG (haftungsbeschränkt)	260
12. Praxishinweis zur Verwendung des Musterprotokolls	330
13. Beratungs- und Gestaltungshinweise zu Verwaltungs- und Satzungssitz	358
14. Zu Vor- und Nachteilen der Aufteilung in 1-€-Geschäftsanteile	395
15. Praxishinweis zu § 5 Abs. 3 Satz 2 GmbHG (Auseinanderfallen von Stammkapital und der Nennbeträge der Geschäftsanteile)	408
16. Praxishinweis zur Rechtslage nach Wegfall des § 17 GmbHG	428
17. Praxishinweis zur Gesellschafterstellung bei bedingter Anteilsübertragung	459
18. Praxishinweis zur Pflicht zur Einreichung der Gesellschafterliste bei mittelbaren Anteilsveränderungen	502
19. Praxishinweis zur Gestaltung von Bedingungen in Anteilsübertragungsverträgen	509
20. Praxishinweis betreffend Einreichung der Gesellschafterliste	538
21. Praxishinweis zum gutgläubigen Erwerb	565
22. Praxishinweis zur Kapitalerhöhung	611
23. Praxishinweis zur Kapitalerhöhung aus genehmigtem Kapital	657
24. Praxishinweis betr. Bestellung inhabiler Geschäftsführer	767
25. Praxishinweis zur Exkulpationsmöglichkeit des Geschäftsführers von der Haftung nach § 64 Satz 3 GmbHG	788
26. Praxishinweis zur Anmeldung der Geschäftsanschrift	799
27. Praxishinweise für die Änderungen bei AG's	828

Abkürzungsverzeichnis

a. A.	anderer Ansicht
aaO	am angegebenen Ort
abl.	ablehnend
ABl.	Amtsblatt
Abs.	Absatz
aE	am Ende
a. F.	alte(r) Fassung
AG	Die Aktiengesellschaft (Zeitschrift); Aktiengesellschaft; Amtsgericht (mit Ortsnamen)
AGB	Allgemeine Geschäftsbedingungen
AktG	Aktiengesetz vom 6. 9. 1965 (BGBl. I S. 1089)
Alt.	Alternative
AnfG	Gesetz betreffend die Anfechtung von Rechtshandlungen eines Schuldners außerhalb des Insolvenzverfahrens (Anfechtungsgesetz) vom 5. 10. 1994 (BGBl. I S. 2911)
Anh.	Anhang
Anm.	Anmerkung
AO	Abgabenordnung idF der Bekanntmachung vom 1. 10. 2002 (BGBl. I S. 3866, berichtigt 2003 I S. 61)
arg	argumentum
Art.	Artikel
Aufl.	Auflage
B	Bundes-
BAG	Bundesarbeitsgericht
BAnz	Bundesanzeiger
BayObLG	Bayerisches Oberstes Landesgericht
BB	BetriebsBerater (Zeitschrift)
Bd. (Bde.)	Band (Bände)
BDI	Bundesverband der Deutschen Industrie
BeckRS	Rechtsprechungssammlung in Beck-Online
Begr. RegE	Begründung zum Regierungsentwurf
BFH	Bundesfinanzhof
BFHE	Sammlung der Entscheidungen und Gutachten des Bundesfinanzhofs
BGB	Bürgerliches Gesetzbuch idF der Bekanntmachung vom 2. 1. 2002 (BGBl. I S. 42, berichtigt S. 2909 und 2003 S. 738)
BGBl.	Bundesgesetzblatt
BGH	Bundesgerichtshof

Abkürzungsverzeichnis

BGHR	BGH-Rechtsprechung (in Zivilsachen und in Strafsachen)
BGHZ	Entscheidungen des Bundesgerichtshofs in Zivilsachen
BilRiLiG	Bilanzrichtlinien-Gesetz vom 19. 12. 1985 (BGBl. I S. 2355)
BMJ	Bundesminister(ium) der Justiz
BNotO	Bundesnotarordnung vom 24. 2. 1961 (BGBl. I S. 98)
BR	Bundesrat
BR-Drucks.	Drucksache des Deutschen Bundesrates
BStBl	Bundessteuerblatt
BT	Besonderer Teil; Bundestag
BT-Drucks.	Drucksache des Deutschen Bundestages
BVerfG	Bundesverfassungsgericht
BVerfGE	Entscheidungen des Bundesverfassungsgerichts
BWNotZ	Zeitschrift für das Notariat in Baden-Württemberg (früher Mitteilungen aus der Praxis für WürttNotV)
BZRG	Bundeszentralregistergesetz
bzw.	beziehungsweise
ca.	circa
DB	Der Betrieb (Zeitschrift)
ders.	derselbe
d. h.	das heißt
dies.	dieselbe/n
diff.	differenzierend
DIHT	Deutscher Industrie- und Handelstag
Diss.	Dissertation
DJT	Deutscherjuristentag
DNotZ	Deutsche Notar-Zeitschrift
DONot	Dienstordnung für Notare – Bundeseinheitliche Verwaltungsvorschrift der Landesjustizverwaltungen
DStR	Deutsches Steuerrecht (Zeitschrift)
DStRE	Deutsches Steuerrecht – Entscheidungsdienst (Zeitschrift)
DVO	Durchführungsverordnung
DZWiR	Deutsche Zeitschrift für Wirtschaftsrecht; ab 1999: Deutsche Zeitschrift für Wirtschafts- und Insolvenzrecht
E	Entwurf, Entscheidung (in der amtlichen Sammlung)
EG	Einführungsgesetz; Europäische Gemeinschaft
EGAktG	Einführungsgesetz zum Aktiengesetz vom 6. 9. 1965 (BGBl. I S. 1185)
EGBGB	Einführungsgesetz zum Bürgerlichen Gesetzbuch idF der Bekanntmachung vom 21. 9. 1994 (BGBl. I S. 2494, berichtigt 1997 I S. 1061)
EGHGB	Einführungsgesetz zum Handelsgesetzbuch vom 10. 5. 1897 (RGBl. S. 437)
EGInsO	Einführungsgesetz zur Insolvenzordnung vom 5. 10. 1994 (BGBl. I S. 2911)

Abkürzungsverzeichnis

EG	Vertrag zur Gründung der Europäischen Gemeinschaft vom 25. 3. 1957 (BGBl. II S. 766)
EHUG	Gesetz über elektronische Handelsregister und Genossenschaftsregister sowie das Unternehmensregister vom 10. 11. 2006 (BGBl. I S. 2553)
Einl.	Einleitung
endg.	endgültig
entspr.	entsprechend
Erl.	Erlass, Erläuterung
ESt	Einkommensteuer
EStG	Einkommensteuergesetz idF vom 19. 10. 2002 (BGBl. I S. 4210, berichtigt 2003 I S. 179)
etc.	et cetera
EU	Europäische Union
EuGH	Gerichtshof der Europäischen Gemeinschaften
EuGHE	Entscheidungen des Gerichtshofes der Europäischen Gemeinschaften
EuInsVO	Europäische Insolvenzverordnung
e. V.	eingetragener Verein
evtl	eventuell
EWG	Europäische Wirtschaftsgemeinschaft
EWiR	Entscheidungen zum Wirtschaftsrecht (Zeitschrift)
EWS	Europäisches Wirtschafts- und Steuerrecht (Zeitschrift)
f., ff.	folgend(e)
FD-HGR	Beck-Fachdienst Handels- und Gesellschaftsrecht
FD-MA	Beck-Fachdienst Mergers & Acquisitions
FG	Finanzgericht
FGG	Gesetz über die Angelegenheiten der freiwilligen Gerichtsbarkeit vom 17. 5. 1898 (RGBl. S. 189) idF der Bekanntmachung vom 20. 5. 1898 (RGBl. S. 771)
Fn.	Fußnote
FS	Festschrift
G	Gesetz
GBl.	Gesetzblatt
GBO	Grundbuchordnung idF der Bekanntmachung vom 26. 5. 1994 (BGBl. I S. 1114)
GbR	Gesellschaft des bürgerlichen Rechts
GenG	Gesetz betreffend die Erwerbs- und Wirtschaftsgenossenschaften idF der Bekanntmachung vom 16. 10. 2006 (BGBl. I S. 2230)
GewA	Gewerbe-Archiv (Zeitschrift)
GewO	Gewerbeordnung idF der Bekanntmachung vom 22. 2. 1999 (BGBl. I S. 202)
GewStG	Gewerbesteuergesetz idF der Bekanntmachung vom 15. 10. 2002 (BGBl. I S. 4167)

Abkürzungsverzeichnis

GG	Grundgesetz für die Bundesrepublik Deutschland vom 23. 5. 1949 (BGBl. I S. 1)
ggf.	gegebenenfalls
GKG	Gerichtskostengesetz vom 5. 5. 2004 (BGBl. I S. 718)
GmbH	Gesellschaft mit beschränkter Haftung
GmbHG	Gesetz betreffend die Gesellschaften mit beschränkter Haftung idF der Bekanntmachung vom 20. 5. 1898 (RGBl. S. 846)
GmbHR	GmbH-Rundschau (Zeitschrift)
GmbH-StB	GmbH-Steuer-Berater (Zeitschrift)
GVBl	Gesetz- und Verordnungsblatt
GVG	Gerichtsverfassungsgesetz idF der Bekanntmachung vom 9. 5. 1975 (BGBl. I S. 1077)
Hrsg.	Herausgeber
HRV	Ausführungsverordnung über die Errichtung und Führung des Handelsregisters (Handelsregisterverordnung, vormals Handelsregisterverfügung) vom 12. 8. 1937 (RMBl. S. 515)
Hs.	Halbsatz
idF	in der Fassung
idR	in der Regel
IDW	Institut der Wirtschaftsprüfer in Deutschland e. V.
iE	im Einzelnen
ieS	im engeren Sinne
IHK	Industrie-und Handelskammer
insbes.	insbesondere
lnsO	Insolvenzordnung vom 5. 10. 1994 (BGBl. I S. 2866)
IPR	Internationales Privatrecht
IPrax	Praxis des Internationalen Privat- und Verfahrensrechts (Zeitschrift)
iS	im Sinne
iÜ	im Übrigen
i. V. m.	in Verbindung mit
iwS	im weiteren Sinne
JA	Juristische Arbeitsblätter (Zeitschrift)
JM	Justizministerium
Kfz	Kraftfahrzeug
KG	Kammergericht (Berlin); Kommanditgesellschaft
KGaA	Kommanditgesellschaft auf Aktien
KostO	Gesetz über die Kosten in Angelegenheiten der freiwilligen Gerichtsbarkeit (Kostenordnung) idF vom 26. 7. 1957 (BGBl. I S. 960)
krit.	kritisch

Abkürzungsverzeichnis

KWG	Gesetz über das Kreditwesen (Kreditwesengesetz) idF der Bekanntmachung vom 9. 9. 1998 (BGBl. I S. 2776)
LG	Landgericht
Ltd.	private Limited company by shares
LS	Leitsatz
m. abl. Anm.	mit ablehnender Anmerkung
mE	meines Erachtens
Mio.	Million(en)
MitbestG	Gesetz über die Mitbestimmung der Arbeitnehmer (Mitbestimmungsgesetz) vom 4. 5. 1976 (BGBl. I S. 1153)
MittBayNot.	Mitteilungen des Bayerischen Notarvereins (Zeitschrift)
m. krit. Anm.	mit kritischer Anmerkung
MoMiG	Gesetz zur Modernisierung des GmbH-Rechts und zur Bekämpfung von Missbräuchen
m. w. N.	mit weiteren Nachweisen
m. zust. Anm.	mit zustimmender Anmerkung
n. F.	neue Fassung
NJW	Neue Juristische Wochenschrift (Zeitschrift)
NJW-RR	Neue Juristische Wochenschrift-Rechtsprechungs-Report Zivilrecht (Zeitschrift)
NotBZ	Zeitschrift für notarielle Beratungs- und Beurkundungspraxis
Nr.	Nummer(n)
NZG	Neue Zeitschrift für Gesellschaftsrecht
oÄ	oder Ähnliches
OHG	offene Handelsgesellschaft
OLG	Oberlandesgericht
OLGZ	Rechtsprechung der Oberlandesgerichte in Zivilsachen, Amtliche Entscheidungssammlung
OWiG	Gesetz über Ordnungswidrigkeiten idF der Bekanntmachung vom 19. 2. 1987 (BGBl. I S. 602)
PartGG	Gesetz über Partnerschaftsgesellschaften Angehöriger Freier Berufe (Partnerschaftsgesellschaftsgesetz) vom 25. 7. 1994 (BGBl. I S. 1744)
RegBl	Regierungsblatt
RegE	Regierungsentwurf
RegEMoMiG	Regierungsentwurf des Gesetzes zur Modernisierung des GmbH-Rechts und zur Bekämpfung von Missbräuchen (BR-Drucksache 354/07)
RG	Reichsgericht

Abkürzungsverzeichnis

RIW	Recht der Internationalen Wirtschaft (Zeitschrift)
RL	Richtlinie
Rn.	Randnummer(n)
RNotZ	Rheinische Notarzeitschrift
Rpfleger	Der deutsche Rechtspfleger (Zeitschrift)
RPflG	Rechtspflegergesetz vom 5. 11. 1969 (BGBl. I S. 2065)
Rspr.	Rechtsprechung
S.	Seite, Satz
s	siehe
SE	Societas Europaea
SEAG	Ausführungsgesetz zur VO (EG) Nr. 2157/2001 über das Statut der Europäischen Gesellschaft (SE) (SE-Ausführungsgesetz), Art. 1 SEEG
SEBG	Gesetz über die Beteiligung der Arbeitnehmer in einer Europäischen Gesellschaft (SE-Beteiligungsgesetz), Art. 2 SEEG
SEEG	Gesetz zur Einführung der Europäischen Gesellschaft (SE) vom 22. 12. 2004 (BGBl. I S. 3675)
sog.	sogenannt
Sp	Spalte
st	ständig(e)
StBerG	Steuerberatungsgesetz idF der Bekanntmachung vom 4. 11. 1975 (BGBl. I S. 2735)
StGB	Strafgesetzbuch idF der Bekanntmachung vom 13. 11. 1998 (BGBl. I S. 3322)
str.	streitig
u. a.	unter anderem, und andere
UmwG	Umwandlungsgesetz idF vom 28. 10. 1994 (BGBl. I S. 3210, berichtigt 1995 I S. 428)
UmwStG1995	Umwandlungssteuergesetz idF der Bekanntmachung vom 15. 10. 2002 (BGBl. I S. 4133)
unstr.	unstreitig
USt	Umsatzsteuer
usw.	und so weiter
u. U.	unter Umständen
UWG	Gesetz gegen den unlauteren Wettbewerb idF der Bekanntmachung vom 3. 7. 2004 (BGBl. I S. 1414)
v.	vom, von
vgl.	vergleiche
VIZ	Zeitschrift für Vermögens- und Immobilienrecht
VO	Verordnung
VOBl	Verordnungsblatt
Vorb	Vorbemerkung

Abkürzungsverzeichnis

WM	Wertpapier-Mitteilungen (Zeitschrift)
w. N.	weitere Nachweise
WPg	Die Wirtschaftsprüfung (Zeitschrift)
WpHG	Gesetz über den Wertpapierhandel (Wertpapierhandelsgesetz) idF der Bekanntmachung vom 9. 9. 1998 (BGBl. I S. 2708)
WuB	Entscheidungssammlung zum Wirtschafts- und Bankrecht (Zeitschrift)
ZAP	Zeitschrift für die Anwaltspraxis
z. B.	zum Beispiel
ZEV	Zeitschrift für Erbrecht und Vermögensnachfolge
Zerb	Zeitschrift für die Steuer- und Erbrechtspraxis
ZGR	Zeitschrift für Unternehmens- und Gesellschaftsrecht
ZHR	Zeitschrift für das gesamte Handelsrecht und Wirtschaftsrecht (bis 1960: Zeitschrift für das gesamte Handelsrecht und Konkursrecht)
ZInsO	Zeitschrift für das gesamte Insolvenzrecht
ZIP	Zeitschrift für Wirtschaftsrecht (bis 1982: Zeitschrift für Wirtschaftsrecht und Insolvenzpraxis)
ZNotP	Zeitschrift für die Notarpraxis
ZPO	Zivilprozessordnung idF der Bekanntmachung vom 5. 12. 2005 (BGBl. I S. 3202)
zT	zum Teil
zust	zustimmend

Literaturverzeichnis

Bücher/Kommentare

Baumbach/Hopt, HGB, 33. Auflage 2008 (zit.: Baumbach/Hopt/*Bearbeiter*)
Baumbach/Hueck, GmbHG, 18. Auflage 2006 (zit.: Baumbach/Hueck/*Bearbeiter*)
Bumiller/Winkler, Freiwillige Gerichtsbarkeit, 8. Auflage 2006 (zit.: *Bumiller/Winkler*)
Goette, Einführung in das neue GmbH-Recht, 2008
Heckschen, Private Limited Company, 2. Auflage 2007
Heckschen/Heidinger, Die GmbH in der Gestaltungs- und Beratungspraxis, 2. Auflage 2009
Heckschen/Heidinger, Die GmbH in der Gestaltungspraxis, 2005
Heckschen/Simon, Umwandlungsrecht – Gestaltungsschwerpunkte der Praxis, 2003 (zit.: *Heckschen/Simon,* Umwandlungsrecht)
Hüffer, Aktiengesetz, 8. Auflage 2008 (zit.: *Hüffer*)
Just, Die englische Limited in der Praxis, 3. Auflage 2008
Kallmeyer, Umwandlungsgesetz, 3. Auflage 2006 (zit.: Kallmeyer/*Bearbeiter*)
Keidel/Kuntze/Winkler, Freiwillige Gerichtsbarkeit, 15. Auflage 2003 (zit.: *Keidel/Kuntze/Winkler*)
Krafka/Willer, Registerrecht, 7. Auflage 2007 (zit.: *Krafka/Willer*)
Kübler/Prütting, RWS-Kommentar InsO, Loseblatt (zit.: Kübler/Prütting/*Bearbeiter*)
Leistikow, Das neue GmbH-Recht, 2009
Lutter, Umwandlungsgesetz, 4. Auflage 2009 (zit.: Lutter/*Bearbeiter*)
Lutter/Hommelhoff, GmbHG, 16. Auflage 2004 (zit.: Lutter/Hommelhoff/*Bearbeiter*)
Michalski, GmbHG, 2002 (zit.: Michalski/*Bearbeiter*)
Münchener Handbuch des Gesellschaftsrechts, Band 3: GmbH, 2. Auflage 2003 (zit.: *Bearbeiter,* in: MünchHdb-GesR III)
Münchener Handbuch des Gesellschaftsrechts, Band 4: Aktiengesellschaft, 3. Auflage 2007 (zit.: *Bearbeiter,* in: MünchHdb-GesR IV)
Münchener Kommentar, Aktiengesetz, Band 4 §§ 118–147, 2. Auflage 2004 (zit.: MünchKomm-AktG/*Bearbeiter*)
Palandt, BGB, 68. Auflage 2009 (zit.: Palandt/*Bearbeiter*)
Reul/Heckschen/Wienberg, Insolvenzrecht in der Kautelarpraxis, 2006 (zit.: *Reul/Heckschen/Wienberg*)
Roth/Altmeppen, GmbHG, 5. Auflage 2005 (zit.: Roth/Altmeppen/*Bearbeiter*)
Rowedder/Schmidt-Leithoff, GmbHG, 4. Auflage 2002 (zit.: Rowedder/Schmidt-Leithoff/*Bearbeiter*)
Schmidt, Hamburger Kommentar zum Insolvenzrecht, 2. Auflage 2007 (zit.: HamburgerKomm/*Bearbeiter*)
Schmidt, K./Lutter, Aktiengesetz 2008 (zit.: Schmidt/Lutter/*Bearbeiter*)
Schmitt/Hörtnagl/Stratz, Umwandlungsgesetz, 5. Auflage 2009 (zit.: Schmitt/Hörtnagl/Stratz/*Bearbeiter*)
Scholz, GmbHG, I. Band §§ 1–34, Konzernrecht, 10. Auflage 2006; II. Band §§ 35–52, 10. Auflage 2007 (zit.: Scholz/*Bearbeiter*)

Semler/Stengel, Umwandlungsgesetz, 2. Auflage 2007 (zit.: Semler/Stengel/*Bearbeiter*)
Ulmer/Habersack/Winter, GmbHG Großkommentar, Band I §§ 1–28, 2005; Band II §§ 29–52, 2006; Band III §§ 53–87, 2008 (zit.: Großkomm-GmbHG/*Bearbeiter*)
Wicke, GmbHG, 2008 (zit.: *Wicke*)
Widmann/Mayer, Umwandlungsrecht (Loseblatt), 103. EL (Stand: Dezember 2008) (zit.: Widmann/Mayer/*Bearbeiter*)
Winkler, Beurkundungsgesetz, 15. Auflage 2003 (zit.: *Winkler*)
Zöllner, Kölner Kommentar zum Aktiengesetz, 3. Auflage 2000 ff. (zit.: KölnerKomm-AktG/*Bearbeiter*)

Aufsätze

Altmeppen, Änderungen der Kapitalersatz- und Insolvenzverschleppungshaftung aus „deutsch-europäischer" Sicht, NJW 2005, 1911
Apfelbaum, gmbh-reform 2008 – Die wichtigsten Änderungen für die notarielle Praxis, notar 2008, 160
Bayer/Graff, Das neue Eigenkapitalersatzrecht nach dem MoMiG, DStR 2006, 1654
Bayer/Hoffmann/Schmidt, Satzungskomplexität und Mustersatzung – Eine Untersuchung vor dem Hintergrund des Regierungsentwurfs zum MoMiG, GmbHR 2007, 953
Bednarz, Die Gesellschafterliste als Rechtsscheinträger für einen gutgläubigen Erwerb von GmbH-Geschäftsanteilen – Eine kritische Betrachtung von §§ 16 Abs. 3, 40 GmbHG i. d. F. des MoMiG, BB 2008, 1854
Berger/Kleissl, Neue Unsicherheiten bei der Auslandsbeurkundung von GmbH-Geschäftsanteilen, DB 2008, 2235
Berner/Stadler, Die uneinheitliche Stimmabgabe beim GmbH-Geschäftsanteil – Gesetzesverstoß oder sinnvolles, gleichermaßen auch zulässiges Gestaltungsmittel? GmbHR 2003, 1407
Bohrer, Fehlerquellen und gutgläubiger Erwerb im Geschäftsverkehr – Das Vertrauensschutzkonzept im Regierungsentwurf des MoMiG, DStR 2007, 995
Bormann, Der Entwurf des „MoMiG" und die Auswirkungen auf die Kapitalaufbringung, GmbHR 2006, 1021
Bormann, Die Kapitalaufbringung nach dem Regierungsentwurf des MoMiG, GmbHR 2007, 897
Bormann/Urlichs, Der Entwurf des MoMiG zur Regelung des Hin- und Herzahlens – ein Fremdkörper im GmbH-Gesetz, GmbHR 2008, 119
Bormann/Urlichs, Kapitalaufbringung und Kapitalerhaltung nach dem MoMiG, GmbHR-Sonderheft Oktober 2008, 37
Böttcher/Blasche, Gutgläubiger Erwerb von Geschäftsanteilen entsprechend der in der Gesellschafterliste eingetragenen Stückelung nach dem MoMiG, NZG 2007, 565
Breitenstein/Meyding, Der Regierungsentwurf zum MoMiG: Die Deregulierung des GmbH-Rechts schreitet voran, BB 2007, 1457
Breitenstein/Meyding, GmbH-Reform: Die „neue" GmbH als wettbewerbsfähige Alternative oder nur „GmbH-light"?, BB 2006, 1457
Büchel, Kapitalaufbringung, insbesondere Regelung der verdeckten Sacheinlage nach dem Regierungsentwurf des MoMiG, GmbHR 2007, 1065
Centrale für GmbH Dr. Otto Schmidt, Stellungnahme vom 1. 9. 2006 zum Referentenentwurf des MoMiG, GmbHR 2006, 978
Drygala, Zweifelsfragen im Regierungsentwurf zum MoMiG, NZG 2007, 561

Literaturverzeichnis

Drygala/Kremer, Alles neu macht der Mai – Zur Neuregelung der Kapitalerhaltungsvorschriften im Regierungsentwurf zum MoMiG, ZIP 2007, 1289

Engel, Die Auslandsbeurkundung nach MoMiG und Schweizer GmbH-Reform, DStR 2008, 1593

Flesner, Die GmbH-Reform (MoMiG) aus Sicht der Akquisitions- und Restrukturierungspraxis, NZG 2006, 641

Förl, Die neue Teilbarkeit von Geschäftsanteilen – einfach (und) gut?, RNotZ 2008, 409

Freitag/Riemenschneider, Die Unternehmergesellschaft – „GmbH light" als Konkurrenz für die Limited?, ZIP 2007, 1485

Gasteyer/Goldschmidt, Der schwebend unwirksam bestellte Geschäftsführer nach einem Gesellschafterwechsel- Wirksamkeit seiner Rechtshandlungen nach § 16 Abs. 1 GmbHG i. d. F. des MoMiG, ZIP 2008, 1906

Gehrlein, Der aktuelle Stand des neuen GmbH-Rechts, Der Konzern 2007, 771

Gehrlein, Die Behandlung von Gesellschafterdarlehen durch das MoMiG, BB 2008, 846

Goette, Chancen und Risiken der GmbH-Novelle, WPg 2008, 231

Götze/Bressler, Praxisfragen der Gesellschafterliste und des gutgläubigen Erwerbs von Geschäftanteilen nach dem MoMiG, NZG 2007, 894

Greulich/Bunnemann, Geschäftsführerhaftung für zur Zahlungsunfähigkeit führende Zahlungen an die Gesellschafter nach § 64 II 3 GmbHG-RefE – Solvenztest im deutschen Recht?, NZG 2006, 681

Greulich/Rau, Zur partiellen Insolvenzverursachungshaftung des GmbH-Geschäftsführers nach § 64 S. 3 GmbHG-RegE, NZG 2008, 284

Grunewald/Gehling/Rodewig, Gutgläubiger Erwerb von GmbH-Anteilen, ZIP 2006, 685

Haas/Oechsler, Missbrauch, Cash Pool und gutgläubiger Erwerb nach dem MoMiG, NZG 2006, 806

Habersack, Gesellschafterdarlehen nach MoMiG Anwendungsbereich, Tatbestand und Rechtsfolge der Neuregelung, ZIP 2007, 2145

Hamann, GmbH-Anteilserwerb vom Nichtberechtigten, NZG 2007, 492

Handelsrechtsausschuss des Deutschen Anwaltsvereins: Stellungnahme zum Regierungsentwurf eines Gesetzes zur Modernisierung des GmbH-Rechts und zur Bekämpfung von Missbräuchen (MoMiG), NZG 2007, 735

Harbarth, Gutgläubiger Erwerb von GmbH-Geschäftsanteilen nach dem MoMiG-RegE, ZIP 2008, 57

Heckschen, Gründungserleichterungen nach dem MoMiG – Zweifelsfragen in der Praxis, DStR 2009, 166

Heckschen, Auswirkungen des MoMiG auf die Übertragung von GmbH-Anteilen von Todes wegen und im Wege der vorweggenommenen Erbfolge, ZErb 2008, 246

Heckschen, Die GmbH-Reform – Wege und Irrwege, DStR 2007, 1442

Heckschen, Die Reform des Umwandlungsrechts, DNotZ 2007, 444

Heckschen, MoMiG – Ein Überblick über den aktuellen Diskussionsstand, NotBZ 2006, 381

Heidinger, Fluch und Segen der privatschriflichen Mustersatzung, in: Status:Recht 2007, 243

Heinemann, Die Unternehmensgesellschaft als Zielgesellschaft von Formwechsel, Verschmelzung und Spaltung nach dem Umwandlungsgesetz, NZG 2008, 820

Heinze, Verdeckte Sacheinlagen und verdeckte Finanzierungen nach dem MoMiG, GmbHR 2008, 1065

Heinze, Die (Eigenkapital ersetzende) Nutzungsüberlassung in der GmbH-Insolvenz nach dem MoMiG, ZIP 2008, 110

Herrler, Kapitalaufbringung nach dem MoMiG – Verdeckte Sacheinlagen und Hin- und Herzahlen (§ 19 Abs. 4 und 5 GmbHG n. F.) –, DB 2008, 2347

Hirte, Die Neuregelung des Rechts der (früher: kapitalersetzenden) Gesellschafterdarlehen durch das „Gesetz zur Modernisierung des GmbH-Rechts und zur Bekämpfung von Missbräuchen" (MoMiG), WM 2008, 1429

Hoffmann, Die stille Bestattung der Sitztheorie durch den Gesetzgeber, ZIP 2007, 1581

Hölzle, Gesellschafterfremdfinanzierung und Kapitalerhaltung im Regierungsentwurf des MoMiG, GmbHR 2007, 729

Joost, Unternehmergesellschaft, Unterbilanz und Verlustanzeige, ZIP 2007, 2242

Katschinski/Rawert, Stangenware versus Maßanzug: Vertragsgestaltung im GmbH-Recht nach Inkrafttreten des MoMiG, ZIP 2008, 1993

Kleindiek, Auf dem Weg zur Reform des GmbH-Rechts – Die Initiative zur Neuregelung des Mindestkapitals der GmbH (MindestkapG), DStR 2005, 1366

Kleindiek, Die Unternehmergesellschaft (haftungsbeschränkt) des MoMiG – Fortschritt oder Wagnis?, BB 7/2007, Die erste Seite

Kleinert/Schwarz, Droht vom EuGH ein neues „Daily Mail"? Neue Vorlage zu Einschränkungen der Niederlassungsfreiheit beim Wegzug in anderen EU-Staat, GmbHR 2006, R 365

Knapp, Auswirkungen des MoMiG auf Aktiengesellschaften und ihre Organmitglieder, DStR 2008, 2371

Knof, Die neue Insolvenzverursachungshaftung nach § 64 Satz 3 RegE-GmbHG, DStR 2007, 1536 (Teil I) und DStR 2007, 1580 (Teil II)

Knof/Mock, Das MoMiG und die Auslandsinsolvenz haftungsbeschränkter Gesellschaften – Herausforderung oder Sisyphismus des modernen Gesetzgebers?, GmbHR 2007, 852

König/Bormann, Die Reform des Rechts der Gesellschaften mit beschränkter Haftung, DNotZ 2008, 652

Leuering, Die Unternehmergesellschaft als Alternative zur Limited, NJW-Spezial 2007, 315

Maier-Raimer/Wenzel, Kapitalaufbringung in der GmbH nach dem MoMiG, ZIP 2008, 1449

Mayer, Der Erwerb einer GmbH nach den Änderungen durch das MoMiG, DNotZ 2008, 403

Mayer/Weiler, Neuregelungen durch das Zweite Gesetz zur Änderung des Umwandlungsgesetzes (Teil I), DB 2007, 1235

Meyer, Die Verantwortlichkeit des Geschäftsführers für Gläubigerinteressen – Veränderungen durch das MoMiG, BB 2008, 1742

Möller, Änderungen des Aktienrechts durch das MoMiG, Der Konzern 2008, 1

Mülsch/Nohlen, Die ausländische Kapitalgesellschaft und Co. KG mit Verwaltungssitz in EG-Ausland, ZIP 2008, 1358

Niemeier, Die „Mini-GmbH" (UG) trotz Marktwende bei der Limited?, ZIP 2007, 1794

Literaturverzeichnis

Noack, Der Regierungsentwurf des MoMiG – Die Reform des GmbH-Rechts geht in die Endrunde, DB 2007, 1395

Noack, Reform des deutschen Kapitalgesellschaftsrechts: Das Gesetz zur Modernisierung des GmbH-Rechts und zur Bekämpfung von Missbräuchen, DB 2006, 1475

Nolting, Das neue GmbH-Gesetz – Folgen für die Praxis, ZAP 2008, Fach 15, S. 567

Poertzgen, Die künftige Insolvenzverschleppungshaftung nach dem MoMiG, GmbHR 2007, 1258

Preuss, Gesellschafterliste, Legitimation gegenüber der Gesellschaft und gutgläubiger Erwerb von GmbH-Anteilen, ZGR 2008, 676

Priester, Genehmigtes Kapital bei der GmbH – Das MoMiG beschert uns einen neuen § 55a GmbHG –, GmbHR 2008, 1177

Priester, Die deutsche GmbH nach „Inspire Art" – brauchen wir eine neue?, DB 2005, 1315

Priester, Kapitalaufbringung nach Gutdünken? – Ein Zwischenruf zum MoMiG, ZIP 2008, 55

Rau, Der Erwerb einer GmbH nach In-Kraft-Treten des MoMiG – Höhere Transparenz des Gesellschafterkreises, gutgläubiger Erwerb und vereinfachte Stückelung, DStR 2006, 1892

Regler/Sikora/Tiedtke, Die Auswirkungen des MoMiG auf die Notarkosten, MittBay 2008, 437

Ries, Brauchen wir die „Unternehmergesellschaft" und den Verzicht auf die notarielle Beurkundung des GmbH-Gesellschaftsvertrages?, NotBZ 2007, 244

Römermann, Der Entwurf des „MoMiG" – die deutsche Antwort auf die Limited, GmbHR 2006, 673

Römermann, MoMiG: Regierungsentwurf mit „Überraschungs-Coups"; GmbHR 2007, R 193

Saenger/Scheuch, Auslandsbeurkundung bei der GmbH – Konsequenzen aus MoMiG und Reform des Schweizer Obligationenrechts, BB 2008, 65

Schäfer, Reform des GmbHG durch das MoMiG – viel Lärm um nichts?, DStR 2006, 2085

Schärtl, Unternehmergesellschaft (haftungsbeschränkt) – innovatives Konzept oder „typischer Kompromiss"?, GmbHR 2007, R 305

Schmidt, Gesellschafterbesicherte Drittkredite nach neuem Recht, BB 2008, 1966

Schmidt, GmbH-Reform auf Kosten der Geschäftsführer?, Zum (Un-)Gleichgewicht zwischen Gesellschafterrisiko und Geschäftsführerrisiko im Entwurf eines MoMiG und in der BGH-Rechtsprechung, GmbHR 2008, 449

Schmidt, Nutzungsüberlassung nach der GmbH-Reform, DB 2008, 1727

Schmidt, Reform der Kapitalsicherung und Haftung in der Krise nach dem Regierungsentwurf des MoMiG – Sechs Leitsätze zu § 30 GmbHG-E, § 64 GmbHG-E und § 15 InsO-E, GmbHR 2007, 1072

Schockenhoff/Höder, Gutgläubiger Erwerb von GmbH-Anteilen nach dem MoMiG: Nachbesserungsbedarf aus Sicht der M&A-Praxis, ZIP 2006, 1841

Schröder/Cannivé, Der Unternehmensgegenstand der GmbH vor und nach dem MoMiG, NZG 2008, 1

Seibert, Der Regierungsentwurf des MoMiG und die haftungsbeschränkte Unternehmergesellschaft, GmbHR 2007, 673

Seibert, Die rechtsmissbräuchliche Verwendung der GmbH in der Krise – Stellungnahmen zu einer Umfrage des Bundesministeriums der Justiz, in: FS Seibert, 2005, 585

Seibert, GmbH-Reform: Der Referentenentwurf eines Gesetzes zur Modernisierung des GmbH-Rechts und zur Bekämpfung von Missbräuchen – MoMiG, ZIP 2006, 1157

Seibert/Decker, Die GmbH-Reform kommt!, ZIP 2008, 1208

Tebben, Die Reform der GmbH – das MoMiG in der notariellen Praxis, RNotZ 2008, 441

Thiessen, Johann Buddenbrock und die Reform des GmbH-Rechts (Teil I), DStR 2007, 202

Tillmann, Der Entwurf des „MoMiG" und die Auswirkungen auf die Gesellschafterfremdfinanzierung – Verstrickte und privilegierte Darlehen, GmbHR 2006, 1289

Triebel/Otte, Reform des GmbH-Rechts: MoMiG – ein vernünftiger Schritt zur Stärkung der GmbH im Wettbewerb oder Kompromiss auf halber Strecke?, ZIP 2006, 1321

Veil, Die Reform des Rechts der Kapitalaufbringung durch den RegE MoMiG, ZIP 2007, 1241

Veil, Die Unternehmergesellschaft nach dem Regierungsentwurf des MoMiG, GmbHR 2007, 1080

Vossius, Gutgläubiger Erwerb von GmbH-Anteilen nach MoMiG, DB 2007, 2299

Wachter, GmbH-Reform: Auswirkungen auf die Übertragung von GmbH-Geschäftsanteilen, ZNotP 2008, 378

Wachter, GmbH-Reform: Auswirkungen auf die Gründung einer „klassischen" GmbH, NotBZ 2008, 361

Wachter, Der Entwurf des „MoMiG" und die Auswirkungen auf inländische Zweigniederlassungen von Auslandgesellschaften, GmbHR 2006, 793

Wachter, Die GmbH & Co. KG nach MoMiG, GmbHR-Sonderheft Oktober 2008, 87

Wachter, Die neue Drei-Klassengesellschaft im deutschen GmbH-Recht, GmbHR 2007, R 209, R210

Wachter, Die neue Unternehmergesellschaft (haftungsbeschränkt), GmbHR-Sonderheft Oktober 2008, 25

Wachter, Übertragung von GmbH-Geschäftsanteilen nach MoMiG, GmbHR-Sonderheft Oktober 2008, 51

Wälzholz, Das MoMiG kommt: Ein Überblick über die neuen Regelungen – Mehr Mobilität, Flexibilität und Gestaltungsfreiheit bei gleichzeitigem Gläubigerschutz, GmbHR 2008, 841

Wälzholz, Der Regierungsentwurf des MoMiG, GmbH-StB 2007, 213

Wälzholz, Die insolvenzrechtliche Behandlung haftungsbeschränkter Gesellschaften nach der Reform durch das MoMiG, DStR 2007, 1914

Wedemann, Das neue GmbH-Recht, WM 2008, 1382

Weller, Die Übertragung von GmbH-Geschäftsanteilen im Ausland: Auswirkungen von MoMiG und Schweizer GmbH-Reform, Der Konzern 2008, 253

Wilhelm, „Unternehmergesellschaft (haftungsbeschränkt)" – Der neue § 5a GmbH in dem RegE zum MoMiG, DB 2007, 1510

Wilhelmi, Der Wegzug von Gesellschaften im Lichte der Rechtsprechung des EuGH zur Niederlassungsfreiheit – Zugleich Besprechung von EuGH, Schlussanträge des

Generalanwalts Poiares Maduro vom 22. 5. 2008 – Rs. C-210/06 – Cartesio, DB 2008, 1611

Winter, Die Rechtsfolgen der „verdeckten" Sacheinlage – Versuch einer Neubestimmung, in: FS Priester, 2007, 867

Winter, Upstream-Finanzierung nach dem MoMiG-Regierungsentwurf – Rückkehr zum bilanziellen Denken, DStR 2007, 1484

Wirsch, Die Legalisierung verdeckter Sacheinlagen – Das Ende der präventiven Wertkontrolle?, GmbHR 2007, 736

A. Die Geschichte und Ziele des MoMiG

Das GmbH-Gesetz wurde in 116 Jahren ca. vierzigmal geändert, die letzte grundlegende Reform fand im Rahmen der GmbH-Novelle 1980 statt, die am 1.1.1981 in Kraft getreten ist. Eine Reform, die dem jetzigen MoMiG vergleichbar wäre, fand seit Verabschiedung des GmbHG im Jahre 1892 nicht statt. Ausgangspunkt für die deutliche Überarbeitung des GmbH-Rechts durch das MoMiG war die zunehmende **Insolvenzanfälligkeit** der GmbH und das fortschreitende **Unwesen der Firmenbestatter**.[1] Ziel der GmbH-Reform war es aber nicht nur, die GmbH in Deutschland seriöser und gegen Krisen unanfälliger zu machen[2], sie sollte gleichzeitig im Vergleich zu anderen europäischen Gesellschaftsformen attraktiver werden. Das GmbHG sollte modernisiert (Mo) und die Rechtsform der GmbH gegen Missbräuche (Mi) besser geschützt werden.[3]

Auf Veranlassung unter anderem des Justizministeriums des Freistaates Sachsen hatte die Justizministerkonferenz bereits Ende 2002 das Bundesjustizministerium ersucht, insbesondere vor dem Hintergrund des Unwesens sog. Firmenbestatter die Reformbedürftigkeit des GmbHG zu überprüfen.[4] Die Missbrauchsbekämpfung stand also zunächst im Vordergrund der Überlegungen des Gesetzgebers. Diese Überlegungen wurden allerdings in der Folge überlagert durch Europäische Rechtsentwicklungen, die der EuGH ausgelöst hatte.[5] Im Ergebnis dieser Rechtsprechung entstand der sog. **Wettbewerb der Rechtsformen**. Es war nun auch jedem Deutschen möglich, eine englische Gesellschaft zu gründen oder von kommerziellen Anbietern zu erwerben und mit einer solchen Gesellschaft, die ausschließlich britischem Recht unterlag, im Anschluss ausschließlich Geschäfte in Deutschland zu tätigen. Der EuGH hatte anerkannt, dass es der Niederlassungsfreiheit nach Art. 43, 48 EGV widerspricht, wenn Länder der Europäischen Union, wie beispielsweise Deutschland, die Parteifähigkeit einer in einem anderen EU-Land gegründeten Gesellschaft und die Existenz dieser Gesellschaft nach den Regeln ihres Gesellschaftsstatuts nicht uneingeschränkt anerkennen.[6] Der Gesetzgeber wollte vor diesem Hintergrund die GmbH modernisieren.

---

[1] Vgl. dazu ausführlich *Heckschen*, in: Heckschen/Heidinger, Die GmbH in der Gestaltungs- und Beratungspraxis, 2. Aufl. 2009, § 18 Rn. 213 ff.
[2] Begr. RegE, BR-Drs. 354/07, 55 ff.
[3] BT-Drucks. 16/6140, S. 25.
[4] Vgl. zu dem Unwesen der Firmenbestatter bereits *Heckschen*, in: Heckschen/Heidinger, Die GmbH in der Gestaltungspraxis, 2005, § 11 Rn. 56 sowie *ders.*, in: Heckschen/Heidinger, Die GmbH in der Gestaltungs- und Beratungspraxis, 2. Aufl. 2009 § 18 Rn. 213 ff. sowie *Seibert*, FS Röhricht, 2005, 585 ff.
[5] *EuGH* ZIP 1999, 438 [Centros]; *EuGH* DB 2002, 2425 [Übersehring]; *EuGH* GmbHR 2003, 1260 = ZIP 2003, 1885 = NZG 2003, 1064 [Inspire Art].
[6] Vgl. zur Rechtsentwicklung auch ausf. Widmann/Mayer/*Heckschen*, § 1 UmwG Rn. 111 ff. m.w.N. Die Darstellung des Gesetzgebungsverfahrens in Deutschland stellt *Seibert*, FS Röhricht,

A. Die Geschichte und Ziele des MoMiG

3 Die Entwicklung des MoMiG floss bereits im November 2004 in einen (**inoffiziellen**) **Referentenentwurf** für ein „Gesetz zur Bekämpfung von Missbräuchen, zur Neuregelung der Kapitalaufbringung und zur Förderung der Transparenz im GmbH-Recht" (MiKatraG) ein. Nach unterschiedlichen Gesetzesentwürfen, u. a. Gesetz zur Einführung des Kaufmanns mit beschränkter Haftung,[1] Gesetz zur Vereinfachung der Gründung einer GmbH[2] stellte das Bundesjustizministerium am 29. 5. 2006 den **Referentenentwurf für ein Gesetz zur Modernisierung des GmbH-Rechts und zur Bekämpfung von Missbräuchen (MoMiG)**[3] vor. Der Referentenentwurf wurde äußerst kritisch auf dem 66. Deutschen Juristentag in Stuttgart kritisiert. Mit großer Mehrheit wurde sowohl das Konzept einer Herabsetzung des Stammkapitals abgelehnt als auch der seinerzeit noch wenig ausgereifte Vorschlag zur Einführung einer weiteren Rechtsform unter der Bezeichnung „Unternehmensgründergesellschaft (UGG)". Der Referentenentwurf bildete die Grundlage für den in weiten Teilen abgeänderten Regierungsentwurf, der am 23. 5. 2007 vom Bundeskabinett beschlossen wurde und Gegenstand der ersten Lesung im Bundestag am 20. 9. 2007 war.[4] Eine durch den Rechtsausschuss am 23. 1. 2008 durchgeführte Sachverständigenanhörung führte entgegen manchen Erwartungen der Praxis dazu, dass der Regierungsentwurf doch in wesentlichen Teilen modifiziert und am 26. 6. 2008 in stark veränderter Form durch den Bundestag beschlossen wurde.[5] Das MoMiG ist am 1. 11. 2008[6] in Kraft getreten.

4 Das Notariat war in die Diskussion zur Reform des GmbH-Rechts nicht nur stark einbezogen[7], sondern ist von der Reform auch unmittelbar betroffen. Dies galt insbesondere für die letztendlich nicht Gesetz gewordenen Forderungen zur Einführung eines Gründungsverfahrens unter **Verwendung einer Mustersatzung,** bei dem nur noch eine öffentliche Beglaubigung stattfinden sollte. Eine solche öffentliche Beglaubigung hätte in einigen Landesteilen von Deutschland (Hessen) auch ohne Mitwirkung des Notars erfolgen können. Eine Beratung, Belehrung und Einbeziehung des Notars im Rahmen der **materiellen Richtigkeitsgewähr** wäre dann bei Gründungsvorgängen ausgeschieden. Ein solcher Vorgang war auch für **Satzungsänderungen** zu dieser Mustersatzung vorgesehen.[8] Insbesondere aufgrund der Intervention des Bundesrats ist die Mustersatzung nicht Gesetz geworden. Der Gesetzgeber hat die Mitwirkung des Notars im Gründungsverfah-

---

2005, 585 ff. ausführlich dar. Ein Kurzabriss des deutschen Gesetzgebungsverfahrens findet sich bei *Goette,* Einführung in das neue GmbH-Recht, 2008, Rn. 3 ff.
[1] Volltext abrufbar unter www.justiz.bayern.de.
[2] GVGG Volltext unter www.justiz.nrw.de.
[3] Volltext abrufbar unter www.bmj.de.
[4] BT-Plenarprotokolle 16/115.
[5] BT-Plenarprotokoll 16/172, auch abrufbar unter www.bmj.de.
[6] BGBl I 2008, 2026.
[7] So z. B. die Stellungnahme der Notarkammer Sachsen, BR-Drucks. 354/07, S. 6. Vgl. auch die zahlreichen Diskussionsbeiträge, die immerhin in Teilbereichen auch Niederschlag im Gesetz gefunden haben: *Apfelbaum,* Notar 2008, 160; *Bohrer,* DStR 2007, 995; *Heckschen,* DStR 2007, 1442; *Mayer,* DNotZ 2008, 403; *Priester,* ZIP 2008, 55; *Vossius,* DB 2007, 2299; *Wachter,* GmbHR 2006, 793; *Wälzholz,* GmbH StB 2007, 213.
[8] Vgl. die Darstellung bei *Heckschen,* DStR 2007, 1442, 1443 f.

A. Die Geschichte und Ziele des MoMiG

ren zu Recht als unerlässlich angesehen und darauf verwiesen, dass gerade bei der durch Kleinunternehmer und den Mittelstand gegründeten GmbH notarielle Beratung und Belehrung ebenso wichtig sind wie die Filterfunktion sowie die Funktion einer materiellen Richtigkeitsgewähr des Notars gegenüber dem Handelsregister. Da dies für das jetzt gleichwohl unter dem Gesichtspunkt der Kostenersparnis eingeführte alternative Verfahren des sog. Musterprotokolls gilt, wird sich dessen Verwendung in der notariellen Praxis nur bei der Gründung einer UG (haftungsbeschränkt) anbieten, die ein Stammkapital von substanziell unter 25 000 € hat, da ansonsten ein spürbarer Kostenvorteil nicht zu erzielen ist. Zudem sollte es vom Notar nur bei der **Einmann-Gründung** eingesetzt werden. Für die Mehrmann-Gründung ist dieses Musterprotokoll gänzlich ungeeignet.

Auswirkungen auf die notarielle Praxis und die Satzungsgestaltung haben auch die zahlreichen weiteren Neuerungen: 5

So ist bereits bei der **Gründung die Übernahme mehrerer Geschäftsanteile** möglich, **Geschäftsanteile** können in kleinere Beträge gestückelt werden, das in § 17 GmbHG normierte **Teilungsverbot** für Geschäftsanteile wurde **gestrichen,** die **Inhabilitätsgründe** für Geschäftsführer **ausgeweitet** und die bereits genannte **Unternehmergesellschaft (haftungsbeschränkt)** eingeführt.

Speziell für die Einmann-GmbH ergeben sich dadurch Neuerungen, dass hier keine Volleinzahlung mehr stattzufinden hat.

Da der Gesetzgeber den vor allem von seiten des BDI vorgetragenen Angriffen gegen die notarielle Beurkundung keine Folge geleistet hat, wird die Bedeutung des Notars auch im Bereich der Anteilsübertragung nunmehr deutlich gestärkt. Dabei hat der Gesetzgeber zu Recht berücksichtigt, dass einerseits die Kosten durch Anteilsübertragungen marginal sind.[1] Die große Mehrzahl von rund 80 % der Anteilsübertragungen lösen Gebühren von unter 2000 € und wiederum mehr als die Hälfte der Anteilsübertragungen sind mit Beurkundungsgebühren unter 500 € verbunden. Andererseits sind gerade Anteilsübertragungen bei der mittelständischen GmbH mit einem hohen Beratungsaufwand verbunden, da die Beteiligten weder die genaue Stückelung noch die genaue Höhe ihrer Anteile kennen und nur durch die notarielle Beratung sichergestellt werden kann, dass mittelständische Unternehmen, an denen die Existenz vieler Mitarbeiter hängt, die Anteilsübertragung mit einem Minimum an sinnvollen Regelungen erfolgt. Dies betrifft insbesondere Regelungen zum **Gewinnbezugsrecht,** zur **Gewährleistung,** zur **Befreiung von Verbindlichkeiten und Bürgschaften** etc. Es wäre geradezu kontraproduktiv, wenn der Gesetzgeber einerseits den Notar in starkem Umfang in die Aktualisierung der Gesellschafterlisten und den gutgläubigen Erwerb von Geschäftsanteilen einbezieht, ihn aber andererseits von der **Beurkundung von Anteilsübertragungen** ausschließt. 6

Letztlich dürfte auch die Überlegung der **Finanzverwaltung,** dass die Zustände, wie sie bei der Übertragung von GbR-Anteilen oder Anteilen an Personengesellschaften üblich sind, vermieden werden sollen, mit entscheidend gewe- 7

---

[1] Vgl. die Übersicht bei Der Notar 2006, 53 ff.

sen sein. Es ist in der Praxis allgemein bekannt, dass die Vereinbarungen hier häufig **vor- und rückdatiert** und nachträglich geändert werden. Insofern wird durch die unter notarieller Beteiligung erfolgende Anteilsübertragung sowohl auf die Interessen der Finanzverwaltung als auch auf die Interessen der **Gläubiger** Rücksicht genommen. Der Hinweis auf das Aktienrecht verfängt hier nicht, da insbesondere bei börsennotierten Aktiengesellschaften die Übertragung der Aktien ohne weiteres feststellbar ist.

8   Die Diskussion zur Frage des **Umfangs der Beurkundungsbedürftigkeit** insbesondere von Nebenabreden dürfte allerdings damit noch kein Ende gefunden haben. Für die Praxis ist es wichtig, dass der Notar die Erleichterungen, die die §§ 13, 13a, 14 BeurkG bieten, nutzt und Diskussionen zur Frage der Ausweitung dieser Möglichkeiten geführt werden.[1]

9   Insgesamt wird die Stellung des **Notars im Gesellschaftsrecht** durch die GmbH-Reform gefestigt, wenn sie auch von bestimmten Seiten gleich im nächsten Zug wieder in Frage gestellt wird. Dies betrifft Überlegungen zur **Einschränkung des Beurkundungserfordernisses von Hauptversammlungen** im Aktienrecht, in viel stärkerem Maße aber noch die laufenden Diskussionen zur SPE (Societas Privata Europaea)[2], bei deren Gründung und Anteilsübertragung die Mitwirkung eines Notars nicht vorgesehen ist. Bei dieser Rechtsform, die mit 1 € Stammkapital auskommen soll und der Gläubigerschutz nur in unzureichender Weise gewährleistet wird, wird zumindest im vorliegenden Kommissionsentwurf das gesamte deutsche Handelsregisterwesen in Frage gestellt, da zum Beispiel Satzungsänderungen nur noch zum Handelsregister eingereicht, dort aber nicht mehr geprüft und eingetragen werden. Von der Gründung (Aufgabe des zweistufigen und äußerst effizienten Prüfungssystems durch Einschaltung von Notar und Handelsregister) über Strukturentscheidungen (keinerlei Prüfung) bis hin zu Liquidation und Insolvenz wird hier „ the race to the bottom" voll vorgeführt.[3]

10 Insgesamt ist es erstaunlich, dass nach der **Entwicklung des europäischen Gesellschaftsrechts,** wonach jedes Unternehmen unabhängig von einer europäischen Rechtsform mit einer von ihm ausgewählten Gesellschaftsform in ganz Europa tätig werden kann, der europäische Verordnungsgeber nun mit einer Rechtsform auf den Plan tritt, die keinerlei europäischen Bezug hat und das wesentliche Teile des kontinentaleuropäischen Gesellschafts- und Registerrechts in weitem Umfang negiert.[4] Ein Regelungsbedürfnis auf europäischer Ebene besteht nicht. Zudem erscheint es angesichts des völlig fehlenden Mehrstaatlichkeitsbezugs dieser Rechtsform fraglich, ob Art. 308 EGV für den Erlass der SPE-VO eine ausreichende Ermächtigungsgrundlage bilden kann.[5] Ein Bedürfnis für eine

---

[1] Vgl. Stellungnahme des Deutschen Notarvereins zu Reformüberlegungen im Hinblick auf die Verlesungspflicht nach §§ 13ff. BeurkG, in: Der Notar 2008, 229.

[2] Zur SPE vgl.: *Maul/Röhricht*, BB 2008, 1574; *Lanfermann/Richard*, BB 2008, 1610; *Hommelhoff/Teichmann*, GmbHR 2008, 897.

[3] Vgl. auch die krit. Kurzdarstellung bei Widmann/Mayer/*Heckschen*, § 1 UmwG Rn. 392ff.

[4] Zu Recht ablehnend insoweit der Bundesrat in seiner sehr ausführlichen und detaillierten, sehr überzeugenden Stellungnahme (BR-Drucks. 479/08, S.9).

[5] So auch der Bundesrat, BR-Drucks. 479/08, S. 2.

A. Die Geschichte und Ziele des MoMiG

weitere kapitallose Gesellschaft, die schon mit ihrem Rechtsformzusatz „SPE" über ihre Mittellosigkeit täuscht und vom ersten Moment an auf Gläubigerbenachteiligung angelegt ist (privatschriftliche Gründung[1]), ist zu verneinen. Jeder Unternehmer hat aufgrund der Rechtsentwicklung durch den EuGH die wesentlich sinnvollere Alternative, in einem der EU/EWR-Staaten, der der Gründungstheorie folgt, Gesellschaften zu gründen, die dann in jedem anderen Staat den jeweiligen Verwaltungssitz nehmen können.[2] Diese Gesellschaften haben dann einen gleichen Satzungssitz, ein gleiches Gesellschaftsstatut und ein gleiches Registergericht.

Mit der Reform wurde das bestehende GmbH-Recht grundlegend modernisiert und dereguliert. Ein Kernanliegen war die **Erleichterung und Beschleunigung von Unternehmensgründungen,** da hier der Gesetzgeber einen Wettbewerbsnachteil der GmbH gegenüber ausländischen Rechtsformen wie z. B. der englischen Limited gesehen hat. Darüber hinaus wurde auch das Kapitalerhaltungsrecht grundlegend verändert und vereinfacht 11

Insgesamt ist jedoch festzustellen, dass der Gesetzgeber den Gläubigerschutz deutlich reduziert[3] und somit gerade das Ziel des MoMiG, die Seriosität der GmbH zu erhöhen, verfehlt hat. Dies zeigt die nachfolgende Übersicht zu gläubigerbenachteiligenden Regelungen deutlich: 12

- Schaffung der UG (haftungsbeschränkt) mit einem Mindestkapital von 1 €
- keine Volleinzahlung/Sicherheitsleistung bei der Einmann-Gründung
- Ermöglichen des Hin- und Herzahlens bei der Gründung/Kapitalerhöhung
- Abmilderung der Folgen verdeckter Sacheinlagen
- Einschränkung der Prüfungsbefugnisse des Handelsregisters
- Einschränkung der Kapitalerhaltungsgrundsätze
- Abschaffung des Eigenkapitalersatzrechtes und eingeschränkte Ersetzung durch Anfechtungsregelungen in der Insolvenzordnung

Eine Übersicht zu den maßgeblichen Änderungen durch das MoMiG findet sich unter Abschnitt B. ebenso wie eine Übersicht über die Regelungskomplexe, die keiner Änderung zugeführt wurden. 13

---

[1] Krit. gerade dazu mit Recht auch BR-Drucks. 479/08, S. 7, 9.
[2] Mit seiner Entscheidung in der Rechtssache „Cartesio" hat der EuGH den Mitgliedsstaaten das Recht eingeräumt, der Sitztheorie zu folgen, er hat jedoch gleichzeitig festgestellt, dass die Gesellschaften ein Recht zur Sitzverlegung haben, *EuGH* ZIP 2009, 24 mit Anm. *Knof/Mock* = GmbHR 2009, 86 mit Anm. *Meilicke* = DStR 2009, 121 mit Anm. *Goette.*
[3] Darauf wird zu Recht vielfach hingewiesen, vgl. etwa *Pellens/Kemper/Schmidt*, ZGR 2008, 381, 396f.; *Goette,* Einführung in das neue GmbH-Recht, 2008, S. 4f.

B. Kurzüberblick über die wesentlichen Änderungen durch das MoMiG

Der Gesetzgeber hat mit dem MoMiG folgende Regelungen des GmbH-Rechts geändert: 14

- Musterprotokoll als Alternative zum Gründungsverfahren nach § 2 Abs. 1a GmbHG i. V. m. Anlage 1
- Verwaltungssitz muss nicht mehr am Satzungssitz sein, § 4a GmbHG
- Verwaltungssitz kann auch im Ausland sein, (Begründung zu) § 4a GmbHG
- Reduzierung des Mindestnennbetrages eines Geschäftsanteils auf 1 €/Teilbarkeit durch 1, § 5 Abs. 2 Satz 1 GmbHG
- Möglichkeit der Übernahme mehrerer Geschäftsanteile bereits bei der Gründung, § 5 Abs. 2 Satz 2 GmbHG
- Verbot des Auseinanderfallens von Stammkapital und Summe der Nennbeträge aller Geschäftsanteile, § 5 Abs. 3 Satz 2 GmbHG
- Einführung der Unternehmergesellschaft/UG (haftungsbeschränkt) mit einem Mindeststammkapital von 1 € als Unterform der GmbH
- Ausweitung der Inhabilitätsgründe für Geschäftsführer und dementsprechende erweiterte Versicherung in der Handelsregisteranmeldung und bei der Belehrung über das unbeschränkte Auskunftsrecht, §§ 6 Abs. 2, 8 Abs. 3 GmbHG
- Haftung der Gesellschafter, die vorsätzlich oder grob fahrlässig die Führung der Geschäfte einer inhabilen Person überlassen, § 6 Abs. 5 GmbHG
- Auch bei der Einmann-GmbH muss das Stammkapital nur noch hälftig aufgebracht werden, § 7 Abs. 2 GmbHG. Demzufolge Streichung von § 19 Abs. 4 GmbHG
- Keine Verpflichtung zur Volleinzahlung im Falle der Anteilsvereinigung (Streichung von § 19 Abs. 4 GmbHG)
- Geschäftsanteile müssen in der Gesellschafterliste einzeln durchnummeriert sein, § 8 Abs. 1 Nr. 3 GmbHG
- Die Regelung des § 8 Abs. 1 Nr. 6 GmbHG a. F. entfällt. Bei der Gründung einer GmbH müssen keine nach Gewerbe- oder Handwerksrecht erforderlichen Genehmigungen für einen etwa genehmigungsbedürftigen Unternehmensgegenstand vorgelegt werden.

B. Kurzüberblick über die wesentlichen Änderungen durch das MoMiG

- Einschränkung der Registerkontrolle hinsichtlich der Überprüfung der Versicherung des Geschäftsführers betreffend die Leistung der Bareinlage, aber Nachforderungsrecht nur bei „erheblichen" Zweifeln, gem. § 8 Abs. 2 Satz 2 GmbHG sowie Reduzierung der Kontrolle bei Kapitalaufbringung in Sachgründungsfällen hinsichtlich der Bewertung (nur wesentliche Überbewertungen), gem. § 9c Abs. 1 Satz 2 GmbHG
- Erleichterung der Registeranmeldung für Geschäftsführer: Belehrung über Bestellungshindernisse und Auskunftspflicht kann auch durch ausländischen Notar, Rechtsanwalt oder Konsularbeamten erfolgen, § 8 Abs. 3 Satz 2 GmbHG
- Anmeldung und Eintragung der inländischen Geschäftsanschrift der Gesellschaft, §§ 8 Abs. 4 Nr. 1, 10 Abs. 1 GmbHG
- Möglichkeit der Bestellung und Eintragung eines inländischen Empfangsbevollmächtigten, § 10 Abs. 2 GmbHG
- Führung der Gesellschafterliste durch das Handelsregister, § 16 GmbHG
- Eröffnung des gutgläubigen Erwerbs an Geschäftsanteilen, § 16 Abs. 3 GmbHG
- Freie Teilbarkeit der Geschäftsanteile infolge der Streichung von § 17 GmbHG
- Abmilderungen bei der verschleierten Sacheinlage und Einführung des sogenannten Anrechnungsmodells, § 19 Abs. 4 GmbHG
- Fiktion der Leistung der Einlage zur freien Verfügung des Geschäftsführers bei Hin- und Herzahlen unter der Voraussetzung des vollwertigen und jederzeit fälligen Rückgewähranspruchs bei gleichzeitiger Offenlegung, § 19 Abs. 5 GmbHG
- Zulässigkeit der Gewährung von Leistungen an die Gesellschafter, insbesondere im Cash-Pool, bei Bestehen eines Beherrschungs- oder Gewinnabführungsvertrages oder bei Bestehen eines vollwertigen Rückgewähranspruchs, § 30 Abs. 1 Satz 2 GmbHG
- Streichung der §§ 32a, b GmbHG zum eigenkapitalersetzenden Darlehen und Verlagerung in die InsO, insbesondere das Anfechtungsrecht, § 135 InsO, §§ 6, 6a AnfG)
- Führerlose Gesellschaft (Gesellschaft ohne Geschäftsführer) wird passiv durch jeden Gesellschafter vertreten, § 35 Abs. 1 Satz 2 GmbHG
- Erweiterter Katalog von Pflichtangaben auf Geschäftsbriefen der Zweigniederlassungen von ausländischen Gesellschaften, § 35a Abs. 4 GmbHG
- Anfertigen und Einreichen der Gesellschafterliste beim Handelsregister durch den Notar, sofern er bei der Anteilsveränderung mitgewirkt hat, § 40 GmbHG

B. Kurzüberblick über die wesentlichen Änderungen durch das MoMiG

- Teilung und Zusammenlegung von Geschäftsanteilen bedarf eines Gesellschafterbeschlusses, sofern die Satzung keine abweichende Regelung enthält, § 46 Nr. 4 GmbHG
- 1 € = 1 Stimme, § 47 Abs. 2 GmbHG
- Möglichkeit der Schaffung eines genehmigten Kapitals, § 55a GmbHG
- Verschärfte Haftung der Geschäftsführer für Zahlung an Gesellschafter im Vorfeld der Insolvenz, § 64 Satz 3 GmbHG
- Verlagerung der Insolvenzantragspflicht für alle Kapitalgesellschaften in die Insolvenzordnung
- Insolvenzantragspflicht für alle Gesellschafter, falls Gesellschaft führungslos ist, § 15a InsO
- Erstreckung der Straftatbestände des § 82 Abs. 1 Nr. 5 GmbHG auf Geschäftsleiter ausländischer Gesellschaften

Nicht realisiert wurden unter anderem folgende Forderungen aus der Praxis, der Lehre, von Verbänden und Interessengruppen:

- Einführung der Mustersatzung
- Ersetzen der notariellen Beurkundung durch notarielle Beglaubigung bei Gründung
- Reduzierung der Pflichtangaben in § 3: Gegenstand muss weiterhin in der Satzung angegeben und konkret gefasst werden, Allgemeinbezeichnungen bleiben unzulässig
- keine Reduzierung des Stammkapitals von 25 000 € auf 10 000 €
- keine Aufgabe der Unterscheidung zwischen Bar- und Sacheinlagen
- keine Abschaffung der Registerkontrolle bei Sachgründung/kein Übergang zum sogenannten KG-Modell
- Streichung der notariellen Beurkundung sowohl für das Verpflichtungs- als auch das Verfügungsgeschäft bei der Anteilsübertragung
- keine Einführung des sog. Aktienregisters für GmbH-Geschäftsanteile
- keine Einführung des sog. Insolvency-Tests
- keine Angabe des Stammkapitals auf den Geschäftsbriefen

C. Gründungsverfahren nach dem MoMiG

I. Allgemeine Erleichterungen bei der Gründung der GmbH

Die Gründung einer GmbH erfordert einen **Gründungsakt** und den Abschluss eines **Gesellschaftsvertrages** (die sog. **Satzungsfeststellung**) durch die Gründer. Mit der GmbH-Reform wurde der Gründungsvorgang in weiten Teilen vereinfacht. Die allgemeinen Gründungserleichterungen stellen sich wie folgt dar: 16

1. Die neuen „Arten" der GmbH

Bislang konnte man eine GmbH nur in einer Form und nur mittels einer notariell beurkundeten **Gründungsurkunde** mit **Gesellschaftsvertrag (Satzung)** gründen. Mit der GmbH-Reform bestehen nun vier Möglichkeiten der Gesellschaftsgründung: 17

1. Die klassische GmbH mit einer **individuellen Satzung**

Der Gründungsvorgang erfordert 5 Dokumente:

- Gründungsurkunde
- Satzung
- Beschluss zur Bestellung der Geschäftsführer
- Liste der Gesellschafter
- Handelsregisteranmeldung

2. Die GmbH, gegründet mit dem sog. **Musterprotokoll**

Der Gründungsvorgang erfordert 2 Dokumente:

- Musterprotokoll
- Handelsregisteranmeldung

3. Die **Unternehmergesellschaft (haftungsbeschränkt)** bzw. **UG (haftungsbeschränkt)** mit einem Mindeststammkapital von 1 €, gegründet mit einer **individuellen Satzung**

Der Gründungsvorgang erfordert 5 Dokumente:

- Gründungsurkunde
- Satzung

- Beschluss zur Bestellung der Geschäftsführer
- Liste der Gesellschafter
- Handelsregisteranmeldung

4. Die Unternehmergesellschaft (haftungsbeschränkt)/UG (haftungsbeschränkt) gegründet mit dem Musterprotokoll

Der Gründungsvorgang erfordert 2 Dokumente:

- Musterprotokoll
- Handelsregisteranmeldung

18 Bei diesen Gesellschaften, insbesondere bei der UG (haftungsbeschränkt) ist zu beachten, dass es sich immer um **GmbHs** nach dem GmbHG handelt, auch wenn bei der UG (haftungsbeschränkt) § 5a GmbHG als Spezialnorm mit seinen vorrangigen Regelungen zu beachten ist (vgl. dazu Rn. 163 ff.).

2. Wegfall staatlicher Genehmigungen als Eintragungsvoraussetzung

a) Ausgangslage

19 Die Gesellschaft mit beschränkter Haftung muss zu ihrer Entstehung in das Handelsregister eingetragen werden. Bedarf der Gegenstand des Unternehmens einer **behördlichen Genehmigung**[1], so musste bisher mit der Handelsregisteranmeldung die Genehmigungsurkunde vorgelegt werden, § 8 Abs. 1 Nr. 6 GmbHG.

20 Die bisherige Regelung erschwerte das **Gründungsverfahren** erheblich. Probleme ergaben sich vor allem daraus, dass die Genehmigung in einer Vielzahl von Fällen nur der Gesellschaft als juristischer Person erteilt werden konnte, diese aber mangels Eintragung noch nicht existierte, § 11 Abs. 1 GmbHG. Auf der anderen Seite war aber die Eintragung nur unter Vorlage der Genehmigung möglich. Die Praxis hat sich in diesen Fällen mit einem **zweistufigem Gründungsverfahren** geholfen.[2] Dieses gestaltete sich so, dass zunächst ein genehmigungsfreier Unternehmensgegenstand gewählt und nach der Eintragung der GmbH dieser auf den genehmigungsbedürftigen Bereich ausgeweitet wurde. Diese Konstruktion bedeutete einen zusätzlichen Zeit- und Kostenaufwand, weshalb deren Abschaffung seit langem gefordert worden war.[3]

---

[1] Eine Auflistung der derzeit genehmigungsbedürftigen Unternehmensgegenstände findet sich bei *Heckschen*, in: Heckschen/Heidinger, Die GmbH in der Gestaltungs- und Beratungspraxis, 2. Aufl. 2009, § 2 Rn. 91.
[2] Zur alten Rechtslage *Heckschen*, in: Heckschen/Heidinger, Die GmbH in der Gestaltungspraxis, 2005, § 3 Rn. 24 ff.
[3] Vgl. dazu nur *Gustavus*, GmbHR 1993, 259, 262 f.; *Priester*, DB 2005, 1315, 1319 f.; *Triebel/Otte*, ZIP 2006, 311; *Zöllner*, GmbHR 2006, 1, 12.

I. Allgemeine Erleichterungen bei der Gründung der GmbH

b) Neuregelung

Im Rahmen des MoMiG wurde § 8 Abs. 1 Nr. 6 GmbHG ersatzlos gestrichen, so dass die Erteilung der Genehmigung keine Voraussetzung mehr für die Eintragung der GmbH im Handelsregister ist. Mit der Streichung dieser Vorschrift wurde der Weg geebnet, flächendeckend innerhalb von wenigen Tagen die Eintragung von GmbHs im Handelsregister zu ermöglichen. Allerdings ist zu beachten, dass nur die **Prüfung der Genehmigung durch das Registergericht,** nicht aber die Genehmigungsbedürftigkeit an sich abgeschafft wurde. Es bleibt insoweit dabei, das der Geschäftsführer eine Ordnungswidrigkeit verwirklicht, wenn er ohne Vorliegen der entsprechenden Genehmigung erlaubnispflichtige Tätigkeiten ausübt. Strittig ist, ob die Genehmigung nach dem KWG trotz der Neuregelung eine Eintragungsvoraussetzung ist. Entgegen der Intention des Gesetzgebers, das Eintragungsverfahren von derartigen Prüfungen zu befreien, wird dies u. a. auch von Seiten des Bundesjustizministeriums vertreten.[1]

21

c) Satzungsänderung

Bedarf der Unternehmensgegenstand nach einer Satzungsänderung einer **behördlichen Genehmigung,** so muss diese nicht zwingend bei der Anmeldung der Satzungsänderung beigefügt werden. Dem steht auch nicht § 181 Abs. 1 Satz 3 AktG entgegen, der bei einer entsprechenden Satzungsänderung die Vorlage der Genehmigung erfordert. Gegen eine analoge Anwendung spricht dabei, dass im Aktienrecht § 8 Abs. 1 Nr. 6 GmbHG a. F. entsprechende Regelung in § 37 Abs. 4 Nr. 5 AktG aufgehoben wurde und die Streichung des § 181 Abs. 1 S. 3 AktG mangels einer vergleichbaren Norm im GmbHG schlicht übersehen wurde.

22

Es ist wenig wahrscheinlich, dass der Gesetzgeber einerseits „entbürokratisieren" will und das Handelsregister von einer zusätzlichen Funktion als „Gewerbeaufsicht" bei der Gründung befreit, bei der Satzungsänderung diese Funktion aber beibehalten will. Es ist allerdings nicht zu verkennen, dass die Dringlichkeit und Eilbedürftigkeit bei einer Gründung angesichts der Haftungsgefahren bei fehlender Eintragung weitaus größer ist als bei einer Satzungsänderung.

23

d) Praxishinweis

- Künftig kann auf Zweistufengründungen und andere Modelle verzichtet werden.
- Die Geschäftsführer sollten jedoch auf etwaige bestehende Genehmigungserfordernisse hingewiesen werden, um Ordnungswidrigkeiten zu

24

---

[1] Schreiben des BMJ v. 25. 11. 2008 (SB: Frau Dr. Berthold) als Stellungnahme auf eine Anfrage des AG Stuttgart.

> verhindern.[1] Der Praxis ist bis zur Klärung der Frage, ob bei Satzungsänderungen Genehmigungen vorgelegt werden müssen, zu raten, in den Fällen, in denen genehmigungsbedürftige Tätigkeiten mit geplant sind, diese sogleich in die Gründungssatzung mit aufzunehmen.

3. Belehrung nach dem BZRG

a) Ausgangslage

25   Schon bisher war es üblich und überwiegend anerkannt, dass der im Ausland befindliche Geschäftsführer durch den deutschen Notar schriftlich belehrt werden konnte und diesen Belehrungshinweis vor einem ausländischen Notar/Konsularbeamten unterzeichnete[2] und seine Unterschrift öffentlich beglaubigen ließ.

b) Neuregelung

26   § 8 Abs. 3 Satz 3 GmbHG wurde dahingehend geändert, dass auch die **Belehrung** nach § 53 Abs. 2 BZRG des ausländischen **Geschäftsführers** im Ausland erfolgen kann. Es sei unverhältnismäßig, nur für die Belehrung nach § 53 Abs. 2 BZRG den Geschäftsführer nach Deutschland reisen zu lassen bzw. eine **schriftliche Belehrung des Geschäftsführers durch einen deutschen Notar** im Ausland zu verlangen. Insoweit eröffnet die Neuregelung die Möglichkeit die Belehrung schriftlich durch einen Notar, einen im Ausland bestellten Notar, durch einen Vertreter eines vergleichbaren rechtsberatenden Berufs oder einen Konsularbeamten vornehmen zu lassen.

27   Unter einem im **Ausland bestellten Notar** wird wohl jede Notariatsperson erfasst sein, so dass die *Scrivener Notaries* und auch die amerikanischen *Notary Publics* und skandinavischen *Notarius Publikus* erfasst werden.[3] Weitgehend offengelassen hat der Gesetzgeber was unter „**vergleichbaren rechtsberatenden Berufen**" zu verstehen ist. Beispielhaft nennt die Gesetzbegründung Rechtsanwälte.[4] Unklar ist hingegen, ob auch Steuerberater, Wirtschaftsprüfer und Angehörige vergleichbarer Berufsgruppen die Belehrung vornehmen dürfen. Dies dürfte eher zu verneinen sein, da die Rechtsberatung bei diesen Berufsgruppen zumindest nicht im Vordergrund steht.

---

[1] *Wachter,* GmbHR-Sonderheft Oktober 2008, 5, 14.
[2] *Wachter,* GmbHR-Sonderheft Oktober 2008, 5, 13.
[3] *Wälzholz,* GmbHR 2008, 841, 849; *Wachter,* GmbHR-Sonderheft Oktober 2008, 5, 13.
[4] Begr. RegE, Beilage zu ZIP 23/2007, S. 11.

I. Allgemeine Erleichterungen bei der Gründung der GmbH

c) Praxishinweis

Da der ausländische Kollege im Zweifel keine Kenntnis der deutschen Norm, über deren Inhalt er den ausländischen bzw. im Ausland befindlichen Geschäftsführer belehren soll, haben wird, bietet es sich zur Erleichterung für den ausländischen Kollegen/Konsularbeamten an, diesem ein bilinguales **schriftliches Belehrungsexemplar** beizufügen. Die Belehrung muss zum einen in einer Sprache, die der ausländische Geschäftsführer versteht und, zum Nachweis der Belehrung gegenüber dem Registergericht, auch in deutscher Sprache erfolgen.

28

d) Formulierungsbeispiel für Belehrung nach BZRG (Deutsch/Englisch)

29

Formulierungsbeispiel für die Belehrung:

Nach Belehrung durch den beglaubigenden Notar über die unbeschränkte Auskunftspflicht gegenüber dem Gericht gemäß § 53 des Gesetzes über das Zentralregister und das Erziehungsregister und die Strafbarkeit einer falschen Versicherung (§§ 82, 8 Abs. (2) GmbHG), versichert der Geschäftsführer – bei mehreren jeder für sich –:

Es liegen keine Umstände vor, aufgrund derer ich als Geschäftsführer nach § 6 Abs. (2) Satz 2 und 3 GmbHG von dem Amt als Geschäftsführer ausgeschlossen wäre:

Der Geschäftsführer unterliegt nicht als Betreuer bei der Besorgung seiner Vermögensangelegenheiten ganz oder teilweise einem Einwilligungsvorbehalt (§ 1903 BGB).

Dem Geschäftsführer wurde weder durch gerichtliches Urteil noch durch vollziehbare Entscheidung einer Verwaltungsbehörde die Ausübung eines Berufes, Berufszweiges, Gewerbes oder Ge-

Example for the wording of the instruction:

After instruction by the certifying notary on the unlimited duty of disclosure towards the Court according to § 53 BZRG (German law concerning the Central Register and the Correctional Register of Juvenile Delinquents) and the criminal liability of a wrong assertion (§§ 82, 8 Abs. (2) GmbHG), the managing director assures – if there are more than one managing directors each on their own –:

There are no circumstances opposing my appointment as managing director according to § 6 paragraph (2) clause 2 and 3 GmbHG:

Regarding the procurement of his financial matters the managing director is not – completely or partially – subject to the decisions made by a legal guardian (§ 1903 BGB (German Civil Code)).

The manager is not prohibited from exercising a profession, a branch of profession, a trade or a line of trade neither by a judicial decree nor an enforceable decision of an administrative body.

C. Gründungsverfahren nach dem MoMiG

Formulierungsbeispiel für die Belehrung:

werbezweiges untersagt.

Während der letzten fünf Jahre erfolgte keine Verurteilung wegen einer oder mehrerer vorsätzlich begangener Straftaten:

- wegen Unterlassens der Stellung eines Insolvenzantrages (Insolvenzverschleppung)

- nach §§ 283 bis 283d Strafgesetzbuch (z. B. Bankrotts, schweren Bankrotts, Verletzung der Buchführungspflicht, Schuldner- oder Gläubigerbegünstigung),

- wegen falscher Angaben nach § 82 GmbHG oder § 399 AktG,

- wegen der unrichtigen Darstellung nach § 400 AktG, § 331 HGB, § 313 UmwG oder § 17 PublG oder

- nach §§ 263 bis 264a oder nach §§ 265b bis 266a Strafgesetzbuch (wegen Betrug, Computer-, Subventions- oder Kapitalanlagenbetrug, Kreditbetrug, Untreue oder wegen Vorenthalten und Veruntreuen von Arbeitsentgelt) zu einer Freiheitsstrafe von mindestens einem Jahr

- wegen einer im Ausland begangenen Straftat, die mit den vorgenannten Straftaten vergleichbar ist.

Example for the wording of the instruction:

During the past five years the managing director has not been convicted of one of the following intentionally committed criminal offences:

- because of the forbearing of the filing of the application for the commencement of insolvency proceedings (delaying of insolvency)

- according to §§ 283 until 283d of the German Criminal Code (bankruptcy, severe case of bankruptcy, breach of bookkeeping duty, fraudulent preference of a creditor, fraudulent preference of a debtor),

- wrong information according to § 82 GmbHG or § 399 AktG (German Stock Corporation Act),

- incorrect statement according to § 400 AktG (German Stock Corporation Act), § 331 HGB (German Code of Commerce), § 313 UmwG (German Act for M&A) or § 17 PublG (German Company Disclosure Law) or

- according to §§ 263 until 264a or according to §§ 265b until 266a German Criminal Code (because of fraud, computer fraud, economic subsidy fraud, capital investment fraud, obtaining credit by false disclosure, criminal breach of trust or withholding and embezzlement of wages) to imprisonment of at least one year

- because of a criminal offence committed abroad that is comparable to the above mentioned offences

II. Bar- und Sachgründung (Kapitalaufbringung)

Formulierungsbeispiel für die Belehrung:	*Example for the wording of the instruction:*
Ferner ist der Geschäftsführer nicht aufgrund einer behördlichen Anordnung in einer Anstalt verwahrt worden.	*Moreover, the managing director has not been committed to an institution based on an official order.*

II. Bar- und Sachgründung (Kapitalaufbringung)

1. Ausgangslage

30   Die GmbH kann im Unterschied zur UG (haftungsbeschränkt) mittels **Bar- und Sacheinlage** gegründet werden, § 5 GmbHG. Voraussetzung für die Anmeldung der GmbH zum Handelsregister ist, dass auf Bareinlagen je ¼ des Nennbetrages eingezahlt ist und die geleisteten Beträge insgesamt mindestens die Hälfte des Mindeststammkapitals gemäß § 5 Abs. 1 GmbHG erreichen. Sacheinlagen müssen vollständig erbracht sein, § 7 Abs. 3 GmbHG.

2. Das Mindeststammkapital einer GmbH

31   Das **Mindeststammkapital** einer GmbH beträgt auch nach der Reform des GmbH-Rechts 25 000 €, § 5 Abs. 1 GmbHG. Der Gesetzgeber hat von dem Vorhaben das Mindeststammkapital auf 10 000 € herabzusenken abgesehen.[1]

32   Der Herabsenkung des Stammkapitals lag der Gedanke zugrunde, **Existenzgründern** und **Kleinunternehmern** mit geringem Kapitalbedarf die Unternehmensgründung zu erleichtern und die Wettbewerbsfähigkeit der GmbH auf europäischen Parkett zu steigern. Mit der Einführung der UG (haftungsbeschränkt) bestand kein Bedürfnis mehr für die Senkung des Stammkapitals, da den Gründern nun diese Variante der GmbH zur Verfügung steht.[2] Der Gesetzgeber hat wohl auch erkannt, dass der Erfolg der UG (haftungsbeschränkt) bei gleichzeitiger Herabsenkung des Mindeststammkapitals der GmbH auf lediglich 10 000 € und auch angesichts der dann selbst für die Einmann-GmbH bestehenden Möglichkeit der hälftigen Einzahlung des Stammkapitals eher bescheiden ausfallen dürfte.

33   Darüber hinaus wurde aber auch der vielfach geäußerten Kritik[3] an einer **Absenkung des Mindeststammkapitals** und der Sorge um das Ansehen der GmbH entsprochen.

---

[1] Beschlussempfehlung des Rechtsausschusses des Bundestages vom 24. 6. 2008, S. 94, abrufbar unter www.bmj.de.

[2] Beschlussempfehlung des Rechtsausschusses des Bundestages vom 24. 6. 2008, S. 95, abrufbar unter www.bmj.de; BT-Drucks. 16/9737, S. 83, 94f.

[3] *Bormann*, GmbHR 2006, 1021, 1022; *Thiessen*, DStR 2007, 202, 204; Stellungnahme des DAV, NZG 2007, 211, 212; Stellungnahme des Deutschen Richterbundes, abrufbar unter www.drb.de; ebenfalls kritisch, aber für die Abschaffung des Mindestkapitals *Triebel/Otte*, ZIP 2006,

3. Praxishinweis

34 Die Beibehaltung des Mindeststammkapitals von 25 000 € sollte nicht zu einer vorschnellen Wahl der Unternehmergesellschaft (haftungsbeschränkt) führen. Vielmehr sollte erst die Entwicklung der Unternehmergesellschaft (haftungsbeschränkt) abgewartet werden. Es ist zu befürchten und zeigt sich bereits in den ersten Wochen seit Inkrafttreten des Gesetzes, dass zunächst viele Ltd.-Gründer auf die Unternehmergesellschaft (haftungsbeschränkt) ausweichen werden und damit das Ansehen der neuen GmbH-Variante geschädigt wird.[4] Die GmbH hingegen bietet mit beibehaltenen Stammkapital eine altbekannte und „seriösere" Alternative. Bei der **Beratung zur Unternehmenswahl** sollten die Beteiligten auch darauf hingewiesen werden, dass sie zwar bei der GmbH ein höheres Stammkapital aufbringen müssen, dieses aber nach der Eintragung für die Zwecke der GmbH frei zur Verfügung steht und nicht als Haftungsfond unangetastet bleiben muss. Entgegen der Auffassung des Gesetzgebers gibt es kaum Unternehmungen, auch keine Dienstleister, die ohne ein derartiges Startkapital erfolgreich am Markt agieren können. Die Finanzierung der Geschäftsausstattung, Mietkosten etc. muss stets gewährleistet sein.

4. Kurzcheckliste

35 Die Nachteile der UG (haftungsbeschränkt) (vgl. eingehend zur UG (haftungsbeschränkt) Rn. 163 ff.) sollten deutlich hervorgehoben werden (vgl. auch ausf. die Liste in Rn. 260 ff.):

- ☑ Pflicht zur Rücklagenbildung (vgl. hierzu Rn. 193 ff.)
- ☑ Keine Anwendung der Regelungen zur verdeckten Sacheinlage (vgl. hierzu Rn. 191)
- ☑ eingeschränkte Umwandlungsmöglichkeit (vgl. hierzu Rn. 218 ff.)
- ☑ zu befürchtendes schlechtes Image dieser Rechtsform
- ☑ unklare Rechtslage zur Frage, ob diese als Komplementär einer KG geeignet ist (vgl. dazu Rn. 203 ff.).
- ☑ Risiko zur Verwirklichung von Insolvenzstraftaten

1321, 1322. Für die Herabsenkung des Stammkapitals *Breitenstein/Meyding*, BB 2006, 1457, 1458; mit überzeugenden Argumenten für eine Erhöhung des Stammkapitals: *Priester*, DB 2005, 1315, 1317; *Altmeppen*, NJW 2005, 1911, 1912; *Kleindiek*, DStR 2005, 1366, 1368.

[4] So auch einzelne Abgeordnete des Bundestages: vgl. die Äußerungen von *Dykmanns* und *Zimmermann*, Plenarprotokoll der 172. Sitzung des Bundestages v. 26.6.2008, S. 18187, 18192, 18197); in diese Richtung gingen zu Recht vielfache Bedenken aus der Praxis vgl. u.a. *Nolting*, ZAP, Fach 15, 567, 573.

II. Bar- und Sachgründung (Kapitalaufbringung)

5. Bestimmbarkeit des Nennbetrags des Geschäftsanteils

a) Nennbetrag des Geschäftsanteils

Bislang musste die **Stammeinlage** eines Gesellschafters mindestens 100 € betragen und durch 50 teilbar sein, § 5 Abs. 3 S. 2 GmbHG. Diese strenge Einteilung, die vor allem bei der späteren **Teilung von Geschäftsanteilen** Probleme bereiten konnte, wurde dahingehend geändert, dass der Nennbetrag eines Geschäftsanteils nun nur noch auf **volle** € lauten muss, d. h. jeder Geschäftsanteil muss nur noch einen Betrag von **mindestens 1 €** aufweisen. Krumme Nennbeträge von beispielsweise 1,50 € sind weiterhin unzulässig. 36

Von der Wortwahl her spricht der Gesetzgeber in § 5 GmbHG im Übrigen jetzt nicht mehr von der **Stammeinlage,** sondern von einem **Geschäftsanteil** bzw. vom Nennbetrag des Geschäftsanteils. Die geänderte Terminologie soll die Bedeutung der Mitgliedschaft insgesamt gegenüber der vermeintlich zu stark betonten Einlageverpflichtung hervorheben.[1] Die Praxis muss dies sowohl bei der Gestaltung der Satzung und der Formulierung der Anteilsübertragung sowie bei bei der Formulierung der Handelsregisteranmeldung beachten. 37

Durch die Neuregelung können die Gesellschafter die **Höhe ihres Geschäftsanteils** individueller entsprechend ihren Bedürfnissen und finanziellen Möglichkeiten bestimmen. 38

b) Verhältnis Stammkapital und Summe der Nennbeträge

In § 5 Abs. 3 Satz 2 GmbHG wird darüber hinaus klargestellt, dass das Stammkapital der Summe der Nennbeträge aller Geschäftsanteile entsprechen und somit immer mit der **Stammkapitalziffer** übereinstimmen muss. Das bisher zulässige Abweichen der Summe der Nennbeträge der Geschäftsanteile vom Nennbetrag des Stammkapitals, insbesondere im Fall der **Einziehung eines Geschäftsanteils** ist daher unzulässig. Um bei der Einziehung ein unzulässiges Auseinanderfallen zu verhindern, stehen den Gesellschaftern drei Möglichkeiten zur Verfügung: 39

1. die Einziehung wird mit einer **Kapitalherabsetzung** verbunden

2. die verbleibenden Geschäftsanteile werden aufgestockt oder

3. es wird ein neuer Geschäftsanteil gebildet und ausgegeben, der von der Gesellschaft, einem Gesellschafter oder einem Dritten übernommen wird.

Soweit sie keinen dieser Wege wählen, ist die beschlossene Einziehung nichtig.[2]

---

[1] BR-Drucks. 354/07, S. 63f., 84f.
[2] So auch *Wachter,* GmbHR-Sonderheft Oktober 2008, 5, 11.

C. Gründungsverfahren nach dem MoMiG

c) Praxishinweis

40
- Die Kapitalherabsetzung unter das Mindeststammkapital ist unzulässig und wird vom Gesetzgeber nur im Falle der vereinfachten Kapitalherabsetzung, die mit einer erneuten Kapitalerhöhung auf mindestens 25 000 € verbunden wird, zugelassen, § 58a Abs. 4 GmbHG. Eine Kapitalherabsetzung mit dem Ziel, bei einem Stammkapital unter 25 000 € eine UG (haftungsbeschränkt) entstehen zu lassen, ist unzulässig (vgl. Rn. 223f.).

41
- Es ist bisher unklar, inwieweit und nach welchem Verfahren nach einer Einziehung Geschäftsanteile neu ausgegeben werden können (sog. Revalorisierung). Nach überwiegender Meinung ist dies jedenfalls dann zulässig, wenn die Neuausgabe unmittelbar im Zusammenhang mit der Einziehung vorgenommen wird. Teilweise wird gefordert, dass die Satzung eine solche **Neuausgabe** zulassen muss.[1] Bei entsprechender Satzungsregelung soll nach einem Teil der Lehre die Neuausgabe auch später zulässig sein. Für die Zukunft scheint der Gesetzgeber angesichts der Neuregelung davon auszugehen, dass die Neuausgabe anlässlich der Einziehung zulässig ist. Ansonsten wäre die Gesellschaft auf die Kapitalherabsetzung oder -aufstockung beschränkt. Für die Praxis empfiehlt es sich, alte und neue Satzungen um eine Bestimmung zu ergänzen, die die Neuausgabe von Geschäftsanteilen besonders nach Einziehungen ausdrücklich zulässt. Es sollte dort auch die Streitfrage[2] entschieden werden, mit welcher Mehrheit die Neuausgabe beschlossen werden muss.

d) Formulierungsbeispiel

42 *Die Neuausgabe von Geschäftsanteilen ist insbesondere bei einer Einziehung zulässig. Die Neuausgabe beschließen die Gesellschafter mit einer Mehrheit von _____ Stimmen. Alternativ können sie unter Berücksichtigung der Bestimmungen des GmbHG die Kapitalherabsetzung beschließen oder die vorhandenen Anteile aufstocken.*

---

[1] Baumbach/Hueck/*Hueck/Fastrich*, § 34 Rn. 20; a. A. *Wolff*, GmbHR 1999, 958, 962; *Connella*, GmbHR 1962, 753.
[2] Vgl. Baumbach/Hueck/*Hueck/Fastrich*, § 34 Rn. 20 m.w.N.

II. Bar- und Sachgründung (Kapitalaufbringung)

e) **Stimmrecht**

aa) Neuregelung

Im Zusammenhang mit den Änderungen in § 5 GmbHG steht auch § 47 Abs. 2 GmbHG, wonach jeder € eines Geschäftsanteils eine Stimme gewährt, womit das Berechnen der **Stimmanteile** der einzelnen Gesellschafter vereinfacht wird.¹ Der Grundsatz des § 47 Abs. 2 GmbHG gilt aber nur, wenn die **Satzung** keine abweichende Regelung enthält. Die oft in Satzungen zu findenden Regelungen, wonach jede 50 bzw. 100 € eines Geschäftsanteils eine Stimme gewähren, sind daher vorrangig, § 45 Abs. 2 GmbHG. **43**

bb) Praxishinweis

> In Satzungstexten finden sich häufig Regelungen zur Stimmrechtsausübung, die je 50 € oder je 100 € eine Stimme gewähren. Diese Regelungen sind zwar auch weiterhin zulässig, können aber zukünftig Streit auslösen, wenn der Gesellschafter nur einen Anteil unter 50 € oder Anteile hält, die nicht entsprechend teilbar sind. Zur Streitvermeidung bietet es sich an, diese Regelung anzupassen. **44**

cc) Formulierungsbeispiel

Je 1 € eines Geschäftsanteils gewährt eine Stimme.

6. Neuregelungen bei der Einmann-GmbH

a) **Ausgangslage**

Im Unterschied zur Gründung einer Mehrmann-GmbH genügte es bisher nicht, dass der Gründer einer Einmann-GmbH bei der Anmeldung das **Stammkapital nur zur Hälfte** aufbringt. **45**

Der Gründer einer Einmann-GmbH musste vielmehr das **Stammkapital komplett einzahlen (Volleinzahlungsgebot)** oder, bei nicht vollständiger Einzahlung, wenigstens eine **Sicherheit leisten,** § 7 Abs. 2 Satz 3 GmbHG. Nach § 19 Abs. 4 GmbHG musste der Gesellschafter/die Gesellschaft, wenn sich innerhalb von drei Jahren alle Anteile in einer Hand vereinigt hatten, binnen 3 Monaten voll einzahlen, Sicherheit leisten oder teilweise abtreten. Der Sinn der Regelung lag darin, dass die Gläubiger der Gesellschaft eine Kompensation dafür **46**

---

¹ *Flesner*, NZG 2006, 641, 642; *Seibert*, ZIP 2006, 1157, 1159.

erhalten sollten, dass bei nur einem Gründer für die fehlende Einzahlung kein zweiter Haftungspartner (Ausfallhaftung) bereit stand.

47 In der Praxis wurde die Volleinzahlung häufig dadurch vermieden, dass ein zweiter Gesellschafter aufgenommen wurde. Diesen zweiten Gesellschafter musste der Berater jedoch auf die enormen Risiken, die sich insbesondere aus der Unterbilanzhaftung ergaben, hinweisen. Auch bei einer Beteiligung mit lediglich 100 € konnte bei entsprechend ungünstigen Geschäften in der Gründungsphase eine Haftung mit Beträgen in vielfacher Höhe drohen.

b) Neuregelung

48 Der Gesetzgeber stellt hier – wie an vielen Stellen des MoMiG – trotz zahlreicher warnender Stimmen und der kritischen Stellungnahme des Bundesrats[1] den **Gläubigerschutz** hinten an. Beide Schutzregelungen zugunsten der Gläubiger fehlen. Auch der Einmann-Gründer muss nur noch die Hälfte des Stammkapitals einzahlen. Eine **Pflicht zur Sicherheitsleistung** besteht für Gründungsvorgänge ab dem 1.11.2008 ebenso nicht mehr. Die Regelungen der §§ 19 Abs. 4, 60 Abs. 1 GmbHG, 144b FGG (Amtsauflösung) entfallen für die Einmann-GmbH ersatzlos. Vereinigen sich ab dem 1.11.2008 alle Geschäftsanteile in einer Hand (der Hand des Gesellschafters oder der Gesellschaft), so besteht weder eine Pflicht zur Volleinzahlung noch eine solche zur Sicherung der noch nicht geleisteten Einlage. Der Gesellschafter muss auch nicht als Alternative zu den vorgenannten Wegen binnen der früher geltenden Frist von 3 Monaten die Anteile teilweise auf Dritte übertragen.

c) Hintergrund

49 Zwar wurde es teilweise als fraglich erachtet, ob allein die Existenz eines zweiten Gesellschafters gewährleistet, dass das Stammkapital voll eingezahlt wird. Es wurde bezweifelt, dass gerade das Vorhandensein nur eines Gesellschafters eine Rechtfertigung für ein derartiges Sicherungsbedürfnis auslöst.[2] Allerdings ist zu beachten, dass diese Vorschriften dem **Gläubigerschutz** dienten[3] und als **Gegenstück zur Haftungsbeschränkung** erforderlich sind.[4] Bei einer Mehrpersonengesellschaft sind mindestens zwei Gesellschafter als Schuldner einer Differenz- oder Unterbilanzhaftung vorhanden, während ein einzelner Gesellschafter, der nicht das gesamte Stammkapital aufbringen bzw. eine Sicherheit leisten kann, i. d. R. auch nicht die Differenz im Falle einer Haftung aufbringen kann.

---

[1] Vgl. die Darstellung bei *Goette,* Einführung in das neue GmbH-Recht, 2008, 199 ff.
[2] *Römermann,* GmbHR 2006, 673, 675; *Schäfer,* DStR 2006, 2085, 2086; Handelsrechtsausschuss des DAV, NZG 2007, 211, 213 f.; Centrale für GmbH Dr. Otto Schmidt, GmbHR 2006, 978, 979 f.
[3] *Büchel,* GmbHR 2007, 1065, 1067; kritisch auch der Bundesrat, BR-Drs. 354/07 (B), 12.
[4] *Ries,* Stellungnahme zum MoMiG, abrufbar unter: www.bundestag.de.

II. Bar- und Sachgründung (Kapitalaufbringung)

Die oben (Rn. 47) geschilderten **Vermeidungswege** beantwortet der Gesetzgeber nun mit der Abschaffung der Gläubigerschutzvorschriften.[1] 50

Im Übrigen bleibt anzumerken, dass die bisherige Regelung nicht die **Gründung einer Einmann-GmbH** erschwerte, sondern diese nur mit einem höheren finanziellen Aufwand verband, wobei die Erbringung des Nachweises in der Praxis grundsätzlich unproblematisch war, sofern kein Missbrauch vorlag.[2] Die Seriosität der Rechtsform der GmbH fördert dieser Schritt nicht, angesichts der Ziele der GmbH-Reform ist er kontraproduktiv. 51

d) Praxishinweis

> Wurden bei der **Gründung einer Einmann-GmbH vor Inkrafttreten des MoMiG** bei der Anmeldung **Sicherheiten** geleistet, kann der Sicherungsgeber diese wieder zurückverlangen. Ebenso wie beim Hinzutritt eines zweiten Gesellschafters nach altem Recht, ist mit der Streichung des § 7 Abs. 2 S. 3 GmbHG der Sicherungszweck und damit die Besicherungspflicht entfallen.[3] 52
>
> Die Rechtslage ist allerdings im MoMiG nicht eindeutig geregelt. Man könnte sich auch auf den Standpunkt stellen, dass **Altfälle** nicht erfasst werden. Will man die Sicherheiten herausgeben, müsste man dann wie folgt verfahren: Der Einmann-Gesellschafter überträgt einem zweiten Gesellschafter einen Geschäftsanteil in Höhe von 1 € und dieser überträgt ihn dann später wieder zurück. Bei der Übertragung auf den zweiten Gesellschafter entfällt die **Pflicht zur Besicherung** nach allgemeiner Meinung.[4] Es tritt allerdings die Haftung des zweiten Gesellschafters ein. Bei der Rückübertragung und der daraus folgenden Vereinigung der Geschäftsanteile in einer Hand entfällt nach dem MoMiG die früher in § 19 Abs. 4 GmbHG a. F. vorgesehene Pflicht zur Besicherung. 53
>
> Wurde die GmbH vor Inkrafttreten des MoMiG gegründet, aber noch nicht in das Handelsregister eingetragen, so ist fraglich, ob altes oder neues Recht anzuwenden ist. Maßgeblich dürfte insoweit der Monat der Eintragung sein. Der Gesetzgeber hat zu diesem Zeitpunkt auf die Besicherungs- bzw. Volleinzahlungspflicht verzichtet. Das Handelsregister kann diese dann auch nicht mehr verlangen. Soweit noch offene Forderungen der Handelsregister im Raum stehen, die mit Rücksicht auf das Volleinzahlungsgebot bei Vereinigung aller Geschäftsanteile einen entsprechenden Nachweis fordern, sind diese Aufforderungen nun obsolet. 54

---

[1] Kritisch auch Bundesrat, BR-Drs. 354/07 (b), 12.
[2] *Ries,* Stellungnahme zum MoMiG, abrufbar unter: www.bundestag.de.
[3] Vgl. zur alten Rechtslage: Großkomm-GmbHG/Ulmer, § 7 Rn. 81 m.w.N.; die Rückforderbarkeit von Sicherheiten bejaht auch *Bormann/Urlichs,* GmbHR-Sonderheft Oktober 2008, 37, 38.
[4] Großkomm-GmbHG/Ulmer, § 7 Rn. 81 m.w.N.

7. Prüfungsbefugnisse des Registergerichts bei der Bargründung/ Kapitalerhöhung

a) Ausgangslage

55 Die Geschäftsführer sind verpflichtet in der Gesellschaftsanmeldung die **Versicherung** abzugeben, dass die für die Anmeldung erforderlichen Leistungen auf die Geschäftsanteile gem. § 7 Abs. 2, 3 GmbHG bewirkt sind und sich endgültig in der freien Verfügung der Geschäftsführer befinden, § 8 Abs. 2 Satz 1 GmbHG.

56 Schon bisher entsprach es der ganz herrschenden Meinung, dass das Handelsregister nur ausnahmsweise und nicht routinemäßig über die Versicherung des Geschäftsführers hinaus weitere **Nachweise für die Leistung der Bareinlage** zur freien Verfügung verlangen kann.[1] In der Praxis hingegen haben immer wieder einzelne Handelsregister aus ihrer Erfahrung mit der häufig **unrichtigen Versicherung** die Schlussfolgerung gezogen, dass fast standardmäßig weitere Nachweise, wie insbesondere Einzahlungsbelege, zu fordern seien. Dem ist allerdings auch die Rechtsprechung der höherinstanzlichen Gerichte entgegengetreten.[2] Es entsprach schon zur alten Rechtslage der herrschenden Meinung, dass weitere Belege (Überweisungsträger, Kontonachweise) dann vom Handelsregister angefordert werden können, wenn zum Beispiel ein langer Zeitraum zwischen der eingehenden und mit einer Zwischenverfügung versehenen Registeranmeldung und dem Eintragungszeitpunkt verstreicht.

57 Grundsätzlich kann der Geschäftsführer die entsprechende Versicherung nicht abgeben, wenn bei der Gründung die Bareinlage **voreingezahlt** wurde.[3] Die Vor-GmbH entsteht erst mit dem notariellen Gründungsakt. Wird vor diesem auf ein Konto eingezahlt, so kann dies nur das Konto einer Vorgründungsgesellschaft (GbR/OHG) oder eines Einzelkaufmanns sein, nicht aber das der künftigen GmbH. Es entspricht absolut gefestigter Rechtsprechung und herrschender Meinung, dass die Aktiva und Passiva der Vorgründungsgesellschaft nicht auf die Vor-GmbH übergehen[4] und somit sich die Rechtslage deutlich unterscheidet zwischen Vorgründungs- und Vor-GmbH einerseits und Vor-GmbH und eingetragener GmbH andererseits. Nur und ausschließlich die Aktiva und Passiva der Vor-GmbH gehen dann später auf die eingetragene GmbH über.[5]

58 Dennoch wird es vereinzelt zugelassen, auch solche Leistungen als schuldtilgend zu werten, die vor dem Gründungsakt geleistet und zum Zeitpunkt der

---

[1] Vgl. *Böhringer,* Rpfleger 2002, 551 ff. mit zahlreichen Rechtsprechungsnachweisen.
[2] Vgl. etwa dazu das Verfahren des *OLG Düsseldorf* BeckRS 2008, 19399.
[3] Vgl. *Heidinger,* in: Heckschen/Heidinger, Die GmbH in der Gestaltungs- und Beratungspraxis, 2. Aufl., 2009 § 11 Rn. 18 ff.
[4] Vgl. *Heidinger,* in: Heckschen/Heidinger, Die GmbH in der Gestaltungs- und Beratungspraxis, 2. Aufl., 2009, § 3 Rn. 2 ff.
[5] Allerdings wird insoweit teilweise von einer sog. „technischen" Voreinzahlung gesprochen: *Kanzleiter,* DNotZ 1994, 700 f.; teilweise sieht auch die Rechtsprechung diese Voreinzahlungen unkritisch: *Schleswig-Holsteinisches OLG* GmbHR 2003, 1058; einschränkend *OLG Frankfurt* DB 2005, 1049.

II. Bar- und Sachgründung (Kapitalaufbringung)

Gründung noch vorhanden sind (sog. **technische Voreinzahlung**).[1] Dies ist dogmatisch nicht nachvollziehbar. Angesichts der nicht eindeutigen Klärung durch den II. Zivilsenat des BGH sollten die Beteiligten entsprechend dem Belehrungshinweis (vgl. Rn. 160) vor dieser Vorgehensweise gewarnt werden. Banken ist es ohnehin untersagt, für eine nichtexistente Person (in diesem Fall eine nichtexistente GmbH) ein Konto zu eröffnen, § 154 AO.

Für die **Barkapitalerhöhung** (vgl. auch unter Rn. 598 ff.) findet sich in § 57 Abs. 2 GmbHG a. F. eine § 8 Abs. 2 GmbHG entsprechende Vorschrift. Hier ist allerdings anders als bei der Gründung zu berücksichtigen, dass Voreinzahlungen bei der Barkapitalerhöhung dann die Einlageverpflichtung erlöschen lassen, wenn sich der Barbetrag zum **Zeitpunkt des Barkapitalerhöhungsbeschlusses und der Übernahmeerklärung** in der freien Verfügung der Gesellschaft befindet.[2] Es ist hier also die Voreinzahlung ebenso unschädlich wie der Verbrauch der Bareinlage unmittelbar nach diesem Zeitpunkt.[3] Insofern musste schon auf der Basis der bisherigen Rechtslage und der Rechtsprechung des BGH[4] die Registeranmeldung bei Barkapitalerhöhungen abweichend vom Gesetzeswortlaut gefasst werden.[5] 59

b) Neuregelung

Mit der GmbH-Reform wurde ein neuer Satz 2 in § 8 Abs. 2 GmbHG eingefügt, wonach das Registergericht nur noch bei **erheblichen Zweifeln an der Richtigkeit** dieser Versicherung Nachweise, z. B. Einzahlungsbelege verlangen darf. 60

Mit der Neuregelung wird entsprechend der bisherigen h. M.[6] klargestellt, dass das **routinemäßige Anfordern** von Einzahlungsnachweisen **nicht zulässig** ist, sondern begründete Zweifel erforderlich sind und grundsätzlich die strafbewehrte Versicherung des Geschäftsführers ausreicht.[7] Der Gesetzgeber regelt nunmehr für die Bargründung, dass das Gericht nur bei erheblichen Zweifeln an der Richtigkeit der Versicherung des Geschäftsführers Nachweise verlangen kann und nennt als Beispiel Einzahlungsbelege. 61

Der Gesetzgeber nennt keine **Regelbeispiele,** wann derartige begründete Zweifel bestehen können. Die Problematik der **Voreinzahlung vor Gründung** thematisiert er nicht.

---

[1] *Heidinger,* in: Heckschen/Heidinger, Die GmbH in der Gestaltungs- und Beratungspraxis, 2. Aufl. 2009, § 11 Rn. 9 ff.
[2] Vgl. die Darstellung bei *Heidinger,* in: Heckschen/Heidinger, Die GmbH in der Gestaltungs- und Beratungspraxis, 2. Aufl., 2009 § 11 Rn. 13 ff. Zu Praxisproblemen und Regressverfahren für den Notar bei der Kapitalerhöhung vgl. *Herrler,* ZNotP 2009, 13.
[3] Baumbach/Hueck/*Zöllner,* § 57 Rn. 7 b.
[4] *BGH* NJW 1991, 226; *Ulmer,* GmbHR 1993, 189; *Harrer,* DStR 1993, 520.
[5] Ausf. zur Problematik der Voreinzahlung bei der Barkapitalerhöhung jetzt auch *Heidinger,* in: Heckschen/Heidinger, Die GmbH in der Beratungs- und Gestaltungspraxis, 2. Aufl. 2009, § 11 Rn. 47 ff.
[6] Baumbach/Hueck/*Hueck/Fastrich,* § 9c Rn. 2; Großkomm-GmbHG/*Ulmer,* § 9c Rn. 31.
[7] Begr. RegE., Beilage zu ZIP 23/2007, S. 9 f.

C. Gründungsverfahren nach dem MoMiG

Über die Verweisung in § 57 Abs. 2 auf die Neuregelung in § 8 Abs. 2 Satz 2 findet der Normbefehl des Gesetzgebers an den Registerrichter für die **Barkapitalerhöhung** entsprechende Anwendung (vgl. dazu unten Rn. 598 ff.).

62 Der Gesetzgeber hat allerdings nicht geregelt, welche Prüfungsrechte der Registerrichter beim sog. **Hin- und Herzahlen** gem. § 19 Abs. 5 GmbHG hat, obwohl der Gesetzgeber diesen Vorgang als Barkapitalerbringung fingiert (vgl. Rn. 119–157). Bei diesem Vorgang steht dem Handelsregister ein volles Prüfungsrecht zu.

c) Praxishinweis

63 Für die Praxis ist bei der Bargründung Folgendes zu beachten:
- Die Gesellschaften sollten vor einer Voreinzahlung vor dem Zeitpunkt der Gründung gewarnt werden.
- In aller Regel erscheint der Geschäftsführer, der bei der GmbH nicht selten auch Gesellschafter ist, bei der Gründung ebenfalls. Es ist und bleibt zulässig, die Registeranmeldung bereits unmittelbar nach Abschluss der Gründung unterzeichnen zu lassen. Natürlich steht in diesem Moment das einzuzahlende Barkapital dem Geschäftsführer noch nicht zur freien Verfügung. Der Notar wird vielmehr den Geschäftsführer nun mit einer beglaubigten Abschrift der Gründungsurkunde oder einer sogenannten Gründungsbestätigung ausstatten. Mit dieser Bestätigung/beglaubigten Abschrift kann dann der Geschäftsführer bei der Bank ein Konto auf den Namen der GmbH eröffnen. Im Anschluss übermittelt er dem Notar eine Kopie des Überweisungsträgers oder einen Kontoauszug oder lässt sich von der Bank die Einzahlung bestätigen und beauftragt nunmehr den Notar, die Registeranmeldung einzureichen. Der Notar sollte unbedingt bis zu diesem Zeitpunkt die Registeranmeldung zurückhalten. Die Versicherung des Geschäftsführers muss zum **Zeitpunkt ihres Eingangs beim Handelsregisters** richtig sein.[1] Mit dem vorbeschriebenen Verfahren verhindert der Notar, dass die Registeranmeldung vorzeitig eingeht und der Geschäftsführer sich insofern strafbar macht. Hier dürfte auch der Notar in einer gewissen Mitverantwortung stehen, da er die Registeranmeldung zu einem Zeitpunkt unterzeichnen lässt, zu dem er weiß, dass die Einzahlung noch nicht stattgefunden hat. Es ist allerdings eindeutig darauf hinzuweisen, dass die vereinzelt von Staatsanwaltschaften aufgestellte These, dass für die Frage der Strafbarkeit der Zeitpunkt der Abgabe der Versicherung und nicht der Zeitpunkt des Eingangs der Versicherung beim Handelsregister entscheidend sei, unzutreffend ist.[2]

---

[1] RGSt 43, 323; 43, 431; *OLG Köln* GmbHR 1988, 227; *BayObLG* GmbHR 1992, 109, 110; Scholz/*Winter/Veil*, § 8 Rn. 21 m.w.N.
[2] Vgl. hierzu ausführlich *Heidinger*, in: Heckschen/Heidinger, Die GmbH in der Gestaltungs- und Beratungspraxis, 2. Aufl. 2009, § 2 Rn. 117 ff. m.w.N.

II. Bar- und Sachgründung (Kapitalaufbringung)

- Soweit sich das Eintragungsverfahren in die Länge zieht, weil beispielsweise die Einzahlungsbelege dem Notar nicht vorgelegt werden und er deswegen nicht einreicht, wird er auch künftig darauf hinweisen müssen, dass das Registergericht bei erheblichem Verzug in einer Zeitspanne von mehreren Monaten zwischen Abgabe der Versicherung und Eingang beim Handelsregister oder aber auch bei einer erheblichen **zeitlichen Differenz zwischen Eingang der Registeranmeldung und Möglichkeit der Eintragung** erneute Nachweise und auch eine erneute Versicherung wird verlangen können. Wird beispielsweise die Registeranmeldung eingereicht, aber die zur Gründung erforderlichen Genehmigungen anderer Gründer nicht in gehöriger Form mit vorgelegt oder muss das Handelsregister angesichts der vorgelegten Satzung eine Zwischenverfügung aussprechen und verstreicht bis zur Erledigung der Zwischenverfügung ein Zeitraum von mehr als 3 Monaten, so dürften begründete Zweifel an der Richtigkeit der Versicherung bestehen und das Gericht kann in diesen Fällen Nachweise darüber verlangen, dass nunmehr immer noch das Stammkapital zur freien Verfügung steht. Darüber hinaus wird es auch eine erneute Versicherung verlangen können.

64

- Der Gesetzgeber hat sich von dem Grundsatz, dass vor Eintragung ein Kostenvorschuss gem. § 8 Abs. 2 KostO gefordert werden kann, nicht getrennt. Soll das Verfahren beschleunigt werden, so kann der Notar nur die mit dem EHUG eingeführte Vorschrift des § 8 Abs. 2 Satz 2 Nr. 3 KostO nutzen.[1] Bei Kostenstarksagung durch den Notar darf kein Kostenvorschuss mehr angefordert werden.

65

8. Prüfungsbefugnisse des Registergerichts bei der Sachgründung

a) Ausgangslage

Das GmbH-Gesetz bestimmt nicht, anhand welcher Unterlagen sich das Handelsregister von der **Werthaltigkeit** der in vollem Umfang zu erbringenden Sacheinlage zu überzeugen hat. Die Registerpraxis ist hier höchst unterschiedlich. Teilweise werden Einkaufsbelege, bei Kraftfahrzeugen der Verweis auf Preislisten/Gebrauchtwagenlisten akzeptiert.[2] Werden Unternehmen eingebracht, so wird teilweise die Vorlage einer Bilanz, auch wenn diese nicht geprüft ist, für ausreichend erachtet, wenn sich aus dieser Bilanz ein ausreichendes Eigenkapital ergibt. Andere Registergerichte fordern routinemäßig Sachverständigengutachten ab. Bereits geringfügige Differenzen zwischen der festgelegten Sacheinlage und der sich

66

---

[1] *Sikora/Schwab*, MittBayNot 2007, 1.
[2] Zu der kontroversen Diskussion vgl. nur *OLG Düsseldorf* WM 1991, 1669; Lutter/Hommelhoff/*Lutter/Bayer*, § 5 Rn. 24; *Michalski/Zeidler*, GmbHG, 2002, § 5 Rn. 188.

aus Gutachten/Einkaufsbelegen/Preislisten ergebenden Sachwerte rechtfertigen bisher die Zurückweisung seitens des Handelsregisters. Für die **Sacheinlage** bestimmt das Gesetz in § 7 Abs. 3 GmbHG, dass die Einlage **vollständig zu bewirken** ist.

67 Gesellschafter und Geschäftsführer müssen sich vor Augen halten, dass der Gesellschafter selbst bei einer vom Handelsregister nicht beanstandeten Überbewertung für die **Differenz** zwischen der übernommenen Einlageverpflichtung und dem tatsächlichen Wert der erbrachten Sacheinlage haftet. Der Geschäftsführer macht sich schadensersatzpflichtig, wenn er eine Sacheinlage akzeptiert, die dem Wert der festgesetzten Einlage nicht entspricht, er insbesondere eine Überbewertung hinnimmt, § 9 Abs. 1 GmbHG.

68 Entscheidend für den **Zeitpunkt der Werthaltigkeit** der Sacheinlage ist der Zeitpunkt der Anmeldung zum Handelsregister. Die Einlage muss grundsätzlich nach der Übernahme der entsprechenden Verpflichtung erbracht werden. Soweit die Einlage der Gesellschaft bereits vorher zur Verfügung gestellt wurde, muss klar zum Ausdruck kommen, dass diese Einlageleistung auf eine künftige Sacheinlageverpflichtung erbracht worden ist und der Sacheinlagegegenstand muss der Gesellschaft weiterhin zur Verfügung stehen.[1]

b) Neuregelung

69 Parallel zur eingeschränkten Prüfungsbefugnis bei Bargründungen wurde auch § 9c Abs. 1 Satz 2 GmbHG für **Sachgründungen** abgeändert. Das Handelsregister kann eine Zurückweisung bei Überbewertung entsprechend § 9a Abs. 1 Satz 2 GmbHG n. F. nur dann aussprechen, wenn begründete Zweifel es nahe legen, dass eine nicht nur unwesentliche Überbewertung der Sacheinlage vorliegt. Die Änderung betrifft über § 57a GmbHG auch **Sachkapitalerhöhungen.**

70 Um die durch die Prüfung auftretenden langen Eintragungszeiten zu minimieren und die aufgrund unterschiedlicher Handhabung aufgetretenen Rechtsunsicherheiten zu beseitigen, wurde in § 9a Abs. 1 Satz 2 GmbHG die Werthaltigkeitskontrolle bei Sacheinlagen an die Rechtslage bei der Aktiengesellschaft angelehnt. Weitere Unterlagen kann das Registergericht nur dann anfordern, wenn sich aufgrund der mit der Anmeldung eingereichten Unterlagen **begründete Zweifel** für eine nicht nur unwesentliche Überbewertung der Sacheinlagen ergeben. Ohne Anhaltspunkte ist keine Ausforschungsermittlung zu betreiben. In der Praxis werden sich Probleme hauptsächlich durch die Abgrenzung von unwesentlicher und wesentlicher Überbewertung ergeben.[2]

71 Der Gesetzgeber trifft keine inhaltlichen Regelungen zur Frage, in welcher Weise sicher der Handelsregisterrichter von der Werthaltigkeit der Einlagen zu vergewissern hat, nicht. Insoweit bleibt die Rechtslage unverändert. Es gilt inso-

---

[1] Zur Bestimmtheit einer Sacheinlage: *BGH* DB 2000, 2260.
[2] *Noack* plädierte daher für eine gänzliche Abschaffung der Kontrolle, DB 2007, 1395, 1397.

II. Bar- und Sachgründung (Kapitalaufbringung)

weit der im FGG-Verfahren herrschende **Grundsatz der freien Beweiswürdigung**.

c) **Praxishinweis**

> - Der Gesetzgeber hat die Art der Nachweisführung nicht geregelt. Es wird daher dabei bleiben, dass sich die Praxis der Registergerichte sehr unterschiedlich gestaltet. Wann eine **Überbewertung** nicht unwesentlich ist, lässt sich weder aus dem Gesetzestext noch aus der Regierungsbegründung entnehmen. Für die Praxis dürfte diese Änderung des Gesetzestextes wenige Vorteile mit sich bringen. Soweit nicht ein Sachverständigengutachten vorgelegt wird, empfiehlt sich die Abstimmung mit dem Registergericht. Unwesentlich dürften Wertdifferenzen von weniger als 10% sein. Hilfreich kann die Regelung dort sein, wo beispielsweise ein Wertgutachten für einen Wertgegenstand vorgelegt wird und dieses nicht ganz aktuell ist (z. B. Pkw-Bewertung vor drei Monaten). Die Wertminderung in einem so kurzen Zeitraum dürfte als nicht wesentlich einzuordnen sein.
> - Es ist nicht zu erwarten, dass die Handelsregisterrichter ihren Prüfungsmaßstab wesentlich ändern werden. Es ist in keiner Weise definiert, wann eine nicht unwesentliche Überbewertung vorliegt. Aus der Regierungsbegründung lassen sich etwa Prozentsätze noch nicht einmal ansatzweise entnehmen.
> - Angesichts der Differenzhaftung des Gesellschafters und der Schadensersatzpflicht, die dem Geschäftsführer bei einer Überbewertung droht, wird man den Beteiligten hier nicht anraten können, bei der **Bewertung** großzügig zu verfahren. Praktisch mag sich die gesetzliche Änderung da auswirken, wo Handelsregister bisher beanstandet haben, dass Bewertungsgutachten/Preisliste etc. nicht genau auf den Zeitpunkt der Einbringung datiert sind. Werden hier also Gutachten vorgelegt, die nur wenige Wochen alt sind, so lässt sich in der Praxis argumentieren, dass allenfalls aufgrund des Zeitablaufs eine nicht unwesentliche Überbewertung vorliegen kann.
> Der Notar muss ausdrücklich auf die Differenzhaftung des Gesellschafters/ Übernehmers betreffend seiner Sacheinlage hinweisen. Dies gilt in besonderem Maße bei Zweifeln an einer richtigen Bewertung.[1]

72

---

[1] *BGH* NJW 2007, 3566, 3567; krit. dazu *Herrler*, ZNotP 2009, 13 m. w. N.

9. Die Neuregelung der verdeckten Sacheinlage

a) Ausgangslage

73 Die **verdeckte Sacheinlage,** die der Gesetzgeber jetzt auch in § 19 Abs. 4 GmbHG definiert, war dadurch geprägt, dass die Beteiligten anstrebten, die eigentlich versprochenen Barmittel der Gesellschaft gegen Leistung eines anderweitigen Vermögensgegenstandes zufließen zu lassen.[1]

74 Die verdeckte Sacheinlage wirft sowohl auf der **Tatbestands-** als auch auf der **Rechtsfolgenseite**[2] Probleme auf. Sowohl bei der Kapitalaufbringung im **Gründungszeitpunkt** als auch bei der **Kapitalerhöhung** seitens einer bestehenden GmbH, ist bei der Prüfungsreihenfolge zunächst festzustellen, ob die Gesellschafter eine Bareinlageverpflichtung vereinbart haben. Ist dies zu bejahen, so ist auf der Tatbestandsseite weiterhin zu prüfen, ob es eine **Abrede** der Gesellschafter gibt, diese Bareinlageverpflichtung dadurch zu umgehen, dass der Gesellschaft im Ergebnis nicht Barmittel, sondern ein anderer wirtschaftlicher Wert zur Verfügung gestellt wird.

75 Die im Wesentlichen auf die Phantasie der Berater zurückzuführenden Modelle sind äußerst vielschichtig und reichen von simplen Ausgangslagen, bei denen der Gesellschafter eine Bareinlageverpflichtung übernimmt, das Geld einzahlt und dann die Gesellschaft mit diesem Geld Sachgegenstände/Waren etc. von ihm abkauft, bis zu komplizierten Konstruktionen, insbesondere im Bereich der **Verrechnung von sog. Alt- und Neuforderungen.**

76 Nach der Rechtsprechung des BGH ist zunächst auf der Tatbestandsseite zu überprüfen, inwieweit die **Umgehungsabreden** überhaupt zu einem rechtlich zu beachtenden Tatbestand führen. Für Fälle des sogenannten Hin- und Herzahlens wie aber auch für die Fälle des Her- und Hinzahlens ist der II. Zivilsenats des BGH der Auffassung, dass diese Abreden juristisch ohne Bedeutung sind (vgl. zum Hin- und Herzahlen Rn. 604 ff.). Der bisherige Stand der Rechtsprechung war der, dass der Gesellschafter, der eine Bareinlage erbringt, und sich diese dann sogleich als Darlehen zurückgewähren lässt, nicht etwa verdeckt oder verschleiert eine Sache, nämlich die Forderung gegen sich selber, einbringt, sondern ein rechtlich unerhebliches, die Bareinlageverpflichtung völlig unberührt lassendes Geschäft tätigt.

77 Die Abrede zu einer verdeckten Sacheinlage hat die Rechtsprechung bisher dann angenommen, wenn derartige Geschäfte mit dem Gesellschafter oder einer ihm nahestehenden Person im **zeitlichen Zusammenhang** mit der Gründung/Kapitalerhöhung vorgenommen wurden.[3] Ein Indiz für eine derartige Abrede besteht dann, wenn innerhalb eines Zeitraumes von 6 Monaten ein derartiger Geschäftsverkehr zwischen der Gesellschaft und dem Gesellschafter oder einer ihm

---

[1] *Heidinger*, in: Heckschen/Heidinger, Die GmbH in der Gestaltungs- und Beratungspraxis, 2. Aufl. 2009, § 11 Rn. 143 ff.
[2] Vgl. dazu etwa *Winter*, FS Priester, 2007, S. 867 ff.
[3] BGHZ 170, 47.

II. Bar- und Sachgründung (Kapitalaufbringung)

nahestehenden Person/Gesellschaft geführt wird.[1] Bei einem Abstand von 8 Monaten hat er eine Indizwirkung verneint.[2]

Völlig unabhängig von dem Zeitabstand zwischen Gründung/Kapitalerhöhung und dem Verkehrsgeschäft zwischen Gesellschaft und Gesellschafter liegt jedoch immer dann bereits eine derartige verdeckte Sacheinlage vor, wenn eine entsprechende **Abrede** bestanden hat. 78

Stellt man eine solche Abrede fest, so kann von einer verdeckten Sacheinlage auch nur dann gesprochen werden, wenn Gegenstand der Abrede ein sacheinlagefähiger Vermögenswert ist. Dies ist z. B. bei Dienstleistungen nach bisher h. M. nicht der Fall.[3] Eine Forderung gegen den Gesellschafter kann ebenfalls nicht als Sacheinlage eingebracht werden.[4] Insoweit stellt die Regelung zum Hin- und Herzahlen auch einen Systembruch dar (vgl. Rn. 121). 79

Bislang hatte die **Umgehung der Sacheinlagenvorschriften** im Falle der verdeckten Sacheinlagen weitreichende Folgen: Die von dem Gesellschafter übernommene Bareinlage war zum einen nicht wirksam erbracht und zum anderen war auch das der Abrede zugrunde liegende Verpflichtungsgeschäft ebenso wie das Verfügungsgeschäft unwirksam, analog § 27 Abs. 3 Satz 1 AktG.[5] Dies hatte in der Insolvenz zur Folge, dass der Gesellschafter zwar die Bareinlage noch einmal komplett neu erbringen musste, sein Rückgewähranspruch gegen die Gesellschaft jedoch meist nur eine wertlose Insolvenzforderung war. Andererseits war der Gesellschafter Eigentümer des Sacheinlagegegenstands geblieben. War beispielsweise Gegenstand der verschleierten Sacheinlage eine Immobilie, so war diese nicht wirksam in das Eigentum der Gesellschaft übergegangen. Die Gesellschafter hatten gegen den Insolvenzverwalter einen Grundbuchberichtigungsanspruch und einen Herausgabeanspruch. Zur Milderung dieser Rechtsfolgen hatte der II. Zivilsenat des BGH ein Modell zur Heilung derartiger verdeckter Sacheinlagen entwickelt.[6] 80

b) Reform der Rechtsfolgen

Die Definition der in jahrzehntelanger Rechtsprechung entwickelten Rechtsfigur der sog. **verdeckten** (teilweise auch als **verschleiert** bezeichneten) **Sacheinlage** kann man nun § 19 Abs. 4 Satz 1 entnehmen. Eine verdeckte Sacheinlage liegt danach vor, wenn folgender Sachverhalt gegeben ist: 81

---

[1] Vgl. beispielsweise *BGH* DStR 2006, 764.
[2] *BGH* ZIP 2002, 2045.
[3] *BGH* ZIP 2004, 1642.
[4] *KG* MittBayNot 2006, 164; *BGH* GmbHR 1994, 394, 395; 1996, 283, 284.
[5] Zur alten Rechtslage: *BGH* DNotZ 2008, 547, 549; BGHZ 170, 47, 51 m.w.N.; *Heidinger*, in: Heckschen/Heidinger, Die GmbH in der Gestaltungs- und Beratungspraxis, 2. Aufl. 2009, § 11 Rn. 186 ff. Bei der AG verbleibt es bei der alten Rechtslage, da hier der Gesetzgeber erst die Änderung der Kapitalrichtlinie abwartet.
[6] Vgl. ausf. *Heidinger*, in: Heckschen/Heidinger, Die GmbH in der Gestaltungs- und Beratungspraxis, 2. Aufl. 2009, § 11 Rn. 198 ff.

C. Gründungsverfahren nach dem MoMiG

„Ist eine Geldanlage eines Gesellschafters bei wirtschaftlicher Betrachtung nur aufgrund einer im Zusammenhang mit der Übernahme der Geldanlage getroffenen Abrede vollständig oder teilweise als Sacheinlage zu bewerten (verdeckte Sacheinlage …"

Auf eine **Umgehungsabsicht** stellt der Gesetzgeber nicht ab.

82 Neben der gesetzlichen Definition der verdeckten Sacheinlagen werden in § 19 Abs. 4 GmbHG die **Rechtsfolgen** der verdeckten Sacheinlage neu festgelegt.[1] Die Tatbestandsseite bleibt hingegen unberührt.[2] Im Laufe des Gesetzgebungsverfahrens wurden die Rechtsfolgen von einer Erfüllungslösung mit Differenzhaftung[3] hin zu einer **Anrechnung** der verdeckten Sacheinlage geändert.[4]

83 Die zunächst vorgesehene Lösung des Regierungsentwurfes sollte die **Erfüllung** der Bareinlagepflicht bewirken, wenn die verdeckte Sacheinlage den Wert der Bareinlage erreichte bzw. bei fehlender Vollwertigkeit eine Differenzhaftung begründen. Diese Lösung führte jedoch zu vermehrter Kritik, da bei diesen liberalen und sanktionslosen Rechtsfolgen eine **Zunahme von verdeckten Sacheinlagen** befürchtet wurde.[5] Eine Erfüllungslösung hätte zur Folge gehabt, dass eine werthaltige verdeckte Sacheinlage weder eine falsche Versicherung und entsprechende Strafbarkeit des Geschäftsführers und der ihn beratenden oder anstiftenden Gesellschafter und Berater zur Folge gehabt hätte, noch Notar oder Handelsregister dem Verfahren hätten entgegentreten können.

c) Allgemeines zu den Rechtsfolgen nach der Neuregelung

84 Die verdeckte Sacheinlage bewirkt nach der nun geltenden Regelung nicht die Erfüllung der übernommenen Bareinlageverpflichtung. Diese besteht unverändert fort. Jedoch wird der Wert der verdeckten Sacheinlage von Gesetzes wegen auf die fortbestehende Bareinlagepflicht angerechnet.[6] Einer Willenserklärung des Gesellschafters bezüglich der Anrechnung bedarf es dafür ebenso wenig wie einer **Verrechnungsabrede.**

85 Die **Zustimmung der übrigen Gesellschafter** ist nicht erforderlich. Die verdeckte Sacheinlage kann gegen den Willen von Minderheitsgesellschaftern aufgrund der Anrechnung (zumindest teilweise) befreiende Wirkung für den leistenden Gesellschafter entwickeln, obwohl im Gesellschaftsvertrag Bareinlagen vereinbart wurden.[7] Der Minderheitsgesellschafter kann allerdings notfalls – sofern er von dem Geschäft erfährt – den Geschäftsführer im Rechtswege an einer ent-

---

[1] *Maier-Reimer/Wenzel*, ZIP 2008, 1449, 1450 bezeichnen dies als angemessen.
[2] Begr. RegE BR-Drucks. 354/07, S. 92.
[3] So noch der RegE., Begr. RegE., Beilage zu ZIP 23/2007, S. 15.
[4] Vgl. *Heidinger*, in: Heckschen/Heidinger, Die GmbH in der Gestaltungs- und Beratungspraxis, 2. Aufl. 2009, § 11 Rn. 221 ff.
[5] *Priester*, ZIP 2008, 55, 56; *Römermann*, GmbHR 2007 R193; *Bormann*, GmbHR 2007, 897, 900; *Wirsch*, GmbHR 2007, 736, 739 f.; *Seibert/Decker*, ZIP 2008, 1208, 1210.
[6] *Priester*, ZIP 2008, 55, 56; *Winter*, FS Priester, 2007, 867, 876 ff.; Handelsrechtsausschuss des DAV, Stellungnahme Nr. 06/07 unter C; abrufbar unter www.anwaltverein.de.
[7] *Veil*, ZIP 2007, 1241, 1243.

II. Bar- und Sachgründung (Kapitalaufbringung)

sprechenden Vereinbarung durch Feststellungsklage betreffend die Unzulässigkeit oder mit einer Untersagungsverfügung im einstweiligen Rechtsschutz hindern.

Damit nicht einerseits der Wert des verdeckt eingebrachten Gegenstandes auf die Einlagepflicht des Gesellschafters angerechnet wird und er andererseits den Gegenstand von der GmbH wieder herausverlangen kann, ist für das Konzept der Wertanrechnung erforderlich, dass der Gegenstand der verdeckten Sacheinlage auch im Vermögen der Gesellschaft verbleibt und dem Gesellschafter kein Rückgewähranspruch zusteht.[1] Daher ordnet § 19 Abs. 4 GmbHG ausdrücklich an, dass bei Erbringung einer verdeckten Sacheinlage das **dingliche und schuldrechtliche Geschäft wirksam** bleibt. Für die Unwirksamkeit dieser Verträge besteht auch kein sachlicher Grund, da sie bis auf § 27 Abs. 3 AktG analog gegen kein gesetzliches Verbot verstoßen.[2] Das Verbleiben des Gegenstandes im Vermögen der Gesellschaft kann gerade auch in der Insolvenz von Vorteil sein. Der verdeckt geleistete Gegenstand bleibt im Gesellschaftsvermögen und kann weiter genutzt werden. 86

d) Sanktionen

Die ursprüngliche Lösung im Regierungsentwurf sah vor, dass die verdeckt erbrachte Sacheinlage die vereinbarte Bareinlageverpflichtung des Gesellschafters zum **Erlöschen** bringt. Der Geschäftsführer sollte daher die Erklärung nach § 8 GmbHG auch bei Leistung einer verdeckten Sacheinlage abgeben können, ohne der **Strafbarkeit** nach § 82 GmbHG zu unterfallen.[3] In der Literatur wurde dementsprechend befürchtet, dass allein die mögliche Haftung nach § 9a und § 43 GmbHG nicht genügend Anreiz für ein gesetzeskonformes Verhalten bieten würde.[4] 87

Mit der Abkehr von der Erfüllungslösung will der Gesetzgeber die verdeckten Sacheinlagen wieder stärker sanktionieren als im Regierungsentwurf. Die verdeckt erbrachte Sacheinlage führt nicht zum Erlöschen der Bareinlageverpflichtung und eine mögliche **Wertanrechnung** erfolgt ausdrücklich erst **nach Eintragung** der Gesellschaft im Handelsregister, unabhängig von dem Zeitpunkt ihrer Erbringung. Damit kann und darf der Geschäftsführer bei der Anmeldung nicht erklären, die vereinbarten Geldeinlagen seien (zumindest durch Anrechnung) erfüllt. Vielmehr macht er sich weiterhin nach § 82 GmbHG strafbar, wenn er eine solche Versicherung abgibt.[5] Diese Straftat ist im Übrigen teilnahmefähig. Auch die 88

---

[1] *Winter,* FS Priester 2007, 867, 877.
[2] Handelsrechtsausschuss des DAV, Stellungnahme Nr. 06/07 unter C; abrufbar unter www.anwaltverein.de.
[3] Begr. Reg, Beilage zu ZIP 23/2007, S. 15
[4] *Bormann* forderte daher die ausdrückliche Anordnung der Strafbarkeit der verdeckten Sacheinlage, GmbHR 2007, 897, 900; a. A. *Winter,* FS Priester 2007, 867, 875f.
[5] Beschlussempfehlung des Rechtsausschusses des Bundestages vom 24. 06. 2008, S. 97, abrufbar unter www.bmj.de; a. A. keine Strafbarkeit: *Wälzholz,* GmbHR 2008, 841, 845; *Schmidt, K.,* GmbHR 2008, 449, 451 aber noch zum Regierungsentwurf.

Gesellschafter und Berater können sich als Gehilfen oder Anstifter strafbar machen.

89   Der Registerrichter kann die **Eintragung** nach § 9c GmbHG **ablehnen,** auch wenn der Wert der verdeckten Sacheinlage die geschuldete Bareinlage erreichen sollte. Dem Notar, der nicht gegen gesetzliche Verbote verstoßen darf, ist es untersagt, an einem als verdeckter Sachgründung/Sachkapitalerhöhung erkannten Geschäft mitzuwirken.

e) Die Anrechnung

90   **Gegenstand der Anrechnung** ist die vom Gesellschafter übernommene Einlageverpflichtung, d. h. bei der Übernahme der Geschäftsanteile zu einem höheren Betrag als den Nennbetrag ist der Betrag der übernommenen Einlage und nicht der Nennbetrag maßgebend.[1]

91   Die Ermittlung des anzurechnenden Betrages setzt eine Berechnung voraus, bei der dogmatisch zwei Ebenen zu unterscheiden sind.

Beispiel

Gesellschafter A übernimmt einen Geschäftanteil mit einem Nennbetrag von 5 000 € als Bareinlage.

Beträgt der Wert des verdeckt eingebrachten Gegenstandes 4 500 €, so wird dieser komplett auf die noch bestehende Einlageverpflichtung angerechnet. Von dem Wert der verdeckten Sacheinlage wird der Nennbetrag von 5 000 € teilweise gedeckt, dieser auf die zu erbringende Einlageverpflichtung von 5 000 € angerechnet und der Gesellschafter muss die Differenz von 500 € in bar erbringen.

92   Ebene 1 ist das **Einlageverhältnis:** Die Gesellschaft hat gegen den Gesellschafter einen Anspruch auf Zahlung der vereinbarten Einlage.

Ebene 2 ist das **Geschäft, das der verdeckten Sacheinlage zugrunde liegt,** z. B. ein Kaufvertrag: die Gesellschaft hat einen Anspruch auf Übereignung des Gegenstandes, der Gesellschafter auf Kaufpreiszahlung.

Nach § 19 Abs. 4 GmbHG ist das Verkehrsgeschäft auf Ebene 2 wirksam. Ist dieses vollständig erfüllt, kann der eigentliche Wert des Sachgegenstandes nicht auf die Einlageschuld angerechnet werden, da die Gesellschaft für diesen Gegenstand den Kaufpreis geleistet hat.

93   Fraglich ist daher, was auf die nicht erfüllte Einlagenschuld angerechnet werden kann, wenn die von der Gesellschaft im Verkehrsgeschäft geschuldete Leistung erbracht worden ist. Die Konstruktion kann wie folgt gebildet werden:[2]

- Der Gesellschafter leistet zunächst seine Bareinlage, die aber aufgrund der getroffenen Abrede nach § 19 Abs. 4 GmbHG keine Tilgungswirkung entfaltet. Demnach steht der Gesellschaft weiterhin der Einlageanspruch zu, der Gesell-

---

[1] *Maier-Reimer/Wenzel,* ZIP 2008, 1449, 1451.
[2] Dazu auch *Maier-Reimer/Wenzel,* ZIP 2008, 1449, 1451f.

II. Bar- und Sachgründung (Kapitalaufbringung)

schafter hat hingegen einen Anspruch auf Rückerstattung der Zahlung aus § 812 Abs. 1 BGB.

- Im Folgenden wird das Verkehrsgeschäft über die verdeckte Sacheinlage geschlossen, das auch wirksam ist. Nach Durchführung des Geschäfts bestehen keine gegenseitigen Ansprüche mehr.
- Die sich anschließende Eintragung im Handelsregister führt zur Anrechnung. Dabei wird „auf die fortbestehende Geldeinlagepflicht der Wert des Vermögensgegenstandes angerechnet". Das Verkehrsgeschäft auf der 2. Ebene bleibt bei der Konstruktion der Anrechnung außen vor. Mit der von der Gesellschaft geleisteten Kaufpreiszahlung wird nicht nur die Kaufpreiszahlung für den Gegenstand getilgt, sondern auch der aus Ebene 1 bestehende bereicherungsrechtliche Anspruch des Gesellschafters. Damit steht die Einlagenschuld des Gesellschafters dem Wert des geleisteten Vermögensgegenstandes gegenüber.
- Die Berechnung ist nur dann ausgeglichen, wenn der Kaufpreis des Verkehrsgeschäftes dem Einlagebetrag und der Sachwert dem Wert des Kaufpreises entspricht.
- Zur Berechnung des anzurechnenden Betrages bietet sich eine einfache Methode an: Bei der Berechnung der Differenz von dem Sachwert und dem Kaufpreis erhält man den noch ausstehenden Betrag des Gesellschafters als negativen Wert.

Berechnung des Anrechnungsbetrages bei § 19 Abs. 4 GmbHG: 94

Beispiel 1

Bareinlageverpflichtung: 150 000
Sachwert: 170 000
Kaufpreis: 200 000

	Ansprüche der Gesellschaft	**Ansprüche des Gesellschafters**
Ebene 1:	Zahlung der Bareinlage: 150 000	Rückzahlung der Bareinlage: 150 000
Ebene 2:	Übereignung Sachwert: 170 000	Anspruch auf Kaufpreis: 200 000
Summe:	**320 000**	**350 000**

Nach Zahlung des „Kaufpreises" von 200 000 an den Gesellschafter, *die tilgende Wirkung sowohl für die Rückzahlungsverpflichtung der Bareinlage als auch für die Kaufpreisschuld entfaltet,* verbleibt beim Gesellschafter zunächst ein Plus von 50 000.

Da er aber in Erfüllung seiner Pflicht aus dem Verkehrsgeschäft der Gesellschaft den Sachwert von 170 000 € zugewandt hat, sind bei Saldierung aus seinem Vermögen 120 000 an die Gesellschaft geflossen.

In dieser Höhe wird der Betrag auf seine Einlagenschuld angerechnet, so dass er noch 30 000 zu zahlen hat.

C. Gründungsverfahren nach dem MoMiG

95 Beispiel 2

Bareinlageverpflichtung: 100 000

Sachwert: 50 000

Kaufpreis: 70 000

	Ansprüche der Gesellschaft	Ansprüche des Gesellschafters
Ebene 1:	Zahlung der Bareinlage: 100 000	Rückzahlung der Bareinlage: 100 000
Ebene 2:	Übereignung Sachwert: 50 000	Anspruch auf Kaufpreis: 70 000
Summe:	**150 000**	**170 000**

Nach Zahlung des „Kaufpreises" von 70 000 durch die Gesellschaft an den Gesellschafter, die tilgende Wirkung allein auf die Rückzahlungsverpflichtung der Bareinlage entfaltet, verbleibt beim Gesellschafter zunächst ein Minus von 30 000.

Da er aber in Erfüllung seiner Pflicht aus dem Verkehrsgeschäft der Gesellschaft den Sachwert von 50 000 € zugewandt hat, sind bei Saldierung aus seinem Vermögen 80 000 an die Gesellschaft geflossen.

In dieser Höhe wird der Betrag auf seine Einlagenschuld angerechnet, so dass er noch 20 000 zu zahlen hat.

96 Beispiel 3[1]

Bareinlageverpflichtung: 50 000

Sachwert: 60 000

Kaufpreis: 100 000

	Ansprüche der Gesellschaft	Ansprüche des Gesellschafters
Ebene 1:	Zahlung der Bareinlage: 50 000	Rückzahlung der Bareinlage: 50 000
Ebene 2:	Übereignung Sachwert: 60 000	Anspruch auf Kaufpreis: 100 000
Summe:	**110 000**	**150 000**

Nach Zahlung des „Kaufpreises" von 100 000 durch die Gesellschaft an den Gesellschafter, die tilgende Wirkung allein auf die Rückzahlungsverpflichtung der Bareinlage entfaltet, verbleibt beim Gesellschafter zunächst ein Plus von 50 000.

Da er aber in Erfüllung seiner Pflicht aus dem Verkehrsgeschäft der Gesellschaft den Sachwert von 60 000 € zugewandt hat, sind bei Saldierung aus seinem Vermögen 10 000 an die Gesellschaft geflossen.

In dieser Höhe wird der Betrag auf seine Einlagenschuld angerechnet, so dass er noch 40 000 zu zahlen hat.

---

[1] Nach *Bormann/Urlichs,* GmbHR-Sonderheft Oktober 2008, 37, 40.

II. Bar- und Sachgründung (Kapitalaufbringung)

f) Beweislast

Die **Beweislast für die Werthaltigkeit** der verdeckten Sacheinlage trägt gem. § 19 Abs. 4 Satz 5 GmbHG der Gesellschafter. Er muss – in der Regel gegenüber dem Insolvenzverwalter – beweisen können, dass seine verdeckte Sacheinlage zum Zeitpunkt des Einlagegeschäftes den Wert der vereinbarten Bareinlage erreicht hat. Nach Verstreichen eines längeren Zeitraums wird dies dann, wenn bezogen auf den Zeitpunkt der Leistungserbringung kein eindeutiges und plausibles Wertgutachten vorliegt, nur schwer möglich oder gar unmöglich sein.

97

g) Übergangsregelung

Nach der Übergangsregelung in § 3 Abs. 4 EGGmbHG gilt die **Anrechnung** nach § 19 Abs. 4 GmbHG auch für **Altfälle,** soweit für diese noch kein wirksamer Vergleich und kein rechtskräftiges Urteil vorliegt. Für die Altfälle bedarf es dann keiner weiteren Maßnahmen mehr, wenn die Sacheinlage werthaltig war und somit **keine Differenz** besteht, die z. B. ein Insolvenzverwalter geltend machen könnte. An der Strafbarkeit der **falschen Versicherung** des Geschäftsführers ändert sich nichts. Dieser kann nur auf die Verjährung hoffen.

98

Diese **Rückwirkung** hat erstaunliche und verfassungsrechtlich („echte Rückwirkung") höchst bedenkliche Folgen:[1]

99

Hat beispielsweise im Jahr 2005 der Gesellschafter eine Bareinlage von 100 000 € bei der Gründung gegenüber seinen Mitgesellschaftern und der Gesellschaft übernommen und sich dann mit der Geschäftsführung auf eine Erbringung dieser Einlage in Form einer Immobilie verständigt, so wären trotz entsprechender Umschreibung der Immobilie auf die Gesellschaft im weiteren Verlauf des Jahres 2005 nach der bisherigen Rechtsprechung des II. Zivilsenats des BGH Einbringungsvertrag und Auflassung und die folgende Eigentumsumschreibung unwirksam. Der Gesellschafter hätte einen Anspruch auf **Grundbuchberichtigung.**

In der Nacht zum 1. 11. 2008 ändert sich nun die materielle Rechtslage:

100

- Das im Eigentum des Gesellschafters stehende Grundstück geht jetzt ohne seine Mitwirkung auf die Gesellschaft über. Dies geschieht wohl mit **Rückwirkung** auf den Zeitpunkt der seinerzeitigen Erfüllung des verdeckten Sacheinlagegeschäftes.[2]

- Es findet also ein **rückwirkender Eigentumswechsel** kraft Gesetzes statt. Die Frage, ob es sich hier nicht um eine unzulässige echte Rückwirkung handelt, dürfte zunächst nicht ohne weiteres zu beantworten sein.

---

[1] Krit. auch: *Bormann,* GmbHR 2007, 897, 901; *Goette,* Einführung in das neue GmbH-Recht, 2008, S. 36.

[2] Vgl. hierzu auch *Bormann/Urlichs,* GmbHR-Sonderheft Oktober 2008, 37, 41 f.

C. Gründungsverfahren nach dem MoMiG

101 Nach altem Recht wäre der Gesellschafter materiell Eigentümer der Immobilie oder eines anderen Vermögensgegenstandes, den er im Wege der verdeckten Sacheinlage eingebracht hat, geblieben und hätte diesen z. B. auch schon vor der Herausgabe/Grundbuchberichtigung durch die Gesellschaft an einen Dritten veräußern können. Mit der Gesetzesänderung wäre dies nun rückwirkend eine **Verfügung eines Nichtberechtigten** geworden.[1] Jedenfalls bei Rückforderung ist ein gutgläubiger Erwerb nicht möglich und auch bei Immobilien wäre er auch nur möglich, wenn zwischenzeitlich eine Grundbuchberichtigung auf den Gesellschafter stattgefunden hätte.

102 Hat der Insolvenzverwalter im oben genannten Beispielsfall schon die **Bewilligung zur Grundbuchberichtigung** freiwillig abgegeben, so ist nun eine Grundbuchberichtigung unzulässig, da ja der Gesetzgeber einen Eigentumswechsel herbeigeführt hat.

103 Für den Insolvenzverwalter hat diese Neuregelung unter Umständen die Rechtsfolge, dass Klagen auf Leistung der Bareinlage ihre Grundlage verlieren. Die Kosten wird dann – der Gesetzgeber regelt dies nicht – wohl für den Fall, dass der Insolvenzverwalter nach altem Recht einen Anspruch hatte, der Gesellschafter tragen müssen.[2] Es bleibt abzuwarten, wie der II. Zivilsenat des BGH diese rückwirkende Änderung der Rechtslage für „Altfälle" bewertet und ob er die Verfassungsmäßigkeit nach Art. 100 Abs. 1 GG durch das Bundesverfassungsgericht überprüfen lassen wird.

h) Praxishinweis

104 • Der durch die Rechtsprechung des II. Senats des BGH eröffnete und sehr aufwendige Weg zur **Heilung solcher verdeckten Sacheinlagen** muss nicht mehr beschritten werden. Soweit allerdings eine Differenz zwischen versprochener Bar- und geleisteter Sacheinlage besteht, ist es anzuraten, diesen Anspruch der Gesellschaft durch eindeutig gekennzeichnete Zahlungen an die Gesellschaft zum Erlöschen zu bringen, wenn man der späteren Auseinandersetzung beispielsweise mit dem Insolvenzverwalter aus dem Weg gehen will (vgl. den Formulierungsvorschlag Rn. 109).

105 • **Verdeckte Sacheinlagen** sollten auch in Zukunft vermieden werden. Ein Notar darf an einer von ihm als solchen erkannten verdeckten Sacheinlage nicht mitwirken. Er hat den Geschäftsführer darauf hinzuweisen, dass er sich bei der Abgabe der Versicherung nach § 8 Abs. 2 GmbHG bei Vorliegen einer verdeckten Sacheinlage strafbar und darüber hinaus schadensersatzpflichtig machen kann.

---

[1] Vgl. dazu auch *Bormann/Urlichs,* GmbHR-Sonderheft Oktober 2008, 37, 41 f.
[2] So auch *Bormann/Urlichs,* GmbHR-Sonderheft Oktober 2008, 37, 41 f.

III. Hin- und Herzahlen

- Der Notar hat darauf hinzuweisen, dass der Richter am Registergericht die Eintragung der Gesellschaft ablehnen kann, auch wenn der Wert der verdeckten Sacheinlage den Wert der geschuldeten Sacheinlage erreicht, § 9c GmbHG. **106**

- Sowohl für **Altfälle** als auch für als solche in der Zukunft erkannten Fälle der verschleierten Sacheinlage ist den Beteiligten zu raten, eine eindeutige Beweisführung (z. B. Sachverständigengutachten) bereit zu halten, um eine Inanspruchnahme durch den Insolvenzverwalter zu vermeiden. **107**

- Mitgesellschafter und Berater, insbesondere Steuerberater, Rechtsanwälte und Notare, sollten sich bewusst sein, dass die Neuregelungen eine Hilfestellung im Nachhinein, aber nicht bei der **Gestaltung** geben. Gestaltungsempfehlungen zu einer verdeckten Sacheinlage seitens der Berater an die Gesellschaft und an die Gesellschafter haben in der Regel eine Strafbarkeit wegen Anstiftung oder Beihilfe zu dem strafbaren Handeln des Geschäftsführers gem. § 82 GmbHG zur Folge. **108**

i) **Formulierungsbeispiel für die Einzahlung des Differenzbetrages aus einer verschleierten Sachkapitalerhöhung**

Zahlung auf die Einlageverpflichtung von _____ € (Differenz der verschleierten Sacheinlage zur Bareinlage). **109**

III. Hin- und Herzahlen

1. Ausgangslage

In der Praxis hat das sog. **Hin- und Herzahlen** oder Hin- und Herüberweisen in der Vergangenheit bei vielfältigen Ausgangslagen große Bedeutung erlangt. Das Grundmodell besteht darin, dass der zur Bareinlage verpflichtete Gesellschafter eine Einlage erbringt und ihm diese als Darlehen nach mehr oder weniger kurzer Zeit zurückgewährt wird. **110**

Bedeutung hat das Hin- und Herzahlen sowohl bei normalen Gründungen zum Zwecke der **Liquiditätsschonung** erlangt als auch bei der Errichtung sog. Vorrats-GmbHs[1] und vor allem im Rahmen sog. „Cash-Pool" Systeme (vgl. Rn. 118). **111**

Bei der Gründung von **GmbH & Co. KGs** wird häufig das Stammkapital für die GmbH zunächst seitens der Gesellschafter eingezahlt und dann von der GmbH der KG als Darlehen wieder zur Verfügung gestellt.[2] Die letztgenannte **112**

---
[1] Vgl. zum Beispiel *OLG Oldenburg* RNotZ 2008, 40.
[2] Vgl. *OLG Jena* ZIP 2006, 1534; *OLG Hamm* ZIP 2007, 426.

Variante unterscheidet sich von den erstgenannten Varianten dadurch, dass das Kapital nicht dem einzahlenden Gesellschafter, sondern einem Dritten, der wirtschaftlich verbunden ist, zur Verfügung gestellt wird.

113 Die sämtlichen vorgenannten Konstellationen beschränken sich nicht nur auf Gründungsvorgänge, sondern sind auch bei **Kapitalerhöhungsvorgängen** zu beobachten. Darüber hinaus wird auch nicht selten der Fall des in umgekehrter Richtung vollzogenen **Her- und Hinzahlens** praktiziert. Hier stellt die GmbH zunächst dem Gesellschafter das Kapital, das er zur Erfüllung der Einlageverpflichtung benötigt, als Darlehen zur Verfügung und der Gesellschafter gewährt es dann wiederum der Gesellschaft in Erfüllung der Einlagepflicht zurück.

114 Der BGH hat in mehreren Urteilen die Auffassung vertreten, dass es sich bei den vorgenannten Vorgängen nicht etwa um Fälle der **verdeckten Sachgründung** in der Weise handelt, dass der Gesellschafter hier statt einer Bareinlage eine Forderung der Gesellschaft gegen sich einlegt[1], sondern dass es sich unter dem Gesichtspunkt der Kapitalaufbringung um einen **unbeachtlichen Vorgang** handelt.[2] Unter dem Gesichtspunkt der Kapitalaufbringung leiste der Gesellschafter in diesen Fällen schlichtweg „nichts". Die Rechtsfolge bestand darin, dass die Bareinlageverpflichtung des Gesellschafters weiterhin offen blieb.

115 Der Geschäftsführer, der in diesen Fällen versichert, dass das Stammkapital zu seiner freien Verfügung steht, gibt eine **falsche Versicherung** ab und macht sich damit strafbar.

116 Der BGH hat allerdings bei einer späteren Zahlung, die als Rückzahlung auf das Darlehen erfolgen sollte, eine **Erfüllungsleistung auf die offene Bareinlageschuld** angenommen und darüber hinaus klargestellt, dass es ein Sonderrecht für die GmbH & Co. KG nicht gebe.[3] Man könne nicht von einer wirtschaftlichen Einheit von GmbH und der KG sprechen, da zu berücksichtigen sei, dass durchaus beide Gesellschaften unterschiedliche Gläubiger haben können und auch hier das Stammkapital der GmbH effektiv und zur freien Verfügung des Geschäftsführers aufgebracht werden muss.[4]

117 Nach Auffassung des BGH betreffen diese Konstellationen nicht die Frage der **Kapitalerhaltung** entsprechend §§ 30, 31 GmbHG, sondern die Frage der **Kapitalaufbringung**. Etwas anderes könne nur dann gelten, wenn die Rücküberweisung/Darlehensgewährung nicht bereits im Zeitpunkt der Leistung der Bareinlage verabredet war. Das OLG Hamburg sieht ähnlich wie bei den Fällen der **verdeckten Sacheinlage** ein Indiz für eine derartige Verabredung dann, wenn das Hin- und Herzahlen in einem engen zeitlichen Zusammenhang erfolgt.[5] Im konkreten Fall lagen zwischen Hin- und Herzahlen zwei Monate.

---

[1] So aber das *OLG Schleswig* GmbHR 2000, 1045.
[2] *BGH* NZG 2002, 132; *BGH* ZIP 2004, 346; *BGH* NZG 2003, 168; *BGH* ZIP 2005, 2203; *BGH* ZIP 2006, 331. So auch für den Fall, dass die „Rückzahlung" durch die Gesellschaft in 2 Tranchen im Abstand von 1 bzw. 2,5 Monaten erfolgt: *BGH* DB 2008, 1430.
[3] *BGH* ZIP 2008, 174 = NZG 2008, 143.
[4] *BGH* NZG 2008, 143.
[5] *OLG Hamburg* ZIP 2007, 580 = NZG 2007, 393 (n.rkr.). Die Revision ist beim BGH unter dem Az. II ZR 263/06 anhängig.

III. Hin- und Herzahlen

Letztendlich hat der BGH[1] für die weitere Version des **Cash-Pools** entschieden, dass auch hier ein Sonderrecht der Kapitalaufbringung nicht existiere. Beim Cash-Pool werden im Rahmen eines Konzerns alle Mittel der Konzerngesellschaften tagglich auf ein Sammelkonto eingezahlt. Dies bezieht sich sowohl auf die Mittel, die aus **Kapitalaufbringungsmaßnahmen** (Gründung, Kapitalerhöhung) stammen, als auch auf die übrigen liquiden Mittel der Gesellschaft, so dass sich hier auch die Frage der **Kapitalerhaltung** stellt. Das Ziel des Cash-Pools liegt darin, Konzernunternehmen vor der Notwendigkeit der Darlehensaufnahme bei Dritten zu bewahren, andererseits vorhandene Mittel möglichst zu guten **Zinskonditionen** anlegen zu können. Unter dem Gesichtspunkt der Kapitalaufbringung ist diese Vorgehensweise nach Auffassung des BGH unzulässig.[2] Auch hier gelte, dass das Stammkapital der Geschäftsführung zur freien Verfügung gestellt werden müsste. Daran fehle es in diesen Fällen, so dass die Bareinlageverpflichtung nicht erfüllt ist. Die Konsequenz dieser Feststellung ist für den Geschäftsführer, dass er eine **falsche Versicherung** über den Erhalt der Bareinlage zu seiner freien Verfügung abgegeben und sich damit strafbar gemacht hat, § 82 Abs. 1 Satz 1 GmbHG.

118

2. Neuregelung

Mit der Regelung des § 19 Abs. 5 GmbHG führt der Gesetzgeber ebenso wie im Bereich der **Kapitalerhaltung** auch im Rahmen der **Kapitalaufbringung** die bilanzielle Betrachtungsweise ein.[3] Entgegen der bisherigen Rechtsprechung, die einen Verstoß gegen die Kapitalaufbringungsvorschriften annahm, bewirkt nun das Hin- und Herzahlen die Erfüllung der Bareinlageverpflichtung, wenn die Zahlung an den Gesellschafter durch einen liquiden, vollwertigen Rückzahlungsanspruch gedeckt ist.

119

Im Gesetzgebungsverfahren hat der Gesetzgeber auf die vielfach und berechtigte Kritik an der Neuregelung teilweise reagiert. Folgende Veränderungen wurden eingefügt:

120

Während nach dem Regierungsentwurf die Erfüllung der Einlageschuld bereits dann fingiert wurde, wenn der Gesellschaft ein **vollwertiger Gegenleistungs- und Rückgewähranspruch** zustand, ist nach der Fassung des Rechtsausschusses des Bundestages nun Voraussetzung für die Fiktion der Erfüllung der Einlageschuld im Falle des Hin- und Herzahlens, dass

- der Rückgewähranspruch vollwertig ist

- der Rückgewähranspruch **jederzeit fällig** ist oder durch **fristlose Kündigung** jederzeit fällig gestellt werden kann

- **keine verdeckte Sacheinlage** vorliegt und

---

[1] *BGH* DStR 2006, 764.
[2] *BGH* DStR 2006, 764 m. Anm. Goette.
[3] Begr. RegE. Beilage zu ZIP 23/2007, S. 10.

- der Vorgang des Hin- und Herzahlens bei der Anmeldung zum Handelsregister **„angegeben"** wird.

121 Die **bilanzielle Betrachtungsweise** führt zu einer deutlichen Schwächung des Systems der Kapitalaufbringung.[1] Die Gründer können das Geld für eine Sekunde einzahlen und dieses als Darlehen zurück erhalten. Die Gesellschaft erhält statt der Einlageleistung bzw. der Einlageforderung nur eine einfache **schuldrechtliche Darlehensforderung**. Auch wenn diese sofort fällig sein muss, erhält die Gesellschaft keine Einlageleistung, sondern nur ein **Leistungsversprechen**.[2] Der Gesetzgeber regelt im Übrigen nicht, wie diese Forderung geschützt ist. Da die Darlehensforderung an die Stelle der Bareinlage tritt, sind die §§ 30 ff. GmbHG anzuwenden.

3. Voraussetzungen der Erfüllungswirkung

a) Vereinbarung zwischen Gesellschaft und Gesellschafter

122 Zwischen der Gesellschaft und dem Gesellschafter muss eine Vereinbarung über die **Rückgewähr der Leistung** an den Gesellschafter getroffen worden sein. Der Inhalt der Vereinbarung ist dabei nicht geregelt, entscheidend ist, dass aufgrund der Vereinbarung die geleistete Bareinlage wieder an den Gesellschafter zurückfließt und dass die **Vereinbarung** zivilrechtlich wirksam ist. Fehlt es an einer solchen Vereinbarung vor der Einlageleistung soll § 19 Abs. 5 GmbHG mit seiner Erfüllungswirkung nicht anwendbar sein und der Inferent müsse die Einlage noch einmal erbringen.[3] Dem ist entgegenzuhalten, dass die Einlagenrückgewähr, die nicht bereits bei der Gründung vereinbart worden ist und nach der Eintragung der Gesellschaft erfolgt, grundsätzlich unter den Voraussetzungen des § 30 Abs. 1 GmbHG zulässig ist. Es besteht keine Verpflichtung des Inferenten die Einlage erneut zu erbringen. Wird jedoch die Einlage unmittelbar nach der Einzahlung ohne eine vorherige Vereinbarung faktisch als Darlehen zurückgezahlt und bestand schon vorher die Absicht zur Einlagenrückgewähr, so findet § 19 Abs. 5 GmbHG mit seinen strengeren Voraussetzungen Anwendung und nicht § 30 Abs. 1 GmbHG. Liegen die strengeren Voraussetzungen vor, so ist die Einlageverpflichtung gemäß § 19 Abs. 5 GmbHG erfüllt, auch ohne eine ausdrückliche vorherige Vereinbarung.[4] Das gleiche soll gelten, wenn bei einer Einmanngesellschaft eine vorherige Vereinbarung aufgrund der Identität zwischen Gesellschafter und Geschäftsführer nicht möglich ist.

123 Erforderlich ist weiterhin, dass entsprechend dem Gesetzeswortlaut ein Hin- und Herzahlen mit entsprechendem Geldfluss durchzuführen ist. Die bloße Verrechnung ist nicht ausreichend. Dafür spricht nicht nur der Wortlaut des Geset-

---

[1] *Gehrlein*, Der Konzern 2007, 771, 782.
[2] *Priester*, ZIP 2008, 55.
[3] *Büchel*, GmbHR 2007, 1065, 1067.
[4] *Maier-Reimer/Wenzel*, ZIP 2008, 1449, 1453.

III. Hin- und Herzahlen

zes, sondern auch der Gläubigerschutz. Bei einem tatsächlichen „Hin- und Herzahlen" muss der Gesellschafter zumindest beim Hinzahlen über die entsprechende Liquidität verfügt haben. Es ist zudem zu berücksichtigen, dass es sich um eine Annahmevorschrift handelt, die die Fiktion einer Bareinleistung aufstellt. Eine Auslegung über den Wortlaut des Gesetzes hinaus scheidet aus. Auch wenn der Gesetzeswortlaut nicht ausdrücklich auf Barleistungen und deren Rückgewähr abstellt, so ist der Anwendungsbereich dennoch entsprechend beschränkt. Dies folgt schon aus der Intention des Gesetzgebers, der hier den „Cash-Pool" ermöglichen wollte. Das Hin- und Hergewähren von Sacheinlagen wird nicht erfasst.

Treffen die Beteiligten hingegen erst **nach der erfolgten Einlageleistung** eine Abrede über die **Einlagenrückgewähr**, so gilt nicht § 19 Abs. 5 GmbHG, der den Fall des Hin- und Herzahlens bei der Kapitalaufbringung regelt, sondern § 30 Abs. 1 GmbHG.[1] **124**

b) Hin- und Herzahlen/Keine verdeckte Sacheinlage im Sinne § 19 Abs. 4 GmbHG

Ausgeklammert von der Anwendung des § 19 Abs. 5 GmbHG sind die Fälle der **verdeckten Sacheinlage**, diese sind ausschließlich nach § 19 Abs. 4 GmbHG zu lösen. Die Regelung des § 19 Abs. 5 GmbHG ist somit subsidiär. Um aber die besondere Sachnähe der Fallgruppe des Hin- und Herzahlens zur verdeckten Sacheinlage zu verdeutlichen, verortet der Gesetzgeber die Neuregelung in § 19 Abs. 5 GmbHG, statt wie ursprünglich geplant in § 8 Abs. 2 S. 2 GmbHG.[2] **125**

Eine verdeckte Sacheinlage liegt vor, wenn eine von dem Gesellschafter geleistete Bareinlage aufgrund einer getroffenen Abrede wirtschaftlich betrachtet als Sacheinlage zu bewerten ist. Dies ist der Fall, wenn die an den Gesellschafter zurückgezahlte Bareinlage durch einen Sachwert ersetzt wird. Demgegenüber wird beim Hin- und Herzahlen regelmäßig eine Darlehensforderung gegen den Inferenten begründet.[3] Zum Teil kann sich die Abgrenzung der beiden Fallgruppen voneinander aber schwierig gestalten, da die Auszahlung an den Gesellschafter gegen Begründung einer Darlehensforderung nicht zwangsläufig keine verdeckte Sacheinlage darstellt. Entscheidend für das Vorliegen einer verdeckten Sacheinlage sollte daher die entgeltliche Zuwendung eines ihm gehörenden **Vermögensgegenstandes** sein. **126**

Bedeutung erlangt § 19 Abs. 5 GmbHG daher hauptsächlich in den Fällen, in denen die Gesellschaft dem Gesellschafter aufgrund einer Absprache eine Geldanlage im Wege eines Neudarlehens direkt wieder auszahlt, insbesondere bei der **Kapitalaufbringung im sog. Cash-Pool.** **127**

Das Kriterium, dass keine verdeckte Sacheinlage vorliegen darf, gewinnt dort gerade bei Kapitalerhöhungsmaßnahmen an Bedeutung. Abzugrenzen ist hier das **128**

---

[1] *Büchel*, GmbHR 2007, 1065, 1067.
[2] Beschlussempfehlung des Rechtsausschusses des Bundestages vom 24. 6. 2008, S. 97, abrufbar unter www.bmj.de.
[3] *Seibert/Decker*, ZIP 2008, 1208, 1210.

Hin- und Herzahlen einerseits von der **Rückgewähr auf eine bereits bestehende Darlehensverbindlichkeit** andererseits. Im letztgenannten Fall liegt ein Fall der verdeckten Sachkapitalerhöhung vor.

129 Abzulehnen ist die teilweise in der Literatur vertretene Ansicht, nach der von § 19 Abs. 4 GmbHG auch **Verrechnungsfälle** erfasst sein sollen.[1] Nach dem Gesetzeswortlaut und vor allem nach dem Willen des Gesetzgebers und dem Anlass der Neuregelung („cash-pool"), muss zunächst vom Gesellschafter eine Leistung erbracht werden. Nur dann kann auch etwas zurückgezahlt werden. Bei einer bloßen Verrechnung mit Altforderungen – auch solchen aus Darlehen – liegt der vom Gesetzeswortlaut zur Grundlage gemachte Sachverhalt nicht vor. Eine dem „Cash-Pool" gleichzusetzende Situation ist ebenfalls zu verneinen. Es besteht auch kein Anlass, nun eine Ausnahmevorschrift extensiv auszulegen und den geringen Liquiditätstest, der im Hinzahlen durch den Gesellschafter an die Gesellschaft zu sehen ist, entfallen zu lassen. Es ist zu beachten, dass der Gesetzgeber hier einen Barleistungsvorgang fingiert und eben – nach seiner Ansicht – keine Sacheinlage regelt.

130 Unklar ist, ob mit dem Negativabgrenzungsmerkmal, dass keine verdeckte Sacheinlage vorliegen darf, die Fälle des **Her- und Hinzahlens,** bei denen die Gesellschaft dem Gesellschafter einen Kredit gewährt, den dieser umgehend zur Erfüllung der Bareinlageverpflichtung nutzt, ebenfalls ausgegrenzt werden sollen. Dafür spricht, dass hier die Zahlungsrichtung gerade umgekehrt gestaltet ist als bei den Fällen, die vom Wortlaut des § 19 Abs. 5 GmbHG erfasst sind („Rückzahlung der Einlage"). Andererseits ist auch bei diesen Fallkonstellationen eine Vereinbarung vor der vermeintlichen Bareinlageleistung mit dem Inhalt, dass letztendlich der Gesellschaft keine liquiden Mittel zusätzlich zufließen, als typisches Element gegeben.

131 Aus den Gesetzesmaterialien wird nicht klar, ob die Konstellation des Her- und Hinzahlens von § 19 Abs. 5 GmbHG mit erfasst sein soll. Eindeutig ausgeschlossen werden Konstellationen, bei denen nicht Barmittel hin- und hergeleistet werden, sondern Sacheinlagen. Dies folgt zum einen aus der Gesetzgebungsgeschichte und der Motivation des Gesetzgebers, der den sog. Cash-Pool ermöglichen wollte, andererseits aus den Umständen, dass es sich hier um eine Auffangvorschrift zur Fiktion der Erfüllung einer Bareinlageverpflichtung handelt.[2]

132 Letztendlich ist der Umstand entscheidend, dass der Gesetzgeber den Anlass für diese Regelung in den Cash-Pool-Systemen und ihrer „Rettung" gesehen hat. Es handelt sich um Ausnahmeregelungen mit einem fiktiven Charakter, deren Anwendungsbereich nicht entgegen dem Wortlaut ausgeweitet werden kann. Das Her- und Hinzahlen ist wohl von § 19 Abs. 5 GmbHG nicht erfasst.[3]

---

[1] *Wicke,* § 19 Rn. 33.
[2] A. A. aber *Wicke,* § 19 Rn. 34.
[3] In diese Richtung auch *Bormann/Urlichs,* GmbHR-Sonderheft Oktober 2008, 37, 43f.; anders *Heidinger,* in: Heckschen/Heidinger, Die GmbH in der Gestaltungs- und Beratungspraxis, 2. Aufl. 2009, § 11 Rn. 96.

III. Hin- und Herzahlen

c) **Vollwertigkeit des Gegenanspruchs**

Der Rückzahlungsanspruch der Gesellschaft gegen den Gesellschafter muss vollwertig sein. Die **Vollwertigkeit des Anspruchs** muss der Geschäftsführer anhand der Vermögenssituation des Gesellschafters prüfen[1], wobei die Bewertung **rein bilanziell** zu erfolgen hat. Entscheidend ist, dass die Forderung gegen den Gesellschafter im Zeitpunkt der Einlagenrückgewähr realisierbar ist und die Kreditwürdigkeit des Gesellschafters für absehbare Zeit nicht in Frage steht.[2] Verschlechtert sich hingegen im nachhinein die **Bonität des Gesellschafters,** führt dies nicht zu einer nachträglichen Unwirksamkeit der Einlageleistung.[3]

Die Frage, ob der Rückzahlungsanspruch **verzinslich** ausgestaltet und etwa **besichert** sein muss, problematisiert der Gesetzgeber nicht. In der Literatur wird darauf hingewiesen, dass diese Gesichtspunkte bei der Prüfung, ob der Anspruch vollwertig ist, mit zu berücksichtigen seien.[4] Dies sei eine Folge der rein **bilanziellen Betrachtungsweise.** Ein nicht verzinslicher Anspruch sei nicht vollwertig, da er einem Wertverlust ausgesetzt sei. Auch die Besicherung oder fehlende Besicherung sei mit zu berücksichtigen. Dies dürfte jedenfalls dann gelten, wenn die Bonität des Gesellschafters nicht völlig außer Frage steht. Auch die Frage der Verzinsung erscheint durchaus ein zu berücksichtigender Aspekt zu sein. Der Anspruch sollte daher verzinslich ausgestaltet werden, da er ansonsten mit einem geringeren Wert anzusetzen ist. Insoweit ist zu berücksichtigen, dass der Gesetzgeber zwar einerseits nur an den Moment der Rückgewähr anknüpft, andererseits aber mit in Betracht zu ziehen ist, dass der Gesetzgeber hier ausnahmsweise an die Stelle einer Bareinlage eine bloße Forderung setzt. Ist es nun dem Gesellschafter möglich, der Gesellschaft anstatt eines Vermögenswertes, mit dem sie wirtschaften kann, eine Forderung zur Verfügung zu stellen, so kann eine Vergleichbarkeit nur dann bejaht werden, wenn sie wenigstens einen Nutzen aus dieser Forderung ziehen kann. Bei einem unverzinslichen Anspruch ist dies von vornherein ausgeschlossen und daher ist die Vollwertigkeit des Anspruchs nicht gegeben.[5] Dies ist gerade im Rahmen von § 19 Abs. 5 GmbHG besonders gefährlich, da hier die **Alles-oder-Nichts-Regel** gilt. Ist der Anspruch nicht in vollem Umfang vollwertig, so greift die Fiktion der Einlageerfüllung nicht. Die Bareinlage ist in vollem Umfang offen und der Geschäftsführer macht sich wegen Abgabe einer falschen Versicherung strafbar.

133

134

---

[1] *Drygala/Kremer,* ZIP 2007, 1289, 1293.
[2] *Winter,* DStR 2007, 1484, 1486.
[3] *Drygala/Kremer,* ZIP 2007, 1289, 1293.
[4] *Wicke,* § 19 Rn. 32 mit Verweis auf § 30 Rn. 10; *Heinze,* GmbHR 2008, 1065, 1071 m. w. N; vgl. zu dieser Problematik im Rahmen des § 30 GmbHG jetzt aktuell *BGH* ZIP 2009, 70. Hier wendet der BGH vollständig auch auf Altfälle die bilanzielle Betrachtungsweise an und geht für längerfristige Kredite von einer Verzinsungspflicht aus; siehe dazu auch *Altmeppen,* ZIP 2009, 49 (52).
[5] Auf die unklare Rechtslage weisen auch *Bormann/Urlichs,* GmbHR-Sonderheft Oktober 2008, 37, 44 hin und raten dazu, den Anspruch verzinslich zu stellen und im Zweifel eine Sicherheit zu gewähren.

135 Die Vollwertigkeit muss zum Zeitpunkt der Mittelausreichung gegeben sein.[1]

136 Zur Sicherung der Kapitalaufbringung sieht der Gesetzgeber darüber hinaus vor, dass der Rückzahlungsanspruch **liquide** sein muss, d. h. er muss **jederzeit fällig** sein bzw. muss die Gesellschaft ihn **jederzeit fällig stellen** können.

Beispiel

137 Ein Darlehensanspruch der Gesellschaft, der erst nach einer Laufzeit von 3 Jahren fällig wird, ist nicht liquide in diesem Sinn und kann die Einlagepflicht nicht erfüllen. Anders ist der Fall zu beurteilen, wenn der Gesellschaft jederzeit ein Recht zur außerordentlichen Kündigung zusteht.

d) Offenlegung

138 Auf Intervention des Rechtsausschusses des Bundestages[2] wird das bisher der **Publizität** entzogene Verfahren, das nach dem Regierungsentwurf für Mitgesellschafter und Gläubiger nicht erkennbar war, nunmehr in der Art und Weise der Öffentlichkeit kundgetan, dass der Geschäftsführer verpflichtet wird, den **Vorgang des Hin- und Herzahlens bei der Anmeldung „anzugeben".** Das Handelsregister soll den Vorgang prüfen können.

139 Die Bedeutung dieser Ergänzung des § 19 Abs. 5 GmbHG ist unklar. Verfolgt man das Interesse des Rechtsausschusses des Bundestages konsequent, so kann man daraus nur folgern, dass ohne Offenlegung die **Fiktion der Erfüllung** der Einlageverpflichtung nicht eintritt. Der Gesetzgeber macht deutlich, dass ein derartiges, nur ausnahmsweise zu einer Fiktion der Erfüllung der Bareinlageverpflichtung führendes Verfahren nur dann geduldet wird, wenn es der Öffentlichkeit kundgetan wird und vom Handelsregister eine Prüfung durchgeführt werden kann. Wäre dann die Einlage aber dennoch als erfüllt anzusehen, wenn die Offenlegung unterbleibt, so handelt es sich um ein sehr „stumpfes Schwert". Die einzige Folge eines Verstoßes gegen die Offenlegungspflicht wäre, dass der Geschäftsführer, der die Offenlegung unterlässt, sich seinerseits strafbar macht, weil er eine falsche Versicherung abgibt. Er versichert, dass die Einlage zur freien Verfügung steht. Dies wird jedoch nur fingiert, wenn in den Fällen des Hin- und Herzahlens das Verfahren offen gelegt wird. Legt er also nicht offen, versichert er falsch und macht sich strafbar.[3]

140 Man kann auch nicht argumentieren, dass aus dem Umstand, dass der Gesetzgeber § 19 Abs. 5 GmbHG Rückwirkung beimisst gemäß § 3 Abs. 4 EGGmbHG zwingend folgt, dass die Offenlegung nur eine **Ordnungsvorschrift** darstellt, die zur Rechtsfolge lediglich die Strafbarkeit des Geschäftsführers hat. Richtig ist, dass für die Vergangenheit aus der fehlenden Offenlegung wohl keine Rückschlüsse gezogen werden können. Hier ist die Rechtslage vergleichbar mit der

---

[1] *Bormann*, GmbHR 2007, 902; *Wicke*, § 19 Rn. 36.
[2] BT-Drucks. 16/1937, S. 98.
[3] So jedenfalls die ganz h. M.: vgl. z. B. *Wälzholz*, MittBayNot 2008, 425, 431.

III. Hin- und Herzahlen

zur sog. „wirtschaftlichen Neugründung". Der BGH wendet seine Rechtsprechung auf **Altfälle** in der Weise an, dass hier nicht auf eine Offenlegung abgestellt wird, sondern nur kontrolliert wird, ob zum Zeitpunkt der wirtschaftlichen Neugründung[1] das Stammkapital noch vorhanden war.[2] Für die in der Vergangenheit durchgeführten Maßnahmen des Hin- und Herzahlens dürfte es ausreichend sein, wenn hier die ersten drei Tatbestandsmerkmale des § 19 Abs. 5 GmbHG n. F. erfüllt sind. Es muss sich also bei in der Vergangenheit liegenden Sachverhalten lediglich um eine vorherige Absprache handeln, die einen vollwertigen und liquiden, jederzeit fälligen oder fristlos kündbaren Anspruch zum Inhalt hat. Es darf sich darüber hinaus nicht um einen Fall der verdeckten Sacheinlage handeln. Für die Zukunft aber und ab Inkrafttreten des MoMiG ist weitere Tatbestandsvoraussetzung, dass der Geschäftsführer den Vorgang des Hin- und Herzahlens offenlegt. Ansonsten tritt die Fiktion der Erfüllung der Einlageverpflichtung nicht ein.[3]

Das genaue **Verfahren der Offenlegung** wird im Gesetz unklar gelassen. Das Gesetz spricht nur von „angeben". Vom Wortlaut her muss der Geschäftsführer also nicht mehr tun als anzugeben, dass ein Hin- und Herzahlen stattgefunden hat. Er muss keine weiteren Unterlagen vorlegen und auch keine Versicherung abgeben, mit der er bestätigt, dass die Voraussetzungen für ein zulässiges Hin- und Herzahlen erfüllt sind. 141

Es ist dem Handelsregister jedoch erlaubt, in diesen Fällen Nachweise (insbesondere Sachverständigengutachten) über das Vorliegen der Voraussetzungen des § 19 Abs. 5 GmbHG einzufordern.[4] Den Prüfungsumfang und die Prüfungstiefe hat der Gesetzgeber nicht festgelegt. Insbesondere greifen die Prüfungsbefugnisse bei Barkapitalerhöhungen gem. § 8 Abs. 2 Satz 2 GmbHG bzw. bei Sachkapitalerhöhungen gem. § 9c Abs. 1 Satz 2 GmbHG nicht. Als Mittel der Glaubhaftmachung bietet es sich an, wenn der Geschäftsführer bei der Handelsregisteranmeldung versichert, dass die Voraussetzungen des § 19 Abs. 5 GmbHG vorliegen. 142

e) Barkapitalerhöhung

Gemäß § 56a GmbHG gelten die vorgenannten Grundsätze auch für die Fälle der **Barkapitalerhöhung.** 143

f) Beweislast

Hat der Geschäftsführer ordnungsgemäß das Hin- und Herzahlen beim Handelsregister angegeben, so stellt sich die Frage, wer im Streitfall die **Beweislast** dafür trägt, ob die Einlageverpflichtung erfüllt wurde. Dies betrifft insbesondere die 144

---

[1] Vgl. *BGH* ZIP 2003, 251.
[2] *BGH* GmbHR 2008, 208 = ZIP 2008, 217.
[3] So auch *Wälzholz*, MittBayNot 2008, 425, 431.
[4] So auch *Herrler*, DB 2008, 2347, 2349.

Frage, ob der Gesellschafter oder die Gesellschaft bzw. der Insolvenzverwalter die Beweislast für die Vollwertigkeit bzw. das **Fehlen der Vollwertigkeit** trägt.[1]

145 Es lässt sich zunächst argumentieren, dass grundsätzlich der Gesellschafter bei einer Bareinlage nur die Einzahlung zu belegen hat. Genauso wie bei einer Sacheinlage hat er nur die Erbringung der Sacheinlage zu belegen, während die Gesellschaft bzw. der Insolvenzverwalter zu beweisen hätte, dass diese nicht werthaltig waren und insofern eine Differenzhaftung ausgelöst wird. Weiter lässt sich argumentieren, dass die Prüfung der Vollwertigkeit dem Handelsregister ermöglicht wird, da die Vorgehensweise des Hin- und Herzahlens offenzulegen ist.[2] Dem lässt sich jedoch entgegen halten, dass es sich bei der Regelung in § 19 Abs. 5 GmbHG nur um eine **Fiktion** handelt. Der Gesetzgeber erkennt, dass es grundsätzlich keine Barzahlung ist, die der Gesellschafter leistet und will diese nur ausnahmsweise als Barzahlung werten. Dies spricht dafür, dass das Vorliegen dieser Fiktion vom Gesellschafter zu beweisen ist, da die Fiktion nur greift, wenn der Anspruch vollwertig ist.

146 Für diese Lösung lässt sich die Parallelregelung zur **verdeckten Sacheinlage**, bei der die Beweislast eindeutig dem Gesellschafter auferlegt wird, nur eingeschränkt heranziehen. Die Ausgangslage ist unterschiedlich, da bei der verdeckten Sacheinlage in dem Moment der Eintragung der Gesellschaft/Kapitalerhöhung in das Handelsregister eben die Einlage nicht als erbracht gilt, sondern nur im Anschluss angerechnet wird.

147 Letztlich sprechen Gläubigerschutzgesichtspunkte und der Ausnahmecharakter des § 19 Abs. 5 GmbHG dafür, dem **Gesellschafter die Beweislast** für das Vorliegen der die Fiktion begründenden Umstände zu beweisen.[3] Die Rechtslage ist jedoch vom Gesetzgeber unverständlicherweise unklar gelassen worden. Dies zumal es sich nach der Regelung in § 19 Abs. 4 Satz 5 GmbHG angeboten hätte, auch hier eine entsprechende Klarstellung zur Beweislast vorzunehmen.

4. Rechtsfolgen des § 19 Abs. 5 GmbHG

148 Liegen die Voraussetzungen des § 19 Abs. 5 GmbHG vor, so ist die vereinbarte Einlagepflicht des Gesellschafters trotz des Hin- und Herzahlens erfüllt. Ist die **Kapitalaufbringung** demnach ordnungsgemäß, kann sie nicht mehr unter Berufung auf § 19 Abs. 2 Satz 1 oder § 8 Abs. 2 Satz 1 GmbHG in Frage gestellt werden.[4]

---

[1] Vgl. dazu *Heidinger,* in: Heckschen/Heidinger, Die GmbH in der Gestaltungs- und Beratungspraxis, 2. Aufl. 2009, § 11 Rn. 105 ff.; *Heinze,* GmbHR 2008, 1065, 1071; *Büchel,* GmbHR 2007, 1065, 1067.

[2] In diese Richtung auch *Heidinger,* in: Heckschen/Heidinger, Die GmbH in der Gestaltungs- und Beratungspraxis, 2. Aufl. 2009, § 11 Rn. 107.

[3] Im Ergebnis wie hier *Herrler,* DB 2008, 2347, 2349; *Heinze,* GmbHR 2008, 1065, 1071.

[4] Beschlussempfehlung des Rechtsausschusses des Bundestages vom 24. 6. 2008, S. 97, abrufbar unter www.bmj.de; *Bormann,* GmbHR 2007, 897, 902; *Gehrlein,* Der Konzern 2007, 771, 782.

III. Hin- und Herzahlen

Im Unterschied zu der Regelung der verdeckten Sachenlage, bei der eine Anrechnung auf die Bareinlageschuld stattfindet, gilt bei der Fallgruppe des **Hin- und Herzahlens** das „Alles- oder nichts-Prinzip". Ist der Rückzahlungsanspruch der Gesellschaft gegen den Gesellschafter nicht vollwertig, so gilt die Bareinlage als nicht geleistet und der Gesellschafter muss sie erneut vollständig erbringen.[1] Dies stellt zu der Regelung der **verdeckten Sacheinlage** einen nicht zu begründenden **Wertungswiderspruch** dar, vor allem weil sich die Abgrenzung zwischen verdeckter Sacheinlagen und der Fallgruppe des Hin- und Herzahlens schwierig gestalten kann. Zum Teil wird daher bereits die Aufgabe der Unterscheidung zwischen verdeckter Sacheinlage und der Fallgruppe des Hin- und Herzahlens und die Einlagefähigkeit von Darlehensforderungen befürwortet.[2]

149

5. Haftungsgefahren für den Geschäftsführer/Strafbarkeit

Die Regelung des § 19 Abs. 5 GmbHG birgt jedoch ebenso wie § 30 Abs. 1 GmbHG erhöhte **Haftungsrisiken** für den **Geschäftsführer**.[3] Auch nach der Anweisung, die an die Gesellschaft erbrachte Leistung zurückzuzahlen, muss der Geschäftsführer prüfen, ob der Rückgewähranspruch der Gesellschaft gegen den Gesellschafter vollwertig ist. Kommt er zu dem Ergebnis das dies nicht der Fall ist, muss er die Auszahlung verweigern, auch wenn ihm dadurch die Abberufung als Geschäftsführer droht. Anderenfalls macht er sich nach § 43 GmbHG schadensersatzpflichtig.

150

Weiterhin muss sich der Geschäftsführer vor Augen halten, dass er sich nicht nur dann **strafbar** macht, wenn er das **Hin- und Herzahlen** beim Handelsregister nicht „angibt". Vielmehr ist er auch dann strafbar, wenn die Voraussetzungen des § 19 Abs. 5 GmbHG nicht gegeben sind, also der Anspruch nicht in vollem Umfang vollwertig ist. Auch hier gilt, dass Gesellschafter und Berater, die den Geschäftsführer bei einem derartigen Vergehen unterstützen, sich der Beihilfe oder gar der Anstiftung zu einer Straftat gem. § 82 Abs. 1 Nr. 1 GmbHG strafbar machen.

151

Die Haftungssituation des Geschäftsführers wird weiterhin dadurch verschärft, dass er für die Zukunft beobachten muss, ob der **Anspruch vollwertig bleibt.** Der Gesellschafter hat zwar nur bezogen auf den Moment des Hin- und Herzahlens und hier exakt auf den Moment der Rückzahlung einen vollwertigen Anspruch zu bieten. Er hat dann seine Einlage erfüllt, wenn die übrigen Voraussetzungen des § 19 Abs. 5 GmbHG vorliegen. Der Geschäftsführer hingegen macht sich schadensersatzpflichtig, wenn er entsprechend § 490 BGB die Rückzahlung nicht dann verlangt, wenn sich die Vermögenssituation des Gesellschafters verschlechtert. Diese Kontrolle stellt in allen Fällen des Hin- und Herzahlens, ob

152

---

[1] Dazu *Büchel*, GmbHR 2007, 1065, 1068; *Schmidt, K.*, GmbHR 2008, 449, 452.
[2] *Gehrlein*, Der Konzern 2007, 771, 782; *Drygala*, NZG 2007, 561, 563f.; *Wirsch*, GmbHR 2007, 736, 741; *Bormann*, GmbHR 2007, 897, 903.
[3] *Wälzholz*, GmbHR 2008, 841, 845.

bei der Gründung oder der Kapitalerhöhung – ein enormes Risiko für den Geschäftsführer dar, welches in Fällen des Cash-Pools für den Geschäftsführer kaum beherrschbar ist. Dem Geschäftsführer wird man nicht nur das Recht einräumen, sondern vielmehr die Pflicht auferlegen müssen, eine laufende Unterrichtung über die Vermögensverhältnisse des Gesellschafters zu verlangen. Ob es entsprechend § 18 KWG ausreichend ist, dass er einmal jährlich diese Offenlegung verlangt, wird zu bejahen sein.

6. Übergangsregelung

153   Nach § 3 Abs. 4 EGGmbHG gilt die Neuregelung für des § 19 Abs. 5 GmbHG auch für Einlageleistungen, die **vor dem Inkrafttreten des Gesetzes** bewirkt worden sind und nach alter Rechtslage keine Erfüllung der Einlagenverpflichtung bewirkt haben. Wurden bei der **Einlagenrückgewähr,** die nach alter Rechtslage unzulässig war, die Voraussetzungen des § 19 Abs. 5 GmbHG eingehalten, so sind diese Altfälle des Hin- und Herzahlens umfassend geheilt. Die Gesellschaften haben damit ihren bislang bestehenden Einlageanspruch gegen den Gesellschafter verloren.

Unabdingbare Voraussetzung ist aber, dass die Voraussetzungen des § 19 Abs. 5 GmbHG eingehalten wurden, insbesondere der **Rückgewähranspruch vollwertig** und **liquide** ist.

154   Problematisch an dieser Regelung ist jedoch, dass § 19 Abs. 5 GmbHG voraussetzt, dass die zwischen der Gesellschaft und dem Gesellschafter getroffene Abrede bei der Anmeldung anzugeben ist, dies aber nach der alten Rechtslage nicht erforderlich war und daher in der Regel nicht geschehen sein wird. Die **Übergangsregelung** ist daher für den Fall des Hin- und Herzahlens **teleologisch zu reduzieren,** damit eine mögliche Heilung nicht von vornherein ausgeschlossen ist.[1] Fehlt es hingegen an der vorgeschriebenen Fälligkeit, scheidet eine Heilung aus. Geht man hingegen davon aus, dass die Angabe und die damit verbundene Offenlegung nur Ordnungscharakter hat, die Regelung also ausschließlich gegenüber dem Geschäftsführer einen Normbefehl ausspricht, der mit dieser Strafandrohung zur Offenlegung verpflichtet werden soll, so bereiten die Altfälle kein Problem, wenn der Rückgewähranspruch vollwertig und liquide war.

155   Eine bereits verwirklichte **Strafbarkeit** wegen Abgabe einer falschen Versicherung seitens des Geschäftsführers gem. § 82 Abs. 1 Nr. 1 oder Nr. 3 GmbHG konnte und wollte der Gesetzgeber für die Vergangenheit nicht beseitigen.

156   Die **Heilung** ist auch dann ausgeschlossen, wenn die Unwirksamkeit der durch ein rechtskräftiges Urteil und mittels einer wirksamen Vereinbarung zwischen der Gesellschaft und dem Gesellschafter festgestellt worden ist.

---

[1] *Wälzholz,* GmbHR 2008, 841, 846.

III. Hin- und Herzahlen

7. Beratungshinweis

- Eine § 19 Abs. 5 GmbHG entsprechende Vereinbarung zwischen dem Gesellschafter und der Gesellschaft kann erst **nach notarieller Beurkundung** des Gesellschaftsvertrages getroffen werden kann. Wird sie hingegen schon vor Entstehung der Vor-GmbH getroffen, beträfe sie nur die Vorgründungsgesellschaft und würde nicht auf die GmbH übergehen.

- § 19 Abs. 5 GmbHG privilegiert nach überwiegender Meinung nur Vorgänge, bei denen ein Hin- und Herzahlen tatsächlich durchgeführt wird. Reine Verrechnungsabreden ohne Liquiditätsfluss werden nicht erfasst.

- Im Ergebnis privilegiert der Gesetzgeber eine Einlageleistung, die wirtschaftlich in nichts anderem als der **Begründung einer Geldforderung** gegenüber der Gesellschaft besteht, die eigentlich nicht als Sacheinlage einlagefähig wäre. Aus Sicht der Gesellschaft ist dies besonders problematisch, da sie letztlich eine schlechtere Position erhält als bei einer Sacheinlage, wo die Gefahr des Wertverlustes häufig geringer ist als bei einer Forderung gegenüber dem Gesellschafter.

- Es steht zu erwarten, dass die Praxis dieses Verfahren des Hin- und Herzahlens nicht nur in Fällen des Cash-Pools, sondern vor allem bei der **GmbH & Co. KG** nutzen wird. Hier wird zwar die Einlage dem Gesellschafter nicht zurückgewährt, da sie ja der KG als Darlehen zur Verfügung gestellt wird, diese steht dem Gesellschafter aber wirtschaftlich i. S. d. bisherigen Rechtsprechung des BGH[1] gleich.

- Die **Prüfung der Vollwertigkeit** kann und wird bei der GmbH & Co. KG dann besondere Probleme aufwerfen, wenn diese nur mit einem geringen Kommanditkapital ausgestattet ist.

- Es empfiehlt sich, **detaillierte Angaben bei der Handelsregisteranmeldung** des Hin- und Herzahlens seitens der Geschäftsführung zu machen und dem Handelsregister das Vorliegen der Voraussetzungen des § 19 Abs. 5 GmbHG plausibel zu machen. Ansonsten droht in weitem Umfang, dass die Handelsregister durch Sachverständigengutachten einen Beleg darüber erhalten wollen, dass der Anspruch auch tatsächlich vollwertig ist. Man wird den Handelsregistern auch das Recht zubilligen müssen, einen Nachweis über das Vorliegen eines entsprechenden Darlehensvertrages zu verlangen. Dieser sollte daher schriftlich abgeschlossen werden.

157

---

[1] *BGH* ZIP 2008, 174.

> - Der leistende Gesellschafter ebenso wie der Geschäftsführer sollten sich im Zweifelsfall ohnehin die Vollwertigkeit durch **Sachverständigengutachten** belegen lassen. Hier wird sicherlich in Zukunft ein weiteres Feld für Ansprüche des Insolvenzverwalters gegen die Gesellschafter liegen. Selbst wenn entgegen der hier vertretenen Auffassung den Gesellschafter nicht die Beweislast für die Vollwertigkeit trifft, so ist er dennoch gut beraten, hier die Beweisführung eindeutig in den Händen zu halten.
>
> Auch bei **Vorratsgesellschaften** wird häufig durch das Hin- und Herzahlen i. S. v. § 19 Abs. 5 GmbHG Liquidität geschont werden.

8. Muster – Darlehensvertrag bei Hin- und Herzahlen

158 Darlehensvertrag zwischen

X-GmbH,

_____ (Anschrift),

– nachfolgend „Darlehensgeberin" genannt –

und

_____ (Gesellschafter),

_____ (Anschrift)

– nachfolgend „Darlehensnehmer" genannt –

1. Der Darlehensnehmer … ist Gesellschafter der. …-GmbH, gegründet am … (URNr …), mit Sitz in …

   Der Unterzeichnende hat bei der Gründung der Gesellschaft einen Geschäftsanteil mit einem Nennwert von 12 000 € übernommen. Die Einlage ist vollständig und in bar zu erbringen.

   Der Gesellschafter hat die Einlage noch nicht erbracht; die Leistung ist bis zum _____ zu erbringen.

2. Die Gesellschaft und der Gesellschafter vereinbaren, dass der von dem Gesellschafter erbrachte Einlagebetrag ihm von der Gesellschaft als Darlehen zurückgewährt wird.

3. Darlehensbedingungen:

   a. Dieser Vertrag tritt mit Unterzeichnung durch beide Parteien in Kraft. Das Darlehen ist binnen einer Woche nach Inkrafttreten auszubezahlen.

IV. Handelsregisteranmeldung bei Hin- und Herzahlen

b. Das Darlehen ist spätestens am _____ zurückzuzahlen. Der Darlehensnehmer ist zu einer früheren Rückzahlung ohne Vorfälligkeitsentschädigung berechtigt. (**alt.**: Der Rückgewähranspruch gegen den Gesellschafter ... ist sofort fällig.)

c. Die Gesellschaft kann den Darlehensvertrag jederzeit, ohne Angabe von Gründen und ohne Einhaltung einer Kündigungsfrist kündigen

d. Das Darlehen ist mit 2%-Punkten über dem Basiszinssatz p. a. zu verzinsen.[1]

4. Die Vollwertigkeit des Rückgewähranspruchs wird durch eine Bescheinigung des Steuerberaters der Gesellschaft vom ... nachgewiesen. (Anlage zum Vertrag).[2] Darüber hinaus verpflichtet sich der Darlehensnehmer die Darlehensgeberin unverzüglich über die Verschlechterung seiner Vermögenslage in Kenntnis zu setzen.

Ort, Datum

_____   _____
Gesellschafter   ... GmbH

IV. Formulierungsbeispiel für die Handelsregisteranmeldung bei Hin- und Herzahlen (Gründung/Kapitalerhöhung)

„Hiermit wird nach § 19 Abs. 5 GmbHG angegeben, dass die Einlage des Gesellschafters A auf den Geschäftsanteil Nr. 1 in Höhe von _____ Euro aufgrund (schriftlichen) Darlehensvertrages vom _____ in voller Höhe rückgewährt worden ist. Der Rückgewähranspruch ist vollwertig und jederzeit fällig/alt. kann jederzeit durch fristlose Kündigung fällig gestellt werden. Der Geschäftsführer versichert die Richtigkeit dieser Angaben.

(**ggf.**: Der schriftliche Darlehensvertrag sowie ein Sachverständigengutachten, das die Vollwertigkeit des Rückzahlungsanspruches belegt, sind beigefügt.)"

159

---

[1] Das Darlehen muss verzinslich sein, sonst ist es nicht vollwertig (Rn. 134).
[2] Die Einholung eines derartigen Gutachtens ist nicht zwingend und kann auch nicht standardmäßig vom Registergericht abgefordert werden.

C. Gründungsverfahren nach dem MoMiG

V. Muster – Gründungsurkunde mit Belehrungshinweisen bei Gründung einer Gesellschaft mit mehreren Gesellschaftern außerhalb des Musterprotokolls

160 (Rubrum)

...

Die Erschienenen ließen folgende

Gründung einer Gesellschaft mit beschränkter Haftung – Mehrmanngesellschaft

beurkunden und erklärten:

Wir gründen eine Gesellschaft mit beschränkter Haftung (GmbH) mit folgendem Gesellschaftsvertrag und der Verpflichtung zur Leistung der darin vereinbarten Geschäftsanteile.

I. Geschäftsführerbestellung

Zum Geschäftsführer wird bestellt:

_____

(Name, Vorname, Geb.-datum, Wohnort)

mit steter Einzelvertretungsmacht, auch wenn weitere Geschäftsführer bestellt sind, **ggf.:** und der Erlaubnis, mit sich in eigenem Namen und für Dritte Rechtsgeschäfte mit der GmbH vorzunehmen (Befreiung von § 181 BGB).

alt.: Der Geschäftsführer vertritt satzungsgemäß.

Die Geschäftsführung ist bereits im Gründungsstadium der Gesellschaft ermächtigt, innerhalb des Satzungsgegenstandes alle Geschäfte zu tätigen, die nach der Eintragung der Gesellschaft im Handelsregister die Geschäftsführer gemäß § 35 GmbHG vorzunehmen berechtigt sind; Dritten gegenüber ist § 37 Abs. 2 GmbHG anzuwenden.

alt.: Die Geschäftsführung ist bis zur Eintragung der GmbH in das Handelsregister nur zu den für die Eintragung erforderlichen Geschäften berechtigt.

II. Kosten

Die mit der Gründung verbundenen Kosten trägt die Gesellschaft bis zu einem Betrag von _____ €.

V. Muster – Gründungsurkunde

III. Hinweise des Notars

Der Notar gab den Erschienenen folgende Hinweise und Aufklärungen:

(1) Die Gesellschaft entsteht als Gesellschaft mit beschränkter Haftung erst mit ihrer Eintragung in das Handelsregister. Mit dem wirksamen Abschluss des Gesellschaftsvertrages entsteht jedoch eine Vorgesellschaft, für die bereits wirksam gehandelt werden kann und deren Rechtsnachfolger die GmbH ist. Die Geschäftsführer, die vor Eintragung der Gesellschaft handeln, haften in manchen Fällen für Schäden jedoch persönlich. Geschäfte, Rechte, Verträge, Verbindlichkeiten, die vor der Gründung der GmbH begründet wurden, gehen *nicht* auf die heute gegründete GmbH über, sondern müssen ggf. auf diese übertragen werden.

(2) Zahlungen auf die Geschäftsanteile, die vor der heutigen Beurkundung des GmbH-Vertrages vorgenommen wurden, haben grundsätzlich keine tilgende Wirkung und sind daher zu vermeiden.

(3) Die Leistungen auf die Geschäftsanteile müssen sich im Zeitpunkt des Eingangs der Registeranmeldung bei Gericht in der freien, uneingeschränkten Verfügung der Geschäftsführung befinden und dürfen – mit Ausnahme der satzungsmäßigen Übernahme der Gründungskosten – auch nicht durch die Eingehung von Verbindlichkeiten angetastet sein.

(4) Der Wert des Gesellschaftsvermögens darf im Zeitpunkt der Handelsregistereintragung der Gesellschaft nicht niedriger sein als das Stammkapital und der Gesellschafter ist verpflichtet, den Fehlbetrag zu erbringen und zwar ohne Beschränkung auf die Höhe der übernommenen Einlage.

(5) Alle übrigen Gesellschafter haften im Verhältnis ihrer Geschäftsanteile für die Einzahlung der Geschäftsanteile, auf die die geschuldeten Beträge von dem dazu verpflichteten Gesellschafter nicht zu erlangen sind. Dies gilt insbesondere auch für solche Leistungen auf die Geschäftsanteile, die keine Tilgungswirkung haben, schon vor Eintragung ohne Werterhaltung verbraucht oder an die Gesellschafter zurückgezahlt wurden. Jeder Gesellschafter muss daher ggf. das gesamte Stammkapital allein aufbringen.

(6) Sind Geldeinlagen vereinbart, können diese nicht durch Aufrechnung/Verrechnung mit Forderungen gegen die Gesellschaft erbracht werden.

(7) Sind Sacheinlagen statt Geldeinlagen vorgesehen, so muss dies in den Gesellschaftsvertrag aufgenommen werden.

(8) Die Einlageverpflichtung des Gesellschafters entfällt nicht, wenn in unmittelbaren zeitlichen oder sachlichen Zusammenhang mit der Gründung Gegenstände im Eigentum eines Gesellschafters, einer ihm nahestehenden Person oder eines von ihm beherrschten Unternehmens an die Gesellschaft verkauft werden oder eine andere Gestaltung gewählt wird, durch die es zu einem Rückfluss der Bareinlage an den Gesellschafter kommt. Die sog. verdeckten Sacheinlagen führen dazu, dass der Geschäftsanteil nochmals bar erbracht werden muss, unter Anrechnung des Wertes des verdeckt eingebrachten Gegenstandes.

(9) Sind Geldeinlagen vereinbart und sollen diese zeitlich unmittelbar nach der Gründung an den Gesellschafter wieder ausgezahlt werden, muss dieser auf die Bareinlageverpflichtung nur dann nicht nochmals leisten, wenn gegen ihn stattdessen ein vollwertiger und für die Gesellschaft sofort fälliger Rückgewähranspruch besteht. Die Vereinbarung zwischen dem Gesellschafter und der Gesellschaft ist bei der Anmeldung anzugeben. Ist der Anspruch nicht vollständig vollwertig, so ist die Einlage gänzlich nicht erbracht und der Geschäftsführer macht sich strafbar.

(10) Der Notar hat darauf hingewiesen, dass der Gesellschafter in Sonderfällen einer Haftung wegen eines so genannten existenzvernichtenden Eingriffs ausgesetzt sein kann. Hierzu kann es insbesondere bei Verletzung des Eigeninteresses der Gesellschaft kommen (z. B. bei Liquidationsentzug, Gefährdung der Kreditfähigkeit durch Entziehung von Sicherheiten). Betroffen ist jeder Gesellschafter, der an dem Eingriff in das Gesellschaftsvermögen mitgewirkt hat.

(11) Wer falsche Angaben bei der Errichtung der Gesellschaft macht oder die Gesellschaft durch Einlagen oder Gründungsaufwand vorsätzlich oder grob fahrlässig schädigt, haftet allen Gesellschaftern nach § 9a GmbHG u. a. auf Schadensersatz; falsche Angaben bei der Eintragung der Gesellschaft in das Handelsregister sind nach § 82 GmbHG mit Freiheitsstrafe bis zu 3 Jahren oder Geldstrafe bedroht.

(12) Soweit es nicht zur Eintragung der GmbH im Handelsregister kommt, greift eine unbeschränkte Verlustdeckungshaftung in Höhe der nicht vom Gesellschaftsvermögen gedeckten Verluste. Der Verlustdeckungsanspruch entsteht mit dem Scheitern der Eintragung, d. h. insbesondere Rücknahme des Eintragungsantrags und/oder Aufgabe des Geschäftsbetriebs. Geben also die Gesellschafter die Eintragung der GmbH in das Handelsregister auf, müssen sie die aus der aufgenommenen sowie einer späteren Ge-

V. Muster – Gründungsurkunde

schäftstätigkeit aufgelaufenen Verluste in vollem Umfang ohne Beschränkung auf die übernommenen Geschäftsanteile ausgleichen.

(13) Wird die Gesellschaft zahlungsunfähig oder ergibt sich eine Überschuldung, haben die Geschäftsführer ohne schuldhaftes Zögern, spätestens aber drei Wochen nach Eintritt der Zahlungsunfähigkeit bzw. Überschuldung die Eröffnung des Insolvenzverfahrens zu beantragen. Hat die Gesellschaft keinen Geschäftsführer (Führungslosigkeit der Gesellschaft), ist auch jeder Gesellschafter zur Stellung des Antrages berechtigt und verpflichtet, es sei denn, er hat von der Zahlungsunfähigkeit/Überschuldung und der Führungslosigkeit keine Kenntnis.

(14) Bestellen die Gesellschafter einen Geschäftsführer, dem die Amtsausübung gem. § 6 GmbHG untersagt ist oder belassen sie diesen im Amt, so können Pflichten des Geschäftsführers auf die Gesellschafter übergehen und die Gesellschafter in die Haftung geraten.

(15) Soweit die Gesellschaft eine nach Gewerberecht, der Handwerksordnung oder einer anderen öffentlich-rechtlichen Vorschrift genehmigungsbedürftige Tätigkeit ausübt, darf sie dies erst nach Erteilung der Genehmigung. Bei Zuwiderhandlung drohen Bußgelder und andere Sanktionen.

(16) Im Geschäftsverkehr muss der Rechtsformzusatz („GmbH" oder „UG (haftungsbeschränkt)") zutreffend und vollständig benutzt werden.

(17) Jeder Gesellschafter sollte die Angaben in der Gesellschafterliste regelmäßig, spätestens aber alle 3 Jahre auf ihre Richtigkeit hin überprüfen.

Diese Niederschrift nebst Anlage wurde den Erschienenen in Gegenwart des Notars vorgelesen, von ihnen genehmigt und sodann von ihnen und dem Notar wie folgt unterzeichnet.

C. Gründungsverfahren nach dem MoMiG

VI. Muster – Gesellschaftsvertrag und Registeranmeldung

1. Gesellschaftsvertrag

**Gesellschaftsvertrag einer Mehrmann – GmbH[1]
ohne Mehrheitsgesellschafter (Bareinlagen)
(ausführliche GmbH-Satzung)**

161   I. Allgemeine Bestimmungen

§ 1 Firma und Sitz

(1) Die Gesellschaft ist eine Gesellschaft mit beschränkter Haftung unter der Firma

_____ GmbH.

(2) **Ggf.:** Scheidet ein Gesellschafter – auch durch Tod – aus der Gesellschaft aus, können er bzw. seine Erben verlangen, dass sein Namen nicht mehr Bestandteil der Firma ist.

(3) Die Gesellschaft hat ihren Satzungssitz in _____.

(4) Der Verwaltungssitz der Gesellschaft wird durch die Gesellschafterversammlung mit ¾-Mehrheit festgelegt.

§ 2 Gegenstand

(1) Gegenstand des Unternehmens ist _____.

(2) Die Gesellschaft kann alle Geschäfte betreiben, die dem Gesellschaftszweck unmittelbar oder mittelbar zu dienen geeignet sind. Sie kann Zweigniederlassungen errichten und sich an gleichartigen oder ähnlichen Unternehmen beteiligen.

§ 3 Bekanntmachungen

Die Bekanntmachungen der Gesellschaft erfolgen nur im elektronischen Bundesanzeiger für die Bundesrepublik Deutschland.

II. Stammkapital, Geschäftsanteile

§ 4 Stammkapital

Das Stammkapital beträgt _____ € (mind. 25 000 €) (in Worten: € _____).

---

[1] Vgl. ausf. zur Satzungsgestaltung unter Berücksichtigung des MoMiG: *Heckschen,* in: Heckschen/Heidinger, Die GmbH in der Gestaltungs- und Beratungspraxis, 2. Aufl. 2009, § 4.

VI. Muster – Gesellschaftsvertrag und Registeranmeldung

§ 5 Geschäftsanteile

Auf das Stammkapital übernehmen:

a) Herr
   einen Geschäftsanteil Nr. _____ zu einem Nennbetrag von _____ €
   sowie
   einen Geschäftsanteil Nr. _____ zu einem Nennbetrag von _____ €

b) Herr
   einen Geschäftsanteil Nr. _____ zu einem Nennbetrag von _____ €,
   einen Geschäftsanteil Nr. _____ zu einem Nennbetrag von _____ €
   sowie
   einen Geschäftsanteil Nr. _____ zu einem Nennbetrag von _____ €

c) Frau
   einen Geschäftsanteil zu einem Nennbetrag von _____ €

§ 6 Bareinlagen – Aufgeld

(1) Die von den Gesellschaftern übernommenen Geschäftsanteile werden in Geld erbracht, und zwar sofort in voller Höhe.

(2) **Ggf.:** Jeder der Gesellschafter ist zur Zahlung eines Aufgeldes von _____ € pro übernommenen Geschäftsanteil verpflichtet.

Das Aufgeld ist zahlbar, sobald die Gesellschafterversammlung seine Erforderung beschließt, spätestens jedoch zu Beginn des dritten Geschäftsjahres der Gesellschaft, ohne dass es eines Gesellschafterbeschlusses oder einer Einforderung durch die Geschäftsführer bedarf.

III. Geschäftsanteile – Einziehung

§ 7 Verfügung über Geschäftsanteile

(1) Ohne Zustimmung der Gesellschafterversammlung kann kein Gesellschafter seine Geschäftsanteile oder Teile davon abtreten oder sonst wie darüber verfügen.

(2) Mehrere Geschäftsanteile eines Gesellschafters können durch Gesellschafterbeschluss zu einem Geschäftsanteil zusammengelegt werden. Die Teilung von Geschäftsanteilen bedarf (nicht) der Zustimmung der Gesellschafterversammlung.

(3) Geschäftsanteile, die insbesondere durch Einziehung untergehen, können

   a) neu gebildet und wieder ausgegeben werden oder
   b) die Geschäftsanteile der verbliebenen Gesellschafter werden aufgestockt.

(4) Jeder Gesellschafter ist verpflichtet, jedwede Veränderung in seiner Person (Name, Wohnort) und in seiner Beteiligung (Zusammenlegung/Teilung von Geschäftsanteilen) sowie jede Einzel- oder Gesamtrechtsnachfolge in seinen Geschäftsanteil (z. B. Anteilsübertragung, Umwandlungsmaßnahmen) der Geschäftsführung schriftlich mitzuteilen und nachzuweisen. Die Nachweisführung hat unter Vorlage der die Veränderung belegenden Dokumente – in Urschrift oder beglaubigter Abschrift – zu erfolgen. Bei der Erbfolge ist vom Rechtsnachfolger ein Erbschein in Ausfertigung oder ein notarielles Testament mit Eröffnungsprotokoll in beglaubigter Abschrift vorzulegen.[1] Gleichzeitig soll der die Mitteilung über die Veränderung machende Gesellschafter den Geschäftsführer anweisen, die dann zu erstellende neue Gesellschafterliste auch den anderen Gesellschaftern in Kopie zu übermitteln. Wird diese Liste durch einen Notar erstellt, so ist dieser anzuweisen, die Liste seinerseits allen Gesellschaftern in Kopie zu übersenden.

§ 8 Einziehung, Amortisation

(1) Die Einziehung (Amortisation) von Geschäftsanteilen ist zulässig.

(2) Die Einziehung des Geschäftsanteiles eines Gesellschafters ohne dessen Zustimmung ist zulässig, wenn

a) der Geschäftsanteil von einem Gläubiger des Gesellschafters gepfändet oder sonst wie in diesen vollstreckt wird, und die Vollstreckungsmaßnahme nicht innerhalb von zwei Monaten, spätestens bis zur Verwertung des Geschäftsanteils, aufgehoben wird;

b) über das Vermögen eines Gesellschafters das Insolvenzverfahren eröffnet oder die Eröffnung eines solchen Verfahrens mangels Masse abgelehnt wird, **alt.**: der Antrag auf Eröffnung eines Insolvenzverfahrens über das Vermögen des Gesellschafters gestellt ist, sofern dieser nicht innerhalb von _____ Wochen/Monaten zurückgenommen oder zurückgewiesen wird, oder der Gesellschafter die Richtigkeit seines Vermögensverzeichnisses an Eides Statt zu versichern hat;

c) in der Person des Gesellschafters ein seine Ausschließung rechtfertigender Grund vorliegt; oder

d) der Gesellschafter seinen Austritt aus der Gesellschaft erklärt (Kündigung) oder

---

[1] Ein anderslautender Formulierungsvorschlag findet sich bei *Wachter,* GmbHR-Sonderheft Oktober 2008, 51, 54.

VI. Muster – Gesellschaftsvertrag und Registeranmeldung

e) wenn der Anteil eines Gesellschafters als Rechtsfolge einer Maßnahme nach dem Umwandlungsgesetz auf einen Dritten übergeht, ohne dass die Mitgesellschafter dieser Maßnahme zugestimmt haben. Dies gilt jedoch nicht, wenn ein Geschäftsanteil aufgrund einer Maßnahme nach dem Umwandlungsgesetz auf verbundene Unternehmen i. S. d. §§ 15 ff. AktG oder auf einen Mitgesellschafter übergeht,

f) für den Gesellschafter ein Betreuer bestellt wird,

g) ein verheirateter Gesellschafter nicht auf Aufforderung durch die Geschäftsführung binnen 8 Wochen nachweist, dass der Geschäftsanteil aus dem Zugewinn herausgenommen ist,

h) **Ggf.**: der Gesellschafter stirbt und der Geschäftsanteil nicht auf einen Mitgesellschafter im Wege der Erbfolge oder per Vermächtnis übergeht.

(3) Steht ein Geschäftsanteil mehreren Mitberechtigten ungeteilt zu, so ist die Einziehung gemäß Abs. 2 auch zulässig, wenn deren Voraussetzungen nur in der Person eines Mitberechtigten vorliegen.

(4) Die Einziehung wird durch die Geschäftsführung erklärt. Sie bedarf eines Gesellschafterbeschlusses der mit Mehrheit, im Falle des Abs. (2) d) einer ¾-Mehrheit, der abgegebenen Stimmen gefasst wird. Dem betroffenen Gesellschafter steht kein Stimmrecht zu, wenn die Einziehung ohne seine Zustimmung erfolgt.

(5) Anstelle der Einziehung können die Gesellschafter auch beschließen, dass der betroffene Gesellschafter den Geschäftsanteil an die Gesellschaft oder an in dem Beschluss bestimmte Gesellschafter oder Dritte abzutreten hat („Zwangsabtretung"). Dieser Beschluss bedarf außerdem der Zustimmung der Gesellschaft. In diesem Falle kann jedoch jeder Gesellschafter verlangen, dass ihm ein seiner Beteiligung am Stammkapital entsprechender Teil des Geschäftsanteils des ausscheidenden Gesellschafters übertragen wird.

(6) Im Falle der Einziehung oder Abtretung eines Geschäftsanteils nach den obigen Bestimmungen berechnet sich das Entgelt für den ausscheidenden Gesellschafter nach den im Gesellschaftsvertrag festgelegten Bewertungsgrundsätzen. Sollten Gesetz oder Rechtsprechung zwingend eine andere Bemessung des Entgelts vorschreiben, so ist diese maßgebend.

Erwirbt die Gesellschaft den Geschäftsanteil nicht selbst, so haftet sie neben dem Erwerber gesamtschuldnerisch für die Zahlung des Entgelts.

C. Gründungsverfahren nach dem MoMiG

(7) Mit Einziehungsbeschluss scheidet der betroffene Gesellschafter aus der Gesellschaft aus.

(8) Für die Zahlung des Einziehungsentgelts haften die Gesellschafter wie ein selbstschuldnerischer Bürge, untereinander haften sie pro ratarisch entsprechend ihres Geschäftsanteils.

(9) Die Einziehung nach Abs. (2) ist nur zulässig binnen eines Jahres nach Kenntnis der Gesellschaft von dem zur Einziehung berechtigenden Ereignisses.

(10) Mit dem Einziehungsbeschluss ist zu beschließen, ob der Geschäftsanteil neu ausgegeben wird oder die Geschäftsanteile der verbleibenden Gesellschafter aufgestockt werden oder – soweit zulässig – eine Kapitalherabsetzung beschlossen wird, um entsprechend § 5 Abs. 3 Satz 2 GmbHG eine Übereinstimmung zwischen Stammkapital und der Summe der Geschäftsanteile herzustellen.

§ 9 Abfindung ausscheidender Gesellschafter

(1) Sind Geschäftsanteile aufgrund dieses Vertrages zu veräußern oder werden sie eingezogen, so ist der ausscheidende Gesellschafter entsprechend den nachfolgenden Bestimmungen abzufinden:

Zur Berechnung des dem ausgeschiedenen Gesellschafter (bzw. dessen Rechtsnachfolgern) zustehenden Abfindungsguthabens ist auf den Zeitpunkt des Ausscheidens eine Bewertung des Unternehmens vorzunehmen. Es ist der objektivierte Unternehmenswert zu ermitteln, in dem sich der Wert des im Rahmen des vorhandenen Unternehmenskonzepts fortgeführten Unternehmens ausdrückt. Die Bewertung ist von einem Sachverständigen (z.B. Steuerberater/Wirtschaftsprüfer) als neutralem Gutachter nach den jeweils aktuellen Richtlinien, die das Institut für Wirtschaftsprüfer herausgibt, und dem dort festgelegten Verfahren zur Durchführung von Unternehmensbewertungen vorzunehmen.

(2) Die Abfindung ist in fünf gleichen Raten auszuzahlen. Die erste Rate wird sechs Monate nach dem Ausscheiden, jede weitere jeweils sechs Monate später fällig. Sofern bei Fälligkeit der ersten Rate das Abfindungsgutachten noch nicht vorliegt, hat der Gutachter auf die jeweils ausstehenden Raten angemessene Abschlagszahlungen festzusetzen. Vorzeitige Zahlungen sind in beliebiger Höhe zulässig. Sie werden auf die zuletzt zu zahlenden Raten verrechnet. Der jeweils noch offenstehende Rest der Abfindung ist mit

VI. Muster – Gesellschaftsvertrag und Registeranmeldung

6% jährlich zu verzinsen. Die aufgelaufenen Zinsen sind jeweils mit der nächsten Rate fällig.

Sicherheitsleistung kann der ausgeschiedene Gesellschafter nicht verlangen.

Führt eine rechtskräftige Berichtigungsveranlagung durch die Finanzverwaltung, z. B. aufgrund einer steuerlichen Betriebsprüfung, zu einer Änderung der Werte, die die Grundlage für die Unternehmensbewertung gebildet haben, so findet eine Anpassung des Abfindungsanspruches nicht statt.

(3) Wird durch die planmäßige Auszahlung der Abfindung der Fortbestand der Gesellschaft ernstlich gefährdet, so können die Laufzeiten der Auszahlung angemessen verlängert und die Höhe der einzelnen Raten entsprechend gesenkt werden. Dies gilt nicht, wenn dadurch die Existenz des ausscheidenden Gesellschafters ernstlich gefährdet würde.

(4) Bei Meinungsverschiedenheiten über die Höhe der Abfindung und die Laufzeit ihrer Auszahlung entscheidet darüber ein von den Beteiligten gemeinsam zu bestellender Sachverständiger als Schiedsgutachter. Kommt eine Einigung über die Person des Schiedsgutachters nicht zustande, so ist dieser – auf Antrag eines Beteiligten – vom Vorsitzenden des Institutes für Wirtschaftsprüfer in Düsseldorf zu benennen.

(5) Die Kosten des Bewertungsgutachtens tragen der ausgeschiedene Gesellschafter sowie die Gesellschaft zu Lasten der verbliebenen Gesellschafter in dem Verhältnis, in dem der ausgeschiedene Gesellschafter und die verbliebenen Gesellschafter vor dem Ausscheiden des Gesellschafters am Gesellschaftskapital beteiligt waren.

IV. Geschäftsführer, Geschäftsführung und Vertretung

§ 10 Geschäftsführer

(1) Die Gesellschaft hat einen oder mehrere Geschäftsführer.

(2) Die Geschäftsführer werden durch Gesellschafterbeschluss bestellt und abberufen.

(3) Bei Abschluss, Änderung oder Beendigung von Dienstverträgen mit Geschäftsführern wird die Gesellschaft durch die Gesellschafterversammlung vertreten.

(4) Die Geschäftsführer sind verpflichtet, die Geschäfte der Gesellschaft in Übereinstimmung mit dem Gesetz, diesem Gesellschafts-

vertrag in seiner jeweils gültigen Fassung, sowie den Beschlüssen der Gesellschafter zu führen.

(5) Die Geschäftsführer bedürfen der vorherigen Zustimmung durch Gesellschafterbeschluss für alle Geschäfte, die über den gewöhnlichen Geschäftsbetrieb der Gesellschaft hinausgehen.

Die Gesellschafterversammlung kann darüber hinaus jederzeit einen auch weitergehenden Katalog von Geschäften beschließen, die nur mit vorheriger Zustimmung der Gesellschafterversammlung vorgenommen werden sollen.

§ 11 Vertretung

(1) Die Gesellschaft wird vertreten

a) wenn nur ein Geschäftsführer vorhanden ist durch diesen;

b) wenn mehrere Geschäftsführer vorhanden sind durch zwei Geschäftsführer gemeinsam oder durch einen Geschäftsführer gemeinsam mit einem Prokuristen.

(2) Die Gesellschafterversammlung kann die Vertretung abweichend regeln, insbesondere Einzelvertretung anordnen und – jedoch nur mit einer Mehrheit von drei Vierteln der abgegebenen Stimmen – von den Beschränkungen des § 181 BGB befreien.

V. Gesellschafter – Versammlungen und Beschlüsse

§ 12 Gesellschafterversammlungen

(1) Gesellschafterversammlungen werden durch die Geschäftsführer einberufen. Jeder Geschäftsführer ist allein einberufungsberechtigt.

(2) Die Einberufung erfolgt durch eingeschriebenen Brief an jeden Gesellschafter unter Angabe von Ort, Tag, Zeit und Tagesordnung mit einer Frist von mindestens drei Wochen bei ordentlichen Gesellschafterversammlungen und von mindestens 10 Tagen bei außerordentlichen Gesellschafterversammlungen; bei Eilbedürftigkeit kann die Einberufung mit angemessen kürzerer Frist erfolgen. Der Lauf der Frist beginnt mit dem der Aufgabe zur Post folgenden Tag. Der Tag der Versammlung wird bei Berechnung der Frist nicht mitgezählt.

(3) Eine Gesellschafterversammlung ist nur beschlussfähig, wenn mindestens 50% des Stammkapitals vertreten sind. Sind weniger als 50% des Stammkapitals vertreten, ist unter Beachtung von Abs. 2 unverzüglich eine neue Gesellschafterversammlung mit gleicher Ta-

gesordnung einzuberufen. Diese ist ohne Rücksicht auf das vertretene Stammkapital beschlussfähig, falls hierauf in der Einberufung hingewiesen wird.

(4) Gesellschafterversammlungen finden am Sitz der Gesellschaft statt. Die Versammlung wählt mit Mehrheit der abgegebenen Stimmen einen Vorsitzenden. Dieser leitet die Versammlung.

(5) Sind sämtliche Gesellschafter anwesend oder vertreten und mit der Beschlussfassung einverstanden, so können Beschlüsse auch dann gefasst werden, wenn die für die Einberufung und Ankündigung geltenden gesetzlichen oder gesellschaftsvertraglichen Vorschriften nicht eingehalten worden sind.

(6) Soweit über die Verhandlungen der Gesellschafterversammlung nicht eine notarielle Niederschrift aufgenommen wird, ist über den Verlauf der Versammlung eine Niederschrift anzufertigen, in welcher Ort und Tag der Sitzung, die Teilnehmer, die Gegenstände der Tagesordnung, der wesentliche Inhalt der Verhandlungen und die Beschlüsse der Gesellschafter anzugeben sind. Die Niederschrift ist vom Vorsitzenden zu unterzeichnen. Jedem Gesellschafter ist eine Abschrift der Niederschrift zu übersenden

§ 13 Gesellschafterbeschlüsse

(1) Die Beschlüsse der Gesellschafter werden in Versammlungen gefasst. Außerhalb von Versammlungen können sie, soweit nicht zwingendes Recht eine andere Form vorschreibt, durch schriftliche, fernschriftliche, telegrafische oder mündliche, auch fernmündliche Abstimmung gefasst werden, wenn sich jeder Gesellschafter an der Abstimmung beteiligt. Ausdrücklich zulässig ist auch eine Kombination aus beiden Beschlussverfahren und jede andere Art der Beschlussfassung, wenn kein Gesellschafter dem widerspricht.

(2) Gesellschafterbeschlüsse werden mit der Mehrheit der abgegebenen Stimmen gefasst, soweit nicht Gesetz oder Gesellschaftsvertrag eine größere Mehrheit vorsehen. Je 1 € (**alt.:** jeder andere volle €-Betrag) eines Geschäftsanteiles gewähren eine Stimme. Stimmenthaltungen zählen als Neinstimmen.

(3) Besitzt ein Gesellschafter nur einen Geschäftsanteil, kann die Stimmabgabe nur einheitlich erfolgen. Befinden sich in der Hand eines Gesellschafters mehr als ein Geschäftsanteil, so kann je Geschäftsanteil das Stimmrecht verschieden ausgeübt werden.

C. Gründungsverfahren nach dem MoMiG

VI. Geschäftsjahr, Jahresabschluss, Lagebericht, Ergebnisverwendung

§ 14 Geschäftsjahr

Das Geschäftsjahr ist das Kalenderjahr.

§ 15 Jahresabschluss, Lagebericht, Ergebnisverwendung

(1) Die Geschäftsführer haben den Jahresabschluss (Bilanz nebst Gewinn- und Verlustrechnung samt Anhang) und den Lagebericht innerhalb der gesetzlichen Fristen aufzustellen und den Gesellschaftern mit ihrem Ergebnisverwendungsvorschlag vorzulegen.

(2) Die Gesellschafter haben innerhalb der gesetzlichen Fristen über die Feststellung des Jahresabschlusses und über die Verwendung des Ergebnisses zu beschließen.

(3) Beschlüsse, Beträge in die Gewinnrücklagen einzustellen oder als Gewinn vorzutragen, bedürfen einer Mehrheit von zwei Dritteln der abgegebenen Stimmen. Im Übrigen ist das Jahresergebnis an die Gesellschafter nach dem Verhältnis der Geschäftsanteile auszuschütten.

VII. Wettbewerbsverbot

§ 16 Wettbewerbsverbot

(1) Soweit gesetzlich zulässig, sind die Gesellschafter von etwaigen Wettbewerbsverboten gegenüber der Gesellschaft befreit.

(2) Die Gesellschafterversammlung kann mit einfacher Mehrheit Befreiung vom Wettbewerbsverbot erteilen, erweitern, einschränken oder aufheben und/oder beschließen, ob und in welcher Höhe eine angemessene Vergütung an die Gesellschaft zu zahlen ist.

VIII. Dauer der Gesellschaft

§ 17 Dauer

Die Dauer der Gesellschaft ist unbestimmt.

§ 18 Kündigung

(1) Jeder Gesellschafter kann die Gesellschaft mit einer Frist von 6 Monaten zum Ende eines Geschäftsjahres durch eingeschriebenen Brief ohne Angabe von Gründen kündigen.

VI. Muster – Gesellschaftsvertrag und Registeranmeldung

Der Brief ist an die Geschäftsführung und an sämtliche übrigen Gesellschafter zu richten. Für die Einhaltung der Frist ist das Datum des Poststempels maßgebend.

(2) Hat ein Gesellschafter das Gesellschaftsverhältnis gekündigt, so ist jeder andere Gesellschafter berechtigt, sich der Kündigung zu demselben Zeitpunkt anzuschließen; die Anschlusskündigung muss 3 Monate vor dem Zeitpunkt, zu dem gekündigt werden kann, erfolgt sein.

(3) Wird bei der Kündigung eines Gesellschafters das nachstehend vereinbarte Erwerbsrecht ausgeübt oder wird die Beteiligung des kündigenden Gesellschafters eingezogen, so wird die Gesellschaft durch die Kündigung nicht, andernfalls wird sie durch die Kündigung aufgelöst.

(4) Der kündigende Gesellschafter ist verpflichtet, seinen Geschäftsanteil auf Verlangen auf die übrigen Gesellschafter zu übertragen.

Das Verlangen auf Erwerb des Geschäftsanteils ist gegenüber dem kündigenden Gesellschafter innerhalb von 2 Monaten seit Zugang der Kündigung durch eingeschriebenen Brief zu erklären. Das Erwerbsrecht steht den Gesellschaftern im Verhältnis ihrer Beteiligung am Stammkapital zu.

(5) Die Gesellschafterversammlung kann auch mit mindestens 75% der abgegebenen Stimmen die Einziehung der Beteiligung des ausscheidenden Gesellschafters beschließen. Dabei hat der ausscheidende Gesellschafter kein Stimmrecht.

(6) Das an den ausscheidenden Gesellschafter zu zahlende Entgelt bestimmt sich nach den in diesem Gesellschaftsvertrag festgelegten Bewertungsgrundsätzen. Sollten Gesetz oder Rechtsprechung zwingend eine andere Bewertung des Entgelts vorschreiben, ist diese maßgebend.

VIII. Schlussbestimmungen

§ 19 Gründungsaufwand

Die Gesellschaft trägt die mit ihrer Gründung verbundenen Kosten der Eintragung und Bekanntmachung sowie die Gesellschaftsteuer (Gründungsaufwand) bis zur Höhe von _____ €.

§ 20 Schriftform

Alle das Gesellschaftsverhältnis betreffenden Vereinbarungen zwischen Gesellschaftern oder zwischen Gesellschaft und Gesellschaftern bedür-

C. Gründungsverfahren nach dem MoMiG

fen zu ihrer Wirksamkeit der Schriftform, soweit nicht kraft Gesetzes notarielle Beurkundung vorgeschrieben ist. Das gilt auch für einen etwaigen Verzicht auf das Erfordernis der Schriftform.

§ 21 Salvatorische Klausel

Falls einzelne Bestimmungen dieses Vertrages unwirksam sein sollten, oder dieser Vertrag Lücken enthält, wird dadurch die Wirksamkeit der übrigen Bestimmungen nicht berührt. Anstelle der unwirksamen Bestimmung gilt diejenige wirksame Bestimmung als vereinbart, welche dem Sinn und Zweck der unwirksamen Bestimmung entspricht. Im Falle von Lücken gilt diejenige Bestimmung als vereinbart, die dem entspricht, was nach Sinn und Zweck dieses Vertrages vernünftigerweise vereinbart worden wäre, hätte man die Angelegenheit von vornherein bedacht.

2. Handelsregisteranmeldung einer neu gegründeten GmbH

162 An das Amtsgericht

Registergericht

Gründung einer GmbH in Firma _____

Zur Ersteintragung in das Handelsregister wird angemeldet:

I. Inhalt der Anmeldung

(1) Unter der in Betreff genannten Firma ist eine Gesellschaft mit beschränkter Haftung gegründet worden.

(2) Satzungssitz der Gesellschaft ist _____.

(3) Die inländische Geschäftsanschrift der Gesellschaft ist _____.

(4) Die Vertretung der Gesellschaft ist in der Satzung wie folgt geregelt (abstrakte Vertretungsregelung):

(5) Zum Geschäftsführer wurde bestellt:

   a) Herr _____

      geb. am _____

      wohnhaft: _____

(6) Konkrete Vertretungsbefugnis:

   Er ist stets einzelvertretungsberechtigt, auch wenn weitere Geschäftsführer bestellt sind (konkrete Vertretungsregelung).

VI. Muster – Gesellschaftsvertrag und Registeranmeldung

oder: Er ist einzelvertretungsberechtigt, solange er alleiniger Geschäftsführer ist.

oder: Er vertritt die Gesellschaft gemeinsam mit einem weiteren Geschäftsführer oder einem Prokuristen.

ggf.: Er ist befugt, die Gesellschaft bei der Vornahme von Rechtsgeschäften mit sich selbst oder als Vertreter eines Dritten uneingeschränkt zu vertreten (Befreiung von den Beschränkungen des § 181 BGB 1. und 2. Alternative).

b) Frau _____

geb. am _____

wohnhaft: _____

Sie ist stets einzelvertretungsberechtigt, auch wenn weitere Geschäftsführer bestellt sind.

oder: Sie ist einzelvertretungsberechtigt, solange sie alleiniger Geschäftsführer ist.

oder: Sie vertritt die Gesellschaft gemeinsam mit einem weiteren Geschäftsführer oder einem Prokuristen.

ggf.: Sie ist befugt, die Gesellschaft bei der Vornahme von Rechtsgeschäften mit sich selbst oder als Vertreter eines Dritten uneingeschränkt zu vertreten (Befreiung von den Beschränkungen des § 181 BGB 1. und 2. Alternative).

Ggf.:

(7) Herr/Frau _____,

Anschrift _____

Ist unter der genannten Anschrift für Zustellungen an die Gesellschaft empfangsberechtigt.

II. Anlagen zur Handelsregisteranmeldung

a) Gründungsurkunde der in Betreff genannten Gesellschaft, enthaltend den Gesellschaftsvertrag und den Beschluss über die Bestellung der ersten Geschäftsführung.

b) Gesellschafterliste

C. Gründungsverfahren nach dem MoMiG

III. Ergänzende Versicherungen und Erklärungen zur Anmeldung

Nach Belehrung durch den beglaubigenden Notar über die unbeschränkte Auskunftspflicht gegenüber dem Gericht gemäß § 53 des Gesetzes über das Zentralregister und das Erziehungsregister und die Strafbarkeit einer falschen Versicherung (§§ 82, 8 Abs. (2) GmbHG), versichere ich – bei mehreren Geschäftsführern jeder für sich –:

(1) Es liegen keine Umstände vor, aufgrund derer ich als Geschäftsführer nach § 6 Abs. (2) Satz 2 und 3 GmbHG von dem Amt als Geschäftsführer ausgeschlossen wäre:

a) Ich stehe nicht unter Betreuung und unterliege bei der Besorgung meiner Vermögensangelegenheiten weder ganz noch teilweise einem Einwilligungsvorbehalt (§ 1903 BGB).

b) Mir ist weder durch gerichtliches Urteil noch durch vollziehbare Entscheidung einer Verwaltungsbehörde die Ausübung eines Berufes, Berufszweiges, Gewerbes oder Gewerbezweiges untersagt, insbesondere nicht soweit der Unternehmensgegenstand ganz oder teilweise mit dem Gegenstand des Verbots übereinstimmt.

c) Es erfolgte keine Verurteilung wegen einer oder mehrerer vorsätzlich begangener, nachfolgend aufgeführter Straftaten:

aa) wegen des Unterlassens der Stellung des Antrags auf Eröffnung des Insolvenzverfahrens (Insolvenzverschleppung),

bb) wegen Insolvenzstraftaten nach den §§ 283 bis 283d des Strafgesetzbuchs (Bankrott, besonders schwerer Fall des Bankrotts, Verletzung der Buchführungspflicht, Gläubigerbegünstigung, Schuldnerbegünstigung),

cc) wegen falscher Angaben nach § 82 GmbHG oder § 399 AktG,

dd) wegen unrichtiger Darstellung nach § 400 AktG, § 331 HGB, § 313 UmwG oder § 17 PublG,

ee) wegen Vermögensdelikten gemäß §§ 263 bis 264a (Betrug, Computerbetrug, Subventionsbetrug, Kapitalanlagebetrug) oder den §§ 265b bis 266a (Kreditbetrug, Untreue, Vorenthalten und Veruntreuen von Arbeitsentgelt) des Strafgesetzbuches zu mindestens einem Jahr Freiheitsstrafe.

Mir ist bekannt, dass dieser Ausschluss für die Dauer von fünf Jahren seit der Rechtskraft des Urteils gilt, wobei die Zeit nicht

VI. Muster – Gesellschaftsvertrag und Registeranmeldung

eingerechnet wird, in welcher ich auf behördliche Anordnung in einer Anstalt verwahrt worden bin.

Darüber hinaus bin ich auch im Ausland nicht wegen einer Tat verurteilt worden, die mit den vorgenannten Taten vergleichbar ist.

(2) Ich bin von dem beglaubigenden Notar über meine unbeschränkte Auskunftspflicht gegenüber dem Registergericht belehrt worden.

(3) Die Gesellschafter haben folgende Leistungen auf ihre Geschäftsanteile bewirkt:

a) Der Gesellschafter Herr

auf den Geschäftsanteil Nr. _____ in Höhe von _____ €

einen Betrag von _____ €

auf den Geschäftsanteil Nr. _____ in Höhe von _____ €

einen Betrag von _____ €

b) Die Gesellschafterin Frau

auf den Geschäftsanteil Nr. _____ in Höhe von _____ €

einen Betrag von _____ €

Zusätzlich bei Hin- und Herzahlen

Der von dem Gesellschafter _____ auf den übernommenen Geschäftsanteil Nr. _____ geleistete Geldbetrag wird diesem aufgrund des Darlehensvertrages vom _____ (Anlage) als Darlehen zurückgewährt.

(4) Der Gegenstand der Leistungen befindet sich endgültig in der freien Verfügung der Geschäftsführung.

(5) Das Vermögen der Gesellschaft ist – abgesehen von dem im Gesellschaftsvertrag festgesetzten Aufwand (Kosten, Gebühren und Steuern) bis zur Höhe von _____ € – durch keinerlei Verbindlichkeiten vorbelastet oder aufgezehrt.

Ggf. bei Hin- und Herzahlen:

„Hiermit wird nach § 19 Abs. 5 GmbHG angemeldet, dass die Einlage des Gesellschafters A in Höhe von … € diesem aufgrund Darlehensvertrags vom … in voller Höhe/in Höhe von … € zurückgewährt worden ist. Der Rückgewähranspruch ist vollwertig und kann durch fristlose Kündigung jederzeit fällig gestellt werden."

C. Gründungsverfahren nach dem MoMiG

IV. Anweisung

Die Gesellschaft weist den Notar hiermit an, die Registeranmeldung erst nach Vorlage einer Bestätigung (auch per Fax) über die Leistung der Stammeinlage zum Handelsregister einzureichen.

V. Hinweise des beglaubigenden Notars

(1) Jeder Geschäftsführer hat bei jeder Änderung im Gesellschafterbestand unverzüglich beim Handelsregister eine neue Gesellschafterliste einzureichen, da er andernfalls dem Veräußerer, dem Erwerber und den Gläubigern der Gesellschaft für den Schaden, der aus dem Unterlassen einer solchen Mitteilung entsteht, persönlich haftet (§ 40 Abs. (2) GmbHG).

(2) Jeder Geschäftsführer hat auch jede Änderung der Geschäftsanschrift und ggf. der Person und/oder Anschrift eines Zustellungsbevollmächtigten unverzüglich dem Handelsregister mitzuteilen, andernfalls kann an die GmbH unter den Voraussetzungen des § 185 ZPO im Wege der öffentlichen Zustellung zugestellt werden. Ebenso ist das Registergericht verpflichtet, die Geschäftsführer zur Mitteilung einer geänderten Geschäftsanschrift unter Festsetzung von Zwangsgeldern anzuhalten.

(3) Wird die Gesellschaft zahlungsunfähig oder ergibt sich eine Überschuldung, haben die Geschäftsführer ohne schuldhaftes Zögern, spätestens aber drei Wochen nach Eintritt der Zahlungsunfähigkeit bzw. Überschuldung die Eröffnung des Insolvenzverfahrens zu beantragen. Hat die Gesellschaft keinen Geschäftsführer (Führungslosigkeit der Gesellschaft), ist auch jeder Gesellschafter zur Stellung des Antrages verpflichtet, es sei denn, er hat von der Zahlungsunfähigkeit/Überschuldung und der Führungslosigkeit keine Kenntnis.

Ort, Datum

_____

(Unterschrift **aller** Geschäftsführer)

VII. Die Unternehmergesellschaft (haftungsbeschränkt)

VII. Die Unternehmergesellschaft (haftungsbeschränkt)

1. Ausgangslage

Folge der Rechtsprechung des EuGH zur sog. Niederlassungsfreiheit entsprechend Art. 43, 48 EGV ist es, dass seit Anfang dieses Jahrtausends Gesellschaften, die ihren Satzungssitz im Ausland haben, ihre Verwaltung aber in Deutschland betreiben, in Deutschland jedenfalls dann als rechtsfähig anzuerkennen sind, wenn ihr Gesellschaftsstatut der sog. **Gründungstheorie** folgt. Dies bedeutet vor allem, dass die britische Private Limited Company by Shares[1] (im folgenden kurz „Ltd." genannt) in Deutschland ohne jede Einschränkung und in dem Umfang, in dem sie in Großbritannien anerkannt ist, auch hier anzuerkennen ist. Sie ist daher uneingeschränkt parteifähig[2] und sie unterliegt hinsichtlich des Haftungsregimes den Regeln des britischen Rechts.[3] Eine Erkenntnis dieser Rechtsprechung ist es, dass Gründer nunmehr die **freie Option** haben, statt einer deutschen GmbH mit deutschem Gründungsverfahren und der Verpflichtung zur Aufbringung eines Stammkapitals in Höhe von 25 000 € eine britische Ltd. mit einem Kapital von lediglich 1 Pfund zu gründen. Der Gesetzgeber war der Auffassung, dass auf diese Entwicklung reagiert werden müsse und sah es als notwendig an, dem eine entsprechende deutsche Rechtsform gegenüber zu stellen.

163

Der Gesetzgeber hat sich leider nicht der Mühe unterzogen, **Rechtstatsachenforschung** zu betreiben und den echten oder vermeintlichen Bedarf für eine Gesellschaftsform ohne Stammkapital in Erfahrung zu bringen. Inwieweit tatsächlich eine Gesellschaft mit einem Stammkapital von 25 000 €, das lediglich zur Hälfte einzuzahlen ist, Existenzgründern den Weg in eine für sie und die Volkswirtschaft sinnvolle Zukunft verbaut, wird ebenso wenig untersucht wie der vermeintliche Erfolg der Ltd. Dies wäre anhand der Ermittlungen der Umsatzzahlen, der tatsächlichen Gewerbeanmeldungen, aber auch der Liquidationen, Insolvenzen und der durch Ltds. in Deutschland geschädigten Teilnehmer des Rechtsverkehrs mit einer vertretbaren Mühe möglich gewesen. Rechtstatsächliche Untersuchungen von anderer Seite belegen ohne jeden Zweifel, dass die **Ltd.** in Deutschland ein **Misserfolg** ist.[4] Nicht einmal jede 10. Ltd., die ohne Stammkapital im sog. erleichterten Verfahren nach britischem Recht gegründet wurde, überlebt die ersten zwei Jahre. Der Notar ist gut beraten, wenn er bei dem Auftreten derartiger Rechtsträger zunächst prüfen lässt, ob die auftretende Gesellschaft überhaupt im

164

---

[1] Vgl. dazu ausf. *Heckschen* (Hrsg.), Die Private Limited Company, 2. Aufl. 2007; *Just*, Die englische Limited in der Praxis, 3. Aufl. 2008.
[2] Dies folgt eindeutig aus der EuGH-Entscheidung in der Rechtssache Überseering, *EuGH* DNotZ 2003, 139.
[3] Dies hat der BGH mehrfach nunmehr anerkannt: *BGH* NJW 2002, 3539; für das Gebiet des EWR: *BGH* DNotZ 2006, 143.
[4] Vgl. zum statistischen Material über die Bedeutung der Ltd. in Deutschland *Niemeier*, Status:Recht 2007, 246; *Niemeier*, ZIP 2006, 2237 ff. Erste Rechtstatsachen zur UG (haftungsbeschränkt) präsentieren *Bayer/Hoffmann*, ZIP 2008, 1302.

C. Gründungsverfahren nach dem MoMiG

britischen Companies House registriert ist. Dies ist häufig nicht der Fall. Der Gesetzgeber hat auch nicht untersucht, ob er etwa mit einer Gesellschaft ohne Stammkapital **Fehlanreize** setzt, die volkswirtschaftlich Schaden auslösen, weil die mit einem Stammkapital verbundene Seriositätsschwelle und der Verlustdeckungspuffer für die Anfangsphase nicht vorhanden sind. Die zahlreichen und überproportional hohen Insolvenzen der in Deutschland tätigen Ltds. enden fast ausnahmslos mit der Nichteröffnung der Insolvenz mangels Masse.[1]

165 Diverse andere Modelle sind mit der Einführung der UG (haftungsbeschränkt) auf der Strecke geblieben. Dazu gehört der bayerische Entwurf eines „**Gesetzes zur Einführung des Kaufmannes mit beschränkter Haftung**"[2], der von *Drygala* eingebrachte „**Leipziger Entwurf für eine Kommanditgesellschaft mit beschränkter Haftung**",[3] der im Regierungsentwurf nur teilweise in Form der Unternehmergesellschaft in das GmbHG integrierte Vorschlag des Bundestags-Abgeordneten Dr. *Gehb* für eine **Unternehmensgründer-Gesellschaft (UGG)** und der NRW-Entwurf eines „**Gesetzes zur Vereinfachung der Gründung einer Gesellschaft mit beschränkter Haftung**"[4].

2. Konzeption der Neuregelung

166 Die Unternehmergesellschaft (haftungsbeschränkt) ist in § 5a GmbHG geregelt. Von der Konzeption her handelt es sich bei der Unternehmergesellschaft (haftungsbeschränkt) um eine GmbH und nicht um eine neue Kapitalgesellschaftsform, auch wenn sie unter der Bezeichnung und mit dem Rechtsformzusatz „Unternehmergesellschaft" oder „UG (haftungsbeschränkt)" im Rechtsverkehr auftritt.[5]

167 Die Unternehmergesellschaft soll nach dem Willen des Gesetzgebers eine „**Einstiegsvariante**"[6] der GmbH sein, die „**jungen Existenzgründern**"[7] die Gründung einer Gesellschaft mit Haftungsbeschränkungen vereinfachen soll.

168 Der Vorschlag, eine **eigenständige Rechtsform** neben oder unterhalb der GmbH zu schaffen[8], wurde nicht aufgegriffen. Stattdessen wurde die UG (haftungsbeschränkt) in das GmbHG integriert, so dass sie grundsätzlich den Regelungen für die GmbH unterfällt, soweit § 5a GmbHG nicht etwas anderes regelt. Erhöht die Gesellschaft ihr Stammkapital auf mindestens 25 000 €, erstarkt sie

---

[1] So z. B. Vallenda auf einer Veranstaltung der Börsenzeitung/Wertpapiermitteilungen am 11.11.2008 in Frankfurt am Main.
[2] Abrufbar unter www.justiz.bayern.de/ministerium/gesetzgebung/gesetzentwurf/.
[3] *Drygala*, ZIP 2006, 1797.
[4] Abrufbar unter www.justiz.nrw.de/JM/justizpolitik/schwerpunkte/gmbh_recht/inhalt_gesetzentwurf/gesetzentwurf.pdf.
[5] *Kleindiek*, BB 2007, Heft 27, Die erste Seite; *Wilhelm*, DB 2007, 1510; *Leuering*, NJW-Spezial 2007, 315; *Seibert*, GmbHR 2007, 673, 675.
[6] *Seibert*, GmbHR 2007, 673, 674; *Bormann*, GmbHR 2007, 897, 899; *Schärtl*, GmbHR 2007, R305.
[7] Begr. zum RegE. Beilage zu ZIP 23/2007, S. 7.
[8] Vorschlag von *Gehb*, MdB, NZG 2006, 88.

VII. Die Unternehmergesellschaft (haftungsbeschränkt)

zur GmbH und ist von den Beschränkungen des § 5a GmbHG befreit. Ab diesem Zeitpunkt sind die Regelungen des GmbHG ohne Einschränkungen auf sie anwendbar.[1]

3. Die Gründung einer UG (haftungsbeschränkt)

Auf die Gründung einer UG (haftungsbeschränkt) sind grundsätzlich die Vorschriften über die **Gründung** einer GmbH entsprechend anzuwenden. Daneben legt § 5a GmbHG für die UG (haftungsbeschränkt) aber noch einige Sonderregeln fest. 169

Vom Grundsatz her steht jedweden **natürlichen** und **juristischen** Personen, **Personenhandelsgesellschaften** und **Personengesellschaften** der Weg in die UG (haftungsbeschränkt) offen. Der Gesetzgeber hat hier keinerlei Beschränkungen vorgesehen. Dies steht zwar wenig im Einklang mit der Gesetzesbegründung, wo darauf verwiesen wird, dass die UG (haftungsbeschränkt) ein Angebot für junge Existenzgründer sein soll[2], ist aber offensichtlich vom Gesetzgeber letztlich so gewollt. Teilweise wird vertreten, dass bei der sicherlich in der Praxis nicht selten anzutreffenden Einmann-UG-Gründung per **Musterprotokoll** der Gründerkreis auf natürliche und juristische Personen beschränkt sei. Dies wird aus Hinweis 1 zum Musterprotokoll gefolgert. Diese Ansicht ist allerdings abzulehnen, da eine derart weitreichende Begrenzung des Gründerkreises wohl kaum aus der Fußnote zu einem vom Gesetzgeber vorgegebenen Muster zu entnehmen sein wird (vgl. dazu auch Rn. 292f.). Lediglich die Zahl der Gründer ist bei der Verwendung des Musterprotokolls auf drei beschränkt. Hinsichtlich der von den Gründern zu ernennenden Geschäftsführer ergeben sich nur dann Besonderheiten, wenn das Musterprotokoll verwendet wird (vgl. dazu Rn. 296ff.). 170

Die UG (haftungsbeschränkt) wird ebenso wie die GmbH mittels einer notariellen Gründungsurkunde mit Gesellschaftsvertrag oder unter Verwendung des **Musterprotokolls** (dazu Rn. 280ff.) gegründet. Die UG (haftungsbeschränkt) kann nur und ausschließlich durch Neugründung im Wege der Bargründung, nicht aber durch **Umwandlungsmaßnahmen** (dazu Rn. 228ff.) oder durch **Kapitalherabsetzung** einer bestehenden GmbH (dazu Rn. 223f.) entstehen. 171

Wird die UG (haftungsbeschränkt) unter Verwendung des Musterprotokolls gegründet, so ergeben sich daraus die für das Musterprotokoll geltenden Einschränkungen. Wird die UG (haftungsbeschränkt) jedoch von mehreren Gesellschaftern gegründet, so ist dringend von der Verwendung des Musterprotokolls abzuraten. Es dürfte in der Regel einen Beratungsfehler darstellen, wenn man mehrere Gründer mit einem Musterprotokoll in ihr zukünftiges gemeinsames unternehmerisches „Leben" schickt (vgl. dazu auch Rn. 311ff.). Bei der Ausformulierung der dann zu erstellenden Satzung ergeben sich lediglich bei folgenden Regelungen **Besonderheiten:** 172

---

[1] Begr. zum RegE. Beilage zu ZIP 23/2007, S. 8.
[2] *Wicke*, § 5a Rn. 1 mit Verweis auf die Regierungsbegründung.

C. Gründungsverfahren nach dem MoMiG

- Rechtsformzusatz
- Stammkapital und Geschäftsanteile
- Kapitalaufbringung (nur Barleistung und Volleinzahlung)
- Man sollte ferner darüber nachdenken, das gesetzliche Rücklagengebot mit in die Satzung zu integrieren, um hier keine Zweifel oder Nachlässigkeiten bei den Gründern aufkommen zu lassen.

173 Der **Unternehmensgegenstand** kann ebenso wie bei der GmbH frei gewählt werden und ist zu individualisieren, da sich der Gesetzgeber von den Vorstellungen der Mustersatzung mit typisierten, nichtssagenden Unternehmensgegenständen getrennt hat.

174 Die UG (haftungsbeschränkt) kann das in § 5 Abs. 1 GmbHG gesetzlich festgesetzte **Mindeststammkapital** einer GmbH von 25 000 €, beliebig unterschreiten (§ 5a Abs. 1 GmbHG), so dass sie auch mit einem **Haftkapital** von 1 € gegründet werden kann. Da jeder Gesellschafter mindestens einen Geschäftsanteil in Höhe von 1 € halten muss (vgl. § 5 Abs. 2 GmbHG), ergibt sich das **Mindeststammkapital** der UG (haftungsbeschränkt) aus der Anzahl der Gesellschafter.[1] Mit dieser kapitallosen Gesellschaft stellt der Gesetzgeber die Interessen der Gründer stark einseitig in den Vordergrund und vernachlässigt den Gläubigerschutz.[2]

175 Das **Maximalstammkapital** der UG (haftungsbeschränkt) beträgt bei der Gründung 24 999 €, da es sich ab einem Stammkapital von 25 000 € um eine vollwertige GmbH handelt.

176 Im Gegenzug muss das Stammkapital von den Gesellschaftern bei der Gründung **bar** und sofort **in voller Höhe** eingezahlt werden. Eine Registeranmeldung kann erst nach Volleinzahlung erfolgen, § 5a Abs. 2 GmbHG. Die Regelung des § 7 Abs. 2 GmbHG, wonach es ausreichend ist, wenn zunächst nur die Hälfte des Stammkapitals eingezahlt wird, ist auf die UG (haftungsbeschränkt) nicht anwendbar (zur Situation bei der Kapitalerhöhung vgl. Rn. 220).

177 Ein weiterer wesentlicher Unterschied zur „klassischen" GmbH besteht darin, dass bei der UG (haftungsbeschränkt) das Stammkapital **nicht mittels Sacheinlagen** erbracht werden darf, § 5 Abs. 2 Satz 2 GmbHG. Die **Erbringung einer Sacheinlage** ist aber auch nicht erforderlich, da die Gesellschafter die Höhe des Stammkapitals frei nach dem Betrag, der ihnen bar zur Verfügung steht, wählen können.[3]

178 Hinsichtlich des **Firmenrechts** gelten für die UG (haftungsbeschränkt) keine Besonderheiten. Angesichts der Zusammensetzung der zu erwartenden Gründer und der Erfahrungen, die insbesondere in der Vergangenheit mit den Ltds. gemacht wurden, dürfte es nicht schwer fallen vorauszusagen, dass die firmenrecht-

---

[1] *Auch* wenn die Regierungsbegründung von einer Gesellschaft ohne Mindeststammkapital spricht: Begr. RegE, Beilage zu ZIP 23/2007, S. 7.
[2] So auch *Pellens/Kemper/Schmidt*, ZGR 2008, 381, 397f.
[3] Begr. zum RegE. Beilage zu ZIP 23/2007, S. 7.

VII. Die Unternehmergesellschaft (haftungsbeschränkt)

liche Thematik in der notariellen Praxis eine **enorme Bedeutung** bei der Gründung der UG (haftungsbeschränkt) gewinnen wird. Der Notar ist auch, wenn er eine 1-€-UG (haftungsbeschränkt) mit Musterprotokoll gründet, verpflichtet, über das **Firmenrecht zu belehren** und wird sich hier häufig mit exotischen Wünschen und Verstößen gegen das Irreführungsverbot und die Grundsätze der Firmenklarheit und Firmenwahrheit beschäftigen müssen. Selten werden die Gründer selber die firmenrechtliche Zulässigkeit mit der IHK abgestimmt oder das Markenregister eingesehen haben. Der Aufwand für Notare und Handelsregister wird sich völlig außerhalb der zu erwartenden wirtschaftlichen Bedeutung dieser Unterform der GmbH bewegen.

Neben der **Firma** muss die Unternehmergesellschaft abweichend von § 4 GmbHG den Rechtsformzusatz **„Unternehmergesellschaft (haftungsbeschränkt)"** oder **„UG (haftungsbeschränkt)"** führen. Eine Abkürzung des Zusatzes „haftungsbeschränkt" ist nicht erlaubt, da der Rechtsverkehr nicht darüber getäuscht werden darf, dass es sich um eine Gesellschaft handelt, die unter Umständen nur mit einem sehr geringen Stammkapital ausgestattet ist.[1] **179**

In der Literatur ist zu Recht kritisiert worden, dass der **Rechtsformzusatz** für eine Gesellschaft, die eine GmbH ist, **verwirrend und irreführend** sei.[2] Inwieweit sich dieser Rechtsformzusatz als förderlich oder hinderlich für die UG (haftungsbeschränkt) entwickeln wird, ist derzeit ungewiss und wird kontrovers diskutiert.[3] Als hinderlich wird allgemein der ausgeschriebene Klammerzusatz „(haftungsbeschränkt)" empfunden. **180**

Lässt die Gesellschaft den Rechtsformzusatz gänzlich oder auch nur teilweise weg, so tritt eine **Haftung der Handelnden** ein, die mit diesem verkürzten oder gänzlich fehlenden Zusatz im Rechtsverkehr auftreten.[4] Zweifelhaft ist, ob dies auch gilt, wenn unberechtigterweise der Rechtsformzusatz „GmbH" benutzt wird. Hier dürfte eher eine Beschränkung der Haftung des Handelnden auf einen Betrag von 25 000,00 € zu bejahen sein. Mit einer höheren Haftung konnte der Gläubiger nicht rechnen. **181**

Unklar ist, ob die UG (haftungsbeschränkt) den Rechtsformzusatz auch noch nach Erreichen des Stammkapitals von 25 000 € weiterführen darf. Aus der Formulierung in § 5a Abs. 5 Hs. 2 GmbHG wird in der Literatur gefolgert, dass die Unternehmergesellschaft (haftungsbeschränkt) die **gesamte Firma inklusive Rechtsformzusatz** auch noch nach Erreichen des Stammkapitals fortführen darf.[5] Dies soll nur dann ausgeschlossen sein, wenn im Anschluss an das Erreichen der Stammkapitalziffer von 25 000 € noch weitere Firmenänderungen durchgeführt werden. Für diese Ansicht spricht, dass der Gesetzgeber offensicht- **182**

---

[1] Begr. zum RegE. Beilage zu ZIP 23/2007, S. 7.
[2] Vgl. *Jost*, ZIP 2007, 2242; *Wilhelm*, DB 2007, 1510, 1511; *Wachter*, GmbHR-Sonderheft Oktober 2008, 25, 35.
[3] Vgl. diverse Stellungnahmen, die *Wachter*, GmbHR-Sonderheft Oktober 2008, 25, 35 wiedergibt. In der Praxis haben sich schon zahlreiche andere Bedeutungen für die Abkürzung „UG" eingebürgert: „Unter Gaunern", „Unsolide Gesellschaft", „Unseriöse Geschäfte", „Unter Geiern".
[4] Vgl. dazu zuletzt *BGH* DStR 2007, 863.
[5] *Wicke*, § 5a Rn. 14.

C. Gründungsverfahren nach dem MoMiG

lich selber den Unterschied zwischen Firma und Rechtsformzusatz nicht erkannt hat. In § 5a Abs. 5 letzter HS formuliert er, die Gesellschaft könne „die Firma nach Abs. 1 [...] beibehalten". Demgegenüber wird darauf hingewiesen, dass der Gesetzgeber nicht durch die Verwechslung von Firma und Rechtsformzusatz in der Regierungsbegründung eine Gesellschaft mit einem täuschenden Rechtsformzusatz habe weiter existieren lassen wollen, die über ein Stammkapital von 25 000 Euro verfügt und auf die das GmbHG uneingeschränkt anwendbar ist.[1] Ob der Gesetzgeber tatsächlich dieser vernünftigen Ansicht war, ist indes zweifelhaft. Es erscheint auch nicht ausgeschlossen, dass es ein Ziel des Gesetzgebers war, möglichst viele Unternehmen unter dem Rechtsformzusatz „UG (haftungsbeschränkt)" in weiterer Existenz zu sehen.

183 Es ist insoweit davon auszugehen, dass es sowohl für die Gesellschafter als auch für die Berater keinen vernünftigen Grund gibt, anlässlich der ohnehin zu beurkundenden Kapitalerhöhung und Änderung des Stammkapitals nicht auch den **Rechtsformzusatz zu ändern** (vgl. dazu auch das nachstehende Muster Rn. 273 f.). Würde sich die Ansicht durchsetzen, die es der UG (haftungsbeschränkt) weiterhin zugesteht, den Rechtsformzusatz trotz Erhöhung des Stammkapitals auf 25 000 €[2] zu nutzen, so würde dies auch zu einer Irreführung des Rechtsverkehrs führen. Der Rechtsverkehr wird nämlich davon ausgehen, dass bei einer UG (haftungsbeschränkt) ein Viertel des Jahresüberschusses der Gesellschaft in die **Rücklagen** eingestellt werden muss, obwohl dies gerade bei Erreichen des Stammkapitals von 25 000 € nicht mehr der Fall ist.

184 Entgegen den Forderungen aus der Praxis[3] muss die UG (haftungsbeschränkt) ihr geringes Stammkapital nicht auf den **Geschäftsbriefen** ausweisen.

185 Die **Gründungskosten** kann und darf die UG (haftungsbeschränkt) nur bis zur Höhe des Stammkapitals übernehmen. Darüber hinausgehende Kosten müssen die Gesellschafter tragen. Dies folgt bei Nutzung des Musterprotokolls aus dem Wortlaut des Musterprotokolls. Außerhalb dieser Gründungsvariante gilt dieses Verbot jedenfalls soweit ansonsten die UG (haftungsbeschränkt) in die Überschuldung geriete. Dies dürfte bei Gründungen mit dem Mindeststammkapital immer dann der Fall sein, wenn aus diesem die Gründungskosten zu tragen wären. Als Alternative bietet es sich an, das Stammkapital auf zumindest 500 € festzusetzen, um diese Situation zu vermeiden.

4. Das Sacheinlagenverbot

186 Das **Sacheinlagenverbot** des § 5a Abs. 2 Satz 2 GmbHG gilt nicht nur bei der Gründung der UG (haftungsbeschränkt), sondern auch nach dem Gründungsstadium, bis die UG (haftungsbeschränkt) zur GmbH erstarkt. Aufgrund dessen

---

[1] Vgl. *Goette,* Einführung in das neue GmbH-Recht, 2008, Rn. 47.
[2] In diese Richtung auch *Freitag/Riemenschneider,* ZIP 2007, 1485, 1491.
[3] *Heckschen,* DStR 2007, 1442, 1446.

VII. Die Unternehmergesellschaft (haftungsbeschränkt)

können die Gesellschafter auch eine **Kapitalerhöhung nur mittels Bareinlage** vornehmen.[1]

Erreicht das Stammkapital durch die Erhöhung mindestens einen Betrag von 25 000 €, so erstarkt die Unternehmergesellschaft zu einer normalen GmbH. Der UG (haftungsbeschränkt) ist keine Frist gesetzt, innerhalb derer das Stammkapital auf 25 000 € aufgestockt werden müsste.[2] 187

Strittig ist, ob auch bei einer **Kapitalerhöhung auf 25 000 €** oder einen höheren Betrag zur Umwandlung der UG (haftungsbeschränkt) in eine GmbH das **Sacheinlagenverbot** gilt.[3] Die Regierungsbegründung enthält keine völlig eindeutige Aussage dazu, ob auch bei der Kapitalerhöhung zur Wandlung in eine GmbH das Sacheinlagenverbot gilt. Einerseits kann die Kapitalerhöhung neben der Erhöhung aus Gesellschaftsmitteln auch mit „Einlagen der Gesellschafter" durchgeführt werden.[4] Der Gesetzgeber sagt nicht ausdrücklich, dass dies keine Sacheinlagen sein können. Andererseits heißt es, dass die UG (haftungsbeschränkt) erst dann von den Restriktionen des § 5a GmbHG, und damit auch von dem Sacheinlagenverbot befreit ist, wenn sie ein „eingetragenes" Stammkapital in Höhe des Mindeststammkapitals aufweist. Dies deutet recht eindeutig darauf hin, dass eben das in § 5 Abs. 2 GmbHG festgelegte Verbot der Sacheinlage erst ab diesem Zeitpunkt nicht mehr gilt. 188

Die konsequente, aber strenge Anwendung des **Sacheinlagenverbots** wird zum Teil als **Benachteiligung der UG (haftungsbeschränkt)** gegenüber der normalen GmbH empfunden, bei der weiterhin die Sachgründung zulässig ist. Es wird daher gefordert, den Anwendungsbereich des § 5a Abs. 2 Satz 2 GmbHG dahingehend **teleologisch zu reduzieren**, dass das Sacheinlagenverbot nur solche Kapitalerhöhungen erfasst, die nicht zu einer Umwandlung der UG (haftungsbeschränkt) in eine GmbH führen. Demnach könnte die UG (haftungsbeschränkt) auch mittels Sacheinlagen in eine GmbH gewandelt werden, während Kapitalerhöhungen bis 24 999 € nur mit Bareinlagen zulässig sind.[5] 189

Diese teleologische Reduktion des Sacheinlagenverbots ist abzulehnen. Zum einen widerspricht es dem eindeutigen Wortlaut des § 5 Abs. 2 Satz 2 GmbHG, der Sacheinlagen ohne Einschränkungen verbietet, bis sich die UG (haftungsbeschränkt) in eine GmbH gewandelt hat. Zum anderen wollte der Gesetzgeber mit der Unternehmergesellschaft eine einfache Rechtsformvariante schaffen, die für die Gesellschafter eine **Haftungsbefreiung** ohne ein **festgelegtes Stammkapital** vorsieht. Im Gegenzug dazu sind die Gesellschafter verpflichtet Rücklagen zu bilden und müssen ihre Einlagen in bar erbringen. Die UG (haftungsbeschränkt) 190

---

[1] *Seibert*, GmbHR 2007, 673, 676.
[2] Krit. dazu *Heckschen*, DStR 2007, 1442, 1446.
[3] Dazu *Freitag/Riemenschneider*, ZIP 2007, 1485, 1491; *Wachter*, GmbHR-Sonderheft Oktober 2008, 25, 30; *Heinemann*, NZG 2008, 820, 821.
[4] Begr. zum RegE. Beilage zu ZIP 23/2007, S. 7, 8.
[5] *Freitag/Riemenschneider*, ZIP 2007, 1485, 1491; *Leuering*, NJW-Spezial 2007, 315, 316; unsicher, aber tendenziell in diese Richtung *Leistikow*, Das neue GmbH-Recht, 2008, 28. Selbst *Leistikow* rät aber bis zur Klärung der Rechtsfrage von Sachkapitalerhöhungen ab und erkennt an, dass der Gesetzeswortlaut eindeutig gegen diese Ansicht spricht.

C. Gründungsverfahren nach dem MoMiG

soll aber nicht dazu genutzt werden, dass die Gesellschafter zunächst eine Gesellschaft mit nur 1 € Stammkapital bar gründen, und dann im Anschluss mittels Sachkapitalerhöhung das Stammkapital auf 25 000 € erhöhen.

191 In Folge des Sacheinlagenverbots stellt sich weiterhin die Frage, ob **verdeckte Sacheinlagen** trotz des Sacheinlagenverbots auf die vereinbarten Bareinlagen nach § 19 Abs. 4 GmbHG anzurechnen sind. Dafür könnte nur sprechen, dass der Gesetzgeber mit § 19 Abs. 4 GmbHG möglicherweise einen Schlussstrich unter die Rechtsprechung des BGH zu den Rechtsfolgen der verdeckten Sacheinlage setzen wollte.[1]

192 Die Regelungen zur verdeckten Sacheinlage setzen jedoch voraus, dass **Sacheinlagen überhaupt zulässig sind.**[2] Die Anrechnung der verdeckt erbrachten Sacheinlage auf die Bareinlagepflicht beruht auf der Annahme, dass Sacheinlagen an sich überhaupt zulässig sind und nach den besonderen Regeln für Sacheinlagen hätten erbracht werden können, diese Regelungen aber nicht eingehalten worden sind.[3] Sind hingegen Sacheinlagen gesetzlich ausgeschlossen, sind auch die **Regeln über die verdeckte Sacheinlage nicht einschlägig.** Erbringen die Gründer einer UG (haftungsbeschränkt) verdeckte Sacheinlagen anstatt der vereinbarten Bareinlage, sind entsprechend der bisherigen Rechtsprechung zur GmbH das schuldrechtliche sowie das dingliche Geschäft unwirksam[4] und der Gesellschafter muss die Sacheinlage noch einmal vollständig in bar erbringen.[5]

5. Rücklagenbildung

193 Nach § 5a Abs. 3 GmbHG muss die UG (haftungsbeschränkt) in ihrer Bilanz eine **gesetzliche Rücklage** bilden, in die sie jeweils ein Viertel des um einen Verlustvortrag aus dem Vorjahr geminderten **Jahresüberschusses** einstellen muss.

194 Ziel der **Thesaurierung** ist die **Erhöhung der Eigenkapitalausstattung** im Wege der gestreckten Kapitalaufbringung, so dass die UG (haftungsbeschränkt) sich bei Erreichen eines entsprechenden Eigenkapitals aus Gesellschaftsmitteln in eine GmbH wandeln kann. Eine Obergrenze für die Rücklage ist anders als in § 150 Abs. 2 AktG nicht vorgesehen, so dass die Rücklage ein Vielfaches des Mindeststammkapitals einer GmbH betragen kann, ohne dass die Gesellschafter die UG (haftungsbeschränkt) mittels **Kapitalerhöhung** in eine GmbH umwan-

---

[1] In diese Richtung *Heidinger,* in: Heckschen/Heidinger, Die GmbH in der Gestaltungs- und Beratungspraxis, 2. Aufl. 2009, § 11 Rn. 225 ff.; *Goette,* Die Einführung in das neue GmbH-Recht, 2008, Rn. 44.
[2] *Bormann,* GmbHR 2007, 897, 901; *Joost,* ZIP 2007, 2242, 2244.
[3] *Joost,* ZIP 2007, 2242, 2244.
[4] *Heidinger,* in: Heckschen/Heidinger, Die GmbH in der Gestaltungs- und Beratungspraxis, 2. Aufl., 2009, § 11 Rn. 186 ff.
[5] A. A. *Wälzholz,* GmbHR 2008, 841, 843; *Herrler,* DB 2008, 2347, 2349 f.; *Heinze,* GmbHR 2008, 1065, 1066; *Nolting,* ZAP 2008, Fach 15, 567, 574, der deswegen auch die Gründung mit einer Kiste Bleistifte für zulässig erachtet; wie hier *Wachter,* GmbH-Sonderheft Oktober 2008, 25, 33; *Bormann/Urlichs,* GmbHR-Sonderheft Oktober 2008, 37, 42; *Bormann,* GmbHR 2007, 897, 901.

VII. Die Unternehmergesellschaft (haftungsbeschränkt)

deln müssten.[1] Die Regelungen für eine GmbH sind nicht bereits dann anwendbar, wenn das Eigenkapital mindestens 25 000 € beträgt, vielmehr muss das Stammkapital entsprechend erhöht werden.

Der **Verwendungszweck** für die Rücklage wird durch § 5a Abs. 3 Satz 2 GmbHG vorgegeben. Danach darf die Rücklage nur
1. für Zwecke des § 57c GmbHG (Kapitalerhöhung),
2. zum Ausgleich eines Jahresfehlbetrages, soweit er nicht durch einen Gewinnvortrag aus dem Vorjahr gedeckt ist,
3. zum Ausgleich eines Verlustvortrages aus dem Vorjahr, soweit er nicht durch einen Jahresüberschuss gedeckt ist,

verwendet werden. Dennoch wird die Pflicht zur Thesaurierung in der Literatur überwiegend kritisch bewertet.[2] Die Gesellschafter haben es selbst in der Hand durch Vertragsgestaltungen, wie das Geschäftsführergehalt und Tantiemenregelungen, das Entstehen eines Jahresüberschusses zu verhindern.[3] Aber auch darüber hinaus gibt es vielfältige Gestaltungsmöglichkeiten, um auf den Gewinn der UG (haftungsbeschränkt) Einfluss zu nehmen, zum Beispiel durch unterjährige verdeckte Gewinnausschüttungen. Während **verdeckte Gewinnausschüttungen** bei der GmbH eher ein Binnenproblem unter dem Gesichtspunkt der **Gesellschaftergleichbehandlung** darstellen, ist bei der UG (haftungsbeschränkt) aufgrund der Pflicht zur Rücklagenbildung unmittelbar auch die **Sphäre der Gläubiger** betroffen.[4]

195

Der Gesetzgeber hat sich mit dieser Regelung mit Rücksicht auf den **Gläubigerschutz** für eine Minimallösung entschieden. Er hat nämlich weder der UG (haftungsbeschränkt) eine Frist gesetzt, innerhalb derer sie ein Stammkapital von 25 000 € erreichen muss, noch sind die rechtlichen und tatsächlichen Rahmenbedingungen so gestaltet, dass dies binnen kurzer Frist wahrscheinlich ist. Die Gesellschaft konnte durch den Gesetzgeber nicht zur Gewinnerzielung verpflichtet werden und daher setzt die Rücklagenbildung zunäcnt voraus, dass überhaupt Gewinne entstehen. Zu Recht wird in der Literatur darauf hingewiesen, dass die Wahrscheinlichkeit, dass derjenige, der kein Kapital zur Verfügung stellen möchte, Gewinne erzielt, deutlich gemindert ist.[5] Der Gesetzgeber selbst erläutert den Gründern, wie die Erzielung von Gewinnen zu vermeiden ist.[6]

196

Idealerweise sollen die gebildeten Rücklagen nicht nur zur Verlustdeckung, sondern hauptsächlich zur **Bildung von Stammkapital** verwendet werden. Die

197

---

[1] *Veil*, GmbHR 2007, 1080, 1082.
[2] Dazu: *Noack*, DB 2007, 1395, 1396; *Römermann*, GmbHR 2007, R 193; *Goette*, Öffentliche Anhörung zum MoMiG; *Ries*, Stellungnahme zum MoMiG, beides abrufbar unter www.bundestag.de.
[3] *Goette*, Öffentliche Anhörung zum MoMiG; *Ries*, Stellungnahme zum MoMiG, beides abrufbar unter www.bundestag.de.
[4] *Freitag/Riemenschneider*, ZIP 2007, 1485, 1488.
[5] Vgl. etwa *Wachter*, GmbHR-Sonderheft Oktober 2008, 25, 33; krit. zu dieser Art des Gläubigerschutzes ausdrücklich auch *Goette*, Einführung in das neue GmbH-Recht, 2008, Rn. 35, 45 f.
[6] Vgl. Begr. RegE, BT-Drucks. 16/6140, S. 32.

C. Gründungsverfahren nach dem MoMiG

Umwandlung der Rücklagen in Stammkapital erfolgt nach §§ 57c, 53 Abs. 2 GmbHG durch einen notariell zu beurkundenden Kapitalerhöhungsbeschluss.

198 Unabhängig von den verschiedenen Missbrauchsmöglichkeiten wird es aber Jahre dauern, bis ein kleines oder mittelständiges Unternehmen mit der **Gewinnthesaurierung** Rücklagen von mindestens 25 000 € bilden und sich in eine GmbH wandeln kann.[1]

199 Der Gesetzgeber hat nach Ansicht der Literatur trotz des Wortlauts des § 5a Abs. 3 GmbHG nicht eindeutig geregelt, ob diese Pflicht zur Rücklagenbildung mit dem Moment endet, in dem Stammkapital und Rücklage in Summe einen Betrag von 25 000 € erreicht haben.[2] Im Ergebnis scheint der Wortlaut aber klar zu sein. Die **Pflicht zur Bildung von Rücklagen** endet mit dem Moment, in dem ein Stammkapital von 25 000 € gebildet ist.

200 Bildet die UG (haftungsbeschränkt) entgegen dem gesetzlichen Gebot trotz eines Gewinns keine Rücklagen, so hat dies die **Nichtigkeit des Jahresabschlusses** analog § 276 Abs. 1 Nr. 1 AktG zur Folge. Nichtig ist auch der Beschluss über die Gewinnverwendung analog § 253 Abs. 1 Satz 1 AktG.[3] Ein Geschäftsführer, der Auszahlungen trotz des nichtigen Verwendungsbeschlusses zulässt, haftet gem. § 43 GmbHG persönlich. Die Gesellschafter hätten einen derartig ausgeschütteten Gewinn zurückzugewähren.

201 In der Literatur wird darauf hingewiesen, dass die Rücklage nicht den **Schutzregeln zur Kapitalerhaltung** entsprechend § 30 ff. GmbHG unterliegt, da sich diese ihrem Wortlaut nach schon lediglich auf das zur Erhaltung des Stammkapitals erforderliche Vermögen erstrecken und Rücklagen eben nicht zum Stammkapital zählen.[4] Vor einem Zugriff auf diese Rücklagen schützt § 5a Abs. 3 GmbHG unmittelbar. Werden die Rücklagen entgegen der Verwendungsbeschränkung genutzt, ist der Geschäftsführer gem. § 43 Abs. 2 GmbHG ersatzpflichtig. Auch der Gesellschafter, der z. B. eine Ausschüttung zu Lasten der Rücklagen erhalten hat, muss die entsprechenden Zahlungen zurückerstatten. Dennoch steht der Gesellschafter, dessen Gesellschaft die Rücklagen nicht in Stammkapital umwandelt, flexibler. Bei Rücklagen nach § 5a Abs. 3 GmbHG ist eine Verrechnung mit Verlusten und Verlustvorträgen zulässig.

6. Pflicht zur Einberufung der Gesellschafterversammlung

202 Auch für die **Einberufungspflicht** der Gesellschafterversammlung sieht § 5a Abs. 4 GmbHG eine Abweichung für die UG (haftungsbeschränkt) vor. Während

---

[1] Der BDI forderte daher zu Recht eine zeitliche Frist für die Auffüllung, bei deren Überschreitung die UG aus dem Register zu löschen ist, *BDI,* Stellungnahme zum MoMiG, abrufbar unter www.bundestag.de.
[2] *Bormann,* GmbHR 2007, 897, 899 bejaht dies mit Rücksicht auf den Normzweck, während *Veil,* GmbHR 2007, 1080, 1082 dies verneint.
[3] So ausdrücklich der Gesetzgeber, BR-Drucks. 354/07, S. 72.
[4] Vgl. ausdrücklich *Noack,* DB 2007, 1395, 1396; *Wachter,* GmbHR-Sonderheft Oktober 2008, 25, 34.

VII. Die Unternehmergesellschaft (haftungsbeschränkt)

bei einer GmbH bereits bei dem Verlust der Hälfte des Stammkapitals die Gesellschafterversammlung einberufen werden muss, § 49 Abs. 3 GmbHG, sieht § 5a Abs. 4 GmbHG abweichend davon eine Einberufungspflicht erst bei **drohender Zahlungsunfähigkeit** vor. Diese abweichende Regelung soll eine Kumulierung der Einberufungspflichten und eine Belastung der Geschäftsführer der insbesondere für Existenzgründer und kleinere Unternehmen gedachten Unternehmergesellschaft vermeiden.[1] Nicht ersichtlich ist jedoch, warum die Gesellschafter einer UG (haftungsbeschränkt) mit einem Stammkapital von z. B. 20 000 € nicht ebenfalls ein Interesse haben sollten, zu erfahren, wenn die Hälfte des Stammkapitals verloren gegangen ist. Die drohende Zahlungsunfähigkeit dürfte in der Regel ein zu später Zeitpunkt sein, um die Gesellschafter über die Lage der Gesellschaft zu informieren. Vielmehr erfordert das Interesse der Gesellschaft regelmäßig schon zu einem früheren Zeitpunkt die Einberufung der Hauptversammlung nach § 49 Abs. 2 GmbHG.[2] Der Zeitpunkt in § 5a Abs. 4 GmbHG wird daher praktisch nur als spätester Einberufungszeitpunkt zu berücksichtigen sein.

7. Die UG (haftungsbeschränkt) als Gesellschafterin

Die UG (haftungsbeschränkt) hat prinzipiell die gleiche **Fähigkeit sich an anderen Gesellschaften zu beteiligen** wie die GmbH. So kann sie sowohl bei Kapitalgesellschaften als auch bei Personenhandelsgesellschften, bei der GbR oder auch bei der Genossenschaft eine Anteilseignerstellung übernehmen. 203

Für die Praxis dürfte sich angesichts des geringen einzusetzenden Kapitals von nur 1 € die Konstellation anbieten, die UG (haftungsbeschränkt) anstelle einer GmbH die **Komplementärstellung einer Kommanditgesellschaft** übernehmen zu lassen. Die Beteiligten verweisen regelmäßig darauf, dass die Komplementärin für die Funktion der Geschäftsführung keine Kapitalausstattung benötige und hier nicht unnütz Liquidität aufgewendet werden soll. Man will den Gläubigern der KG ja gerade möglichst wenig Haftungsmasse bieten. 204

In der Vergangenheit wurde das Kapital in der Regel sogleich nach der Gründung der GmbH der KG per Darlehen zur Verfügung gestellt. Der II. Zivilsenat des BGH sah darin einen Verstoß gegen das Gebot der Kapitalaufbringung zur freien Verfügung der Geschäftsführung.[3] § 19 Abs. 5 GmbHG dürfte auch für diese Konstellation die Fiktion der Einlageleistung bieten, auch wenn der Gesetzgeber den **Cash Pool** vor Augen hatte (vgl. 118). Den Gesellschaftern mögen aber die Unsicherheiten, die mit dieser Vorgehensweise insbesondere hinsichtlich der Frage, ob der **Rückgewähranspruch** vollwertig ist, zu groß erscheinen. Darüber hinaus werden sie es scheuen, dem Handelsregister die Vollwertigkeit des 205

---

[1] Gegenäußerung der Bundesregierung zur Stellungnahme des Bundesrates, BT-Drs 16/6140, S. 74 ff.
[2] *Joost*, ZIP 2007, 2242, 2248.
[3] *BGH* ZIP 2008, 174 entgegen *OLG Jena* ZIP 2006, 1534.

C. Gründungsverfahren nach dem MoMiG

Rückzahlungsanspruchs durch ein Sachverständigengutachten zu belegen (vgl. Rn. 142).

206 Die UG (haftungsbeschränkt) wäre der Ausweg, bei ihr kann ein **Haftungsträger ohne Kapitaleinsatz** eingesetzt werden. In der Literatur wird allerdings darauf hingewiesen, dass dieser Weg in der Regel verstellt sei.[1] Jedenfalls dann, wenn die UG (haftungsbeschränkt) als Komplementärin nicht am Vermögen der KG beteiligt sei und daher auch keinen Gewinn erhalte, sei festgelegt, dass die UG (haftungsbeschränkt) keine Rücklagen bilden könne. Dies stehe im prinzipiellen Widerspruch zu § 5a Abs. 3 GmbHG, denn das Modell einer zeitlich gestreckten Kapitalaufbringung könne nur dann Erfolg haben, wenn die UG (haftungsbeschränkt) zumindest theoretisch einen **Jahresüberschuss** erwirtschaften kann.[2] Eine solche Gesellschafterstellung dürfe die UG (haftungsbeschränkt) daher nicht eingehen.

207 Wäre diese Auffassung richtig, wäre einer der wohl wahrscheinlichsten Einsatzbereiche der UG (haftungsbeschränkt) verbaut. Es ist indes darauf hinzuweisen, dass der Gesetzgeber die UG (haftungsbeschränkt) nicht mit einem Normbefehl des Inhalts ausgestattet hat, dass sie Gewinn erzielen muss. So erscheint es als zulässig, auch eine **gemeinnützige UG (haftungsbeschränkt)** zu gründen.

208 Die Literaturansicht verkehrt die **gesetzliche Systematik**. Das **Gebot der Rücklagenbildung ist nicht Existenzbedingung** für die UG (haftungsbeschränkt) festgelegt worden, sondern regelt lediglich die Verwendung von Gewinn, sofern ein solcher erwirtschaftet wird. Wenn der Gesetzgeber in der Regierungsbegründung selbst Wege aufzeigt, wie die Entstehung von Gewinn vermieden werden kann (Zahlung eines Geschäftsführergehalts, Tantiemenregelung), und auf die entsprechende Kritik[3] nicht reagiert, so zeigt dies deutlich, dass er einer UG (haftungsbeschränkt), die längere Zeit oder auf einen nicht abschätzbaren Zeitraum keinen Gewinn erzielt, die Gründung und ihre Existenzberechtigung nicht abspricht. Der Gesetzgeber hat der UG (haftungsbeschränkt) entgegen der Forderung aus der Praxis) keine **Frist für die Aufstockung des Stammkapitals** und somit die „Umwandlung" in eine GmbH gesetzt. Er hat die UG (haftungsbeschränkt) mit 1 € Stammkapital und ohne nennenswerte Rücklage für Jahre billigend in Kauf genommen. Darüber hinaus ist zu berücksichtigen, dass der UG (haftungsbeschränkt) schon aus steuerlichen Gründen eine **Haftungsvergütung** zuzuwenden ist. Diese kann sie zur Rücklagenbildung einsetzen. Insoweit ist allerdings darauf hinzuweisen, dass sich die Haftungsvergütung am Stammkapital der Komplementärin orientiert und somit bei einem geringen Stammkapital auch eine geringe Haftungsvergütung (regelmäßig 10% des Stammkapitals p. a.) zu leisten ist.

---

[1] *Veil,* GmbHR 2007, 1084; *Wicke,* GmbHG, 2008, § 6 Rn. 19.
[2] *Wachter,* GmbHR-Sonderheft Oktober 2008, 51, 58.
[3] BR-Drucks. 354/07, S. 72; vgl. auch die darauf bereits frühzeitig hinweisenden Stellungnahmen von *Veil,* GmbHR 2007, 1080, 1083; *Römermann,* GmbHR 2008, R241f.; *Freitag/Riemenschneider,* ZIP 2007, 1485, 1488f.

VII. Die Unternehmergesellschaft (haftungsbeschränkt)

Zusammenfassend ist festzustellen, dass die in der Literatur[1] vertretene Ansicht, die UG (haftungsbeschränkt) sei jedenfalls dann nicht fähig, die **Position eines Komplementärs** einzunehmen, wenn sie keine nennenswerte[2] Beteiligung an der KG erhalte, abzulehnen ist. Diese Ansicht ist mit dem Willen des Gesetzgebers[3], der Gesetzessystematik, dem Wortlaut des Gesetzes und dem Wesen der gesetzlichen Rücklage nicht vereinbar.[4]

Ob es im Geschäftsverkehr vorteilhaft ist, mit einer UG (haftungsbeschränkt) als **Komplementärin** zu operieren, steht auf einem anderen Blatt.[5]

209

210

8. Die UG (haftungsbeschränkt) als Vorratsgesellschaft

Die UG (haftungsbeschränkt) kann auch als sog. Vorratsgesellschaft mit dem Vermögensgegenstand „Verwaltung eigenen Vermögens" gegründet werden.[6] Eine derartige offene Vorratsgründung ist zulässig und bietet für die Anbieter von Vorratsgesellschaften aufgrund der Neuregelungen des MoMiG mehrere Vorteile:

211

- Der Kapitaleinsatz für die Phase bis zum Verkauf sinkt von bisher 25 000 € auf 1 €. Es besteht nun auch keine Notwendigkeit mehr, mit zwei Gründern die Vorratsgesellschaft zu gründen, um das Gebot der Volleinzahlung zu umgehen.

- Mit dem Einsatz des Musterprotokolls können bei der Einmann-UG-Gründung die Gründungskosten um reichlich 100 € gesenkt werden.

- Soll es zum Verkauf kommen, steht genauso wie bei der GmbH ein haftungsbeschränkter Rechtsträger zur Verfügung. Dem Erwerber ist es dann freigestellt, gleichzeitig mit dem Erwerb des Geschäftsanteils an der UG (haftungsbeschränkt) die entsprechende Kapitalerhöhung auf 25 000 € zu beschließen, eine Satzungsneufassung vorzunehmen und die Geschäftsführungsregelung entsprechend anzupassen.

---

[1] *Wachter*, GmbHR-Sonderheft Oktober 2008, 87, 89 ff.; *ders.*, GmbHR-Sonderheft Oktober 2008, 25 ff.; *Veil*, GmbHR 2007, 1080, 1083; *Freitag/Riemenschneider*, ZIP 2007, 1485, 1488 f.
[2] Dazu insbesondere *Wachter*, GmbHR-Sonderheft Oktober 2008, 87, 89 ff.
[3] BR-Drucks. 354/07, S. 71
[4] So auch die überwiegende Ansicht *Römermann*, GmbHR 2008, R241 f.; *Wälzholz*, GmbH-StB 2007, 319; *Böhringer*, BWNotZ 2008, 104, 106; *Leistikow*, Das neue GmbH-Recht, 2008, S. 33.
[5] Krit. insoweit auch, schon allein wegen des unvorteilhaften Rechtsformzusatzes, *Wachter*, GmbHR-Sonderheft Oktober 2008, 87, 90.
[6] Grundsätzlich zur Rechtsprechungsentwicklung betreffend Vorrats- und Mantelgesellschaften *Heckschen*, in: Heckschen/Heidinger, Die GmbH in der Gestaltungs- und Beratungspraxis, 2. Aufl. 2009, § 3 Rn. 112 ff.

C. Gründungsverfahren nach dem MoMiG

9. Unternehmensverträge mit der UG (haftungsbeschränkt)

a) Möglichkeit zum Abschluss von Unternehmensverträgen

212   Die GmbH kann sowohl als herrschende als auch beherrschte Gesellschaft Unternehmensverträge insbesondere **Beherrschungs- und Gewinnabführungsverträge** oder aber auch **isolierte Gewinnabführungsverträge** abschließen. Für den Abschluss gelten entsprechend der sog. Supermarktentscheidung des BGH[1] Grundsätze, die aus dem Aktiengesetz (§§ 293 ff. AktG) entlehnt sind. Der Abschluss derartiger Verträge hängt von einem notariell zu beurkundenden Zustimmungsbeschluss der beherrschten Gesellschaft, einem in Schriftform erstellten Zustimmungsbeschluss der herrschenden Gesellschaft und der Handelsregisteranmeldung und Eintragung bei der beherrschten Gesellschaft ab. Aus steuerlichen Gründen bieten sich derartige Verträge an, um insbesondere **Verluste,** die bei der Tochtergesellschaft entstehen mit den **Gewinnen** der Muttergesellschaft verrechnen zu können. Umgekehrt sollen aber nicht selten profitable Tochtergesellschaften ihre Gewinne abführen müssen, damit auf der Ebene der Muttergesellschaft eine komplette Verrechnung stattfinden kann und auch auf diese Weise Steuern vermieden werden. Beherrschungsverträge sollen die **fehlende Weisungsabhängigkeit** der Tochter- gegenüber der Muttergesellschaft beseitigen. Vom Grundsatz her ist die UG (haftungsbeschränkt) nur eine Unterform der GmbH und somit auch denkbare Beteiligte eines Beherrschungs- und Gewinnabführungsvertrages. Als herrschende Gesellschaft ist sie ohne weiteres als Organträger geeignet.

213   In der Literatur wird teilweise vertreten, dass es zweifelhaft sei, ob die UG (haftungsbeschränkt) Organgesellschaft eines Ergebnisabführungsvertrages sein könne.[2] Letztendlich löst sich das Problem nicht in der Weise, dass der Abschluss von Gewinnabführungsverträgen unzulässig wäre, sondern dass zunächst aus dem Gewinn der Gesellschaft die **gesetzliche Rücklage** zu bilden ist und erst im Anschluss der verbleibende Gewinn abzuführen ist.[3] Für den Abschluss der Verträge gelten die vorstehend (Rn. 212) genannten Voraussetzungen auch dann, wenn die UG (haftungsbeschränkt) Vertragspartner ist.

b) Steuerliche Rahmenbedingungen und Bilanzierung[4]

214   Die UG (haftungsbeschränkt) wird wie eine Kapitalgesellschaft in der Rechtsform der GmbH behandelt.

---

[1] BGHZ 105, 324, 338; hierzu *Heckschen,* DB 1989, 29.
[2] Vgl. insoweit *Veil,* GmbHR 2007, 1085 sowie *Wicke,* GmbHG, 2008, § 5a Rn. 20; *Wachter,* GmbHR-Sonderheft Oktober 2008, 25, 33.
[3] In diese Richtung auch *Wachter,* GmbHR-Sonderheft Oktober 2008, 25, 33; im Ergebnis auch *Veil,* GmbHR 2007, 1085 sowie *Wicke,* § 5a Rn. 20.
[4] *Bäuml,* GmbHR-Sonderheft Oktober 2008, 93.

VII. Die Unternehmergesellschaft (haftungsbeschränkt)

Besonderheiten ergeben sich aus dem Umstand, dass die Gesellschaft schon in der Gründungsphase mit einem **sehr geringen Stammkapital** ausgestattet ist. Zu berücksichtigen ist, dass die Gesellschaft die Gründungskosten nur in Höhe des Stammkapitals übernehmen kann, da sie ansonsten sofort in die Insolvenz geraten würde. Verwendet sie das Musterprotokoll, ist dies darüber hinaus gesetzlich in § 2 Abs. 1a GmbHG i.V. m. dem gesetzlichen Musterprotokoll ausdrücklich angeordnet. Dies führt dazu, dass die UG (haftungsbeschränkt) entweder bei der Gründung ihr Stammkapital hochsetzen muss oder aber die Gesellschafter selbst die Gründungskosten zu übernehmen haben und sie dann nicht bei der UG (haftungsbeschränkt) **gewinnmindernd** geltend gemacht werden können.

Angesichts der Hinweise des Gesetzgebers[1] zu Möglichkeiten der Gewinnminimierung und der daraus folgenden Vermeidung der Rücklagenbildung durch entsprechende Ausgestaltung der Geschäftsführerverträge und Tantiemenregelungen werden sich die Gesellschaften nicht lange damit aufhalten, über die Angemessenheit der Vergütung des Geschäftsführers nachzudenken und steuern damit geradezu auf die Problematik der **verdeckten Gewinnausschüttung** und deren steuerlichen Folgen zu. Die Beschränkungen durch die Pflicht zur Rücklagenbildung und die Einschränkungen bei dem Abschluss von Ergebnisabführungsverträgen sind auch kein Vorteil für die UG (haftungsbeschränkt).

In der Literatur wird weiterhin darauf hingewiesen, dass das MoMiG allgemein die bisherigen Grundsätze zur Behandlung sog. **eigenkapitalersetzender Gesellschafterdarlehen als nachträgliche Anschaffungskosten** in Frage stellt.[2] Diese Problematik stellt sich bei der Konzeption der bereits unterfinanzierten UG (haftungsbeschränkt) in besonderem Maße.

Letztendlich werden auch viele der vom Gesetzgeber unterstellten dynamischen Existenzgründer nicht sofort bemerken, dass im Gegensatz zum Einzelunternehmen die Besteuerung auf der ertragsteuerlichen Seite jedenfalls bei einer gewinnbringenden Tätigkeit ungünstiger sein kann als bei einem Einzelunternehmen. Vor allem aber unterschätzen GmbH-Gründer schon heute die **Bilanzierungs-, Buchhaltungs- und Publizitätskosten** der Kapitalgesellschaft. Noch entscheidender als der Kostenaufwand ist aber die nunmehr uneingeschränkte Publizitätspflicht für Jahresabschlüsse mit allen Möglichkeiten, die sich daraus für die Konkurrenz, aber auch die Geschäftspartner der Kapitalgesellschaft ergeben. Dies ist schon heute ein starkes Argument für viele Unternehmer, aus der Rechtsform der Kapitalgesellschaft herauszugehen, weil man dem angesprochenen Personenkreis nicht ein gläsernes Unternehmen offerieren möchte.

10. Die „Umwandlung" der UG (haftungsbeschränkt) zur GmbH

Die „Umwandlung" einer UG (haftungsbeschränkt) in eine GmbH vollzieht sich außerhalb des Umwandlungsgesetzes (UmwG) nach § 5a GmbHG. Ein

---
[1] BR-Drucks. 354/07, S. 72.
[2] Vgl. dazu auch *Bäuml*, GmbHR-Sonderheft Oktober 2008, 93, 96f.

C. Gründungsverfahren nach dem MoMiG

Rückgriff auf das UmwG ist dabei nicht erforderlich, da es sich bei der UG (haftungsbeschränkt) um eine GmbH handelt und ein **Rechtsformwechsel** daher ausscheidet.[1]

219 Erforderlich für die Umwandlung der UG (haftungsbeschränkt) in eine GmbH ist die **Erhöhung des Stammkapitals** der UG (haftungsbeschränkt) auf mindestens 25 000 €. Dabei kann die UG (haftungsbeschränkt) auf die **gebildeten Rücklagen** zurückgreifen oder aber mittels **Gesellschaftereinlagen** die **Kapitalerhöhung** durchführen. Bei der Kapitalerhöhung aus Gesellschaftsmitteln (vgl. Muster Rn. 274) gelten keinerlei Erleichterungen für die UG (haftungsbeschränkt). Dies bedeutet, dass insbesondere eine testierte Bilanz, die nicht älter als 8 Monate sein darf, vorliegen muss, §§ 57c, e GmbHG.

220 Auch bei der Kapitalerhöhung durch Bareinlagen (vgl. Muster Rn. 272f.) der Gesellschafter ist der **Grundsatz der Volleinzahlung** nach § 5a Abs. 2 Satz 1 GmbHG zu beachten. Dies folgt zunächst daraus, dass § 5a Abs. 1 GmbHG vom Wortlaut her nicht auf die Gründung beschränkt ist und somit gem. § 5a Abs. 4 GmbHG bis zu dem Zeitpunkt gilt, ab dem die UG (haftungsbeschränkt) nach Erhöhung des Stammkapitals auf 25 000,00 € als GmbH betrachtet wird. Erst dann greift über §§ 57 Abs. 2, 7 Abs. 2 GmbHG das Gebot, lediglich ein Viertel einzubezahlen. Im Übrigen könnte ansonsten das Gebot zur hälftigen Einzahlung des Stammkapitals bei der GmbH (vgl. § 7 Abs. 2 Satz 2 letzter Hs. GmbHG) umgangen werden. Man gründet eine UG (haftungsbeschränkt) mit 1 € und erhöht dann das Stammkapital auf 25 000 €.

221 Hat die Gesellschaft nach Eintragung des Kapitalerhöhungsbeschlusses das gesetzliche **Mindeststammkapital** der GmbH von 25 000 € (§ 5 Abs. 1 GmbHG) erreicht, ist eine „normale" GmbH entstanden, auf die alle Vorschriften des GmbHG uneingeschränkt Anwendung finden.[2]

222 Zur Frage, ob der **Rechtsformzusatz** UG (haftungsbeschränkt) bzw. Unternehmergesellschaft (haftungsbeschränkt) auch noch nach Erhöhung des Stammkapitals auf 25 000 € weitergeführt werden darf vgl. Rn. 182f.

11. „Umwandlung" einer GmbH in eine UG (haftungsbeschränkt)?

223 Die Umwandlung – „downgrading" – einer GmbH in eine UG (haftungsbeschränkt) ist hingegen nicht zulässig. Weder § 5a GmbHG noch das Umwandlungsgesetz bieten diese Möglichkeit. Ein **Formwechsel** nach §§ 190ff. UmwG scheidet aus, da dieser nur den Rechtsformwechsel zwischen **Rechtsträgern unterschiedlicher Rechtsformen** vorsieht, es sich bei der UG (haftungsbeschränkt) aber ebenfalls um die Rechtsform der GmbH handelt.[3] Zum Teil wird gefordert, dass die Umwandlung in eine UG (haftungsbeschränkt) zulässig sein sollte, vor

---

[1] Begr. zum RegE. Beilage zu ZIP 23/2007, S. 8; *Joost*, ZIP 2007, 2242, 2245; *Freitag/Riemenschneider*, ZIP 2007, 1485, 1490.
[2] *Joost*, ZIP 2007, 2242, 2245; *Veil*, GmbHR 2007, 1080, 1081.
[3] *Freitag/Riemenschneider*, ZIP 2007, 1485f., 1490f.

VII. Die Unternehmergesellschaft (haftungsbeschränkt)

dem Hintergrund, dass es doch der UG (haftungsbeschränkt) auch freistehe in die GmbH zu wechseln, wenn die Rücklagen 25 000 € erreicht haben.[1] Dem steht jedoch entgegen, dass der Gesetzgeber mit der UG (haftungsbeschränkt) eine Gesellschaft geschaffen hat, die insbesondere „jungen Existenzgründern" eine schnelle und einfache Gründung ermöglichen soll. Sie soll nur für die Gründung zur Verfügung stehen und bildet damit nur eine **Einstiegsvariante** mit Ziel der Wandlung zur GmbH und nicht umgekehrt.[2]

Aber nicht nur dem Charakter der UG (haftungsbeschränkt) als Einstiegsvariante der GmbH, die mit dem Ziel der Erstarkung zur GmbH gegründet wird, widerspricht der Wechsel von einer vollwertigen GmbH in die Gründungsvariante UG (haftungsbeschränkt). Der Wechsel einer GmbH in eine UG (haftungsbeschränkt) erfordert die **Herabsetzung des Stammkapitals** der GmbH auf unter 25 000 €. Dies widerspricht aber den Kapitalherabsetzungsvorschriften der GmbH, die eine Herabsetzung des Stammkapitals unter 25 000 € grundsätzlich nicht zulassen, §§ 58 Abs. 2 Satz 1, 5 Abs. 1 GmbHG. Hätte der Gesetzgeber die Möglichkeit zum Wechsel der GmbH in die UG (haftungsbeschränkt) eröffnen wollen, so hätte er eine entsprechende Regelung in § 58 Abs. 2 GmbHG aufnehmen könne, die die Herabsetzung des Stammkapitals unter das gesetzliche Mindestkapitals erlaubt, wenn die GmbH umfirmiert und sich auch den übrigen Beschränkungen des § 5a GmbHG unterwirft. Es verbleibt dabei, dass bei der GmbH eine Kapitalherabsetzung unter 25 000 € nur zulässig ist, wenn das Kapital sogleich wieder auf über 25 000 € erhöht wird **(Kapitalschnitt)**, § 58 GmbHG.

224

12. Liquidation der UG (haftungsbeschränkt)

Für die UG (haftungsbeschränkt) gilt das **Liquidationsrecht der GmbH** gem. §§ 60 ff. GmbHG. Sonderregelungen, insbesondere zur Erleichterung betreffend die Voraussetzungen des § 65 GmbHG sieht der Gesetzgeber nicht vor. Dies bedeutet, dass die UG (haftungsbeschränkt) zur Liquidation einen Auflösungsbeschluss fassen muss, Liquidatoren anmelden muss und sodann die Liquidation zu drei verschiedenen Terminen in den Gesellschaftsblättern bekannt zu machen ist. Die Gläubiger sind aufzufordern, sich bei der Gesellschaft zu melden. Erst nach Verstreichen des Sperrjahres kann die Gesellschaft gelöscht werden. Ausnahmen von diesem aufwendigen Liquidationsverfahren werden nur ganz ausnahmsweise anerkannt.[3] Es soll dann zulässig sein, auf das Liquidationsverfahren zu verzichten, wenn die Gesellschaft vermögenslos ist und versichert wird, dass Forderungen nicht bestehen.[4]

225

---

[1] *Veil,* GmbHR 2007, 1080, 1084.
[2] *Wälzholz* sieht die UG nur als Übergangsstadium, GmbHR 2008, 841, 843.
[3] *OLG Köln* NZG 2005, 83 = DNotZ 2005, 314; *OLG Naumburg* ZIP 2002, 152.
[4] Dieser Rechtsprechung schließt sich die Literatur an: *Wälzholz,* DStR 2005, 207; *Munzig,* FGPrax 2005, 81; *Scholz/K.Schmidt,* GmbHG, 10. Aufl. 2007, § 74 Rn. 1.

C. Gründungsverfahren nach dem MoMiG

226 Eine Alternative zu diesem mit nicht unerheblichen Kosten, Aufwand und einem erheblichen Zeitverzug verbundenen Verfahren ist die lautlose Liquidation über die **Verschmelzung,** insbesondere die **Verschmelzung auf den Alleingesellschafter** gem. §§ 120 ff. UmwG (vgl. dazu Rn. 252). Dieser Weg sollte allerdings nur eingeschlagen werden, wenn keine Haftungs- und Regressgefahren aus der Geschäftstätigkeit der UG (haftungsbeschränkt) drohen und keine Verbindlichkeiten mehr offen sind. Der Weg ist insbesondere vorzugswürdig, wenn nur noch Aktiva vorhanden sind. Dieser Weg ist deutlich schneller und kann auch kostensparender sein.

227 Mit **Liquidationsverfahren** bzw. **Auflösungswünschen** wird sich der notarielle Berater ebenso wie bei der Ltd. in Zukunft häufiger beschäftigen müssen. Nicht selten gründen diejenigen, denen nur geringe Gründungs- und Kapitalaufbringungskosten und sonstige „Beratungshürden" in den Weg gestellt werden, vorschnell, so dass sie sich über die Konsequenzen, die Verwaltungskosten für die gegründete Unternehmensform wenig Gedanken machen. **Bilanzierungs-, Steuerberatungskosten, Veröffentlichungspflichten, Entnahmebeschränkungen** etc. fallen erst auf, wenn die Gesellschaft gegründet ist und werden sehr schnell als lästig empfunden.

13. Umwandlungsfähigkeit einer UG (haftungsbeschränkt) nach dem UmwG

228 Die **Umwandlungsfähigkeit** der UG (haftungsbeschränkt) nach dem Umwandlungsgesetz[1], insbesondere die UG (haftungsbeschränkt) als **Zielgesellschaft** ist kritisch zu beurteilen. Zwar handelt es sich bei der UG (haftungsbeschränkt) um eine GmbH, jedoch sind bei Umwandlungen in die UG (haftungsbeschränkt) stets der besondere Charakter der UG (haftungsbeschränkt) als „Einstiegsgesellschaft" und die Besonderheiten, die sich aus § 5a GmbHG ergeben, zu beachten.[2] Daraus ergibt sich grundsätzlich, dass aus einer Umwandlung (Verschmelzung oder Spaltung zur Neugründung sowie Formwechsel) nie eine UG (haftungsbeschränkt) entstehen kann. Nach der hier vertretenen Auffassung ist bei einer bestehenden UG (haftungsbeschränkt) auch eine Sachkapitalerhöhung zur Schaffung der Anteile, die den Anteilsinhabern des Ausgangsrechtsträgers gewährt werden, ausgeschlossen.

---

[1] BGBl. I 1994, 3210.
[2] Umwandlungsfähigkeit bejahend: *Wälzholz,* GmbHR 2008, 841, 843; *Veil,* GmbHR 2007, 1080, 1081.

VII. Die Unternehmergesellschaft (haftungsbeschränkt)

a) **Die UG (haftungsbeschränkt) als Zielgesellschaft**

aa) Formwechsel nach §§ 190 ff. UmwG

Wechselt ein Rechtsträger unter **Wahrung seiner Identität** seine Rechtsform, so liegt ein Formwechsel im Sinne der §§ 190 ff. UmwG vor.[1] 229

Überwiegend wird vertreten, dass die UG (haftungsbeschränkt) nur zur Neugründung einer Gesellschaft errichtet werden kann[2], so dass es entscheidend darauf ankommt, ob der Rechtsformwechsel einer bestehenden Gesellschaft in die UG (haftungsbeschränkt) eine **Neugründung der Zielgesellschaft** darstellt. Diese Frage ist im Umwandlungsrecht umstritten. 230

Die Vertreter der sog. **Einheitstheorie** bewerten den Formwechsel aufgrund seines **identitätswahrenden Charakters** nicht als Neugründung des neuen Rechtsträgers.[3] Dies ergebe sich insbesondere auch aus § 202 Abs. 1 Nr. 1 UmwG wonach der formwechselnde Rechtsträger in der neuen Rechtsform „weiter besteht". Demnach wäre mangels Neugründung der Formwechsel in eine UG (haftungsbeschränkt) unzulässig. 231

Nach der Gegenansicht **(Trennungstheorie)** besteht gerade keine Identität zwischen den Rechtsträgern.[4] Die Identität der Rechtsträger sei nur eine gesetzliche „Fiktion"[5] der Kontinuität, vielmehr sehe das Gesetz selbst die Anwendung der für den neuen Rechtsträger geltenden Gründungsvorschriften in § 197 UmwG vor. Grundsätzlich ist nach dieser Ansicht der Formwechsel einer bestehenden Gesellschaft in die UG (haftungsbeschränkt) unzulässig. 232

(1) Formwechsel einer Kapitalgesellschaft (AG, KGaA) in eine UG (haftungsbeschränkt)

Bei dem **Formwechsel einer Kapitalgesellschaft** kann das Grund- bzw. Stammkapital nicht einfach freigesetzt werden, es geht vielmehr auf den neuen Rechtsträger über und wird dessen Grund- bzw. Stammkapital, §§ 247 Abs. 1, 243 Abs. 2 UmwG.[6] Das Grund- bzw. Stammkapital kann zwar vor bzw. nach dem Formwechsel durch Kapitalherabsetzung bzw. Kapitalerhöhung geändert werden[7], jedoch ist dabei zu beachten, dass Kapitalgesellschaften nicht ihr Mindesthaftkapital unterschreiten dürfen, so dass das Grund- bzw. Stammkapital auf die UG (haftungsbeschränkt) unverändert übergeht, vgl. § 247 Abs. 1 UmwG. 233

---

[1] Kallmeyer/*Meister/Klöcker*, § 190 Rn. 6.
[2] *Bormann*, GmbHR 2007, 897, 898; *Joost*, ZIP 2007, 2242, 2243; *Gehrlein/Witte*, GmbH-Recht in der Praxis, 2. Aufl. 2008, S. 53.
[3] Kallmeyer/*Meister/Klöcker*, § 190 Rn. 6.
[4] Semler/Stengel/*Bärwaldt*, § 197 Rn. 1.
[5] Widmann/Mayer/*Vossius*, § 190 Rn. 27.
[6] Semler/Stengel/*Mutter*, § 243 Rn. 21.
[7] Semler/Stengel/*Mutter*, § 243 Rn. 21; Schmitt/Hörtnagl/Stratz/*Stratz*, § 243 Rn. 6, 7.

C. Gründungsverfahren nach dem MoMiG

234 Die UG (haftungsbeschränkt) kann jedoch nur mit einem **Stammkapital** von maximal 24 999 € gegründet werden, § 5a Abs. 1 i.V. m. § 5 Abs. 1 GmbHG[1], so dass sie bei dem Formwechsel einer Kapitalgesellschaft aufgrund des höheren **Haftkapitals** nicht als Zielrechtsträger geeignet ist. Bei dem Formwechsel einer **Aktiengesellschaft** geht auf den Zielrechtsträger ein Grundkapital von 50 000 € über, so dass das Maximalstammkapital der UG (haftungsbeschränkt) von 24 999 € überschritten wird und statt einer UG (haftungsbeschränkt) eine GmbH entsteht, bei dem Formwechsel aus der Europäischen Gesellschaft (SE) wären es 120 000 €.

(2) Rechtsformwechsel von Personenhandelsgesellschaften und anderer Rechtsformen

235 Neben den Kapitalgesellschaften können auch Personenhandelsgesellschaften (OHG und KG), eingetragene Genossenschaften, die Partnerschaft sowie der rechtsfähige Verein in eine andere Rechtsform wechseln. Diese Gesellschaften verfügen im Unterschied zu den Kapitalgesellschaften über kein Stammkapital, das auf den neuen Rechtsträger übergehen muss. Allerdings ergibt sich bei dem Formwechsel dieser Rechtsformen das Problem, dass der Formwechsel eine **Gründung durch Sacheinlagen** darstellt[2] und diese bei der UG (haftungsbeschränkt) nach § 5a Abs. 2 Satz 2 GmbHG ausgeschlossen sind. Aufgrund des Sacheinlagenverbots ist ein Formwechsel dieser Gesellschaftsformen in eine UG (haftungsbeschränkt) unzulässig.

236 Der **Ausschluss des Formwechsels** auf die UG (haftungsbeschränkt) entspricht der **Intention des Gesetzgebers.** Die UG (haftungsbeschränkt) soll eine „Einstiegs- und Gründungsvariante" der GmbH darstellen, mit der „jungen Existenzgründern" die Umsetzung ihrer Unternehmensziele erleichtert werden soll, mit dem Ziel der Umwandlung in eine vollwertige GmbH.[3] Der Wechsel einer bestehenden Gesellschaft in die UG (haftungsbeschränkt) widerspricht diesem Sinn und Zweck der UG (haftungsbeschränkt) als Gründungsalternative. Den Gesellschaftern dieser Rechtsformen steht daher die GmbH zur Verfügung, wenn sie in die Rechtsform der Kapitalgesellschaft wechseln möchten. Diese Aspekte rechtfertigen es, den Formwechsel in die UG (haftungsbeschränkt) auch dann auszuschließen, wenn man der Trennungstheorie (vgl. Rn. 232) folgt.[4] Das wirtschaftliche und juristische Ziel eines Formwechsels einer Personengesellschaft in eine UG (haftungsbeschränkt) ist nur über den Weg des Anwachsungsmodells eröffnet. Tritt die UG (haftungsbeschränkt) in eine Personengesellschaft ein und scheiden dann auch alle anderen Gesellschafter aus, so wächst des Vermögen der Personen(handels)gesellschaft der UG (haftungsbeschränkt) an.

---

[1] *Freitag/Riemenschneider,* ZIP 2007, 1485, 1486; *Römermann,* GmbHR 2007, R193.
[2] Schmitt/Hörtnagl/Stratz/*Stratz,* § 219 Rn. 2.
[3] Begr. zum RegE. Beilage zu ZIP 23/2007, S. 7. Im Ergebnis wie hier *Heinemann,* NZG 2008, 820.
[4] So auch *Heinemann,* NZG 2008, 821.

VII. Die Unternehmergesellschaft (haftungsbeschränkt)

bb) Verschmelzung auf die UG (haftungsbeschränkt)

Bei der Verschmelzung ist gem. § 2 UmwG zwischen der **Verschmelzung durch Neugründung** und der **Verschmelzung durch Aufnahme** zu unterscheiden. 237

Bei der **Verschmelzung durch Neugründung** gehen die sich von den zu übertragenden Rechtsträgern vereinigenden Vermögensmassen auf einen Rechtsträger über, der erst mit der Verschmelzung gegründet wird.[1] Diese Gründung stellt eine **Sachgründung** dar.[2] Handelt es sich bei der neu zu gründenden Gesellschaft um eine GmbH, sind gemäß § 36 Abs. 2 i.V.m. §§ 56 – 59 UmwG die Gründungsvorschriften der GmbH zu beachten. Bei der Verschmelzung zur Neugründung einer UG (haftungsbeschränkt) ist daher auch § 5a GmbHG zu beachten, wonach eine Sachgründung und damit auch die Verschmelzung zur Neugründung einer UG (haftungsbeschränkt) unzulässig ist, § 5a Abs. 2 Satz 2 GmbHG.[3] 238

Bei der **Verschmelzung durch Aufnahme** wird das Vermögen eines oder mehrerer übertragender Rechtsträger mit dem Vermögen eines bereits bestehenden Rechtsträgers vereinigt. Der übernehmende Rechtsträger nimmt das Vermögen des/der übertragenden Rechtsträger(s) im Wege der **Gesamtrechtsnachfolge** auf.[4] Der hervorgehende Rechtsträger ist dabei identisch mit dem bereits vor der Verschmelzung bestehenden, aufnehmenden Rechtsträger, der mit der Verschmelzung nur sein Vermögen und seinen Anteilsinhaberkreis vergrößert hat, § 20 UmwG.[5] 239

Die Verschmelzung auf eine Kapitalgesellschaft durch Aufnahme erfordert grundsätzlich eine **Kapitalerhöhung** (§§ 55, 69ff. UmwG), bei der es sich um Sachkapitalerhöhung handelt, da sämtliche Passiva und Aktiva des übertragenden Rechtsträgers Gegenstand der Einlage sind.[6] Aufgrund des Sacheinlagenverbots bei der UG (haftungsbeschränkt), das auch nach der Gründungsphase gilt[7] (str., vgl. Rn. 186ff.), ist eine **Verschmelzung durch Aufnahme** mit Sachkapitalerhöhung unzulässig. Da das Sacheinlagenverbot erst mit Erstarken der UG (haftungsbeschränkt) zur GmbH ebenso wie die anderen Beschränkungen des § 5a GmbHG entfällt, ist eine Verschmelzung mit Kapitalerhöhung erst nach Umwandlung der UG (haftungsbeschränkt) in eine GmbH möglich, auch wenn sie weiter den Rechtsformzusatz „UG (haftungsbeschränkt)" führt. 240

Das Verschmelzungsrecht eröffnet jedoch auch die Möglichkeit der **Verschmelzung ohne Kapitalerhöhung** (§§ 54, 68 UmwG). Diese ist mit dem 241

---

1 Schmitt/Hörtnagl/Stratz/*Stratz*, vor §§ 36–38, Rn. 1, § 56 Rn. 1.
2 Schmitt/Hörtnagl/Stratz/*Stratz*, § 56 Rn. 1.
3 So auch u. a. *Heinemann*, NZG 2008, 821, 822.
4 Semler/Stengel/*Stengel*, § 2 Rn. 24; Widmann/Mayer/*Fronhöfer*, § 2 Rn. 2; zur Verschmelzung *Heckschen/Simon*, Umwandlungsrecht, 2002, § 2 Rn. 4–109.
5 Semler/Stengel/*Stengel*, § 2 Rn. 24.
6 Semler/Stengel/*Reichert*, § 55 Rn. 7; Kallmeyer/*Kallmeyer*, § 55 Rn. 2.
7 *Seibert*, GmbHR 2007, 673, 676; *Freitag/Riemenschneider*, ZIP 2007, 1485, 1491; a. A. ausdrücklich für den Fall der Verschmelzung zur Aufnahme mit Kapitalerhöhung auf über 25 000 €: *Heinemann*, NZG 2008, 821.

C. Gründungsverfahren nach dem MoMiG

Zweiten Gesetz zur Änderung des Umwandlungsgesetzes[1] im Jahre 2007 erweitert worden.[2] In diesem Fall kann auch die UG (haftungsbeschränkt) aufnehmender Rechtsträger sein. Das Vermögen kann die UG (haftungsbeschränkt) zur Rücklagenbildung nach § 5a Abs. 3 GmbHG nutzen. Zwingend ist dies bei der Verschmelzung der Tochter- auf die Muttergesellschaft, optional ist es bei der Verschmelzung der Muttergesellschaft auf die Tochtergesellschaft. Die Möglichkeiten der Verschmelzung unter Verzicht auf eine Anteilsgewährung sind:

242 Beim *downstream merger*, also bei der Verschmelzung der Muttergesellschaft auf die UG (haftungsbeschränkt), kann auf diese Weise das Grund- bzw. Stammkapital der Muttergesellschaft dem Zugriff der Gläubiger entzogen werden. Diese Möglichkeit der Umgehung der Kapitalerhaltungsvorschriften ist zwar auf Kritik[3] gestoßen, eine Kapitalerhöhungspflicht beim *downstream merger* oder *sidestep merger*[4] besteht dennoch nicht, vgl. §§ 54 Abs. 1 Satz 3, 68 Abs. 1 Satz 3 UmwG. Da in diesen Fällen mangels **Kapitalerhöhung** das **Sacheinlagenverbot** nach § 5a Abs. 2 Satz 2 GmbHG nicht tangiert wird, könnte die UG (haftungsbeschränkt) aufnehmender Rechtsträger beim *sidestep* oder *downstream merger* sein. Das ist jedoch nicht mit dem Charakter der UG (haftungsbeschränkt) vereinbar.[5] Die UG (haftungsbeschränkt) ist eine Gründungsvariante der GmbH, deren Ziel darin besteht sich letztendlich durch Kapitalerhöhung in eine GmbH zu wandeln. Da sich dieser „transitorische Charakter"[6] allerdings nur der Gesetzesbegründung entnehmen lässt,[7] ist zu befürchten, dass die UG (haftungsbeschränkt) vielfach zur Umgehung der Kapitalerhaltungsvorschriften eingesetzt werden wird.[8]

cc) Spaltung auf die UG (haftungsbeschränkt)

243 Für die **Spaltung** einer bestehenden Gesellschaft auf die UG (haftungsbeschränkt) gem. §§ 123 ff. UmwG gilt das zur Verschmelzung auf die UG (haftungsbeschränkt) gesagte entsprechend. Aufgrund des Charakters der UG (haftungsbeschränkt) und des Sacheinlagenverbots ist die **Spaltung auf die UG (haftungsbeschränkt)** unzulässig. Dies bedeutet insbesondere, dass der Weg

---

[1] BGBl. I 2007, 542.
[2] Vgl. zu den Neuregelungen *Heckschen*, DNotZ 2007, 444; *Mayer/Weiler*, DB 2007, 1235; *dies.*, DB 2007, 1291.
[3] Widmann/Mayer/*Mayer*, § 5 Rn. 35 ff.; *Mayer/Weiler*, DB 2007, 1235, 1239; *Petersen*, GmbHR 2004, 728. Zum Meinungsstand vor und nach der Reform vgl. Lutter/*Winter*, UmwG, § 54 Rn. 19.
[4] *Heckschen*, in: Heckschen/Simon, Umwandlungsrecht, § 3 Rn. 4, 10; Kallmeyer/*Kallmeyer*, § 54, Rn. 10; Lutter/*Winter*, § 54, Rn. 16 ff. allerdings mit Hinweis darauf, dass die Verschmelzung gem. § 30 GmbHG unzulässig sei, wenn dem aufnehmenden Rechtsträger das zur Erhaltung des Stammkapitals erforderliche Vermögen entzogen wurde.
[5] *Bormann*, GmbHR 2007, 897, 899; *Seibert*, GmbHR 2007, 673, 675; a. A. *Veil*, GmbHR 2007, 1080, 1084 – Umwandlungen seien trotz des vorläufigen Charakters der UG nicht ausgeschlossen.
[6] *Freitag/Riemenschneider*, ZIP 2007, 1485, 1486.
[7] Begr. zum RegE Beilage zu ZIP Heft 23/2007, S. 7.
[8] Darauf weist auch *Heinemann*, NZG 2008, 821, 822 hin, der insoweit den Streitstand umfassend wiedergibt.

VII. Die Unternehmergesellschaft (haftungsbeschränkt)

vom Einzelkaufmann in die UG (haftungsbeschränkt) grundsätzlich verschlossen ist: Über die §§ 152 ff. UmwG wird er nicht eröffnet, da die Ausgliederung zur Neugründung einer UG (haftungsbeschränkt) unzulässig ist. Die Einbringung im Rahmen einer Sachgründung scheidet ebenso aus wie die Bargründung einer UG (haftungsbeschränkt) mit anschließender Sachkapitalerhöhung. Es bleibt nur der – häufig steuerschädliche – Weg der Bargründung einer UG (haftungsbeschränkt) mit anschließender Einbringung des Einzelunternehmens in die Rücklagen oder die Ausgliederung zur Aufnahme auf eine zuvor bar gegründete UG (haftungsbeschränkt) unter Verzicht auf die Anteilsgewährung. In diesen Fällen allerdings können die Buchwerte nicht fortgesetzt werden, die stillen Reserven sind offenzulegen und zu versteuern (§ 20 UmwStG).

Der Gang aus dem **Einzelunternehmen in die UG (haftungsbeschränkt)** ist **244** verschlossen. Die **Ausgliederung** zur Neugründung gem. §§ 152 ff. UmwG stellt einen Vorgang der Sachgründung dar. Die UG (haftungsbeschränkt) kann nicht durch Sachgründung entstehen. **Unzulässig** wäre es auch, im Rahmen einer offenen Sachgründung das Einzelunternehmen in eine UG (haftungsbeschränkt) einzubringen, da dem § 5a Abs. 2 GmbHG entgegensteht. Die Gründung im Wege der Bargründung mit anschließender Einbringung des Einzelunternehmens im Wege der Sachkapitalerhöhung ist ebenfalls ausgeschlossen, da Sachkapitalerhöhungen erst zulässig sind, wenn die UG (haftungsbeschränkt) ein Stammkapital von 25 000 € aufweist und zur GmbH geworden ist. Einzig zulässig wäre es, das Einzelunternehmen auf eine bestehende UG (haftungsbeschränkt) zu übertragen und die Vermögenswerte in die Rücklagen einzubringen. Insoweit wäre aber zu beachten, dass dann sämtliche stille Reserven zu versteuern sind, § 20 UmwStG.

b) Die UG (haftungsbeschränkt) als Ausgangsgesellschaft

Dogmatisch und gesetzessystematisch handelt es sich bei der UG (haftungsbe- **245** schränkt) um eine GmbH, so dass sie jederzeit in eine Gesellschaft anderer Rechtsform umgewandelt werden kann, solange sie dabei ihre Rechtsform aufgibt.[1]

aa) Formwechsel einer UG (haftungsbeschränkt)

Bei dem Formwechsel sind jedoch die **Gründungsvorschriften** des jeweiligen **246** neuen Rechtsträgers zu beachten, § 197 UmwG.

Bei einem Formwechsel einer **UG (haftungsbeschränkt) in eine Aktienge-** **247** **sellschaft** ist daher zunächst eine Kapitalerhöhung erforderlich, da der Mindestnennbetrag des Grundkapitals einer AG 50 000 € beträgt, § 7 AktG. Beim Formwechsel gilt jedoch der Grundsatz, dass das Kapital des Ausgangs- und Zielrechtsträgers identisch sein muss. Es kann nicht beim Formwechsel erhöht werden. Mit der **Erhöhung des Stammkapitals** auf über 25 000 € ist die UG

---

[1] *Bormann*, GmbHR 2007, 897, 899; *Freitag/Riemenschneider*, ZIP 2007, 1485, 1491.

(haftungsbeschränkt) von den Beschränkungen des § 5a GmbHG befreit und zur GmbH erstarkt. Nur wenn man der Auffassung ist, dass es ihr auch nach einer Erhöhung des Stammkapitals auf über 25 000 € frei steht, weiterhin als UG (haftungsbeschränkt) zu firmieren[1], könnte eine UG (haftungsbeschränkt) mit einem auf 50 000 € erhöhten Stammkapital in eine AG formwechseln.

248 Bei dem Formwechsel in **andere Gesellschaftsformen,** wie der Personenhandelsgesellschaft, der GbR, der Partnerschaftsgesellschaft und der eingetragenen Genossenschaft ergeben sich im Vergleich zum Formwechsel einer GmbH in diese Gesellschaftsformen keine Unterschiede.

249 Das Ziel der UG (haftungsbeschränkt) ist zwar die **Umwandlung** in eine vollwertige GmbH, jedoch schließt diese grundsätzliche Zielsetzung nicht den Formwechsel in andere Gesellschaftsformen aus. Insbesondere ergeben sich aus dem § 5a GmbHG keine Beschränkungen, so dass die UG (haftungsbeschränkt) als eine Unterform der GmbH auch **formwechselnder Rechtsträger** sein kann, § 191 Abs. 2 Nr. 2 UmwG.[2] Der Gesetzgeber hat zwar soweit der Weg von der UG (haftungsbeschränkt) in die GmbH betroffen ist eine Einbahnstraße vorgegeben, ein gesetzgeberischer Wille, die UG (haftungsbeschränkt) zwingend und ausschließlich in die GmbH zu führen und nicht beispielsweise über das Umwandlungsgesetz auch in andere Rechtsformen zu überführen – soweit das UmwG diese Möglichkeiten der GmbH eröffnet – ist nicht jedoch erkennbar. Vielmehr würde dies der Gesetzessystematik, die die UG (haftungsbeschränkt) als Unterform der GmbH einordnet, widersprechen.

250 Der **Rechtsformwechsel** von der UG (haftungsbeschränkt) in die **Personenhandelsgesellschaft** in der Rechtsform der **OHG oder der KG** ohne beschränkt haftenden Komplementär sowie über die **Verschmelzung gem. § 120ff. UmwG auf das Vermögen des Einzelkaufmanns,** wird in der Praxis eine erhebliche Relevanz erlangen. Häufig werden sich die Gründer der UG (haftungsbeschränkt) bei der Gründung der vielfältigen Bindungen, die die Grundsätze der Kapitalaufbringung und Kapitalerhaltung mit sich bringen, der Haftungsgefahren, denen insbesondere die Geschäftsführer der Gesellschaft, aber auch die Gesellschafter ausgesetzt sind, nicht bewusst sein. Eine tiefgreifende Analyse der steuerlichen Vor- und Nachteile zwischen UG (haftungsbeschränkt) und Personengesellschaften wird ebenso wenig die Regel sein wie die Erkenntnis, dass die Bilanzierungsvorschriften für eine Kapitalgesellschaft mit den entsprechenden Publizitätspflichten die Gründer und die Geschäftsführer vor nicht selten kaum zu bewältigende Probleme stellen. Letztlich wird den Gründern erst in dem Moment bewusst, dass sie derartigen Offenlegungspflichten unterliegen, wenn sie das erste Mal ihre Bilanz eingereicht haben und erkennen, welche Unternehmensdaten sie damit dem Rechtsverkehr und damit ihren Konkurrenten sowie der Finanzverwaltung öffentlich machen.

---

[1] Begr. zum RegE. Beilage zu ZIP 23/2007, S. 8.
[2] *Bormann,* GmbHR 2007, 897, 899; *Veil,* GmbHR 2007, 1080, 1084.

VII. Die Unternehmergesellschaft (haftungsbeschränkt)

bb) Verschmelzung einer UG (haftungsbeschränkt)

Auch bei der **Verschmelzung** ergeben sich keine Unterschiede zur Verschmelzung einer GmbH in einen anderen Rechtsträger.[1] Es gelten die §§ 46 ff. UmwG. Die UG (haftungsbeschränkt) kann ohne Einschränkung übertragender Rechtsträger bei Verschmelzungsmaßnahmen sein. 251

Den elegantesten Weg aus einer UG (haftungsbeschränkt), die keine größeren Haftungsrisiken produziert hat, zurück in das Einzelunternehmen stellt die **Verschmelzung gem. §§ 120 ff. UmwG** dar. Dieser Weg der lautlosen und preiswerten Liquidation der UG (haftungsbeschränkt) werden vermutlich die Gesellschafter einer langwierigen Liquidation entsprechend § 60 GmbHG mit entsprechenden Veröffentlichungspflichten und Sperrjahr vorziehen. Die Verschmelzung auf den Alleingesellschafter – ggf. nach vorheriger Übertragung von Geschäftsanteilen auf einen einzigen Gesellschafter – ist binnen weniger Wochen umsetzbar und erspart dann zusätzliche Bilanzierungspflichten und die negative Publizität des Liquidationsverfahrens. 252

cc) Spaltung einer UG (haftungsbeschränkt)

Mit der **Spaltung** gem. §§ 123 ff. UmwG wird die Übertragung von Vermögensteilen eines Rechtsträgers als Gesamtheit auf einen oder mehreren Rechtsträger ermöglicht.[2] Dabei sind drei Arten zu unterscheiden. 253

Mit der **Aufspaltung** kann ein Rechtsträger sein ganzes Vermögen, unter Auflösung ohne Abwicklung, gleichzeitig auf mindestens zwei übernehmende oder neu zu gründende Rechtsträger gegen Gewährung von Anteilen übertragen werden.[3] Der übertragende Rechtsträger wird in diesem Fall aufgelöst, so dass sich bei der Aufspaltung der UG (haftungsbeschränkt) keine Unterschiede zur GmbH ergeben. 254

Bei der **Abspaltung** und der **Ausgliederung** kommt es hingegen nicht zur Auflösung des übertragenden Rechtsträgers. Dieser überträgt nur einen Teil seines Vermögens und besteht mit dem verbleibenden Vermögen fort.[4] 255

Im Gegensatz zur Abspaltung werden bei der **Ausgliederung** die Anteile oder Mitgliedschaften des übernehmenden bzw. neuen Rechtsträgers nicht den Anteilsinhabern des übertragenden Rechtsträgers, sondern diesem selbst gewährt. Der übertragende Rechtsträger reduziert so nicht sein Vermögen, da er statt der Sachwerte Anteile bzw. Mitgliedschaften des übernehmenden Rechtsträger erhält. Dadurch kann im Unterschied zur Abspaltung das gesamte Vermögen übertragen werden.[5] 256

---

[1] *Freitag/Riemenschneider,* ZIP 2007, 1485, 1491.
[2] Semler/Stengel/*Stengel/Schwanna,* § 123, Rn. 2.
[3] Semler/Stengel/*Stengel/Schwanna,* § 123, Rn. 7.
[4] Semler/Stengel/*Stengel/Schwanna,* § 123, Rn. 14.
[5] Semler/Stengel/*Stengel/Schwanna,* § 123, Rn. 15–17.

C. Gründungsverfahren nach dem MoMiG

257 Bei der Abspaltung aber auch bei der Ausgliederung kann bei dem übertragenden Rechtsträger durch die Übertragung der Vermögenswerte zum **Gläubigerschutz** eine Kapitalherabsetzung erforderlich werden. Handelt es sich bei dem übertragenden Rechtsträger um eine UG (haftungsbeschränkt), finden die §§ 138 ff. UmwG Anwendung. Die erforderliche Kapitalherabsetzung erfolgt gemäß § 139 UmwG nach § 58 GmbHG bzw. §§ 58a ff. GmbHG. Auf die UG (haftungsbeschränkt) sind die Vorschriften der Kapitalherabsetzung nicht anwendbar, da die Kapitalherabsetzung nach dem GmbHG voraussetzt, dass das Mindeststammkapital von 25 000 € erhalten bleibt, § 58 Abs. 2 Satz 1 i. V. m. § 5 Abs. 1 GmbHG. Da die UG (haftungsbeschränkt) das Mindeststammkapital einer GmbH noch nicht aufweist, kann sie **keine Kapitalherabsetzung** durchführen.

258 Ist die Abspaltung oder Ausgliederung mit einer **Kapitalherabsetzung** verbunden, kann die UG (haftungsbeschränkt) nicht als übertragender Rechtsträger beteiligt sein.[1] Ansonsten stehen der Beteiligung einer UG (haftungsbeschränkt) keine Bedenken gegenüber.

259 Ausgeschlossen ist auch die Ausgliederung auf eine UG (haftungsbeschränkt) nach §§ 168 ff. UmwG. Es handelt sich auch hier um einen Vorgang der Sachgründung.

14. Beratungshinweise

260 • In der Beratungspraxis ist individuell mit den Unternehmensgründern zu prüfen, ob eine GmbH oder die UG (haftungsbeschränkt) als Gesellschaftsform in Betracht kommt. Dabei sind die **Vor- und Nachteile** der Unternehmergesellschaft zu berücksichtigen:

261 • Die möglichen Vorteile der UG (haftungsbeschränkt) liegen vor allem in der geringen Liquiditätsbelastung für die Gründer. Die Gründer müssen nur ein Mindeststammkapital von 1 € (× Anzahl der Gründer) aufbringen, so dass faktisch **keine Kapitalaufbringung** erforderlich ist, um in den Genuss der **Haftungsbeschränkung** zu gelangen.

262 • Als ein Nachteil der UG (haftungsbeschränkt) stellt sich der **Rechtsformzusatz** dar. Unabhängig davon, ob die Bezeichnung UG (haftungsbeschränkt) als attraktiv bezeichnet wird oder nicht, ist diese Firma im Ausland völlig unbekannt und könnte bei ausländischen Geschäftspartner zu Verunsicherungen führen.

263 • Als weiteres Problem wird sich das **Ansehen** der UG (haftungsbeschränkt) im Geschäftsverkehr darstellen. Es ist abzusehen, dass viele vormalige

---

[1] So auch *Wachter*, GmbHR 2007, R209, R210.

VII. Die Unternehmergesellschaft (haftungsbeschränkt)

Ltd.-Gründer auf die UG (haftungsbeschränkt) ausweichen werden und sich damit das Image dieser neuen Unterform der GmbH negativ entwickelt. Grundsätzlich sollte daher den Beteiligten angeraten werden zunächst mit der Gründung einer UG (haftungsbeschränkt) abzuwarten und zu beobachten, ob sich die UG (haftungsbeschränkt) etabliert. Es ist zu erwarten, dass gerade bei dieser Rechtsform, die als „Modeerscheinung"[1] weithin als „Habenichts"-GmbH bezeichnet wird, Geschäftspartner und Rechtsverkehr standardmäßig auf weitere Sicherheiten und insbesondere Bürgschaften der Gesellschafter dringen werden und Vorsicht im Rechtsverkehr walten lassen. Die Vernunft der Gründer, an die der zuständige Referent im Bundesjustizministerium appelliert[2], wird nicht einkehren. Dies zeigen bereits die ersten Erfahrungen mit Gründern der UG (haftungsbeschränkt). Die Insolvenzwelle wird schnell den Markt dieser Sonderform der GmbH erfassen.[3]

- Ebenso wie viele der Ltd.-Gründer werden viele derjenigen, die sich für die UG (haftungsbeschränkt) entscheiden, sehr schnell registrieren, dass auch eine (Dienstleistungs-)UG (haftungsbeschränkt) eine **Kapitalausstattung** benötigt, um unternehmerisch aktiv werden zu können. 264

- Die Gesellschafter und Geschäftsführer müssen sich darüber im Klaren sein, dass mit einer Kapitalgesellschaft ohne Kapital ein gefährlicher Ritt entlang der ständig lauernden Gefahr der **Verletzung der Insolvenzantragspflicht** einhergeht. Ohne Kapitalpuffer wird es vor allem für die Geschäftsführung noch gefährlicher als dies bei der GmbH ohnehin schon der Fall ist. 265

- Die UG (haftungsbeschränkt) stellt sich für viele der Existenzgründer nicht nur als Alternative zur GmbH, sondern auch als Alternative zum Einzelunternehmen bzw. zur Personengesellschaft dar. Es ist sorgfältig abzuwägen, ob die Vorteile der Haftungsbeschränkung die Nachteile einer Kapitalgesellschaft aufwiegen. Der Gründer sollte darauf hingewiesen werden, dass Banken, Geschäftspartner in laufender Geschäftsbeziehung, größere Kunden und private Kapitalgeber nie ausschließlich die Haftung mit einer UG (haftungsbeschränkt), die ein Stammkapital von 1 € aufweist, akzeptieren werden. All diese Gläubiger werden zusätzlich die Gesellschafter in die **persönliche Haftung** nehmen, so wie sie diese bei einer Personengesellschaft ebenfalls erhalten. Darüber hinaus wird der Gründer das **Negativimage** durch weitere Maßnahmen **kompensieren** müssen. Der Vorteil der Haftungsbeschränkung wird sich dann häufig nicht auswirken, während die negativen Seiten einer Kapitalgesellschaft voll zum Tragen 266

---

[1] Vgl. *Goette*, Einführung in das neue GmbH-Recht, 2008, S. 17.
[2] Vgl. *Seibert*, GmbHR 2007, 673.
[3] So auch die zutreffende Prognose von *Nolting*, ZAP 2008, Fach 15, 567, 574.

kommen. Zu nennen sind hier insbesondere **Offenlegungs- und Publizitätspflichten hinsichtlich der Bilanz**, die Konkurrenten und Geschäftspartnern die Rechtsverhältnisse der UG (haftungsbeschränkt) gläsern machen. Der **Bilanzierungs- und Haftungsumfang** steigt ebenso wie die nun eintretende Haftung des Gesellschafter-Geschäftsführers für den Fall der Überschuldung, der stets nah ist. Die Besteuerung als Kapitalgesellschaft ist nicht in jedem Falle vorteilhaft gegenüber der Besteuerung als Einzelunternehmen oder Personengesellschaft. Die Problematik der **verdeckten Gewinnausschüttung** beherrschen Existenzgründer, die häufig vormals als Einzelunternehmer tätig waren, selten. Ihre „Entnahmepolitik" lässt sich in der Rechtsform einer Kapitalgesellschaft weder gesellschaftsrechtlich noch steuerrechtlich fortsetzen.

267
- Ist die Wahl dennoch auf die Unternehmergesellschaft (haftungsbeschränkt) gefallen, ist auf Folgendes hinzuweisen:

  - Bei der Gründung einer UG (haftungsbeschränkt) sollten **keine verdeckten Sacheinlagen** erbracht werden, da keine Anrechnung nach § 19 Abs. 4 GmbHG erfolgt, sondern der Inferent die vereinbarte Bareinlage noch einmal vollständig in bar zu erbringen hat.

  - Des Weiteren muss die Pflicht zur Bildung von Rücklagen beachtet werden. Ein Verstoß gegen die Rücklagenbildung, führt zur **Nichtigkeit des Jahresabschlusses** sowie des **Gewinnverwendungsbeschlusses**.[1] Daraus können Rückzahlungsansprüche gegen die Gesellschafter und eine Haftung des Geschäftsführers nach § 43 GmbHG resultieren.

  - Die UG (haftungsbeschränkt) sollte sich nach **Erhöhung des Stammkapitals** auf mindestens 25 000 € in eine GmbH umfirmieren, um Missverständnisse und Irritationen des Rechtsverkehrs auszuschließen.

  - Die Frage, ob die UG (haftungsbeschränkt) als **Komplementärin** einer KG fungieren kann, ist strittig. Gleiches gilt für den Abschluss von Gewinnabführungsverträgen. Die Umwandlungsfähigkeit der UG (haftungsbeschränkt) ist eingeschränkt.

Checkliste UG (haftungsbeschränkt)   **268**

☑ Zwingender Rechtsformzusatz UG (haftungsbeschränkt) oder Unternehmergesellschaft (haftungsbeschränkt)

☑ Verbot der Sachgründung oder gemischten Bar- und Sachgründung/Gebot der ausschließlichen Bargründung

---

[1] Begr. RegE. Beilage zu ZIP 23/2007, S. 7.

VII. Die Unternehmergesellschaft (haftungsbeschränkt)

- ☑ Keine Anwendung der Regelungen zur verdeckten Sachgründung entsprechend § 19 Abs. 4 GmbHG auf die UG (haftungsbeschränkt) (strittig)

- ☑ Übernahme der Gründungskosten durch die Gesellschaft und entsprechende Möglichkeit zur steuerlichen Geltendmachung bei Verwendung des Musterprotokolls kraft gesetzlicher Regelung nur bis zur Höhe des Stammkapitals, bei Gründung ohne Musterprotokoll aufgrund ansonsten eintretender Insolvenzantragspflicht nur bis zur Höhe des Stammkapitals bzw. ggf. vorhandener Eigenmittel (freiwillige Rücklagen).

- ☑ Verbot der Sachkapitalerhöhung bis zum Zeitpunkt der Erhöhung des Stammkapitals auf 25 000 € und der damit verbundenen „Umwandlung" in eine GmbH

- ☑ Gebot der Änderung des Rechtsformzusatzes bei Erreichen eines Stammkapitals von 25 000 € (strittig)

- ☑ Gebot der Einstellung eines Viertels des Jahresgewinns in eine gesetzliche Rücklage (Rechtsfolge bei Verstoß: Nichtigkeit des Feststellungsbeschlusses für die Bilanz und des Gewinnverwendungsbeschlusses)

- ☑ Eingeschränkte Verwendungsfähigkeit der gesetzlichen Rücklage

- ☑ Bei Bestehen von Gewinnabführungsverträgen ist zunächst ein Viertel des Jahresgewinns in die gesetzliche Rücklage einzustellen, bevor die Gewinnabführung stattfindet.

- ☑ Komplementärfähigkeit für eine KG ist strittig, wenn UG (haftungsbeschränkt) am Vermögen der KG nicht beteiligt ist.

- ☑ Eingeschränkte Umwandlungsfähigkeit
  - Keine Umwandlung zur Neugründung einer UG (haftungsbeschränkt)
  - Keine Umwandlung auf die UG (haftungsbeschränkt) mit Kapitalerhöhung zwecks Gewährung von Anteilen an die Anteilseigner des übertragenden Rechtsträgers
  - Kein Formwechsel aus der UG (haftungsbeschränkt) in die AG

- ☑ Keine Kapitalherabsetzungen bei der UG (haftungsbeschränkt) und kein Entstehen der UG (haftungsbeschränkt) durch Kapitalherabsetzung bei einer bestehenden GmbH

- ☑ Pflicht zur Einberufung der Gesellschafterversammlung außerhalb des § 49 Abs. 2 GmbHG entsprechend § 5a Abs. 4 GmbHG nur bei drohender Zahlungsunfähigkeit

C. Gründungsverfahren nach dem MoMiG

15. Muster – Kurzsatzung für eine UG (haftungsbeschränkt)

269 Gesellschaftsvertrag einer Einmanngesellschaft

I. Allgemeine Bestimmungen

§ 1 Firma und Sitz

(1) Die Firma der Gesellschaft lautet:

_____ UG (haftungsbeschränkt)

(2) Der Sitz der Gesellschaft ist _____.

§ 2 Gegenstand des Unternehmens

(1) Gegenstand des Unternehmens ist _____

(2) Die Gesellschaft ist berechtigt, sich an anderen Unternehmen zu beteiligen und Zweigniederlassungen zu errichten.

§ 3 Bekanntmachungen

Die Bekanntmachungen der Gesellschaft erfolgen nur im elektronischen Bundesanzeiger.

II. Stammkapital und Geschäftsanteile

§ 4 Stammkapital

(1) Das Stammkapital beträgt _____ €.

(2) Auf das Stammkapital übernimmt:

Herr/Frau

den Geschäftsanteil Nr. 1
im Nennbetrag von _____ €

Der Geschäftsanteil ist sofort in voller Höhe in bar einzuzahlen.

III. Geschäftsanteile

§ 5 Verfügung über Geschäftsanteile/Einziehung

(1) Die Verfügung über einen Geschäftsanteil oder einen Teil eines Geschäftsanteils, insbesondere die Abtretung und Verpfändung, aber auch die Teilung und Zusammenlegung von Geschäftsanteilen sind ohne Zustimmung der Gesellschafterversammlung zulässig.

VII. Die Unternehmergesellschaft (haftungsbeschränkt)

(2) Die Einziehung von Geschäftsanteilen ist mit Zustimmung des Betroffenen zulässig. Eingezogene Geschäftsanteile können neu ausgegeben werden.

IV. Geschäftsführung und Vertretung

§ 6 Geschäftsführung

Die Gesellschaft hat einen oder mehrere Geschäftsführer. Die Geschäftsführer sind verpflichtet, die Weisungen der Gesellschafter zu befolgen, insbesondere eine von den Gesellschaftern aufgestellte Geschäftsordnung zu beachten und von den Gesellschaftern als zustimmungspflichtig bezeichnete Geschäfte nur mit deren Zustimmung vorzunehmen.

§ 7 Vertretung

(1) Die Gesellschaft wird vertreten:

a) wenn nur ein Geschäftsführer vorhanden ist, durch diesen;

b) wenn mehrere Geschäftsführer vorhanden sind, durch zwei Geschäftsführer gemeinsam oder durch einen Geschäftsführer gemeinsam mit einem Prokuristen.

(2) Die Gesellschafterversammlung kann die Vertretung abweichend regeln, insbesondere Einzelvertretung anordnen und von den Beschränkungen des § 181 des Bürgerlichen Gesetzbuches befreien.

V. Geschäftsjahr/Jahresabschluss

§ 8 Geschäftsjahr/Jahresabschluss

Das Geschäftsjahr ist das Kalenderjahr.

VI. Wettbewerbsverbot

§ 9 Wettbewerbsverbot

Der Gründungsgesellschafter ist von jedwedem Wettbewerbsverbot befreit.

Die Gesellschafterversammlung kann mit einfacher Mehrheit Befreiung vom Wettbewerbsverbot erteilen, erweitern, einschränken oder aufheben und/oder beschließen, ob und in welcher Höhe eine angemessene Vergütung an die Gesellschaft zu zahlen ist.

C. Gründungsverfahren nach dem MoMiG

VII. Dauer der Gesellschaft

§ 10 Dauer der Gesellschaft

Die Dauer der Gesellschaft ist nicht beschränkt.

VIII. Schlussbestimmungen

§ 11 Gründungskosten

Die mit der Gründung der Gesellschaft verbundenen Notar-, Gerichts-, Behördenkosten und Steuern trägt die Gesellschaft bis zu einem Betrag von _____ €.

16. Muster – Gründungsurkunde und Gesellschaftsvertrag für eine Mehrmann-UG (haftungsbeschränkt)

Ausführliches Muster für die Gründung einer Unternehmergesellschaft (haftungsbeschränkt)[1]

(Rubrum)

...

Die Erschienenen ließen folgende

Gründung einer Unternehmergesellschaft (haftungsbeschränkt)

beurkunden und erklärten:

Teil 1

Wir gründen eine Unternehmergesellschaft (haftungsbeschränkt) mit folgendem Gesellschaftsvertrag:

I. Allgemeine Bestimmungen

§ 1 Firma und Sitz

(1) Die Gesellschaft ist eine Gesellschaft mit beschränkter Haftung unter der Firma

_____ UG (haftungsbeschränkt)

(2) Die Gesellschaft hat ihren Satzungssitz in _____.

---

[1] Es werden nur die Bestimmungen wiedergegeben, die mit dem Muster in Rn. 161 für die Mehrpersonen-GmbH nicht identisch sind.

VII. Die Unternehmergesellschaft (haftungsbeschränkt)

(3) Der Verwaltungssitz der Gesellschaft wird durch die Gesellschafterversammlung mit ¾ Mehrheit festgelegt. Dieser kann (nicht) im Ausland liegen.

§ 2 Gegenstand

– wie im Muster Rn. 161 –

§ 3 Bekanntmachung

– wie im Muster Rn. 161 –

II. Stammkapital, Geschäftsanteil

§ 4 Stammkapital

Das Stammkapital beträgt ____ € (in Worten: € ____) (Anm.: weniger als 25 000 €)

§ 5 Geschäftsanteile

(1) Auf das Stammkapital übernehmen

a) Herr
den Geschäftsanteil Nr. ____ zu einem Nennbetrag von ____ €
sowie
den Geschäftsanteil Nr. ____ zu einem Nennbetrag von ____ €.

b) Herr
den Geschäftsanteil Nr. ____ zu einem Nennbetrag von ____ €

c) Frau
den Geschäftsanteil Nr. ____ zu einem Nennbetrag von ____ €
sowie
den Geschäftsanteil Nr. ____ zu einem Nennbetrag von ____ €
und
den Geschäftsanteil Nr. ____ zu einem Nennbetrag von ____ €

(2) Die Einlagen sind sofort und in voller Höhe in bar zu zahlen.

(3) Sacheinlagen sind unzulässig.

(4) **Ggf.**: Die Gesellschafter verpflichten sich bis zum ____ jeweils eine zusätzliche Stammeinlage im Rahmen einer Barkapitalerhöhung auf ein Stammkapital von 25 000 € zu übernehmen.

C. Gründungsverfahren nach dem MoMiG

III. Geschäftsanteile – Einziehung

§ 6 Verfügung über Geschäftsanteile

(1) Ohne Zustimmung der Gesellschafterversammlung kann kein Gesellschafter seine Geschäftsanteile oder Teile davon abtreten oder sonst wie darüber verfügen.

(2) Geschäftsanteile können insbesondere nach einer Einziehung – soweit zulässig in der Hand der Gesellschaft – neu ausgegeben werden.

§ 7 Einziehung, Amortisation

– wie im Muster Rn. 161 –

§ 8 Abfindung ausscheidender Gesellschafter

– wie im Muster Rn. 161 –

IV. Geschäftsführer, Geschäftsführung und Vertretung

§ 9 Geschäftsführer

– wie im Muster Rn. 161 –

§ 10 Vertreter

– wie im Muster Rn. 161 –

V. Gesellschafter – Versammlungen und Beschlüsse

§ 11 Gesellschafterversammlungen

– wie im Muster Rn. 161 –

§ 12 Gesellschafterbeschlüsse

– wie im Muster Rn. 161 –

VI. Geschäftsjahr, Jahresabschluss, Rücklagenbildung, Lagebildung, Lagebericht, Ergebnisverwaltung

§ 13 Geschäftsjahr

– wie im Muster Rn. 161 –

VII. Die Unternehmergesellschaft (haftungsbeschränkt)

§ 14 Ergebnisverwendung

(1) Grundsätzlich bedürfen Beschlüsse, Beträge in die Gewinnrücklage einzustellen oder als Gewinn vorzutragen, bedürfen der Mehrheit von zwei Dritteln der abgegebenen Stimmen. Im Übrigen ist das Jahresergebnis an die Gesellschafter nach dem Verhältnis der Geschäftsanteile auszuschütten.

(2) Soweit die Gesellschaft nicht ein Stammkapital von 25 000 € aufweist gilt:

In der Bilanz des nach den §§ 242, 264 des Handelsgesetzbuchs aufzustellenden Jahresabschlusses ist eine gesetzliche Rücklage zu bilden, in die ein Viertel des um einen Verlustvortrag aus dem Vorjahr geminderten Jahresüberschusses einzustellen ist. Die Rücklage darf nur verwandt werden

1. für Zwecke des § 57 c;

2. zum Ausgleich eines Jahresfehlbetrags, soweit er nicht durch einen Gewinnvortrag aus dem Vorjahr gedeckt ist;

3. zum Ausgleich eines Verlustvortrags aus dem Vorjahr, soweit er nicht durch einen Jahresüberschuss gedeckt ist.

VII. Wettbewerbsverbot

§ 15 Wettbewerbsverbot

(1) Soweit gesetzlich zulässig, sind die Gesellschafter von etwaigen Wettbewerbsverboten gegenüber der Gesellschaft (nicht) befreit.

(2) Die Gesellschafterversammlung kann mit einfacher Mehrheit Befreiungen vom Wettbewerbsverbot erteilen, erweitern, einschränken oder aufheben und/oder beschließen, ob und in welcher Höhe eine angemessene Vergütung an die Gesellschaft zu zahlen ist.

VIII. Dauer der Gesellschaft

§ 16 Dauer

– wie im Muster Rn. 161 –

§ 17 Kündigung

– wie im Muster Rn. 161 –

C. Gründungsverfahren nach dem MoMiG

VIII. Schlussbestimmungen, Hinweise des Notars

§ 18 Gründungsaufwand

Die Gesellschaft trägt die mit ihrer Gründung verbundenen Kosten der Eintragung und Bekanntmachung sowie die Gesellschaftssteuer (Gründungsaufwand) bis zu einer Höhe von _____ €, höchstens jedoch bis zum Betrag ihres Stammkapitals. Darüber hinausgehende Kosten tragen die Gesellschafter gesamtschuldnerisch.

§ 19 Schriftform

– wie im Muster Rn. 161 –

Teil 2

Geschäftsführerbestellung

Die Geschäftsführerbestellung erfolgt durch privatschriftlichen Beschluss.

Die Geschäftsanschrift der Gesellschaft lautet: _____

Teil 3

Hinweise des Notars

Der Notar gab den Erschienenen folgende Hinweise und Aufklärungen:

(1) Die UG (haftungsbeschränkt) entsteht als Gesellschaft mit beschränkter Haftung erst mit ihrer Eintragung in das Handelsregister. Mit dem Abschluss des Gesellschaftsvertrags entsteht jedoch eine Vorgesellschaft, für die bereits wirksam gehandelt werden kann und deren Rechtsnachfolger die UG (haftungsbeschränkt) ist. Die Geschäftsführer, die vor Eintragung der Gesellschaft handeln, haften in manchen Fällen für Schäden jedoch persönlich.

(2) Zahlungen auf die Geschäftsanteile, die vor der heutigen Beurkundung der Gründung vorgenommen wurden, haben keine tilgende Wirkung und sind daher zu vermeiden.

(3) Die Geschäftsanteile müssen sich im Zeitpunkt des Eingangs der Registeranmeldung bei Gericht in der freien, uneingeschränkten Verfügung der Geschäftsführung befinden und dürfen – mit Ausnahme der satzungsmäßigen Übernahme der Gründungskosten – auch nicht durch die Eingehung von Verbindlichkeiten angetastet sein.

(4) Der Wert des Gesellschaftsvermögens darf im Zeitpunkt der Handelsregistereintragung der Gesellschaft nicht niedriger sein als das Stammkapital und der Gesellschafter ist verpflichtet, den Fehlbetrag

VII. Die Unternehmergesellschaft (haftungsbeschränkt)

zu erbringen und zwar ohne Beschränkung auf die Höhe der übernommenen Einlage.

(5) Alle übrigen Gesellschafter haften im Verhältnis ihrer Geschäftsanteile für die Einzahlung auf die Geschäftsanteile, auf die die geschuldeten Beträge von dem dazu verpflichteten Gesellschafter nicht zu erlangen sind. Dies gilt insbesondere auch für solche Leistungen auf die Geschäftsanteile, die keine Tilgungswirkung haben, schon vor Eintragung ohne Werterhaltung verbraucht oder an die Gesellschafter zurückgezahlt wurden. Jeder Gesellschafter muss daher ggf. das gesamte Stammkapital allein aufbringen.

(6) Die gesetzlich vorgeschriebenen Geldeinlagen, können nicht durch Aufrechnung/Verrechnung mit Forderungen gegen die Gesellschaft erbracht werden.

(7) Die Erbringung von Sacheinlagen ist nicht zulässig.

(8) Sollen die von den Gesellschaftern geleisteten Geldeinlagen zeitlich unmittelbar nach der Gründung an den Gesellschafter wieder ausgezahlt werden, muss dieser den Geschäftsanteil nicht nochmals erbringen, wenn gegen ihn stattdessen ein vollwertiger und für die Gesellschaft sofort fälliger Rückgewähranspruch besteht. Die Vereinbarung zwischen dem Gesellschafter und der Gesellschaft ist bei der Anmeldung anzugeben.

(9) Der Notar hat darauf hingewiesen, dass die nach §5a Abs.3 GmbHG zu bildende Rücklage nicht ausgeschüttet und nur verwandt werden darf für Kapitalerhöhungen aus Gesellschaftsmitteln sowie zum Ausgleich eines Jahresfehlbetrages, soweit er nicht durch einen Gewinnvortrag aus dem Vorjahr gedeckt ist und zum Ausgleich eines Verlustvortrages aus dem Vorjahr, soweit er nicht durch einen Jahresüberschuss gedeckt ist. Ein Verstoß gegen diese Regeln führt zur Nichtigkeit des Jahresabschlusses sowie des Gewinnverwendungsbeschlusses.

(10) Der Notar hat darauf hingewiesen, dass der Gesellschafter in Sonderfällen einer Haftung wegen eines so genannten existenzvernichtenden Eingriffs ausgesetzt sein kann.

(11) Wer falsche Angaben bei der Errichtung der Gesellschaft macht oder die Gesellschaft durch Einlagen oder Gründungsaufwand vorsätzlich oder grob fahrlässig schädigt, haftet nach §9a GmbHG u. a. auf Schadensersatz; falsche Angaben bei der Eintragung der Gesellschaft in das Handelsregister sind nach §82 GmbHG mit Freiheitsstrafe bis zu 3 Jahren oder Geldstrafe bedroht.

C. Gründungsverfahren nach dem MoMiG

(12) Die Gesellschaft muss im Rechtsverkehr den Rechtsformzusatz „UG (haftungsbeschränkt)" oder „Unternehmergesellschaft (haftungsbeschränkt)" führen. Wird dieser Zusatz nicht oder nicht vollständig geführt, droht eine persönliche Haftung des Handelnden.

(13) Soweit es nicht zur Eintragung der GmbH im Handelsregister kommt, greift eine unbeschränkte Verlustdeckungshaftung in Höhe der nicht vom Gesellschaftsvermögen gedeckten Verluste. Der Verlustdeckungsanspruch entsteht mit dem Scheitern der Eintragung, d. h. insbesondere Rücknahme des Eintragungsantrags, Aufgabe des Geschäftsbetriebs und überlanger Eintragungsdauer. Gibt also der Gesellschafter die Eintragung der GmbH in das Handelsregister auf, muss er die aus der aufgenommenen Geschäftstätigkeit aufgelaufenen Verluste in vollem Umfang ohne Beschränkung auf den übernommenen Geschäftsanteil ausgleichen.

(14) Soweit die Gesellschaft eine nach Gewerberecht, der Handwerksordnung oder einer anderen öffentlich-rechtlichen Vorschrift genehmigungsbedürftige Tätigkeit ausübt, darf sie dies erst nach Erteilung der Genehmigung. Bei Zuwiderhandlung drohen Bußgelder und andere Sanktionen.

(15) Jeder Gesellschafter sollte die Angaben in der Gesellschafterliste regelmäßig, spätestens aber alle 3 Jahre auf ihre Richtigkeit hin überprüfen.

Diese Niederschrift wurde den Erschienenen in Gegenwart des Notars vorgelesen, von ihnen genehmigt und sodann von ihnen und dem Notar wie folgt unterzeichnet.

17. Muster – Handelsregisteranmeldung der Ersteintragung einer UG (haftungsbeschränkt)

An das Amtsgericht

Registergericht

Gründung einer UG (haftungsbeschränkt) in Firma _____

Zur Ersteintragung in das Handelsregister wird angemeldet:

I. Inhalt der Anmeldung

(1) Unter der im Betreff genannten Firma ist eine Unternehmergesellschaft (haftungsbeschränkt) gegründet worden.

(2) Satzungssitz der Gesellschaft ist _____.

VII. Die Unternehmergesellschaft (haftungsbeschränkt)

(3) Die inländische Geschäftsanschrift der Gesellschaft ist _____.

(4) Die Vertretung der Gesellschaft ist in der Satzung wie folgt geregelt (abstrakte Vertretungsregelung):

Die Gesellschaft wird vertreten

a) wenn nur ein Geschäftsführer vorhanden ist durch diesen;

b) wenn mehrere Geschäftsführer vorhanden sind durch zwei Geschäftsführer gemeinsam oder durch einen Geschäftsführer gemeinsam mit einem Prokuristen

Zum Geschäftsführer wurde bestellt:

a) Herr _____

geb. am _____

wohnhaft: _____

Er ist stets einzelvertretungsberechtigt, auch wenn weitere Geschäftsführer bestellt sind (konkrete Vertretungsregelung).

oder: Er ist einzelvertretungsberechtigt, solange er alleiniger Geschäftsführer ist.

oder: Er vertritt die Gesellschaft gemeinsam mit einem weiteren Geschäftsführer oder einem Prokuristen.

ggf.: Er ist befugt, die Gesellschaft bei der Vornahme von Rechtsgeschäften mit sich selbst oder als Vertreter eines Dritten uneingeschränkt zu vertreten (Befreiung von den Beschränkungen des § 181 BGB 1. und 2. Alternative).

b) Frau _____

geb. am _____

wohnhaft: _____

Sie ist stets einzelvertretungsberechtigt, auch wenn weitere Geschäftsführer bestellt sind.

oder: Sie ist einzelvertretungsberechtigt, solange sie alleiniger Geschäftsführer ist.

oder: Sie vertritt die Gesellschaft gemeinsam mit einem weiteren Geschäftsführer oder einem Prokuristen.

ggf.: Sie ist befugt, die Gesellschaft bei der Vornahme von Rechtsgeschäften mit sich selbst oder als Vertreter eines Dritten uneinge-

C. Gründungsverfahren nach dem MoMiG

schränkt zu vertreten (Befreiung von den Beschränkungen des § 181 BGB 1. und 2. Alternative).

Ggf.:

(5) Herr/Frau ____,

Anschrift ____

Ist unter der genannten Anschrift für Zustellungen an die Gesellschaft empfangsberechtigt.

II. Anlagen zur Handelsregisteranmeldung

(1) Gründungsurkunde der im Betreff genannten Gesellschaft nebst Gesellschaftsvertrag.

(2) privatschriftlichen Beschluss über die Bestellung der ersten Geschäftsführung

(3) Gesellschafterliste

III. Ergänzende Versicherungen und Erklärungen zur Anmeldung

– wie im Muster Rn. 162, wobei bei der UG (haftungsbeschränkt) die Volleinzahlung der Geschäftsanteile versichert werden muss –

IV. Hinweis des beglaubigenden Notars

– wie im Muster Rn. 162 –

Ort, Datum

_____

(Unterschrift **aller** Geschäftsführer)

VII. Die Unternehmergesellschaft (haftungsbeschränkt)

18. Muster – Barkapitalerhöhungsbeschluss einer UG (haftungsbeschränkt) auf 25 000 € mit Änderung des Rechtsformzusatzes

(...) Rubrum 272

Die Erschienenen ließen folgende

Kapitalerhöhung einer UG (haftungsbeschränkt) durch Bareinlagen

beurkunden und erklärten:

I. Feststellungen und Gesellschafterbeschluss

Wir sind die alleinigen Gesellschafter der im Handelsregister des Amtsgerichtes _____ unter HRB _____ eingetragenen Unternehmergesellschaft (haftungsbeschränkt) in Firma:

_____ UG (haftungsbeschränkt)

mit Sitz in _____

– nachfolgend „UG" –

und zwar mit Geschäftsanteilen von

a) der Beteiligte zu 1) mit einem Geschäftsanteil Nr. _____ im Nennbetrag von _____ €

b) der Beteiligte zu 2) mit einem Geschäftsanteil Nr. _____ im Nennbetrag von _____ €

c) der Beteiligte zu 3) mit einem Geschäftsanteil Nr. _____ im Nennbetrag von _____ €

Damit ist das gesamte Stammkapital von _____ € vertreten.

Unter Verzicht auf alle (gesellschaftsvertraglichen und) gesetzlichen Formen und Fristen halten wir hiermit eine Gesellschafterversammlung der UG ab und beschließen einstimmig was folgt:

(1) Das Stammkapital der Gesellschaft wird von _____ € um _____ € auf _____ € gegen Bareinlagen erhöht durch Aufstockung der von den Gesellschaftern gehaltenen Geschäftsanteile. wie folgt:

a) der Geschäftsanteil des Gesellschafters _____ mit Nr. _____ wird von bisher _____ € um einen Aufstockungsbetrag von _____ € auf _____ € erhöht;

113

C. Gründungsverfahren nach dem MoMiG

b) der Geschäftsanteil des Gesellschafters _____ mit Nr. _____ wird von bisher _____ € um einen Aufstockungsbetrag von _____ € auf _____ € erhöht;

c) der Geschäftsanteil des Gesellschafters _____ mit Nr. _____ wird von bisher _____ € um einen Aufstockungsbetrag von _____ € auf _____ € erhöht.

(2) **ggf. wenn die Gründung der UG (haftungsbeschränkt) mit Musterprotokoll erfolgte:**

Wir schließen nunmehr den als Anlage genommenen Gesellschaftsvertrag.

(3) **Wenn die UG (haftungsbeschränkt) bereits einen Gesellschaftsvertrag hat:**

§ _____ des Gesellschaftsvertrages wird aufgehoben und wie folgt neu gefasst:

„§ _____ Stammkapital

Das Stammkapital der Gesellschaft beträgt 25 000,– € (in Worten: fünfundzwanzigtausend Euro)."

(4) Die Aufstockungsbeträge sind sofort in bar in voller Höhe zu erbringen.

Die in ihrem Nennbetrag erhöhten Geschäftsanteile der Erschienenen mit Nummern 01 bis _____ sind vom Beginn des laufenden Geschäftsjahres an am Gewinn der Gesellschaft beteiligt.

(5) Zur Übernahme werden zugelassen:

a) der Beteiligte zu 1)

mit einem Aufstockungsbetrag in Höhe von _____ € auf seinen bisherigen Geschäftsanteil Nr. _____ im Nennbetrag von _____ €

b) der Beteiligte zu 2)

mit einem Aufstockungsbetrag in Höhe von _____ € auf seinen bisherigen Geschäftsanteil Nr. _____ im Nennbetrag von _____ €

c) der Beteiligte zu 3)

mit einem Aufstockungsbetrag in Höhe von _____ € auf seinen bisherigen Geschäftsanteil Nr. _____ im Nennbetrag von _____ €

(6) **ggf.** Durch die Aufstockung des Stammkapitals auf einen § 5 Abs. 1 GmbHG entsprechenden Betrag entfällt der Firmenzusatz „UG haftungsbeschränkt".

VII. Die Unternehmergesellschaft (haftungsbeschränkt)

Der Rechtsformzusatz zu der Firma der Gesellschaft lautet künftig: GmbH

(7) §... Abs. 1 der Satzung wird dementsprechend aufgehoben und erhält folgenden neuen Wortlaut:

„(1) Die Firma der Gesellschaft lautet:

_____ GmbH."

Damit ist die Gesellschafterversammlung beendet.

II. Übernahmeerklärungen

Die Erschienenen erklärten sodann:

Auf das erhöhte Stammkapital übernehmen zu den Bedingungen des Kapitalerhöhungsbeschlusses

a) der Beteiligte zu 1) einen Aufstockungsbetrag von _____ € auf seinen bisherigen Geschäftsanteil Nr. _____

b) der Beteiligte zu 2) einen Aufstockungsbetrag von _____ € auf seinen bisherigen Geschäftsanteil Nr. _____

c) der Beteiligte zu 3) einen Aufstockungsbetrag von _____ € auf seinen bisherigen Geschäftsanteil Nr. _____

III. Hinweise des Notars

Der Notar wies auf Folgendes hin:

(1) Die vor der Beurkundung der Kapitalerhöhung erfolgte Einzahlung auf die Einlageverpflichtung tilgt grundsätzlich diese Einlageverpflichtung nicht.

(2) Gegen Bareinlageverpflichtungen bei der Kapitalerhöhung darf in keiner Form aufgerechnet werden. Insbesondere kann die Erbringung der Bareinlage nicht durch Aufrechnung (Verrechnung) mit einer Darlehensforderung des Gesellschafters/ Übernehmers erfolgen.

(3) Der Erwerb von Waren oder Rechten von einem Gesellschafter oder von einer diesem nahestehenden Person seitens der Gesellschaft mit Mitteln des Stammkapitals in engem zeitlichem Zusammenhang mit der Kapitalerhöhung gilt als verdeckte Sacheinlage und ist ebenfalls unzulässig. Entsprechende Absprachen bei der Kapitalerhöhung führen dazu, dass sich die neuen Geschäftsanteile insoweit nicht in der freien Verfügung der Geschäftsführung befinden.

C. Gründungsverfahren nach dem MoMiG

(4) Die Gesellschafter und Übernehmer haften gesamtschuldnerisch für die Leistung der von den Übernehmern übernommenen, aber nicht eingezahlten Einlagen auf die Geschäftsanteile. Jeder Gesellschafter/Übernehmer hat also ggf. das gesamte Erhöhungskapital allein aufzubringen.

(5) Die Bareinlage muss entweder zum Zeitpunkt des Kapitalerhöhungsbeschlusses und der Übernahmeerklärung oder zum Zeitpunkt des Einganges der Handelsregisteranmeldung beim Handelsregister vorhanden sein. Dies gilt auch bei Voreinzahlungen auf die Einlagepflicht.

(6) Die Kapitalerhöhung wird erst mit Eintragung in das Handelsregister wirksam.

IV. Vollmachten

Die Herren Notare _____ und _____ sowie _____ – alle geschäftsansässig: _____ – werden hiermit bevollmächtigt, alles zu erklären, was zur Eintragung der Kapitalerhöhung in das Handelsregister erforderlich oder zweckmäßig ist, ggf. auch den Gesellschaftsvertrag abzuändern. Die Vollmacht ist jederzeit widerruflich. Jeder Bevollmächtigte darf allein und auch für alle Gesellschafter gleichzeitig handeln. Dem Handelsregister gegenüber ist die Vollmacht unbeschränkt.

V. Kosten

Die Kosten dieser Urkunde trägt die Gesellschaft. Die Gesellschafter übernehmen daneben die Haftung für die Durchführung und Handelsregistereintragung der vorstehenden Beschlüsse einschließlich Handelsregisteranmeldung und sonstiger notarieller Vollzugstätigkeiten.

Diese Niederschrift ist den Erschienenen vom Notar vorgelesen, von ihnen genehmigt und sodann von ihnen und dem Notar eigenhändig unterschrieben.

VII. *Die Unternehmergesellschaft (haftungsbeschränkt)*

19. **Muster – Handelsregisteranmeldung der Kapitalerhöhung und Umfirmierung einer UG (haftungsbeschränkt) in eine GmbH – Barkapitalerhöhung**

Handelsregisteranmeldung Kapitalerhöhung und Umfirmierung einer Unternehmergesellschaft (haftungsbeschränkt)   273

Amtsgericht

Registergericht

...

HRB _____

Kapitalerhöhung und Umfirmierung der _____ UG (haftungsbeschränkt) mit Sitz in _____.

Die unterzeichnende Geschäftsführung der Gesellschaft, meldet zur Eintragung in das Handelsregister an

I. Inhalt der Anmeldung

(1) Das Stammkapital der Gesellschaft ist von _____ € um _____ € auf _____ € (Anm.: mind. 25 000 €) im Wege der Barkapitalerhöhung erhöht worden.

(2) § _____ des Gesellschaftsvertrages wurde entsprechend geändert.

(3) Der Rechtsformzusatz zur Firma der Gesellschaft ist geändert in _____-GmbH.

II. Anlagen zur Handelsregisteranmeldung

(1) Urkunde-Nr. _____/_____ des Notars _____ mit Amtssitz in _____.

(2) Übernahmeerklärungen der Übernehmer der neuen Geschäftsanteile, die in der überreichten Urkunde enthalten sind.

(3) Liste der Personen, die die neuen Geschäftsanteile übernommen haben („Übernehmer").

(4) Neufassung der Satzung nebst Notarbescheinigung.

III. Ergänzende Erklärungen und Versicherung zur Anmeldung

(1) Nach Belehrung durch den beglaubigenden Notar über die unbeschränkte Auskunftspflicht gegenüber dem Gericht gemäß § 53 BZRG und die Strafbarkeit einer falschen Versicherung (§§ 82, 8

C. Gründungsverfahren nach dem MoMiG

Abs. 2 GmbHG), versichert der Geschäftsführer – bei mehreren jeder für sich –

(a) Das im Handelsregister bisher eingetragene Stammkapital wurde in voller Höhe eingezahlt.

(b) Auf den neu ausgegebenen Geschäftsanteil Nr. _____
im Nennbetrag von _____ €
ist ein Betrag von _____ €
und auf den neu ausgegebenen Geschäftsanteil Nr. _____
im Nennbetrag von _____ €
ist ein Betrag von _____ €
nach dem Kapitalerhöhungsbeschluss eingezahlt worden und die eingezahlten Beträge befinden sich nach Kapitalerhöhungsbeschluss endgültig zu meiner/unserer freien Verfügung als Geschäftsführer.

(2) Die Geschäftsräume der Gesellschaft befinden sich weiterhin in _____.

Ort, Datum

(Unterschriften)

20. Muster – Kapitalerhöhung aus Gesellschaftsmitteln

274   ... (Rubrum)

Die Erschienenen ließen folgende

UG (haftungsbeschränkt) – Kapitalerhöhung aus Gesellschaftsmitteln

beurkunden und erklärten:

I. Feststellungen und Gesellschafterbeschluss

Ich bin der alleinige Gesellschafter der im Handelsregister des Amtsgerichtes _____ unter HRB _____ eingetragenen Unternehmergesellschaft (haftungsbeschränkt) in Firma:

_____ UG (haftungsbeschränkt)
mit Sitz in _____

VII. Die Unternehmergesellschaft (haftungsbeschränkt)

– nachfolgend „UG" –

und zwar mit Geschäftsanteilen von

1) der Beteiligte zu 1) mit einem Geschäftsanteil Nr. _____
im Nennbetrag von _____ €

2) der Beteiligte zu 1) mit einem Geschäftsanteil Nr. _____
im Nennbetrag von _____ €

3) der Beteiligte zu 1) mit einem Geschäftsanteil Nr. _____
im Nennbetrag von _____ €

Damit ist das gesamte Stammkapital von _____ € vertreten.

In der Gesellschafterversammlung vom _____ wurde der Jahresabschluss für das Geschäftsjahr _____, welcher mit einem Bilanzgewinn von _____ € und einer Bilanzsumme von _____ €

alt: mit einem Gewinnvortrag von _____ € und einer Bilanzsumme von _____ €

schließt, festgestellt. Aus dem Jahresüberschuss soll ein Teilbetrag von _____ € der Gewinnrücklage zugeführt und diese in gezeichnetes Kapital umgewandelt werden.

Der Jahresabschluss ist durch die _____ Wirtschaftsprüfungsgesellschaft Steuerberatungsgesellschaft geprüft und mit einem uneingeschränkten Bestätigungsvermerk versehen.

alt: bei ausgewiesenem Bilanzverlust:

Unter Einrechnung des im Jahresabschluss zum _____ ausgewiesenen Bilanzverlustes stehen für die Kapitalerhöhung aus Gesellschaftsmitteln gesetzliche Rücklagen in Höhe von _____ € zur Verfügung.

Unter Verzicht auf alle gesellschaftsvertraglichen und gesetzlichen Formen und Fristen halten wir hiermit eine Gesellschafterversammlung der _____ UG ab und beschließen einstimmig was folgt:

1) Das Stammkapital der Gesellschaft wird von _____ € um _____ € auf _____ € durch Umwandlung und durch Auflösung der gemäß § 5a Abs. 3 GmbHG gebildeten gesetzlichen Rücklage, die ausweislich des dieser Kapitalrücklage zugrundegelegten Jahresabschlusses zum _____ _____ € beträgt.

2) Die Kapitalerhöhung wird gemäß § 57h Abs. 1 Satz 1, 2. Alt. GmbHG durch Aufstockung der Nennbeträge der von den Gesellschaftern gehaltenen Geschäftsanteile durchgeführt, und zwar wie folgt:

C. Gründungsverfahren nach dem MoMiG

a) der Geschäftsanteil des Gesellschafters _____ mit Nr. _____ wird von bisher _____ € um einen Aufstockungsbetrag von _____ € auf _____ € erhöht;

b) der Geschäftsanteil des Gesellschafters _____ mit Nr. _____ wird von bisher _____ € um einen Aufstockungsbetrag von _____ € auf _____ € erhöht;

c) der Geschäftsanteil des Gesellschafters _____ mit Nr. _____ wird von bisher _____ € um einen Aufstockungsbetrag von _____ € auf _____ € erhöht;

3) § _____ des Gesellschaftsvertrages wird aufgehoben und wie folgt neu gefasst:

„§ _____ Stammkapital

Das Stammkapital der Gesellschaft beträgt 25 000,– € (in Worten: fünfundzwanzigtausend €).

4) Durch die Aufstockung des Stammkapitals auf einen § 5 Abs. 1 GmbHG entsprechenden Betrag entfällt gemäß § 5a Abs. 5 GmbHG der Firmenzusatz „UG (haftungsbeschränkt)". Die Firma der Gesellschaft lautet künftig:

_____ GmbH

§ _____ Abs. 1 der Satzung wird dementsprechend aufgehoben und erhält folgenden neuen Wortlaut:

„Die Firma der Gesellschaft lautet:

_____ GmbH."

Damit ist die Gesellschafterversammlung beendet.

II. Kosten

Die Kosten dieser Urkunde trägt die Gesellschaft. Die Gesellschafter übernehmen daneben die Haftung für die Durchführung und Handelsregistereintragung der vorstehenden Beschlüsse einschließlich Handelsregisteranmeldung und sonstiger notarieller Vollzugstätigkeiten.

Diese Niederschrift ist den Erschienenen vom Notar vorgelesen, von ihnen genehmigt und sodann von ihnen und dem Notar eigenhändig unterschrieben.

VII. Die Unternehmergesellschaft (haftungsbeschränkt)

21. Muster – Handelsregisteranmeldung bei Kapitalerhöhung aus Gesellschaftsmitteln

Amtsgericht Dresden

Registergericht

HRB _____

Kapitalerhöhung der Firma

mit Sitz in

I. Anlagen zur Handelsregisteranmeldung

1) signierter Kapitalerhöhungsbeschluss vom _____ 2008, URNr. _____/2008 des beglaubigenden Notars,

2) Liste der Gesellschafter mit dem Anteilsbestand nach der Kapitalerhöhung

3) Neufassung der Satzung mit Notarbescheinigung gemäß § 54 GmbHG

Die unterzeichnende Geschäftsführung der Gesellschaft, meldet zur Eintragung in das Handelsregister an:

II. Inhalt der Anmeldung

1. Die außerordentliche Gesellschafterversammlung vom _____ hat die Erhöhung des Stammkapitals von _____ € um _____ € auf _____ aus Gesellschaftsmitteln durch Umwandlung der im Jahresabschluss zum _____ ausgewiesenen gesetzlichen Rücklagen beschlossen. Die Kapitalerhöhung erfolgte durch Aufstockung der Nennbeträge der von den Gesellschaftern gehaltenen Geschäftsanteile mit Nummern _____ bis _____

2. Durch die Aufstockung des Stammkapitals auf einen § 5 Abs. 1 GmbHG entsprechenden Betrag entfällt der Firmenzusatz „UG haftungsbeschränkt". Die Gesellschaft firmiert künftig unter _____ GmbH.

§§ _____ und _____ des Gesellschaftsvertrages (Firma, Stammkapital) sind entsprechend geändert.

C. Gründungsverfahren nach dem MoMiG

III. Ergänzende Erklärungen und Versicherung zur Anmeldung

Nach Belehrung durch den beglaubigenden Notar über die unbeschränkte Auskunftspflicht gegenüber dem Gericht gemäß § 53 des Gesetzes über das Zentralregister und das Erziehungsregister und die Strafbarkeit einer falschen Versicherung (§§ 82, 8 Abs. (2) GmbHG), versichert der Geschäftsführer – bei mehreren jeder für sich –:

Nach meiner Kenntnis ist seit dem Stichtag der der Kapitalerhöhung aus Gesellschaftsmitteln zugrundegelegten Bilanz bis zum heutigen Tag keine Vermögensminderung eingetreten, die der Kapitalerhöhung entgegenstünde, wenn sie am Tage der Anmeldung beschlossen worden wäre (§ 57i Abs. (1) S. 2 GmbHG.

Die Geschäftsräume der Gesellschaft befinden sich weiterhin in _____

_____

(Unterzeichnung durch **alle** Geschäftsführer)

VIII. Das Musterprotokoll

1. Ausgangslage

276   Zum Zwecke der Modernisierung (Mo) des GmbH-Rechts sollte auch die **Gründung** der GmbH **vereinfacht und verbilligt** werden. Die Geschwindigkeit der GmbH-Gründung sollte erhöht werden. Insofern scheint es dem Gesetzgeber unbekannt zu sein, dass die Gesamtkosten für die Gründung einer deutschen Einmann-GmbH inklusive notarieller Beratung und Umsatzsteuer mit dem Moment, in dem die Veröffentlichung sich auf den elektronischen Bundesanzeiger beschränkt, bei lediglich 300 € liegen und damit im kontinentaleuropäischen Vergleich äußerst günstig sind. Sie sind auch günstiger als die Kosten für die Anschaffung einer Ltd. über einen der zahlreichen gewerblichen Ltd.-Händler. Die Notarkosten belaufen sich dabei auf lediglich ca. 170 € und umfassen neben der Beurkundung die Beratung bei der Satzungsgestaltung, Firmierung, Bildung des Unternehmensgegenstandes sowie die Erstellung der Handelsregisteranmeldung und elektronischer Übermittlung. Bei einer Gesellschaft mit mehreren Gesellschaftern erhöhen sich diese Kosten beim Notar auf ca. 240 €, obwohl er hier häufig die unterschiedlichen Interessen der Gesellschafter in einer individuellen Satzung miteinander in Einklang bringen muss und somit in aller Regel der Zeitaufwand in keinem Verhältnis zu den vom Gesetzgeber zugebilligten Gebühren steht. Andererseits bewirkt die Mitwirkung des Notars und seine vorfilternde Funktion und die aus seiner Mitwirkung folgende materielle Richtigkeitsgewähr,

VIII. Das Musterprotokoll

dass schon vor der Reform in aller Regel GmbH-Eintragungen – soweit der Unternehmensgegenstand nicht genehmigungsbedürftig war – in wenigen Tagen erledigt waren.

Dennoch war die Diskussion zum MoMiG geprägt von Vorschlägen zur Übernahme **englischer Gründungsszenarien,** bei denen auf die Mitwirkung eines Beraters verzichtet wird, **individuelle Satzungen** nicht mehr erstellt werden und als Rechtsfolge die Vereinbarungen der Gesellschafter im wesentlichen in schuldrechtliche Nebenvereinbarungen verlagert worden wären.[1] Der Gesetzgeber, der die Rechtstatsachen überhaupt nicht ermittelte, hat sich von der Tatsachenforschung Dritter, die darauf hinwiesen, dass beispielsweise die von Deutschen getätigten Ltd.-Gründungen nur in ganz seltenen Ausnahmefällen zu einer nachhaltigen unternehmerischen Tätigkeit geführt haben und die Ltds. eine hohe „Säuglingssterblichkeit" aufweisen[2], wenig beeindrucken lassen. Er wollte nicht erkennen, dass die schnellen, aber unüberlegten und ohne fachkundigen Rat Dritter erfolgten Gründungen selten Erfolg haben und lediglich Kosten bei den Beteiligten und der Volkswirtschaft auslösen. 277

Als Überraschungscoup des Regierungsentwurfes sah die Bundesregierung ein sog. „Gründungsset" mit **Mustersatzung** vor. Die Gründer sollten ihre Unterschrift nur noch öffentlich beglaubigen lassen und dies war wohl offensichtlich nur noch deswegen gewollt, um eine gewisse Beweissicherung herbeizuführen. Die Angriffe gegen dieses Gründungsverfahren waren nicht nur von notarieller Seite heftig[3] und endeten in einer ganz offenen Kritik und Ablehnung seitens des Bundesrates.[4] Der Bundesrat wies darauf hin, dass ein derartiges Verfahren die Gründung allenfalls **deutlich verlangsamen** werde, da nun die Vertretungsverhältnisse, die Firma und ihre Zulässigkeit, aber auch alle anderen juristischen Fragen nicht mehr vom Notar vorgefiltert werden, sondern von den Handelsregistern zu überprüfen waren. Eine Mustersatzung fördere nicht die Rechtssicherheit, sondern **Rechtsstreitigkeiten.** Darüber hinaus erkannte der Gesetzgeber, dass der Notar nicht verpflichtet wäre, derartige Gründungsvorgänge elektronisch zu übermitteln, was nicht nur zu einer deutlichen Verzögerung der Einreichungsvorgänge, sondern zu erheblichen logistischen Problemen geführt hätte. Wäre aber der Notar wieder eingeschaltet worden, und zwar lediglich für die Übermittlung der Daten, hätte sich eine insgesamt nennenswerte Kostenersparnis nicht ergeben. Auch die Finanzverwaltung war über dieses Verfahren wenig glücklich, da die Mitteilungspflichten der Notare über § 54 EStDV entfallen wären. 278

Obwohl also zusammenfassend schon bisher die GmbH-Gründung äußerst effektiv und schnell, insbesondere nach Einführung des elektronischen Handelsregisters in Deutschland, praktiziert wird und die Beteiligten deutlich **schneller** als 279

---

[1] *Heckschen,* DStR 2007, 1442, 1443.
[2] *Niemeier,* ZIP 2006, 2237, 2241; *Niemeier,* Status:Recht 2007, 246; krit. insoweit zu Recht *Nolting,* ZAP 2008, Fach 15, 567, 579 „Bauchgefühl des Gesetzgebers".
[3] *Heckschen,* DStR 2007, 1442, 1143; *Bayer/Hoffmann/Schmidt,* GmbHR 2007, 953 ff.; *Ulmer,* ZIP 2008, 45.
[4] BR-Drucks. 354/07, S. 1 ff.

C. Gründungsverfahren nach dem MoMiG

in vergleichbaren kontinentaleuropäischen Ländern den Handelsregisterauszug in der Hand halten, stellt das jetzt eingeführte Verfahren zum Musterprotokoll eine für die Praxis, die Unternehmer und die Notare zwar unnötige, aber praktikable Lösung dar. Trotz des Umstandes, dass die **Gründungskosten** bei gleichzeitiger qualifizierter Beratung äußerst gering sind und obwohl das Notariat bei der GmbH-Gründung ein bei weitem nicht kostendeckendes Geschäft betreibt, stand das Notariat vor der Alternative, entweder über das Verfahren der Mustersatzung, das im Übrigen auch für Satzungsänderungen Platz greifen sollte, aus dem Bereich der Beratung der GmbH in wesentlichen Teilen hinausgedrängt zu werden oder nochmals eine Anpassung des Gründungsverfahrens mit erheblich abgesenkten Kosten zu akzeptieren.[1]

2. Neuregelung

280 Anstatt der ursprünglich geplanten **Mustersatzung**[2] erleichtert der Gesetzgeber die Gründung einer GmbH mittels eines **Musterprotokolls,** § 2 Abs. 1 a GmbHG. Für das **vereinfachte Gründungsverfahren** ist das in der Anlage 1 zum GmbHG beigefügte Musterprotokoll verwenden. Dieses beinhaltet vier Dokumente in einer Urkunde:

- **Gründungsurkunde**
- **Satzung/Gesellschaftsvertrag**
- **Gesellschafterliste** und die
- **Bestellung des Geschäftsführers.**

Nicht erforderlich ist daher die Einreichung einer zusätzlichen Gesellschafterliste, wenn das Musterprotokoll benutzt wird. Weiterhin ist jedoch eine **zusätzliche Handelsregisteranmeldung**[3] anzufertigen.

281 Mit der Verwendung des Musterprotokolls soll die Gründung einer GmbH und UG (haftungsbeschränkt) unter gleichzeitiger Beibehaltung der notariellen Beratung und Belehrung vereinfacht und der **Registervollzug im elektronischen Rechtsverkehr** sowie die Anzeige gegenüber den **Finanzbehörden** gesichert werden.[4] Die Gründung einer Gesellschaft unter Benutzung des Musterprotokolls wird durch § 41d KostO n. F. **kostenrechtlich** privilegiert, da **kein Mindestgeschäftswert** für die Berechnung der Notargebühren festgelegt wird. Dieser beträgt bei einer Gründung einer GmbH bzw. UG (haftungsbeschränkt) ohne Muster-

---

[1] Vgl. auch zur Entwicklung hin zum Musterprotokoll *Römermann,* GmbHR-Sonderheft Oktober 2008, 16 ff.

[2] So noch der Regierungsentwurf, Beilage zu ZIP 23/2007, S. 1 ff., Kritik dazu: BR-Drs. 354/07 (B), 1 f.; Stellungnahme des Deutschen Richterbundes, abrufbar unter www.drb.de; *Bayer/Hoffmann/Schmidt,* GmbHR 2007, 953; *Heckschen,* DStR 2007, 1442 ff.; *Karsten,* GmbHR 2007, 958 ff.; *Römermann,* GmbHR 2007, R 193.

[3] *Wälzholz,* GmbHR 2008, 841, 842.

[4] *Seibert/Decker,* ZIP 2008, 1208, 1209.

VIII. Das Musterprotokoll

protokoll 25 000 €, §§ 39, 41a KostO, auch wenn die UG (haftungsbeschränkt) mit einem wesentlich geringeren Stammkapital gegründet werden kann. Damit kann gerade bei der UG-Gründung die Verwendung des Musterprotokolls zu einer – allerdings geringen[1] – Kosteneinsparung führen.

Bei der GmbH-Gründung kann allein eine eher **theoretische Beschleunigung** des Gründungsverfahrens für die Verwendung des Musterprotokolls sprechen. Kostenvorteile ergeben sich nicht, da trotz der Regelung des § 41d KostO ein Geschäftswert von 25 000 € anzusetzen ist.[2]

282

Es spricht jedoch wenig dafür, dass die Handelsregister tatsächlich eine mit dem Musterprotokoll gegründete GmbH schneller eintragen als die GmbH mit einer vom Notar entworfenen übersichtlichen Satzung. Eine **Privilegierung bei der Bearbeitung von Eintragungsanträgen** auf der Basis eines Musterprotokolls sieht der Gesetzgeber zu Recht nicht vor. Schon nach alter Rechtslage betrug die Eintragungszeit in der Regel nur wenige Tage, da der Notar nach Einführung des **elektronischen Handelsregisters** die eintragungspflichtigen Daten entsprechend aufbereitet und in elektronischer Form zur Verfügung gestellt hat.[3] Nichts anderes geschieht bei der Neugründung unter Verwendung des Musterprotokolls.

283

3. Inhalt des Musterprotokolls

Das **Musterprotokoll** kann sowohl für die Gründung einer klassischen GmbH als auch für die UG (haftungsbeschränkt) verwendet werden. Es gibt keine Beschränkungen bei der Summe des Stammkapitals, auch Gesellschaften mit einer sehr hohen Stammkapitalziffer können demnach mit dem Musterprotokoll gegründet werden.[4] Das Stammkapital darf jedoch nur mittels **Bareinlagen** erbracht werden, **Sacheinlagen** sind bei der Verwendung des Musterprotokolls ausdrücklich nicht vorgesehen. Darüber hinaus besteht die Gründungserleichterung nur für Gesellschaften mit einem einzigen Geschäftsführer und maximal drei Gesellschaftern, wobei aber jeder Gesellschafter bei der Gründung nur einen Geschäftsanteil übernehmen kann.

284

Das Musterprotokoll hat folgenden zwingenden Inhalt:

285

- **Sitz und Firma** des Gesellschaft
- **Höhe und Aufteilung des Stammkapitals**
- **Unternehmensgegenstand**

---

[1] Vgl. zur Höhe der Kosten der unterschiedlichen Gründungsverfahren *Wachter*, GmbH-Sonderheft Oktober 2008, 25, 27ff.

[2] *Seibert/Decker*, ZIP 2008, 1208, 1209; *Wälzholz*, ZIP 2008, 841, 843.

[3] Vgl. auch *Wachter*, GmbHR-Sonderheft Oktober 2008, 5, 6; *Bormann/Apfelbaum*, ZIP 2007, 946, 950; *Goette*, DNotZ 2007, 7, 10; *Heidinger*, Status:Recht 2007, 243; *Ries*, NotBZ 2007, 244, 246; *Wicke*, ZIP 2006, 977, 978.

[4] *Wälzholz*, GmbHR 2008, 841, 842; *Wachter*, GmbHR-Sonderheft Oktober 2008, 87ff.; *Wicke*, GmbHG, 2008, § 6 Rn. 19.; *Veil*, GmbHR 2007, 1084.

C. Gründungsverfahren nach dem MoMiG

a) Sitz

286 Hinsichtlich des Sitzes der Gesellschaft ergeben sich bei der Verwendung des Musterprotokolls gegenüber der Gründung im klassischen Gründungsverfahren keine Unterschiede. Der **Satzungssitz** muss weiterhin in Deutschland liegen.[1] Der **Verwaltungssitz** der Gesellschaft kann hier nicht aufgenommen werden.

b) Firma

287 Es ist die Aufgabe des Notars, auch bei der Verwendung des Musterprotokolls und trotz der dort anfallenden geringen Gebühren umfassend gem. § 17 BeurkG zu belehren. Dazu gehört auch die **Belehrung über die Firmengrundsätze** und die Beratung der Beteiligten bei der Wahl einer zulässigen Firma.[2]

c) Rechtsformzusatz

288 Der Firma ist der Rechtsformzusatz GmbH oder Gesellschaft mit beschränkter Haftung bzw. Unternehmergesellschaft (haftungsbeschränkt) oder UG (haftungsbeschränkt) beizufügen. Bei der UG (haftungsbeschränkt) kann der Klammerzusatz „(haftungsbeschränkt)" nicht abgekürzt werden (vgl. Rn. 179–181).

d) Höhe des Stammkapitals

289 Das **Stammkapital** kann bei der UG (haftungsbeschränkt) zwischen einem € und 24 999 € differieren und muss bei einer GmbH mindestens 25 000 € betragen. Nach oben hin sieht das Musterprotokoll für die Gründung einer GmbH keine Grenzen vor. Es kann somit auch eine GmbH mit 1 000 000 € Stammkapital unter Verwendung des Musterprotokolls gegründet werden. Kostenrechtliche Vorteile hat dies allerdings nicht. Das Stammkapital ist auch in Worten wiederzugeben.

e) Unternehmensgegenstand

290 Der **Unternehmensgegenstand** ist im Gegensatz zu der im Regierungsentwurf noch vorgesehenen Mustersatzung **frei und individuell** und nicht anhand vorgegebener Varianten durch Ankreuzen zu bestimmen. Die sog. **Mustersatzung** sah noch drei Varianten für den Unternehmensgegenstand vor, die jede für sich so allgemein gefasst war, dass sie nach dem geltenden Recht nicht eintragungsfähig

---

[1] Vgl. ausf. zu Fragen des Satzungssitzes der GmbH, Doppelsitz etc. *Heckschen*, in: Heckschen/Heidinger, Die GmbH in der Gestaltungs- und Beratungspraxis, 2. Aufl. 2009, § 4 Rn. 72 ff.

[2] So ausdrücklich auch *Römermann*, GmbHR-Sonderheft Oktober 2008, 16, 20. Vgl. zur Frage der Firmierung die ausf. Darstellung von *Heidinger*, in: Heckschen/Heidinger, Die GmbH in der Gestaltungs- und Beratungspraxis, 2. Aufl. 2009, § 4 Rn. 15 ff.

VIII. Das Musterprotokoll

gewesen wären[1] („Erbringung von Dienstleistungen", „Handel mit Waren" und „Produktion von Waren"[2]). Es wurde daher bereits befürchtet, dass die Mustersatzung insoweit auch negative Auswirkungen auf das gesamte GmbH-Recht haben kann und künftig bei jeder GmbH-Gründung derartig weite und völlig **intransparente Unternehmensgegenstände** gewählt werden können.[3] Es ist daher zu begrüßen, dass der Gesetzgeber hier die bisherige Rechtslage unverändert lässt.
Die Beteiligten wählen ihren **Unternehmensgegenstand** individuell aus. Er muss aussagekräftig sein.[4] Die Gründer müssen sich darüber im Klaren sein, dass der Geschäftsführer Tätigkeiten über diesen Gegenstand hinaus nur auf Anweisung der Gesellschafter, die auf einem Beschluss mit mindestens satzungsändernder Mehrheit beruhen muss, vornehmen wird. Jeder Gesellschafter kann ohne Vorlage eines solchen Beschlusses die Unterlassung derartiger Maßnahmen verlangen.

f) Angabe zu den Gründern

Der **Gründerkreis** ist nicht auf **natürliche Personen** beschränkt, so dass auch juristische Personen eine GmbH mit dem Musterprotokoll gründen können. Bei natürlichen Personen sind Name, Vorname und Wohnort, bei juristischen Personen ist die Firma inklusive Rechtsformzusatz und der Satzungssitz anzugeben.
Fraglich ist, ob das Gesetz auch neben natürlichen und juristischen Personen **Personengesellschaften** als Gründer einschließt.[5] Eine ausdrückliche Regelung findet sich im Musterprotokoll ebenso wenig wie in der Regierungsbegründung. Allenfalls in der Anmerkung unter dem Musterprotokoll könnte ein Hinweis darauf enthalten sein. Das Musterprotokoll enthält im Protokolltext Angaben, die auf natürliche Personen hinweisen (Herr/Frau). In Anmerkung 1 unter dem Musterprotokoll wird nur auf juristische Personen verwiesen. Daraus wird teilweise gefolgert, dass Personengesellschaften als Gründer ausscheiden, soweit das Verfah-

291

292

293

---

[1] *Breitenstein/Meyding*, BB 2007, 1457; vgl. zur Konkretisierung des Geschäftsgegenstandes Roth/Altmeppen/*Roth*, § 3 Rn. 6; auch die Entscheidung des *BayObLG* v. 01.08. 1994, 3Z BR 157/94, DStR 1994, 1359, in der das Gericht ausführte, dass mit der Eintragung des Unternehmensgegenstandes „Produktion von Waren aller Art" die Vorschriften der §§ 3 Abs. 1 Nr. 2, 10 Abs. 1 GmbHG sinnentleert würden; *Heckschen,* in: Heckschen/Heidinger, Die GmbH in der Gestaltungspraxis, 2005, § 13 Rn. 223. Selbst *Seibert,* GmbHR 2007, 873, 874 gesteht ein, dass die bisherigen Anforderungen in Frage gestellt werden. Krit. auch *Ries*, NotBZ 2007, 244; *Schröder/Cannivé,* NZG 2008, 1; *Freitag/Riemenschneider,* ZIP 2007, 1485, 1487; so auch der Handelsrechtsausschuss des DAV, NZG 2007, 735, 736.
[2] Die Mustersatzung des Regierungsentwurfes abgedr. in der Begr. RegE, Beilage zu ZIP 23/2007, 35.
[3] *Schröder/Cannivé,* NZG 2008, 1 ff.; kritisch dazu *Heckschen,* DStR 2007, 1442, 1444; *Seibert,* GmbHR 2007, 873, 874.
[4] Dazu vgl. *Heckschen,* in: Heckschen/Heidinger, Die GmbH in der Gestaltungs- und Beratungspraxis, 2009, § 4 Rn. 55 ff.
[5] *Noack,* DB 2007, 1395, 1398; a. A. für im Handels- oder Partnerschaftsregister eingetragene Gesellschaften *Wälzholz,* GmbHR 2008, 841, 842.

ren nach dem Musterprotokoll genutzt werden soll.¹ Leider ist die Rechtslage völlig unklar. Für eine Beschränkung auf natürliche und juristische Personen könnte sprechen, dass hier die Vertretungsnachweise einfacher zu führen sind. Allerdings trifft dies nur und ausschließlich auf nicht im Handels- oder Partnerschaftsregister eingetragene Gesellschaften zu. Insofern hält *Wälzholz*² auch Personenhandelsgesellschaften, die im Handelsregister bzw. Partnerschaftsregister eingetragen sind, für zulässige Gründer im Rahmen eines Verfahrens unter Verwendung des Musterprotokolls. Es erscheint allerdings als zu weitgehend, allein aufgrund des Umstandes, dass die Anmerkung im Protokoll nur auf juristische Personen verweist, Personenhandelsgesellschaften und Personengesellschaften als Gründer auszuschließen.³ Dies zumal die Rechtsprechung der Gesellschaft bürgerlichen Rechts in weitem und beinahe uneingeschränktem Umfang eigene Rechtspersönlichkeit zuspricht.⁴ Wäre der gesetzgeberische Wille dahin gegangen, so hätte der Gesetzgeber dies zumindest in der Regierungsbegründung akzentuiert oder aber der Rechtsausschuss des Bundestages hätte dies klargestellt. Allerdings war diese Frage schon zu dem im Regierungsentwurf enthaltenen „Gründungsset" umstritten. Jedenfalls bei den Gesellschaften, für die der Vertretungsnachweis leicht geführt werden kann, sollte der Weg der Gründung einer Gesellschaft unter Verwendung des Musterprotokolls offen stehen.⁵

g) Geschäftsanteil

294   Anstatt wie bisher von der „Stammeinlage" spricht der Gesetzgeber nun vom **„Geschäftsanteil"** und nummeriert diesen. Die Besonderheit der Gründung im Wege des Musterprotokollverfahrens besteht darin, dass hier abweichend von der Neuregelung nach § 5 Abs. 2 Satz 2 GmbHG nur ein einziger Geschäftsanteil pro Gesellschafter übernommen werden kann.

h) Einlageverpflichtung

295   Die **Einlageverpflichtung** kann bei der Verwendung des Musterprotokolls nur und ausschließlich in **bar** erfüllt werden. Wählen die Beteiligten für die Gründung per Musterprotokoll eine GmbH als Zielrechtsform, so kann sowohl bei der Einmann- als auch bei der Mehrmann-Gesellschaft das Stammkapital auch lediglich zur Hälfte eingezahlt werden. Soll eine **UG (haftungsbeschränkt)** gegründet werden, so muss das **Stammkapital vollständig eingezahlt** sein.⁶

---

¹ *Wachter*, GmbHR-Sonderheft Oktober 2008, 5, 15.
² *Wälzholz*, GmbHR 2008, 841, 842.
³ So im Ergebnis auch *Leistikow*, Das neue GmbH-Recht, 2008, S. 41.
⁴ Vgl. zuletzt zur Grundbuchfähigkeit *BGH* ZIP 2009, 66 mit umfangreichen Nachweisen zur Entwicklung der Rechtsprechung und zum Streitstand.
⁵ So auch *Wälzholz*, GmbHR 2008, 841, 842.
⁶ Vgl. insoweit auch den amtlichen Hinweis Nr. 3 des Musterprotokolls.

VIII. Das Musterprotokoll

i) Bestellung des Geschäftsführers

Daneben beinhaltet das Musterprotokoll auch die **Bestellung des Geschäftsführers,** so dass darüber kein gesonderter Gesellschafterbeschluss gefasst werden muss. Die Bestellung erfolgt im Rahmen des die Satzung ersetzenden Musterprotokolls gem. § 6 Abs. 3 Satz 2 GmbHG

Zu beachten ist jedoch, dass der so bestellte Geschäftsführer **kein satzungsmäßiges Sonderrecht zur Geschäftsführung** erhält. Das Musterprotokoll kann und soll hier nicht über die oben genannten Angaben hinaus Sonderrechte festlegen.[1] Inwieweit es sich hier um ein satzungsmäßiges Geschäftsführungsrecht oder um einen sog. „unechten Satzungsbestandteil" handelt, ist unklar und wird auch von den Handelsregistern derzeit uneinheitlich beantwortet. Es ist allerdings nicht überzeugend allein aus der Aufnahme in das Musterprotokoll zu folgern, dass der Geschäftsführer ein satzungsmäßiges Recht erlangt, das ihm nur mit satzungsändernder Mehrheit wieder genommen werden kann.[2]

Standardmäßig beinhaltet das Musterprotokoll die Befreiung der Geschäftsführer von den **Beschränkungen des § 181 BGB,** auch wenn es sich um eine Mehrpersonen-Gesellschaft handelt. Der Notar muss die Beteiligten, die häufig bei Mehrpersonengesellschaften noch nicht in langjährigen persönlichen oder geschäftlichen Beziehungen stehen, auf die Risiken dieser bei Verwendung des Musterprotokolls zwingenden Befreiung hinweisen.

296

297

298

j) Gründungskosten

Die **Gründungskosten** einer GmbH bzw. UG (haftungsbeschränkt) mit dem Musterprotokoll trägt grundsätzlich die Gesellschaft, allerdings begrenzt auf das **Stammkapital der Gesellschaft.** Die das Stammkapital übersteigenden Kosten tragen die Gründer.

299

k) Urkundsabschriften

Anknüpfend an § 49 Abs. 4 BeurkG enthält das Musterprotokoll eine Regelung dazu, wer **Ausfertigungen der Urkunde** erhält. Darüber hinaus steht es natürlich den Beteiligten frei den Notar zu ersuchen, weitere Ausfertigungen zu erteilen. Dies sollte aber nicht im Rahmen des Musterprotokolls mit aufgenommen werden. Versehentlich sieht der Gesetzgeber vor, dass das Finanzamt – Körperschaftsteuerstelle – lediglich eine einfache Abschrift erhält. Nach § 54 EStDV ist jedoch eine beglaubigte Abschrift zu übersenden.

300

---

[1] *Weigl,* notar 2008, 378, 379; *Tebben,* RNotZ 2008, 441, 444; *Böhringer,* BWNotZ 2008, 104; *Wicke,* § 2 Rn. 17; DNotI-Gutachten Nr. 90975; *Heckschen,* DStR 2009, 166, 167.
[2] In diese Richtung auch DNotI-Gutachten Nr. 90975; *Heckschen,* DStR 2009, 166, 167; *Wicke,* § 2 Rn. 17; *Wälzholz,* MittBayNot 2008, 425, 427; *Tebben,* RNotZ 2008, 441, 445; a. A. *Miras,* Die neue Unternehmergesellschaft, 2008, Rn. 420 sowie z. B. das Handelsregister in Leipzig.

C. Gründungsverfahren nach dem MoMiG

l) Hinweise

301 Der Gesetzgeber sieht ein **Freifeld für die Hinweise des Notars** vor. Diese sollten gerade bei der Verwendung des Musterprotokolls ausführlich und detailliert erfolgen. Auch der „schnelle" Gründer sollte sich darüber bewusst werden, dass für ihn vor allem die allgemeinen **Grundsätze der Barkapitalaufbringung,** zur **Verlustdeckungshaftung,** zur **Unterbilanzhaftung,** das grundsätzliche **Voreinzahlungsverbot** und sämtliche **Haftungsnormen des GmbH-Rechts** Anwendung finden (vgl. dazu die ausf. Belehrung in Rn. 335).

4. Keine Abweichungen

302 Das Musterprotokoll ist in der vorgegebenen Weise zu verwenden. Der Notar kann natürlich den Gesetzestext einscannen und die Einfügungen in den Fließtext übernehmen. Schreibfehler bei diesem Vorgang sind ebenso unschädlich wie das Verwenden von Abkürzungen (z. B. „geb."). Keinesfalls schreibt das Gesetz vor, dass der Gesetzestext zu kopieren und die Einfügungen mit der Hand etc. zu erfolgen haben. Andererseits ist es nicht zulässig, das gesetzliche Musterprotokoll umzuformulieren oder zu ergänzen.[1] So ist es beispielsweise unzulässig, das Musterprotokoll um Vollmachten zur Abwicklung der Gründung zu ergänzen. Es ist allerdings dem Notar überlassen, wie er im Rubrum die Beteiligten aufführt, ob er also beispielsweise bei juristischen Personen zunächst die Gesellschaft und sodann die handelnde Person aufführt oder umgekehrt vorgeht.

303 Das Gesetz beschränkt die Gründer auf den Inhalt des Musterprotokolls nur für den Zeitpunkt der Gründung bei Eintragung der GmbH. Da für diesen Zeitraum ebenso wie für die in Gründung befindliche GmbH im Wesentlichen Gründungsrecht gilt, und der Gesetzgeber nur für die von ihm dergestalt als „einfach" definierten Gründungen Erleichterungen geschaffen hat, können die Gründer das Handelsregister nicht mit darüber hinausgehenden **Veränderungen** des Gründungsvorganges belasten. Bis zur Eintragung können daher nicht

- weitere Geschäftsführer oder Geschäftsführer mit abweichenden Vertretungsbefugnissen bestellt werden,

- weitere Gründer (über 3 hinaus) hinzutreten,

- eine Satzung beschlossen oder weitergehende Bestimmungen ins Gründungsprotokoll aufgenommen werden.

304 Aus dem Umstand, dass Abweichungen von dem Musterprotokoll nicht zulässig sind, folgt jedoch nicht, dass beurkundungsrechtlich erforderliche oder gebotene Vermerke unterbleiben könnten. So fordert das **Beurkundungsgesetz,** dass der Ort der Beurkundungshandlung anzugeben ist (§ 9 Abs. 2 BeurkG). Der Notar soll angeben, wie sich die Beteiligten ausgewiesen haben (§ 26 DONot). Auch

---

[1] So auch das Rundschreiben der Bundesnotarkammer v. 16. 12. 2008.

VIII. Das Musterprotokoll

dies ist bei einem Musterprotokoll mit zu vermerken. Ebenso ist § 11 Abs. 1 Satz 2 BeurkG bei Zweifeln über die Geschäftsfähigkeit zu beachten so wie es erforderlich ist, bei der Mitwirkung von behinderten Beteiligten entsprechende Vermerke gem. §§ 22 Abs. 1 Satz 3, 23 Satz 1 Hs. 2, 24 Abs. 1, 25 Satz 3 BeurkG aufzunehmen.[1] Bei der Mitwirkung von Personen, die der deutschen Sprache nicht mächtig sind, kann unter den Vorraussetzungen des Beurkundungsgesetzes auch in fremder Sprache oder mit einem Dolmetscher beurkundet werden, § 5 Abs. 2 BeurkG.

Jedenfalls im Bereich des Anwaltsnotariats ist gem. § 3 Abs. 1 BeurkG der sog. **Vorbefassungsvermerk** in die Urkunde zu integrieren.[2]   305

5. Rechtsfolgen von Abweichungen

Weichen die Beteiligten von den Vorgaben des gesetzlichen Musterprotokolls ab und halten sich solche Abweichungen auch nicht in dem Rahmen, der durch andere Gesetze zwingend vorgeschrieben ist wie beispielsweise durch das BeurkG, so wird das Handelsregister den Eintragungsantrag mit einer **Zwischenverfügung** belegen. Die Angaben für eine klassische GmbH-Gründung werden stets erreicht, es liegt zwar kein Musterprotokoll mehr vor und es entfällt die Kostenprivilegierung, das Handelsregister müsste jedoch auch in diesem Fall die Eintragung vornehmen.[3] Das Gericht wird jedoch eine gesonderte Gesellschafterliste fordern, da diese zwar beim Musterprotokoll, nicht aber bei einer „normalen" GmbH-Gründung gem. § 2 Abs. 2 GmbHG zwingend und separat gem. § 8 Abs. 1 Nr. 3 GmbHG vorgesehen ist. Teilweise fordern die Handelsregister zu Unrecht, dass der im Musterprotokoll enthaltene Verweis auf § 2 Abs. 1a GmbHG in Fällen von Abweichungen durch eine Nachtragsurkunde zu berichtigen ist.   306

Die Beschränkungen gelten allerdings nur für das **Stadium bis zur Eintragung**. Danach oder auch aufschiebend bedingt mit der Eintragung können die Gründungsgesellschafter Abweichendes beschließen. Der Kostengesichtspunkt ist allerdings so marginal, dass sich dies nicht anbietet.   307

6. Kosten der Gründung[4]

Die Beteiligten werden den Notar bitten, die **Gründungskosten** unter Verwendung eines Musterprotokolls sowohl für die Gründung einer normalen GmbH im klassischen Modell als auch unter Verwendung des Musterprotokolls als auch bei Einsatz einer Unternehmergesellschaft (haftungsbeschränkt) zu untersuchen. Für die klassische GmbH-Gründung ergeben sich praktisch keine Unter-   308

---

[1] Vgl. auch *Wälzholz*, MittBayNot 2008, 425, 428.
[2] Vgl. *Wälzholz*, MittBayNot 2008, 425, 428.
[3] Vgl. zu Rechtsfolgen bei Verstößen auch *Bormann*, GmbHR-Sonderheft Oktober 2008, 16, 18 f.
[4] Vgl. dazu detailliert: *Sikora/Regler*, MittBayNot 2008, 437.

C. Gründungsverfahren nach dem MoMiG

schiede, wenn der Beschluss zur Ernennung der Geschäftsführer und die Liste der Gesellschafter nicht vom Notar gefertigt werden, sondern von den Beteiligten. Fertigt der Notar die Gesellschafterliste an, fallen dafür 13 € an. Bei Aufnahme des **Beschlusses zur Ernennung des Geschäftsführers** fallen bei einer Einmann-GmbH oder bei einer Mehrmann-GmbH für die Aufnahme dieses Beschlusses in das Gründungsprotokoll jeweils 168 € an. Verwendet man hingegen das Musterprotokoll, so ist der Beschluss über die Ernennung des Geschäftsführers sowie die Gesellschafterliste in das Musterprotokoll integriert und löst keine gesonderten Gebühren aus.

309 Kostenvorteile ergeben sich bei der **Verwendung des Musterprotokolls,** soweit eine Unternehmergesellschaft (haftungsbeschränkt) gegründet wird und sich das Stammkapital unter 23 000 € bewegt. Bei einer Einmann-Gründung mit dem gesetzlich vorgesehenen Mindestkapital von 1 € fallen bei dem Musterprotokoll für die Beurkundung 10 € an, während bei der Verwendung einer individuellen Satzung 84 € Gebühren entstehen. Würde man den Gesellschafterbeschluss zur Ernennung des Geschäftsführers zusätzlich mit beurkunden, fallen zusätzlich 168 € an und für die Erstellung der Gesellschafterliste 10 €. Die Registeranmeldung löst 42 € aus, wenn eine individuelle Satzung verwendet wird, während bei der Verwendung des Musterprotokolls lediglich 10 € anfallen. Die Kosten für die Erstellung der elektronischen Strukturdaten und Einreichung aller Unterlagen zum Handelsregister belaufen sich bei der klassischen Gründung einer Einmann-Gesellschaft auf jeweils ca. 20 €, so dass insgesamt für die Gründung einer Einmann-UG mit Musterprotokoll lediglich 40 € zzgl. Umsatzsteuer in Höhe von 8 € anfallen, während bei der Verwendung einer individuellen Satzung sich der Betrag auf 186 € belaufen würde. Unterschiede bei den Kosten beim Registergericht ergeben sich nicht. Hier fallen jeweils 100 € an und für die Bekanntmachungskosten fallen ab dem 1. 1. 2009 lediglich jeweils 1 € an.

310 Bei der **Gründung einer Mehrpersonengesellschaft** ergeben sich bei der Errichtung der Gesellschaft mit individueller Satzung Kosten in Höhe von insgesamt ca. 286 €, während bei der Verwendung des Musterprotokolls (von der allerdings bei Mehrpersonengesellschaften dringend abzuraten ist) ca. 60 € anfallen.[1] In der Literatur wird zutreffend darauf hingewiesen, dass diese geringfügigen Kostenunterschiede bei einer ohnedies äußerst kostengünstigen Gründung mit Beratung durch einen qualifizierten juristischen Berater für einen seriösen Gründer keine Entscheidungskriterien darstellen werden.[2]

---

[1] Vgl. dazu auch die hilfreichen Kostenübersichten bei *Wachter,* GmbHR-Sonderheft Oktober 2008, 25, 27 ff.

[2] *Wachter,* GmbHR-Sonderheft Oktober 2008, 25, 29; *Römermann,* GmbHR-Sonderheft Oktober 2008, 16 f., 25.

VIII. Das Musterprotokoll

7. Praktische Eignung des Musterprotokolls bei Mehrpersonengesellschaften

Der Gesetzgeber hat sich bewusst dafür entschieden, dass das Musterprotokoll für die Gründung einer GmbH/UG (haftungsbeschränkt) mit bis zu drei Gesellschaftern geeignet sein soll, § 2 Abs. 1a Satz 1 GmbHG. Trotz dieser Möglichkeit sollte davon Abstand genommen werden, eine Gesellschaft mit mehr als einem Gesellschafter mit dem *Musterprotokoll* zu gründen.[1]

Der Inhalt des Musterprotokolls ist nicht für die Gründung einer **Mehrpersonen-Gesellschaft** geeignet. Das Musterprotokoll regelt nur die Grundlagen einer Gesellschaft, bietet aber keine auf die individuellen Bedürfnisse der Gesellschafter zugeschnittenen Regelungen.[2] Dies führt dazu, dass bei Mehrpersonengesellschaften zentrale Bereiche der Zusammenarbeit im Gesellschaftsverhältnis entweder gar nicht geregelt sind oder **schuldrechtliche Nebenabreden** getroffen werden müssen, die häufig nicht beweissicher dokumentiert werden und somit streitanfällig sind.[3] Die damit einhergehenden Rechtsunklarheiten sowie die fehlende Transparenz schadet nicht nur den Gesellschaftern, denen häufig nicht klar sein wird, welche schuldrechtlichen Abreden zusätzlich mündlich oder schriftlich geschaffen wurden, sondern auch den Gläubigern und dem gesamten Rechtsverkehr.

Es fehlen insbesondere:

- Vinkulierungsklauseln
- Regelungen zur Erbfolge
- Güterstandsklauseln
- Regelungen zu Zustimmungsvorbehalten
- Kündigungsklauseln
- Einziehungs- und Abtretungsklauseln
- Regelungen zur Beschlussfähigkeit und Beschlussfassung
- Regelungen zur Vermeidung von Patt-Situationen
- Wettbewerbsverbot (Befreiung) und Schiedsklauseln

8. Änderungen des Inhalts des Musterprotokolls

Das Musterprotokoll enthält nur einen auf das Mindeste beschränkten Inhalt. Vielfach werden die Gesellschafter daher nach der Gründung der Gesellschaft überlegen, den **Inhalt des Musterprotokolls** ihren Bedürfnissen anzupassen, z. B. hinsichtlich der Aufnahme weiterer Gesellschafter.

---

[1] So auch *Wälzholz*, GmbHR 2008, 841, 843; *Sikora/Regler*, MittBayNot 2008, 437, 441f.
[2] Kritisch bereits zum RegE: *Bayer/Hoffmann/Schmidt*, GmbHR 2007, 953.
[3] Darauf weist auch *Heidinger*, Status:Recht 2007, 243 zum RegE zu Recht hin.

C. Gründungsverfahren nach dem MoMiG

315 Spätere **Änderungen** des Musterprotokolls werden in keiner Weise von § 2 Abs. 1a GmbHG verboten.[1] Hinsichtlich der Änderungen des Musterprotokolls ist zu differenzieren zwischen Änderungen im Rahmen der Gründungsphase, d. h. also bis zur Eintragung der Gesellschaft, und Änderungen, die erst danach beschlossen werden oder aber aufschiebend bedingt mit der Eintragung wirksam werden sollen.

316 Das Musterprotokoll kann auch in der **Gründungsphase** der Gesellschaft geändert werden. Dies wird insbesondere dann notwendig werden, wenn sich die **Firma** als unzulässig erweist, ein Gesellschafter seine Einlage nicht aufbringen kann, der **Unternehmensgegenstand** angepasst werden muss oder der Sitz verlegt werden soll. Soweit solche Änderungen des Musterprotokolls im Rahmen des Kataloges an Festlegungen bleiben, die das Musterprotokoll treffen darf, ist die Änderung des Musterprotokolls zulässig. Ebenso wie bei der Änderung einer Satzung in der Gründungsphase ist, soweit diese Änderungen sofort wirksam werden sollen und nicht erst mit Eintragung der Gesellschaft im Handelsregister, die Mitwirkung aller Gesellschafter erforderlich.[2]

317 Soweit die Gesellschafter während der Gründungsphase von dem zwingend vorgegebenen **Katalog des Musterprotokolls** abweichen wollen, müssen sie zum **klassischen Gründungsverfahren** wechseln. Dies gilt nicht nur, wenn sie Satzungsbestandteile, die über den limitierten Umfang des Musterprotokolls hinausgehen, aufnehmen wollen. Vielmehr gilt dies auch dann, wenn beispielsweise mehrere Geschäftsführer bestellt werden sollen, ein Geschäftsführer nicht von § 181 BGB befreit werden soll oder wenn man bereits im Gründungsverfahren mit sofortiger Wirksamkeit einen vierten Gesellschafter hinzunehmen will. In diesen Fällen ist dann ein Gründungsprotokoll mit Feststellung einer Satzung gemäß dem klassischen Gründungsverfahren zu erstellen. Die Geschäftsführerbestellung ist erneut vorzunehmen, auch wenn diese unverändert sein sollte, und es ist eine Liste der Gesellschafter anzufertigen.

318 Etwas anderes gilt dann, wenn die Gesellschafter beschließen sollten, **aufschiebend bedingt** mit der Eintragung der Gesellschaft in das Handelsregister Änderungen vorzunehmen. Ein derartiges gestuftes Verfahren stellt keinen Rechtsmissbrauch im Sinne einer Umgehung des normalen Gründungsverfahrens dar. Ebenso wie es unmittelbar nach Eintragung der Gesellschaft, die mit einem Musterprotokoll gegründet wurde, zulässig ist, Veränderungen vorzunehmen, kann dies auch aufschiebend bedingt mit der Eintragung geschehen.[3] Insofern ist zu differenzieren: Wenn die Gesellschafter von solchen Festlegungen des Musterprotokolls abweichen wollen, die keinen satzungsersetzenden Charakter haben, sind die normalen Vorschriften des GmbH-Gesetzes zu beachten. Soll also beispiels-

---

[1] Selbst eine missbräuchliche Umgehung dieser Formvorschrift führt nicht zur Nichtigkeit der Gründung mit Musterprotokoll: *Wälzholz*, GmbHR 2008, 841, 842.
[2] Vgl. dazu ausf. *Heidinger*, in: Heckschen/Heidinger, Die GmbH in der Gestaltungs- und Beratungspraxis, 2. Aufl. 2009, § 3 Rn. 79 ff.
[3] Vgl. zur Problematik des Rechtsmissbrauchs *Römermann*, GmbHR-Sonderheft Oktober 2008, 16 ff.

VIII. Das Musterprotokoll

weise ein zweiter Geschäftsführer bestellt werden, so bedarf es lediglich eines privatschriftlichen Gesellschafterbeschlusses und einer darauf folgenden Anmeldung bei Handelsregister in dem Verfahren, dass für die klassisch gegründete GmbH gilt. Die Aufnahme eines weiteren Gesellschafters nach Eintragung ist mit einem notariellen Anteilsübertragungsvertrag zu vollziehen. Der Notar muss dann entsprechend § 40 GmbHG eine Liste der Gesellschafter erstmals erstellen und dabei fingieren, dass das Musterprotokoll bereits eine Liste der Gesellschafter enthält.

Formulierungsbeispiel für die Notarbescheinigung einer Gesellschafterliste:

Die geänderten Eintragungen in der vorstehenden/beigefügten Gesellschafterliste entsprechen den Veränderungen, an denen ich als Notar mitgewirkt habe durch Urkunde Nr. ____/200____ vom ____. Im Übrigen stimmt die Gesellschafterliste mit dem Inhalt der zuletzt im Handelsregister im Wege des Musterprotokolls aufgenommenen Liste der Gesellschafter überein.

(Ort, Datum, Siegel des Notars)

Es ist nach Eintragung oder auch aufschiebend bedingt mit der Eintragung 319
möglich, Festlegungen des Musterprotokolls, die sich außerhalb des **satzungsersetzenden Charakters** des Musterprotokolls bewegen, zu treffen. So kann aufschiebend bedingt mit der Eintragung beschlossen werden, dass der Geschäftsführer eben nicht von § 181 BGB befreit ist.

Anders stellt sich die Rechtslage dar, wenn der **satzungsersetzende Teil des** 320
Musterprotokolls geändert werden soll. Das Gesetz enthält für die Änderung dieser Bestimmungen oder aber auch für Erweiterungen über die satzungsersetzenden Bestimmungen des Musterprotokolls hinaus keinerlei Festlegungen. Anders als für das noch im Regierungsentwurf vorgesehene Verfahren der Mustersatzung finden sich in den §§ 53 ff. GmbHG keinerlei Festlegungen oder Erleichterungen für diejenigen, die eine Gesellschaft mit einem Musterprotokoll gegründet haben. Mangels derartiger Vorschriften gilt für sämtliche Änderungen und auch Ergänzungen des eine Satzung ersetzenden Inhalts des Musterprotokolls, dass das in den §§ 53 ff. GmbHG vorgesehene Verfahren zur Satzungsänderung durchzuführen ist. Es ist nunmehr, wenn lediglich die Angaben aus dem Musterprotokoll, die satzungsersetzenden Charakter haben, geändert werden, eine Kurzsatzung entsprechenden Inhalts zu erstellen. Sollen darüber hinausgehende Festlegungen getroffen werden, bietet es sich an, eine gänzliche **Satzungsneufassung** „zu beschließen". Der Notar muss dann bei Einreichung seiner Urkunde zur „Satzungsneufassung" bzw. Satzungsänderung eine Notarbescheinigung gem. § 54 GmbHG erstellen.

C. Gründungsverfahren nach dem MoMiG

Formulierungsbeispiel für den Wortlaut einer Satzungsbescheinigung:

„Die geänderten Bestimmungen des Gesellschaftsvertrages stimmen mit dem Beschluss über die Änderung des Gesellschaftsvertrages vom ____ und die unveränderten Bestimmungen mit dem zuletzt zum Handelsregister eingereichten vollständigen Wortlaut des Gesellschaftsvertrages in der Form des Musterprotokolls überein."

321 Bei einem **Wechsel der Gesellschafter** bedarf es nach Eintragung der Gesellschaft ebenso wenig einer **Änderung des Musterprotokolls** wie bei einem Wechsel des Geschäftsführers.

322 Ungeklärt ist, ob auch **Änderungen des Musterprotokolls** in kostenprivilegierten Verfahren des § 41d KostO insoweit möglich sind, als nur die für das Musterprotokoll vorgesehenen Angaben verändert werden, also Änderung des Sitzes, der Firma, des Unternehmensgegenstandes oder des Stammkapitals.

323 § 41d letzter Hs. KostO deutet darauf hin, dass auch eine Änderung der Angaben des Musterprotokolls mit von dem Kostenprivileg erfasst wird. Dort heißt es:

„Die in § 39 Abs. 4, § 41a Abs. 1 Nr. 1 und Abs. 4 Nr. 1, auch in Verbindung mit § 41c Abs. 1, bestimmten Mindestwerte gelten nicht für die Gründung einer Gesellschaft gemäß § 2 Abs. 1a des Gesetzes betreffend die Gesellschaften mit beschränkter Haftung und, wenn von dem in der Anlage zu dem Gesetz betreffend die Gesellschaften mit beschränkter Haftung bestimmten Musterprotokoll nicht abgewichen wird, für Änderungen des Gesellschaftsvertrags."

324 Dem steht allerdings auch hier der Wortlaut des § 2 Abs. 1a GmbHG sowie der Umstand entgegen, dass im Gegensatz zu den Regelungen im Regierungsentwurf für die **Änderung** keine Sonderregelungen in §§ 53ff. GmbHG festgelegt worden sind. Änderungen sind jedoch, soweit sie die Firma, Sitz, Gegenstand und das Stammkapital betreffen, **Satzungsänderungen.** Dies spricht dafür, dass die Regelungen der §§ 53ff. GmbHG vollständig einzuhalten sind. Dann muss auch eine **Satzungsbescheinigung** gem. § 54 GmbHG erstellt werden. Dies ist aber nur möglich, wenn jetzt auch eine komplette Satzung beschlossen wird. Alternativ wäre nur denkbar, dass der Gesetzgeber, ohne dies in §§ 53ff. GmbHG zu regeln, eine Suspendierung dieser Vorschrift durch § 41d letzter Hs. KostO zum Ausdruck bringen wollte. Die Rechtslage ist zumindest ungeklärt.

325 Der Notar wird daher gut beraten sein, wenn er in diesen Fällen – fast ausnahmslos wird die UG (haftungsbeschränkt) betroffen sein – das Verfahren nach §§ 53ff. GmbHG einschlägt und eine vollständige Satzung beschließt.

326 Teilweise wird demgegenüber die Ansicht vertreten, dass hinsichtlich der Kostenfolge auch bei der Satzungsänderung § 41d KostO mit der **Kostenprivilegierung** anzuwenden ist, wenn es sich um Änderungen der im Musterprotokoll vorgegebenen Angaben handelt.[1]

---

[1] *Wälzholz*, GmbHR 2008, 841, 843.

VIII. Das Musterprotokoll

9. Verwendung des Musterprotokolls und Anwendung des § 19 Abs. 4, 5 GmbHG

Das Musterprotokoll wird vom Gesetzgeber nur und ausschließlich für die Gründung einer Gesellschaft im Wege der sog. **Bargründung** zur Verfügung gestellt. Es sollen hier schnell und kostengünstig einfache Gründungsvarianten erfasst werden. 327

Es könnte demnach fraglich sein, ob die **Privilegierungen** und **Fiktionen** des § 19 Abs. 4 GmbHG für die verdeckte Sachgründung und § 19 Abs. 5 GmbHG für das sog. **Hin- und Herzahlen** auch Anwendung finden, wenn sich die Beteiligten des Musterprotokolls bedienen. Dies ist für beide Konstellationen zu bejahen. Das Musterprotokoll stellt nur eine besondere Gründungsvariante dar. Anders als bei der Unternehmergesellschaft (haftungsbeschränkt)/UG (haftungsbeschränkt) handelt es sich hier **nicht um ein materielles Verbot der Sachgründung,** sondern um eine **Verfahrenserleichterung** für den das Musterprotokoll aufnehmenden Notar, die Beteiligten und auch das Handelsregister. Daraus folgt, dass das Verfahren des Hin- und Herzahlens entsprechend § 19 Abs. 5 GmbHG auch bei der Gründung unter Verwendung des Musterprotokolls zulässig ist.[1] Es handelt sich hier um ein vom Gesetzgeber als Bargründung fingiertes Verfahren, dass somit auch unter die vom Musterprotokoll ausschließlich eröffnete Bargründung zu subsumieren ist. Da der Gesetzgeber anders als noch für das Verfahren des Gründungssets mit Mustersatzung keine Handelsregisteranmeldung vorgibt, sondern die Handelsregisteranmeldung den Beteiligten oder dem Notar zum Entwurf überlässt, sind die notwendigen Angaben, die § 19 Abs. 5 GmbHG zwingend bei dem sog. Hin- und Herzahlen vorschreibt, auch in der nach Gründung per Musterprotokoll vorgesehenen Handelsregisteranmeldung möglich, dann aber vom Geschäftsführer dort auch zwingend vorzunehmen. 328

Es ist weiterhin nicht davon auszugehen, dass der Gesetzgeber bei der Verwendung des Musterprotokolls eine Anwendung des § 19 Abs. 4 GmbHG bei verdeckten Sachgründungen ausschließen wollte. Anders als bei der UG (haftungsbeschränkt) gilt hier, dass das Musterprotokoll für die dort vorgesehenen Verfahrenserleichterungen kein Verbot dergestalt aufstellt, dass bei Vortäuschen der Bargründung im Rahmen des Musterprotokolls eine „Heilung" im Wege des **Anrechnungsverfahrens** nach § 19 Abs. 4 GmbHG ausgeschlossen ist. Dies gilt allerdings nicht, wenn per Musterprotokoll eine Unternehmergesellschaft (haftungsbeschränkt) gegründet werden soll. Hier hat das Verbot in § 5a Abs. 2 GmbHG die Bedeutung, dass die Unterform einer GmbH nur und ausschließlich im Wege der Bargründung inkorporiert werden kann. Es geht hier anders als bei der Verwendung des Musterprotokolls nicht um eine Verfahrensvorschrift, sondern um ein materielles Verbot, das insbesondere vor dem Hintergrund erlassen wurde, dass es sich um eine einfache Einstiegsvariante handeln soll, bei der die Beteiligten auch mit einem ganz geringen Kapitaleinsatz gründen können. 329

---

[1] *Römermann*, GmbHR-Sonderheft Oktober 2008, 16, 21.

C. Gründungsverfahren nach dem MoMiG

Dann aber soll es ihnen nicht noch zusätzlich ermöglicht werden, den Kapitaleinsatz dadurch zu vermeiden, dass sie nun auf die verdeckte Sachgründung ausweichen.[1]

a) Praxishinweis

330 | Da das Musterprotokoll nur die **Mindestvoraussetzungen für die Gründung** einer GmbH/UG (haftungsbeschränkt) regelt, ist Gründern einer **Mehrpersonen-Gesellschaft** von der Benutzung der Mustersatzung abzuraten. Der Wille der Beteiligten wird bei der Verwendung des Musterprotokolls für Mehrpersonen-GmbHs im Zweifel entgegen § 17 BeurkG nicht ermittelt worden sein.

331 | Das Musterprotokoll ist an folgenden Stellen vom Notar zu ergänzen:
- Datum der Errichtung und Angabe zum Notar
- Angaben zu den Beteiligten
- Firma und Unternehmensgegenstand
- Stammkapital/Geschäftsanteile
- Umfang der Einzahlung
- Geschäftsführer
- Wohnsitz

332
- Die Geschäftsanschrift muss nicht ins Musterprotokoll aufgenommen werden, sondern wird in der Handelsregisteranmeldung angegeben.
- Das Musterprotokoll sieht ausdrücklich vor, dass der Notar den Beteiligten Belehrungen erteilt. Das Musterprotokoll und seine Verwendung suspendiert also nicht § 17 BeurkG. Gerade bei der Verwendung des Musterprotokolls für den „schnellen" Gründer wird es sich anbieten, ausdrücklich auf die Rahmenbedingungen, die das GmbHG für die Gründungsphase und die Aufbringung des Stammkapitals, für die Haftung der Gesellschafter und Handelnden während der Gründungsphase und im Anschluss daran aufstellt, hinzuweisen. Diese Hinweise sind in den nachfolgenden Formulierungsvorschlägen, die das gesetzliche Musterprotokoll ergänzen, mit enthalten.
- Das Musterprotokoll enthält nur eine konkrete, jedoch keine abstrakte Vertretungsregelung. Es gilt somit § 35 GmbHG und dementsprechend ist in der Handelsregisteranmeldung, die abstrakte Vertretungsregelung entsprechend § 35 GmbHG anzugeben. Diese Rechtslage ist später bei Ernennung weiterer Geschäftsführer zu berücksichtigen. Soweit dann nicht eine Satzung mit entsprechender Option beschlossen wird, sind alle weiter bestellten Geschäftsfüh-

---

[1] A. A. *Bormann/Urlichs*, GmbHR-Sonderheft Oktober 2008, 37, 42.

VIII. Das Musterprotokoll

rer nur gemeinsam mit dem dann ebenfalls gemeinsam vertretungsberechtigten ersten Geschäftsführer vertretungsbefugt.

- Es ist unzulässig, das Musterprotokoll um Abwicklungsvollmachten zu ergänzen. Dies stellt einen erheblichen Nachteil dar, insbesondere wenn die Firma vorab nicht geklärt wurde. Als Lösung kommt in Betracht, die Vollmacht in die Handelsregisteranmeldung zu integrieren, wenn es sich beispielsweise um eine Einmann-GmbH mit Gesellschaftergeschäftsführer handelt.

b) Handelsregisteranmeldung bei Verwendung des Musterprotokolls

Wird die UG (haftungsbeschränkt) oder eine GmbH mit einem Musterprotokoll gegründet, so ergeben sich für die Handelsregisteranmeldung folgende Besonderheiten: 333

Als Anlage ist der **Handelsregisteranmeldung** lediglich das Musterprotokoll beizufügen und eine Liste der Gesellschafter. Ein Beschluss über die Bestellung des Geschäftsführers ist entbehrlich. Bei dieser Handelsregisteranmeldung dürfte trotz des im Gesetz zwingend vorgeschriebenen Umfangs der Vertretungsmacht des einzigen Geschäftsführers eine Angabe zur **abstrakten Vertretungsbefugnis** erforderlich sein. Insoweit ist die gesetzliche Vertretungsregelung gem. § 35 Abs. 1, 2 GmbHG wiederzugeben.

Genauso wie bei der Anmeldung einer GmbH/UG (haftungsbeschränkt) im normalen Gründungsverfahren ist auch bei dieser Registeranmeldung die **Geschäftsanschrift** der Gesellschaft zur Eintragung ins Handelsregister anzugeben. 334

Es ist im Wege des Musterprotokolls gegründeten Gesellschaft nicht untersagt, **Prokuristen** zur Eintragung anzumelden. Die Bestellung eines Prokuristen ist der Geschäftsführung übertragen, hätte daher auch nicht im Musterprotokoll mit geregelt werden müssen, genauso wenig wie sie typischerweise im Gründungsprotokoll bei normaler Gründung einer GmbH aufgenommen wird. Es ist daher zulässig, einen oder mehrere Prokuristen mit zu benennen und auch insoweit deren Vertretungsbefugnis (Einzelvertretung, Gesamtvertretung, Erlaubnis von Grundstücksgeschäften entsprechend § 48 Abs. 2 HGB) mit zu regeln und zur Anmeldung zu bringen. 335

Darüber hinaus sind die vom Geschäftsführer **abzugebenden Erklärungen und Versicherungen** wie bei jeder normalen GmbH-Gründung erforderlich. 336

Ein Muster für eine Handelsregisteranmeldung bei Verwendung des Musterprotokolls findet sich in Rn. 338.

10. Das Musterprotokoll (Anlage 1 zu § 2 GmbHG)

Das Musterprotokoll befindet sich in der Anlage 1 (zu § 2) zum GmbHG und hat folgenden Inhalt – bis auf die vom Verfasser eingefügten **Belehrungshinweise** (7.) des Notars. 337

C. Gründungsverfahren nach dem MoMiG

Anlage 1 (zu Artikel 1 Nr. 50)

a) Musterprotokoll für die Gründung einer Einpersonengesellschaft mit ausführlichen Belehrungshinweisen

UR. NR. _____

Heute, den _____,

erschien vor mir, _____,

Notar/in mit dem Amtssitz in

_____,

Herr/Frau¹

_____

_____

_____

_____

_____

_____ ².

1. Der Erschienene errichtet hiermit nach § 2 Abs. 1a GmbHG eine Gesellschaft mit beschränkter Haftung unter der Firma _____ mit dem Sitz in _____.

2. Gegenstand des Unternehmens ist _____.

3. Das Stammkapital der Gesellschaft beträgt _____ € (i.W. _____ €) und wird vollständig von Herrn/Frau¹ _____ (Geschäftsanteil Nr. 1) übernommen. Die Einlage ist in Geld zu erbringen, und zwar sofort in voller Höhe/zu 50% sofort, im Übrigen sobald die Gesellschafterversammlung ihre Einforderung beschließt³.

4. Zum Geschäftsführer der Gesellschaft wird Herr/Frau⁴ _____,

geboren am _____,

wohnhaft in _____, bestellt. Der Geschäftsführer ist von den Beschränkungen des § 181 des Bürgerlichen Gesetzbuches befreit.

5. Die Gesellschaft trägt die mit der Gründung verbundenen Kosten bis zu einem Gesamtbetrag von 300 €, höchstens jedoch bis zum Betrag ihres Stammkapitals. Darüber hinausgehende Kosten trägt der Gesellschafter.

VIII. Das Musterprotokoll

6. Von dieser Urkunde erhält eine Ausfertigung der Gesellschafter, beglaubigte Ablichtungen die Gesellschaft und das Registergericht (in elektronischer Form) sowie eine einfache Abschrift das Finanzamt – Körperschaftssteuerstelle –.

7. Der Erschienene wurde vom Notar/von der Notarin insbesondere auf Folgendes hingewiesen:

    (1) Die Gesellschaft entsteht als solche erst mit ihrer Eintragung in das Handelsregister. Derjenige, der vor der Eintragung in ihrem Namen handelt, haftet u. U. persönlich.

    (2) Zahlungen auf die Stammeinlage, die vor der heutigen Beurkundung des GmbH-Vertrages vorgenommen wurden, haben grundsätzlich keine tilgende Wirkung und sind daher zu vermeiden.

    (3) Die Stammeinlagen müssen sich im Zeitpunkt des Eingangs der Registeranmeldung bei Gericht in der freien, uneingeschränkten Verfügung der Geschäftsführung befinden und dürfen – mit Ausnahme der satzungsmäßigen Übernahme der Gründungskosten – auch nicht durch die Eingehung von Verbindlichkeiten angetastet sein; eine – auch werterhaltende – Verwendung der Einlagen danach, jedoch vor Handelsregistereintragung der Gesellschaft, ist nach h. M. dem Handelsregister nachzumelden.

    (4) Der Wert des Gesellschaftsvermögens darf im Zeitpunkt der Handelsregistereintragung der Gesellschaft nicht niedriger sein, als das Stammkapital. Der Gesellschafter ist verpflichtet, den Fehlbetrag zu erbringen, und zwar ohne Beschränkung auf die Höhe der übernommenen Einlage.

    (5) Die Geldeinlagen können nicht durch Aufrechnung/Verrechnung mit Forderungen gegen die Gesellschaft erfüllt werden.

    (6) Sollen Geldeinlagen zeitlich unmittelbar nach der Gründung an den Gesellschafter wieder ausbezahlt werden, muss dieser den Geschäftsanteil nur dann nicht noch mal erbringen, wenn gegen ihn stattdessen ein vollwertiger und für die Gesellschaft sofort fälliger Rückgewähranspruch besteht. Die Vereinbarung zwischen dem Gesellschafter und der Gesellschaft ist bei der Anmeldung anzugeben.

    (7) Sacheinlagen sind nicht zulässig. Werden in unmittelbaren zeitlichen oder sachlichem Zusammenhang mit der Gründung Gegenstände im Eigentum eines Gesellschafters, einer ihm nahestehenden Person oder eines von ihm beherrschten Unternehmens an die Gesellschaft verkauft oder wird eine andere Gestaltung gewählt, durch die es zu einem Rückfluss der Bareinlage an den Ge-

C. Gründungsverfahren nach dem MoMiG

sellschafter kommt, ist der Gesellschafter weiterhin zur Erbringung seiner übernommenen Bareinlage verpflichtet. In diesen Fällen der verdeckten bzw. verschleierten Sacheinlage sind sowohl das schuldrechtliche als auch das dingliche Übertragungsgeschäft mit der Gesellschaft wirksam. Der Wert des verdeckt eingebrachten Gegenstandes wird auf die noch zu erbringende Bareinlageverpflichtung angerechnet. Die Strafbarkeit des Geschäftsführers, der eine Bareinzahlung versichert, bleibt von der Anrechnung jedoch unberührt (s. Abs. (9)).

(8) Der Notar hat darauf hingewiesen, dass der Gesellschafter in Sonderfällen einer Haftung wegen eines so genannten existenzvernichtenden Eingriffs ausgesetzt sein kann. Hierzu kann es insbesondere bei Verletzung des Eigeninteresse der Gesellschaft kommen (Liquidationsentzug, Gefährdung der Kreditfähigkeit durch Entziehung von Sicherheiten). Betroffen ist jeder Gesellschafter, der an dem Eingriff in das Gesellschaftsvermögen mitgewirkt hat.

(9) Werden falsche Angaben bei der Errichtung der Gesellschaft gemacht oder wird die Gesellschaft durch Einlagen oder Gründungsaufwand vorsätzlich oder grob fahrlässig geschädigt, haften alle Gesellschafter nach § 9a GmbHG u. a. auf Schadensersatz; falsche Angaben bei der Eintragung der Gesellschaft in das Handelsregister sind nach § 82 GmbHG mit Freiheitsstrafe bis zu 3 Jahren oder Geldstrafe bedroht.

(10) Soweit es nicht zur Eintragung der Gesellschaft im Handelsregister kommt, greift eine unbeschränkte Verlustdeckungshaftung in Höhe der nicht vom Gesellschaftsvermögen gedeckten Verluste. Der Verlustdeckungsanspruch entsteht mit dem Scheitern der Eintragung, d. h. insbesondere Rücknahme des Eintragungsantrags, Aufgabe des Geschäftsbetriebs und überlanger Eintragungsdauer. Gibt also der Gesellschafter die Eintragung der Gesellschaft in das Handelsregister auf, muss er die aus der aufgenommenen Geschäftstätigkeit aufgelaufenen Verluste in vollem Umfang ohne Beschränkung auf die übernommene Stammeinlage ausgleichen.

Diese Niederschrift wurde dem/der Erschienenen in Gegenwart des Notars vorgelesen, von ihm/ihr genehmigt und sodann von ihm/ihr und dem Notar wie folgt unterzeichnet.

VIII. Das Musterprotokoll

Hinweise:
1 Nicht Zutreffendes streichen. Bei juristischen Personen ist die Anrede Herr/Frau wegzulassen.
2 Hier sind neben der Bezeichnung des Gesellschafters und den Angaben zur notariellen Identitätsfeststellung ggf. der Güterstand und die Zustimmung des Ehegatten sowie die Angaben zu einer etwaigen Vertretung zu vermerken.
3 Nicht Zutreffendes streichen. Bei der Unternehmergesellschaft muss die zweite Alternative gestrichen werden.
4 Nicht Zutreffendes streichen.

b) **Musterprotokoll für die Gründung einer Mehrpersonengesellschaft mit bis zu drei Gesellschaftern mit ausführlichen Belehrungshinweisen**

UR. NR. _____

Heute, den _____,

erschienen vor mir, _____,

Notar/in mit dem Amtssitz in

_____,

Herr/Frau[1]

_____

_____

_____

_____

_____[2].

Herr/Frau[1]

_____

_____

_____

_____

_____[2].

C. Gründungsverfahren nach dem MoMiG

Herr/Frau¹

_____

_____

_____

_____

_____

_____ ².

1. Der Erschienenen errichtet hiermit nach § 2 Abs. 1a GmbHG eine Gesellschaft mit beschränkter Haftung unter der Firma ____ mit dem Sitz in ____.
2. Gegenstand des Unternehmens ist ____.
3. Das Stammkapital der Gesellschaft beträgt ____ € (i.W. ____ €) und wird wie folgt übernommen:

    Herr/Frau¹ ____ übernimmt einen Geschäftsanteil mit einem Nennbetrag in Höhe von ____ € (i.W. ____ €) (Geschäftsanteil Nr. 1),

    Herr/Frau¹ ____ übernimmt einen Geschäftsanteil mit einem Nennbetrag in Höhe von ____ € (i.W. ____ €) (Geschäftsanteil Nr. 2),

    Herr/Frau¹ ____ übernimmt einen Geschäftsanteil mit einem Nennbetrag in Höhe von ____ € (i.W. ____ €) (Geschäftsanteil Nr. 3).

    Die Einlagen sind in Geld zu erbringen, und zwar sofort in voller Höhe/zu 50% sofort, im Übrigen sobald die Gesellschafterversammlung ihre Einforderung beschließt³.

4. Zum Geschäftsführer der Gesellschaft wird Herr/Frau⁴ ____, geboren am ____, wohnhaft in ____, bestellt. Der Geschäftsführer ist von den Beschränkungen des § 181 des Bürgerlichen Gesetzbuches befreit.

5. Die Gesellschaft trägt die mit der Gründung verbundenen Kosten bis zu einem Gesamtbetrag von 300 €, höchstens jedoch bis zum Betrag ihres Stammkapitals. Darüber hinausgehende Kosten tragen die Gesellschafter im Verhältnis ihrer Geschäftsanteile.

6. Von dieser Urkunde erhält eine Ausfertigung jeder Gesellschafter, beglaubigte Ablichtungen die Gesellschaft und das Registergericht (in elektronischer Form) sowie eine einfache Abschrift das Finanzamt – Körperschaftssteuerstelle –.

7. Der Erschienene wurde vom Notar/von der Notarin insbesondere auf Folgendes hingewiesen:

VIII. Das Musterprotokoll

(1) Die Gesellschaft entsteht als solche erst mit ihrer Eintragung in das Handelsregister. Derjenige, der vor der Eintragung in ihrem Namen handelt, haftet u. U. persönlich.

(2) Zahlungen auf die Stammeinlage, die vor der heutigen Beurkundung des GmbH-Vertrages vorgenommen wurden, haben keine tilgende Wirkung und sind daher zu vermeiden.

(3) Die Stammeinlagen müssen sich im Zeitpunkt des Eingangs der Registeranmeldung bei Gericht in der freien, uneingeschränkten Verfügung der Geschäftsführung befinden und dürfen – mit Ausnahme der satzungsmäßigen Übernahme der Gründungskosten – auch nicht durch die Eingehung von Verbindlichkeiten angetastet sein; eine – auch werterhaltende – Verwendung der Einlagen danach, jedoch vor Handelsregistereintragung der Gesellschaft, ist nach h. M. dem Handelsregister nachzumelden.

(4) Der Wert des Gesellschaftsvermögens darf im Zeitpunkt der Handelsregistereintragung der Gesellschaft nicht niedriger sein, als das Stammkapital. Die Gesellschafter sind verpflichtet, den Fehlbetrag zu erbringen, und zwar ohne Beschränkung auf die Höhe der übernommenen Einlage.

(5) Die Geldeinlagen können nicht durch Aufrechnung/Verrechnung mit Forderungen gegen die Gesellschaft erfüllt werden.

(6) Sollen Geldeinlagen zeitlich unmittelbar nach der Gründung an den Gesellschafter wieder ausbezahlt werden, wird dieser von seiner Einlageverpflichtung nur dann befreit, wenn der Gesellschaft gegen ihn stattdessen ein vollwertiger und sofort fälliger Rückgewähranspruch zusteht. Die Vereinbarung zwischen der Gesellschaft und dem Gesellschafter hierüber ist bei der Anmeldung anzugeben.

(7) Sacheinlagen sind nicht zulässig. Werden in unmittelbaren zeitlichem oder sachlichem Zusammenhang mit der Gründung Gegenstände im Eigentum eines Gesellschafters, einer ihm nahestehenden Person oder eines von ihm beherrschten Unternehmens an die Gesellschaft verkauft oder wird eine andere Gestaltung gewählt, durch die es zu einem Rückfluss der Bareinlage an den Gesellschafter kommt, ist dieser weiterhin zur Erbringung seiner übernommenen Bareinlage verpflichtet. In diesen Fällen der verdeckten bzw. verschleierten Sacheinlage sind sowohl das schuldrechtliche als auch das dingliche Übertragungsgeschäft mit der Gesellschaft wirksam. Der Wert des verdeckt erbrachten Gegenstandes wird auf die noch zu erbringende Bareinlageverpflichtung angerechnet. Die Strafbarkeit

C. Gründungsverfahren nach dem MoMiG

des Geschäftsführers, der eine Bareinzahlung versichert, bleibt von der Anrechnung jedoch unberührt (s. Abs. (9)).

(8) Der Notar hat darauf hingewiesen, dass die Gesellschafter in Sonderfällen einer Haftung wegen eines so genannten existenzvernichtenden Eingriffs ausgesetzt sein können. Hierzu kann es insbesondere bei Verletzung des Eigeninteresses der Gesellschaft kommen (Liquidationsentzug, „Umleitung" von Aufträgen, Gefährdung der Kreditfähigkeit durch Entziehung von Sicherheiten, Verlagerung von Haftungsrisiken). Betroffen ist jeder Gesellschafter, der an dem Eingriff in das Gesellschaftsvermögen mitgewirkt hat.

(9) Werden falsche Angaben bei der Errichtung der Gesellschaft gemacht oder wird die Gesellschaft durch Einlagen oder Gründungsaufwand vorsätzlich oder grob fahrlässig geschädigt, haften alle Gesellschafter nach § 9a GmbHG u. a. auf Schadensersatz; falsche Angaben bei der Eintragung der Gesellschaft in das Handelsregister sind nach § 82 GmbHG mit Freiheitsstrafe bis zu 3 Jahren oder Geldstrafe bedroht.

(10) Soweit es nicht zur Eintragung der Gesellschaft im Handelsregister kommt, greift eine unbeschränkte Verlustdeckungshaftung in Höhe der nicht vom Gesellschaftsvermögen gedeckten Verluste. Der Verlustdeckungsanspruch entsteht mit dem Scheitern der Eintragung, d. h. insbesondere Rücknahme des Eintragungsantrags, Aufgabe des Geschäftsbetriebs und überlanger Eintragungsdauer. Gibt also der Gesellschafter die Eintragung der Gesellschaft in das Handelsregister auf, muss er die aus der aufgenommenen Geschäftstätigkeit aufgelaufenen Verluste in vollem Umfang ohne Beschränkung auf die übernommene Stammeinlage ausgleichen.

Diese Niederschrift wurde dem/der Erschienenen in Gegenwart des Notars vorgelesen, von ihm/ihr genehmigt und sodann von ihm/ihr und dem Notar wie folgt unterzeichnet.

Hinweise:

[1] Nicht Zutreffendes streichen. Bei juristischen Personen ist die Anrede Herr/Frau wegzulassen.

[2] Hier sind neben der Bezeichnung des Gesellschafters und den Angaben zur notariellen Identitätsfeststellung ggf. der Güterstand und die Zustimmung des Ehegatten sowie die Angaben zu einer etwaigen Vertretung zu vermerken.

[3] Nicht Zutreffendes streichen. Bei der Unternehmergesellschaft muss die zweite Alternative gestrichen werden.

[4] Nicht Zutreffendes streichen.

VIII. Das Musterprotokoll

c) Muster – Handelsregisteranmeldung bei Nutzung des Musterprotokolls (Einmann-UG-Gründung)

Amtsgericht _____   338

– Handelsregister –

Gründung der Paul Mustermann UG (haftungsbeschränkt)

I. Inhalt der Anmeldung

Anliegend überreiche ich, der unterzeichnende Geschäftsführer,

- notarielles Musterprotokoll über die Gründung der Paul Mustermann UG (haftungsbeschränkt)

und melde zur Eintragung in das Handelsregister an:

1. Unter der im Betreff genannten Firma ist eine UG (haftungsbeschränkt) gegründet worden.
2. Satzungssitz der Gesellschaft ist _____.
3. Die inländische Geschäftsanschrift der Gesellschaft lautet _____.
4. Die Vertretung der Gesellschaft ist entsprechend den gesetzlichen Vorgaben gem. § 35 GmbHG wie folgt geregelt:

Ist nur ein Geschäftsführer bestellt, vertritt er die Gesellschaft allein. Sind mehrere Geschäftsführer bestellt, so sind sie alle nur gemeinsam zur Vertretung der Gesellschaft berechtigt.

5. Zum Geschäftsführer wurde bestellt:

Herr/Frau _____

geboren am _____

wohnhaft _____.

Die konkrete Vertretungsregelung lautet:

Er ist einzelvertretungsberechtigt und von den Beschränkungen des § 181 BGB befreit. Er vertritt, soweit er einziger Geschäftsführer der Gesellschaft ist, die Gesellschaft allein, ansonsten in Gemeinschaft mit weiteren Geschäftsführern (§ 35 GmbHG).

II. Ergänzende Versicherungen und Erklärungen zur Anmeldung

Nach Belehrung durch den beglaubigenden Notar über die unbeschränkte Auskunftspflicht gegenüber dem Gericht gemäß § 53 des Ge-

C. Gründungsverfahren nach dem MoMiG

setzes über das Zentralregister und das Erziehungsregister und die Strafbarkeit einer falschen Versicherung (§§ 82, 8 Abs. (2) GmbHG), versichert der Geschäftsführer – bei mehreren jeder für sich –:

a) Es liegen keine Umstände vor, aufgrund derer ich als Geschäftsführer nach § 6 Abs. (2) Satz 2 und 3 GmbHG von dem Amt als Geschäftsführer ausgeschlossen wäre; insbesondere unterliege ich keinem Gewerbeverbot:

Geschäftsführer kann nicht sein, wer

1. als Betreuer bei der Besorgung seiner Vermögensangelegenheiten ganz oder teilweise einem Einwilligungsvorbehalt (§ 1903 des Bürgerlichen Gesetzbuchs) unterliegt,

2. aufgrund eines gerichtlichen Urteils oder einer vollziehbaren Entscheidung einer Verwaltungsbehörde einen Beruf, einen Berufszweig, ein Gewerbe oder einen Gewerbezweig nicht ausüben darf,

3. wegen einer oder mehrerer vorsätzlich begangener Straftaten

   a) des Unterlassens der Stellung des Antrags auf Eröffnung des Insolvenzverfahrens (Insolvenzverschleppung),

   b) nach den §§ 283 bis 283 d des Strafgesetzbuchs (Bankrott, besonders schwererer Fall des Bankrotts, Verletzung der Buchführungspflicht, Gläubigerbegünstigung, Schuldnerbegünstigung),

   c) der falschen Angaben nach § 82 dieses Gesetzes oder § 399 des Aktiengesetzes,

   d) der unrichtigen Darstellung nach § 400 des Aktiengesetzes, § 331 des Handelsgesetzbuchs, § 313 des Umwandlungsgesetzes oder § 17 des Publizitätsgesetzes oder

   e) nach den §§ 263 bis 264 a (Betrug, Computerbetrug, Subventionsbetrug, Kapitalanlagebetrug) oder den §§ 265 b bis 266 a (Kreditbetrug, Untreue, Vorenthalten und Veruntreuen von Arbeitsentgelt) des Strafgesetzbuches zu einer Freiheitsstrafe von mindestens einem Jahr

verurteilt worden ist; dieser Ausschluss gilt für die Dauer von fünf Jahren seit der Rechtskraft des Urteils, wobei die Zeit nicht eingerechnet wird, in welcher der Täter auf behördliche Anordnung in einer Anstalt verwahrt worden ist.

Nr. 3 gilt entsprechend bei einer Verurteilung im Ausland wegen einer Tat, die mit den in Nr. 3 genannten Taten vergleichbar ist.

VIII. Das Musterprotokoll

b) Ich bin von dem beglaubigenden Notar über meine unbeschränkte Auskunftspflicht gegenüber dem Registergericht belehrt worden.

c) Der Gesellschafter hat folgende Leistung auf seinen Geschäftsanteil bewirkt:

auf den Geschäftsanteil Nr. _____ in Höhe von _____ €

einen Betrag von _____ €

Zusätzlich bei Hin- und Herzahlen

Der von dem Gesellschafter _____ auf den übernommenen Geschäftsanteil geleistete Geldbetrag wird diesem aufgrund des Darlehensvertrages vom _____ (Anlage) als Darlehen zurückgewährt.

d) Der Gegenstand der Leistung befindet sich endgültig in der freien Verfügung der Geschäftsführung.

e) Das Vermögen der Gesellschaft ist – abgesehen von dem im Gesellschaftsvertrag festgesetzten Aufwand (Kosten, Gebühren und Steuern) bis zur Höhe von _____ € – durch keinerlei Verbindlichkeiten vorbelastet oder aufgezehrt.

Die Gesellschaft hat von keinem Gesellschafter Vermögensgegenstände, insbesondere von keinem dem Gesellschafter oder einer Personengesellschaft, an der dieser beteiligt ist, gehörendem Unternehmen entgeltlich mit Mitteln der geleisteten Geschäftsanteile oder im Wege der Verrechnung mit diesen erworben, und es besteht auch keine Absicht zu einem solchen Erwerb; darüber hinaus hat die Gesellschaft keine Schulden eines bereits bestehenden Unternehmens übernommen.

III. Hinweise des beglaubigenden Notars

(1) Jeder Geschäftsführer hat bei jeder Änderung im Gesellschafterbestand unverzüglich beim Handelsregister eine neue Gesellschafterliste einzureichen, da er andernfalls dem Veräußerer, dem Erwerber und den Gläubigern der Gesellschaft für den Schaden, der aus dem Unterlassen einer solchen Mitteilung entsteht, persönlich haftet (§ 40 Abs. (2) GmbHG).

(2) Jeder Geschäftsführer hat auch jede Änderung der Geschäftsanschrift und ggf. der Person und/oder Anschrift eines Zustellungsbevollmächtigten unverzüglich dem Handelsregister mitzuteilen, andernfalls kann an die GmbH unter den Voraussetzungen des § 185 ZPO im Wege der öffentlichen Zustellung zugestellt werden. Ebenso ist das Registergericht verpflichtet, die Geschäftsführer zur

C. Gründungsverfahren nach dem MoMiG

Mitteilung einer geänderten Geschäftsanschrift unter Festsetzung von Zwangsgeldern anzuhalten.

(3) Wird die Gesellschaft zahlungsunfähig oder ergibt sich eine Überschuldung, haben die Geschäftsführer ohne schuldhaftes Zögern, spätestens aber drei Wochen nach Eintritt der Zahlungsunfähigkeit bzw. Überschuldung die Eröffnung des Insolvenzverfahrens zu beantragen. Hat die Gesellschaft keinen Geschäftsführer (Führungslosigkeit der Gesellschaft), ist auch jeder Gesellschafter zur Stellung des Antrages verpflichtet, es sei denn, er hat von der Zahlungsunfähigkeit/Überschuldung und der Führungslosigkeit keine Kenntnis.

Ort, Datum

_____

(Unterschrift **aller** Geschäftsführer)

IX. Verwaltungssitz abweichend vom Satzungssitz/Verwaltungssitz im Ausland

1. Ausgangslage

339 § 4a GmbHG a. F. schrieb vor, dass der **Verwaltungssitz** einer GmbH am Ort ihres **Satzungssitzes** zu sein hat. Eine gleichartige Regelung enthält § 5 AktG. Die Konsequenz bei der Verletzung dieser Vorschrift war lange Zeit strittig. Der BGH entschied dann im Jahre 2008[1], dass das Handelsregister bei Verstoß gegen dieses Gebot auch Amtsauflösungsverfahren betreiben darf. Obwohl die Entscheidung im konkreten Fall einen Sachverhalt betraf, bei dem die Gesellschaft offenbar überhaupt keinen Verwaltungssitz hatte und es sich um eine Art der **Firmenbestattung** handelte, kann aus der Entscheidung eindeutig für die frühere Rechtslage festgestellt werden, dass bei einem Auseinanderfallen von Satzungs- und Verwaltungssitz im Inland die Amtsauflösung zulässig ist. Bis zu dieser Entscheidung war die Auffassung zu dieser Frage auch unter Oberlandesgerichten geteilt.[2] Teilweise schloss man daraus, dass dieser Verstoß nicht ausdrücklich in §§ 142, 143 FGG genannt war, dass ein solches Verfahren auszuscheiden habe. Die Rechtsfrage ist nun gegenteilig entschieden und verliert durch das MoMiG ihre Bedeutung.

340 Nach der Rechtsprechung des EuGH (Überseering, Inspire Art[3]) können EU-Auslandsgesellschaften, d. h. Gesellschaften, die dem Recht eines anderen Staats der EU/des EWR unterliegen, ihren **effektiven Verwaltungssitz** in Deutschland

_____

[1] *BGH* GmbHR 2008, 990.
[2] Vgl. die Darstellung bei *BGH* GmbHR 2008, 990.
[3] Vgl. hierzu ausf. Widmann/Mayer/*Heckschen*, § 1 Rn. 161 ff.

IX. Verwaltungssitz abweichend vom Satzungssitz/Verwaltungssitz im Ausland

wählen, wenn ihr Gründungsstaat eine derartige Verlagerung des Verwaltungssitzes erlaubt.[1] Diese Gesellschaften sind in den jeweiligen EU/EWR-Ländern, also auch in Deutschland anzuerkennen.

Mit den bisherigen Entscheidungen des EuGH ist allerdings nur geklärt, dass Deutschland solchen Gesellschaften, die aus anderen Ländern der EU/des EWR in Deutschland tätig werden, die Rechts- und Parteifähigkeit und die volle Anerkennung nicht verweigern darf, wenn das jeweilige Land der EU/des EWR der **Gründungstheorie** folgt. Ungeklärt war hingegen die Frage, wie sich deutsche Gerichte zu verhalten haben, wenn das jeweilige Land der EU/des EWR der **Sitztheorie** folgt oder aber eine Gesellschaft, die dem Recht eines Landes außerhalb der EU/des EWR unterliegt, nach Deutschland zuzieht.[2] Viel weniger ist geklärt, ob die **Niederlassungsfreiheit** gebietet, dass auch Deutschland die Sitztheorie aufgibt und zur Gründungstheorie wechselt. Lange hatte der EuGH keine Entscheidung zu der Frage getroffen, ob es eine unzulässige Einschränkung der Niederlassungsfreiheit darstellt, wenn es ein Land der EU/des EWR einer Gesellschaft, die ihren Satzungssitz im Inland hat, untersagt, ihren Verwaltungssitz außerhalb der politischen Grenzen dieses Landes zu legen. In dem sog. „Daily Mail"-Urteil[3] hatte der EuGH noch im Jahre 1989 judiziert, dass eine derartige **Beschränkung der Wegzugsfreiheit** mit der Niederlassungsfreiheit vereinbar sei. Im wesentlichen stützte der EuGH sich dabei auf die sog. Geschöpflehre[4].

341

Auch in Kenntnis der Entwicklung der Rechtsprechung des EuGH sind deutsche Gerichte bis zuletzt bei der Behandlung von Gesellschaften mit Satzungssitz in Deutschland der **Sitztheorie** gefolgt.[5] Hier ist aber zu beachten, dass die Sitztheorie, die das Bestehen einer Gesellschaft davon abhängig macht, dass die Gesellschaft nicht nur in dem betreffenden Land ihres Satzungssitzes wirksam gegründet ist, sondern dort auch ihren Verwaltungssitz hat, positivrechtlich keinen Niederschlag im Gesetz gefunden hat, sondern von der Rechtsprechung entwickelt wurde.

342

Der Gesetzgeber plant hier jetzt erstmals eine Normierung zur Frage des Internationalen Gesellschaftsrechts. Es liegt ein **Referentenentwurf zum EGBGB** vor[6], dessen Inhalt unter Rn. 362 ff. näher dargestellt wird. Dieser Referentenentwurf ist im Gesetzgebungsverfahren derzeit etwas ins Stocken geraten. Mit einer Verabschiedung in der laufenden Legislaturperiode kann nicht gerechnet werden.

343

Die **Abkehr der deutschen Rechtsprechung** von der Sitztheorie wird auch mit einer weiteren Entscheidung des EuGH nicht erzwungen. Ein neues Vorlageverfahren, welches das ungarische Regionalgericht Szeged am 5. Mai 2006[7] einge-

344

---

[1] *EuGH* ZIP 1999, 438 [Centros]; ZIP 2000, 967 [Überseering]; ZIP 2003, 1885 [Inspire Art].
[2] Der BGH hat jetzt für eine aus der Schweiz (einem Nicht-EU-Land) stammende Gesellschaft entschieden, dass insoweit die Sitztheorie anzuwenden ist, *BGH* FD-HGR 2008, 269837.
[3] *EuGH* NJW 1989, 2186.
[4] *EuGH* NJW 1989, 2186.
[5] *OLG Köln* ZIP 2007, 935; *OLG Hamburg* NZG 2007, 597; *OLG München* ZIP 2007, 2124, jedenfalls gegenüber Drittstaaten *BGH* FD-HGR 2008, 269837.
[6] Vgl. dazu *Knof/Mock*, GmbHR 2008, R65 f.; *Wagner/Timm*, IPRax 2008, 81.
[7] Vorabentscheidungsersuchen des Szegedi Ítélötábla v. 5. 5. 2006, Rs. C-210/06, ABl. EG C 165 v. 15. 7. 2006, S. 17 f. = ZIP 2006, 1536.

C. Gründungsverfahren nach dem MoMiG

reicht hatte, brachte hier die entscheidende Wende nicht. Dem Verfahren lag folgender Sachverhalt zugrunde:

345 Im Jahre 2004 wurde die nach ungarischem Recht gegründete **Cartesio KG** in das dortige Handelsregister eingetragen. Komplementärin bzw. Kommanditistin der KG ist ein ungarisches Ehepaar. Nach ungarischen Recht wird der Sitz der KG zwingend durch den Ort der Hauptverwaltung bestimmt. Die KG erklärte im Jahr 2005 gegenüber dem Registergericht, sie habe ihren Sitz nach Italien verlegt und beantrage die Eintragung des Wechsels ins Handelsregister. Das Gericht lehnte die Eintragung wegen Fehlens einer Regelung zur Sitzverlegung im ungarischen Recht ab. Gegen diese Entscheidung legte die KG Rechtsmittel ein.[1]

346 Die Vorlagefrage betrifft zum einen das Problem, ob es sich bei der Absicht eine in Ungarn nach ungarischem Gesellschaftsrecht gegründeten und in das ungarische Handelsregister eingetragenen Gesellschaft, ihren **(Verwaltungs-)Sitz** in einen anderen Mitgliedstaat der Europäischen Union zu verlegen, um eine Frage handelt, deren Regelung unter das Gemeinschaftsrecht fällt oder ausschließlich das nationale Recht Anwendung findet.[2]

347 Des Weiteren wurde die Frage vorgelegt, ob sich eine ungarische Gesellschaft bei der Verlegung ihres Sitzes in einen anderen Mitgliedstaat der Europäischen Union unmittelbar auf das Gemeinschaftsrecht berufen kann. Sollte dies möglich sein, dann ist zu klären, ob die Sitzverlegung – sei es durch den Herkunftsstaat, sei es durch den Aufnahmestaat – von einer **Bedingung** oder einer **Genehmigung** abhängig gemacht werden kann.[3]

348 Schließlich wurde die Problematik vorgelegt, ob die **Art. 43, 48 EG** dahin auszulegen sind, dass eine nationale Regelung oder Praxis mit dem Gemeinschaftsrecht unvereinbar ist, wonach Handelsgesellschaften in Bezug auf die Ausübung ihrer Rechte unterschiedlich behandelt werden, je nachdem in welchem Mitgliedstaat sie ansässig sind. Die entscheidende Frage ist jedoch, ob eine nationale Regelung oder Praxis mit dem Gemeinschaftsrecht unvereinbar ist, wenn es einer ungarischen Handelsgesellschaft verwehrt, ihren (Verwaltungs-)Sitz in einen anderen Mitgliedstaat der Europäischen Union/EWR zu verlegen.[4]

349 Das Interesse an der Entscheidung des EuGH war sehr groß, da es sich seit der Entscheidung des EuGH in „Daily Mail"[5] erstmals wieder um einen sog. **Wegzugsfall** eines Unternehmens handelt. Die seither anderweitig ergangenen Entscheidungen[6], zuletzt „Sevic"[7], haben stets Fälle eines Zuzugs behandelt. Es

---

[1] Regionalgericht Szeged/Ungarn, ZIP 2006, 1536, 1536.
[2] Vorabentscheidungsersuchen des Szegedi Ítélőtábla, RS. C-210/06, v. 5.5. 2006, ABl. EG C 165 v. 15.7. 2006, S. 18.
[3] Vorabentscheidungsersuchen des Szegedi Ítélőtábla, RS. C-210/06, v. 5.5. 2006, ABl. EG C 165 v. 15.7. 2006, S. 18.
[4] Vorabentscheidungsersuchen des Szegedi Ítélőtábla, RS. C-210/06, v. 5.5. 2006, ABl. EG C 165 v. 15.7. 2006, S. 18.
[5] *EuGH* EuGHE 1988, 5505 = NJW 1989, 2186.
[6] *EuGH* ZIP 1999, 438 [Centros]; ZIP 2000, 967 [Überseering]; ZIP 2003, 1885 [Inspire Art].
[7] *EuGH* NJW 2006, 425 = NZG 2006, 112 = EWiR 2006, 25 (Drygala) [„Sevic Systems AG"].

IX. Verwaltungssitz abweichend vom Satzungssitz/Verwaltungssitz im Ausland

wurde daher nun gehofft, dass der EuGH anders als in der restriktiven Rechtsprechung in „Daily Mail" und zugunsten eines extensiven Verständnisses der Grundfreiheiten entscheidet.[1] Diese Hoffnung fußte auf der Tatsache, dass seit 1988, das Jahr der „Daily Mail"-Entscheidung, der EuGH in sehr vielen Fällen und in extensiver Weiterentwicklung seiner Rechtsprechung zugunsten der grundfreiheitenberechtigten natürlichen Personen bzw. diesen gleichgestellten Gesellschaften und folglich gegen die betroffenen Mitgliedstaaten entschieden hat.[2]

Darauf, dass sich die Rechtsprechung des EuGH seit „Daily Mail" weiterentwickelt hat, wies auch Generalanwalt Maduro in seinen Schlussanträgen vom 22.05.2008 hin. Aus seiner Sicht ist in der vorliegenden Rechtsstreitigkeit die **Niederlassungsfreiheit** berührt, da Cartesio durch die geplante Sitzverlegung die tatsächliche Ausübung einer wirtschaftlichen Tätigkeit mittels einer festen Einrichtung in einem anderen Mitgliedsstaat auf unbestimmte Zeit beabsichtigt. Insoweit stehe es den Mitgliedsstaaten nicht völlig frei, über „Leben und Tod" der nach ihrem nationalen Recht gegründeten Gesellschaften zu entscheiden. Die vollständige Untersagung der Verlegung des Geschäftssitzes ins Ausland sei deswegen diskriminierend, weil dadurch grenzüberschreitende Sachverhalte ungünstiger behandelt werden als rein nationale. Statt einer **kostengünstigen** Sitzverlegung würden gerade kleinere und mittlere Gesellschaften auf diese Weise zu einer zeit- und kostenintensiven Abwicklung und Neugründung gedrängt, sofern sie ihren operativen Geschäftssitz in einen anderen Mitgliedstaat verlegen wollen. Eine Einschränkung der Niederlassungsfreiheit könnte nur aus Gründen des allgemeinen öffentlichen Interesses – wie z. B. **Gläubigerschutz oder Schutz vor Missbrauch** – gerechtfertigt sein. Solche Rechtfertigungsgründe wurden aber nicht vorgetragen. Deshalb sind aus Sicht des Generalanwalts die Beschränkungen zur Sitzverlegung in einen anderen Mitgliedstaat mit Art. 43 und 48 EGV nicht vereinbar.[3]

Der EuGH entschied, dass es einem Mitgliedsland der EU/des EWR nicht untersagt ist, die Verlegung des Verwaltungssitzes in einen anderen EU-/EWR-Staat zu untersagen.[4] Die Rechtsprechung kann die Sitztheorie sowohl gegenüber Auslandsgesellschaften als auch gegenüber Gesellschaften, die aus dem Bereich der EU/des EWR kommen, anwenden. Mit seiner Entscheidung in der Rechtssache „Cartesio" hat der EuGH einerseits das Recht jedes Mitgliedstaates anerkannt, über das Entstehen und die Beendigung einer Gesellschaft autonom zu entscheiden. Andererseits weist er in einem obiter dictum darauf hin, dass einer Gesellschaft nur aus zwingenden Gründen des Allgemeininteresses untersagt werden kann, ihren Satzungssitz zu verlegen. Das OLG Hamm[5] hatte in der Frage, ob eine Gesellschaft

---

[1] *Kleinert/Schwarz*, GmbHR 2006, R 365.
[2] *Kleinert/Schwarz*, GmbHR 2006, R 365; *Neye*, EWiR 2006, 459f.
[3] Schlussanträge des Generalanwalts Poiares Maduro vom 22. 5. 2008 in der Rechtssache C-210/06, ZIP 2008, 1067. Zu den Schlussanträgen vgl. Anmerkung von Wilhelmi, DB 2008, 1611.
[4] *EuGH* ZIP 2009, 24 mit Anm. *Knof/Mock* = GmbHR 2009, 86 mit Anm. *Meilicke* = DB 2009, 52 sowie DStR 2009, 121 mit Anm. *Goette*.
[5] *OLG Hamm* ZIP 2006, 1822 (Revision anhängig); vgl. dazu *Jung*, NZG 2008, 681.

C. Gründungsverfahren nach dem MoMiG

mit Satzungssitz in der Schweiz, aber mit Verwaltungssitz in Deutschland, volle Rechts- und Parteifähigkeit genießt, entschieden, dass hier die Gründungstheorie Anwendung finde, obwohl die Schweiz kein Mitglied der EU/des EWR ist. Der BGH hat sich dieser Auffassung nicht angeschlossen und sieht gerade angesichts der erheblichen politischen Vorbehalte gegenüber dem Referentenentwurf zum EGBGB keinen Raum für die Anwendung der Gründungstheorie im Verhältnis zu Gesellschaften, die nicht dem Recht des Staates der EU/EWR unterliegen.[1]

2. Neuregelung

352 § 4a Abs. 2 GmbHG sowie § 5 Abs. 2 AktG wurden ersatzlos gestrichen. Der **Verwaltungssitz,** definiert als der Sitz, an dem Entscheidungen des Unternehmens umgesetzt werden[2], kann also in eine vom Satzungssitz verschiedene politische Gemeinde wegverlegt werden, ohne dass eine **Satzungssitzverlegung** und entsprechende Satzungsänderung erforderlich wären oder der Gesellschaft das Amtsauflösungsverfahren droht. Die Gesellschaften müssen allerdings beachten, das sie bei Verlegung des Verwaltungssitzes an einen anderen Ort als den Satzungssitz dort eine Zweigniederlassung gem. §§ 13 ff. HGB anzumelden haben. Die Gesellschaft hat nicht die Option, sondern die Verpflichtung zu dieser Anmeldung.[3] Die Pflicht kann per Zwangsgeld gem. § 14 HGB durchgesetzt werden. Für das Inland bietet sich somit die Option, den Sitz aller Gesellschaften an einem Ort zu konzentrieren und lediglich die Verwaltungssitze regional zu verteilen. Dies hat erhebliche praktische Vorteile, da auf diese Weise die häufig anzutreffende Aufsplittung in Regionalgesellschaften, die jeweils unterschiedliche Gerichtszuständigkeiten haben, vermieden werden kann.

353 Mit der Änderung des § 4a GmbHG soll es nun darüber hinausgehend auch deutschen Gesellschaften ermöglicht werden, ihren **Verwaltungssitz ins Ausland** zu verlegen.

354 Der Wortlaut des § 4a GmbHG erlaubt zwar zunächst nur, dass der Satzungssitz an einem **anderen Ort als dem des Verwaltungssitzes** liegen kann.[4] Jedoch ergibt sich aus der **Gesetzesbegründung**[5], dass der Verwaltungssitz nun auch im Ausland liegen darf. Den Gesellschaften soll die Mobilität eingeräumt werden, die sich aus der Anwendung der Gründungstheorie ergibt.

355 Auch wenn der Gesetzgeber dies (zunächst) nur in der Begründung zum MoMiG zum Ausdruck bringt und hier nur für die GmbH, AG und KGaA, so ist doch sein Wille erkennbar. Die bisher positiv gesetzlich nicht geregelte und lediglich von der Rechtsprechung und Literatur überwiegend vertretene **Sitztheorie** will der Gesetzgeber aufgeben. Gerade aus dem Umstand, dass dies nicht im Ge-

---

[1] *BGH* FD-HGR 2008, 269837 = DStR 2009, 59 mit Anm. *Goette*; zum Verfahren vgl. auch *Jung,* NZG 2008, 681.
[2] Vgl. auch *Wachter,* GmbHR-Sonderheft Oktober 2008, 80, 81 m.w.N.
[3] *Heckschen* (Hrsg.), Private Limited Company, 2. Aufl. 2007, Rn. 126 ff.
[4] *Hoffmann,* ZIP 2007, 1581, 1582 ff.; *Knof/Mock,* GmbHR 2007, 852, 856.
[5] Begr. RegE, BT-Drucks. 16/6140, S. 29.

IX. Verwaltungssitz abweichend vom Satzungssitz/Verwaltungssitz im Ausland

setzestext, sondern in der Regierungsbegründung seinen Niederschlag findet, ist zu folgern, dass es sich nicht um eine Einzelfallentscheidung ausschließlich zugunsten der GmbH, AG und KGaA handelt. Schon vor der Änderung des EGBGB (vgl. Rn. 364 ff.) dürfte damit generell die Hinwendung zur Gründungstheorie der Ansicht des Gesetzgebers entsprechen und für alle Rechtsträger Platz greifen.[1] Die Rechtslage ist jedoch umstritten.[2] In der Literatur wird vertreten, dass der Gesetzgeber mit § 4a GmbHG allenfalls eine sachrechtliche, keinesfalls aber eine kollisionsrechtliche Regelung habe treffen können. Dann aber verbleibe es dabei, dass aus den kollisionsrechtlichen Regelungen grundsätzlich folge, dass über das ausländische Kollisionsrecht auf deutsches Recht und somit auf die weiterhin geltende Sitztheorie verwiesen werde.[3]

Die **Verlegung des Verwaltungssitzes** ins Ausland oder aber auch die Begründung des Verwaltungssitzes im Ausland direkt bei der Gründung erhöht deutlich den internationalen Spielraum deutscher Gesellschaften. Sie können somit ihre wirtschaftliche Tätigkeit auch außerhalb des deutschen Hoheitsgebiets im Ausland – und zwar auch außerhalb der EU/des EWR – betreiben und auch von dort steuern.[4] Auf diese Weise könnte ein internationaler Konzern in der Weise organisiert werden, dass für jedes Land eine Tochter-GmbH mit Satzungssitz in Deutschland und Verwaltungssitz in dem jeweiligen Land gegründet wird. Dies hat den Vorteil, dass diese Gesellschaften nur einem einheitlichen Recht unterliegen.[5] Optimiert wird diese Gestaltung noch dadurch, dass alle Gesellschaften an einem Handelsregister konzentriert werden. Der Abwicklungs- und Verwaltungsaufwand wird dadurch deutlich reduziert. Diese Erweiterung des wirtschaftlichen Betätigungsfeldes deutscher GmbHs schafft Waffengleichheit zu den EU-Auslandsgesellschaften wie der Ltd., deren Gründungsstaat die Verlagerung des Verwaltungssitzes erlaubt[6]. Es bleibt jedoch dabei, dass der Satzungssitz innerhalb von Deutschland liegen muss.[7] Die Gesellschaft muss demnach eine **Geschäftsanschrift im Inland** zum Handelsregister anmelden und auch aufrechterhalten.

356

Anzumerken bleibt, dass die Verlegung des Verwaltungssitzes ins Ausland nicht für eine „Flucht aus der deutschen **Mitbestimmung**" geeignet ist.[8] Die Norm ist mitbestimmungsneutral, da die Gesellschaft trotz der Verlegung des Verwaltungs-

357

---

[1] *Hoffmann*, ZIP 2007, 1581, 1582 ff.; krit. dazu aber *BGH* DStR 2009, 59 mit Hinweis auf den Streit über den Referentenentwurf zum EGBGB (vgl. Rn. 364).

[2] Zum Streitstand vgl.: *Hoffmann*, ZIP 2007, 1581; *Eidenmüller*, ZGR 2007, 205; *Kindler*, AG 2007, 722; *Preuß*, GmbHR 2007, 57.

[3] So u. a. *Preuß*, GmbHR 2007, 57; *Kindler*, AG 2007, 722; *Eidenmüller*, ZGR 2007, 206; anders und wie hier: *Knof/Mock*, GmbHR 2007, 856; *Handelsrechtsausschuss DAV*, NZG 2007, 212; *Flesner*, NZG 2006, 641; *Möller*, AG 2008, 1 f.

[4] *Wachter*, GmbHR-Sonderheft Oktober 2008, 80, 82.

[5] *Möller*, AG 2008, 1 f.; *Leuering/Simon*, NJW-Spezial 2006, 315; *Noack*, DB 2006, 1475, 1478.

[6] *Triebel/Otte*, ZIP 2006, 1321, 1326.

[7] Ganz h. M.: Vgl. *BayObLG* GmbHR 2004, 490 (Satzungssitzverlegung ist unzulässig); *Wachter*, GmbHR-Sonderheft Oktober 2008, 80, 81; *Widmann/Mayer/Heckschen*, § 1 Rn. 192 ff.

[8] Beschlussempfehlung des Rechtsausschusses des Bundesrates vom 24. 6. 2008, S. 94, abrufbar unter www.bundestag.de.

sitzes deutschem Recht unterliegt. Entscheidend für die Mitbestimmung sind die in Deutschland beschäftigten Arbeitnehmer, unabhängig vom Sitz der Geschäftsführung.

3. Beratungs- und Gestaltungshinweise

358
- Die Satzung muss gem. § 10 GmbHG nur eine Festlegung zum **Satzungssitz** enthalten. Der **Verwaltungssitz** der Gesellschaft kann und sollte im Gesellschaftsvertrag ebenfalls festgelegt werden. Mit den Gesellschaftern sollte diskutiert werden, ob auch die Änderung des Verwaltungssitzes nur mit ihrer Zustimmung und nur mit satzungsändernder Mehrheit beschlossen werden kann.[1]

359
- Die Problematik ist von erheblicher Bedeutung für die Gesellschafter und zumindest in den Katalog **zustimmungsbedürftiger Geschäfte** sollte bei der Satzungsgestaltung der Punkt aufgenommen werden, dass die **Verlegung des Verwaltungssitzes** der Zustimmung der Gesellschafter bedarf. Es steht den Gesellschaftern aber auch frei, den **Verwaltungssitz** zusätzlich zu dem Satzungssitz zum **Bestandteil der Satzung** zu machen, um auf diese Weise eine Änderung nur mit Drei-Viertel-Mehrheit zuzulassen.

360
- Es ist darauf hinzuweisen, dass die **Geschäftsanschrift** der Gesellschaft, die nunmehr gem. § 8 Abs. 4 GmbHG bzw. § 37 Abs. 3 AktG zwingend beim Handelsregister anzumelden ist und dort gem. § 10 Abs. 1 Satz 1 GmbHG bzw. § 39 Abs. 1 Satz 1 AktG eingetragen wird, nicht mit dem Satzungssitz und auch nicht mit dem Verwaltungssitz identisch sein muss.[2] Die Geschäftsanschrift muss lediglich im **Inland** liegen. Auch wenn es sich nicht um ein Postfach handeln darf, so kann es beispielsweise aus Kosten- oder Bequemlichkeitsgründen (Wohnanschrift eines Gesellschafters) praktisch vorteilhaft sein, in der vorgenannten Weise zu differenzieren.

361
- Bisher kannten das GmbH-Recht und das Aktienrecht kein Auseinanderfallen von Verwaltungs- und Satzungssitz. Es war daher völlig klar, dass eine Bestimmung der Satzung, die vorsah, dass die Gesellschafterversammlungen am Sitz der Gesellschaft stattzufinden haben, den Satzungssitz unter Bezug nahmen. Im Zweifelsfall wird dies in Zukunft in gleicher Weise auszulegen sein.[3] Der Berater sollte jedoch die Thematik problematisieren. Nicht selten werden die Gesellschafter erklären, dass zumindest alternativ die Versammlung auch am Verwaltungssitz bzw. am Ort der Geschäftsanschrift stattfinden kann.

---

[1] So jetzt auch *Wachter*, GmbHR-Sonderheft 2008, 80, 82;
[2] Vgl. beispielsweise auch *Wachter*, GmbHR-Sonderheft Oktober 2008, 80 f.
[3] *Wachter*, GmbHR-Sonderheft Oktober 2008, 80 f.

IX. Verwaltungssitz abweichend vom Satzungssitz/Verwaltungssitz im Ausland

4. Formulierungsbeispiele

Aufnahme des Verwaltungssitzes in die Satzung   362

§ _____ *(Sitz)*

Die Gesellschaft hat ihren Satzungssitz in _____. *Der Verwaltungssitz der Gesellschaft ist* _____.

(alt.: *Der Verwaltungssitz der Gesellschaft muss am Satzungssitz der Gesellschaft liegen.)*

(ggf.: *Soweit die Gesellschafterversammlung beschließt, dass der Verwaltungssitz an einem anderen Ort als der Satzungssitz liegt, darf sich dieser Ort nur in der Bundesrepublik Deutschland* **(alt.**: *in der Europäischen Union einschließlich des EWR) befinden.)*

Erweiterung der zustimmungspflichtigen Geschäfte   363

- *Verlegung des Satzungssitzes der Gesellschaft*
- *Änderung der Geschäftsanschrift der Gesellschaft*

5. Reform des EGBGB

Die Änderung der §§ 4a GmbHG, 5 AktG wird flankiert von den Bestrebungen der Bundesregierung, das Internationale Gesellschaftsrecht zu reformieren. Das Bundesjustizministerium hat am 7. 1. 2008 einen **Referentenentwurf zum Internationalen Gesellschaftsrecht**[1] auf den Weg gebracht.   364

Mit diesem Gesetz soll generell und ausdrücklich die Frage behandelt werden, welches Recht auf Gesellschaften, Vereine und juristische Personen anwendbar ist. Gerade bei **grenzüberschreitenden Unternehmen** bestehen bisher Unsicherheiten, die mit diesem Gesetz beseitigt werden sollen. Darüber hinaus trägt das Gesetz der Rechtsprechung des EuGH Rechnung, die die uneingeschränkte Anwendung der Sitztheorie als Verstoß gegen die Niederlassungsfreiheit bewertet.[2]   365

Die neuen §§ 10–10b EGBGB werden die **Anwendung der Gründungstheorie** kodifizieren. Demnach unterliegen die Unternehmen dem Recht des Staates, in dem sie in ein öffentliches Register eingetragen sind bzw. dem Recht des Staates, in dem sie organisiert sind, § 10 EGBGB. Davon erfasst ist das **Recht der Gründung** und **Auflösung einer Gesellschaft,** der Firma und des Namens, der Organisation und der Verfassung, der Rechtsnatur und Rechtsfähigkeit, der Vertretung, der Mitgliedschaft und der Haftung eines Unternehmens. Die Regelun-   366

---

[1] Abrufbar unter www.bmj.bund.de/media/archive/2751.pdf.
[2] *EuGH* ZIP 1999, 438 [Centros]; ZIP 2000, 967 [Überseering]; ZIP 2003, 1885 [Inspire Art].

C. Gründungsverfahren nach dem MoMiG

gen des Entwurfs erstrecken sich auf Unternehmen sowohl aus der EU bzw. dem Europäischen Wirtschaftsraum als auch auf solche aus anderen Staaten.

367 Weiterhin wird das anwendbare Recht bei **grenzüberschreitenden Umwandlungen** in § 10a EGBGB geregelt und enthält eine Auffangregelung für solche grenzüberschreitenden Umwandlungen, die nicht von §§ 122a ff. UmwG erfasst sind.[1] § 10a EGBGB knüpft an die Regelung des § 10 EGBGB für jedes einzelne beteiligte Unternehmen an. Es gilt somit für jeden beteiligten Rechtsträger das Recht des Staates seiner Registereintragung bzw. Organisation. Dies entspricht der sog. Vereinigungstheorie[2].

368 Wird ein Unternehmen in einem anderen Staat in ein öffentliches Register eingetragen bzw. verlegt es seine Organisation dorthin, so **wechselt das anwendbare Recht** in Anknüpfung an § 10 EGBGB, § 10b EGBGB. Voraussetzung ist allerdings, dass die betreffende Rechtsordnung einen solchen Wechsel ohne Auflösung und Neugründung zulässt.

6. Auswirkungen auf die ausländische Kapitalgesellschaft & Co. KG

369 Ist eine im EG-Ausland gegründete Kapitalgesellschaft Komplementärin einer deutschen Kommanditgesellschaft, so stellen sich weitere Zweifelsfragen.[3] Das Problem dieser Gesellschaften bestand bislang darin, dass die ausländische Komplementärgesellschaft meist nicht nur ihren **Satzungs-**, sondern auch ihren **Verwaltungssitz** im EG- bzw. EWR-Ausland und nicht in Deutschland hatte. Da der Verwaltungssitz der einzigen Komplementärin in der Regel mit dem KG-„Verwaltungssitz" zusammenfällt, liegt damit auch der effektive Verwaltungssitz der KG im EG-Ausland.

370 Weil nach der bislang geltenden Sitztheorie das Recht des Staates, in dem die Gesellschaft ihrem Verwaltungssitz hat, über die rechtliche Existenz der Gesellschaft entscheidet und dieser gerade nicht in Deutschland liegt, ist nach deutschem Recht überhaupt **keine rechtsfähige Gesellschaft** entstanden.[4] In Betracht kam allenfalls die Entstehung einer ausländischen Personengesellschaft. Für die Gläubiger dieser nichtexistenten Gesellschaft hatte das zur Folge, dass sie sich im Zweifel an die ausländische Kapitalgesellschaft halten musste. Diese haftete nach den Grundsätzen der Vertretung ohne Vertretungsmacht als falsus procurator.[5]

371 Die GmbH-Reform hat bei dieser Situation zu keiner ausdrücklichen Verbesserung der Rechtslage geführt, da die Gesetzesänderung nur die GmbH und die AG, nicht jedoch Personenhandelsgesellschaften wie die KG betrifft. Allerdings hat der Gesetzgeber mit dieser Regelung bereits zu erkennen gegeben, dass eine Entwicklung hin zur **Gründungstheorie** stattfindet, die in der Reform des

---

[1] Vgl. dazu ausf. Widmann/Mayer/*Heckschen*, Vor §§ 122a Rn. 85 ff.
[2] Vgl. dazu Widmann/Mayer/*Heckschen*, § 1 Rn. 270 ff.
[3] Baumbach/Hopt/*Hopt*, Anh. § 177a Rn. 11.
[4] Palandt/*Heldrich*, BGB, 67. Aufl. 2008, Anh. Zu Art. 12 EGBGB, Rn. 10 ff.
[5] *Mülsch/Nohlen*, ZIP 2008, 1358, 1361.

EGBGB für sämtliche Gesellschaftsformen eingeführt wird. Nach dem neuen Art. 10 EGBGB können dann auch deutsche Gesellschaften gegründet werden, die von Anfang an ihren Verwaltungssitz im Ausland haben, wie zum Beispiel eine Limited & Co. KG. Soweit man der Auffassung ist, dass die Gründung einer ausländischen Gesellschaft & Co. KG mit Verwaltungssitz im Ausland erst nach Inkrafttreten der Reform des EGBGB zulässig ist, wären zuvor gegründete Gesellschaften weiterhin rechtlich nicht existent. Zu begrüßen wäre daher eine bislang im EGBGB-E nicht vorgesehene Übergangsregelung für solche Gesellschaften.[1]

372

X. Checkliste – Satzungsänderungen/Registeranmeldungen nach MoMiG[2]

Für die Gestaltungspraxis ergeben sich für bestehende Satzungen und die Anpassung der Muster für künftige Satzungsgestaltungen folgende zu beachtende Punkte:

373

☑ Allgemeine Änderungen der Satzung

- Firma (ggf. Rechtsformzusatz „UG (haftungsbeschränkt))
- Inländischer Satzungssitz/Verwaltungssitz
- Unternehmensgegenstand prüfen wegen bisher „weggelassen" genehmigungsbedürftigen Geschäften/Streichung des Zusatzes: Die Gesellschaft betreibt keine genehmigungsbedürftigen Geschäfte.
- Mehrere Geschäftsanteile oder nur einer?
- Änderung Verwaltungssitz/Änderung Geschäftsanschrift (ggf. nur im Katalog zustimmungsbedürftiger Geschäfte)
- Stammkapital und Einzahlung bei Einmann-GmbH
- Splittung der Geschäftsanteile
- Bei Gründung: Geschäftsanteile in der Satzung nummerieren/Zahl der Geschäftsanteile angeben
- Regelungen zu Mitteilungspflichten bei Veränderungen in der Person des Gesellschafters bzw. seiner Geschäftsanteile; **ggf.**: ausdrückliche Pflicht zur Mitteilung von Adressänderungen bei Gesellschaftern
- Genehmigungserfordernis bei der Teilung von Geschäftsanteilen/Zusammenlegung/Neuausgabe? (§ 46 Nr. 4 GmbHG)

---

[1] *Mülsch/Nohlen*, ZIP 2008, 1358, 1362.
[2] *Katschinski/Rawert*, ZIP 2008, 1993.

C. Gründungsverfahren nach dem MoMiG

- Streichung des Passus „§ 17 GmbHG bleibt unberührt."
- Stimmrecht aus mehreren Anteilen: nur einheitlich oder auch unterschiedlich; ggf. streichen „je 100 €/je 50 € gewähren eine Stimme"
- Stimmrecht auf 1 € anpassen („Je 1 € gewähren eine Stimme.")
- Zustimmungserfordernis bei Übertragung von Geschäftsanteilen, wenn nicht dann Teilung freistellen
- Klauseln, die Teilung von 50 €-Splittung abhängig machen
- Ort für Abhaltung der Gesellschafterversammlungen: Kann dies auch Verwaltungssitz oder Gemeinde sein, wo auch die Geschäftsanschrift der Gesellschaft ist?

☑ Regelung bei Einziehung eines Geschäftsanteils

- Kein Auseinanderfallen von Stammkapital und Summe der Nennbeträge der Geschäftsanteile
    - Bildung eines neuen Anteils oder
    - Kapitalherabsetzung oder
    - Aufstockung der Nennbeträge der bestehenden Anteile

☑ Genehmigtes Kapital

- Ermächtigung max. 5 Jahre
- Nennbetrag des genehmigten Kapitals – max. ½ des Stammkapitals

☑ Restposten aus früheren Gesetzesänderungen

- Umstellung von DM auf € erfolgt?
- elektronischer Bundesanzeiger vorgesehen?

☑ Weitere Punkte bei Registeranmeldung

- inländische Geschäftsanschrift
- ggf. Zustellungsbevollmächtigten
- Gesellschafterliste mit nummerierten Geschäftsanteilen erstellen/Spalte für Veränderungen vorsehen

☑ ggf. Anmeldung der Satzungsänderungen

D. Geschäftsanteile

I. Übernahme mehrerer Geschäftsanteile und praktische Vor- und Nachteile

1. Ausgangslage

Bei der **Gründung** und auch bei der **Kapitalerhöhung** konnte ein Gesellschafter jeweils nur **einen einzigen Geschäftsanteil** übernehmen, §§ 5 Abs. 2, 55 Abs. 4 GmbHG a. F. Das GmbHG verfolgte bisher angesichts der typischerweise personalistischen Struktur der GmbH das Ziel, grundsätzlich für jeden Gesellschafter eine möglichst **einheitliche Mitgliedschaft** zu **konstituieren.** Flankiert wurde diese Intention des Gesetzgebers dadurch, dass bei Teilabtretungen nicht mehrere Teile eines Geschäftsanteils auf den selben Erwerber übertragen werden konnten, § 17 Abs. 5 GmbHG a. F. Auch das grundsätzliche Verbot der Vorratsteilung diente diesem Zweck. Das Verbot der Übernahme mehrerer Geschäftsanteile bei der Gründung konnte auch nicht dadurch umgangen werden, dass man während der Gründungsphase **Teile von Geschäftsanteilen** auf einen Mitgesellschafter übertrug. Derartige Maßnahmen stellten eine Änderung der Gründungsurkunde dar und führten dazu, dass wiederum ein einheitlicher Geschäftsanteil bei dem Erwerber zu bilden war.[1]

Gleichwohl konnte **nach Eintragung** der Gesellschaft ein Gesellschafter auch mehrere Geschäftsanteile inne haben, wenn er diese durch Erwerb von unterschiedlichen Veräußerern oder sukzessive von einem Veräußerer erwarb.

Die Zulässigkeit des Erwerbs mehrerer Geschäftsanteile nach Eintragung der GmbH folgt bereits aus § 5 Abs. 2 GmbHG a. F. Mit den vorgenannten Regelungen wurde nicht nur die Einheitlichkeit der Beteiligung in einer Hand und die Stärkung der Personalisierung der Beteiligung gefördert, sondern es sollte auch eine **geringere Fungibilität der Geschäftsanteile** einer GmbH beispielsweise gegenüber der Aktiengesellschaft unterstrichen werden. Insbesondere der **leichte Handel mit GmbH-Geschäftsanteilen** sollte mit der Regelung erschwert werden.

374

375

376

---

[1] Vgl. dazu ausf. *Heckschen,* in: Heckschen/Heidinger, Die GmbH in der Gestaltungs- und Beratungspraxis, 2. Aufl. 2009, § 3 Rn. 106.

D. Geschäftsanteile

a) Mehrere Geschäftsanteile in einer Hand

377 Das **Verbot der Übernahme mehrerer Geschäftsanteile**, das bereits bei der Gründung der Gesellschaft galt, war in der Praxis vor allem für die Bildung von Treuhandverhältnissen von Bedeutung. Bislang waren dafür aufwendige Konstruktionen erforderlich.

378 **Beispielsfall:**

A und B wollen eine GmbH gründen. B möchte aber bei der Gründung nicht in Erscheinung treten. A soll daher die Gesellschaft allein gründen, jedoch eine Stammeinlage von 12 500 € treuhänderisch für B halten. Es soll B auch möglich sein, über A das Stimmrecht aus dem Anteil auszuüben. Die Stimmabgabe soll auch abweichend zu der Stimmrechtsausübung durch A möglich sein.

379 Bei der Gründung der GmbH konnte A gem. § 5 Abs. 2 GmbHG a. F. nur eine Stammeinlage übernehmen, die auch nur mit einem **einheitlich auszuübenden Stimmrecht** ausgestattet war. Das Ziel, einen Geschäftsanteil mit eigenständigem Stimmrecht für B treuhänderisch zu halten, war daher nur über Umwege erreichbar.

380 Die Beteiligten hatten zur Umsetzung 2 Möglichkeiten:

B konnte einen Dritten als Treuhänder einschalten, der die Stammeinlage von 12 500 € übernahm. Beim Abschluss des **Treuhandvertrages** bestanden dann keine Probleme.

381 Alternativ konnte A aufschiebend bedingt mit der Handelsregistereintragung von seinem 25 000 €-Anteil einen **Teilgeschäftsanteil** an einen Dritten abtreten, der ihn eine logische Sekunde später wiederum an A abtrat. Denn nach Eintragung der GmbH war es zulässig, dass ein Gesellschafter zwei Geschäftsanteile hält. Über diesen aus der **Teilabtretung** entstandenen Geschäftsanteil konnten dann **Treuhandvereinbarungen** getroffen werden.

382 Dabei war aber zu beachten, dass bis zur Eintragung der Gesellschaft kein selbständig handelbarer oder übertragbarer Geschäftsanteil existierte. Sollten bereits im **Gründungsstadium** „Anteilsübertragungen" vorgenommen werden, so war entweder klarzustellen, dass diese Übertragungen erst mit Eintragung der GmbH (aufschiebend bedingte Anteilsübertragung) wirksam werden sollten oder aber, dass es sich um Änderungen der Gründungssatzung handelte. Dabei mussten dann alle Gründer mitwirken.[1]

383 Eine **Heilung von formunwirksamen Abtretungen** in diesem Zeitraum war nicht durch Eintragung der Gesellschaft in das Handelsregister möglich.[2]

---

[1] Vgl. z. B. *OLG Frankfurt* NJW-RR 1997, 1062.
[2] *OLG Brandenburg* NJW-RR 1996, 291.

I. Übernahme mehrerer Geschäftsanteile und praktische Vor- und Nachteile

b) Wahrnehmung des Stimmrechts

Für die Frage, ob ein Gesellschafter **uneinheitlich abstimmen** konnte, war wie folgt zu differenzieren.[1] 384

Gab es keine Satzungsregelung, konnte der Gesellschafter, der – wie in der Regel – nur einen Geschäftsanteil vertrat, nach h. M. nur **einheitlich abstimmen,** seine Stimme also nicht nach Kapitalbeträgen stückeln.[2] Nach Auffassung des LG München war jedoch eine **Satzungsregelung,** die die **uneinheitliche Abstimmung** aus einem Geschäftsanteil gestattete, zulässig.[3] 385

Besaß der Gesellschafter **mehrere Geschäftsanteile,** konnte er dagegen auch ohne entsprechende Satzungsregelung für die einzelnen Anteile unterschiedlich abstimmen.[4] Einige Stimmen innerhalb der h. M. hielten dies für uneingeschränkt möglich,[5] andere forderten dafür ein **berechtigtes Interesse,** das z. B. dann angenommen wurde, wenn ein **Treuhänder** Anteile für verschiedene Treugeber hielt.[6] 386

Andere wiederum hielten auch bei Fehlen einer Satzungsregelung die **uneinheitliche Stimmabgabe** sowohl bei der Abstimmung für nur einen als auch für mehrere Geschäftsanteile für möglich.[7] 387

Es bestand auch keine Einigkeit, ob und inwieweit die Satzung von dem Verbot uneinheitlicher Stimmabgabe befreien konnte. Das Meinungsspektrum reichte von völliger Unabdingbarkeit[8] bis hin zu uneingeschränkter Abdingbarkeit bzw., soweit die Zulässigkeit einer **gespaltenen Stimmabgabe** von vornherein bejaht wurde, der Möglichkeit, ein Verbot gespaltener Stimmabgabe durch die Satzung einzuführen.[9] Klarheit bestand jedenfalls dann, wenn die Satzung eindeutig bestimmte, dass aus einem Anteil nur einheitlich abgestimmt werden konnte. 388

Beim Vorhandensein mehrerer Anteile in der Hand eines Gesellschafters entsprach es der stark überwiegenden Meinung, dass ein **unterschiedliches Stimmverhalten** möglich sein musste.[10] Dies schien mit dem GmbHG vereinbar zu sein, da hier kein Verbot eines dementsprechenden Stimmverhaltens festgelegt war, und wurde den praktischen Bedürfnissen gerecht, die sich z. B. aus **Treuhandverhältnissen, Pfändungen, Vor- und Nacherbschaften** an einzelnen An- 389

---

[1] S. dazu auch DNotI-Gutachten Nr. 43043 vom 31. 7. 2003.
[2] Vgl. *BGH* GmbHR 1965, 32; GmbHR 1988, 304; Scholz/*K. Schmidt,* 9. Aufl. 2002, § 47 Rn. 69 m. w. N.; Baumbach/Hueck/*Zöllner,* § 47 Rn. 20; *Wolff,* in: MünchHdb-GesR III, § 38 Rn. 31 f.; Lutter/Hommelhoff/*Lutter/Hommelhoff,* § 47 Rn. 4.
[3] *LG München* GmbHR 2006, 431 m. zust. Anm. *Schüppen/Gahn* = NotBZ 2007, 71.
[4] A. A. *Goette,* Die GmbH, 2. Aufl. 2002, § 7 Rn. 54.
[5] Roth/Altmeppen/*Roth,* § 47 Rn. 29; Scholz/*K. Schmidt,* 9. Aufl. 2002, § 47 Rn. 72; *Wolff,* in: MünchHdb-GesR III, § 38 Rn. 31 f.
[6] Baumbach/Hueck/*Zöllner,* § 47 Rn. 20 m. w. N.
[7] Michalski/*Römermann,* § 47 Rn. 466; *Berner/Stadler,* GmbHR 2003, 1407.
[8] Baumbach/Hueck/*Zöllner,* § 47 Rn. 20.
[9] Michalski/*Römermann,* § 47 Rn. 473; *Wolff,* in: MünchHdb-GesR III, § 38 Rn. 31 f.; Scholz/*K. Schmidt,* 9. Aufl. 2002, § 47 Rn. 74.
[10] Ausf. dazu *Heckschen,* in: Heckschen/Heidinger, Die GmbH in der Gestaltungs- und Beratungspraxis, 2. Aufl. 2009, § 8 Rn. 52.

D. Geschäftsanteile

teilen und insgesamt aus den unterschiedlichen Rechten, die an einem Anteil bestehen können, ergeben.

2. Neuregelung

a) Mehrere Geschäftsanteile

390 Der Gesetzgeber hebt das **Verbot zur Übernahme mehrerer Geschäftsanteile bei der Gründung** oder auch bei der **Kapitalerhöhung** auf. Es bestehen insoweit keinerlei Einschränkungen mehr. Bei beiden Strukturentscheidungen kann ein Gesellschafter einen oder mehrere Geschäftsanteile übernehmen.

391 Weiterhin wird auch das **Verbot der Vorratsteilung** gem. § 17 GmbHG, der insgesamt gestrichen wird (vgl. dazu unten 416 ff.), völlig aufgehoben.

392 Es steht im freien Belieben der Gesellschafter, die Anteile zu splitten oder es bei einem Anteil zu belassen. Insbesondere wenn Treuhandverhältnisse geplant sind, hat sich damit die Rechtslage deutlich für die Gesellschafter verbessert und ist nunmehr flexibler. Mit der Übernahme mehrerer Geschäftsanteile ist die Begründung eines Treuhandverhältnisses über einen oder mehrere Anteile unproblematisch zulässig. Auch die nicht selten zugunsten verschiedener Gläubiger verlangte **Verpfändung** eines Teils eines Geschäftsanteils ist nunmehr bei der Gründung oder auch bei Kapitalerhöhungsmaßnahmen unproblematisch.

393 Korrespondierend mit der Regelung des § 5 Abs. 2 Satz 2 GmbHG werden Zahl und **Nennbeträge der Geschäftsanteile,** die jeder Gesellschafter übernimmt, zum Mindestinhalt der Satzung bestimmt, § 3 Abs. 1 Nr. 4 GmbHG. Zudem sind die Geschäftsanteile der Gesellschafter mit laufenden Nummern zu versehen, die in die Gesellschafterliste aufgenommen werden, § 40 Abs. 1 GmbHG. Übernimmt ein Gesellschafter bei der Gründung mehrere Geschäftsanteile, so kann er auf diese in unterschiedlicher Höhe Einzahlungen vornehmen, solange auf jeden einzelnen Geschäftsanteil mindestens ein Viertel eingezahlt wurde, § 7 Abs. 2 Satz 1 GmbHG.

b) Ausübung des Stimmrechts

394 Der Gesetzgeber hat offensichtlich nicht nur die stärkere Stückelung der Geschäftsanteile gewollt und es den Gesellschaftern freigestellt, auch mehrere Geschäftsanteile zu übernehmen, sondern damit auch die **Eigenständigkeit eines jeden Geschäftsanteils** betont. Schon daraus lässt sich schließen, dass es wohl auch zulässig sein soll, **unterschiedlich** aus diesen verschiedenen Geschäftsanteilen **abzustimmen.** Es fehlt allerdings an einer ausdrücklichen Klarstellung durch den Gesetzgeber. Die zuvor dargestellte Diskussion zur Thematik, ob aus einem bzw. aus mehreren Geschäftsanteilen, die ein Gesellschafter in der Hand hält, auch unterschiedlich abgestimmt werden kann, muss vor dem Hintergrund der Neuregelung mit einem anderen Ansatz geführt werden. Wenn dem Gesellschaf-

I. Übernahme mehrerer Geschäftsanteile und praktische Vor- und Nachteile

ter nicht nur die Möglichkeit eröffnet wird, mehrere Geschäftsanteile bei der Gründung zu übernehmen, sondern er (vgl. Rn. 416 ff.) die Geschäftsanteile in seiner Hand auch beliebig teilen kann und dann mehrere Geschäftsanteile halten kann, so besteht kein Bedürfnis mehr dafür, dass der Gesellschafter aus einem ungeteilten Anteil uneinheitlich abstimmen kann. Selbst wenn man der Auffassung folgen sollte, dass ein solches Recht durch die Satzung vorgesehen werden kann, empfiehlt es sich für die Praxis nicht, eine derartige Option mit in die Satzung aufzunehmen. Die Abstimmungsverfahren werden dadurch nur intransparenter. Andererseits dürfte es Folge der Neuregelung sein, dass schon ohne eine ausdrückliche Regelung aus mehreren Geschäftsanteilen unterschiedlich abgestimmt werden kann, selbst wenn dafür keine besondere Rechtfertigung wie z. B. ein Treuhandverhältnis vorliegt.

c) **Praxishinweis**

Die Frage, ob Geschäftsanteile nun grundsätzlich nur noch als 1-€-Geschäftsanteile ausgegeben werden sollten oder möglichst weiter einheitlich als ein Geschäftsanteil ausgegeben und auch gehalten werden, muss im Einzelfall untersucht werden und ist unter Berücksichtigung zahlreicher Vor- und Nachteile abzuwägen.	395
In der Literatur wird nun teilweise vertreten, dass mit Rücksicht insbesondere auf die spätere Teilung des Geschäftsanteils grundsätzlich 1-€-Geschäftsanteile gebildet werden sollten.[1] Diese Ansicht verweist darauf, dass grundsätzlich weiterhin nach § 46 Nr. 4 GmbHG für die Teilung des Geschäftsanteils entweder die Gesellschafterversammlung zuständig sei oder aber zumindest die Zustimmung erteilen müsse. Dies könne dazu führen, dass dem Minderheitsgesellschafter die Teilung gegen die Mehrheit verwehrt oder nur eingeschränkt möglich sein wird. Es sei auch zu berücksichtigen, dass ansonsten stets der Nachweis für die entsprechende **Zustimmungserteilung durch die Gesellschaft** geführt werden müsse und dies Probleme aufwerfe.[2] Insgesamt sei es wesentlich flexibler, wenn der Gesellschafter mehrere 1-€-Geschäftsanteile halte als wenn er nur einen einzigen größeren Geschäftsanteil in der Hand halte.[3] So wird in der Literatur davon ausgegangen, dass in der Praxis der 1-€-Geschäftsanteil die Regel werde und man sich dadurch von Problemen bei der Teilung und Zusammenlegung befreie.	396
Es sollte jedoch in diesem Zusammenhang nicht unberücksichtigt bleiben, dass die starke **Zersplitterung** der Geschäftsanteile in der Hand eines Gesellschafters auch Gefahren mit sich bringt:	397

---

[1] *Förl*, RNotZ 2008, 409 ff.
[2] *Förl*, RNotZ 2008, 409 ff.
[3] *Förl*, RNotZ 2008, 409, 416.

D. Geschäftsanteile

398 Die Gesellschafter haben häufig Schwierigkeiten, einen Überblick über ihre Geschäftsanteile zu behalten und diese Schwierigkeit haben häufig auch Geschäftsführer der Gesellschaft. Eine starke Zersplitterung kann bei **Transaktionen** durchaus auch Nachteile mit sich bringen, insbesondere wenn diese in starkem Maße dazu genutzt wird, unterschiedliche Rechte an Geschäftsanteilen zu begründen oder aber wenn der Gesellschafter bei Transaktionen schlichtweg Geschäftsanteile vergisst. Die Listen der Gesellschafter werden zunehmend unübersichtlich.

399 In der Literatur wird auch völlig außer Acht gelassen, dass 1-€-Geschäftsanteile einen ganz erheblichen Nachteil mit sich bringen, der insbesondere bei **Einziehungsmaßnahmen** deutlich wird:
Wird die Einziehung von Geschäftsanteilen beschlossen, so muss entsprechend § 5 Abs. 3 GmbHG bei dieser Maßnahme wiederum dafür gesorgt werden, dass das Stammkapital im Einklang mit dem addierten Betrag aller Geschäftsanteile steht. Dieser Einklang kann nur auf drei Wegen hergestellt werden:

- Kapitalherabsetzung
- Aufstockung
- Neuausgabe von Geschäftsanteilen

400 Die **Kapitalherabsetzung** scheitert häufig daran, dass die Gesellschaft nur über das Mindeststammkapital von 25 000 € verfügt. Eine Kapitalherabsetzung unter 25 000 € beispielsweise als Weg in die UG (haftungsbeschränkt) ist unzulässig (vgl. dazu Rn. 223 f.). Eine Kapitalherabsetzung ist jedoch auch ausgeschlossen, wenn die Geschäftsanteile auf 1 € lauten. Die Kapitalherabsetzung kann nur streng verhältniswahrend und zu Lasten eines jeden Geschäftsanteils beschlossen werden. Anteile unter 1 € sind unzulässig. Die Neuausgabe von Geschäftsanteilen an Dritte ist häufig weder erwünscht noch möglich und nicht selten scheitert die Neuausgabe in der Hand der Gesellschaft daran, dass die Gesellschaft nicht über ein ausreichendes Eigenkapital verfügt, vgl. § 33 GmbHG. In der Praxis stellt die Aufstockung der Geschäftsanteile der verbleibenden Gesellschafter den Regelfall dar. Eine solche Aufstockung scheidet jedoch häufig aus, wenn die Beteiligten lediglich 1-€-Geschäftsanteile halten. Die Aufstockung muss verhältnismäßig geschehen und Geschäftsanteile mit krummen Nennbeträgen dürfen nicht entstehen. Es muss jeder Geschäftsanteil nach h. M. aufgestockt werden und die Aufstockung darf nicht auf einzelne Geschäftsanteile beschränkt werden. Will man dieses Verfahren nutzen, so müssen in der Regel zunächst die Geschäftsanteile unter Zustimmung der Gesellschafterversammlung gem. § 46 Nr. 4 GmbHG zusammengelegt werden. Hier zeigt sich die Schwäche des in 1-€-Geschäftsanteile aufgesplitteten Anteilsbesitzes deutlich.

II. Auseinanderfallen von Stammkapitalziffer und Summe der Geschäftsanteile

Wollen die Gesellschafter allerdings **Probleme bei der Teilung** vermeiden, so bietet es sich an, von § 46 Nr. 4 GmbHG abweichend keine Teilungsbeschränkung in der Satzung festzulegen. Dies bietet sich sogar an, wenn die GmbH ohnehin stark kapitalistisch organisiert ist, wenn z. B. Vinkulierungsklauseln fehlen. Darüber hinaus sind die Vorteile und Nachteile mit den Gesellschaftern abzuwägen.

401

Es ist mit den Gesellschaftern auch abzustimmen, ob sie es zulassen wollen, dass aus mehreren Geschäftsanteilen **uneinheitlich abgestimmt** wird. Es bietet sich zunächst an, dies ausdrücklich auszuschließen, wenn es sich um einen einheitlichen Geschäftsanteil handelt. Durch die neuen Teilbarkeitsvorschriften ist der Gesellschafter nicht daran gehindert aufzuteilen und somit sollten die Abstimmungsverfahren nicht unübersichtlicher werden als dies ohnehin droht. Hält hingegen der Gesellschafter mehrere Geschäftsanteile, so wird es häufig im Interesse der Gesellschafter liegen, dass jedenfalls bei Vorliegen berechtigter Gründe (wie z. B. ein Treuhandverhältnis) auch aus diesen unterschiedlichen Geschäftsanteilen unterschiedlich abgestimmt werden kann. Liegt gar kein Anlass für ein uneinheitliches Abstimmungsverhalten vor, ist nur schwer verständlich, warum hier ein widersprüchliches Verhalten des Gesellschafters geradezu ermöglicht werden soll. Andererseits ist zu berücksichtigen, dass die Pflicht zur Darlegung eines besonderen Interesses mit Geheimhaltungsinteressen des Gesellschafters kollidieren kann.

402

Formulierungsbeispiel

*Aus einem Geschäftsanteil kann jeweils nur einheitlich das Stimmrecht ausgeübt werden. Hält ein Gesellschafter mehrere Geschäftsanteile, so ist es ihm ohne weiteres gestattet, aus mehreren Geschäftsanteilen auch uneinheitlich abzustimmen (**alt.:** soweit dafür ein rechtliches Interesse (z. B. Treuhand, Verpfändung) dargelegt wird.).*

II. Auseinanderfallen von Stammkapitalziffer und Summe der Geschäftsanteile

1. Alte Rechtslage

403 Nach bisheriger Rechtslage konnte insbesondere in Fällen der Einziehung die Summe der von den Gesellschaftern gehaltenen Geschäftsanteilen von dem eingetragenen Stammkapital differieren. Dies liegt daran, dass mit einer **Einziehungsmaßnahme** der Geschäftsanteil, der eingezogen wird, **erlischt**.[1] **Stocken** die Gesellschafter die verbleibenden Geschäftsanteile nicht sogleich wieder **auf** oder

---

[1] Baumbach/Hueck/*Hueck/Fastrich*, § 34 Rn. 19; *Heidinger*, in: Heckschen/Heidinger, Die GmbH in der Gestaltungs- und Beratungspraxis, 2. Aufl. 2009, § 13 Rn. 206.

D. Geschäftsanteile

nehmen sie eine **Kapitalherabsetzung** zur Kompensation nicht vor, so kann ein Auseinanderfallen von Stammkapitalziffer und Summe der Nennbeträge der Geschäftsanteile nur dadurch verhindert werden, dass ein neuer Geschäftsanteil ausgegeben wird (sog. Revalorisierung).

404 Inwieweit die **Revalorisierung** auf Basis der alten Rechtslage zulässig war und welche Mehrheiten erforderlich waren, war umstritten.[1] Das Gesetz verbot bisher nicht, eine derartige Differenz zwischen der Summe der Geschäftsanteile und der Stammkapitalziffer entstehen zu lassen. Es enthielt auch kein Gebot, dies kompensierende Maßnahmen vorzunehmen. Bei vielen Altgesellschaften differiert daher das Stammkapital und die Summe der vorhandenen Geschäftsanteile.

2. Neue Rechtslage

405 § 5 Abs. 3 GmbHG spricht das Gebot aus, dass die Summe der Geschäftsanteile und Nennbetrag des Stammkapitals identisch sein müssen. Da eine Übergangsregelung zu dieser Neuregelung fehlt, bezieht sich diese gesetzgeberische Anordnung nur auf nach dem Inkrafttreten des Gesetzes gegründete Gesellschaften und auf solche Maßnahmen, die nach Inkrafttreten des Gesetzes zu einem **Auseinanderfallen von Stammkapital und Summe der Nennbeträge** der vorhandenen Geschäftsanteile führen. Zu einem derartigen Auseinanderfallen kommt es dann, wenn in Zukunft Einziehungsmaßnahmen beschlossen werden. Anders als bisher muss bei diesen Maßnahmen nun gleichzeitig mit der Einziehung dem Auseinanderfallen von Stammkapitalziffer und Summe der Nennbeträge der Geschäftsanteile gegengesteuert werden.

406 Die Anpassung der Summe der Geschäftsanteile an das Stammkapital kann durch eine **Aufstockung der vorhandenen Geschäftsanteile** erfolgen. Diese muss allerdings streng verhältniswahrend bei allen Geschäftsanteilen durchgeführt werden. Probleme können sich ergeben, wenn lediglich 1-€-Geschäftsanteile bestehen, da wiederum das Teilungsgebot des § 5 GmbHG zu beachten ist, nachdem Geschäftsanteile nur auf einen vollen € lauten können. Alternativ kann – in seltenen Ausnahmefällen – das **Kapital herabgesetzt** werden, unter den Voraussetzungen der §§ 58 ff. GmbHG. Insoweit ist jedoch zu berücksichtigen, dass eine Kapitalherabsetzung unter das gesetzliche Stammkapital einer GmbH von 25 000 € nicht zulässig ist und ebenfalls streng verhältniswahrend zu erfolgen hat (vgl. Rn. 400). Insbesondere kann sich durch eine solche Kapitalherabsetzung die GmbH nicht in eine UG (haftungsbeschränkt) „umwandeln" (vgl. dazu Rn. 223 f.). Letztlich besteht jedenfalls, wenn die Satzung dies ausdrücklich vorsieht, nach ganz allgemeiner Meinung die Möglichkeit, einen Geschäftsanteil neu auszugeben. Insoweit ist allerdings streitig, ob dieser zunächst in der Hand der Gesellschaft neu auszugeben ist oder unmittelbar zugunsten eines Dritten. In der Hand der Gesellschaft darf der Geschäftsanteil nur neu ausgegeben werden, wenn die Voraussetzungen zur Über-

---

[1] *Heidinger*, in: Heckschen/Heidinger, Die GmbH in der Gestaltungs- und Beratungspraxis, 2. Aufl. 2009, § 13 Rn. 246.

III. Teilbarkeit von Geschäftsanteilen und Auswirkungen auf die Praxis

nahme eigener Geschäftsanteile gem. § 33 GmbHG erfüllt sind. Die Gesellschaft darf somit nicht in der Unterbilanz sein.

Wird eine **kompensierende Maßnahme** unterlassen und entsteht infolge der Einziehungsmaßnahme eine **Differenz zwischen Stammkapital und Summe der Nennbeträge** der Geschäftsanteile, so ist die **Einziehungsmaßnahme unwirksam**.[1]

407

Praxishinweis

408

In der Praxis ist zu berücksichtigen, dass bei Einziehungen stets zusätzlich eine Regelung zu treffen ist, die das **Auseinanderfallen von Stammkapital und Summe der Nennbeträge der Geschäftsanteile verhindert**. Weder Kapitalherabsetzung noch Neuausgabe der Geschäftsanteile noch Aufstockung sind in allen Fallkonstellationen zulässig. Es sollte daher bei der Satzungsgestaltung unbedingt alternativ zur Einziehung auch die Zwangsabtretung vorgesehen werden.

Werden Maßnahmen zur Kompensation des durch Einziehung untergehenden Geschäftsanteils getroffen, so ist zu berücksichtigen, dass stets eine **neue Liste** der Gesellschafter zu erstellen und beim Handelsregister einzureichen ist. Soweit der Notar bei einer derartigen Maßnahme mitwirkt – was gesetzlich nicht zwingend, aber sinnvoll ist – so ist die neue Liste der Gesellschafter durch ihn zu unterzeichnen und elektronisch einzureichen.

III. Teilbarkeit von Geschäftsanteilen und Auswirkungen auf die Praxis

1. Ausgangslage

Zur **Teilung von Geschäftsanteilen** enthielt das GmbHG bislang Vorschriften in §§ 17, 46 Nr. 4 GmbHG. § 17 GmbHG unterwarf jedwede Teilungsmaßnahme der Zustimmung der Gesellschaft. Diese war durch den Geschäftsführer zu erteilen, der insoweit grundsätzlich der Zustimmung der Gesellschafterversammlung bedurfte. Nach überwiegender Meinung war jedoch eine ohne Zustimmung der Gesellschafterversammlung erklärte Zustimmung zur Teilung wirksam, wenn nicht ein kollusives Zusammenwirken vorlag.[2]

409

Die **Teilung** eines Geschäftsanteils war nur zum Zwecke der **Veräußerung** und **Vererbung** zulässig (sog. **Verbot der Vorratsteilung**), sofern die Teilung nicht auch für diese Zwecke im Gesellschaftsvertrag ausgeschlossen worden war

410

---

[1] Vgl. auch *Wachter*, GmbHR-Sonderheft Oktober 2008, 5, 11; *Apfelbaum*, notar 2008, 160.
[2] *Förl*, RNotZ 2008, 409 ff.

D. Geschäftsanteile

(§ 17 Abs. 6 GmbHG). Damit sollte eine willkürliche Vervielfältigung der Geschäftsanteile verhindert werden.[1]

411 Die **Teilung eines Geschäftsanteils auf Vorrat** konnte auch nicht dadurch erreicht werden, dass der Geschäftsanteil zunächst geteilt wird und die Teile gleichzeitig an denselben Erwerber übertragen werden (§ 17 Abs. 5 GmbHG).[2] Nach Auffassung des OLG Frankfurt/Main war die Teilung eines Geschäftsanteils und Veräußerung der Teile an denselben Erwerber auch dann unwirksam, wenn der Erwerber einzelne Teile treuhänderisch für einen Dritten halten sollte.[3]

412 Eine Teilung zum Zwecke der **Verpfändung** sah das GmbHG nicht vor. Es konnte zwar auch an einem (noch nicht existierenden) Teil eines Geschäftsanteils ein Pfandrecht bestellt werden, die Teilung konnte dann aber erst im Rahmen der Verwertung betrieben werden. Sollten verschiedene Banken ein **Pfandrecht** am gleichen Geschäftsanteil erhalten, löste dies vollstreckungsrechtliche Probleme aus.[4]

413 Zulässig war hingegen die Teilung eines Geschäftsanteils und Übertragung der entstehenden Teile auf verschiedene Erwerber.[5] Um drei Geschäftsanteile zum Zwecke der Verpfändung zu erlangen, war der Gesellschafter somit darauf angewiesen, seinen Geschäftsanteil in drei Teile zu teilen und jeden durch die Teilung entstehenden Geschäftsanteil dann jeweils an einen Zwischenerwerber abzutreten. Jeder Zwischenerwerber musste mit ihm einen **Treuhandvertrag** abschließen, wonach er den Geschäftsanteil treuhänderisch für den veräußernden Gesellschafter hält. Die Treuhänder haben dann jeweils den von ihnen treuhänderisch gehaltenen Anteil wieder an den ursprünglich veräußernden Gesellschafter abgetreten. Im Ergebnis hielt der Gesellschafter nun statt eines Geschäftsanteils mehrere Geschäftsanteile, die er einzeln verpfänden konnte.

414 Mit diesem Vorgehen wurde zum einen gewahrt, dass der Geschäftsanteil nur zum Zwecke der Veräußerung geteilt wird. Zum anderen wurden nicht mehrere Geschäftsanteile eines Gesellschafters an denselben Erwerber gleichzeitig übertragen.

415 **Teilungen** waren in der Vergangenheit eine häufige Quelle von **unwirksamen Geschäftsanteilsübertragungen**. Entweder wurde die Teilung ohne Zustimmung der Gesellschaft durchgeführt oder es wurden unwirksame Teilungen in der Weise vorgenommen, dass aus der Teilung Anteile hervorgingen, die gegen § 5 GmbHG verstießen (keine Teilbarkeit durch 50 bzw. Geschäftsanteile unter 100 €). Die vielfältigen Fehlerquellen, die bei Teilungsmaßnahmen zu beachten waren, standen in keinem Verhältnis zum Nutzen der Vorschrift, die eine übermäßige Aufsplittung der Anteile verhindern sollte.[6]

---

[1] Baumbach/Hueck/*Hueck/Fastrich*, § 17 Rn. 8; Großkomm-GmbHG/*Winter/Löbbe*, § 17 Rn. 10.
[2] Scholz/*Winter/Seibt*, § 17 Rn. 12; Roth/Altmeppen/*Altmeppen*, § 17 Rn. 24.
[3] *OLG Frankfurt* NZG 2006, 829.
[4] DNotI-Gutachten Nr. 1176 v. 19. 9. 1994.
[5] Großkomm-GmbHG/*Winter/Löbbe*, § 17 Rn. 10a.
[6] Kritisch zum Wert der Vorschrift: Großkomm-GmbHG/*Winter/Löbbe*, § 17 Rn. 2; *Seibert*, ZIP 2006, 1157, 1159.

III. Teilbarkeit von Geschäftsanteilen und Auswirkungen auf die Praxis

2. Neue Rechtslage

Mit der GmbH-Reform wurde § 17 GmbHG vollständig aufgehoben. Demnach fällt die Teilung von Geschäftsanteilen nun grundsätzlich in die **Entscheidung der Gesellschafterversammlung,** § 46 Nr. 4 GmbHG, es sei denn es ist etwas anderes vereinbart. Weiterhin entfällt damit das Verbot, mehrere Teile eines Geschäftsanteils gleichzeitig an denselben Erwerber zu übertragen. Die Geschäftsanteile können ohne Einschränkung und auch vorratsweise, unabhängig von einer anschließenden Anteilsveräußerung geteilt werden. Dies ist zu jedem Zeitpunkt zulässig, also unmittelbar nach Eintragung, vor einer Kapitalerhöhung oder später. Im Gründungsstadium allerdings bringt dies bei der **Gründung** im klassischen Verfahren eine Änderung der Gründungssatzung mit sich, an der alle Gesellschafter mitwirken müssen. Bei einer Gründung unter Verwendung des **Musterprotokolls** ist die Teilung in der Gründungsphase unzulässig, da hier bei der Gründung nur ein Geschäftsanteil pro Gründer übernommen werden kann. 416

Trifft die Satzung keine von § 46 Nr. 4 GmbHG abweichende Regelung, bedarf die **Teilung** und die **Zusammenlegung** von **Geschäftsanteilen der Zustimmung der Gesellschaft** durch einen Gesellschafterbeschluss. Das Gesetz regelt nicht ausdrücklich, dass die Zustimmung des Gesellschafters, dessen Geschäftsanteil von der Teilung bzw. Zusammenlegung betroffen ist, erforderlich ist (vgl. Rn. 423 ff.). 417

Der Gesellschaftervertrag kann auch davon **abweichende Voraussetzungen** aufstellen und in diesem Zusammenhang gänzlich auf die Zustimmung der Gesellschaft verzichten. Die Vorschriften zur Teilung und Zusammenlegung stehen vollständig zur Disposition der Beteiligten. 418

Durch die nun bestehende Möglichkeit der **Vorratsteilung** können Geschäftsanteile, insbesondere zum Zwecke der **Verpfändung** von Teilen eines Geschäftsanteils an verschiedene Banken bzw. als Sicherheit für unterschiedliche Forderungen geteilt werden. 419

Beispielsfall

420

Der Gesellschafter besitzt einen Geschäftsanteil und möchte Kredite bei 3 Banken aufnehmen. Diese sind dazu bereit nur gegen Gewährung von Sicherheiten. Zu diesem Zweck möchte er den Geschäftsanteil teilen, um die Geschäftsanteile an diese drei Banken verpfänden zu können.

Mit der Streichung des § 17 GmbHG können nun mehrere Teile von Geschäftsanteilen **gleichzeitig an einen Erwerber** übertragen werden. Weiterhin ist es jederzeit, nicht nur im Fall der Veräußerung und Vererbung, möglich Geschäftsanteile zu teilen. 421

Der Geschäftsanteil kann daher beliebig geteilt und ein oder mehrere Teile an Kreditinstitute verpfändet werden, solange nur jeder Geschäftsanteil auf volle € lautet. Vor allem bei der **Verpfändung** des Anteils zu Sicherungszwecken an Kreditinstitute erweist sich diese neue Regelung als äußerst praktisch. 422

D. Geschäftsanteile

423 Wünschen die Gesellschafter eine stärker **personalistische Gesellschaftsstruktur,** können sie die Teilung durch eine entsprechende Regelung in der Satzung auch weiterhin ausschließen oder beschränken.

424 In der Praxis wird zu Recht darauf hingewiesen, dass das MoMiG nicht regelt, wer die Teilung zu erklären hat und ob es sich bei der nach dem Gesetz in § 46 Nr. 4 GmbHG vorgesehenen Bestimmung um einen **Zustimmungsvorbehalt zugunsten der Gesellschafterversammlung** handelt oder ob die Gesellschafterversammlung selber das Organ ist, das den Geschäftsanteil teilt.[1]

425 In der Literatur[2] wird teilweise vertreten, dass die Teilung nun durch die Gesellschafterversammlung erklärt werde und nicht mehr dem Gesellschafter überlassen sei. Aus dem Wortlaut des Gesetzes und der Regierungsbegründung lassen sich in der Tat unterschiedliche Ergebnisse begründen. So heißt es zum einen in der Regierungsbegründung, dass es der **Zustimmung des Gesellschafters,** also möglicherweise einer nachgelagerten Erklärung des Gesellschafters, nicht bedürfe.[3] Andererseits ist zu berücksichtigen, dass eine Teilung **entgegen dem Willen des Gesellschafters** nur schwer vorstellbar ist und dies daher eher dafür spricht, dass die **Handlungsoption** dem Gesellschafter und der **Zustimmungsvorbehalt** der Gesellschafterversammlung zugewiesen wird.[4]

426 Soweit in der Literatur die Ansicht vertreten wird, dass eine Teilung dem Gesellschafter **keine Nachteile** bringe, so wird folgendes übersehen: Nur der Gesellschafter wird selber bestimmen müssen, wie seine Anteile strukturiert sind und ob er diese übersichtlich oder unübersichtlich aufgeteilt haben möchte. Die nicht unerheblichen Nachteile bei späteren Aufstockungsmaßnahmen (vgl. Rn. 406) sprechen dafür, dass ein Gesellschafter möglicherweise gar kein Interesse an einer derartigen Aufteilung hat.[5]

427 Es ist allerdings festzustellen, dass die Frage, ob eine Teilung gegen den Willen des Gesellschafters zulässig ist, ebenso wenig geklärt ist wie auch die Frage, wer Teilender ist und wer der Teilung zustimmen muss. Der Berater wird daher dafür sorgen müssen, dass diese Frage für die Praxis keine Bedeutung erlangt. Die Satzung kann hier klare Verhältnisse schaffen (vgl. Rn. 433).

Praxishinweise

428 • In vielen Satzungen befindet sich noch der Passus „*§ 17 GmbHG bleibt unberührt.*" Dieser wurde mit Aufhebung des § 17 GmbHG gegenstandslos und sollte zur Vermeidung von Unklarheiten aufgehoben werden.

---

[1] *Förl,* RNotZ 2008, 409, 410f.
[2] *Förl,* RNotZ 2008, 409, 410f.
[3] Begr. RegE, BT-Drucks. 16/6140, S. 45.
[4] So gehen auch *Mayer,* DNotZ 2008, 403, 426 sowie der Handelsrechtsausschuss des DAV (Stellungnahme Nr. 43/2007 Rn. 69) davon aus, dass eine Zusammenlegung nicht gegen den Willen des Gesellschafters erfolgen kann.
[5] A. A. *Förl,* RNotZ 2008, 409, 411.

III. Teilbarkeit von Geschäftsanteilen und Auswirkungen auf die Praxis

Dennoch sollte aber auch künftig geprüft werden, ob nicht gleichwohl die Veräußerung von Teilen von Geschäftsanteilen von der **Genehmigung der Gesellschaft** abhängig gemacht werden sollte. Gründe dafür sind u. a. die Vermeidung einer **ungewollten Zersplitterung** der Geschäftsanteile und die daraus folgende **Unübersichtlichkeit der Anteilsstrukturen** sowie die Gewährleistung der Homogenität des Gesellschafterkreises. | 429

- Teilungsmaßnahmen sollten immer, soweit die Satzung nicht eine Befreiung von dem Zustimmungserfordernis der Gesellschafterversammlung gem. § 46 Nr. 4 GmbHG vorsieht, eine Erklärung des Gesellschafters zur Teilung und eine Zustimmung und Bestätigung der Gesellschafterversammlung zur Teilungsmaßnahme vorsehen. Es ist sinnvoll, dies in einer Gesellschafterversammlung abzuhandeln.[1] Hier sollte mit großer Sorgfalt gearbeitet werden, da an der **Wirksamkeit der Teilung** auch die Wirksamkeit der in der Zukunft erfolgenden Anteilsübertragungen hängt. Soweit sich im Übrigen die Meinung durchsetzen sollte, dass ein gutgläubiger Erwerb dann nicht möglich ist, wenn eine unzutreffende Anteilsspaltung vorliegt, gewinnt die wirksame Teilung zusätzlich an Bedeutung. | 430

- Nach jeder Teilung muss eine neue **Liste der Gesellschafter** erstellt werden. Dies gilt auch dann, wenn es sich um eine Vorratsteilung handelt, die nicht in Verbindung mit einem Veräußerungsakt steht. Soweit der Notar an dem Gesellschafterbeschluss nicht mitwirkt, ist die neue Liste der Gesellschafter vom Geschäftsführer beim Handelsregister einzureichen (vgl. dazu auch unten 478 ff.). | 431

- Soweit der **geteilte Geschäftsanteil** Gegenstand eines **Anteilsverkaufs- und Abtretungsvertrages** ist und in den gem. § 15 GmbHG zu beurkundenden Veräußerungs- und Abtretungsvertrag nicht zugleich der Gesellschafterbeschluss zur Zustimmung integriert werden kann bzw. mit der Urkunde verbunden werden kann, ist zu berücksichtigen, dass Gegenstand der Abtretung der zukünftig nach Zustimmung der Gesellschafterversammlung entstehende geteilte Geschäftsanteil ist.[2] Um Problemen bei der Frage, wer hier die Liste einzureichen hat, zu entgehen, ist es praktisch geboten, Zustimmungsbeschluss und Anteilsabtretungsvertrag zu verbinden. Dann kann der Notar einheitlich eine neue Gesellschafterliste einreichen, wenn die Abtretung sofort wirksam wird oder aber er muss zunächst eine Liste einreichen, bei der der Geschäftsanteil noch in der Hand des Veräußerers als nunmehr geteilter Anteil ausgewiesen wird und dann muss er eine weitere Liste einreichen, wenn die Abtretung wirksam ist.[3] Zur Frage der Nummerierung der Geschäftsanteile vgl. unten Rn. 469 ff. | 432

---

[1] *Förl*, RNotZ 2008, 409, 411.
[2] *Förl*, RNotZ 2008, 409, 414.
[3] Vgl. dazu im Einzelnen *Förl*, RNotZ 2008, 409, 415.

D. Geschäftsanteile

433 *Formulierungsbeispiele:*

Satzungsklausel:
Die Teilung eines Geschäftsanteils erklärt der betroffene Gesellschafter. Die Teilung von Geschäftsanteilen bedarf der Zustimmung der Gesellschaft. Diese erteilt die Geschäftsführung. Ggf. Die Geschäftsführung darf die Zustimmung nur nach einem entsprechenden Gesellschafterbeschluss erteilen. Die Beschlussfassung erfolgt mit einfacher Mehrheit der anwesenden Stimmen.
alt.: *Die Teilung eines Geschäftsanteils erklärt der betroffene Gesellschafter. Die Teilung bedarf keiner Zustimmung der Gesellschafterversammlung und der Gesellschaft.*

434 *Gesellschafterbeschluss:*

Unter Verzicht auf alle Formen und Fristen beschließen die Gesellschafter der A-GmbH:

Der Teilung des Geschäftsanteils Nr. _____ im Nennbetrag von _____ € des Gesellschafters X in zwei Geschäftsanteile mit den Nr. _____ und Nr. _____ wird hiermit zugestimmt. Vorsorglich wird die entsprechende Teilung erklärt.

Der Gesellschafter X erklärt zu Protokoll der Versammlung: Ich teile den Geschäftsanteil Nr. _____ entsprechend vorgenanntem Beschluss und stimme diesem vorsorglich zu.

IV. Zusammenlegung von Geschäftsanteilen

1. Ausgangslage

435 Das GmbHG sah in § 46 Nr. 4 GmbHG bisher nur eine Zustimmung der Gesellschafterversammlung für die **Teilung** sowie die **Einziehung** von Geschäftsanteilen vor. Die **Zusammenlegung** von Geschäftsanteilen ist bisher im GmbHG nicht geregelt gewesen. Gleichwohl ist nach ganz h. M.[1] die Zusammenlegung von Geschäftsanteilen zulässig. Strittig war insoweit, ob es dafür einer entsprechenden Satzungsbestimmung bedurfte.[2] Selbst wenn eine derartige Satzungsbestimmung fehlte, war es nach h. M. zulässig, durch sog. satzungsdurchbrechenden

---

[1] RGZ 142, 38, 40; BGHZ 42, 89, 91; 63, 166, 117 f.; Scholz/*Winter/Seibt*, § 15 Rn. 45; Baumbach/Hueck/*Hueck/Fastrich*, § 15 Rn. 19.

[2] Die Zusammenlegung aufgrund eines Gesellschafterbeschlusses ohne ausdrückliche Satzungsbestimmung halten für ausreichend: KG GmbHR 1997, 603, 605; Scholz/*Winter/Seibt*, § 15 Rn. 46; Baumbach/Hueck/*Hueck/Fastrich*, § 15 Rn. 19; Lutter/Hommelhoff/*Lutter/Bayer*, § 15 Rn. 14; Michalski/*Ebbing*, § 15 Rn. 174; eine Satzungsbestimmung für erforderlich halten: RGZ 142, 42; Scholz/*Winter*, 9. Aufl. 2000, § 15 Rn. 105.

V. Gesellschafterliste

Beschluss[1] die Zusammenlegung von Geschäftsanteilen vorzunehmen. Eine Eintragung im Handelsregister war nicht erforderlich. Die Zusammenlegung von Geschäftsanteilen ist jedoch dann ausgeschlossen, wenn mit den Geschäftsanteilen unterschiedliche Recht verbunden sind, d. h. insbesondere wenn die Geschäftsanteile unterschiedlich belastet sind.

2. Neuregelung

§ 46 Nr. 4 GmbHG sieht nun ausdrücklich vor, dass die **Gesellschafterversammlung** über die **Zusammenlegung** von Geschäftsanteilen **beschließt**. Die Vorschrift ist allerdings dispositiv. Die Zusammenlegung könnte daher den Gesellschaften auch selbst überlassen werden. Dies bietet sich insbesondere bei kapitalistisch organisierten Gesellschaften an. Keinesfalls aber sollte die Satzung die Zusammenlegung von Geschäftsanteilen ausschließen. Dies kann insbesondere Aufstockungsmaßnahmen unmöglich machen. In der Regel wird die Satzung für die Zusammenlegung einen Beschluss mit **einfacher Mehrheit** vorsehen. Es empfiehlt sich in keinem Fall, die Zusammenlegung von Geschäftsanteilen per Satzungsregelung generell auszuschließen, um beispielsweise Probleme bei der Teilung zu vermeiden.[2] Dies kann sich bei der Durchführung von Kapitalherabsetzungen oder der Aufstockung von Geschäftsanteilen nachteilig auswirken. 1-€-Geschäftsanteile können nicht herabgesetzt und regelmäßig auch nicht in der erforderlichen Weise aufgestockt werden (vgl. Rn. 400, 406). Es muss dann vorher eine Zusammenlegung beschlossen werden.

436

V. Gesellschafterliste

1. Ausgangslage

a) Die Stellung als Gesellschafter

Nach bisherigem Recht gilt der Erwerber eines Geschäftsanteils der Gesellschaft gegenüber dann unwiderleglich als Gesellschafter, wenn der Übergang des Anteils bei der Gesellschaft unter Nachweis des Übergangs angemeldet wurde, § 16 Abs. 1 GmbHG (sog. **relative Gesellschafterstellung**). Nach § 16 Abs. 2 GmbHG musste der Erwerber alle Rechtshandlungen, die vom oder gegenüber dem Veräußerer vor der Anmeldung vorgenommen wurden, gegen sich gelten lassen.

437

---

[1] Vgl. dazu ausf. *Heckschen,* in: Heckschen/Heidinger, Die GmbH in der Gestaltungs- und Beratungspraxis, 2. Aufl. 2009, § 9 Rn. 8 ff.
[2] So aber ein Gestaltungsvorschlag von *Katschinski/Rawert,* ZIP 2008, 1993, 1996.

D. Geschäftsanteile

438 In zahlreichen Entscheidungen hat die Rechtsprechung herausgearbeitet, dass zwar einerseits an die **Form der Anmeldung** keine Anforderungen zu stellen sind, sondern auch ein **konkludentes Handeln** ausreichend sein kann, andererseits aber allein die Kenntnis von einer Anteilsübertragung nicht ausreichend ist.[1]

439 Häufig wurde auch die entsprechende Anmeldung oder auch **Nichtanmeldung als Gestaltungsmittel** eingesetzt, um der Gesellschaft gegenüber den Wechsel der Gesellschafterstellung hinauszuzögern.

440 Entgegen einer vereinzelt in der Literatur und Rechtsprechung[2] vertretenen Ansicht handelt es sich bei der Fiktion, die aus § 16 Abs. 1, 2 GmbHG folgt, um eine **unwiderlegliche Vermutung**. Der BGH[3] hat dies mehrfach klargestellt. Auswirkungen hatte dies auf der Basis der bisherigen Rechtslage insbesondere im Rahmen der **Haftung** nach § 16 Abs. 3 GmbHG. Danach trifft den Erwerber eine volle Haftung für sämtliche auf den Geschäftsanteil rückständigen Leistungen. Dies sind nach der h. M. nicht nur offene Einlageverpflichtungen des Gesellschafters, sondern auch Ansprüche aus der **Unterbilanzhaftung**, der Ausfallhaftung und der Haftung für **Nachschüsse und Nebenleistungspflichten**.[4]

b) Die Gesellschafterliste

441 Die Gesellschafterliste fand bisher ihre Regelung in § 40 Abs. 1 GmbHG. Danach war diese durch den **Geschäftsführer** zu führen und dieser war verpflichtet, bei jeder Veränderung in der Person der Gesellschafter oder des Umfangs ihrer Beteiligung unverzüglich eine neue von ihm unterschriebene Liste der Gesellschafter einzureichen. Der Inhalt bestand bei natürlichen Personen in dem Namen des Gesellschafters und dessen Geburtsdatum, während bei juristischen Personen die Firma und der Satzungssitz anzugeben waren. Bei Personenhandelsgesellschaften war die Firma und der Sitz der Gesellschaft anzugeben und bei Gesellschaften bürgerlichen Rechts nach überwiegender Meinung auch die Personen der Gesellschafter.[5] Darüber hinaus war aufzulisten, welche Stammeinlage (N) der betreffende Gesellschafter hält. In der Summe war das gesamte Stammkapital anzugeben.

442 Die Listen waren von der **Geschäftsführung** unverzüglich einzureichen, wobei eine Haftung für eine **Pflichtverletzung** nur gegenüber den Gläubigern der Gesellschaft gem. § 40 Abs. 2 GmbHG bestand.

443 Der Notar hatte nur eine **Hilfsfunktion** für das Handelsregister. Er musste bei jeder von ihm beurkundeten **Abtretung eines Geschäftsanteils** unverzüglich eine **Anzeige** machen. Insoweit war er allerdings nur verpflichtet mitzuteilen, dass eine Anteilsabtretung stattgefunden hat. Er musste weder die Urkunde einreichen

---

[1] Nachweise zu Literatur und Rechtsprechung finden sich bei Scholz/*Winter/Seibt*, § 16 Rn. 14 ff.
[2] *OLG Hamm* NZG 2006, 268.
[3] BGHZ 84, 47, 49; 112, 103, 113; *BGH* GmbHR 1997, 165, 166; *BGH* NJW 2007, 1058; *BGH* NZG 2008, 911.
[4] Vgl. dazu *Mayer*, DNotZ 2008, 403, 405 f.
[5] Roth/Altmeppen/*Altmeppen*, § 40 Rn. 6; *Wicke*, § 40 Rn. 5.

V. Gesellschafterliste

noch Angaben zur konkreten Veränderung machen noch konnte und durfte er abwarten, bis die Wirksamkeit der Abtretung eingetreten war. Vielmehr musste er sofort handeln. Auf diese Weise sollte das Handelsregister in die Lage versetzt werden, notfalls mit **Zwangsgeld** gem. § 14 HGB eine aktuelle Gesellschafterliste bei der Gesellschaft abzufordern.

In der Praxis allerdings sind Anforderungen zur Einreichung einer aktuellen Gesellschafterliste mit Zwangsgeldandrohung an die Gesellschaften aufgrund einer Anzeige des Notars nur selten bekannt geworden. Ein mittelbarer Druck seitens des Handelsregisters wurde in der Weise ausgeübt, dass das Handelsregister bei der **Prüfung von Satzungsänderungen** und **Strukturbeschlüssen** dann die Eintragung nicht vornahm, wenn die Handelnden nicht mit den in der Gesellschafterliste ausgewiesenen Gesellschaftern übereinstimmten. In diesen Fällen erging in der Praxis eine Zwischenverfügung, die mittelbar Druck auf die Gesellschaft und die Geschäftsführer ausübte, eine neue Liste der Gesellschafter einzureichen. 444

Die **Fehlerliste** für die bisher beim Handelsregister vorliegenden Gesellschafterlisten ist enorm.[1] Insbesondere vor dem Hintergrund der nachfolgend dargestellten Neuregelungen müssen sich die Beteiligten vor Augen führen, dass eine Vielzahl der derzeit bei den Handelsregistern vorliegenden Gesellschafterlisten unzutreffend ist: 445

aa) Person der Gesellschafter

Die Namen der Gesellschafter, insbesondere bei Namensänderungen infolge von Heirat, sind ebenso häufig unrichtig wie deren Wohnort. 446

bb) Die Anteilsinhaberschaft

- Nicht nur in Fällen, in denen die **Anteilsabtretung unwirksam** war, weil entsprechende Anteile gar nicht oder nicht in dieser Weise existierten, ist die Liste unrichtig. 447

- Bei Personengesellschaften und juristischen Personen sind **Firmenänderungen** etc. ebenso wenig berücksichtigt wie die Anteilsveränderung infolge von Umwandlungsmaßnahmen oder An- und Abwachsungsmodellen von den Geschäftsführern angemeldet wurde.

- Die Gesamtrechtsnachfolge infolge einer zwischenzeitlich eingetretenen Erbfolge ist ebenso in den seltensten Fällen in der Gesellschafterliste vermerkt. Der Verlust der Gesellschafterstellung aufgrund **Einziehung** oder **Ausschließung** ist unberücksichtigt.

---

[1] Beispiele nennt auch *Wachter,* GmbHR-Sonderheft Oktober 2008, 51, 52; *Bednarz,* BB 2008, 1854; *Harbarth,* ZIP 2008, 57, 58.

D. Geschäftsanteile

- Nicht selten sind auch Gesellschafter als solche aufgeführt, obwohl die Bedingungen für die Anteilsübertragung noch nicht eingetreten sind, insbesondere Kaufpreiszahlungen noch nicht erfolgt sind oder aber die Zustimmung der Gesellschaft zur Übertragung oder zur Teilung noch aussteht. Teilweise werden auch als **Anteilsinhaber** dinglich nicht berechtigte **Treugeber** oder **Pfandgläubiger** in den Listen angegeben.

c) Die Geschäftsanteile

448
- Selbst wenn die Person des Gesellschafters zutreffend wiedergegeben ist, so sind doch die ohne jede juristische Beratung erstellten Listen hinsichtlich der **Angabe der Geschäftsanteile** häufig unzutreffend.

- Geschäftsanteile werden auf **Euro** umgestellt und häufig dann auch noch **gerundet,** obwohl eine Euro-Umstellung bei der Gesellschaft nie beschlossen wurde. **Mehrere Geschäftsanteile** werden als ein Geschäftsanteil ausgewiesen, obwohl ein **Zusammenlegungsbeschluss** nie erfolgte. Dies ist nicht nur nach durchgeführten Kapitalerhöhungen geschehen, sondern häufig auch aus „Vereinfachungsgründen" schlichtweg vom Geschäftsführer angegeben worden.

- Andererseits werden **Stückelungen** wiedergegeben, die es in dieser Weise nie gegeben hat oder die längst durch **Zusammenlegungsbeschlüsse** überholt sind.

449 Nach alledem sind die bei den Handelsregistern vorliegenden Gesellschafterlisten eher ein **Indiz** dafür, wer mit welcher Beteiligung Gesellschafter einer GmbH ist. Eine verlässliche Auskunft über die Anteilseignerstellung und die Aufteilung der Geschäftsanteile geben sie nicht. Insbesondere bei **Unternehmenstransaktionen** führen die bisher von juristischen Laien angefertigten Gesellschafterlisten, die angesichts der geringen Bedeutung und der geringen Druckmittel darüber hinaus unzuverlässig und unsorgfältig geführt wurden, zu einem enormen Mehraufwand im Rahmen der **rechtlichen Due Diligence.** Aber auch der Rechtsverkehr, der Gläubiger und in der Insolvenz der Insolvenzverwalter finden in den bisherigen Gesellschafterlisten nicht mehr als einen Anhaltspunkt. In der Regel sind die **Anteilsübertragungsketten von der Gründung** an nachzuvollziehen.

450 Die bisherige **Mitwirkung des Notars** konnte zu einer auch nur ansatzweisen Behebung dieser Sachlage nicht beitragen. Der Notar war lediglich dann verpflichtet Mitteilung zu machen, wenn er eine Anteilsabtretung beurkundet hat. Veränderungen in der Person der Gesellschafter im Übrigen waren von ihm nicht anzuzeigen. Aus dem Gesichtspunkt der Dienstleistung mag er häufig darauf gedrungen haben, dass bei Namens- oder Adressänderungen oder anderen ihm bekannt gewordenen Veränderungen eine neue Liste eingereicht wurde, häufig war er aber bei diesen Veränderungen gar nicht beteiligt. Dies gilt vor allem für Maßnahmen der Einziehung, der Erbfolge, Ausschluss, Kaduzierung etc.

V. Gesellschafterliste

2. Neuregelung

a) Überblick

Die Bedeutung der **Gesellschafterliste** wurde erheblich aufgewertet. Zwar bleibt das Rechtsinstitut der **relativen Rechtsstellung** des Gesellschafters grundsätzlich unberührt, jedoch ergeben sich wichtige Änderungen: **451**

☐ Die anmeldepflichtigen Vorgänge werden erweitert. Bei jeder Veränderung in den Beteiligungsverhältnissen ist die Anmeldung zur Gesellschafterliste erforderlich, unabhängig davon, ob die Veränderung mit einer Rechtsnachfolge verbunden ist oder nicht und unabhängig vom Grund und Umfang der Veränderung, § 40 Abs. 1 GmbHG. Dies bedeutet, dass die aus der folgenden **Checkliste** ersichtlichen Veränderungen zu der Einreichung einer neuen Gesellschafterliste führen müssen:

- **Veränderungen in den persönlichen Daten der Gesellschafter**
  - Namensänderungen bei natürlichen Personen
  - Änderung des Wohnorts
  - Firmenänderung bei juristischen Personen und Personengesellschaften
  - Änderung des Satzungssitzes bei juristischen Personen/Änderung des Sitzes der Gesellschaft bei Personengesellschaften
- **Unmittelbare Veränderungen in der Person des Anteilseigners**
  - Einzelrechtsnachfolge
    - Anteilsübertragungen
    - Erbauseinandersetzungen
    - Versteigerung (§ 23 GmbHG)
    - Kaduzierung (§ 21 Abs. 2 GmbHG)
  - Gesamtrechtsnachfolge
    - Verschmelzung bei einer GmbH als Ausgangsrechtsträger
    - Spaltung/Ausgliederung, wenn GmbH-Geschäftsanteile Gegenstand des abgespaltenen/ausgegliederten Vermögens sind
    - Erbfolge
    - Erbauseinandersetzung durch Abschichtung
    - Begründung der Gütergemeinschaft gem. § 1416 Abs. 1 Satz 1 BGB
    - Gesamtrechtsnachfolge aufgrund Vereinbarung oder Anwendbarkeit ausländischen Güterrechts
- **Veränderungen ohne Einzel- oder Gesamtrechtsnachfolge**
  - Teilung
  - Zusammenlegung

D. Geschäftsanteile

- Formwechsel
- Kapitalmaßnahmen
  - Kapitalherabsetzung
  - Kapitalerhöhung
  - Aufstockung
  - Neuausgabe von Geschäftsanteilen
  - Einziehung

☐ Eine **neue Gesellschafterliste ist jedoch nicht zu erstellen, wenn**

- sich die Verfügungsbefugnis ändert, d. h. ein vorläufiges Insolvenzverfahren mit starkem Verwalter oder das Insolvenzverfahren selbst eröffnet wird. In diesen Fällen ist auch kein entsprechender Vermerk in die Gesellschafterliste aufzunehmen.
- der Testamentsvollstrecker wechselt; die Testamentsvollstreckung ist nicht zu vermerken.
- ein Gesellschafter unter Betreuung steht oder der Betreuer wechselt.
- der Anteil unter Vor- oder Nacherbschaft steht.
- der Treugeber wechselt.
- Belastungen eintreten oder sich ändern, z. B. durch Pfändung, Verpfändung, Nießbrauch, Vorkaufsrecht.

☐ Die Gesellschafterliste ist die ausschließliche **Legitimationsgrundlage** für den Erwerb der Gesellschafterstellung im Verhältnis zur Gesellschaft und die Ausübung der Gesellschafterrechte. Während bisher die Anmeldung bei der Gesellschaft genügte, ist nun für die Gesellschafterstellung gegenüber der Gesellschaft die Eintragung in die im **Handelsregister aufgenommenen Gesellschafterliste** konstitutiv, § 16 Abs. 1 Satz 1 GmbHG. Mit ihr können die Geschäftspartner der GmbH lückenlos und einfach nachvollziehen, wer hinter der Gesellschaft steht.

☐ Die Reichweite des § 16 Abs. 1 GmbHG wurde deutlich verändert. Während bisher nur im Falle der Veräußerung die Begründung der **relativen Anteilseignerstellung** gegenüber der Gesellschaft von der Anmeldung bei der Geschäftsführung abhängig war, muss in Zukunft jedwede Veränderung in der Person der Gesellschafter oder des Umfangs ihrer Beteiligung in der beim Handelsregister einzureichenden Gesellschafterliste vermerkt werden. Dies bedeutet aber, dass im Verhältnis zur Gesellschaft nur derjenige als Gesellschafter gilt, der zum einen in der beim Handelsregister geführten Liste eingetragen ist und dessen Angaben zu seiner Person und seinen Geschäftsanteilen alle zwischenzeitlich eingetretenen Veränderungen berücksichtigen. So würde beispielsweise die unrichtige Wiedergabe der Beteiligungsverhältnisse/Stückelung der Ge-

V. Gesellschafterliste

schäftsanteile dazu führen, dass der Gesellschafter der Gesellschaft gegenüber nicht mehr als Gesellschafter gilt.

☐ Es findet ein **Zuständigkeitswechsel** in den meist praktisch bedeutenden Fällen vom **juristischen Laien zum Fachmann** statt: 452

Zwar belässt § 40 Abs. 1 GmbHG die grundsätzliche Zuständigkeit für die Einreichung der Liste beim Geschäftsführer. Gem. § 40 Abs. 2 GmbHG ist jedoch der Notar immer dann allein zuständig, wenn er an der Veränderung mitgewirkt hat. Er muss jetzt eine sog. qualifizierte Gesellschafterliste erstellen. Die von ihm erstellte Liste ist mit einer Notarbescheinigung gem. § 54 GmbHG betreffend die Anteilsveränderung zu versehen (vgl. unten 539).

Neben der **Missbrauchsbekämpfung** war das Ziel dieser Änderung auch das Anliegen, mehr **Transparenz über die Anteilseignerstrukturen** der GmbH zu schaffen sowie die Geldwäsche zu verhindern[1]. 453

Darüber hinaus soll die Gesellschafterliste Grundlage für den **gutgläubigen Erwerb** von Geschäftsanteilen bilden (vgl. dazu unten 545 ff.). Dies übt zusätzlich Druck auf die Beteiligten aus. Die sorgfältig geführte und aktuell gehaltene Liste schließt einen gutgläubigen Erwerb aus. 454

Für den **wirksamen Erwerb** eines GmbH-Geschäftsanteils ist die Eintragung in die Gesellschafterliste und deren Aufnahme im Handelsregister weiterhin nicht konstitutiv. Jedoch kann der Neugesellschafter ohne Eintragung und Aufnahme in die Liste seine Mitgliedschaftsrechte nicht ausüben, da er gegenüber der Gesellschaft erst mit Aufnahme der entsprechend geänderten Gesellschafterliste die Gesellschafterstellung erhält.[2] 455

Der neu eingetretene Gesellschafter hat einen einklagbaren **Rechtsanspruch auf Eintragung** in die Gesellschafterliste. Dieser ist zwar nicht ausdrücklich im Gesetz geregelt, für die vergleichbare Norm des § 67 Abs. 2 AktG ist jedoch anerkannt, dass dies aufgrund der Parallelität der Norm auch für den GmbH-Gesellschafter gilt.[3] 456

Für den Erwerb der Gesellschafterstellung im Verhältnis zur Gesellschaft sind drei Schritte erforderlich: 457

1. **Mitteilung und Nachweis gegenüber dem Geschäftsführer** (§ 40 Abs. 1 Satz 2 GmbHG) bzw. gegenüber dem Notar (§ 40 Abs. 2 Satz 1 GmbHG)
2. **Eintragung des neuen Gesellschafters in die Liste**
3. **Aufnahme der Liste im Handelsregister.**

Unter Umständen kann es erforderlich sein, direkt nach dem Wirksamwerden der Anteilabtretung eine **Gesellschafterversammlung** unter Beteiligung des Erwerbers abzuhalten. Diese Rechtshandlungen, die der Erwerber vor Aufnahme 458

---

[1] Begr. zum RegE, Beilage zu ZIP 23/2007, S. 12; *Noack*, DB 2006, 1475, 1477.
[2] Begr. zum RegE, Beilage zu ZIP 23/2007, S. 13.
[3] Begr. zum RegE, Beilage zu ZIP 23/2007, S. 13.

D. Geschäftsanteile

der Liste in das Handelsregister Rechtshandlungen in Bezug auf das Gesellschaftsverhältnis vornimmt, sind zunächst schwebend unwirksam. Wird die Liste unmittelbar nach Vornahme der Rechtshandlung in das Handelsregister aufgenommen, so gelten diese als von Anfang an wirksam, § 16 Abs. 1 Satz 2 GmbHG. Der Geschäftsanteilserwerber kann damit an **satzungsändernden Gesellschafterbeschlüssen** oder bei der Bestellung eines neuen Geschäftsführers mitwirken. Nicht eindeutig ist die Rechtslage für die Frage, ob der nach einem Gesellschafterwechsel neu bestellte Geschäftsführer seinerseits schon die von den Neugesellschaftern über Ausnutzung der Fiktionswirkung beschlossene Satzungsänderung etc. zum Handelsregister anmelden kann.[1] Dies ist zu bejahen und insoweit ist die Ausstrahlungswirkung des § 16 Abs. 1 S. 2 GmbHG zu erstrecken. Die nachfolgend (Rn. 459) vorgeschlagene Handlungsweise schafft allerdings größere Rechtssicherheit.

459 Praxishinweis

> Hängt die Wirksamkeit der Anteilsabtretung noch von einem **Bedingungseintritt** (z. B. vollständige Kaufpreiszahlung) oder von noch ausstehenden Voraussetzungen (z. B. Genehmigung der Gesellschaft im Fall der Vinkulierung, § 15 Abs. 5 GmbHG) ab, so kann der Erwerber erst nach Wirksamkeit der Anteilsabtretung an der Beschlussfassung mitwirken. Alternativ kann auch der Veräußerer mitwirken oder – soweit dem die Satzung nicht entgegensteht – den Erwerber bevollmächtigen, die Stimmrechte wahrzunehmen. Dies kann eine für die Praxis des Unternehmenskaufs/Kaufs von Vorratsgesellschaften hilfreiche Gestaltung sein.
>
> Dieses Vorgehen ist auch unbedingt bei Anteilsübertragungen zu empfehlen. Die Fiktion des § 16 Abs. 1 Satz 2 GmbHG tritt nur bei einer unverzüglichen Aufnahme der neuen Gesellschafterliste in das Handelsregister ein. Die Fiktion ist somit Unwägbarkeiten ausgesetzt. Hinsichtlich des etwa neu ernannten Geschäftsführers und seiner Handlungen ist ihre Reichweite unsicher.

b) Die relative Gesellschafterstellung

460 Schon nach bisherigem Recht galt bei einer Veräußerung eines Anteils nur derjenige der Gesellschaft gegenüber als Gesellschafter, der bei der Gesellschaft als Erwerber angemeldet wurde. Diese **Fiktion** übernimmt der Gesetzgeber vom Grundsatz her und weitet sie deutlich aus.

---

[1] Vgl. dazu ausf. *Gasteyer/Goldschmidt*, ZIP 2008, 1906.

V. Gesellschafterliste

aa) Bedeutung und Grenzen der Fiktion

Weiterhin hängt die Wirksamkeit der Übertragung eines Geschäftsanteils wie auch jedweder anderer Erwerb eines Geschäftsanteils oder der Gesellschafterstellung im Wege der Einzel- oder Gesamtrechtsnachfolge (vgl. dazu die unter Rn. 451 genannten Konstallationen) nicht von dem Eintritt der Fiktion nach § 16 GmbHG ab. Vielmehr bestimmt sich dies nach **materiellem Recht**. Der Gesellschaft gegenüber sind aber für die Frage, wer Gesellschafter ist und wer dies nicht mehr ist, nicht die dem materiellen Recht zu entnehmenden Anknüpfungspunkte maßgeblich. Die Aufnahme in die beim Handelsregister geführte Gesellschafterliste ist das ausschließlich entscheidende Kriterium. Sämtliche Gesellschafterrechte sind davon abhängig, dass diese Aufnahme geschehen ist. Dies bedeutet, dass nicht nur das **Stimmrecht des Gesellschafters** von dem Eintritt dieser Fiktion abhängig ist, sondern sämtliche anderen denkbaren Rechte, wie z. B. 461

- **Gewinnbezugsrechte**
- **Teilnahmerechte in Gesellschafterversammlungen**
- **Minderheitsrechte und Informationsrechte**
- **Widerspruchs- und Anfechtungsrechte**
- **Abfindungsrechte**
- **Verfahrens- und Prozessrechte**

hängen ebenfalls von dieser Fiktion ab. Die Gesellschaft muss denjenigen zu Gesellschafterversammlungen laden, der aus der Liste als Gesellschafter hervorgeht. Dies gilt auch dann, wenn sie Anhaltspunkte dafür hat, dass beispielsweise ein Gesellschafter seinen Geschäftsanteil veräußert haben könnte. Andererseits hängt die Wirksamkeit von Gesellschafterbeschlüssen auch nur davon ab, dass die beschließenden Gesellschafter in der beim Handelsregister geführten Liste eingetragen waren. Die unwirksame Anteilsübertragung wirkt sich sonst auf die Wirksamkeit der Einladung und Beschlussfassung in diesen Fällen nicht aus.[1]

Diese **Fiktion der Gesellschafterstellung** ist nach dem Willen des Gesetzgebers[2] **unwiderleglich**. Es entspricht auch der aktuellen Rechtsprechung des Bundesgerichtshofs zu § 16 GmbHG, dass die Unwirksamkeit der Anteilsübertragung grundsätzlich die Fiktion des § 16 GmbHG nicht berührt. Der BGH[3] hat in einem Fall, in dem der Erwerber geltend machte, dass er beim Anteilserwerb arglistig getäuscht worden war und deswegen (wohl auch wirksam) die Anfechtung 462

---

[1] *Heidinger*, in: Heckschen/Heidinger, Die GmbH in der Gestaltungs- und Beratungspraxis, 2. Aufl. 2009, § 13 Rn. 183 ff.
[2] Begr. RegE, BT-Drucks. 16/6140, S. 37.
[3] *BGH* NJW 2007, 1058; a. A. *OLG Hamm* NZG 2006, 268.

D. *Geschäftsanteile*

erklärt hatte, betont, die relative Gesellschafterstellung gegenüber der Gesellschaft mit den Haftungsfolgen bleibe von der Anfechtung unberührt.

463 Wo die **Grenzen dieser Fiktion** liegen, hat der Gesetzgeber auch im Rahmen des Gesetzgebungsverfahrens zum MoMiG nicht geklärt. So bleibt es weiterhin fraglich, welche Ausnahmefälle anzuerkennen sind. In der Literatur wird geltend gemacht, dass die Grenzen dieser Fiktion erreicht seien, wenn der als Gesellschafter Fingierte seine Stellung in einem Zustand der Geschäftsunfähigkeit erlangt habe oder ohne jede Mitwirkung seinerseits (**vollmachtlose Vertretung**) oder zum Erwerb aufgrund **absoluter Gewalt** gezwungen wurde.[1] In allen anderen Fällen dürfte hier das Kriterium der **Zurechenbarkeit maßgeblich** sein. Soweit dem eingetragenen Gesellschafter der Erwerb in keiner Weise zurechenbar ist, dürfte die Grenze der Fiktion erreicht sein. Dies ist bei Geschäftsunfähigen ebenso eindeutig zu bejahen wie zugunsten desjenigen, der ohne seine Kenntnis von einem vollmachtlosen Vertreter beim Anteilserwerb vertreten wurde und im Anschluss ohne seine Kenntnis in die Gesellschafterliste eingetragen wurde. Allein die **Nichtigkeit des Anteilserwerbes** aufgrund eines Verstoßes gegen das Gesetz oder aus **Sittenwidrigkeit** dürfte hingegen nicht ausreichend sein, um die Fiktion zu zerstören.

bb) Haftung des Rechtsnachfolgers

464 Mit der Aufnahme in die Liste haftet der Erwerber für **sämtliche offene Einlageverpflichtungen des Veräußerers.** Auch hier gilt, dass die Fiktion unwiderleglich ist und somit die Haftung völlig unabhängig davon ist, ob der Erwerbsvorgang wirksam war und ist oder nicht (zu den Grenzen der Fiktion vgl. Rn. 462).

465 Inwieweit der geänderte Wortlaut des Gesetzes, der nun nur noch von „rückständigen Einlageverpflichtungen" spricht, dazu führt, dass die Haftung des Erwerbers gegenüber der bisherigen Rechtslage eingeschränkt wird, ist unklar. Aus der Regierungsbegründung ergibt sich nicht, dass der Gesetzgeber die Rechtslage hat ändern wollen.[2] Bisher haftete der Erwerber für sämtliche offene Einlageverpflichtungen, insbesondere aus **Unterbilanzhaftung, Differenzhaftung bei der Gründung** oder bei der **wirtschaftlichen Neugründung,** ebenso wie für **Nachschüsse, Nebenleistungen** und eine **Ausfallhaftung.** Strittig ist, inwieweit auch für **Ansprüche aus Einlagenrückgewähr** gem. § 31 GmbHG der Rechtsnachfolger in die Haftung gerät.[3] Teilweise wird in der Literatur vertreten, dass der geänderte Wortlaut des Gesetzes gerade dazu führe, dass für diese Ansprüche nunmehr der Erwerber nicht mehr hafte.[4]

---

[1] Vgl. zu den Fallkonstellationen *Wicke,* § 16 Rn. 4.
[2] Begr. RegE, BT-Drucks. 16/6140, S. 37.
[3] Vgl. *Wicke,* § 16 Rn. 12, § 31 Rn. 3 m.w.N.
[4] Vgl. dazu *Mayer,* DNotZ 2008, 403 m.w.N.

V. *Gesellschafterliste*

3. Mindestinhalt/Muster

Der Inhalt der **Gesellschafterliste** wurde nicht grundsätzlich geändert. Als **466** **Mindestinhalt** sind daher bei einer natürlichen Person der Name, Vorname, Geburtsdatum, sowie der Wohnort anzugeben (§ 8 Abs. 1 Nr. 3 GmbHG, § 40 Abs. 1 Satz 2 GmbHG). Bei Gesellschaften sollten dementsprechend Firma, Satzungssitz, zuständiges Handelsregister und Registernummer hinzugefügt werden, zwingend ist dies jedoch nicht. Bei Gesellschaften bürgerlichen Rechts ist strittig, ob trotz der Anerkennung ihrer Rechtsfähigkeit nur die Gesellschaft oder auch die Gesellschafter anzugeben sind.[1] Auf der Linie der BGH-Entscheidung[2] zur Rechtsfähigkeit der Gesellschaft bürgerlichen Rechts würde es liegen, die Eintragung der GbR ohne Auflistung der Gesellschafter genügen zu lassen. Angesichts der fehlenden Publizität der GbR und des insoweit fehlenden Registers für GbRs hatte die Rechtsprechung diese Rechtsfähigkeit bisher eingeschränkt.[3] Dem wurde man dadurch gerecht, dass auch die Gesellschafter selber mit Name, Vorname, Geburtsdatum und Wohnort mit in die Liste eingetragen werden.[4] Nach der Anerkennung der Grundbuchfähigkeit der GbR[5] erscheint dies nicht mehr zwingend.

Die **Geschäftsanteile** sind durchgehend zu nummerieren und die **Nennbe- 467 träge** der Geschäftsanteile müssen angegeben werden. Dadurch sind die einzelnen Geschäftsanteile besser zu identifizieren, womit dem sachenrechtlichen Bestimmtheitsgrundsatz und der neu geschaffenen Möglichkeit des gutgläubigen Erwerbs Rechnung getragen wird.

---

[1] Zur Frage der Grundbuchfähigkeit der GbR vgl. befürwortend: *Behrens*, ZIP 2008, 1; *Heßeler/Kleinhenz*, NZG 2007, 250; *Böttcher/Blasche*, NZG 2007, 121; *Priester*, BB 2007, 837; *Tavakoli/Fehrenbacher*, DB 2007, 382; *Bielicke*, Rpfleger 2007, 441; *Drasdo*, NJW-Spezial 2007, 241; *Wagner*, ZNotP 2006, 408; *Demuth*, BB 2002, 1555; *Dümig*, ZflR 2002, 796; *Dürnig*, Rpfleger 2002, 54; *Eickmann*, ZflR 2001, 433; *Pohlmann*, WM 2002, 1421; *Ulmer/Steffek*, NJW 2002, 330; *Wertenbruch*, NJW 2002, 324; in der Tendenz, wenn auch noch mit gewissen Zweifeln: *Habersack*, BB 2001, 477, 479; *Hadding*, ZGR 2001, 712, 724; *Ulmer*, ZIP 2001, 585, 595. Gegenteiliger Ansicht sind: *Ruhwinkel*, MittBayNot 2007, 92; *Böttcher*, Rpfleger 2007, 437; *Geibel*, WM 2007, 1496; *Abel/Eitzert*, DZWIR 2001, 353; *Ann*, MittBayNot 2001, 197; *Demharter*, Rpfleger 2001, 329; *Heil*, NZG 2001, 3000, 305; *Lautner*, MittBayNot 2001, 425; *Münch*, DNotZ 2001, 535; *Schemmann*, DNotZ 2001, 424, 250; *Stöber*, MDR 2001, 544; ohne nähere Behandlung der Frage: *Armbrüster*, Grundeigentum 2001, 821, 826; *Derleder*, BB 2001, 2485, 2490; *Kazele*, INF 2001, 335, 338; *K. Schmidt*, NJW 2001, 993, 1002; *Westermann*, NZG 2001, 289, 293f.
[2] BGHZ 146, 341 = NJW 2001, 1056. Zuletzt hat der BGH auch die Grundbuchfähigkeit der GbR anerkannt *BGH* ZIP 2009, 66.
[3] Auch nach *Wicke*, § 40 Rn. 5 sind die Gesellschafter mit einzutragen.
[4] *Wicke*, § 40 Rn. 5.
[5] *BGH* ZIP 2009, 66.

D. Geschäftsanteile

Muster einer Gesellschafterliste:[1]

Nr. des Gesell-schafts-anteils	Vor- und Nachname/ Firma des Gesellschafters	Geburts-datum	Wohnort/ Sitz des Gesell-schafters	Nennbe-trag des Geschäfts-anteils	Verände-rungen
1–5000	Hans Müller	10.05.1968	Hamburg	je 1,00	
5001–7001	Jürgen Schmidt	06.07.1976	Dresden	je 5,00	
7002	A-GmbH		Frankfurt a. M.	4 000,00	
7003–7303	B-GmbH		Hamburg	je 20,00	
Stammkapital (= €)				25 000,00	

Ort, Datum   Geschäftsführer

468 Aus dieser vorstehenden, in elektronischer Form zum Handelsregister einzureichenden Gesellschafterliste ergibt sich, dass nunmehr ein Gesellschafter mehrere Geschäftsanteile übernehmen kann[2] und die **Mindeststückelung** nur noch 1 € beträgt (§ 5 Abs. 2 Satz 1, Abs. 3 Satz 1 GmbHG), statt bisher 50 € bei einem Mindestnennbetrag von 100 €.

4. Gesellschafterliste bei Teilung und Zusammenlegung

469 Aus der Pflicht zur fortlaufenden Nummerierung der Anteile können sich bei der **Teilung von Geschäftsanteilen** Probleme hinsichtlich der Nummerierung der neuen Geschäftsanteile ergeben. Fest steht, dass die neu entstehenden Geschäftsanteile ebenfalls zu nummerieren sind. Unklar ist jedoch, ob sie mit a, b usw. zu bezeichnen sind oder ob sie fortlaufende Nummern erhalten (z. B. aus Geschäftsanteil 3 werden Anteile 3 und 4, was aber problematisch wird, wenn es schon einen Geschäftsanteil Nr. 4 gibt – wird dieser dann zu Nr. 5?). Der Gesetzgeber hat hier trotz der großen Bedeutung, die die Liste künftig haben wird, keine Vorgaben gemacht. Klar ist damit, dass sich in ganz Deutschland unterschiedliche Verfahrensweisen ergeben werden. Dies erschwert die Handhabung der Listen. Vorzugsweise sollten für die neu entstandenen Geschäftsteile neue Nummern vergeben werden. Aber unabhängig davon, welche Variante sich durchsetzen wird, sollte stets die Herkunft des neuen Geschäftsanteils angegeben

---

[1] Siehe hierzu *Götze/Bressler*, NZG 2007, 894; Begr. zum RegE, Beilage zu ZIP 23/2007, S. 36.
[2] Aufgabe des Einheitlichkeitsgrundsatzes, § 5 Abs. 2 S. 2 GmbHG-E.

V. Gesellschafterliste

werden.[1] Dies kann gesondert in einer Veränderungsspalte geschehen oder beim jeweiligen Anteil vermerkt werden. Die Veränderungsspalte ist zwar nicht zwingend vorgesehen, aber zulässig.

Beispiel:

Nr. des Gesellschaftsanteils	Vor- und Nachname/ Firma des Gesellschafters	Geburtsdatum	Wohnort/Sitz des Gesellschafters	Nennbetrag des Geschäftsanteils	Veränderungen
1	Hans Müller	10. 5. 1968	Hamburg	4 000,00	
2	A-GmbH		Dresden	8 000,00	
3	Jörg Schmidt	3. 8. 1975	Frankfurt a. M.	4 000,00	
4	B-GmbH		Leipzig	11 000,00	
Stammkapital (= €)				27 000,00	

Wird zum Beispiel Geschäftsanteil Nummer 3 geteilt, können die zwei neu entstandenen Geschäftsteile nicht die Nummer 3 und 4 erhalten, da Nr. 4 bereits vergeben ist. Für diesen Fall, sollte der eine entstandene Geschäftsanteil die Nr. 5 und der zweite die neue Nummer 6 erhalten. Dadurch bleibt zwar die fortlaufende Nummerierung nicht gewahrt, durch den Herkunftszusatz wird jedoch deutlich, dass die beiden Geschäftsanteile aus dem ursprünglichen Geschäftsanteil Nr. 3 hervorgegangen sind. Die Veränderungsspalte zeigt an, was mit dem Geschäftsanteil Nr. 3 geschehen ist.

Die neue Gesellschafterliste könnte demnach wie folgt aussehen:

Nr. des Gesellschaftsanteils	Vor- und Nachname/ Firma des Gesellschafters	Geburtsdatum	Wohnort/ Sitz des Gesellschafters	Nennbetrag des Geschäftsanteils	Veränderungen
1	Hans Müller	10. 5. 1968	Hamburg	4 000,00	
2	A-GmbH		Dresden	8 000,00	
3	Jörg Schmidt	3. 8. 1975	Frankfurt a. M.	4 000,00	geteilt in Geschäftsanteile Nr. 5 und 6 gem. Beschl. v.
4	B-GmbH		Leipzig	11 000,00	
5	Klaus Voigt	28. 9. 1965	Frankfurt a. M.	2 000,00	hervorgegangen aus der Teilung des urspr. Ge-

---

[1] *Götze/Bressler*, NZG 2007, 894, 895.

D. Geschäftsanteile

Nr. des Gesellschaftsanteils	Vor- und Nachname/ Firma des Gesellschafters	Geburtsdatum	Wohnort/ Sitz des Gesellschafters	Nennbetrag des Geschäftsanteils	Veränderungen
					schäftsanteils Nr. 3
6	Maria Grün	5. 10. 1980	Frankfurt a. M.	2 000,00	hervorgegangen aus der Teilung des urspr. Geschäftsanteils Nr. 3
Stammkapital (= €)				27 000	

472 Als **Alternative** für diese Handhabung ist es ebenso möglich, aus dem Geschäftsanteil 3 den Geschäftsanteil 3/1 und 3/2 (3.1 oder 3.2) zu bilden. Dies erhöht die Übersichtlichkeit jedoch nur bei der ersten Teilung. Bei einer weiteren Teilung wird es eher unübersichtlich.

473 Bei der **Zusammenlegung von Geschäftsanteilen** bietet sich ein korrespondierendes Verfahren an. So sollte, wenn der Geschäftsanteil Nr. 1 und der Geschäftsanteil Nr. 2 zusammengelegt werden, eine neue Nummer gebildet werden. Alternativ ist es natürlich auch zulässig, die Zusammenlegung unter der Geschäftsanteils-Nr. 1 zu vermerken. In der Veränderungsspalte könnte man die Zusammenlegung mit folgendem Vermerk deutlich machen: Geschäftsanteil Nr. 2 mit Geschäftsanteil Nr. 1 zusammengelegt.

5. Sich kreuzende Gesellschafterlisten

474 Des weiteren ist noch ungeklärt wie sich **kreuzende Gesellschafterlisten** gehandhabt werden sollen. Der Fall der sich kreuzenden Gesellschafterlisten kann eintreten, wenn von unterschiedlichen Notaren am selben Tag oder in kurzem zeitlichem Abstand Veränderungen im Gesellschafterbestand beurkundet und von beiden Notaren neue Gesellschafterlisten eingereicht werden, ohne dass diese Kenntnis von der durch den Kollegen errichteten und eingereichten Liste haben. Dabei besteht die Gefahr, dass die jeweils eingereichte Liste mangels Kenntnis, die andere Veränderung nicht enthält, und daher den jeweiligen Erwerbern dieselbe Nummerierung zugewiesen wird.

475 In der Praxis kann das Risiko sich kreuzender Listen dadurch vermindert werden, dass der Notar bei jeder Anteilsübertragung in der **Präambel die Beteiligungsverhältnisse** der Gesellschaft wiedergibt und Geschäftsführer und Beteiligte danach befragt, ob die vorgelegte Liste alle Veränderungen berücksichtigt. Sicherheit verschafft sich der Notar auch bei diesem Verfahren nicht in jedem Fall, da möglicherweise die bei ihm Erschienenen von den anderweitigen Übertragungen nichts wissen und auch die Geschäftsführung noch nicht informiert ist.

V. Gesellschafterliste

Nicht ganz unproblematisch ist die Frage, wer in den Fällen der Kapitalerhöhung und Kapitalherabsetzung die **Gesellschafterliste** einzureichen hat. Die unmittelbare Veränderung der Anteilsverhältnisse der Gesellschaft bewirkt in diesen Fällen die Eintragung der **Kapitalerhöhung/Kapitalherabsetzung** im Handelsregister. Der Kapitalerhöhungsbeschluss als solcher ist nur die Grundlage für eine Anteilsveränderung. Dem Gesellschafter muss ein Bezugsrecht eingeräumt werden und der Gesellschafter muss dann in dem Anschluss den Anteil mit einer notariell beglaubigten Übernahmeerklärung übernehmen. Die Übernahmeerklärung selber muss vom Notar nicht entworfen werden. Sodann wird die Kapitalerhöhung angemeldet und erst die Eintragung lässt den neuen Anteil entstehen. In der Literatur wird dennoch bisher ohne weitere Diskussion davon ausgegangen, dass in diesen Fällen die neue Gesellschafterliste vom Notar zu erstellen ist. Die Problematik wird jedoch auch nicht diskutiert.[1]

Man mag argumentieren, dass in Fällen derartiger Strukturveränderungen der Notar das Geschehen in der Hand hält, letztendlich ist er im Sinne des Gesetzes aber nicht derjenige, der die Veränderung herbeiführt. Es empfiehlt sich in diesen Fällen, die Gesellschafterliste nicht nur durch den Notar unter Beifügung einer entsprechenden Bescheinigung unterschreiben zu lassen, sondern auch noch zusätzlich durch den Geschäftsführer. Die neue Liste kann erst nach Eintragung der Kapitalerhöhung dem Handelsregister vorgelegt werden (zur Thematik der Schaffung eines genehmigten Kapitals vgl. Rn. 629).

6. Einreichung der Gesellschafterliste

a) Durch den Geschäftsführer

Unverzüglich nach Wirksamwerden einer **Veränderung in der Person eines Gesellschafters** oder des **Umfangs ihrer Beteiligung,** ist der Geschäftsführer verpflichtet eine neue Gesellschafterliste zu erstellen, zu unterschreiben und beim Handelsregister einzureichen, § 40 Abs. 1 Satz 1 GmbHG.

Unbeachtlich ist dabei, ob die Veränderung auf einer **Einzel- oder Gesamtrechtsnachfolge** (Erbfolge) beruht, oder die Veränderung ohne Rechtsnachfolge eingetreten ist[2] (vgl. hierzu die Auflistung in Rn. 451). Der Geschäftsführer ist aber nur dann zur Einreichung einer neuen Gesellschafterliste verpflichtet, soweit kein Notar an der Veränderung mitgewirkt hat, § 40 Abs. 1 Satz 1 GmbHG. Demnach wird stets die **Gründungsgesellschafterliste** nach § 8 Abs. 1 Nr. 3 GmbHG durch die Geschäftsführer eingereicht. Wurde allerdings die Gesellschaft unter Verwendung eines sog. Musterprotokolls errichtet, so ersetzt das Musterprotokoll die Gesellschafterliste und Geschäftsführer ist nicht verpflichtet, noch eine gesonderte Gesellschafterliste einzureichen.

---

[1] Vgl. beispielsweise *Mayer,* DNotZ 2008, 403, 408; *Wicke,* GmbHG, 2008, § 40 Rn. 13.
[2] *Vossius,* DB 2007, 2299.

D. Geschäftsanteile

480 Im Übrigen besteht die Einreichungspflicht des Geschäftsführers insbesondere in den Fällen der **Gesamtrechtsnachfolge durch Erbfolge** (§ 1922 BGB), bei der **Zusammenlegung und Teilung von Geschäftsanteilen** durch privatschriftliche Gesellschafterbeschlüsse, bei der **Kaduzierung** und **Versteigerung** von Geschäftsanteilen (§§ 21 Abs. 2, 23 GmbHG) und bei der **Einziehung** aufgrund privatschriftlicher Einziehungsbeschlüsse.[1]

481 Die Einreichung durch den Geschäftsführer muss nicht durch alle Geschäftsführer gemeinschaftlich erfolgen, sondern nur durch die Geschäftsführer in **vertretungsberechtigter Zahl**.[2] Es ist strittig, ob eine **Stellvertretung** bei der Unterzeichnung der Gesellschafterliste zulässig ist. Aus Sicherheitsgründen empfiehlt es sich insofern, von einer Stellvertretung abzusehen.[3]

482 Der Geschäftsführer ändert die Gesellschafterliste „auf Mitteilung und Nachweis", § 40 Abs. 1 Satz 2 GmbHG. Er ist daher, entsprechend der Parallelvorschrift im Aktienrecht (§ 67 Abs. 3 AktG) weder zur Einreichung einer veränderten Gesellschafterliste verpflichtet noch befugt, wenn er auf andere Weise Kenntnis von Veränderungen des Gesellschafterbestands erlangt.[4]

483 Den Geschäftsführer trifft eine **inhaltliche Prüfungspflicht**[5], d.h. er muss prüfen, ob die Veränderungen im Gesellschafterbestand wirksam sind. Bei der Frage *welche* **Nachweise** zu fordern sind, ist zu beachten, dass insbesondere wegen der Möglichkeit des gutgläubigen Erwerbs der Geschäftsanteile an die Nachweisvorlage hohe Anforderungen zu stellen sind[6]. Entsprechend der vergleichbaren Regelung des § 67 Abs. 3 AktG muss der Nachweis geeignet sein, den Geschäftsführer zuverlässig von dem Rechtsübergang zu überzeugen.[7] Geeignete Nachweise können daher Urschriften bzw. beglaubigte Abschriften von dem privatschriftlichen Gesellschafterbeschlüssen oder anderweitige Dokumente sein, die die Veränderung der Gesellschafterverhältnisse nachweisen. Bei **Zweifeln** muss der Geschäftsführer die Einreichung der Liste zunächst ablehnen und weitergehende Nachweise verlangen.[8] Es wird in der Literatur vorgeschlagen, auch in die Satzung eine entsprechende Verpflichtung mit aufzunehmen, um die Pflichten der Gesellschafter bei Anteilsveränderungen zu verdeutlichen.[9] Eine solche Satzungsklausel könnte wie folgt formuliert werden:

---

[1] *Mayer,* DNotZ 2008, 403, 412.
[2] Vgl. *Wachter,* GmbHR-Sonderheft Oktober 2008, 51, 55.
[3] Zum Streitstand vgl. Scholz/*Schneider,* § 40 Rn. 20.
[4] Begr. zum RegE, Beilage zu ZIP 23/2007, S. 18 mit Verweis auf § 67 Abs. 3 AktG; *Götze/Bressler,* NZG 2007, 894, 895; *Wachter,* GmbHR-Sonderheft Oktober 2008, 51, 54.
[5] Begr. zum RegE, Beilage zu ZIP 23/2007, S. 18
[6] *Götze/Bessler,* NZG 2007, 894, 895; *Wachter,* GmbHR-Sonderheft Oktober 2008, 51, 54.
[7] MünchKomm-AktG/*Bayer* § 67 Rn. 78; Schmidt/Lutter/*Bezzenberger,* § 67 Rn. 19.
[8] Darauf weist auch der Gesetzgeber hin: BR-Drucks. 354/07, S. 99.
[9] *Wachter,* GmbHR-Sonderheft Oktober 2008, 51, 54.

V. Gesellschafterliste

Formulierungsbeispiel: 484

Jeder Gesellschafter ist verpflichtet, jedwede Veränderung in seiner Person (Name, Wohnort) und in seiner Beteiligung (Zusammenlegung/Teilung von Geschäftsanteilen) sowie jede Einzel- oder Gesamtrechtsnachfolge in seinen Geschäftsanteil (z. B. Anteilsübertragung, Umwandlungsmaßnahmen) der Geschäftsführung schriftlich mitzuteilen und nachzuweisen. Die Nachweisführung hat unter Vorlage der die Veränderung belegenden Dokumente – in Urschrift oder beglaubigter Abschrift – zu erfolgen. Bei der Erbfolge ist vom Rechtsnachfolger ein Erbschein in Ausfertigung oder ein notarielles Testament mit Eröffnungsprotokoll in beglaubigter Abschrift vorzulegen.[1]

Die Liste ist vom Geschäftsführer **unverzüglich,** d. h. ohne schuldhaftes Zögern (§ 121 Abs. 1 Satz 1 BGB), vorzulegen. Soweit der Geschäftsführer die Mitteilung mit entsprechenden Nachweisen erhalten hat, hat er nicht die Option, beispielsweise auf Bitten der Gesellschafter, seine **Mitteilung zurückzuhalten,** um z. B. die Wirkung des § 16 Abs. 3 GmbHG hinauszuzögern. Der Geschäftsführer muss berücksichtigen, dass die Gesellschafterliste der Information des Rechtsverkehrs und auch potentieller zukünftiger Erwerber dient und er sich hier schadensersatzpflichtig machen kann, wenn er einer Weisung, beispielsweise des Anteilsveräußerers, folgt und die Liste zunächst nicht einreicht. 485

Die Geschäftsführer trifft nur die Pflicht eine neue und zutreffende Liste einzureichen, nicht aber eine **Erläuterung zur neuen Liste** abzugeben. Zur Anlegung einer sog. **Veränderungsspalte** ist er nicht verpflichtet. Sinnvoll ist sie dennoch.[2] 486

Die Gesellschafterliste ist **elektronisch** durch den Geschäftsführer einzureichen. Eine bloße Einreichung in **Schriftform** ist nach § 12 Abs. 2 HGB nicht mehr zulässig. Es ist das Original der Liste oder eine beglaubigte Abschrift einzureichen. Die Unterschrift des Geschäftsführers unter der Liste muss nicht beglaubigt sein. Der Gesetzgeber hat entsprechende Anregungen aus der Praxis und seitens des Bundesrates nicht aufgenommen.[3] Dem **Missbrauch** ist hier angesichts der Bedeutung der Liste eine völlig unangemessene Tür geöffnet worden. 487

Der Gesetzgeber sieht lediglich vor, dass nur die Liste der Gesellschafter beim Handelsregister einzureichen ist. Eine Verpflichtung des Geschäftsführers zur **Information der Gesellschafter** ist hingegen nicht ins Gesetz aufgenommen worden.[4] Dies hindert die Gesellschaft nicht daran den Geschäftsführer zu verpflichten, jeweils eine entsprechende Liste in Kopie auch an sämtliche Gesellschafter zu senden. Diese Verpflichtung kann Bestandteil des Geschäftsführerdienstvertrages sein, sie könnte aber auch zum Gegenstand der Satzung gemacht werden. In 488

---

[1] Ein anderslautender Formulierungsvorschlag findet sich bei *Wachter,* GmbHR-Sonderheft Oktober 2008, 51, 54.
[2] Der Vorschlag des Handelsrechtsausschusses des DAV sah eine solche Veränderungsspalte vor, vgl. NZG 2007, 735, 738.
[3] Vgl. BR-Drucks. 354/07, Nr. 14, 17; vgl. auch *Heckschen,* DStR 2007, 1442, 1450.
[4] Vgl. zu dieser Forderung *Heckschen,* DStR 2007, 1442, 1450; *Wachter,* GmbHR-Sonderheft Oktober 2008, S. 51, 55.

D. Geschäftsanteile

dem die Anteilsübertragung regelnden Abschnitt der **Satzung** könnte eine dementsprechende Verpflichtung aufgenommen werden.

Formulierungsbeispiel:

Die Geschäftsführer haben jeweils eine Kopie der beim Handelsregister einzureichenden Gesellschafterliste parallel den Gesellschaftern in Kopie an deren zuletzt genannte Adresse zu übermitteln.[1]

489 Die **Haftung des Geschäftsführers** ist ausgeweitet. Reicht er die Liste nicht unverzüglich oder aber unrichtig ein, haftet er für einen etwaigen Schaden gem. § 40 Abs. 3 GmbHG gegenüber den Gläubigern der Gesellschaft und – dies ist neu – auch gegenüber dem Veräußerer und Erwerber im Fall einer Anteilsübertragung.

b) Durch den Notar

aa) Allgemeines

490 Der Gesetzgeber bezieht über § 40 Abs. 2 GmbHG den **Notar** stark in die **Aktualisierung der Gesellschafterliste** ein.[2] Das Verfahren und Einbeziehung des Notars sind vollständig neu geregelt. Der Notar ist zur Einreichung einer Gesellschafterliste bei jedweder **Veränderung,** bei der er mitgewirkt hat, verpflichtet. Die Einreichungspflicht beschränkt sich somit nicht nur auf die Mitwirkung bei Anteilsveräußerungen. Er wird statt des Geschäftsführers tätig und zwar unverzüglich nach **Wirksamwerden** der entsprechenden Veränderung. Die Gesellschafter und Geschäftsführer können den Notar weder von der Verpflichtung befreien und diese selbst übernehmen noch kann sie der Notar delegieren.[3]

491 Damit wird der **gesetzliche Regelfall** zur praktischen **Ausnahme.**[4] Anstatt des juristischen Laien in der Person des Geschäftsführers soll nun in der Mehrzahl der Fallkonstellationen der qualifizierte Jurist zur Richtigkeit der Gesellschafterliste beitragen.[5] Den konsequenten Schritt, generell alle Listen über den Notar einreichen zu lassen[6], ist der Gesetzgeber nicht gegangen.

492 Auch der Notar muss die Liste jedoch erst einreichen, wenn er von den Beteiligten einen **Nachweis über die Wirksamkeit** der Veränderung erhalten hat. Insoweit treffen den Notar keine Amtsermittlungspflichten, sondern er darf auf die Mitteilung der Beteiligten warten. Für die Praxis wird es allerdings darauf ankom-

---

[1] Vgl. auch den anderweitigen Formulierungsvorschlag von *Wachter,* GmbHR Sonderheft Oktober 2008, 51, 55.
[2] Begr. zum RegE, Beilage zu ZIP 23/2007, S. 18.
[3] *Wachter,* GmbHR Sonderheft Oktober 2008, 51, 56.
[4] *Wachter,* GmbHR Sonderheft Oktober 2008, 51, 55.
[5] BR-Drucks. 354/07, S. 101.
[6] So bereits die Forderung bei *Heckschen,* DStR 2007, 1442, 1450; *Bednarz,* BB 2008, 1854, 1859; *Klöckner,* NZG 2008, 841, 843 fordert weiterhin eine entsprechende Gesetzesänderung.

V. Gesellschafterliste

men, insbesondere bei Anteilsübertragungsverträgen, Gestaltungen zu wählen, die es ohne weiteres ermöglichen, die Wirksamkeit der **Veränderung festzustellen** (vgl. auch Rn. 509f.).

Die Liste, die der Notar einzureichen hat, ist eine sog. qualifizierte Liste, da sie seinerseits mit einer Bescheinigung gem. § 40 Abs. 2 Satz 2 GmbHG zu versehen ist. Hier wird bescheinigt, dass die Liste unter Berücksichtigung der unter Mitwirkung des Notars bewirkten Veränderungen den Stand wiedergibt, der sich dann in Bezug auf die letzte eingereichte Liste ergibt (vgl. Rn. 516).   **493**

Nach Erstellen der neuen Gesellschafterliste hat der Notar diese an das **Handelsregister** und zugleich auch an die **Gesellschaft** zu übermitteln, § 40 Abs. 2 Satz 1 Hs. 2 GmbHG. Die Übermittlung dient zum einen der Information der Gesellschafter in Bezug auf den Gesellschafterbestand nach § 16 GmbHG und zum anderen ist die Mitteilung erforderlich, damit der Geschäftsführer künftig seiner Pflicht aus § 40 Abs. 1 GmbHG nachkommen kann. Entsprechend § 35 GmbHG genügt es, wenn die Gesellschafterliste von dem Notar an die im Handelsregister eingetragenen Geschäftsanschrift übermittelt oder an eine empfangsberechtigte Person nach § 10 Abs. 2 GmbHG zugestellt wird.   **494**

bb) Mitwirkung

Eine **„Mitwirkung"** des Notars im Sinne des § 40 Abs. 2 Satz 1 GmbHG ist beim Erwerb des Geschäftsanteils bei der Beurkundung des rechtsgeschäftlichen Erwerbs und bei der Beurkundung der **Abtretung** gegeben. Aber auch die Beurkundung von **Gesellschafterbeschlüssen,** die eine Gesellschafterveränderung zum Inhalt haben, löst die Pflicht zur Einreichung einer neuen Gesellschafterliste aus. Davon erfasst sind Einziehungsbeschlüsse oder Beschlüsse über die Teilung/Zusammenlegung von Geschäftsanteilen. Auch Umwandlungsmaßnahmen sind erfasst, soweit der Anteil unmittelbar von der Umwandlung betroffen ist.   **495**

Beispiel

Die A-GmbH gliedert die Geschäftsanteile an der C-GmbH auf die B-GmbH aus. Der Notar wirkt hier unmittelbar an der Veränderung der Geschäftsanteile der C-GmbH mit.

Kein Fall der „Mitwirkung" ist jedoch die Beglaubigung unter einem Fremdentwurf, da den Notar in diesem Fall nur eingeschränkte Prüfungspflichten treffen.[1]   **496**

---

[1] *Vossius,* DB 2007, 2299, 2304.

D. Geschäftsanteile

497 **Checkliste Einreichungspflicht des Notars betreffend Gesellschafterliste**

☑ Anteilsveräußerungen

☑ Kapitalerhöhungen/Kapitalherabsetzungen

☑ Verschmelzung der Gesellschaft

☑ Übertragung des Anteils im Rahmen einer Spaltung oder Ausgliederung

☑ Teilung/Zusammenlegung/Einziehung/Aufstockung, wenn der Notar die Gesellschafterbeschlüsse beurkundet

☑ Änderung der Firma eines Gesellschafters

☑ Erbauseinandersetzungen

☑ An- und Abwachsungsmaßnahmen, wenn sie vom Notar beurkundet werden oder ein von ihm erstellter Entwurf beglaubigt wird

cc) Mittelbare Mitwirkung

498 Noch ungeklärt ist hingegen, ob auch dann ein Mitwirken im Sinne des § 40 Abs. 2 Satz 1 GmbHG gegeben ist, wenn die Anteilsveränderung nur eine **mittelbare Folge** der notariellen Urkunde ist. Beispielsfälle stellen die **Verschmelzung**[1] dar, wenn zu dem Aktivvermögen eines übertragenden Rechtsträgers eine GmbH-Beteiligung gehört. Gegen die Pflicht des Notars zur Einreichung einer neuen Gesellschafterliste spricht, dass der Notar in diesen Fällen die Beteiligungsverhältnisse der GmbH nur schwer wird prüfen können, was aber für das Erstellen einer neuen Gesellschafterliste unablässig ist.[2] Nach der Gesetzesbegründung scheidet eine Mitwirkung bei Gesamtrechtsnachfolgen, bei Zusammenlegung und bei der Teilung von Geschäftsanteilen aus.[3] Der Gesetzeswortlaut erfasst die mittelbar ausgelöste Veränderung nicht.[4]

499 Es kann daher nicht darauf ankommen, ob der Notar aus den ihm zur Verfügung stehenden Unterlagen die Beteiligungsverhältnisse der GmbH und deren Veränderungen ersehen kann.[5]

500 Teilweise wird vertreten, der Notar sei dann zur Einreichung verpflichtet, wenn sich für ihn die **mittelbare Anteilsveränderung** ohne weiteres ergebe.[6] Der Notar sei weitergehend auch dann die zur Einreichung der Liste zuständige Stelle, wenn sich für ihn aus den vorgelegten Dokumenten, beispielsweise bei

---

[1] Beispiel dazu bei *Vossius*, DB 2007, 2299, 2304.
[2] *Vossius*, DB 2007, 2299, 2304.
[3] Begr. zum RegE, Beilage zu ZIP 23/2007, S. 19.
[4] *Wachter*, GmbHR-Sonderheft Oktober 2008, 51, 56.
[5] *Vossius*, DB 2007, 2299, 2304.
[6] *Mayer*, DNotZ 2008, 403, 407 ff.; in dieser Richtung auch *Apfelbaum*, Der Notar 2008, 160, 170.

V. Gesellschafterliste

einer Verschmelzung der Schlussbilanz des übertragenden Rechtsträgers, Andeutungen für einen Beteiligungsbesitz entnehmen lassen.[1]

Die in der Literatur genannten Abgrenzungskriterien erlauben jedoch keine klare Feststellung, wann der Notar und nicht der Geschäftsführer zur Einreichung verpflichtet ist. Zu berücksichtigen ist, dass der Gesetzgeber sich einerseits gegen das teilweise in der Literatur vorgeschlagene Modell entschieden hat, dass **sämtliche Veränderungen** über den Notar beim Handelsregister einzureichen und mit einer entsprechenden Bescheinigung zu versehen sind.[2] Darüber hinaus ist zu berücksichtigen, dass eindeutige und klare **Abgrenzungskriterien** erforderlich sind und der Gesetzgeber die grundsätzliche Zuständigkeit sowohl vom Wortlaut des Gesetzes als auch von der Gesetzessystematik her (§ 40 Abs. 2 folgt § 40 Abs. 1 GmbHG) dem **Geschäftsführer** zugewiesen hat. Es ist völlig unklar welche Folgen es hätte, wenn die Liste der Gesellschafter durch die falsche Person eingereicht wird. Vieles spricht dafür, dass an eine durch die falsche Person eingereichte Liste keinerlei Wirkungen anknüpfen.[3] Dann aber muss es ausgeschlossen sein, dass Zweifelsfragen über die Person des zur Einreichung Verpflichteten bestehen. Soll das jetzt eingeschlagene Verfahren wirklich zu mehr Rechtssicherheit und Transparenz führen, so müssen klare Zuständigkeitsregelungen vorliegen. Dies ist bei allen Vorschlägen, die den Notar auch bei **mittelbaren Anteilsveränderungen** mit in die Einreichungspflicht einbeziehen wollen, nicht der Fall. Zutreffend wird in der Literatur auch darauf hingewiesen, dass die Einbeziehung des Notars offensichtlich vom Gesetzgeber nur dann gewollt und für sinnvoll erachtet wurde, wenn dieser an der Veränderung der Beteiligungsverhältnisse gestaltend mitwirkt.[4] Nur in diesen Fällen sei es auch angemessen und nachvollziehbar, dem Notar eine Verantwortung für die Gesellschafterliste und deren Richtigkeit aufzuerlegen.

501

Praxishinweis

502

> Zu der Frage, ob der übertragende Rechtsträger über Geschäftsanteile einer GmbH verfügt, sollte aufgrund der noch unklaren Rechtslage zur Einreichungspflicht des Notars, ein Merkposten eingefügt werden.[5] Angesichts der unklaren Rechtslage bietet es sich an, jedenfalls dort, wo für den Notar die **mittelbare Anteilsveränderung** erkennbar ist, die Gesellschafterliste nicht nur durch den Geschäftsführer, sondern auch durch den Notar unterzeichnen zu lassen. Dies betrifft damit vor allem Umwandlungs- und Erbfälle (vgl. dazu Rn. 511 ff.).

---

[1] *Vossius*, DB 2007, 2299, 2304.
[2] Vgl. zu diesem Vorschlag insbesondere *Mayer*, DNotZ 2008, 403; *Heckschen*, DStR 2007, 1442, 1450.
[3] *Tebben*, RNotZ 2008, 441, 453; a. A. zu Recht *Wicke*, § 16 Rn. 9.
[4] Vgl. in dieser Richtung *Wachter*, GmbHR-Sonderheft Oktober 2008, S. 51, 56 „beherrscht und steuert".
[5] *Mayer*, DNotZ 2008, 403, 408 f.

D. Geschäftsanteile

dd) Späteres Wirksamwerden der Veränderung

503 Der Notar hat unverzüglich nach **Wirksamwerden** der Veränderung in den Gesellschafterverhältnissen eine neue Gesellschafterliste zu erstellen und einzureichen, ohne Rücksicht auf etwaige später eintretende Unwirksamkeitsgründe, zum Beispiel, wenn die Parteien eine **auflösende Bedingung** oder eine **Rückübertragungsklausel** vereinbart haben. Der Notar muss vor Einreichung der Gesellschafterliste die Wirksamkeit der Veränderung im Gesellschafterbestand prüfen, bevor er die Liste beim Handelsregister einreichen darf.[1] Er kann die Liste nicht im Vertrauen auf eine später eintretende Wirksamkeit vorab einreichen. Dies ist insbesondere bei Veränderungen, die von einem Registervollzug abhängen (z. B. Kapitalerhöhung, Umwandlung) sowie bei aufschiebend bedingten Verträgen von Bedeutung.[2]

504 Praktische Probleme können dabei vor allem bei **aufschiebenden Bedingungen,** Erteilung von **kartellrechtlichen Genehmigungen** u. ä. entstehen. Die Veränderung im Gesellschafterbestand wird in diesem Fällen nicht bereits mit der notariellen Beurkundung, sondern erst bei Eintritt der Bedingung wirksam. Ungeklärt ist jedoch, wie der Notar von dem Wirksamwerden der Veränderung erfährt und ob er die Wirksamkeit prüfen muss oder sich auf die Angaben der Beteiligten verlassen kann.

505 Aufgrund seiner **notariellen Aufklärungspflicht** ist der Notar bei einer aufschiebend bedingten Anteilsübertragung verpflichtet, die Vertragsparteien darauf hinzuweisen, dass er eine veränderte Gesellschafterliste erst dann zum Handelsregister einreichen kann, wenn ihm der **Eintritt sämtlicher Bedingungen** mitgeteilt wurde. Dabei hat er die Vertragsparteien auch über die Rechtsfolgen einer materiell unrichtigen Gesellschafterliste aufzuklären.

506 Fraglich ist die Behandlung von **Anteilsübertragungen, die vor Inkrafttreten des MoMiG** geschlossen worden sind und erst nach Inkrafttreten wirksam werden. Zum Zeitpunkt der Wirksamkeit wäre nach der Neuregelung der Notar zuständig, zum Zeitpunkt des Vertragsabschlusses der Geschäftsführer. Eine **Übergangsregelung** fehlt. Hier sollten Geschäftsführer und Notar die Gesellschafterliste unterzeichnen und der Notar eine Bescheinigung mit einreichen.

507 Das Hauptaugenmerk des Notars sollte sich darauf richten, soweit irgendmöglich den **Bedingungseintritt** von Umständen abhängig zu machen, die er ohne weiteres feststellen kann. In der Literatur wird vorgeschlagen, Informationspflichten festzulegen.[3] Um die rechtzeitige Einreichung der Gesellschafterliste bei Veränderungen im Gesellschafterbestand sicherzustellen, sollte in den Vertrag eine

---

[1] *Götze/Bressler,* NZG 2007, 894, 895; *Vossius,* DB 2007, 2299, 2304; *Wachter,* GmbHR-Sonderheft Oktober 2008, S. 51, 53–56. Zur Prüfungspflicht des Notars vgl. DNotI-Gutachten Nr. 89448, 89035, 90114, 89734.

[2] Vgl. dazu ausführlich DNotI-Gutachten Nr. 90791; wie hier *Wachter,* ZNotP 2008, 378, 388; *Heidinger,* in: Heckschen/Heidinger, Die GmbH in der Gestaltungs- und Beratungspraxis, 2. Auflage 2009, § 13 Rn. 282; *Bunnemann/Zirngibl,* Die Auswirkungen des MoMiG auf entstehende GmbHs, 2008, § 4 Rn. 17 f.; a. A. wohl *Herrler,* DNotZ 2008, 903, 910 f., 915.

[3] *Mayer,* DNotZ 2008, 403, 409.

V. Gesellschafterliste

Klausel aufgenommen werden, wonach die Parteien/eine Partei den Notar über den **Eintritt der Bedingungen** zu informieren haben. Erklären sich die Parteien dazu bereit, ist § 40 Abs. 1 Satz 2 GmbHG anzuwenden, also die Einforderung entsprechender Nachweise zu verlangen, es sei denn Erwerber und Veräußerer teilen den Bedingungseintritt gemeinsam mit.[1]

Derartige **Fiktionen** sind auch zulässig, wenn die Wirksamkeit des Vertrages von behördlichen Genehmigungen, Gremienzustimmungen etc. abhängig ist. In diesen Fällen würde dann die Bedingung für die Wirksamkeit des Vertrages auf einen späteren Zeitpunkt verschoben. Auch dies bleibt der Vertragsautonomie der Vertragsbeteiligten vorbehalten.

508

c) Praxishinweis

> Vorzugswürdig erscheinen jedoch Regelungen, bei denen nicht eine **Informationsverpflichtung** festgelegt wird, sondern von der Information selbst der Eintritt der Bedingung abhängig gemacht wird. Ist beispielsweise die Bedingung für die Abtretung die Kaufpreiszahlung, so kann hierin eine Gefahr für den Notar liegen, da er die Zahlung nur schwer wird nachvollziehen können. Das nachfolgende Beispiel für die Formulierung einer solchen Bedingung erscheint dennoch sicher:

509

d) Formulierungsbeispiel

Bedingung für die Wirksamkeit der Abtretung ist die Zahlung des Kaufpreises auf das in § _____ genannte Konto des Verkäufers. Diese Bedingung gilt als eingetreten, wenn die dort genannte Empfängerbank dem Notar den Zahlungseingang schriftlich bestätigt oder die Bank X (Finanzierungsbank des Käufers) schriftlich bestätigt hat, dass der Kaufpreis auf dieses Konto überwiesen und vom Konto des Käufers abgebucht wurde oder der Verkäufer die Kaufpreiszahlung bestätigt. Der Eingang der schriftlichen Bestätigung beim Notar ist für den Bedingungseintritt entscheidend. Mit dem Eingang der ersten Bestätigung gilt die Bedingung als eingetreten.

510

aa) Mitwirkung des Notars beim Erwerb von Todes wegen

Beim Erwerb von **Todes** wegen (**Gesamtrechtsnachfolge**) liegt regelmäßig keine Beteiligung eines Notars vor[2], da er nicht den Tod des Erblassers und damit den Erwerb verursacht hat.

511

Aber auch hier können die Fälle der mittelbaren Mitwirkung des Notars Probleme bereiten. Beim Erwerb von Todes wegen könnte man an eine solche mittelbare Mitwirkung des Notars denken, wenn der Erwerb aufgrund eines **notariell be-**

512

---

[1] *Götze/Bressler*, NZG 2007, 894, 895 f.
[2] Begr. RegE, ZIP 2007, Beilage zu Heft 23/2007, S. 19.

D. *Geschäftsanteile*

urkundeten Testaments oder Erbvertrages erfolgt, ein **Antrag auf Erteilung eines Testamentsvollstreckerzeugnisses** oder ein **Erbscheinsantrag** beurkundet wurde.

513 Bei jeder erbrechtlichen Maßnahme, die vom Notar beurkundet wird, stehen aber der Anwendung des § 40 Abs. 1 Satz 2 GmbHG nicht nur der **Wortlaut des Gesetzes** („Veränderung … mitgewirkt"), sondern auch praktische Probleme entgegen, da der Notar, der z. B. einen Erbvertrag beurkundet hat, regelmäßig keine Kenntnis vom Eintritt des Erbfalls erlangt. Damit dem Notar nicht eine Pflicht auferlegt wird, die er praktisch nicht erfüllen kann, kann eine Mitwirkung im Sinne des § 40 Abs. 2 Satz 1 GmbHG nur dann vorliegen, wenn die Maßnahme den unmittelbaren Beteiligungswechsel bewirkt hat[1], z. B. bei der **Beurkundung einer Anteilsübertragung in Erfüllung eines Vermächtnisses** oder bei der **Erbauseinandersetzung**.

514 Gehört zum Nachlass ein GmbH-Geschäftsanteil und überträgt ein Erbe seinen **Erbteil** liegt ebenfalls nur eine **mittelbare Mitwirkung** des Notars vor. Der Notar beurkundet in diesem Fall den Vertrag, durch den ein Miterbe über seinen Anteil am Nachlass verfügt, § 2033 BGB. Die Übertragung des Erbteils führt nur mittelbar zur Änderung des Gesellschaftsbeteiligung, da nun nicht mehr der Miterbe, sondern der Erwerber bei der Erbauseinandersetzung einen Geschäftsanteil erwirbt. Es überzeugt nicht in diesem Fall ein Mitwirken des Notars im Sinne des § 40 Abs. 2 Satz 1 GmbHG anzunehmen, da die anzeigepflichtige Änderung der Gesellschafterstruktur nicht bereits mit der Erbteilsübertragung, sondern vielmehr erst mit der Erbauseinandersetzung eintritt. Es wird dem Notar eine Nachforschungspflicht auferlegt, für deren Durchsetzung ihm Zwangsmittel fehlen und die er nicht zuverlässig erfüllen kann.

515 **Veränderungen im Wege der Erbfolge** (§ 1922 BGB) sind daher in der Regel nicht durch den Notar, sondern durch den Geschäftsführer einzureichen.

bb) Notarbescheinigung

516 Im Gegensatz zum Geschäftsführer muss der Notar eine **qualifizierte Gesellschafterliste** erstellen, die mit der Bescheinigung zu versehen ist, dass die geänderten Eintragungen den Veränderungen entsprechen, an denen der Notar mitgewirkt hat und die übrigen Eintragungen mit dem Inhalt der zuletzt im Handelsregister aufgenommenen Liste übereinstimmen, § 40 Abs. 2 Satz 2 GmbHG. Zusammen mit der vorangegangenen Mitwirkung soll die Notarbescheinigung die Richtigkeitsgewähr der Gesellschafterliste erhöhen.[2] Eine Urkundennummer ist für diese Bescheinigung ebenso wenig wie für diejenige nach § 54 GmbHG zu vergeben. Es handelt sich um eine gutachterliche Stellungnahme, die nicht von § 8 Abs. 1 Nr. 5 DONot erfasst wird.[3]

---

[1] Vgl. auch *Rau*, DStR 2006, 1892, 1896; *Heckschen*, ZErb 2008, 246, 251.
[2] Begr. RegE, ZIP 2007, Beilage zu Heft 23/2007, S. 19.
[3] H. M. zur Satzungsbescheinigung: *v. Schuckmann/Preuß*, in: Huhn/v. Schuckmann, BeurkG, 4. Aufl., § 39 Rn. 8; a. A. *Winkler*, DNotZ 1980, 578, 583 sowie Bayerische Landesnotarkammer, Rundschreiben 2008/6.

V. Gesellschafterliste

Bei der Erstellung der Bescheinigung hat der Notar nur eine **beschränkte Prüfungspflicht** hinsichtlich der **Wirksamkeit der Veränderung.** Auf den Inhalt der zuletzt im Handelsregister aufgenommenen Gesellschafterliste darf er sich hingegen ohne weitere Nachprüfung verlassen und muss nur die Veränderungen, an denen er mitgewirkt hat aufnehmen.[1]

517

Während der Referentenentwurf noch vorsah, dass der Notar auch bescheinigen müsse, dass ihm aus seinen **Unterlagen nichts ersichtlich ist,** was der Richtigkeit der Liste entgegensteht, sieht der Regierungsentwurf dies ebenso wie der endgültige Gesetzestext nicht mehr vor. Damit ist auch zweifelsfrei festgestellt, dass der Notar nur die dem Handelsregister vorliegende Liste mit der bei ihm eingetretenen Veränderung abzugleichen hat. Selbst wenn ihm also bekannt wäre, dass Zweifel hinsichtlich der Richtigkeit der beim Handelsregister vorliegenden Liste bestehen, ist es nicht seine Aufgabe, auf diese Zweifel hinzuweisen oder sogar die Erteilung der Liste zurückzustellen. Dieser Gesichtspunkt wird in der Praxis eine große Bedeutung gewinnen. Es ist bereits eingangs darauf hingewiesen worden (vgl. oben Rn. 446 ff.), dass die derzeit beim Handelsregister vorliegenden Listen häufig aus den unterschiedlichsten Gründen unrichtig sind. Erkennt dies der Notar, mag er den Geschäftsführer und die Gesellschafter darauf hinweisen, dass Zweifel an der Richtigkeit der Liste bestehen. Dies ist aber eine nicht von ihm geschuldete Dienstleistung. Angesichts der völlig unbefriedigenden Zustände bei den derzeit den Handelsregistern vorliegenden Listen sind für die Praxis zwei Gesichtspunkte zu beachten:

518

Die Notare sollten die Beteiligten über die Bedeutung der Liste und über die **Haftung,** insbesondere der Geschäftsführer, für **unrichtige Listen** aufklären und dafür sorgen, dass die Gesellschaften die eingereichten Listen überprüfen und der Geschäftsführer bei Unrichtigkeit – ggf. nach entsprechendem Beschluss der Gesellschafter – eine zutreffende Liste einreicht.

519

Auch die mit der Bescheinigung des Notars versehene Liste hat nur eine **eingeschränkte Richtigkeitsgewähr.** Da der Notar zwingend an die beim Handelsregister bereits vorliegende Liste anknüpfen muss, ist seine Bescheinigung materiell immer dann unrichtig, wenn die beim Handelsregister vorliegende Liste ihrerseits unrichtig ist.

520

Die Bescheinigung kann nur der Notar vornehmen, der an der **Veränderung mitgewirkt** hat. Ein **dritter Notar** ist dazu nicht befugt.[2] Wird die Veränderung aufgrund einer Sukzessivbeurkundung bewirkt (Angebot und Annahme), so ist die Liste durch den Notar zu erstellen, der die Annahme beurkundet.[3] Durch seine Beurkundung wird letztendlich die Veränderung bewirkt. Steht die Urkunde hingegen unter einem Genehmigungs-/Zustimmungsvorbehalt, z. B. seitens eines vollmachtlos Vertretenen oder seitens der Gesellschafterversammlung, so muss nicht der Notar der Liste erstellen, der die Genehmigung beglaubigt

521

---

[1] *Vossius,* DB 2007, 2299, 2304.
[2] *Wachter,* GmbHR-Sonderheft Oktober 2008, 51, 57.
[3] Zur Einreichungspflicht bei Mitwirkung mehrerer Notare ausf. *Wachter,* ZNotP 2008, 378, 388.

D. Geschäftsanteile

oder beurkundet oder den Zustimmungsbeschluss aufnimmt, sondern der Notar, der die Urkunde über die Anteilsveränderung beurkundet.

522 Die an die Gesellschafterliste anknüpfenden **Rechtswirkungen** hinsichtlich der **relativen Gesellschafterstellung** gegenüber der Gesellschaft nach § 16 Abs. 1 GmbHG und des Eintritts in die Haftung für rückständige Einlageverpflichtungen gem. § 16 Abs. 2 GmbHG treten allein mit der Einreichung der vom Notar gefertigten Gesellschafterliste beim Handelsregister ein. Nicht entscheidend ist, ob die Notarbescheinigung beigefügt oder zutreffend ist.[1]

523 Der Gesetzeswortlaut weist dem Notar nur die Aufgabe zu, die Gesellschafterliste und die Notarbescheinigung zu unterschreiben und beides zum Handelsregister einzureichen. Die Verpflichtung des Notars besteht nach dem Gesetzeswortlaut nicht darin, die **Liste seinerseits zu erstellen**.[2] Es bedarf insoweit wohl eines weiteren Auftrages durch die Beteiligten, der dann weitere Gebühren auslöst.[3]

524 Hat der Notar nach der **elektronischen Übermittlung** der Liste den Bericht erhalten, der den Eingang beim Handelsregister bestätigt, so treffen ihn keine weiteren Pflichten dahingehend nun zu überprüfen, ob das Handelsregister die Liste nun auch in die elektronische Registerakte übernommen hat oder ob hier etwa Fehler aufgetreten sind (z. B. Zuordnung einer falschen Liste).[4]

525 Nach der Übermittlung an das Handelsregister muss der Notar auch dem **Geschäftsführer** der Gesellschaft die geänderte Gesellschafterliste übermitteln. Dies folgt aus § 40 Abs. 2 Satz 1 GmbHG. Er ist jedoch nicht verpflichtet, den **Gesellschaftern** diese Liste zu überreichen. Es bietet sich jedoch in der Praxis an, dass er – gebührenpflichtig – diese zusätzliche Übermittlung anbietet, damit alle Gesellschafter ständig über den aktuellen Stand der Liste unterrichtet werden. Entdeckt der Geschäftsführer in der Liste eine Unrichtigkeit, so ist er verpflichtet, für die Berichtigung zu sorgen.[5]

e) Durch einen ausländischen Notar

526 Die Frage, ob ein ausländischer Notar eine Gesellschafterliste einreichen kann, stellt sich nur, wenn dieser überhaupt wirksam eine Anteilsübertragung beurkunden kann. Ob **gesellschaftsrechtliche Beurkundungen** auch vor einem **ausländischen Notar** wirksam vorgenommen werden können, ist seit Jahrzehnten umstritten.[6] Klare gesetzliche Regelungen dazu fehlen und sind vom Gesetzgeber durch das MoMiG auch nicht mit in das GmbHG eingefügt worden. Der Gesetzgeber hat sich trotz massiver Versuche, insbesondere von Seiten des BDI, dafür entschieden, an der Beurkundung der **Anteilsübertragung** durch den deut-

---

[1] *Wachter*, GmbHR-Sonderheft Oktober 2008, 51, 58.
[2] *Bohrer*, DStR 2007, 995, 1000; *Sikora/Regler*, MittBayNot 2008, 437.
[3] *Wachter*, GmbHR-Sonderheft Oktober 2008, 51, 58; *Sikora/Regler*, MittBayNot 2008, 437.
[4] *Wachter*, GmbHR-Sonderheft Oktober 2008, 51, 58.
[5] Vgl. BR-Drucks. 354/07, S. 85.
[6] Vgl. die Übersicht bei Widmann/Mayer/*Heckschen*, § 6 Rn. 56–73 sowie zuletzt *Berger/Kleissl*, DB 2008, 2235.

V. Gesellschafterliste

schen Notar festzuhalten. Inwieweit er damit eine Entscheidung gegen die Zulässigkeit der Auslandsbeurkundung getroffen hat, ist nicht klar. Immerhin hat der Gesetzgeber anerkannt, dass die Belehrung, Beratung und Beweissicherung durch den deutschen Notar bei der Gründung unerlässlich ist. Für **Strukturentscheidungen** wie

- Gründung
- Kapitalerhöhung
- Unternehmensverträge
- Satzungsänderungen
- Umwandlungen
- Eingliederungsverträge
- Squeeze-out-Beschlüsse

steht eine überwiegende Ansicht auf dem Standpunkt, dass insoweit für die Beurkundung das Gesellschaftsstatut maßgeblich ist und somit nicht durch die Ortsform entsprechend Art. 11 EGBGB ersetzt werden kann.[1] Zahlreiche Vertreter dieser Ansicht sowie der derzeitige Vorsitzende des II. Zivilsenats des BGH sind darüber hinausgehend der Auffassung, dass ganz grundsätzlich die **materielle Richtigkeitsgewähr**, die mit der notariellen Beurkundung bei Strukturbeschlüssen in jedem Fall verbunden ist, nicht in jedem Fall durch die Beurkundung durch einen ausländischen Notar gleichwertig gewährleistet werden kann.[2]

Für anderweitige Beurkundungen ist die Rechtslage hingegen unklarer und die wohl überwiegende Auffassung in der Literatur bis zum Inkrafttreten des MoMiG ging dahin, dass bei Anteilsübertragungen eine liberalere Auffassung Platz greife. Hier soll Art. 11 Abs. 5 EGBGB nicht anwendbar sein. Es wird darauf verwiesen, dass die Beurkundungsform hier die **Funktion** habe, die **freie Handelbarkeit von Geschäftsanteilen** einzuschränken sowie der **Beweissicherung** diene und gerade die materielle Richtigkeitsgewähr der Beurkundung nicht im Vordergrund stehe.

Bisher sind die zahlreichen Hinweise in der Literatur darauf, dass die seinerzeit vom historischen Gesetzgeber dem Beurkundungserfordernis unterlegte Bedeutung im Laufe der Zeit einen Wandel erfahren habe, nicht von der Rechtsprechung übernommen worden. Die ganz überwiegende Meinung ist daher der Auffassung, dass in jedem Falle die deutsche Beurkundung auch durch eine das Gesellschaftsstatut der Gesellschaft berücksichtigende gleichwertige Beurkundung im Ausland ersetzt werden kann.[3] Weitergehend wird von der wohl überwiegenden Meinung vertreten, dass auch die Ortsform ausreichend sei.[4] Bei der Diskussion sollten jedoch folgende Gesichtspunkte nicht unberücksichtigt bleiben:

527

528

---

[1] Ausf. dazu Widmann/Mayer/*Heckschen*, § 6 Rn. 66ff.
[2] Vgl. dazu ausf. *Goette*, DStR 1996, 709.
[3] Vgl. zuletzt *Berger/Kleissl*, DB 2008, 2235 m.w.N.
[4] So auch *Berger/Kleissl*, DB 2008, 2235, 2238f. selbst unter Berücksichtigung der neuen Rechtslage nach dem geänderten Schweizer Obligationenrecht.

D. Geschäftsanteile

529 • Das Ziel der Beweissicherung wird mit der Zulassung der Ortsform klar verfehlt. Wenn die Ortsform ausreichend ist, steht es den Gesellschaften völlig frei in ein Recht auszuweichen, dass beispielsweise nur die Schriftform vorschreibt (z. B. Schweiz). Rück- und Vordatierungen ist damit ohne jede Einschränkung die Tür geöffnet. Damit werden massiv die Interessen der Gesellschaft, der Mitgesellschafter und vor allem der Gläubiger tangiert.

530 • Den ausländischen Notar treffen keine Mitteilungspflichten gegenüber der Finanzverwaltung gegenüber § 54 EStDV. Die fiskalen Interessen der Bundesrepublik Deutschland sollen in der Regel auch durch die Beurkundung im Ausland beeinträchtigt, ja sogar vermieden werden.

531 • Der Gesetzgeber des MoMiG hat zwar für die Erstellung der Gesellschafterliste nach dem gesetzlichen Regelungsmodell grundsätzlich den Geschäftsführer für zuständig erklärt. Die Regelung des § 40 Abs. 2 GmbHG wird jedoch in der Praxis in der weit überwiegenden Zahl der Fälle dazu führen, dass der Notar aufgrund der bei ihm vorgenommenen Veränderungen die Gesellschafterliste einreicht. Dies soll nach dem klaren Willen des Gesetzgebers eine materielle Richtigkeitsgewähr nach sich ziehen.[1] Der Gesetzgeber formuliert weiter im Rahmen des § 16 GmbHG wie folgt:

*„Die vorgeschlagene Änderung entspricht neben dem konkreten Ziel der Missbrauchsbekämpfung auch dem allgemeinen Anliegen, Transparenz über die Anteilseignerstrukturen der GmbH zu schaffen und Geldwäsche zu verhindern (…) Die Bestimmungen zur Gesellschafterliste sind bereits durch das Handelsrechtsreformgesetz vom 22. Juni 1998 BGBl. I 1474ff. nachgebessert und verschärft worden. Es bestehen noch weitere Lücken z. B. bei der Auslandsbeurkundung, **die nunmehr geschlossen werden.**"*

532 • Der Gesetzgeber gibt auch an anderen Stellen ausdrücklich zu erkennen, dass er die alleinige und ausschließliche Zuständigkeit für die Einreichung der Gesellschafterliste dem deutschen Notar zuweist. Den **ausländischen Notar** bezieht er nur in Ausnahmefällen in die Neuregelung ein. Dies geschieht u. a. im Rahmen von § 8 Abs. 3 Satz 2 GmbHG, wo der ausländische Notar nunmehr ausdrücklich auch für die Belehrung nach dem BZRG für zuständig erklärt wird. Diese vom Gesetzgeber bewusst vorgenommene Differenzierung zwischen dem Notar und dem ausländischen Notar legt es nahe, dass der Gesetzgeber auch im Übrigen mit den Formulierungen im GmbHG den deutschen Notar meint.

533 Eine **materielle Richtigkeitsgewähr** scheidet bei Anteilsübertragungen, die durch einen ausländischen Notar vorgenommen werden, aus. Der ausländische Notar ist für die Einreichung der Liste nicht zuständig. Die Verpflichtung fällt dann wieder an den Geschäftsführer zurück, der in der Regel ein juristischer Laie ist. Für den zentralen Bereich der Veränderung von Gesellschafterlisten

---

[1] BR-Drucks. 354/07, S. 101.

V. Gesellschafterliste

würde somit die Zuständigkeit nicht beim Notar, sondern beim Geschäftsführer liegen. Es erscheint zumindest fraglich, ob der Gesetzgeber dies wirklich gewollt hat. Die in jüngster Zeit zahlreich veröffentlichten Stellungnahmen zur Thematik der Auslandsbeurkundung, die fast ausschließlich von Anwaltskollegen stammen, gewichten die vorgenannten Aspekte anders.[1]

Geht man davon aus, dass der ausländische Notar eine Anteilsübertragung nicht wirksam beurkunden kann, so stellt sich in der Regel die Frage, ob er eine Liste der Gesellschafter entsprechend § 40 Abs. 2 GmbHG einreichen kann oder muss, nicht. Es würden dann nur die in der Praxis seltenen Konstellationen bleiben, bei denen ein ausländischer Notar anderweitig an einer Anteilsveränderung, beispielsweise durch Beurkundung eines Beschlusses zur Teilung oder zur Einziehung, mitwirkt. Die Frage, ob generell auch der ausländische Notar Normadressat des § 40 Abs. 2 GmbHG ist, wird in der Literatur streitig behandelt. Teilweise wird vertreten, auch der ausländische Notar sei berechtigt, eine **Gesellschafterliste** einzureichen.[2] Dies soll jedenfalls dann gelten, wenn die Beurkundung nach den bekannten Grundsätzen als gleichwertig anzuerkennen sei.[3] In der Literatur besteht darüber hinausgehend Streit, ob der ausländische Notar nur berechtigt oder auch verpflichtet ist, eine neue Gesellschafterliste zu erstellen und einzureichen.[4]

Eines jedenfalls ist klar: Der deutsche Notar kann nach einer im Ausland beurkundeten Anteilsveräußerung nicht seinerseits eine neue Gesellschafterliste einreichen. Er hat an der Veränderung nicht mitgewirkt und ist daher unzuständig. Die Gesetzessystematik spricht gegen diese in der Literatur vertretene Ansicht. Der Gesetzgeber differenziert zwischen dem deutschen Notar und dem ausländischen Kollegen, der beispielsweise in die Belehrung nach dem BZRG ausdrücklich einbezogen ist. Bei der Einreichung der Liste der Gesellschafter ist dies nicht der Fall und schon von daher ist davon auszugehen, dass in § 40 Abs. 2 GmbHG ausschließlich der deutsche Notar angesprochen ist. Die mangelnde Einbeziehung in den elektronischen Rechtsverkehr, in die Mitteilungspflichten gegenüber der Finanzverwaltung, aber auch die nur eingeschränkte Richtigkeitsgewähr, die eine derartige Bescheinigung und Einreichungspflicht durch den ausländischen Kollegen hat, sprechen gegen diesen Ansatz.

Selbst wenn man der Auffassung folgen sollte, dass auch der ausländische Notar ein Recht zur Einreichung der Liste hat, so bleibt doch zu beachten, dass die **Rechtslage äußerst unklar** ist und die besseren Argumente dafür sprechen, dass dem ausländischen Notar eine derartige Zuständigkeit nicht zukommt. Die Gesellschaften sind daher gut beraten, in jedem Fall die durch den ausländischen Notar eingereichte Liste zusätzlich auch durch den Geschäftsführer einreichen zu lassen, da ansonsten gewichtige Gründe dafür sprechen, dass hier die Liste durch

---

[1] Vgl. beispielsweise *Engel,* DStR 2008, 1593; *Saenger/Scheuch,* BB 2008, 65; *Weller,* Der Konzern 2008, 253.
[2] Vgl. *Vossius,* DB 2007, 2299, 2304.
[3] *Götze/Bressler,* NZG 2007, 894, 896.
[4] Wie hier *Breitenstein/Meyding,* BB 2006, 1457, 1460; *Götze/Bressler,* NZG 2007, 894, 896; *Vossius,* DB 2007, 2299, 2304.

D. Geschäftsanteile

eine **unzuständige Stelle** eingereicht wurde und somit keine Wirkung entfalten kann.

537 Für den **deutschen Notar** stellt sich die Frage, wie er zu reagieren hat, wenn er mit seiner Notarbescheinigung auf eine Liste Bezug nehmen muss, die von einem ausländischen Notar erstellt und eingereicht wurde. Nach hier vertretener Ansicht treffen den deutschen Notar, der eine Bescheinigung im Rahmen der Einreichung einer Gesellschafterliste stellt, keinerlei Prüfungspflichten betreffend die zuvor eingereichte Liste. Selbst wenn für ihn ersichtlich ist, dass diese Liste falsch ist oder von der falschen Person eingereicht wurde, obliegt ihm nicht die Pflicht, auf die Einreichung einer richtigen Liste durch die zuständige Person zu drängen. Seine Notarbescheinigung darf und muss ausschließlich auf die vorher eingereichte Liste Bezug nehmen und er ist auch nicht berechtigt, die Einreichung der Liste zurückzustellen bis eine zutreffende Liste bzw. eine von der zuständigen Person/Stelle eingereichte Liste dem Handelsregister vorliegt. Er mag die Beteiligten darauf hinweisen, dass er Zweifel an der Richtigkeit der vorgelegten Liste hat, verpflichtet ist er dazu aber nicht.

538 **Praxishinweis**

- Die Notare sollten ab sofort bei jedweder Tätigkeit für GmbHs darauf hinweisen, dass das MoMiG an die beim Handelsregister vorliegende **Gesellschafterliste wichtige Rechtsfolgen** knüpft und daher aus einer **unrichtigen Gesellschafterliste** enorme Regressgefahren für die Geschäftsführer und Schäden für die Gesellschafter entstehen können. Er sollte zur Überprüfung der bestehenden Gesellschafterlisten anhalten.

- Soweit er für die Gesellschaft tätig wird, sollte der Notar vorher die beim Handelsregister eingereichte Liste seinerseits einholen, der Gesellschaft übermitteln und um **Überprüfung der Richtigkeit** bitten.

- In der Präambel jeder gesellschaftsrechtlichen Urkunde, sei es nun eine Anteilsübertragung oder die Aufnahme eines Protokolls über eine Gesellschafterversammlung, sollten die **Anteilsverhältnisse** an der Gesellschaft wiedergegeben werden und bei der Übersendung des Entwurfs an die Beteiligten um Überprüfung gebeten werden. Allerdings sollte die Präambel mit dem Zusatz versehen werden,

  „dass ausweislich der letzten beim Handelsregister eingereichten Liste die Anteilsverhältnisse an der Gesellschaft sich wie folgt darstellen."

  Dies vermeidet den Eindruck, dass der Notar seinerseits umfassend die Vollständigkeit und Richtigkeit der Gesellschafterliste überprüft hat und für die Richtigkeit der Angaben eintritt.

V. Gesellschafterliste

- Solange es unklar ist, ob den Notar auch bei mittelbaren Veränderungen in der Gesellschafterliste die Pflicht trifft, die Gesellschafterliste einzureichen, sollte vorsichtshalber in derartigen Fällen, jedenfalls dann, wenn dem Notar die mittelbare Veränderung bewusst wird, die Gesellschafterliste **durch den Notar und den Geschäftsführer** unterzeichnet werden.

- Es ist sinnvoll, dem Geschäftsführer in der Satzung die Pflicht aufzuerlegen, jedwede geänderte Gesellschafterliste auch den **Gesellschaftern zur Kenntnis** zu überreichen.

- Ein zusätzlicher sinnvoller Service des Notars kann darin bestehen, dass er es nach jeder Anteilsveränderung, an der er mitwirkt, anbietet, nicht nur die von ihm beim Handelsregister eingereichte Gesellschafterliste der Geschäftsführung und der Gesellschaft zu übermitteln, sondern auch den aus der **Gesellschafterliste ersichtlichen Gesellschaftern.**

- Der Notar muss bei Umwandlungsfällen zusätzlich § 52 UmwG beachten. Beim aufnehmenden Rechtsträger muss er zusätzlich und vor Wirksamwerden der Umwandlung eine Gesellschafterliste einreichen.[1]

Formulierungsbeispiel[2] 539

Notarbescheinigung nach § 40 Abs. 2 Satz 2 GmbHG

Die geänderten Eintragungen in der vorstehenden/beigefügten Gesellschafterliste entsprechen den Veränderungen, an denen ich als Notar mit meiner Urkunde _____ vom _____ mitgewirkt habe. Die übrigen Eintragungen stimmen mit dem Inhalt der zuletzt im Handelsregister aufgenommenen Gesellschafterliste vom _____ überein.

_____ _____
Ort, Datum   Unterschrift, Siegel des Notars

7. Folgen des Verstoßes gegen die Einreichungspflicht

a) Haftung des Geschäftsführers

Die Geschäftsführer haften nach § 40 Abs. 3 GmbHG bei schuldhaft falscher Ausfertigung nicht nur wie bisher den **Gesellschaftsgläubigern,** sondern auch „denjenigen, deren Beteiligung sich geändert hat", also auch dem **Erwerber und dem Veräußerer auf Schadensersatz**[3]. Zu ersetzen ist der durch die schuldhafte 540

---

[1] Vgl. DNotI-Gutachten Nr. 89675.
[2] Vgl. auch die Formulierungsvorschläge bei *Vossius*, DB 2007, 2299, 2304 sowie *Wachter*, GmbHR-Sonderheft Oktober 2008, 51, 58.
[3] Begr. zum RegE, ZIP 2007, Beilage zu Heft 23/2007, S. 18.

D. Geschäftsanteile

Nichteinreichung bzw. der schuldhaft falschen oder verspäteten Einreichung entstandene Schaden. Damit wird das **persönliche Haftungsrisiko des Geschäftsführers** wesentlich erweitert, vorausgesetzt er hat die Pflichtverletzung verschuldet. An einem Verschulden fehlt es insbesondere dann, wenn dem Geschäftsführer die Veränderung nicht ordnungsgemäß mitgeteilt und nachgewiesen wurde.[1]

b) Haftung des Notars

541 Der Notar haftet im Gegensatz zum Geschäftsführer nicht nach § 40 Abs. 3 GmbHG für eine falsche Ausfertigung der Liste. Der Wortlaut der Norm sieht nur eine Haftung für Geschäftsführer vor. Diese haben auch bei der Einreichung der Liste durch den Notar die übermittelte Gesellschafterliste zu überprüfen.[2]

Für den Notar hingegen begründet § 40 Abs. 2 GmbHG eine **Amtspflicht**, bei deren schuldhafter Verletzung der Notar nach der **allgemeinen Notarhaftung** (§ 19 BNotO) zur Leistung von Schadensersatz verpflichtet sein kann.[3]

8. Übergangsregelung

542 Der Gesetzgeber hat hinsichtlich der Neuregelung zur Gesellschafterliste und der aus ihr folgenden relativen Gesellschafterstellung keine Übergangsregelung ausdrücklich vorgesehen. Es stellt sich somit die Frage, ob mit Inkrafttreten des MoMiG am 1. November 2008 die relative Gesellschafterstellung ganz allgemein nicht nur für nach dem 1.11.2008 gegründete Gesellschaften, sondern auch für bestehende Gesellschaften ausschließlich aus der beim Handelsregister aufgenommenen Gesellschafterliste folgt. Das Schweigen des Gesetzgebers ist erstaunlich, da das System, an das die relative Gesellschafterstellung mit ihren weitreichenden Auswirkungen (vgl. Rn. 460ff.) anknüpft, völlig umgestellt wird. Würde das neue Recht für Alt- und Neugesellschaften in gleicher Weise sofort Wirksamkeit erlangen, so würden sich aus den vielfach unzutreffenden Gesellschafterlisten, die in der Vergangenheit beim Handelsregister eingereicht worden sind (vgl. Rn. 445 f.), enorme Auswirkungen ergeben:[4]

Gesellschafter, die in der Vergangenheit nach Anzeige bei der Gesellschaft die relative Gesellschafterstellung wirksam erlangt haben, würden dieser Rechtsstellung verlustig gehen, wenn es der Geschäftsführer in der Folge fahrlässig oder vorsätzlich unterlassen hat, eine neue Liste beim Handelsregister einzureichen oder aber diese Liste fehlerhaft ist. Berücksichtigt man den Gesetzeswortlaut und die Systematik des Gesetzes nicht und stellt ausschließlich auf das Ziel des Gesetzgebers ab, möglichst rasch eine Systemumstellung und aus dem Handelsregis-

---

[1] *Götze/Bressler*, NZG 2007, 894, 895; *Mayer*, DNotZ 2008, 403, 414.
[2] *Heidinger*, in: Heckschen/Heidinger, Die GmbH in der Gestaltungs- und Beratungspraxis, 2. Aufl. 2009, § 13 Rn. 322.
[3] Begr. zum RegE, ZIP 2007, Beilage zu Heft 23/2007, S. 18; *Vossius*, DB 2007, 2299, 2304.
[4] Ausführlich zu der Problematik mit im Ergebnis tendenziell anderer Auffassung als hier vertreten DNotI-Gutachten in DNotI-Report 2008, 185.

V. Gesellschafterliste

ter heraus transparente Gesellschafterverhältnisse zu erlangen, so würde dies dafür sprechen, dass die Neuregelung auch schon für Altgesellschaften Platz greift und somit seit 1.11.2008 nur und ausschließlich für alle Gesellschaften die relative Gesellschafterstellung aus der im Handelsregister aufgenommenen Liste folgt. Einen gewissen Anhaltspunkt für diese Auffassung bietet die Regierungsbegründung zu § 16 GmbHG, nach der künftig im Verhältnis zur GmbH nur der als Gesellschafter gilt, der in der im Handelsregister aufgenommenen Gesellschafterliste als Gesellschafter eingetragen ist.[1] Diese Auffassung lässt unberücksichtigt, dass der Gesetzeswortlaut gegen eine derartige Umstellung, die rückwirkend in die Gesellschafterstellung der betroffenen Gesellschafter eingreifen würde, spricht. § 16 Abs. 1 stellt auf die relative Gesellschafterstellung im Falle einer Veränderung ab. Dies deutet recht klar darauf hin, dass über die Neuregelung nur diejenigen erfasst sind, bei denen eine Veränderung der Gesellschafterstellung nach dem 1.11.2008 erfolgt ist. Es ist auch zu berücksichtigen, dass hier ein massiver Eingriff in die Rechte eines Gesellschafters, der seinerseits alles nach altem Recht Notwendige veranlasst und wirksam seine Übertragung bei der Gesellschaft angezeigt hat, erfolgen würde, ohne dass sich der Gesellschafter darauf einstellen kann und ohne dass ihn in irgendeiner Weise eine Verantwortlichkeit trifft. Die Verantwortung für die Einreichung der Gesellschafterliste hatte nach altem Recht nur und ausschließlich der Geschäftsführer. Der Gesellschafter hatte keinerlei Veranlassung in der Vergangenheit, den Geschäftsführer dahingehend zu überprüfen, ob dieser seinen Verpflichtungen nachgekommen ist. Dies ist auch keine Pflicht, die ihm der Gesetzgeber für die neue Rechtslage auferlegt. Es ist zwar zutreffend, dass das Nebeneinander des alten Systems zur Begründung der relativen Gesellschafterstellung und der Neuregelung Rechtsunsicherheiten auslöst, diese dürften aber angesichts des massiven Eingriffs, den eine sofortige Umstellung mit sich bringt, hinzunehmen sein.

Gleichwohl ist die Rechtslage derzeit unklar und es ist insoweit nicht nur den Geschäftsführern, die sich möglicherweise Schadensersatzansprüchen der Gesellschafter gegenüber sehen, sondern auch den Gesellschaftern dringend anzuraten, Einblick in das Handelsregister zu nehmen oder beispielsweise über den Notar nehmen zu lassen, um festzustellen, ob die dort aufgenommenen Listen alle Veränderungen aus der Vergangenheit mitberücksichtigen und zutreffend sind. Insbesondere bei der Einladung zu und Durchführung von Gesellschafterversammlungen ist angesichts der unklaren Rechtslage zunächst zu überprüfen, ob die beim Handelsregister aufgenommene Liste korrekt ist und wenn dies nicht der Fall ist, weil zum Beispiel eine Veränderung aus der Vergangenheit vom Geschäftsführer nicht gemeldet wurde, so sollte der Geschäftsführer und aus Gründen der Rechtssicherheit bei Anteilsveränderungen, bei denen der Notar mitgewirkt hat, in Zusammenwirken mit dem Notar eine neue Gesellschafterliste unterschreiben und beim Handelsregister einreichen und erst danach die entspre-

---

[1] Begr. RegE, abgedruckt bei *Goette*, Einführung in das neue GmbHG, 2008, S. 233. Auf diese Stelle verweist auch entscheidend das DNotI in seinem Gutachten Nr. 88959.

D. Geschäftsanteile

chende Einladung für die Versammlung versenden. Stellt sich der Fehler erst in der Versammlung heraus, so kann eine Lösungsmöglichkeit darin bestehen, dass man die in der beim Handelsregister aufgenommenen Liste fehlerhaft noch als Gesellschafter ausgewiesenen Personen die entsprechende Beschlussfassung nachgenehmigen lässt.

544 Eine Übergangsregelung fehlt auch für aufschiebend bedingte Veränderungen, die in der Vergangenheit vor dem 1.11.2008 vereinbart worden sind, bei denen aber die Bedingung erst nach dem 1.11.2008 eintritt. In diesen Fällen wird man die Zuständigkeit für die Einreichung der neuen Gesellschafterliste nach dem Recht zum Zeitpunkt des Bedingungseintritts zu beurteilen haben.[1] Der Notar ist dann also zuständig, wenn er an der aufschiebend bedingten Anteilsveränderung mitgewirkt hat. Allerdings muss er erst auf Mitteilung durch die Gesellschaft und nach Nachweis über die Wirksamkeit der Anteilsveränderung tätig werden. Eine Pflicht oder Obliegenheit, rückwirkend zu recherchieren, welche bedingten Anteilsveränderungen nach dem 1.11.2008 wirksam geworden sind oder noch wirksam werden können, trifft den Notar nicht. Da jedoch auch insoweit die Rechtslage nicht eindeutig ist, sollte der Notar die Liste auch vom aktuellen Geschäftsführer unterzeichnen lassen.

VI. Gutgläubiger Erwerb von Geschäftsanteilen

1. Allgemeines

545 Bislang war der **gutgläubige Erwerb** von GmbH-Geschäftsanteilen mangels **Gutglaubensgrundlage** nicht möglich. Mit § 16 Abs. 3 GmbHG hat der Gesetzgeber nun den Erwerb von Geschäftsanteilen **vom Nichtberechtigten** ermöglicht. Der Gesetzgeber knüpft den Gutglaubenserwerb an die beim Handelsregister eingereichte Gesellschafterliste als **Rechtsscheingrundlage**, §§ 16 Abs. 3, 40 GmbHG. Die Gesellschafterliste wird zum **Rechtsscheinträger**. Der Gesetzgeber hat bewusst die Anknüpfung des gutgläubigen Erwerbs an andere Rechtsinstitute verworfen. So hat er sich gegen eine **Eintragung** der Gesellschafter **im Handelsregister** ebenso entschieden wie gegen die sog. **wertpapierrechtliche Verbriefung** der GmbH-Geschäftsanteile.[2]

546 Der Rechtsanwender muss sich vor Augen halten, dass die Neuregelungen nur und ausschließlich den **guten Glauben an die Verfügungsbefugnis** des in der Liste eingetragenen Gesellschafters schützen. Kein Gutglaubensschutz wird hinsichtlich des **tatsächlichen Bestehens** dieses Geschäftsanteils gewährt. Auch die **Lastenfreiheit** des Geschäftsanteils ist nicht Gegenstand des Gutglaubensschut-

---

[1] DNotI-Gutachten Nr. 90388, 90291 sowie 90250 weisen auf die unklare Rechtslage hin, tendieren aber im Ergebnis zu der hier vertretenen Auffassung.

[2] Vgl. ausf. dazu *Mayer*, DNotZ 2008, 403, 415 ff.; *Seibert*, ZIP 2006, 1157, 1160; *Grunewald/Gehling/Rodewig*, ZIP 2006, 685.

VI. Gutgläubiger Erwerb von Geschäftsanteilen

zes.¹ Der Nießbraucher oder Pfändungsgläubiger muss seine Rechtsposition vor einem gutgläubigen Erwerb Dritter nicht schützen. Die Anzeige der Verpfändung/Nießbrauchsbestellung gegenüber der Gesellschaft kann aber davor bewahren, dass z. B. die Gesellschaft z. B. Dividenden schuldbefreiend an den Gesellschafter ausschüttet. Ein Schutz vor Verpfändung, Nießbrauchsbestellung etc. am Geschäftsanteil besteht nicht. Das derzeitige Modell schafft nur einen sehr schwachen Gutglaubensschutz, da es eine Vielzahl von Umständen aus dem Gutglaubensschutz herausnimmt. Darüber hinaus war der Gesetzgeber der Auffassung, dass der Verlust der Gesellschafterstellung infolge gutgläubigen Erwerbs grundsätzlich nur nach einer langen unrichtigen Eintragung in der Gesellschafterliste gerechtfertigt sei.

Die Neuregelungen werden jedoch in jedem Fall das Ziel des Gesetzgebers befördern, zukünftig die Publizität über die Zusammensetzung des Gesellschafterkreises und die Ausgestaltung der Anteilsverhältnisse zu erhöhen. Nicht nur der Druck auf Geschäftsführer und Notar über Schadensersatzpflichten bei Einreichung **falscher Gesellschafterlisten,** sondern auch die denkbare Möglichkeit des gutgläubigen Erwerbs wird dazu führen, dass die Gesellschafterlisten **sorgfältiger** und **zeitnäher** und richtig geführt werden. 547

2. Voraussetzungen

a) Rechtsinhaberschaft des Veräußerers ausweislich Gesellschafterliste

Der Veräußerer des Geschäftsanteils muss als Inhaber eines bestehenden Geschäftsanteils in der **Gesellschafterliste** eingetragen sein. Die beim Handelsregister eingetragene Gesellschafterliste muss dabei den Anforderungen des § 40 GmbHG entsprechen, um die **Legitimationsgrundlage** für den gutgläubigen Erwerb zu bilden.² Demnach muss die Gesellschafterliste von den **Geschäftsführern** in der zum Zeitpunkt der Einreichung **vertretungsberechtigten Zahl** unterschrieben worden sein. Ist die Gesellschafterliste nicht unterzeichnet oder nicht von den zum Zeitpunkt der Einreichung berechtigten Geschäftsführern eingereicht worden oder vom Geschäftsführer, obwohl der Notar die Liste hätte einreichen müssen, so ist diese Liste ebenso wenig ein Rechtsscheinträger wie die vom nicht zuständigen Notar eingereichte Liste.³ 548

Somit kann die Gesellschafterliste, die **nicht von der zuständigen Stelle** eingereicht wurde, nicht Rechtsscheinträger sein. Dies erfasst auch die Fälle, bei denen die Unterschriften der Geschäftsführer gefälscht sind.⁴ Insoweit ist ein 549

---

¹ Krit. dazu *Reymann,* WM 2008, 2095 ff.; zum Meinungsstand betr. gutgläubiger lastenfreien Erwerb DNotI-Gutachten Nr. 90364.
² *Mayer,* DNotZ 2008, 403, 418.
³ *Mayer,* DNotZ 2008, 403, 418 f.; a. A. *Tebben,* RNotZ 2008, 441, 453.
⁴ Wie hier *Bohrer,* DStR 2007, 998; *Wicke,* § 16 Rn. 14; zumindest von der Tendenz her anders *Vossius,* DB 2007, 2301; *Tebben,* RNotZ 2008, 441.

D. Geschäftsanteile

„GmbH-Diebstahl" über den gutgläubigen Erwerb nicht möglich.[1] Die erhebliche Einschränkung des Gutglaubensschutzes, die darauf beruht, dass sich die Erwerber nicht darauf verlassen können, dass die Unterschrift unter der Gesellschafterliste auch wirklich vom Geschäftsführer stammt, ist dadurch bedingt, dass der Gesetzgeber entgegen den Forderungen aus der Praxis[2] und auch entgegen der Forderung des Bundesrates[3] darauf verzichtet hat, die **qualifizierte elektronische Signatur** und somit eine Beglaubigung der Unterschrift des Geschäftsführers zu fordern. Zwar müssen auch die formellen Anforderungen des § 40 Abs. 1 Satz 1 GmbHG erfüllt sein, allerdings steht das Fehlen einzelner Angaben betreffend den Rechtsinhaber (z. B. das Geburtsdatum oder der Wohnort) oder eine fehlende Nummerierung des Geschäftsanteils nicht dem gutgläubigen Erwerb entgegen, wenn der Rechtsinhaber und der zu übertragende Anteil zweifelsfrei zu identifizieren ist.[4]

b) Erwerb eines Geschäftsanteils oder eines Rechts daran

550 Nach dem Gesetzeswortlaut kann nur ein **Geschäftsanteil** oder ein **Recht daran** (wie z. B. ein **Pfandrecht** oder **Nießbrauch**) gutgläubig erworben werden. Daraus wiederum folgt, dass der Geschäftsanteil auch wirksam bestehen muss. Der gute Glaube an das **Bestehen des Geschäftsanteils** wird nicht geschützt, sondern nur der **gute Glaube an die Verfügungsberechtigung** des eingetragenen Gesellschafters. Daraus folgt, dass ein nicht bestehender Geschäftsanteil auch nicht gutgläubig erworben werden kann.[5]

551 Der Wortlaut des Gesetzes, aber auch die Regierungsbegründung lassen eindeutig darauf schließen, dass ein gutgläubiger Erwerb bereits dann ausscheidet, wenn der Geschäftsanteil nicht so besteht, wie er in der Liste ausgewiesen ist. Dies bedeutet, dass vor allem in folgenden, praktisch besonders bedeutsamen Fällen ein gutgläubiger Erwerb ausscheidet:

Checkliste:

☑ Geschäftsanteil ist in € ausgewiesen, obwohl er noch in DM besteht und nie eine Euroumstellung wirksam beschlossen wurde.

☑ Die Angabe des Geschäftsanteils ist unzutreffend, weil die Geschäftsführung Rundungen vorgenommen hat und somit die Kapitalziffer des Geschäftsanteils unzutreffend wiedergegeben ist.

---

[1] A. A. *Vossius*, DB 2007, 2301; *Tebben*, RNotZ 2008, 441, 453; wie hier *Wicke*, § 16 Rn. 14; *Bohrer*, DStR 2007, 998.
[2] Vgl. beispielsweise *Mayer*, DNotZ 2008, 403, 413; *Peetz*, GmbHR 2006, 852, 860; *Heckschen*, DStR 2007, 1442, 1450.
[3] BR-Drucks. 354/07, S. 14f.
[4] *Vossius*, DB 2007, 2299, 2300; *Wicke*, § 16 Rn. 14.
[5] Vgl. auch BR-Drucks. 354/07, S. 88 sowie *Wachter*, GmbHR-Sonderheft Oktober 2008, 51, 59.

VI. Gutgläubiger Erwerb von Geschäftsanteilen

☑ Der Geschäftsanteil ist als ein Geschäftsanteil ausgewiesen, obwohl es sich um mehrere Geschäftsanteile handelt.

☑ Die Zusammenlegung von Geschäftsanteilen ist unberücksichtigt geblieben.

☑ Der Geschäftsanteil ist unwirksam gebildet, weil § 5 GmbHG a. F. missachtet wurde (keine Teilbarkeit durch 50 oder Geschäftsanteil unter 100 €).

☑ Bei der Euroumstellung wurden Fehler gemacht, so dass der Geschäftsanteil nicht in der ausgewiesenen Höhe besteht.

In der Literatur wird teilweise vertreten, dass es nur darauf ankäme, dass der Geschäftsanteil einem bestimmten Gesellschafter **zugeordnet** werden könne.[1] So soll es unerheblich sein, dass versehentlich **mehrere Geschäftsanteile als ein Geschäftsanteil** ausgewiesen sind oder umgekehrt ein Geschäftsanteil in mehrere Geschäftsanteile gestückelt sei. Selbst der Fall, dass der Geschäftsanteil unzutreffend wiedergegeben wird, soll unschädlich sein, wenn der Gesellschafter nur diesen einen Geschäftsanteil hält. All dies ist mit dem Gesetzeswortlaut und dem klaren Willen des Gesetzgebers nicht vereinbar. Letztendlich führt es zu Abgrenzungsschwierigkeiten, die mit dem Charakter des jetzt vom Gesetzgeber eingeführten gutgläubigen Erwerbs nicht vereinbar sind. Die Vorschriften zum gutgläubigen Erwerb stellen Ausnahmeregelungen dar, die ganz bewusst nur einen Teil der denkbaren Fälle eines gutgläubigen Erwerbs erfassen.[2] Die massiven Wirkungen des gutgläubigen Erwerbs vertragen derartige **Rechtsunsicherheiten** auch nicht. Es darf nicht über Jahre streitig sein, welche Art der Falschangabe schädlich und welche unschädlich ist.

552

Neben dem Erwerb des Geschäftsanteils ist auch der gutgläubige **Erwerb von Rechten** an diesem zulässig. Noch ungeklärt ist bislang, welche Rechte von dem gutgläubigen Erwerb erfasst werden, da diese nicht in die Gesellschafterliste eingetragen werden und daher eine Anknüpfung an § 892 BGB, der nur im Grundbuch eingetragene Rechte erfasst, nicht möglich ist.[3] Das **Pfandrecht aus der Verpfändung** des Geschäftsanteils (§ 1274 Abs. 1 BGB)[4] sowie die Bestellung eines **Nießbrauches** (§ 1068 Abs. 1 BGB) sind vom gutgläubigen Erwerb miterfasst, da beide Rechte gegenüber jedem Dritten wirken.[5] Nicht erfasst sind hingegen vom Geschäftsanteil abspaltbare Gläubigerrechte, wie zum Beispiel der Anspruch auf festgestellten und verteilten **Gewinnanteil,** ebenso wie die **Treuge-**

553

---

[1] Vgl. bspw. *Böttcher/Blasche,* NZG 2007, 565; *Gehrlein,* Der Konzern 2007, 771, 791 f.; *Götze/Bressler,* NZG 2007, 894, 897.
[2] Vgl. in dieser Richtung auch *Wachter,* GmbHR-Sonderheft Oktober 2008, 51, 59.
[3] *Mayer,* DNotZ 2008, 403, 419.
[4] Begr. RegE. Beilage zu ZIP 23/2007, S. 13.
[5] *Mayer,* DNotZ 2008, 403, 419.

D. Geschäftsanteile

berstellung bei einer Treuhandvereinbarung über den Geschäftsanteil, da bei diesen Rechten keine Drittwirkung besteht.[1]

c) Erwerb durch Rechtsgeschäft

554 Der Erwerber muss den Geschäftsanteil **durch Rechtsgeschäft** erworben haben, § 16 Abs. 3 Satz 1 GmbHG. Der gutgläubige Erwerb scheidet daher aus beim **Erwerb von Todes** wegen, durch **Gesellschafterbeschluss** oder aufgrund **Zuschlag** in der Zwangsversteigerung.

555 Der Gesetzgeber lehnt den gutgläubigen Erwerb nach § 16 Abs. 3 GmbHG teilweise an die Regelung in § 892 BGB an[2], so dass auch hier die zu § 892 BGB entwickelten Grundsätze gelten.[3] Demnach kommt es zwar nicht auf die Wirksamkeit des Rechtsgeschäfts an, es ist aber ein **Verkehrsgeschäft** zu fordern.[4] Schädlich ist daher persönliche Identität zwischen den am Veräußerungsvorgang Beteiligten.[5]

556 Der gutgläubige Erwerb ist somit nicht möglich, wenn auf beiden Seiten des Rechtsgeschäfts **dieselbe Person** steht. Ganz allgemein sind nur Rechtsgeschäfte geschützt, bei denen auf der Erwerberseite mindestens eine Person beteiligt ist, die nicht auf der Veräußererseite ebenfalls am Rechtsgeschäft beteiligt war.[6] Dies ist zum Beispiel der Fall, wenn minderjährige Kinder bei der Schenkung eines GmbH-Anteiles durch die Eltern als „Nichtberechtigte" im Sinne des § 16 Abs. 3 GmbHG vertreten werden.

d) Dreijahresfrist

557 Die Gesellschafterliste muss den Nichtberechtigten zum **Erwerbszeitpunkt** seit mindestens drei Jahren[7] als Inhaber des Geschäftsanteils ausweisen und diese Eintragung muss seit mindestens **3 Jahren unrichtig** sein.[8]

558 Vor Ablauf der **Dreijahresfrist** kann der Erwerber vom Nichtberechtigten nur dann gutgläubig erwerben, wenn die falsche Eintragung dem wahren Rechtsinhaber **zuzurechnen** ist.

559 Der Beginn der **Dreijahresfrist** ist nicht immer einfach festzustellen.[9] Ohne Probleme beginnt die Dreijahresfrist mit Aufnahme der Gesellschafterliste in das

---

[1] *Mayer,* DNotZ 2008, 403, 419.
[2] Begr. RegE. Beilage zu ZIP 23/2007, S. 13.
[3] *Mayer,* DNotZ 2008, 403, 415 ff.; Vossius, DB 2007, 2299, 2300.
[4] *Vossius,* DB 2007, 2299, 2300.
[5] Vgl. *Vossius,* DB 2007, 2299, 2300; *Mayer,* DNotZ 2008, 403, 420.
[6] Vgl. Palandt/*Bassenge,* § 892 Rn. 5.
[7] Krit. schon zum Referentenentwurf: *Schockenhoff/Höder,* ZIP 2006, 1841, 1847; *Haas/Oechsler,* NZG 2006, 807, 812; *Triebel/Otte,* ZIP 2006, 1321, 1326.
[8] Krit. zur Länge dieser Frist, die der Gesetzgeber deutlich verkürzen sollte, bereits *Heckschen,* DStR 2007, 1442, 1507; *Hamann,* NZG 2007, 492, 494; *Grunewald,* ZIP 2006, 685, 687; *Klöckner,* NZG 2006, 841, 844.
[9] So auch: *Götze/Bressler,* NZG 2007, 894, 897; *Hamann,* NZG 2007, 492, 493; *Heckschen,* DStR 2007, 1442, 1450; *Vossius,* DB 2007, 2299, 2301.

VI. Gutgläubiger Erwerb von Geschäftsanteilen

Handelsregister, wenn die Liste bereits **von Anfang an unrichtig** ist. Wird die ursprünglich richtige Liste im Laufe der Zeit unrichtig, ist dieser Moment entscheidend, nicht schon der Zeitpunkt der Aufnahme der Liste in das Handelsregister.[1] Die Liste wird unrichtig, wenn der ausgewiesene Gesellschafter wirksam seine Verfügungsbefugnis verliert.

Beispiel 560

Gesellschafter A hält einen Geschäftsanteil an der X-GmbH. Im Jahr 2009 hat er diesen Geschäftsanteil wirksam erworben. Im Jahr 2011 überträgt er ihn an X, ohne dass X in die Gesellschafterliste eingetragen ist. Da er der Auffassung ist, dass die Übertragung an X unwirksam war, überträgt er den Geschäftsanteil im Jahr 2013 an Y. Es stellt sich jedoch heraus, dass die Übertragung an X wirksam war.

In diesem Beispielsfall kann Y nicht gutgläubig erwerben, obwohl der Anteilsveräußerer seit mehr als 3 Jahren in der Gesellschafterliste eingetragen ist. Entscheidend ist, dass die Eintragung in der Gesellschafterliste nicht seit mindestens 3 Jahren auch **unrichtig** ist. Im konkreten Fall ist die Eintragung erst seit 2 Jahren unrichtig. 561

Unerheblich ist dabei, ob mehrere Listen eingereicht wurden, die den Geschäftsanteil verschiedenen Personen zuweisen.[2] Der Veräußerer muss demnach nicht selbst drei Jahre unrichtig als Inhaber eingetragen sein, wenn schon die **vorherigen Inhaber Nichtberechtigte** waren.[3] 562

Beispiel 563

Gesellschafter A ist als Nichtberechtigter als Inhaber eines Geschäftsanteils in die beim Handelsregister aufgenommene Gesellschafterliste eingetragen. Nachdem er 2 Jahre in der Liste eingetragen war, verstirbt er und vererbt seinen Geschäftsanteil an Erben B. Dieser wird ebenfalls in die Gesellschafterliste eingetragen und veräußert nach 1,5 Jahren seinen Geschäftsanteil an C.

C konnte hier den Geschäftsanteil gutgläubig von dem nichtberechtigten B nach § 16 Abs. 3 GmbHG erwerben, auch wenn dieser selbst nicht drei Jahre als Gesellschafter in der Gesellschafterliste eingetragen war. Es genügt, dass die Liste hinsichtlich des Geschäftsanteils insgesamt mindestens drei Jahre unrichtig war. 564

Praxishinweis 565

> Wenn auch die hier festgelegte 3-Jahres-Frist[4] als sehr lang erscheint[5], so hält sie der Gesetzgeber für erforderlich, um einen ansonsten aus seiner Sicht unzumutbaren Eingriff in die Rechtsposition des tatsächlichen Gesellschafters

---

[1] *Götze/Bressler*, NZG 2007, 894, 897.
[2] Begr. RegE. Beilage zu ZIP 23/2007, S. 14.
[3] *Götze/Bressler*, NZG 2007, 894, 897; *Vossius*, DB 2007, 2299, 2303; *Wicke*, § 16 Rn. 20.
[4] Vgl. hierzu *Götze/Bressler*, NZG 2007, 894, 897; *Hamann*, NZG 2007, 492, 493.
[5] Vgl. dazu krit. *Heckschen*, DStR 2007, 1442, 1450.

D. *Geschäftsanteile*

ohne dessen Mitwirkung zu kompensieren. Jeder Berater und auch der Notar wird die Gesellschafter auf die geänderte Bedeutung der Gesellschafterliste hinweisen und das Risiko des gutgläubigen Erwerbs deutlich machen. In der Literatur wird darauf hingewiesen, dass es den Gesellschaften anzuraten ist, beispielsweise bei der Einladung zu jeder Gesellschafterversammlung die aktuelle beim Handelsregister eingereichte Liste in Kopie an alle Gesellschafter zu übermitteln.[1]

e) Zurechenbarkeit

566 Vor Ablauf der Frist von drei Jahren setzt der gutgläubige Erwerb voraus, dass dem Berechtigten die unrichtige Eintragung des Nichtberechtigten **zurechenbar** ist. Die Unrichtigkeit ist dem Berechtigten zurechenbar, wenn er die Eintragung (mit-) veranlasst oder (mit-) zu verantworten hat.[2] Der Gesetzgeber nennt dafür nur das **Beispiel des Erben,** der nicht für die Entfernung des Scheinerben gesorgt hat. Jedoch sind auch in diesem Fall häufig Konstellationen anzutreffen, in denen der Erbe keine Kenntnis von seiner Berechtigung hat.[3] Zurechenbar ist jedenfalls die falsche Liste dem Gesellschafter, der bei der Veränderung mitgewirkt hat, insbesondere dem Gesellschafter-Geschäftsführer.

567 Im Übrigen scheidet eine Zurechnung bei **registerrechtlichen Verzögerungen** im Verfahren zur Erstellung einer neuen Gesellschafterliste oder bei einer **verzögerten Einreichung der Liste** beim Handelsregister durch den Geschäftsführer bzw. den Notar aus.[4]

f) Gutgläubigkeit

568 Der Erwerber muss im **guten Glauben** sein, den der Gesetzgeber schon dann ausschließt, wenn dem Erwerber in Folge **grober Fahrlässigkeit** die mangelnde Berechtigung des Veräußerers unbekannt geblieben ist. Damit wird gegenüber § 892 BGB die Möglichkeit des gutgläubigen Erwerbs eingeschränkt, da im Rahmen des § 892 BGB nur positive Kenntnis der Gutgläubigkeit entgegensteht. Welchen Sorgfaltsmaßstab hier der Erwerber anlegen muss, ist unklar. Man wird ihn allerdings nicht dazu verpflichten können, vor dem Anteilserwerb eine sog. **Due Diligence** durchzuführen.[5] Wird er aber durch Dritte auf Fehler in der Liste hingewiesen, so wird er sich diesen Hinweisen nicht schlichtweg verschließen können. Fraglich ist, ob eine **mangelnde Plausibilität** der Liste schon zur groben Fahrlässigkeit führt. Diese wäre beispielsweise schon dann gegeben, wenn sich aus

---

[1] Vgl. *Wachter,* GmbHR-Sonderheft Oktober 2008, 51, 60.
[2] *Götze/Bressler,* NZG 2007, 894, 897.
[3] *Noack,* DB 2007, 1395, 1399.
[4] Stellungnahme zum RegE DAV, NZG 2007, 735, 738 oder abrufbar unter www.anwaltverein.de.
[5] So wie hier *Mayer,* DNotZ 2008, 403, 422; *Götze/Bressler,* NZG 2007, 894, 898; unklar *Harbarth,* ZIP 2008, 57, 60.

VI. Gutgläubiger Erwerb von Geschäftsanteilen

der Addition der Nennbeträge der Geschäftsanteile nicht das Stammkapital ergibt, sondern ein höherer Betrag.

Der Gesetzgeber hat nicht klargestellt, zu welchem Zeitpunkt die Gutgläubigkeit vorliegen muss. Wird die Anteilsübertragung mit der Beurkundung wirksam, so ist der Zeitpunkt der Beurkundung maßgeblich. Im Rahmen des § 892 BGB ist maßgebender Zeitpunkt für die Kenntnis der Unrichtigkeit die **Vollendung des Rechtserwerbs**.[1] Die Vollendung des Rechtserwerbs tritt bei auflösend bedingten Rechtsgeschäften sofort ein, so dass auch der entsprechende Zeitpunkt der Beurkundung maßgeblich bleibt. Bei aufschiebend bedingten Rechtsgeschäften wird allerdings im Rahmen von § 932 BGB vertreten, dass hier die **Gutgläubigkeit ebenfalls im Zeitpunkt** der Einigung und nicht im späteren Zeitpunkt des **Eintritts der aufschiebenden Bedingung** vorliegen muss.[2] Dies erscheint auch für den vorliegenden Fall die richtige Lösung zu sein, wobei in der Literatur darauf hingewiesen wird, dass dann, wenn die Bedingung in der Hand der Parteien liegt, wie dies z. B. bei der Kaufpreiszahlung der Fall ist, der spätere Zeitpunkt maßgeblich sein soll.[3] In jedem Falle dürfte dann die Einigung der entscheidende Zeitpunkt sein, wenn der Bedingungseintritt nicht von einer Mitwirkung des Erwerbers abhängig ist.

g) Widerspruch

Der gutgläubige Erwerb ist ausgeschlossen, wenn der Liste ein **Widerspruch** zugeordnet ist, § 16 Abs. 3 Satz 3, 3. Var. GmbHG. Angelehnt an § 899 Abs. 2 BGB erfolgt die Zuordnung aufgrund einer **einstweiligen Verfügung** oder aufgrund einer schriftlichen **Bewilligung** desjenigen, gegen dessen Berechtigung sich der Widerspruch richtet, § 16 Abs. 3 Satz 4 GmbHG. Antragsgegner des einstweiligen Verfügungsverfahrens ist der unrichtig eingetragene Gesellschafter.[4]

Durch den Widerspruch wird weder die Gesellschafterstellung gegenüber der Gesellschaft beseitigt noch die Anteilsveräußerung durch den tatsächlichen Anteilsinhaber unmöglich gemacht, sondern nur der **gutgläubige Erwerb** ausgeschlossen. Nach § 16 Abs. 3 Satz 5 GmbHG muss vom Widersprechenden nicht glaubhaft gemacht werden, dass seine Rechtsstellung gefährdet ist, er muss jedoch glaubhaft machen, dass die im Handelsregister aufgenommene Liste unrichtig ist und insoweit ein Anspruch auf Einreichung einer geänderten Listen besteht.[5]

In der Literatur wird allgemein gefordert, dass auch der **Geschäftsführer** berechtigt sein muss, einen Widerspruch zuordnen zu lassen.[6] Dies wird zu Recht damit begründet, dass der Geschäftsführer für die Richtigkeit der Gesellschafter-

569

570

571

572

---

[1] *BGH* NJW 2001, 359.
[2] Vgl. Palandt/*Bassenge*, § 932 Rn. 14.
[3] *Mayer*, DNotZ 2008, 403, 422.
[4] *Wicke*, § 16 Rn. 25; Stellungnahme des Handelsrechtsausschusses des DAV, NZG 2007, 739.
[5] *Wicke*, § 16 Rn. 25.
[6] Vgl. *Mayer*, DNotZ 2008, 403, 422; *Wachter*, GmbHR-Sonderheft Oktober 2008, 51, 60.

D. Geschäftsanteile

liste haftet und seinerseits Schadensersatzansprüchen ausgesetzt sein kann, wenn die Liste nicht richtig ist.[1]

573 Die Zuordnung des Widerspruchs erfolgt dadurch, dass der elektronisch eingereichte **Widerspruch** mit dem entsprechenden tiff.-Dokument der Gesellschafterliste im entsprechenden Registerordner nach § 9 HRV verbunden wird.[2] Zutreffend wird darauf hingewiesen, dass die Registergerichte sicherstellen müssen, dass die Gesellschafterliste nicht ohne Hinweis auf den Widerspruch abrufbar ist.[3] Die Löschung des Widerspruchs kann nur durch Bewilligung des Widersprechenden vorgenommen werden.[4]

574 Die Löschung des Widerspruchs erfolgt aufgrund der **Bewilligung des Widersprechenden**. Der Gesetzgeber sieht weder für die Bewilligung als solche noch für die Löschung der Bewilligung die öffentliche Beglaubigung der Unterschriften vor. Ausreichend ist die bloße Schriftform. Auch hier wird der Rechtsverkehr mit einem Fälschungsrisiko belastet. Es ist nicht nachvollziehbar, dass auch insoweit keine notarielle Identitätsfeststellung erforderlich ist. Bei der Überprüfung des Verfahrens sollte insoweit der Gesetzgeber die öffentliche Beglaubigung der Unterschrift und die **qualifizierte elektronische Signatur** nicht nur für die Gesellschafterliste, sondern auch für die Bewilligung des Widerspruchs und die Löschung desselben fordern.

575 Fraglich ist, ob das Widerspruchsverfahren auch dazu genutzt werden kann, unter Mitwirkung beider Beteiligten einer **aufschiebend bedingten Anteilsveräußerung oder eines Treuhandvertrages** für die Zeit zwischen Beurkundung und Eintritt der Wirksamkeit der Anteilsübertragung bzw. der Übertragung auf den Treugeber einen Zweiterwerb durch Dritte zu verhindern. Die Praxis hat für die Übertragung von GbR-Anteilen oder Anteilen an Erbengemeinschaften ein entsprechendes Modell entwickelt[5], bei dem mit der Eintragung eines Widerspruchs gearbeitet wird. Es wird vertreten, dass dies auf die GmbH-Geschäftsanteilsübertragung entsprechend anwendbar sei.[6] Die Frage ist deswegen von großer Bedeutung, weil bedingte Anteilsübertragungsverträge in der Praxis die Regel und nicht die Ausnahme darstellen. Viele **Treuhandvereinbarungen** sehen ebenso wie unter bestimmten **Lösungsklauseln** vereinbarte Verträge vor, dass mit Eintritt einer bestimmten Bedingung der Anteil an den Treugeber oder den ursprünglichen Anteilsinhaber oder an einen Dritten fällt. Nach alter Rechtslage bewirkte hier § 161 Abs. 1 BGB einen Schutz zugunsten des bedingt Berechtigten. Dieser war vor Zwischenverfügungen geschützt.[7]

---

[1] Vgl. dazu auch *Harbarth*, ZIP 2008, 57, 61.
[2] *Vossius*, DB 2007, 2299, 2303.
[3] *Wachter*, GmbHR-Sonderheft Oktober 2008, 51, 61.
[4] *Wachter*, GmbHR-Sonderheft Oktober 2008, 51, 61.
[5] Vgl. dazu BayObLGZ 1994, 29 sowie *LG Koblenz* FD-MA 2008, 272022.
[6] Vgl. u. a. *Vossius*, DB 2007, 2299, 2301; *Wachter*, ZNotP 2008, 378. Ausführlich zur Rechtslage DNotI-Gutachten Nr. 90008.
[7] Vgl. zur alten Rechtslage *Reymann*, WM 2008, 2095, 2097.

VI. Gutgläubiger Erwerb von Geschäftsanteilen

Mit der Einführung des gutgläubigen Erwerbs gem. § 16 Abs. 3 GmbHG hat sich diese Rechtslage geändert, da nun ein gutgläubiger Erwerb möglich ist.[1] § 161 Abs. 3 GmbHG erklärt bei aufschiebend bedingten Geschäften die Vorschriften zum gutgläubigen Erwerb für anwendbar, die bisher auf Geschäftsanteilsübertragungen keine Anwendung fanden. Die unmittelbare Anwendung der Vorschriften zum gutgläubigen Erwerb wirft **viele Zweifelsfragen** auf.[2] § 16 Abs. 3 GmbHG stellt auf den Erwerb von einem Gesellschafter ab, der unrichtig eingetragen ist und schützt denjenigen, der von diesem Gesellschafter erwirbt. Bei der aufschiebend bedingten Veräußerung ist jedoch der Veräußerer auch in der Zeit zwischen der Veräußerung und dem Eintritt der Bedingung nicht unrichtig eingetragen. Ein Widerspruch gegen die Richtigkeit der Eintragung wäre vom **Wortlaut der Norm** her ausgeschlossen.[3] Einen Hinweis auf den schwebend bedingten Verlust der Gesellschafterstellung sieht das Gesetz ausdrücklich nicht vor. Der Schutz des **Anwartschaftsrechts** des Erwerbers wird vom Gesetzgeber weder ausweislich des Gesetzeswortlauts noch der Gesetzesmaterialien bezweckt. Gerade diesen Zweck verfolgt aber § 161 BGB. Einen Vermerk über das Bestehen von Anwartschaftsrechten ist vom Wortlaut des § 40 Abs. 1 GmbHG nicht erfasst und offensichtlich nicht vorgesehen. Will man denjenigen, der aufschiebend bedingt erworben hat, in eine vergleichbare Position gegenüber dem eingetragenen Gesellschafter rücken und ihn mit dem Risiko des Verlustes seiner bedingt erworbenen Position belasten, so kann man dies rechtstechnisch nur auf die Weise realisieren, dass man ihm die Verpflichtung auferlegt, einen Widerspruch eintragen zu lassen und bei Unterlassen fingiert, dass es ihm „zurechenbar" ist[4], dass die Liste insofern unvollständig ist, weil sie keinen Widerspruch ausweist. Die **Unvollständigkeit** muss man dann der **Unrichtigkeit** gleich setzen.

Rechtspolitisch wäre dieses Ergebnis zu begrüßen, da es den Wert der Liste für eine große Zahl praktisch bedeutsamer Fälle deutlich erhöht und zu einer wesentlich größeren Transparenz beiträgt.[5]

Dieser Weg lässt sich trotz der Schwierigkeiten, die gerade hier die entsprechende Anwendung der Gutglaubensvorschriften mit sich bringt, nur rechtfertigen, wenn ein in sich schlüssiges System entsteht. Hier begegnet der Rechtsanwender der nächsten Schwierigkeit: Die **Formulierung des Widerspruchs** ist im Gesetz ebenso unklar geblieben, wie die Frage, wer den Widerspruch zur Löschung bewilligen kann. Wäre der **Widerspruch nur „gegen" die Berechtigung** eines eingetragenen Gesellschafters und nicht zugunsten eines anderen Berechtigten einzutragen, so bestünde die Gefahr, dass der Widerspruch ohne Zustim-

---

[1] Vgl. *Reymann*, WM 2008, 295, 297; *Vossius*, DB 2007, 2299, 2301; *Greitemann/Bergjan*, FS Pöllath & Partner, 2008, 771.
[2] Vgl. dazu *Reymann*, WM 2008, 2095.
[3] In diese Richtung auch *Preuß*, ZGR 2008, 691, 692; *Greitemann/Bergjan*, FS Pöllath & Partner, 2008, 271; *Vossius*, DB 2007, 2299; *Wachter*, ZNotP 2008, 378; *Wälzholz*, MittBayNot 2008, 425.
[4] Zur Zurechenbarkeit vgl. ausf. *Apfelbaum*, BB 2008, 2470.
[5] Dies scheint auch den Überlegungen derjenigen, die den Widerspruch für zulässig erachten, zugrunde zu liegen: vgl. *Vossius*, DB 2007, 2299; *Wachter*, ZNotP 2008, 378.

D. Geschäftsanteile

mung des – aufschiebend bedingten – Erwerbers zur Löschung gelangt, wenn ihn allein der bewilligende eingetragene Gesellschafter löschen lassen könnte. Zudem wäre dann die Transparenz eingeschränkt. Sinnvoll und vom Gesetzeswortlaut nicht ausgeschlossen ist es, den Widerspruch ebenso wie bei § 899 BGB zugunsten des (aufschiebend bedingt) Berechtigten einzutragen. Er ist dann auch nur mit dessen Bewilligung zu löschen.

Für die notarielle Praxis ist zu beachten, dass es derzeit unklar ist, ob und in welcher Weise zu Lasten des aufschiebend bedingten Erwerbers ein gutgläubiger Erwerb durch einen Zwischenerwerber möglich ist. Der **sicherste Weg** dürfte darin bestehen, über einen Widerspruch zu Lasten des eingetragenen und zugunsten des künftig Berechtigten einen solchen gutgläubigen Erwerb zu verhindern. Das Verfahren zur Eintragung eines Widerspruchs im Rahmen einer Anteilsveräußerung unter aufschiebenden Bedingungen ist somit der Praxis zu empfehlen.[1]

578 Schlägt man dieses Verfahren ein, so ist durch den Notar sicherzustellen, dass unverzüglich nach Beurkundung des aufschiebend bedingten Anteilsübertragungsvertrages der Widerspruch der Gesellschafterliste zugeordnet wird. Es bietet sich an, den Widerspruch in eine **Anlage zum Anteilskaufvertrag** zu nehmen und diesen sofort nach Beurkundung dem **Handelsregister elektronisch** zu übermitteln. In eine weitere Anlage zur Urkunde sollte dann die Bewilligung des eingetragenen Gesellschafters und des Widersprechenden aufgenommen werden, der der **Löschung des Widerspruchs** zustimmt. Diese Bewilligung sollte dann mit der Urkunde nicht ausgefertigt werden, sondern der Notar sollte sich in der Urkunde ausdrücklich die Anweisung erteilen lassen, die Urkunde nur **teilweise auszufertigen**. Der Notar wird dann wiederum angewiesen, die Bewilligung zur Löschung des Widerspruchs dann einzureichen, wenn ihm die Beteiligten in der oben genannten Weise (vgl. Rn. 510) die Wirksamkeit des Vertrages bestätigt haben.

579 Allerdings muss der Notar auch sicherstellen, dass die **Löschung des Widerspruchs** erfolgt, wenn der Erwerber den Kaufpreis nicht bezahlt oder die Bedingungen des Vertrages in sonstiger Weise nicht eintreten. Hinsichtlich der fehlenden Kaufpreiszahlungen erscheint es als angemessen, dass der Notar bereits dann berechtigt und verpflichtet ist, die Löschung des Widerspruchs zu beantragen, wenn nach Ablauf einer angemessenen Frist die Kaufpreiszahlungsbestätigung nicht vorliegt und ihn der Veräußerer zur Löschung auffordert. Eine Frist von sechs Wochen erscheint insoweit als angemessen. Dies lässt im Übrigen auch dem Erwerber die Möglichkeit im Wege des einstweiligen Rechtsschutzes dafür zu sorgen, dass der Notar den Widerspruch nicht zur Löschung bringt.

580 Nach h. M. ist der **Widerspruch** auch dann **zulässig,** wenn die **Verfügungsberechtigung** des eingetragenen Gesellschafters **weggefallen** ist, weil die Testamentsvollstreckung (vgl. § 2211 Abs. 2 BGB) oder die Insolvenz (§ 81 Abs. 1 Satz 1 InsO) eingetreten ist.[2] Hier ist allerdings insbesondere für den Insolvenzfall

---

[1] Vgl. dazu bereits *Vossius,* DB 2007, 2299, 2301 sowie *Wachter,* GmbHR-Sonderheft Oktober 2008, 51, 61.
[2] *Vossius,* DB 2007, 2302; *Wicke,* § 16 Rn. 20.

VI. Gutgläubiger Erwerb von Geschäftsanteilen

zu beachten, dass es an einer Parallelität zum Verfahren beim Erwerb eines Grundstücks fehlt. Während beim Grundstückserwerb derjenige, der zu einem Zeitpunkt erwirbt und seinen Antrag auf Umschreibung oder Eintragung einer Vormerkung stellt, zu dem der Insolvenzvermerk noch nicht zur Eintragung beantragt ist, über § 81 InsO ausdrücklich geschützt ist, fehlt es an einer derartigen Regelung für den Geschäftsanteilserwerb.

Der Ablauf stellt sich dann also wie folgt in der nachfolgenden **Checkliste** dar: 581

☑ Beurkundung des Anteilsverkaufs- und -abtretungsvertrages, z. B. unter der Bedingung, dass die Mitteilung der Beteiligten bzw. der Bank über die Kaufpreiszahlung vorliegt (vgl. dazu oben Rn. 510)

☑ Aufnahme einer Anlage zur Urkunde, die einen Widerspruch seitens des Veräußerers beinhaltet

☑ Aufnahme der Löschungsbewilligung zum Widerspruch seitens des Erwerbers

☑ Einreichung des Widerspruchs durch den Notar beim Handelsregister

☑ Abwarten der Mitteilung über die Kaufpreiszahlung/Eintritt der Bedingung/Ausfall der Bedingung

☑ Einreichen der neuen Gesellschafterliste seitens des Notars verbunden mit der Einreichung der Löschungsbewilligung des Erwerbers betreffend den Widerspruch

☑ ggf., wenn Kaufpreisbestätigung nicht zugeht und Veräußerer Löschung verlangt: Einreichen der Löschungsbewilligung durch den Notar

Formulierungsbeispiele: 582

Widerspruch nach § 16 Abs. 3 Satz 4 GmbHG

Amtsgericht _____

Handelsregister

...

HRB-Nr. _____

_____*-GmbH*

Widerspruch nach § 16 Abs. 3 Satz 4 GmbHG gegen die Richtigkeit der Gesellschafterliste hinsichtlich des Geschäftsanteils Nr. _____

D. *Geschäftsanteile*

Hiermit wird ein Widerspruch gegen die Eintragung des Herrn A als Inhaber des Geschäftsanteils Nr. _____ der Gesellschaft _____ – GmbH mit der Handelsregisternummer _____ unter Bezugnahme auf die einstweilige Verfügung des _____ (Gericht) vom _____ Az. _____, **alt.***: unter Bezugnahme auf die Eintragungsbewilligung vom _____ zugunsten des Herrn X bewilligt.*

A (eingetragener Anteilsinhaber)   *X (Drittberechtigter)*

(Ort, Datum, Unterschrift)

583 **Löschung des Widerspruchs**

An das Amtsgericht
– Handelsregister –

HRB _____/_____ GmbH

Löschung des Widerspruchs

Gegen die Eintragung des Herrn A als Inhaber des Geschäftsanteils Nr. _____ der Gesellschaft in Firma _____ GmbH (HRB _____/Amtsgericht _____) ist zugunsten des Herrn X ein unter dem _____ datierter Widerspruch zur Gesellschafterliste zum Handelsregister genommen. Den Widerspruch hat der Unterzeichner eintragen lassen./ **alt.***: Der Widerspruch ist auf Veranlassung des Unterzeichners aufgrund einstweiliger Verfügung des _____ Gerichts (Az. _____) eingetragen worden. Der Unterzeichner bewilligt und der eingetragene Berechtigte beantragt die Löschung des Widerspruchs.*

A (eingetragener Anteilsinhaber)   *X (Drittberechtigter)*

(Ort, Datum, Unterschrift)

3. Grenzen der Gutglaubenswirkung

584   Die Gutglaubenswirkung bezieht sich nur auf die Rechtsinhaberschaft des Veräußerers, nicht hingegen auf die **Lastenfreiheit des Geschäftsanteils**.[1] Der erworbene Geschäftsanteil muss tatsächlich bestehen. **Nichtexistente Geschäftsanteile** können nicht gutgläubig erworben werden.[2]

585   Strittig ist hingegen in diesem Zusammenhang, ob mit dem gutgläubigen Erwerb die **unrichtige Stückelung** eines GmbH-Geschäftsanteils überwunden wer-

---

[1] Begr. RegE., Beilage zu ZIP 23/2007, S. 14; a. A. insoweit mit der Differenzierung, dass auch ein Pfandrecht eintragungsfähig und gutgläubiger lastenfreier Erwerb möglich sei: *Reymann*, WM 2008, 2095 ff.; vgl. auch DNotI-Gutachten Nr. 90564.
[2] *Hamann*, NZG 20007, 492, 494; *Vossius*, DB 2007, 2299, 2300; *Götze/Bressler*, NZG 2007, 894, 897.

den kann (vgl. bereits Rn. 551).[1] Dies betrifft Fälle, in denen die Geschäftsanteile zwar existieren, aber nicht so bestehen, wie sie in die Gesellschafterliste eingetragen sind, z. B. wenn mehrere selbständige Anteile eines Gesellschafters zusammengefasst sind oder irrtümlich die nicht stattgefundenen Teilung eines Geschäftsanteil eingetragen wird.[2] Bei der Veräußerung von unrichtig gestückelten Geschäftsanteilen findet jedoch keine Übertragung durch einen Nichtberechtigten statt, vielmehr würde der gute Glaube an die Stückelung geschützt.[3] Dies sieht das Gesetz aber nicht vor.

Weiterhin nicht erfasst ist der **gute Glaube an die freie Übertragbarkeit** von Geschäftsanteilen, d. h. sieht die Satzung die Vinkulierung von Geschäftsanteilen (§ 15 Abs. 5 GmbHG) vor, kann dieses Zustimmungserfordernis nicht durch den gutgläubigen Erwerb umgangen werden.[4] 586

4. Gutgläubiger Erwerb von Scheinerben

Neben dem gutgläubigen Erwerb vom **Scheinerben** kommt auch künftig der Erwerb vom sog. „Scheinerben" nach § 2366 BGB in Betracht. Veräußert der vermeintliche Erbe den Geschäftsanteil, nachdem er als Inhaber in die Gesellschafterliste eingetragen wurde, erwirbt der Erwerber den Geschäftsanteil nach § 16 Abs. 3 GmbHG, wenn dessen Voraussetzungen erfüllt sind. 587

Fehlt es am Ablauf der Dreijahresfrist und ist dem wahren Erben als Berechtigten die unrichtige Eintragung des Scheinerben nicht zurechenbar, so kann der Dritte unter Vorlage des Erbscheins den Geschäftsanteil nach § 2366 BGB gutgläubig erwerben.[5] Die **Rechtsscheingrundlage** bildet in diesem Fall nicht die Gesellschafterliste, sondern der **Erbschein,** der den Scheinerben als Berechtigten ausweist. 588

VII. Notarielle Beurkundung der Anteilsübertragung

Den Forderungen des BDI und vereinzelten Stimmen in der Lehre hat der Gesetzgeber keine Folge geleistet und die **Anteilsübertragung** weiterhin entsprechend § 15 GmbHG dem **notariellen Beurkundungserfordernis** hinsichtlich des schuldrechtlichen wie auch des dinglichen Geschäfts unterworfen.[6] 589

Die Bedingungen für die Anteilsübertragungen sind durch das MoMiG liberalisiert, was insbesondere durch die Änderung des § 5 GmbHG (**leichtere Stückelung** und kleinere, auf 1 € reduzierte Anteile), aber auch durch die Änderung dahingehend, dass ein Gesellschafter schon bei Gründung **mehrere Anteile** 590

---

[1] Ablehnend *Mayer,* DNotZ 2008, 403, 418.
[2] *Böttcher/Blasche,* NZG 2007, 565, 566.
[3] *Götze/Bressler,* NZG 2007, 894, 897.
[4] *Schockenhoff/Höder,* ZIP 2006, 1841, 1844; *Hamann,* NZG 20007, 492, 494.
[5] Beispiel dazu bei *Vossius,* DB 2007, 2299, 2302.
[6] *Heckschen,* DStR 2007, 1442, 1443.

D. Geschäftsanteile

übernehmen kann, zum Ausdruck kommt. Eine zusätzliche **Flexibilität** erlangen die GmbH-Gesellschafter dadurch, dass das **Teilungsverbot** des § 17 GmbHG a. F. gänzlich gestrichen wurde. Eine weitere Liberalisierung durch den Verzicht auf die Beurkundungsform ist unterblieben.

591 Der Gesetzgeber hat sich von den Argumenten der Praxis dahingehend, dass die Beurkundung einerseits in hohem Maße zur **Rechtssicherheit und -klarheit** beiträgt, andererseits aber gerade bei der typischerweise personalistischen GmbH die hier sinnvolle **Beratung** sicherstellt, überzeugen lassen.[1]

592 Über die Funktion der notariellen Beurkundung bei Anteilsübertragungen wird gestritten.[2] Teilweise wird ausschließlich anknüpfend an den **historischen Gesetzgeber** die Funktion der Beurkundung nur darin gesehen, den **freien Handel mit GmbH-Geschäftsanteilen** einzuschränken und den **Beweis** über die Anteilsverhältnisse zu gewährleisten.[3] Diese Normzwecke sind unstreitig.[4] Zutreffend wird jedoch darauf hingewiesen, dass darüber hinaus das Beurkundungserfordernis auch dem Anlegerschutz und der Beratung der Beteiligten dient[5]. Gerade vor dem Hintergrund der Einbeziehung des Notars in die Erstellung der Gesellschafterlisten und die damit verbundene Hoffnung an eine materielle Richtigkeitsgewähr dieser Liste spricht vieles dafür, dass sich die Funktion der notariellen Mitwirkung zumindest im Laufe der Jahrzehnte auf weitere Normziele erstreckt hat. In jedem Fall besteht die Funktion des Notars somit darin, klar und eindeutig den Tag und die Bedingungen der Anteilsübertragung festzustellen und dies ist nicht zuletzt für den Rechtsverkehr, die Finanzverwaltung, Gläubiger und Insolvenzverwalter, aber auch für die Beteiligten von besonderer Wichtigkeit.

593 Die Bedeutung des Notars wurde bereits durch die Änderungen, die durch das **EHUG** herbeigeführt wurden, deutlich erhöht. Die Vorprüfung und Vorbereitung der Registereintragung durch den Notar im Gesellschaftsrecht, die die Eintragungsverfahren deutlich verkürzt und für eine Rechtssicherheit sorgt, die international selten anzutreffen ist[6], wird nun abgerundet durch die umfangreiche Einbeziehung des Notars in die **Aktualisierung der Gesellschafterlisten,** die nun beim Handelsregister geführt werden. Das Zusammenspiel zwischen Notar und Handelsregister soll für zusätzliche Rechtssicherheit auch bei der Anteilsübertragung sorgen. In weitem Umfang ist der Notar derjenige, der die Gesellschafterliste aufgrund der bei ihm vorgenommenen Anteilsveränderungen vornimmt. Dies bildet die Gewähr dafür, dass im Gegensatz zur Vergangenheit nun Gesellschafterlisten beim Handelsregister einsehbar sind, die in der Regel mit den tat-

---

[1] Vgl. insbesondere *Wicke,* ZIP 2006, 977; *Zöllner,* GmbHR 2006, 1; *Heckschen,* DStR 2007, 1442.
[2] Vgl. einerseits Baumbach/Hueck/*Hueck/Fastrich,* § 15 Rn. 21; andererseits Großkomm-GmbHG/*Winter/Löbbe,* § 15 Rn. 41; ausf. zum Sinn der Beurkundung auch: Lutter/Hommelhoff/*Lutter/Bayer,* § 15 Rn. 1; Baumbach/Hueck/*Hueck/Fastrich,* § 15 Rn. 21; *Armbrüster,* DNotZ 1997, 762, 784f.; *Zöllner,* GmbHR 2006, 1, 8; *Wicke,* ZIP 2006, 977, 979f.
[3] Vgl. Großkomm-GmbHG/*Winter/Löbbe,* § 15 Rn. 41.
[4] Vgl. *BGH* NJW 2006, 590; NJW 1999, 2594; NotBZ 2008, 304 m. Anm. *Heckschen.*
[5] Vgl. *Wicke,* § 15 Rn. 12; Baumbach/Hueck/*Hueck/Fastrich,* § 15 Rn. 21; Roth/Altmeppen/*Altmeppen,* § 15 Rn. 69.
[6] Vgl. insbesondere *Bormann/Apfelbaum,* ZIP 2007, 946.

VIII. Muster – Verkauf und Abtretung eines Geschäftsanteils

sächlichen Anteilsverhältnissen übereinstimmen. Es ist allerdings bedauerlich, dass die Vorschriften zum Gutglaubenserwerb nur einen kleinen Schritt in die richtige Richtung darstellen. Konsequent wäre es gewesen, sämtliche Listen zwingend über den Notar einreichen zu lassen und die Fristen, die Voraussetzung für einen gutgläubigen Erwerb sind, deutlich zu verkürzen.[1]

Der Umstand, dass der deutsche Notar verpflichtet ist, Gesellschafterlisten beim Handelsregister einzureichen, spricht dafür, dass der Gesetzgeber die Anteilsübertragung und deren Beurkundung dem deutschen Notar zuweisen will, wie dies beispielsweise auch andere Länder der EU in der Vergangenheit vorgesehen haben (z. B. Niederlande). Es darf nicht verkannt werden, dass ähnlich wie bei Strukturbeschlüssen zukünftig auch bei Anteilsübertragungen nicht mehr nur die Beweissicherungsfunktion der notariellen Mitwirkung entscheidend ist, sondern auch die – allerdings noch eingeschränkte – **materielle Richtigkeitsgewähr** für die Gesellschafterliste, die auf der notariellen Mitwirkung beruht. Dies kommt nicht nur in dem Umstand, dass der Notar eine Liste der Gesellschafter zum Handelsregister einzureichen hat, zum Ausdruck, sondern auch dadurch, dass der Inhalt seiner Bescheinigung eine Richtigkeitsgewähr in sich tragen soll. Es bleibt abzuwarten, ob sich die Zielsetzung des Gesetzgebers gegen die zahlreich in der Literatur zum Ausdruck gebrachte Ansicht, dass für Anteilsübertragungen auch die sog. Ortsform ausreicht[2] und daher beispielsweise in den Ländern, die gar keine Beurkundungsform vorsehen, auch eine Übertragung in Schriftform ausreichend ist, durchsetzt.[3] Bis zur Klärung dieser Rechtsfrage durch den BGH unter besonderer Berücksichtigung der Änderung, die das MoMiG nun mit sich gebracht hat, wird der vorsichtige Berater von der Auslandsbeurkundung nicht nur bei Strukturbeschlüssen[4] abraten.[5]

594

VIII. Muster – Verkauf und Abtretung eines Geschäftsanteils

… (Rubrum)

595

Hingewiesen auf das Geldwäschegesetz erklären die Erschienenen: Wir handeln auf eigene Rechnung.

Die Erschienenen ließen folgenden

---

[1] Vgl. *Heckschen*, DStR 2007, 1442, 1450.
[2] *Trendelenburg*, GmbHR 2008, 644; *Saenger/Scheuch*, BB 2008, 65; *Engel*, DStR 2008, 1593; *Triebel/Otte*, ZIP 2006, 1321.
[3] Vgl. dazu *Möller*, Der Konzern 2008, 253; *Saenger/Scheuch*, BB 2008, 65 jeweils m.w.N.; ablehnend zur Auffassung, dass die Ortsform ausreichend ist, *Eidenmüller*, JZ 2004, 24, 30.
[4] Vgl. dazu ausf. *Goette*, DStR 1996, 709 sowie Widmann/Mayer/*Heckschen*, § 6 Rn. 70 ff. m.w.N.
[5] Warnhinweise erteilen auch diejenigen, die Auslandsbeurkundungen und weitergehend sogar die Auslandsbeurkundung unter lediglicher Wahrung der Ortsform für ausreichend erachten; vgl. z. B. *Saenger/Scheuch* BB 2008, 65.

D. Geschäftsanteile

Verkauf und Abtretung eines GmbH-Geschäftsanteils beurkunden und erklärten:

I. Feststellungen

(1) *(Gesellschaft)*

Im Handelsregister des Amtsgerichts ____ unter HRB ____ ist die Gesellschaft mit Firma

____ GmbH

mit Sitz in ____ mit einem eingetragenen Stammkapital in Höhe von ____ Euro/DM

– im Folgenden „die Gesellschaft" genannt –

eingetragen. Der Handelsregisterauszug der Gesellschaft ist als Beleg beigefügt.

(2) *Gesellschafter*

a) Gesellschafterliste

Der Verkäufer ist an der Gesellschaft laut der im Handelsregister aufgenommenen Gesellschafterliste vom ____ mit dem Geschäftsanteil Nr. ____ von ____ €/DM beteiligt.

Der Notar hat die Gesellschafterliste am Tag der Beurkundung elektronisch eingesehen; sie wird als Beleg der Urkunde beigefügt. Ein Widerspruch ist der Gesellschafterliste nicht zugeordnet.

Hinweis des Notars:

Zugunsten desjenigen, der einen Geschäftsanteil oder ein Recht daran erwirbt, gilt der Inhalt der Gesellschafterliste insoweit als richtig, als die den Geschäftsanteil betreffende Eintragung im Zeitpunkt des Erwerbs seit mindestens drei Jahren unrichtig in der Gesellschafterliste enthalten oder dem ausgewiesenen Anteilsinhaber die Unrichtigkeit zuzurechnen und kein Widerspruch zum Handelsregister eingereicht worden ist. Dies gilt nicht, wenn dem Erwerber die Unrichtigkeit bekannt oder grob fahrlässig unbekannt geblieben ist. Jeder Gesellschafter sollte daher die Gesellschafterliste mindestens alle 3 Jahre auf ihre Richtigkeit und Vollständigkeit überprüfen. Auf die Übergangsfristen wies der Notar hin.

b) Satzung und schuldrechtliche Vereinbarungen

Der aktuelle Wortlaut der Satzung ist dem Käufer bekannt; auf Beifügung wird verzichtet. (ggf.: Die aktuelle Fassung der Satzung nebst Notarbescheinigung gem. § 54 GmbHG ist als Beleg zur Be-

VIII. Muster – Verkauf und Abtretung eines Geschäftsanteils

weissicherung beigefügt.) Neben der Satzung der Gesellschaft bestehen zwischen den Gesellschaftern keinerlei weitere, z. B. schuldrechtliche Vereinbarungen.

(3) *(Entstehung und Erwerb des Geschäftsanteils)*

Weitere Feststellungen über Entstehung und Erwerb der vorgenannten Geschäftsanteile möchten die Beteiligten in dieser Urkunde nicht treffen.

alt.: Der kaufgegenständliche Geschäftsanteil ist entstanden
bei der Gründung der Gesellschaft/
bei der Kapitalerhöhung der Gesellschaft vom _____ /
durch Teilung des Geschäftsanteils am _____.
Der Verkäufer ist Inhaber des Geschäftsanteils
seit der Gründung/
seit der Kapitalerhöhung vom _____ /
durch Erwerb des Geschäftsanteils am _____.
Ggf.: Der Rechtsvorgänger des Verkäufers seinerseits war Inhaber des Geschäftsanteiles
seit der Gründung/
seit der Kapitalerhöhung vom _____ /
durch Erwerb des Geschäftsanteils am _____.

(4) *(Rechtsverhältnisse zwischen Verkäufer/Gesellschaftern und Gesellschaft)*

Der Verkäufer und die ihm nahestehenden Personen haben

a) für Verbindlichkeiten der Gesellschaft keine Sicherheiten (z. B. Bürgschaft/Grundschuld etc.) geleistet,

b) der Gesellschaft keine Gegenstände zum Gebrauch oder zur Ausübung überlassen,

c) keine Forderungen gegen die Gesellschaft aus Darlehen oder aus Rechtshandlungen, die einem Darlehen wirtschaftlich entsprechen und auch keine Sicherheit für Darlehen Dritter an die Gesellschaft zur Verfügung gestellt. Für solche Forderungen hat die Gesellschaft in der Vergangenheit auch keine Befriedigung oder Sicherung gewährt.

II. Verkauf/Kaufpreis/Zwangsvollstreckung/Vorkaufsrecht

(1) *(Verkauf)*

Der Verkäufer verkauft hiermit den in Abschnitt I Abs. (2) a) genannten Geschäftsanteil Nr. _____ im Nennbetrag von _____ €/DM an den Käufer. Der Käufer nimmt das Kaufvertragsangebot an.

D. Geschäftsanteile

(2) *(Kaufpreis)*

Der Kaufpreis beträgt _____ € und ist sofort fällig und zahlbar innerhalb von drei Bankarbeitstagen (Wertstellung ist maßgeblich) auf folgendes Konto:

Konto-Nr. _____

BLZ: _____

Kontoinhaber: _____

IBAN: _____

SWIFT: _____

Der Kaufpreis ist im Falle des Verzuges mit 5 Prozentpunkten über dem jeweils gültigen Basiszinssatz jährlich zu verzinsen. Die Zinsen sind täglich fällig. Sonstige Rechte des Verkäufers bleiben unberührt.

Sind mehrere Personen aus diesem Vertrag verpflichtet, so haften sie als Teilschuldner, sind sie aus diesem Vertrag berechtigt, so als Teilgläubiger.

(3) *(Zwangsvollstreckung)*

Der Käufer – mehrere je einzeln – unterwirft sich dem Verkäufer gegenüber wegen seiner jeweils eingegangenen Verpflichtung zur Zahlung des Kaufpreises nebst Zinsen aus dieser Urkunde der sofortigen Zwangsvollstreckung und ermächtigt den Notar, vollstreckbare Ausfertigung dieser Urkunde dem jeweiligen Gläubiger ohne weitere Nachweise sofort zu erteilen. Hierin liegt keine Beweislastumkehr. Für Zwecke der Zwangsvollstreckung gelten die Zinsen ab dem Tag der Beurkundung als geschuldet.

(4) *(Vorkaufsrecht)*

Ein Vorkaufsrecht der Mitgesellschafter sieht der Gesellschaftsvertrag der Gesellschaft nicht vor.

alt.: Nach dem Gesellschaftsvertrag steht den Mitgesellschaftern bei Verkauf eines Geschäftsanteiles ein Vorkaufsrecht zu. Erklärungen zum Vorkaufsrecht werden die Beteiligten selbst einholen. Sollte ein Vorkaufsrecht ausgeübt werden, sind die mit dieser Urkunde und ihrer Rückabwicklung entstehenden Kosten vom Verkäufer zu tragen; weitergehende Ansprüche jeglicher Art werden wechselseitig ausgeschlossen.

VIII. Muster – Verkauf und Abtretung eines Geschäftsanteils

III. Garantien

(1) *(Garantien)*

Der Verkäufer garantiert:

a) die auf den verkauften Geschäftsanteil zu leistenden Bareinlagen sind ohne Verstoß gegen das Verbot der verschleierten Sacheinlage in voller Höhe (**alt.**: zur Hälfte) erbracht und die Bar- und Sacheinlagen sind so bewirkt worden, dass sie endgültig, uneingeschränkt und zur freien Verfügung der Gesellschaft standen. Die Einlagen sind nicht zurückgewährt worden. Bei der Bareinlage lag kein Fall des sog. Hin- und Herzahlens vor.

(**ggf.**: Bei der Bareinlage lag ein Fall des Hin- und Herzahlens vor, der Rückzahlungsanspruch der Gesellschaft ist jedoch erfüllt.)

Hinweis des Notars:

Der *Käufer* haftet gemäß § 16 Abs. (2) GmbHG für die zur Zeit der Aufnahme der neuen Gesellschafterliste in das Handelsregister auf den gekauften Geschäftsanteil *rückständigen* Einlageverpflichtungen als Gesamtschuldner – also in voller Höhe – neben dem weiterhaftenden Verkäufer. Dies gilt insbesondere auch für den Fall, dass die Einlage auf den Geschäftsanteil nicht ordnungsgemäß erbracht wurde, z. B. „Erfüllung" der geschuldeten Bareinlage durch eine verdeckte Sacheinlage. Der Käufer muss Leistungen erstatten, die dem Verkäufer entgegen dem Verbot des § 30 GmbHG von der Gesellschaft erbracht wurden.

Der Käufer haftet darüber hinaus in derselben Weise als Regressschuldner für Rückstände auf Geschäftsanteile der Mitgesellschafter (§ 24 GmbHG) und solche Erstattungsansprüche, die sich gegen die Mitgesellschafter des Verkäufers richten (§ 31 Abs. (3) GmbHG).

Der Verkäufer haftet seinerseits in den Fällen der §§ 22, 28 GmbHG (Ausschluss des Gesellschafters – Käufers – wegen Nichtzahlung der ausstehenden Einlage und bei Verletzung einer etwa im Gesellschaftsvertrag vereinbarten beschränkten Nachschusspflicht).

b) der verkaufte Geschäftsanteil ist wirksam entstanden und existiert heute, stellt nicht mein ganzes oder nahezu ganzes Vermögen dar, er ist nicht mit Rechten Dritter belastet und ich kann über den Geschäftsanteil frei verfügen;

D. Geschäftsanteile

Hinweis des Notars:

Ein gutgläubig lastenfreier Erwerb von Geschäftsanteilen ist nicht möglich, so dass der Käufer insoweit auf die Richtigkeit und Vollständigkeit der Angaben des Verkäufers angewiesen ist.

c) die Satzung in der Fassung vom _____ ist weiterhin gültig. Dem Käufer ist die Tatsache bekannt, dass er in alle Bestimmungen des Gesellschaftsvertrages kraft Gesetzes eintritt.

d) **ggf.** (nur wenn der Verkäufer zugleich Geschäftsführer ist)

das Unternehmen wurde mit der Sorgfalt eines ordentlichen Kaufmanns geführt und die Buchführung und Bilanzierung ist nach den Grundsätzen ordnungsgemäßer Buchführung unter Wahrung der Bilanzierungs- und Bewertungsstetigkeit erfolgt.

(2) *(Sonstige Haftung)*

Weiter über Abs. (1) hinausgehende Garantien oder Gewährleistungen übernimmt der Verkäufer nicht. Er haftet insbesondere nicht für den Wert und die Ertragskraft der verkauften Geschäftsanteile. Vereinbarungen über die Beschaffenheit des von der Gesellschaft betriebenen Unternehmens und deren Vermögen sind weder Inhalt noch Geschäftsgrundlage des Vertrages. Sämtliche Rechte und Ansprüche des Käufers über Abs. (1) hinaus sind ausgeschlossen.

IV. Jahresabschluss/Stichtag

(1) *(Jahresabschluss)*

Der letzte durch die Gesellschafter festgestellte Jahresabschluss (Bilanz nebst Gewinn- und Verlustrechnung und Anhang, [ggf.: sowie der Lagebericht]) der Gesellschaft ist dem Käufer inhaltlich bekannt. Das Ergebnis einer Betriebsprüfung ist auf den Vertrag ohne Einfluss.

(**alt.**: Steuererstattungen und Steuernachzahlungen für die Zeit vor dem Übergangsstichtag, die sich erst nachträglich (z.B. nach einer Betriebsprüfung) ergeben, gehen zu Lasten des Verkäufers, soweit sie nicht in der Bilanz zum Übergangsstichtag ausgewiesen sind und soweit sie nicht auf bloßer zeitlicher Verschiebung der Besteuerungsgrundlagen beruhen. Steuerliche Effekte, die ihre Ursache in Umständen nach der Abtretung der Geschäftsanteile haben, gehen zu Lasten des Käufers. Der geschuldete Kaufpreis mindert sich um die Steuernachzahlungsbeträge bzw. erhöht sich um die Erstattungen.)

VIII. Muster – Verkauf und Abtretung eines Geschäftsanteils

(2) *(Gewinnverwendung/Stichtag)*

Der Notar wies darauf hin, dass gemäß § 20 Abs. (2) a) EStG für Zwecke der Einkommensteuer der ausgeschüttete Gewinn demjenigen zugerechnet wird, der im Zeitpunkt des Gewinnverwendungsbeschlusses Gesellschafter war. Die Parteien erklären übereinstimmend, dass nach ihrer Kenntnis bis heute keine nicht vollzogenen Gewinnverwendungsbeschlüsse existieren.

Der im laufenden Geschäftsjahr auf den verkauften Geschäftsanteil entfallende Gewinn steht dem Käufer ab dessen Beginn
(**alt.**: ab dem _____ zeitanteilig)
("Übergangsstichtag") zu.
(Eine Abschlagsdividende an den Verkäufer soll nicht ausgeschüttet werden, der Käufer tritt seinen diesjährigen Gewinnanspruch an den Verkäufer jedoch bereits jetzt in Höhe von _____/12 Anteil ab.) Gewinne, die in vorangegangenen Geschäftsjahren erwirtschaftet und nicht unter die Gesellschafter verteilt worden sind, stehen ebenfalls dem Käufer zu.

V. Abtretung/Zustimmungserfordernisse/Gesellschafterliste

(1) *(Abtretung)*

Der Verkäufer tritt hiermit den in Abschnitt I Abs. (2) a) bezeichneten Geschäftsanteil an den Käufer ab, der die Abtretung annimmt.

Hinweis des Notars:

Die Abtretung des Geschäftsanteils vor Zahlung des Kaufpreises stellt ein Risiko dar, das durch eine bedingte Anteilsabtretung oder durch vorherige Zahlung des Kaufpreises auf ein Notaranderkonto und dann nachfolgende Abtretung vermieden werden könnte. Die Beteiligten wünschten eine solche Regelung nicht.

(2) alt zu (1):

(Bedingte Abtretung und Sicherung des Erwerbers durch Widerspruch)

a) Der Verkäufer tritt hiermit den in Abschnitt I Abs. (2) a) bezeichneten Geschäftsanteil an den Käufer ab, der die Abtretung annimmt. Die Abtretung wird aufschiebend bedingt wirksam mit dem Eingang einer der nachgenannten Mitteilungen beim amtierenden Notar, nämlich

aa) des Verkäufers, dass der Kaufpreis bezahlt wurde oder

bb) der X-Bank (Bank des Verkäufers), dass auf dem Konto _____ BLZ _____ der Kaufpreis eingegangen ist oder

D. *Geschäftsanteile*

cc) der Y-Bank (Bank des Käufers), dass diese den Kaufpreis auf das vorgenannte Konto des Verkäufers überwiesen hat und dieser Betrag bei ihr abgebucht wurde.

Entscheidend für den Bedingungseintritt ist die Mitteilung, die unter den drei möglichen zuerst eingeht.

b) Der Notar soll unverzüglich zur Sicherung des Käufers vor weiteren Verfügungen über den veräußerten Geschäftsanteil elektronisch den Widerspruch zur Gesellschafterliste gemäß der Anlage zur Eintragung beim Handelsregister beantragen. Der Notar soll die Löschung des Widerspruchs gemäß der Anlage beim Handelsregister beantragen, wenn

aa) die Bedingung gem. Abschnitt IV. Abs. (1) a) eingetreten ist und er Zug um Zug die neue Gesellschafterliste gemäß Abs. (4) Satz 1 einreicht.

bb) ihn nicht binnen vier Wochen seit dem heutigen Tag/der Fälligkeit des (Gesamt-)Kaufpreises eine der in Abschnitt IV. Abs. (1) a) genannten Mitteilungen erreicht oder

cc) ihn die Beteiligten einvernehmlich und schriftlich dazu anweisen.

(3) *(Zustimmungserfordernisse)*

a) Gesellschaftsvertrag

Nach dem Gesellschaftsvertrag ist zur Geschäftsanteilsabtretung weder eine Zustimmung der Gesellschaft selbst noch der Gesellschafter noch durch Gesellschafterbeschluss vorgesehen.

b) Genehmigungen (§§ 182, 184 BGB)

Genehmigungen aller Art werden mit Eingang beim Notar für alle an der Urkunde Beteiligten wirksam.

(4) *(Gesellschafterliste)*

Der Notar ist gesetzlich verpflichtet, unmittelbar nach Wirksamkeit der Geschäftsanteilsabtretung eine Liste der Gesellschafter, die die Veränderungen aus der vorliegenden Urkunde berücksichtigt, beim Handelsregister einzureichen und er muss diese Liste auch dem Geschäftsführer übermitteln.

Der Notar soll eine Kopie der Liste auch an alle Beteiligten dieser Urkunde und die weiteren Gesellschafter unter folgender Adresse übermitteln:

VIII. Muster – Verkauf und Abtretung eines Geschäftsanteils

Gesellschafter A: _____
Gesellschafter B: _____

Hinweis des Notars:

Der Käufer gilt im Verhältnis zur Gesellschaft erst dann als Inhaber des Geschäftsanteils und damit als Gesellschafter, wenn er in der im Handelsregister aufgenommenen Gesellschafterliste eingetragen ist, §§ 16 Abs. 1, 40 GmbHG. Bei jedweden Veränderungen in der Person der Gesellschafter, bei den persönlichen Angaben zu den Gesellschaftern (Name, Wohnort), in der Stückelung oder einer sonstigen Veränderung der Geschäftsanteile muss der Geschäftsführer eine neue Liste der Gesellschafter beim Handelsregister einreichen, soweit nicht ein Notar an der Veränderung mitgewirkt hat.

VI. Kosten und Steuern

(1) *(Kosten)*

Die Kosten dieser Urkunde und ihrer Durchführung trägt der Käufer.

(2) *(Grunderwerbsteuer/ Umsatzsteuer/ Haftung nach § 75 AO)*

Die Gesellschaft verfügt nach Angabe über (keinen) Grundbesitz. Die Gesellschaft ist (nicht) an grundstückshaltenden Gesellschaften (unmittelbar oder mittelbar) beteiligt. Der Notar hat darauf hingewiesen, dass bei Vorliegen von Grundbesitz im Sinne von Satz 1 die Vereinigung von mindestens 95% der Anteile in der Hand des Käufers oder mit ihm verbundener Unternehmen der Grunderwerbsteuer unterliegt.

Sollte der Anteilskauf Umsatzsteuer auslösen, so ist diese vom Käufer nach Rechnungslegung durch den Verkäufer zusätzlich zu zahlen.

Hinweise des Notars:

Der Erwerber kann gemäß § 75 Abgabenordnung für betriebliche Steuern der GmbH haften, wenn er eine wesentliche Beteiligung an der GmbH erworben hat.

Diese Niederschrift wurde den Erschienenen vom Notar vorgelesen, von ihnen genehmigt und sodann von ihnen und dem Notar wie folgt eigenhändig unterschrieben.

D. Geschäftsanteile

Anlage: Widerspruch

Widerspruch gemäß § 16 Abs. 3 Satz 4 GmbHG gegen die Richtigkeit der Gesellschafterliste

Amtsgericht _____
Handelsregister

HRB _____; _____-GmbH

Mit Urkunde Nr. _____/2008 vom _____ des Notars _____ mit Amtssitz in _____ wurde/n der/die Geschäftsanteil/e mit der/den lfd. Nr/n.: _____ des unterzeichnenden Veräußerers an den unterzeichnenden Erwerber veräußert.

Der Veräußerer bewilligt und der Erwerber beantragt der im Handelsregister aufgenommenen Gesellschafterliste einen Widerspruch zugunsten des unterzeichnenden Erwerbers, zuzuordnen.

_____

(Ort, Datum)

Veräußerer: Erwerber:

_____   _____

Herr/Frau _____   Herr/Frau _____
geb. am _____   geb. am _____
wohnhaft: wohnhaft:

Anlage:
Löschung eines Widerspruchs

An das Amtsgericht
Handelsregister

HRB _____/_____ GmbH
hier: Löschung eines Widerspruchs

Gegen die Eintragung des unterzeichnenden Veräußerers als Inhaber des/der Geschäftsanteils/e Nr. _____ der im Betreff genannten Gesellschaft ist ein unter dem _____ datierter Widerspruch der beim Handelsregister geführten Gesellschafterliste zugunsten des unterzeichnenden Erwerbers zugeordnet.

Den Widerspruch hat der unterzeichnende Veräußerer bewilligt und der unterzeichnende Erwerber beantragt. Hiermit bewilligen und beantra-

VIII. Muster – Verkauf und Abtretung eines Geschäftsanteils

gen beide Unterzeichner gemeinsam die Löschung des vorgenannten Widerspruchs.

_____
(Ort, Datum)

Veräußerer: Erwerber:

_____   _____
(Herr/Frau _____   Herr/Frau _____
geb. am _____   geb. am _____)

Liste der Gesellschafter
gemäß § 40 GmbH-Gesetz
der Firma
GmbH
mit Sitz in

Nr. des Geschäfts- anteils	Vor- und Nach- name/Firma des Gesellschafters	Geburts- datum	Wohnort/ Sitz des Ge- sellschafters	Nennbetrag des Ge- schäftsanteils	Verände- rungen
Stammka- pital (= €)					

_____   _____
Ort, Datum   Notar

Notarbescheinigung nach § 40 Abs. 2 Satz 2 GmbHG

Die geänderten Eintragungen in der vorstehenden Gesellschafterliste entsprechen den Ver-änderungen, an denen ich als Notar mit meiner Urkunde _____ vom _____ mitgewirkt habe. Die übrigen Eintragungen stimmen mit dem Inhalt der zuletzt im Handelsregister aufgenommenen Gesellschafterliste vom _____ überein.

(Ort), _____

_____
Unterschrift, Siegel des Notars

D. Geschäftsanteile

IX. Muster – Verpfändung eines Geschäftsanteils

596 ... (Rubrum)

Die Erschienenen ließen folgende

Verpfändung eines Geschäftsanteils

beurkunden und erklärten:

I. Feststellungen

(1) *(Gesellschaft)*

Im Handelsregister des Amtsgerichts _____ unter HRB _____ ist die Gesellschaft mit Firma

_____ GmbH

mit Sitz in _____ mit einem eingetragenen Stammkapital in Höhe von _____ €/DM

– im Folgenden „die Gesellschaft" genannt –

eingetragen. Der Handelsregisterauszug der Gesellschaft ist als Beleg beigefügt.

Das Stammkapital der Gesellschaft ist (nicht) vollständig eingezahlt. Eine Nachschusspflicht besteht nach dem Gesellschaftsvertrag nicht. Die Gesellschaft verfügt nach Angabe über (keinen) Grundbesitz. Die Gesellschaft ist (nicht) an grundstückshaltenden Gesellschaften (mittelbar oder unmittelbar) beteiligt.

(2) *(Gesellschafter)*

a) Gesellschafterliste

Der Verpfänder/Darlehensnehmer ist an der Gesellschaft laut der im Handelsregister aufgenommenen Gesellschafterliste vom _____ mit dem Geschäftsanteil Nr. _____ von _____ €/DM beteiligt.

Ein Widerspruch ist der Gesellschafterliste nicht zugeordnet. Der Notar hat die Gesellschafterliste am Tag der Beurkundung elektronisch eingesehen; sie wird als Beleg der Urkunde beigefügt.

Hinweis des Notars:

Zugunsten desjenigen, der einen Geschäftsanteil oder ein Recht daran erwirbt, gilt der Inhalt der Gesellschafterliste insoweit als richtig, als die den Geschäftsanteil betreffende Eintragung im

IX. Muster – Verpfändung eines Geschäftsanteils

Zeitpunkt des Erwerbs seit mindestens drei Jahren unrichtig in der Gesellschafterliste enthalten oder dem ausgewiesenen Anteilsinhaber die Unrichtigkeit zuzurechnen und kein Widerspruch zum Handelsregister eingereicht worden ist. Dies gilt nicht, wenn dem Erwerber die Unrichtigkeit bekannt oder grob fahrlässig unbekannt geblieben ist. Jeder Gesellschafter sollte daher die Gesellschafterliste mindestens alle 3 Jahre auf ihre Richtigkeit und Vollständigkeit überprüfen. Auf die geltenden Übergangsfristen wies der Notar hin.

b) Satzung und schuldrechtliche Vereinbarungen

Der aktuelle Wortlaut der Satzung ist dem Pfandgläubiger/Darlehensgeber bekannt; auf Beifügung wird verzichtet. (**ggf.**: Die aktuelle Fassung der Satzung nebst Notarbescheinigung gem. § 54 GmbHG ist als Beleg zur Beweissicherung beigefügt.) Neben der Satzung der Gesellschaft bestehen zwischen den Gesellschaftern keinerlei weitere, z. B. schuldrechtliche Vereinbarungen.

(3) *(Entstehung und Erwerb des Geschäftsanteils)*

Weitere Feststellungen über Entstehung und Erwerb der vorgenannten Geschäftsanteile möchten die Beteiligten in dieser Urkunde nicht treffen.

alt.: Der Geschäftsanteil ist entstanden bei Gründung der Gesellschaft/ bei der Kapitalerhöhung der Gesellschaft vom _____ /durch Teilung des Geschäftsanteils am _____. Der Verpfänder/Darlehensnehmer ist Inhaber des Geschäftsanteils seit der Gründung/seit der Kapitalerhöhung vom _____/durch Erwerb des Geschäftsanteils am _____.

Ggf.: Der Rechtsvorgänger des Verpfänder/Darlehensnehmers seinerseits war Inhaber des Geschäftsanteiles seit der Gründung/ seit der Kapitalerhöhung vom _____ /durch Erwerb des Geschäftsanteils am _____.

(4) Der Pfandgläubiger und Darlehensgeber hat dem Darlehensnehmer und Verpfänder, nämlich _____ mit Vertrag vom _____ ein verzinsliches Darlehen in Höhe von _____ €/DM (in Worten: Euro/Deutsche Mark _____) gewährt. Den Parteien ist der Darlehensvertrag vollinhaltlich bekannt.

II. Verpfändung des Geschäftsanteils

(1) Der Verpfänder verpfändet den vorbezeichneten Geschäftsanteil sowie alle Geschäftsanteile an der Gesellschaft, die er nach Ab-

D. Geschäftsanteile

schluss dieser Vereinbarung erwirbt – z. B. bei künftigen Kapitalerhöhungen –, an den Pfandgläubiger. Der Pfandgläubiger nimmt die Verpfändung an. Der Verpfänder verpflichtet sich ausdrücklich, auch diese neuen Geschäftsanteile unmittelbar nach ihrem Entstehen an den Pfandgläubiger zu verpfänden. Das Pfandrecht setzt sich im Übrigen an allen Gegenständen fort, die der Verpfänder beim Wegfall des verpfändeten Geschäftsanteils an seiner Stelle erwirbt, bei der Auflösung der Gesellschaft insbesondere den Anspruch auf anteilige Zahlung des Liquidationsguthabens. Es erfasst auch die mit dem verpfändeten Geschäftsanteil zusammengelegten Geschäftsanteile.

Die Verpfändung erstreckt sich auf alle gegenwärtigen und zukünftigen Ansprüche auf den Gewinn, der auf diese Geschäftsanteile entfällt.

Die Verpfändung dient der Sicherung aller Ansprüche des Darlehensgebers aus dem Darlehensvertrag gemäß Abschnitt I. Ziff. 2.

(2) a) Soweit sich aus dieser Vereinbarung nichts anderes ergibt, ist der Pfandgläubiger nicht berechtigt, die mit dem verpfändeten Geschäftsanteilen verbundenen Mitgliedschaftsrechte, insbesondere das Stimmrecht, auszuüben.

oder: (Verpfänder verpflichtet sich, sein Stimmrecht nur nach Weisung des Pfandgläubigers auszuüben. Vorsorglich erteilt der Verpfänder hiermit dem Pfandgläubiger Stimmrechtsvollmacht, das Stimmrecht für den Verpfänder auszuüben. Solange das Pfandrecht besteht, ist diese Vollmacht unwiderruflich.)

Der Pfandgläubiger verzichtet bis auf Widerruf auf die Geltendmachung seiner Rechte auf Gewinnausschüttung und auf die Ausübung seines Stimmrechts, sowie auf Weisungserteilung bezüglich der Ausübung des Stimmrechts. Der Widerruf dieses Verzichts kann jederzeit – auch ohne wichtigen Grund –, z. B. bei Verzug des Verpfänders mit seinen Verpflichtungen aus dem Darlehensvertrag gemäß Abschnitt I. Ziff. 2, durch Erklärung gegenüber der Gesellschaft oder gegenüber dem Verpfänder erklärt werden. Für den Fall des Widerrufs ist der Verpfänder innerhalb eines Monats nach Kenntnis vom Widerruf berechtigt, das Darlehn gemäß Abschnitt I. Ziff. 2 vollständig abzulösen.

b) Der Verpfänder verpflichtet sich, alles zu unterlassen, was den Wert der verpfändeten Geschäftsanteile beeinträchtigen oder zum Untergang dieser Geschäftsanteile führen könnte. Er ist insbesondere nicht berechtigt, der Auflösung der Gesellschaft oder der Einziehung seines Geschäftsanteiles zuzustimmen.

IX. Muster – Verpfändung eines Geschäftsanteils

Der Verpfänder verpflichtet sich, den Pfandgläubiger unaufgefordert und rechtzeitig über bevorstehende Maßnahmen der Gesellschaft oder der Gesellschafter zu unterrichten, wenn hiermit Auswirkungen auf den Bestand oder den Wert der verpfändeten Geschäftsanteile verbunden sein könnten. Die Verschwiegenheitspflicht des Verpfänders gegenüber der Gesellschaft bleibt unberührt.

III. Pfandverwertung

(1) Wegen der Darlehensforderung gemäß Abschnitt I. Ziff. 2 hat sich der Pfandgläubiger bereits der sofortigen Zwangsvollstreckung unterworfen. Wegen des aus dem Pfandrecht folgenden Anspruchs des Pfandgläubigers auf Duldung der Zwangsvollstreckung in den verpfändeten Geschäftsanteil unterwirft sich der Verpfänder dem Pfandgläubiger gegenüber der sofortigen Zwangsvollstreckung auf dieser Urkunde in sein gesamtes Vermögen.

(2) Der Verpfänder erklärt sich schon jetzt mit einer anderweitigen Verwertung des aufgrund vorstehender Vollstreckungsklausel gepfändeten Geschäftsanteils einverstanden, namentlich mit dem Verfall des Geschäftsanteils zugunsten des Pfandgläubigers oder mit dessen freihändigen Verkauf durch den Pfandgläubiger.

(3) Der Pfandgläubiger kann den verpfändeten Geschäftsanteil ohne vollstreckbaren Titel öffentlich versteigern lassen, falls der Pfandgläubiger zuvor den Verpfänder schriftlich aufgefordert hat, seine gemäß Darlehensvertrag fälligen Verbindlichkeiten innerhalb einer Frist von 30 Kalendertagen in vollem Umfang zu erfüllen und diese Frist fruchtlos verstrichen ist. Eine Androhung der Versteigerung ist nicht erforderlich. Die Versteigerung kann an jedem beliebigen Ort in der Bundesrepublik Deutschland stattfinden.

(4) Das Pfandrecht erlischt, sobald das von Pfandgläubiger gewährte Darlehn (Hauptsumme einschließlich Zinsen) vollständig getilgt ist.

IV. Sonstiges

(1) Die nach dem Gesellschaftsvertrag erforderliche Zustimmung der Gesellschaft/er zur Verpfändung als Verfügung über den Geschäftsanteil ist erteilt und wird dieser Urkunde als Beleg beigefügt.

(2) Der Notar wies darauf hin, dass die Gesellschaft Leistungen auf die als Nutzung des verpfändeten Geschäftsanteils entstehenden Forderungen und, soweit mitverpfändet, auch auf den Gewinnanspruch, mit befreiender Wirkung an den Gesellschafter erbringen

D. Geschäftsanteile

kann, solange ihr die Verpfändung nicht bekannt geworden ist. Die Erschienenen beauftragen und bevollmächtigen den amtierenden Notar, die Verpfändung der Geschäftsanteile und – soweit mitverpfändet – der Gewinnansprüche auch gemäß § 1280 BGB bei der Gesellschaft anzuzeigen.

(3) Die Kosten dieser Urkunde und ihrer Durchführung trägt der Verpfänder.

Diese Niederschrift wurde den Erschienenen vom Notar vorgelesen, von ihnen genehmigt und sodann von ihnen und dem Notar wie folgt eigenhändig unterschrieben.

X. Muster – Treuhandvertrag über einen Geschäftsanteil (Vereinbarungstreuhand)

597 ... (Rubrum)

Die Erschienenen ließen folgenden

Treuhandvertrag über Geschäftsanteile

beurkunden und erklärten:

§ 1 Auftragsgegenstand und Begründung des Treuhandverhältnisses

(1) Der Treuhänder ist an der im Handelsregister des Amtsgerichtes _____ unter HRB _____ eingetragenen GmbH in Firma:

_____ GmbH

mit Sitz in _____ und einem Stammkapital von _____

– nachstehend „GmbH" genannt –

laut der im Handelsregister aufgenommenen Gesellschafterliste vom _____ an der GmbH mit dem Geschäftsanteil Nr. _____ von _____ €/DM beteiligt.

Ein Widerspruch ist der Gesellschafterliste nicht zugeordnet.

Der Notar hat die Gesellschafterliste am Tag der Beurkundung elektronisch eingesehen.

Der Treuhänder wird diesen Geschäftsanteil treuhänderisch für den Treugeber halten.

Der Handelsregisterauszug und die Gesellschafterliste der Gesellschaft sind als Beleg beigefügt.

X. Muster – Treuhandvertrag über einen Geschäftsanteil

Hinweis des Notars:
Zugunsten desjenigen, der einen Geschäftsanteil oder ein Recht daran erwirbt, gilt der Inhalt der Gesellschafterliste insoweit als richtig, als die den Geschäftsanteil betreffende Eintragung im Zeitpunkt des Erwerbs seit mindestens drei Jahren unrichtig in der Gesellschafterliste enthalten oder dem ausgewiesenen Anteilsinhaber die Unrichtigkeit zuzurechnen und kein Widerspruch zum Handelsregister eingereicht worden ist. Dies gilt nicht, wenn dem Erwerber die Unrichtigkeit bekannt oder grob fahrlässig unbekannt geblieben ist. Jeder Gesellschafter sollte daher die Gesellschafterliste mindestens alle 3 Jahre auf ihre Richtigkeit und Vollständigkeit überprüfen. Der Treugeber wird in seinem guten Glauben an die Richtigkeit der Gesellschafterliste dann nicht geschützt, wenn es sich – wie vorliegend – um eine Vereinbarungstreuhand handelt.

(2) Satzung und schuldrechtliche Vereinbarungen

Der aktuelle Wortlaut der Satzung ist dem Treugeber bekannt; auf Beifügung wird verzichtet. (**ggf.**: Die aktuelle Fassung der Satzung nebst Notarbescheinigung gem. § 54 GmbHG ist als Beleg zur Beweissicherung beigefügt.) Neben der Satzung der Gesellschaft bestehen zwischen den Gesellschaftern keinerlei weitere, z. B. schuldrechtliche Vereinbarungen.

(Entstehung und Erwerb des Geschäftsanteils)

Weitere Feststellungen über Entstehung und Erwerb der vorgenannten Geschäftsanteile möchten die Beteiligten in dieser Urkunde nicht treffen.

alt.: Der Geschäftsanteil ist entstanden bei Gründung der Gesellschaft/bei der Kapitalerhöhung der Gesellschaft vom _____ /durch Teilung des Geschäftsanteils am _____. Der Treugeber ist Inhaber des Geschäftsanteils seit der Gründung/seit der Kapitalerhöhung vom _____/durch Erwerb des Geschäftsanteils am _____.

Ggf.: Der Rechtsvorgänger des Treugebers seinerseits war Inhaber des Geschäftsanteiles seit der Gründung/ seit der Kapitalerhöhung vom _____ /durch Erwerb des Geschäftsanteils am _____.

§ 2 Zurechnung der Beteiligung; Anspruchsabtretung

(1) Im Außenverhältnis ist der Treuhänder Gesellschafter, im Innenverhältnis der Treugeber. Steuerrechtlich wird der Geschäftsanteil dem Treugeber zugerechnet.

(2) Der Treuhänder tritt seine Ansprüche gegen die GmbH auf Gewinn, Auseinandersetzungsguthaben und Liquidationserlös bereits jetzt

D. Geschäftsanteile

an den Treugeber ab, der diese Abtretung annimmt. Der Treuhänder bleibt jedoch berechtigt, diese Ansprüche im eigenen Namen geltend zu machen.

§ 3 Pflichten des Treuhänders/Stimmrechtsvollmacht

(1) Der Treuhänder ist verpflichtet, alles, was er als Gesellschafter aufgrund dieses Treuhandverhältnisses erlangt, an den Treugeber herauszugeben, sofern er es nicht einvernehmlich für den Treugeber verwaltet.

(2) Sofern der Treugeber seine Rechte und Pflichten bei der GmbH nicht selbst wahrnimmt, ist der Treuhänder verpflichtet, diese Rechte und Pflichten nach den Anweisungen des Treugebers auszuüben bzw. zu erfüllen. Falls dem Treuhänder keine Weisungen erteilt werden, hat der Treuhänder im Interesse des Treugebers unter Beachtung seiner gesellschaftsrechtlichen Treuepflichten gegenüber der GmbH zu handeln.

(3) Der Treuhänder ist verpflichtet, dem Treugeber auf Anforderung jede Auskunft zu erteilen, die der Treuhänder als Gesellschafter von der GmbH verlangen kann.

(4) Der Treuhänder wird über den Geschäftsanteil nur nach vorheriger Zustimmung oder auf Weisung des Treugebers verfügen. Für den Fall des Zuwiderhandelns tritt der Treuhänder bereits heute aufschiebend bedingt den Geschäftsanteil an den dies annehmenden Treugeber ab.

(5) Der Treuhänder wird seine Treuhänderstellung sowie den Inhalt dieses Vertrages geheim halten, soweit er nicht kraft Gesetzes zur Offenlegung verpflichtet ist. Falls der Treuhänder sich gesetzlich zur Offenlegung verpflichtet glaubt, wird er den Treugeber nach Möglichkeit vor, notfalls unverzüglich nach der Offenlegung unterrichten.

(6) Der Treuhänder bevollmächtigt den Treugeber – mit dem Recht zur Erteilung von Untervollmachten – hiermit unwiderruflich zur Ausübung des Stimmrechts aus dem Geschäftsanteil. Auf Verlangen wird der Treuhänder dem Treugeber diese Vollmacht auch in separater Urkunde erteilen.

§ 4 Pflichten des Treugebers

(1) Der Treugeber hat dem Treuhänder bereits die zur Leistung der Einlage erforderlichen Mittel (vgl. I.1) nach Gründung der GmbH zur Verfügung gestellt.

X. Muster – Treuhandvertrag über einen Geschäftsanteil

(2) Der Treugeber ist verpflichtet, den Treuhänder von allen Ansprüchen freizustellen, die gegen diesen mit Rücksicht darauf geltend gemacht werden, dass er den Geschäftsanteil treuhänderisch verwaltet.

(3) Der Treugeber bedarf zur Übertragung einzelner oder aller Rechte und Ansprüche aus diesem Vertrag der schriftlichen Zustimmung des Treuhänders.

§ 5 Kostenersatz und Entgelt

(1) Der Treugeber hat dem Treuhänder alle mit der Treuhandschaft verbundenen Kosten zu ersetzen. Der Treuhänder kann für Kosten angemessene Vorschüsse verlangen.

(2) Der Treuhänder erhält für die Treuhandschaft kein Entgelt.

oder: Der Treuhänder erhält für die Treuhandschaft ein Entgelt in Höhe von jährlich _____ €, das im voraus zu entrichten ist. Erstmals wird dieses Entgelt am 10. Januar des auf die Beurkundung folgenden Jahres fällig und zwar für die Zeit bis dahin zeitanteilig.

§ 6 Kapitalerhöhung und -herabsetzung, Änderung der Rechtsform

(1) Im Falle der Erhöhung oder Herabsetzung des treuhänderisch gehaltenen Anteils gilt das Treuhandverhältnis auch hinsichtlich des veränderten Gesellschaftsanteils.

(2) Sollte der Geschäftsanteil durch Umwandlung, Verschmelzung oder ähnliche Vorgänge eine rechtliche Umformung erfahren, wird das Treuhandverhältnis in möglichst enger Anlehnung an die Bestimmungen dieses Vertrags auf die neue Beteiligung übertragen.

§ 7 Kündigung, Beendigung des Treuhandverhältnisses

(1) Das Treuhandverhältnis kann von jeder Vertragspartei durch schriftliche Erklärung ohne Angabe von Gründen mit einer Kündigungsfrist von einem Monat zum Ablauf eines Kalendervierteljahres oder: und ohne Kündigungsfrist gekündigt werden.

(2) Der Treuhänder hat ein fristloses Kündigungsrecht,
   a) wenn Kostenersatz oder ein Kostenvorschuss (V.1) nicht innerhalb von vier Wochen nach Anforderung gezahlt ist,
   b) wenn das vereinbarte Entgelt (V.2) nicht fristgemäß gezahlt ist,

D. *Geschäftsanteile*

c) oder wenn der Treugeber seine Treugeberstellung ohne vorherige Zustimmung des Treuhänders überträgt.

(3) (Nach Beendigung des Treuhandverhältnisses ist der Treuhänder verpflichtet, den Geschäftsanteil auf den Treugeber zu übertragen. Der Treuhänder bevollmächtigt bereits heute den Treugeber unwiderruflich und unter Befreiung von § 181 BGB, – im Innenverhältnis jedoch nur zu dem vorgenannten Zweck – den Geschäftsanteil auf sich zu übertragen. Dritten gegenüber ist die Vollmacht unbeschränkt.

§ 8 Schadenersatzansprüche, Verjährung

(1) Bei der Ausübung der Rechte und Pflichten aus diesem Vertrag haftet der Treuhänder für diejenige Sorgfalt, die er in eigenen Angelegenheiten anzuwenden pflegt.

(2) Ansprüche gegen den Treuhänder wegen Verletzung seiner gesellschaftsrechtlichen und treuhänderischen Obliegenheiten verjähren in zwölf Monaten.

(3) Die Verjährung beginnt mit Beendigung der ordentlichen Gesellschafterversammlung der GmbH für alle Ansprüche, die in dem jeweils vorhergehenden Geschäftsjahr der GmbH entstanden sind.

§ 9 Schlussbestimmungen

(1) Die Wirksamkeit des Treuhandvertrags soll durch die Unwirksamkeit einzelner in ihm enthaltener Bestimmungen nicht berührt werden. Die Vertragschließenden sind verpflichtet, etwaige Vertragslücken unter Berücksichtigung des Vertragszwecks und der beiderseitigen wirtschaftlichen Belange auszufüllen.

(2) Soweit Leistungen umsatzsteuerpflichtig sind, erhöht sich das Entgelt um die gesetzliche Umsatzsteuer.

(3) Die Kosten dieser Urkunde trägt der Treugeber.

Diese Niederschrift wurde den Erschienenen vom Notar vorgelesen, von ihnen genehmigt und wie folgt von ihnen und dem Notar eigenhändig unterschrieben.

E. Kapitalerhöhung

I. Bar- und Sachkapitalerhöhung

1. Barkapitalerhöhung

Die Kapitalerhöhung bei einer GmbH erfolgt mittels eines satzungsändernden 598
Gesellschafterbeschlusses, §§ 53, 55 GmbHG.[1] Durch die GmbH-Reform blieb das System der (Bar-) Kapitalerhöhung grundsätzlich unverändert. Es ergeben sich lediglich mittelbare Änderungen.

Neben der Änderung der Terminologie – anstatt „**Stammeinlage**" heißt es 599 nun auch in § 55 GmbHG „**Geschäftsanteil**" – sind vor allem die Änderungen im Bereich des § 5 GmbHG hinsichtlich der Nennbeträge und Stückelung der Geschäftsanteile zu beachten. Die Nennbeträge können auf 1 € lauten, jedoch beliebig gestückelt werden.

Für die Barkapitalerhöhung gelten weiterhin die ebenfalls neu eingefügten Re- 600 gelungen zur Fiktion der Erfüllung der Bareinlage beim Vorgang des **Hin- und Herzahlens** gem. § 19 Abs. 5 GmbHG (vgl. dazu ausführlich Rn. 110ff.) sowie die Neuregelung zur verdeckten Sacheinlage (vgl. dazu ausführlich Rn. 73ff.).

Über § 57 Abs. 2 GmbHG ist auch § 8 Abs. 2 Satz 2 GmbHG anwendbar. 601 Der Prüfungsumfang und die Prüfungsbefugnis des Handelsregisters ist eingeschränkt.

a) Übernahme mehrerer, individuell gestalteter Geschäftsanteile

aa) Ausgangslage

Ebenso wie bei der Gründung einer GmbH war auch bei der Kapitalerhöhung 602 § 5 Abs. 1 und 3 GmbHG hinsichtlich des Betrags der auf das erhöhte Kapital zu leistenden Stammeinlagen und das gem. § 5 Abs. 2 GmbHG bestehende **Verbot der Übernahme mehrerer Stammeinlagen** zu beachten, § 55 Abs. 4 GmbHG.

---

[1] Ausführlich zur Kapitalerhöhung *Heckschen/Heidinger*, Die GmbH in der Gestaltungs- und Beratungspraxis, 2. Aufl. 2009, § 10; der BGH fordert eine besondere Aufklärung seitens des Notars zur Gefahr von Voreinzahlungen *BGH* DNotZ 2008, 282ff. = GmbHR 2008, 766ff. mit Anm. *Wachter*.

E. Kapitalerhöhung

bb) Neuregelung

603 Gerade die in § 5 GmbHG enthaltenen Vorschriften wurden durch das MoMiG grundlegend geändert, was auch Einfluss auf die **Übernahme neuer Geschäftsanteile** bei der Kapitalerhöhung hat. Die Stammeinlage eines Gesellschafters muss nun nicht mehr mindestens 100 € betragen und durch 50 teilbar sein, § 5 Abs. 1, 3 Satz 2 GmbHG a. F. Auch das Verbot der Übernahme mehrerer Geschäftsanteile in § 5 Abs. 2 GmbHG a. F. wurde abgeschafft. Die Gesellschafter können nun ebenso wie bei der Gründung auch bei einer Kapitalerhöhung mehrere Geschäftsanteile übernehmen, §§ 55 Abs. 4, 5 Abs. 2 GmbHG, wobei diese nur einen Mindestnennbetrag von 1 € aufweisen und auf volle € lauten müssen, §§ 55 Abs. 4, 5 Abs. 2 Satz 1 GmbHG (vgl. ausf. Rn. 36 ff.).

b) Hin- und Herzahlen

aa) Ausgangslage

604 Bei einer **Barkapitalerhöhung** gelten nach alter Rechtslage prinzipiell die gleichen Grundsätze wie bei der **Bargründung** (vgl. dazu oben Rn. 30 ff.). Das Stammkapital ist zur **freien Verfügung der Geschäftsführung** aufzubringen. Dies ist bei der Registeranmeldung seitens des Geschäftsführers gem. § 57 Abs. 2 Satz 1 GmbHG zu versichern.

605 Die Rechtsprechung hat sich allerdings dahin entwickelt, dass bei der Kapitalerhöhung das Kapital nur in dem Moment des Kapitalerhöhungsbeschlusses und der Übernahmeerklärung dem Geschäftsführer zur freien Verfügung stehen muss.[1] Nach diesem Moment kann das Kapital frei verwendet und auch verbraucht werden.

606 Dennoch kollidiert der Grundsatz der Kapitalaufbringung zur freien Verfügung der Geschäftsführung gerade auch bei der Barkapitalerhöhung mit dem in der Praxis jedenfalls noch teilweise praktizierten sog. Cash-Pool (vgl. dazu bereits Rn. 118). Da hier das Konto der Gesellschaft an jedem Tag auf Null gestellt wird, werden alle Mittel dort abgezogen und eben gerade auch ein etwa am gleichen Tag auf die Barkapitalerhöhung seitens des Gesellschafters geleisteter Betrag. Nach Auffassung des BGH stehen daher diese Leistungen seitens des Gesellschafters auf die Einlage im Cash-Pool nicht zur freien Verfügung der Geschäftsführung.[2]

---

[1] Grundlegend: *BGH* NZG 2002, 522; NZG 2005, 180; sehr ausf. zur Thematik *Heidinger*, in: Heckschen/Heidinger, Die GmbH in der Gestaltungs- und Beratungspraxis, 2. Aufl. 2009, § 11 Rn. 47 ff.; vgl. auch *Herrler*, ZNotP 2009, 13.
[2] Vgl. *BGH* DStR 2006, 764 m. Anm. *Goette*.

I. Bar- und Sachkapitalerhöhung

bb) Neuregelung

Der Gesetzgeber will insbesondere das **Cash-Pooling** erleichtern und die sog. **607** bilanzielle Betrachtungsweise auch bei der Kapitalaufbringung, und somit eben auch bei der Kapitalerhöhung, einführen.[1] § 56a GmbHG erklärt nun § 19 Abs. 5 GmbHG n. F. für anwendbar. Demnach gilt die Einlageverpflichtung als erfüllt, wenn gegen den Gesellschafter ein **vollwertiger Rückzahlungsanspruch** besteht und dieser **sofort fällig** ist oder kraft Vereinbarung **fristlos kündbar** gestellt ist. Dies muss bei der Registeranmeldung **offengelegt** werden (vgl. oben 138 ff.). Es darf sich jedoch nicht um eine verdeckte Sachkapitalerhöhung handeln.

Gelöst sind damit die Fälle, in denen die betroffene Gesellschaft unmittelbar **608** im Anschluss an den Kapitalerhöhungsbeschluss und die Übernahmeerklärung den Betrag der Kapitalerhöhung vom Gesellschafter zur Verfügung gestellt bekommt und dann nach Abschluss des Darlehensvertrages in gleicher Höhe wieder an die Mutter oder an die Gesellschaft, die den Cash-Pool verwaltet, zurücküberweist. Allerdings bedarf die Frage, ob der Rückgewähranspruch in diesem Moment auch **vollwertig** ist, einer **sorgfältigen Prüfung durch den Geschäftsführer**. Auch hier stellt sich die Frage, ob die Vollwertigkeit nur dann vorliegt, wenn der Anspruch gesichert und auch verzinst ist.[2] Hinsichtlich der Vollwertigkeit gilt wiederum der „Alles-oder-Nichts"-Grundsatz. Ist die Forderung nicht in vollem Umfang vollwertig, so ist die Bareinlage nicht erbracht und vollständig offen. Der Geschäftsführer gibt eine falsche Versicherung ab und macht sich strafbar gem. § 82 Abs. 1 Nr. 3 GmbHG.

Gerade bei der Kapitalerhöhung stellen sich durch die Neuregelungen **schwie- 609 rige Abgrenzungsfragen**. So wird in der Literatur darauf hingewiesen, dass häufig im Cash-Pool bei der Kapitalerhöhung § 19 Abs. 5 GmbHG deswegen keine Anwendung findet, weil es sich hier um eine verdeckte **Sachkapitalerhöhung** handele.[3] Dies sei dann der Fall, wenn die betroffene Gesellschaft sog. „**Nehmergesellschaft**" ist. In diesem Fall, bei dem die Gesellschaft in größerem Umfang Darlehensnehmerin der Muttergesellschaft bzw. der den Cash-Pool[4] verwaltenden Gesellschaft sei, werde nämlich mit der Rückzahlung der Mittel durch die Gesellschaft an die Muttergesellschaft/Poolgesellschaft die offene Darlehensverbindlichkeit zurückgeführt und nicht eine Darlehensforderung begründet.[5] Dieses Beispiel zeigt, dass gerade bei der Kapitalerhöhung das **Negativabgrenzungsmerkmal in § 19 Abs. 5 GmbHG**, wonach es sich eben nicht um den Fall der verdeckten Sacheinlage handeln darf, an besonderer Bedeutung gewinnt.

Gerade bei der Kapitalerhöhung sind die Fälle des sog. **Her- und Hinzahlens**[6] **610** weit verbreitet. Bei diesem Verfahren stellt die Gesellschaft dem Gesellschafter die

---

[1] Vgl. BR-Drucks. 354/07, S. 78 f. betreffend die Kapitalaufbringung bei der Gründung.
[2] Vgl. *Wicke*, § 19 Rn. 32.
[3] Vgl. dazu *Bormann/Urlichs*, GmbHR-Sonderheft Oktober 2008, 37, 43.
[4] *BGH* DStR 1999, 1451 m. Anm. *Goette*; DStR 2005, 204 m. Anm. *Goette*; DStR 2007, 773 m. Anm. *Goette*.
[5] Vgl. dazu *Bormann/Urlichs*, GmbHR-Sonderheft Oktober 2008, 37, 43.
[6] Vgl. *BGH* NZG 2006, 716.

E. Kapitalerhöhung

zur Erfüllung der Bareinlageverpflichtung notwendigen Mittel ihrerseits zur Verfügung. Schon der Gesetzeswortlaut lässt es nicht zu, diese Fallgruppe unter die Regelung des § 19 Abs. 5 GmbHG zu subsumieren. Hier wird gerade seitens der Gesellschaft geleistet und dann erst seitens des Gesellschafters und nicht umgekehrt.[1] Berücksichtigt man, dass der Gesetzgeber mit der Regelung des § 19 Abs. 5 GmbHG den sog. Cash-Pool erleichtern wollte, so zeigt sich darin auch, dass er diese Fallgruppe nicht erfassen wollte.

611 Praxishinweis

- Für den Berater ist zu berücksichtigen, dass die Voraussetzungen für den Anwendungsbereich der Sonderregelungen zum **Her- und Hinzahlen** insbesondere bei der **Barkapitalerhöhung** derzeit ungeklärt ist. Aus Sicherheitsgründen sollte zunächst darauf gedrungen werden, dass der Rückgewähranspruch verzinst wird und jedenfalls dort, wo die Bonität des Gesellschafters nicht völlig außer Zweifel steht, auch besichert wird.[2] In der Literatur wird vertreten, dass eine derartige Besicherung auch dann nicht erforderlich sei, wenn sich der Gesellschafter zur laufenden Information über seine Vermögensverhältnisse verpflichtet.[3]

- Fälle des Her- und Hinzahlens sollten nicht über § 19 Abs. 5 GmbHG abgewickelt werden, da die Erstreckung dieser Sondervorschrift auf diese Fallgruppe äußerst ungewiss ist. Im sog. Cash-Pool ist zu prüfen, ob die Gesellschaft ihrerseits offene Verbindlichkeiten bei der Mutter- bzw. Poolgesellschaft hat, werden diese mit der Rückgewähr getilgt, so handelt es sich wohl um eine verdeckte Sacheinlage und der Anwendungsbereich des § 19 Abs. 5 GmbHG ist nicht eröffnet. Es kann dann nur eine Anrechnung über § 19 Abs. 4 GmbHG stattfinden. Es ist ungeklärt, inwieweit eine fehlende Offenlegung zur Nichtanwendung des § 19 Abs. 5 GmbHG führt (vgl. dazu oben Rn. 138 ff.). Der Geschäftsführer sollte daher ebenso wie der Gesellschafter in seinem eigenen Interesse prüfen, dass entsprechend § 19 Abs. 5 GmbHG das Hin- und Herzahlen offengelegt wird.

- Es ist zu empfehlen, dass der Geschäftsführer im Rahmen der Registeranmeldung nicht nur angibt, dass ein Fall des Hin- und Herzahlens vorliegt, sondern auch erklärt, dass die Voraussetzungen des § 19 Abs. 5 GmbHG gegeben sind. Er erklärt also, dass ein Darlehensvertrag geschlossen wurde und ein vollwertiger, jederzeit fälliger oder durch Kündigung jederzeit fäl-

---

[1] So auch *Bormann/Urlichs*, GmbHR-Sonderheft Oktober 2008, 37, 43; tendenziell a. A. *Heidinger*, in: Heckschen/Heidinger, Die GmbH in der Gestaltungs- und Beratungspraxis, 2. Aufl. 2009, § 11 Rn. 93.
[2] Diesen Hinweis geben auch *Bormann/Urlichs*, GmbHR-Sonderheft Oktober 2008, 37, 44.
[3] *Bormann/Urlichs*, GmbHR-Sonderheft Oktober 2008, 37, 44.

I. Bar- und Sachkapitalerhöhung

> lig stellbarer Anspruch gegen den Gesellschafter besteht (vgl. auch das Formulierungsbeispiel in Rn. 159). Der Darlehensvertrag sollte schriftlich geschlossen werden.
>
> - Es ist unklar, wer die Beweislast dafür trägt, dass die Voraussetzungen der Fiktion des § 19 Abs. 5 GmbHG vorliegen (vgl. Rn. 144 ff.). Im Zweifelsfall sollten Gesellschaften und Geschäftsführer ein entsprechendes Wertgutachten (z. B. eines Steuerberaters) anfertigen lassen und sicher verwahren.

2. Sachkapitalerhöhung

Die Kapitalerhöhung kann auch unter den besonderen Voraussetzungen des § 56 GmbHG mittels **Sacheinlagen** durchgeführt werden. 612

Ebenso unverändert gegenüber der alten Rechtslage haftet der Übernehmer nach § 56 Abs. 2 i. V. m. § 9 GmbHG für die **Wertdifferenz,** wenn die zwar ordnungsgemäß festgesetzte Sacheinlage nicht den im Erhöhungsbeschluss festgesetzten Wert erreicht. Hier ist der Notar zur besonderen Aufklärung verpflichtet und wird seitens der Rechtsprechung mit der Obliegenheit belastet, auch ohne näheren Anlass und trotz gegenteiliger Erklärung der Beteiligten auf das Risiko der Differenzhaftung hinzuweisen.[1] Dies löst erhebliche Haftungsrisiken aus.

Änderungen ergeben sich jedoch bei der sog. **verdeckten Sachkapitalerhöhung.** Die Grundsätze der verdeckten Sacheinlage kommen zur Anwendung, wenn bei einer Kapitalerhöhung anstatt vereinbarter Bar- lediglich Sacheinlagen geleistet werden (vgl. dazu ausf. Rn. 73 ff.). Nach § 56 Abs. 2 GmbHG finden auf verdeckte Sachkapitalerhöhungen die Regeln der verdeckten Sacheinlage nach § 19 Abs. 4 GmbHG **bei der Gründung** ebenfalls Anwendung. 613

Demnach besteht auch bei der verdeckten Sachkapitalerhöhung die Bareinlageverpflichtung des Gesellschafters fort, auf welche jedoch der Wert der verdeckten Sacheinlage **angerechnet** wird, § 56 Abs. 2 i. V. m. § 19 Abs. 4 GmbHG (vgl. oben Rn. 90). Entsprechend der Regelung des § 19 Abs. 4 GmbHG bei der verdeckten Sachgründung erfolgt die Anrechnung erst nach Eintragung der Kapitalerhöhung. 614

Darüber hinaus gelten für die Sachkapitalerhöhung die Erleichterungen bei der Barkapitalerhöhung hinsichtlich der Prüfungstiefe des Handelsregisters gem. § 57a i. V. m. § 9c Abs. 1 GmbHG entsprechend. Dies bedeutet, dass bei Sachkapitalerhöhungen nur dann eine Ablehnung durch das Handelsregister erfolgen darf, wenn die Sacheinlagen nicht unwesentlich überbewertet worden sind (vgl. dazu Rn. 69 ff.). 615

---

[1] *BGH* NJW 2007, 3566 = GmbHR 2007, 1331 m. Anm. *Wachter*; vgl. dazu krit. *Herrler,* ZNotP 2009, 13, 14.

E. Kapitalerhöhung

II. Kapitalerhöhung aus Gesellschaftsmitteln

616 Die **Kapitalerhöhung aus Gesellschaftsmitteln,** oder auch nominale Kapitalerhöhung ist in §§ 57c–o GmbHG geregelt. Dabei werden Rücklagen oder Reserven der Gesellschaft in Stammkapital umgewandelt, ohne Zufluss neuen Kapitals.[1] Erforderlich ist auch in diesem Fall ein satzungsändernder Beschluss der Gesellschafter.

617 Die Kapitalerhöhung aus Gesellschaftsmitteln kann mit der **Erhöhung des Nennwerts** der bestehenden Geschäftsanteile, mit der **Schaffung neuer Anteile** oder einer **Kombination** aus beiden verbunden werden.

618 Bei der Erhöhung bestehender und der Schaffung neuer Anteile können die neuen Anteile bzw. die Erhöhung bestehender Anteile **nun individueller bestimmt** werden, solange sie auf volle € lauten und mindestens einen € betragen, §§ 57h Abs. 1 Satz 2, 57l Abs. 2 Satz 4 GmbHG.

619 Auch nach der Gründung der GmbH und im weiteren Verlauf der Gesellschaft ist zu beachten, dass die Summe der Nennbeträge der Geschäftsanteile mit dem bestehenden oder erhöhten Stammkapital übereinstimmen muss, § 5 Abs. 3 GmbHG. Bei der Kapitalerhöhung aus Gesellschaftsmitteln kommt es nicht zu einer derart unzulässigen Abweichung, wenn wie in § 57h Abs. 1 Satz 1 GmbHG die Kapitalerhöhung mit Bildung neuer Anteile oder durch Erhöhung des Nennbetrags der bestehenden Geschäftsanteile durchgeführt wird.

620 Weiterhin muss beachtet werden, dass in allen Fällen der **Kapitalerhöhung** eine neue Gesellschafterliste eingereicht werden muss mit den entsprechenden Änderungen der Geschäftsanteile.

621 Der Gesetzgeber hat sich nicht dazu entschlossen, bei der Kapitalerhöhung aus Gesellschaftsmitteln die bisherige strenge Auffassung, dass diese Kapitalerhöhung nur **streng verhältniswahrend** zulässig ist, abzuändern. Es bleibt so mithin auch bei der Zustimmung aller Gesellschafter unzulässig, wenn Geschäftsanteile nicht entsprechend ihrer bisherigen Beteiligung am Stammkapital aufgestockt werden. In der Praxis allerdings ist die Kapitalerhöhung aus Gesellschaftsmitteln deshalb nun einfacher, weil die Geschäftsanteile jetzt auf 1 € lauten und daher individuelle Anpassungen auf die bisherigen Beteiligungsverhältnisse einfacher sind.

622 Die Kapitalerhöhung aus Gesellschaftsmitteln wird insbesondere bei der **Unternehmergesellschaft (haftungsbeschränkt)** eine Option zur Anpassung des Stammkapitals auf den Betrag von 25 000 € sein (vgl. Rn. 219 sowie Muster Rn. 274).

623 Im Rahmen der Vorschriften zur Kapitalerhöhung aus Gesellschaftsmitteln ist in § 57h GmbHG eine Folgeänderung zu § 5 GmbHG vorgenommen worden. Da nun die Anteile nur noch auf 1 € lauten müssen, werden die Optionen für Kapitalerhöhungen aus Gesellschaftsmitteln erhöht. Eine entsprechende Folgeänderung findet sich auch in § 57l GmbHG.

---

[1] Dazu *Heckschen,* in: Heidinger/Heckschen, Die GmbH in der Gestaltungs- und Beratungspraxis, 2. Aufl. 2009, § 10 Rn. 93 ff.

III. Kapitalerhöhung unter Verwendung des genehmigten Kapitals

1. Ausgangslage

Bei der GmbH bedurfte die Bar- und auch die Sachkapitalerhöhung bisher stets 624

- eines Beschlusses der Gesellschafterversammlung,
- der Einräumung des Bezugsrechts an die betroffenen Gesellschafter,
- der Übernahmeerklärung durch die Gesellschafter,
- der Änderung der Satzung sowie
- der dann erfolgenden Handelsregisteranmeldung und -eintragung.

In der notariellen Praxis werden bei den in aller Regel personalistisch strukturierten GmbHs mit meist nicht mehr als drei bis vier Gesellschaftern Kapitalerhöhungsbeschluss, Einräumung des Bezugsrechts und Übernahmeerklärung zumindest zeitlich, häufig auch in einer Urkunde, zusammengefasst.[1] 625

Angesichts der **überschaubaren Gesellschafterkreise** bei der GmbH ist es in aller Regel völlig unproblematisch, bei Kapitalbedarf einen dementsprechenden Kapitalerhöhungsbeschluss zu fassen.[2] Zeitliche Verzögerungen ergeben sich in aller Regel nicht. Die Gesellschaft ist fast immer in der Lage, schnell und in der Regel auch unter Verzicht auf alle Ladungs- und Formvorschriften zu reagieren. 626

Anders ist die **Ausgangslage bei der Aktiengesellschaft**.[3] Die Einberufung einer Hauptversammlung ist bei dieser typischerweise nicht personalistisch strukturierten Gesellschaft mit einem hohen **Form-, Zeit- und Kostenaufwand** verbunden. Die Durchführung einer Hauptversammlung ihrerseits löst darüber hinaus weiteren **finanziellen und logistischen Aufwand** aus. Dies gilt auch dann, wenn die Gesellschaft nicht börsennotiert ist. Der Kapitalerhöhungsbeschluss als solcher ist häufig auch ein Ziel von Anfechtungsklagen sog. „räuberischer Aktionäre".[4] In der Rechtspraxis spielt daher bei der Aktiengesellschaft das genehmigte Kapital eine bedeutende Rolle, während es Forderungen nach der Einführung eines solchen bei der GmbH praktisch nicht gab. 627

Bei der Schaffung eines genehmigten Kapitals bei der Aktiengesellschaft liegen die **Problembereiche** insbesondere im Bereich des **Bezugsrechts** bzw. des **Bezugsrechtsausschlusses** für die vorhandenen Aktionäre und damit bei der Frage, 628

---

[1] Zum Kapitalerhöhungsverfahren und den einzelnen Schritten vgl. *Heckschen*, in: Heckschen/Heidinger, Die GmbH in der Gestaltungs- und Beratungspraxis, 2. Aufl. 2009, § 10 Rn. 1 ff. Die Abgabe der Übernahmeerklärung bedarf grundsätzlich keiner notariellen Beurkundung, sondern lediglich der Beglaubigung. Wird sie nicht mit in die Urkunde betreffend die Kapitalerhöhung aufgenommen, kann dies kostenrechtliche Vorteile bieten.

[2] Darauf weist zu Recht auch *Priester*, GmbHR 2008, 1177, 1183 hin.

[3] Zur Entstehungsgeschichte und zur Funktion der §§ 202–206 AktG vgl. Großkomm-AktG/*Hirte*, 4. Aufl. 2001, § 202 Rn. 1 ff. sowie MünchKomm-AktG/*Bayer*, § 202 Rn. 14 ff.

[4] Vgl. dazu bereits *Lutter*, FS 40 Jahre Der Betrieb, 1988, S. 193 ff.

E. Kapitalerhöhung

unter welchen Umständen das Bezugsrecht ausgeschlossen werden darf, welchen Anforderungen ein entsprechender Beschluss zum Ausschluss des Bezugsrechts gem. § 203 Abs. 2 AktG genügen muss, wie der Vorstandsbericht zu gestalten ist sowie der Frage, inwieweit bei Ausübung der Ermächtigung zugunsten des Vorstandes eine weitere Kontrolle stattfindet.[1]

2. Neuregelung

629 Vergleichbar und in verkürzter Form den Regelungen in §§ 202 ff. AktG nachgebildet kann nun auch bei der GmbH die Kapitalerhöhung mittels **genehmigten Kapitals** durchgeführt werden, § 55a GmbHG. Der Gesetzgeber hat jedoch eine sehr „schlanke" Regelung getroffen, die wesentliche Bereiche, die im Aktiengesetz detailliert normiert wurden, ausspart. Dies betrifft vor allem das Verfahren zur Durchführung der Kapitalerhöhung, aber auch materielle Fragen wie die der Zulässigkeit des Bezugsrechtsausschlusses.[2] Man wird die zahlreichen Lücken durch eine Anleihe aus dem Aktiengesetz schließen müssen.[3]

630 Der Gesetzgeber sah trotz der personellen Struktur der GmbH und der leichteren Einberufung der Gesellschafterversammlung auch bei der GmbH das Bedürfnis für die Kapitalerhöhung mittels genehmigten Kapitals. Damit soll es auch der GmbH ermöglicht werden, **flexibel und unkompliziert auf schnelle Weise** neues Kapital zu beschaffen, insbesondere für den **Erwerb von Beteiligungen, Unternehmen** oder zur Realisierung von Kapitalerhöhungen könnten dadurch neue Anteile geschaffen werden.[4]

631 Daneben sei auch bei der GmbH eine **Kostenersparnis** zu verzeichnen, da keine weitere notariell beurkundete Änderung des Gesellschaftsvertrages erforderlich ist, sondern allein die **Anmeldung zum Handelsregister** genügt.[5]

632 Der Rechtsausschuss erkennt sehr wohl, dass der Vorteil, den das genehmigte Kapital bei der AG bietet, bei der GmbH angesichts der dort regelmäßig unkompliziert durchführbaren Gesellschafterversammlungen nicht bedeutend ins Gewicht fällt. Er sieht aber den **Kostenvorteil,** der darin besteht, dass nicht erneut eine Gesellschafterversammlung zu beurkunden ist, als entscheidend an. Für die Praxis ist allerdings darauf hinzuweisen, dass dieser Kostenvorteil eher marginal ausfällt, da bei Schaffung des genehmigten Kapitals ein derartiger Beschluss geschäftswerterhöhend zu berücksichtigen ist.

---

[1] Vgl. dazu BGHZ 136, 133 = ZIP 1997, 1499 = DStR 1997, 1460, der dies ausdrücklich verneint [„Siemens/Nold"].
[2] Vgl. dazu detailliert und krit. *Priester,* GmbHR 2008, 1177, 1181 f.
[3] So auch *Priester,* GmbHR 2008, 1177, 1178.
[4] Stellungnahme des Bundesrates vom 6.7.2007, BR-Drucks. 354/07, Nr. 20, abrufbar auch unter www.bmj.de.
[5] Beschlussempfehlung des Rechtsausschusses des Bundestages vom 24.6.2008, S. 99, abrufbar unter www.bmj.de.

III. Kapitalerhöhung unter Verwendung des genehmigten Kapitals

3. Zeitpunkt der Beschlussfassung

Das genehmigte Kapital kann die Gesellschaft sowohl bei der **Gründung** als auch später isoliert oder in Verbindung mit anderen Beschlüssen, insbesondere auch weiteren Beschlüssen zur **Kapitalerhöhung,** beschließen (vgl. § 55a Abs. 1 GmbHG bzw. § 55a Abs. 2 GmbHG).

Mit der **Ermächtigung** kann der Geschäftsführer innerhalb einer zu bestimmenden Frist das Stammkapital bis zu einem zu **bestimmenden Betrag** zu erhöhen. In der Ermächtigung muss demnach der Nennbetrag des genehmigten Kapitals festgelegt werden, § 55a Abs. 1 GmbHG. Dieser ist **wertmäßig begrenzt** und darf die **Hälfte des Stammkapitals,** das zur Zeit der Ermächtigung vorhanden ist, nicht übersteigen.[1] Der in der Ermächtigung angegebene Nennbetrag ist der Höchstbetrag, bis zu welchem das Stammkapital erhöht werden darf. Soll eine weitergehende Kapitalerhöhung erfolgen, ist ein Kapitalerhöhungsbeschluss der Gesellschafter erforderlich.

Der Betrag, um den das Stammkapital erhöht werden soll, ist **ziffernmäßig** und nicht etwa nur prozentual anzugeben. Fraglich ist die Rechtsfolge der Nichtfestsetzung eines ziffernmäßig bestimmten Betrages. Im Aktienrecht bedeutet die Nichtfestsetzung die **Nichtigkeit des Ermächtigungsbeschlusses**[2]. Aufgrund der inhaltlichen Übereinstimmung des § 55a GmbHG und des § 202 AktG ist auch im GmbH-Recht bei der unterlassenen Festsetzung des ziffernmäßigen Betrages von einer Nichtigkeit der Ermächtigung auszugehen.

Die Bezugsgröße für das genehmigte Kapital ist der Kapitalbetrag, der zum Zeitpunkt der Eintragung des genehmigten Kapitals im Handelsregister vermerkt ist. Darin unterscheidet sich das **genehmigte Kapital** vom sog. **bedingten Kapital** entsprechend §§ 192ff. AktG. Beim bedingten Kapital ist Bezugsgröße das zum Zeitpunkt der Beschlussfassung vorhandene Kapital.

633

634

635

636

Beispiel

637

Verfügt die Gesellschaft zum Zeitpunkt der Beschlussfassung zum genehmigten Kapital über ein eingetragenes Stammkapital von 500 000 € und erhöht sie das Stammkapital z. B. durch eine Barkapitalerhöhung in der gleichen Urkunde um 500 000 € auf 1 Mio. €, so kann sie bereits in dieser Urkunde ein genehmigtes Kapital von 500 000 € schaffen, wenn der Eintragungsantrag darauf gerichtet ist, zunächst die Barkapitalerhöhung und eine logische Sekunde später das genehmigte Kapital einzutragen. Zum relevanten Zeitpunkt der Eintragung besteht nämlich dann das Stammkapital der Gesellschaft in Höhe von 1 Mio. € und somit ist ein genehmigtes Kapital von 500 000 € zulässig.

Die Kapitalerhöhung durch genehmigtes Kapital kann nur innerhalb der in der Ermächtigung angegebenen **Frist** durchgeführt werden. Die Ermächtigung

638

---

[1] Der Bundesrat hatte noch gefordert, auf eine derartige Begrenzung zu verzichten, BR-Drucks. 354/07 (B), S. 19.
[2] *Hüffer,* § 202 Rn. 12; *Krieger,* in: MünchHdb-GesR IV, § 58 Rn. 8, m.w.N.

E. Kapitalerhöhung

darf für höchstens 5 Jahre nach Eintragung der Gesellschaft – soweit das genehmigte Kapital bei der Gründung beschlossen wird – bzw. nach Eintragung der Änderung des Gesellschaftsvertrages (Ermächtigungsbeschluss) in das Handelsregister erteilt werden, § 55a Abs. 1, 2 GmbHG. Die Ermächtigung endet nach spätestens fünf Jahren. Dies bedeutet nach h. M., dass die Durchführung der Kapitalerhöhung binnen fünf Jahren nicht nur beschlossen und angemeldet, sondern auch eingetragen sein muss.[1]

639 Während der Frist, die die Gesellschafterversammlung für das genehmigte Kapital und dessen Ausübung gesetzt hat, kann auch eine **Verlängerung der Frist** vom Zeitpunkt der Eintragung des entsprechenden Verlängerungsbeschlusses auf dann wiederum maximal fünf Jahre erfolgen. Es ist anzuraten, hier den Ermächtigungsbeschluss komplett zu wiederholen oder aber den seinerzeitigen Ermächtigungsbeschluss **aufzuheben** und eine erneute Ermächtigung auf fünf Jahre zu beschließen. Dies dürfte der Rechtsklarheit dienen.

640 Die Ermächtigung kann die Ausgabe neuer Geschäftsanteile auch gegen **Sacheinlagen** vorsehen, § 55a Abs. 3 GmbHG. Entsprechend der Regelung in § 205 Abs. 1 AktG genügt es, wenn die Ermächtigung allgemein Sacheinlagen gestattet. Nicht erforderlich sind nähere Angaben über die Gegenstände der Sacheinlagen, wobei aber Beschränkungen durchaus erlaubt sind.[2]

641 Stets jedoch kann das genehmigte Kapital nur für eine effektive, nicht lediglich für eine nominelle Kapitalerhöhung eingesetzt werden. Dies bedeutet, das die Ermächtigung nicht zu einer **Kapitalerhöhung aus Gesellschaftsmitteln** eingesetzt werden kann.[3]

642 Mit der Schaffung des genehmigten Kapitals bei der GmbH ist zu befürchten, dass sich die gleichen Probleme wie bei der AG einstellen werden. Die Literatur geht davon aus, dass auch bei der GmbH im Rahmen eines genehmigten Kapitals das Bezugsrecht ausgeschlossen werden kann[4], wobei dies einerseits im Ermächtigungsbeschluss unmittelbar oder durch die Geschäftsführung kraft Ermächtigung geschehen kann. Die Frage der **sachlichen Rechtfertigung**, wenn das **Bezugsrecht** der Gesellschafter bei Ausnutzung des genehmigten Kapitals **ausgeschlossen** wird, wird hier zu stellen und möglicherweise angesichts der personalistischen Struktur der GmbH anders als bei der AG zu beantworten sein.[5] Auch wenn der Gesetzgeber nicht ausdrücklich festlegt, dass mit dem Ermächtigungsbeschluss das Bezugsrecht ausgeschlossen oder die Geschäftsführung ermächtigt werden kann, das Bezugsrecht der Gesellschafter auszuschließen, so dürfte doch aus der engen Anlehnung an die Vorschriften der §§ 202 ff. AktG folgen, dass auch ein solcher Bezugsrechtsausschluss zulässig ist.[6] Es ist allerdings darauf hinzuweisen,

---

[1] *Wicke,* § 55a Rn. 9; *Hüffer,* § 202 Rn. 17.
[2] *Hüffer,* § 205 Rn. 3.
[3] *Wicke,* § 55a Rn. 7; *Hüffer,* § 202 Rn. 6.
[4] *Priester,* GmbHR 2008, 1177, 1181 f.
[5] *Wälzholz,* GmbHR 2008, 841, 846; detailliert und restriktiv *Priester,* GmbHR 2008, 1177, 1182.
[6] So auch *Bormann/Urlichs,* GmbHR-Sonderheft Oktober 2008, 37, 46; einschränkend *Priester,* GmbHR 2008, 1177, 1182.

III. Kapitalerhöhung unter Verwendung des genehmigten Kapitals

dass eine derartige Maßnahme für die in aller Regel personalistisch strukturierte GmbH außergewöhnlich ist und die Gesellschafter über die für sie einschneidende Wirkung, insbesondere was die Verwässerung ihrer Anteile betrifft, aufzuklären sind. Es erscheint richtig, die Anforderungen an den Bezugsrechtsausschluss strenger auszugestalten als bei der AG.[1]

4. Der Verfahrensablauf im Einzelnen

Wird das genehmigte Kapital bereits bei der Gründung der Gesellschaft beschlossen, so ist es in die **Gründungssatzung** mit aufzunehmen und kann nur unter Zustimmung sämtlicher Gründer dort Eingang finden. Bezugsgröße ist dann das Stammkapital bei der Gründung, so dass bei Gründung einer GmbH mit dem Mindeststammkapital von 25 000 € ein genehmigtes Kapital von 12 500 € geschaffen werden kann. 643

Der Gesetzgeber beschränkt die Möglichkeit zur Schaffung eines genehmigten Kapitals jedenfalls nicht ausdrücklich auf die GmbH, so dass es auch zulässig sein dürfte, bei der **Unternehmergesellschaft (haftungsbeschränkt)** ebenfalls ein genehmigtes Kapital vorzusehen. Dies verträgt sich zwar wenig mit der Idee des Gesetzgebers, hier eine einfache und unkomplizierte Gründungsvariante zu schaffen. Da aber § 55a GmbHG keine Beschränkungen vorsieht und § 5a GmbHG ebenfalls nur die Beschränkung vorsieht, dass keine Sachkapitalerhöhungen stattfinden dürfen, ist auch bei der Unternehmergesellschaft (haftungsbeschränkt) der Weg ins genehmigte Kapital nicht verschlossen. Allerdings darf nur die Ermächtigung zu einer **Barkapitalerhöhung** ausgesprochen werden. 644

Wird das genehmigte Kapital bei der Gründung beschlossen, so ist es von allen Geschäftsführern anzumelden und wird gleichzeitig mit Eintragung der GmbH im Handelsregister vermerkt. 645

Wird das genehmigte Kapital nach der Gründung geschaffen, so bedarf es eines Gesellschafterbeschlusses mit **satzungsändernder Mehrheit**. Sieht also die Satzung keine größeren Mehrheiten vor, so ist eine Beschlussfassung mit Dreiviertel der abgegebenen Stimmen erforderlich. Der Beschluss muss zwingend eine **zeitliche Höchstgrenze** von maximal fünf Jahren ab Eintragung des genehmigten Kapitals bzw. ab Eintragung der GmbH vorsehen und das Kapital ziffernmäßig bestimmen. 646

Die Eintragung des genehmigten Kapitals ist zwar in § 55a GmbHG nicht ausdrücklich geregelt, hier gilt jedoch aus Gesichtspunkten der Publizität § 39 Abs. 2 AktG entsprechend.[2] Wird das genehmigte Kapital nach Gründung geschaffen, bedarf es zweier Registeranmeldungen. Zunächst ist die Schaffung des genehmigten Kapitals durch die Geschäftsführer in vertretungsberechtigter Zahl anzumelden.[3] Nach **Durchführung der Kapitalerhöhung** aufgrund des Ermächtigungsbeschlusses zur Schaffung eines genehmigten Kapitals sind allerdings die 647

---

[1] Vgl. *Priester*, GmbHR 2008, 1177, 1182.
[2] *Wicke*, § 55 Rn. 6; *Priester*, GmbHR 2008, 1177, 1178.
[3] So auch *Priester*, GmbHR 2008, 1177, 1179.

E. Kapitalerhöhung

Voraussetzungen der §§ 57, 78 GmbHG zu beachten. Es müssen daher **sämtliche Geschäftsführer** die Durchführung der Kapitalerhöhung anmelden, da hier die entsprechenden Versicherungen abzugeben sind.[1]

648 Wie bei der Aktiengesellschaft ist es auch bei der GmbH zulässig, zwei oder **mehrere genehmigte Kapitalia** zu schaffen, deren Gesamtumfang allerdings die Größengrenze des § 55a Abs. 1 Satz 2 GmbHG nicht überschreiten darf. Bei einer kapitalistisch organisierten GmbH mit einer Großzahl von Gesellschaftern mag dieses Verfahren sinnvoll sein. Es wird in der Regel gewählt, wenn eines der beiden genehmigten Kapitalia mit der Ermächtigung zum **Bezugsrechtsausschluss** verbunden sein soll und ein anderes diese streitanfällige Bestimmung nicht haben soll.

649 Während des Laufs der maximalen Frist von fünf Jahren ab Wirksamkeit der Ermächtigung, d. h. ab Eintragung des genehmigten Kapitals, sind auch **Veränderungen** am Ermächtigungsbeschluss zulässig. Ebenso ist es zulässig, die Ermächtigung **aufzuheben** oder zu **beenden**.[2] Der Gesellschafterversammlung verbleibt auch – anders als im Aktienrecht – eine Weisungsbefugnis im Rahmen der beschlossenen Ermächtigung.[3]

650 Die Geschäftsführung muss sich im Rahmen der **Ermächtigung** durch die Gesellschafterversammlung halten. Die Satzung kann vorsehen, dass ähnlich wie bei der Aktiengesellschaft die Geschäftsführung der **Zustimmung durch einen etwa eingerichteten Aufsichtsrat oder Beirat** bedarf. Die Ausübung dieser Ermächtigung unterliegt keiner weiteren Kontrolle durch die Gesellschafter. Ebenso wie bei der Aktiengesellschaft muss die **Ausübung der Ermächtigung** nicht vorher den **Gesellschaftern** angezeigt oder in anderer Weise publiziert werden. Macht die Gesellschafterversammlung die Ausübung nicht ausdrücklich von der Zustimmung eines etwa vorhandenen Aufsichtsrates/Beirates abhängig oder sieht die Satzung nicht ausdrücklich die Einbeziehung des Aufsichtrates vor, so muss dieser nicht mitwirken. Insoweit sind die Vorschriften des Aktiengesetzes nicht analogiefähig.[4]

651 Die Ausübung erfolgt durch einen privatschriftlich zu fassenden **Beschluss der Geschäftsführung**. Sind mehrere Geschäftsführer vorhanden, bedarf der Beschluss der einfachen Mehrheit, wenn eine etwa vorhandene Geschäftsordnung nichts anderes regelt. Teilweise wird es für ausreichend gehalten, dass die Geschäftsführer die Handelsregisteranmeldung unterzeichnen.[5] Daraus ergebe sich, dass die keiner besonderen Form bedürftige Beschlussfassung erfolgt sei. Es ist jedoch darauf hinzuweisen, dass die Beschlussfassung der Geschäftsführung vor der Abgabe der Übernahmeerklärung erfolgt sein muss. Insoweit kann das Handelsregister einen Nachweis verlangen. Im Anschluss daran bedarf es der **Übernah-**

---

[1] So auch *Priester*, GmbHR 2008, 1177, 1181.
[2] Vgl. dazu für die AG *Hüffer*, § 202 Rn. 18.
[3] So auch *Priester*, GmbHR 2008, 1177, 1179; a. A. *Wicke*, § 55a Rn. 7.
[4] *Priester*, GmbHR 2008, 1177, 1180.
[5] *Wicke*, § 55a Rn. 15; auch *Priester*, GmbHR 2008, 1177, 1179 fordert einen ausdrücklichen Beschluss zur Vorlage beim Handelsregister.

III. Kapitalerhöhung unter Verwendung des genehmigten Kapitals

meerklärung der Gesellschafter oder – soweit deren Bezugsrecht zulässigerweise ausgeschlossen wurde – der Dritten, denen die Geschäftsführung das Bezugsrecht eingeräumt hat. Die **Übernahmeerklärung** bedarf gem. § 55 Abs. 1 GmbHG der **notariellen Beglaubigung**.

Die Ausübung der Ermächtigung kann auch in **mehreren Tranchen** geschehen. Dies ist selbst dann möglich, wenn der Ermächtigungsbeschluss insoweit keine ausdrückliche Bestimmung enthält.[1]

652

Liegen sämtliche **Übernahmeerklärungen** vor, so stellt sich die Frage, wer und in welcher Weise die nun erforderliche **Beschlussfassung zur Änderung der Satzung** durchführt. Zu beachten ist, dass allein der Beschluss zur Schaffung eines genehmigten Kapitals nicht zur Änderung der Kapitalziffer in der Satzung führt und zu diesem Zeitpunkt auch eine Änderung der Kapitalziffer nicht wirksam beschlossen werden kann. Möglich ist dies erst **nach der Ausübung der Ermächtigung** durch die Geschäftsführung. Im Aktienrecht sieht § 179 Abs. 1 Satz 2 AktG ausdrücklich die Möglichkeit vor, sog. **formelle Satzungsänderungen** durch den Aufsichtsrat vornehmen zu lassen. § 55a GmbHG enthält keine derartige Option, auch das GmbHG im Übrigen ist auf eine derartige Beschlussfassung nicht ausgerichtet. Von der Systematik des GmbHG bedarf es daher grundsätzlich eines satzungsändernden Beschlusses der Gesellschafterversammlung gem. § 53 GmbHG. Würde man allerdings eine derartige Beschlussfassung für erforderlich erachten, so würde der gesamte **Zweck des § 55a GmbHG** konterkariert. Ziel des Gesetzgebers war es ja gerade, eine derartige erneute Gesellschafterversammlung mit den damit verbundenen Kosten zu vermeiden.[2] Es muss daher zulässig sein, bereits im Ermächtigungsbeschluss die Geschäftsführung nicht nur dazu zu berechtigen, ein bestimmtes Kapital zu schaffen, sondern auch den entsprechenden Paragraphen der Satzung entsprechend anzupassen.[3] Inwieweit der Gesetzgeber seinerseits schon mit § 55a GmbHG die Geschäftsführung zu einer entsprechenden Satzungsänderung ermächtigt hat, ist unklar.[4] Der Praxis ist jedenfalls anzuraten, die Ermächtigung ausdrücklich auszusprechen.

653

Die Geschäftsführung kann die Anmeldung über die Schaffung des genehmigten Kapitals und die Anmeldung über die Durchführung der Kapitalerhöhung **nicht zusammenfassen**. Selbst wenn sich kurze Zeit nach der Schaffung des genehmigten Kapitals das Erfordernis zur Ausübung, Ermächtigung und Durchführung der Kapitalerhöhung ergibt, so müssen doch zwei Registeranmeldungen eingereicht werden.[5]

654

---

[1] Vgl. dazu für die AG *Hüffer*, § 202 Rn. 20; *Priester*, GmbHR 2008, 1177, 1180.
[2] Vgl. etwa auch *Bormann/Urlichs*, GmbHR-Sonderheft Oktober 2008, 37, 46; *Wicke*, § 55a Rn. 5; *Priester*, GmbHR 2008, 1177, 1180.
[3] So auch *Bormann/Urlichs*, GmbHR-Sonderheft Oktober 2008, 37, 46; *Priester*, GmbHR 2008, 1177, 1180 sieht eine sog. Annexkompetenz der Geschäftsführung auch ohne ausdrückliche Ermächtigung.
[4] *Bormann/Urlichs*, GmbHR-Sonderheft Oktober 2008, 37, 46.
[5] *Hüffer*, § 202 Rn. 8; *Wicke*, § 55a Rn. 6

E. Kapitalerhöhung

655 Nachdem die Durchführung der Kapitalerhöhung eingetragen ist[1], muss noch eine neue **Liste der Gesellschafter** beim Handelsregister eingereicht werden. Fraglich ist, wer für die Einreichung in diesem Fall zuständig ist. Der Notar hat hier zwar bei der Beschlussfassung über die Schaffung eines genehmigten Kapitals und bei der Beglaubigung der Unterschriften unter der Übernahmeerklärung mitgewirkt. Den Beschluss der Geschäftsführung wird er in seltenen Fällen erstellen und häufig stammt auch der Entwurf der Übernahmeerklärung nicht von ihm. Die Frage wird in der Literatur bisher wenig diskutiert und soweit ersichtlich nur in einem Falle vertieft behandelt.[2] Hier wird vertreten, dass der **Notar,** der die Unterschriften unter der Anmeldung der Durchführung beglaubigt habe, um mit derer Übermittlung zum Handelsregister beauftragt wurde, für die Erstellung der Liste zuständig sei. Bewirkt wird allerdings die Veränderung durch diese Mitwirkung nicht. Es empfiehlt sich, dass in diesen Fällen der Notar eine **Liste mit Bescheinigung** erstellt und zusätzlich der **Geschäftsführer** auf der Liste unterzeichnet.

656 In der Literatur wird vertreten, dass es entsprechend der zu § 179 Abs. 1 Satz 2 AktG und zu § 53 GmbHG vertretenen Grundsätze auch zulässig ist, dem Notar die Ermächtigung zur Fassungsänderung zu erteilen.[3]

5. Praxishinweis

657 • Auch wenn **Mitarbeiterbeteiligungsmodelle** bei der GmbH geplant sind und das Modell eine Direktbeteiligung der Mitarbeiter vorsieht und nicht etwa eine solche über eine Gesellschaft bürgerlichen Rechts[4], so können sich über das genehmigte Kapital die Gesellschafter eine Vielzahl von Versammlungen sparen, die notwendig sind, wenn das Kapital sukzessive relativ breit gestreut werden soll.

658 • Letztlich bietet das genehmigte Kapital dann eine Handlungsoption, wenn der **Gesellschafterkreis weit verstreut** und insbesondere über die nationalen Grenzen hinaus geht. Auch hier ist die Durchführung von Gesellschafterversammlungen nicht selten mit einem ähnlichen logistischen und finanziellen Aufwand für die Gesellschaft und die Gesellschafter verbunden, wie dies bei einer Aktiengesellschaft der Fall ist. Dabei stehen weniger die Notargebühren, sondern mehr die **Kosten für Anreise bzw. Vollmachtserteilung etc. im Vordergrund.**

659 • Das genehmigte Kapital bietet sich vor allem dann an, wenn sich aus Beteiligungsverträgen bei Gründung der Gesellschaft oder im späteren Leben der GmbH ergibt, dass in bestimmten Zeitabständen Kapitalerhöhungen

---

[1] *Priester,* GmbHR 2008, 1177, 1181 will die neue Liste schon mit der Anmeldung der Durchführung einreichen. Dies dürfte zu früh sein.
[2] Vgl. *Wicke,* § 55a Rn. 15; *Priester,* GmbHR 2008, 1177, 1180.
[3] *Wicke,* § 55a Rn. 5 unter Verweis auf Rowedder/Schmidt-Leithoff/*Zimmermann,* GmbHG, 4. Aufl. 2002, § 53 Rn. 15; *Priester,* GmbHR 2008, 1177, 1180.
[4] Vgl. zu diesem Modell zuletzt *BGH* NotBZ 2008, 304 m. Anm. *Heckschen.*

III. Kapitalerhöhung unter Verwendung des genehmigten Kapitals

durchzuführen sind. Dies ist nicht selten der Fall, wenn sog. **Start-up-Unternehmen** gegründet werden. Häufig wird schon bei der Gründung oder zu einem späteren Zeitpunkt beschlossen, weitere Kapitalgeber, insbesondere sog. **Venture Capital-Unternehmen** mit aufzunehmen. Die Kapitalerhöhungsbeträge, die diese dann übernehmen, sind in der Regel gering, die Zuzahlungen jedoch hoch. Gerade hier bietet sich das genehmigte Kapital als ein flexibles Instrumentarium an, da in der Praxis nicht selten Schwierigkeiten bestehen, die in der Folge beitretenden VC-Gesellschaften zur Beschlussfassung zu versammeln.

6. Formulierungsbeispiele

Satzungsbestimmung für genehmigtes Kapital bei der Gründung 660

Der Geschäftsführer wird ermächtigt, das Stammkapital der Gesellschaft von 25 000 € bis zum _____ [max. 5 Jahre nach Eintragung der Gesellschaft] um insgesamt bis zu 12 500 € durch ein- oder mehrmalige Ausgabe neuer Geschäftsanteile gegen Bar- oder Sacheinlage zu erhöhen. Die Geschäftsführung wird ausdrücklich ermächtigt, §… der Satzung (Stammkapital) entsprechend anzupassen. Die neuen Geschäftsanteile sind den Gesellschaftern zum Bezug anzubieten. Die Geschäftsführung ist ermächtigt, die weiteren Einzelheiten der Durchführung der Kapitalerhöhung aus genehmigtem Kapital festzulegen. Die Geschäftsführung wird ermächtigt, die Fassung der Satzung entsprechend dem Umfang der Kapitalerhöhung aus genehmigtem Kapital zu ändern.

Satzungsbestimmung für genehmigtes Kapital bei bestehender Gesellschaft 661

Die Geschäftsführung ist ermächtigt, dass derzeitige Stammkapital der Gesellschaft in Höhe von 25 000 € bis zum _____ [max. fünf Jahre nach Eintragung der Ermächtigung im Handelsregister] einmalig oder mehrmalig um bis zu insgesamt 25 000 € gegen Bar- oder Sacheinlage durch Ausgabe neuer Geschäftsanteile zu erhöhen. Die Geschäftsführung wird ermächtigt, das gesetzliche Bezugsrecht der Aktionäre auszuschließen

- *bei Kapitalerhöhung gegen Sacheinlagen zur Gewährung von Geschäftsanteilen zum Zwecke des Erwerbs von Unternehmen, Unternehmensteilen oder Beteiligungen an Unternehmen*
- *wenn die Kapitalerhöhung gegen Bareinlagen erfolgt zur Aufnahme von weiteren Gesellschaftern, insbesondere Venture Capital-Unternehmen, wenn sich diese neben der Pflicht zur Leistung auf den neuen Geschäftsanteil verpflichten, ein Aufgeld von mindestens _____ € zu zahlen.*

Die Geschäftsführung wird im Übrigen ermächtigt, die Einzelheiten der Kapitalerhöhung und ihrer Durchführung festzulegen. Die Geschäftsführung wird ermächtigt, §… der Satzung (Stammkapital) nach vollständiger oder teilweiser Durchführung der Erhöhung des Stammkapitals aus dem genehmigten Kapital oder nach Ablauf der Er-

E. Kapitalerhöhung

mächtigungsfrist entsprechend dem Umfang der Kapitalerhöhung aus dem genehmigten Kapital anzupassen.

662 Satzungsbestimmung für ein genehmigtes Kapital

§ ... der Satzung (Stammkapital) wird um folgenden Absatz ergänzt:

Die Geschäftsführung ist ermächtigt, dass Stammkapital der Gesellschaft bis zum _____ [max. fünf Jahre nach Eintragung des Ermächtigungsbeschlusses im Handelsregister] gegen Bar- oder Sacheinlagen durch Ausgabe von neuen Geschäftsanteilen zu erhöhen. Die neuen Geschäftsanteile sind den Gesellschaftern zum Bezug anzubieten. Die Geschäftsführung wird ausdrücklich ermächtigt, § ... der Satzung (Stammkapital) entsprechend anzupassen. Die neuen Geschäftsanteile sind den Gesellschaftern zum Bezug anzubieten. Die Geschäftsführung ist ermächtigt, die weiteren Einzelheiten der Durchführung der Kapitalerhöhung aus genehmigtem Kapital festzulegen. Die Geschäftsführung wird ermächtigt, die Fassung der Satzung entsprechend dem Umfang der Kapitalerhöhung aus genehmigtem Kapital zu ändern.

662 a Anmeldung der Satzungsänderung und des genehmigten Kapitals zur Eintragung in das Handelsregister

... GmbH

Geschäftsführung

Amtsgericht Dresden

– Registergericht –

A-GmbH – HRB _____

Zu HRB _____ meldet die Geschäftsführung an:

Die Gesellschafterversammlung hat mit notariellem Protokoll vom _____ (URNr. _____/200_____) ein genehmigtes Kapital von _____ beschlossen und § _____ der Satzung (Stammkapital) entsprechend geändert.

Wir überreichen hierzu

1. *notariell beglaubigte Abschrift der Niederschrift über die Gesellschafterversammlung vom _____ nebst Anlagen*
2. *vollständigen Wortlaut der geänderten Satzung mit der Notarbescheinigung, dass die geänderten Bestimmungen der Satzung mit dem Beschluss über die Änderung der Satzung der Gesellschafterversammlung vom _____ und die unveränderten Bestimmungen mit dem zuletzt zum Handelsregister eingereichten vollständigen Wortlaut der Satzung übereinstimmen.*

_____

(Ort, Datum)

_____

(Unterschrift Geschäftsführung)

III. Kapitalerhöhung unter Verwendung des genehmigten Kapitals

Ausübung des Ermächtigungsbeschlusses 662b

A-GmbH

Geschäftsführung

Aufgrund Beschlusses der Gesellschafterversammlung der A-GmbH vom _____ ist die Geschäftsführung im Wege der Satzungsänderung ermächtigt worden, in der Zeit bis zum _____ das Stammkapital der Gesellschaft im Umfang von bisher 50 000 € einmalig oder mehrmalig durch Ausgabe neuer Geschäftsanteile gegen Bar- oder Sacheinlagen bis zu einem Betrag von 25 000 € zu erhöhen. Die Satzungsänderung ist am _____ in das Handelsregister eingetragen worden. Aufgrund der vorgenannten Ermächtigung beschließt die Geschäftsführung nunmehr einstimmig:

Das Stammkapital der Gesellschaft von zur Zeit 50 000 € wird um einen Betrag von 25 000 € gegen Bareinlage erhöht. Ausgegeben werden 25 000 Geschäftsanteile je 1 €. Auf die Geschäftsanteile ist eine Bareinlage von _____ € zu zahlen. Die neuen Geschäftsanteile werden mit einer Gewinnberechtigung ab 1.1.200____ ausgegeben.

Den Gesellschaftern der Gesellschaft wird ein Bezugsrecht von drei Wochen eingeräumt.

Die Einzahlung auf die neuen Geschäftsanteile hat auf das Konto der Gesellschaft zur freien Verfügung der Geschäftsführung zu erfolgen.

Die Kosten dieser Kapitalerhöhung trägt die Gesellschaft.

_____

(Ort, Datum)

Beschluss der Geschäftsführung zur Änderung der Satzung 662c

Die Gesellschafterversammlung der A-GmbH vom _____ hat die Geschäftsführung im Wege der Satzungsänderung ermächtigt, in der Zeit bis zum _____ das Stammkapital der Gesellschaft von 50 000 € um bis zu 25 000 € einmalig oder mehrmalig durch Ausgabe von neuen Geschäftsanteilen gegen Bareinlagen zu erhöhen. In der Ermächtigung war auch vorgesehen, dass die Geschäftsführung den Wortlaut der Satzung in § _____ (Stammkapital) anpassen kann. Auf Grundlage dieser Ermächtigung fasst die Geschäftsführung den Wortlaut von § _____ (Stammkapital) mit Wirkung vom Tage der Eintragung der Durchführung der Kapitalerhöhung wie folgt neu:

Das Stammkapital der Gesellschaft beträgt _____ €.

_____

(Ort, Datum)

E. Kapitalerhöhung

662 d **Handelsregisteranmeldung nach Durchführung der Kapitalerhöhung**

... GmbH

Geschäftsführung

Amtsgericht Dresden

– Registergericht –

A-GmbH – HRB _____

Zu HRB _____ meldet die Geschäftsführung zur Eintragung in das Handelsregister an:

Durch Beschluss der Gesellschafterversammlung vom _____ der in Betreff genannten Gesellschaft wurde die Geschäftsführung ermächtigt, das Stammkapital bis zum _____ durch Ausgabe neuer Geschäftsanteile gegen Sach- oder Bareinlagen einmal oder mehrmals, insgesamt jedoch um höchstens _____ € zu erhöhen. Die entsprechende Änderung der Satzung wurde bereits in das Handelsregister eingetragen. Die Geschäftsführung hat in ihrer Sitzung vom _____ beschlossen, das Stammkapital der Gesellschaft um einen Betrag von 25 000 € durch Ausgabe von 25 000 Geschäftsanteilen zu erhöhen. Die neuen Geschäftsanteile sind von den Gesellschaftern A, B, C, D übernommen worden. Auf der Grundlage des Beschlusses der Gesellschafterversammlung hat die Geschäftsführung die Satzung in § _____ (Stammkapital) dementsprechend angepasst. Es wird angemeldet:

In Ausnutzung des geschaffenen und im Handelsregister eingetragenen genehmigten Kapitals von 25 000 € ist das Stammkapital der Gesellschaft von 50 000 € um 25 000 € erhöht.

§ _____ (Stammkapital) wurde entsprechend geändert.

Nach Belehrung über die Strafbarkeit einer wissentlich falschen Versicherung (§ 82 GmbHG) versichert jeder Geschäftsführer, dass die ursprünglichen Geschäftsanteile voll in bar eingezahlt sind, auf jeden neuen Geschäftsanteil 100 % in bar eingezahlt sind, und zwar im Einzelnen wie folgt:

von dem Gesellschafter A ein Betrag von _____ €

von dem Gesellschafter B ein Betrag von _____ €

von dem Gesellschafter C ein Betrag von _____ €

von dem Gesellschafter D ein Betrag von _____ €

und sich die geleisteten Beträge zum Zeitpunkt des in Ausübung des Ermächtigungsbeschlusses gefassten Beschlusses der Geschäftsführung zur Erhöhung des Stammkapitals sowie zum Zeitpunkt der Übernahmeerklärung seitens des Gesellschafters in der freien Verfügung der Geschäftsführung befanden.

III. Kapitalerhöhung unter Verwendung des genehmigten Kapitals

Wir überreichen als Anlage:

- *Liste der Übernehmer*
- *neue Gesellschafterliste*
- *Beschluss der Geschäftsführung zur Erhöhung des Stammkapitals sowie zur Änderung der Satzung vom _____*
- *Übernahmeerklärung der Gesellschafter*
- *Vollständiger Wortlaut der Satzung mit notarieller Bescheinigung gem. § 54 GmbHG.*

(Unterschrift aller Geschäftsführer)

F. Neuregelung zur Kapitalerhaltung – Grundzüge

I. Ausgangslage

Das Prinzip einer auf einem **Eigenkapital** aufbauenden Kapitalgesellschaft mit beschränkter Haftung würde ad absurdum geführt, wenn die Gesellschaft berechtigt wäre, den Gesellschaftern das geleistete Stammkapital sogleich oder auch später wieder zurückzugewähren. Die Gesellschaft darf das **Stammkapital verwenden** und der Rechtsverkehr, insbesondere die Gläubiger, sind nicht davor geschützt, dass das Stammkapital verbraucht wird. 663

§ 30 GmbHG schützt aber vor jedweder **Leistung seitens der Gesellschaft an den Gesellschafter** soweit diese Leistung aus dem **gebundenen Stammkapital** erfolgt. Nach Auffassung des Gesetzgebers ist die Pflicht zur Kapitalaufbringung und zur Kapitalerhaltung die Rechtfertigung für die Haftungsbeschränkung der Gesellschafter.[1] Sie wird als eine wesentliche Säule des präventiven Kapitalschutzsystems angesehen. § 30 GmbHG soll umfassend davor schützen, dass durch Leistung an den Gesellschafter nicht eine Unterbilanz entsteht. Grundsätzlich bewirkt § 30 GmbHG nicht, dass eine **Kapitalreserve** bei der Gesellschaft bestehen bleibt. Vielmehr kann das Gesellschaftsvermögen verwendet und in jeder Weise auch z. B. Bargeld gegen andere Werte getauscht werden. Dies bedeutet, dass ein Aktivtausch grundsätzlich unbedenklich ist. Der Begriff des Auszahlens in § 30 Abs. 1 GmbHG wird von der Rechtsprechung nicht eng verstanden und nur auf Barzahlungen an die Gesellschafter angewandt. 664

Es entspricht ständiger Rechtsprechung des BGH, das jedwede Leistungen, denen **keine gleichwertige Leistung** gegenübersteht, seitens der Gesellschaft an den Gesellschafter erfasst werden.[2] In einer für die notarielle Praxis wichtigen Entscheidung hat der BGH bereits sehr früh einen Verstoß gegen § 30 GmbHG schon darin gesehen, dass einem Gesellschafter, der Grundstücke der Gesellschaft gekauft hatte, der **Kaufpreis gestundet** wurde.[3] 665

In der Rechtsfolge hat der Gesellschafter gem. § 31 Abs. 1 GmbHG das **zurückzugewähren**, was ihm die Gesellschaft **verbotswidrig zur Verfügung gestellt hat.** Die Leistung an den Gesellschafter ist verboten, wenn sich die Gesellschaft bereits im Stadium der **Unterbilanz befindet** oder in die **Unterbilanz gerät.** Die Feststellung, ob dies der Fall ist, wird nach der Rechtsprechung des BGH unter Anwendung des § 42 GmbHG ermittelt.[4] Stille Reserven, ein Fir- 666

---

[1] Vgl. *Goette,* Einführung in das neue GmbH-Recht, 2008, Rn. 50ff.
[2] Vgl. bspw. BGHZ 31, 258, 276.
[3] BGHZ 81, 311, 320.
[4] Vgl. BGHZ 109, 334, 337f.

263

menwert oder andere immaterielle Wirtschaftsgüter dürfen nicht berücksichtigt werden.[1]

667 Für die notarielle Praxis ist von besonderer Bedeutung, dass die Leistung der Gesellschaft an den Gesellschafter auch darin bestehen kann, dass die Gesellschaft **Sicherheiten** zur Verfügung stellt, um Forderungen Dritter gegen den Gesellschafter zu besichern.

668 Der BGH hatte zuletzt ausdrücklich darauf hingewiesen, dass im Fall eines **Unternehmenskaufes** in der Form des LBO (leveraged buy out), bei dem der Kaufpreis durch den Käufer **über das Gesellschaftsvermögen besichert** wird, Verkäufer und Käufer in die Haftung gem. § 31 GmbHG geraten können, wenn zum Zeitpunkt der Sicherheitenbestellung (hier: Verpfändung von Vermögen der Gesellschaft) der Veräußerer noch Gesellschafter war.

669 Der Notar ist in diesen in der Praxis häufigen Fällen nicht berechtigt, die **Bestellung** einer Sicherheit **zu versagen.** So muss er etwa die **Grundschuld** am Gesellschaftsvermögen bestellen oder aber auch im Besitz der Gesellschaft befindliche Anteile zugunsten der Bank **verpfänden,** aber bei der Besicherungsmaßnahme hat er auf die §§ 30, 31 GmbHG hinzuweisen. Die Bestellung ist nicht nichtig, aber sie kann zu **Haftungs-/Rückgewähransprüchen** gegenüber den mitwirkenden Gesellschaftern führen.[2] Ausnahmsweise kann eine Haftung auch dann in Betracht kommen, wenn auf Veranlassung des Gesellschafters und in seinem Interesse Leistungen an eine dem Gesellschafter nahestehende Gesellschaft erbracht werden.[3]

670 Es ist allerdings bisher völlig unklar, ob ein Haftungsanspruch über § 31 GmbHG gegen den Gesellschafter in Fällen der Sicherheitenbestellung durch die Gesellschaft für Forderungen gegenüber dem Gesellschafter bereits mit der **Bestellung der Sicherheit,** der **Verwertung der Sicherheit** oder dem **Erhalt des Verwertungserlöses** in der Hand des Gesellschafters eintritt. Der Notar ist sicherlich gut beraten, auf die Unklarheit der Rechtslage insoweit hinzuweisen, da gute Gründe dafür sprechen, dass schon mit der Besicherung am Vermögen der Gesellschaft eine Vermögensminderung des Gesellschaftsvermögens stattfindet. Dies gilt jedenfalls dann, wenn eine Verwertung der Sicherheit unmittelbar droht.

671 Mit einem Urteil des BGH[4] aus dem Jahr 2003 hat sich nach Auffassung des Gesetzgebers eine Notwendigkeit ergeben, gesetzgeberisch tätig zu werden. Nach der seinerzeitigen Auffassung des II. Zivilsenats des BGH war bei der **Gewährung eines Darlehens** an den Gesellschafter **keine bilanzielle Betrachtungsweise** anzulegen, wenn ohne Berücksichtigung des Rückgewähranspruchs seitens der Gesellschaft die Darlehenshingabe in die Unterbilanz führt. Dieses Urteil stand **Cash-Pool-Modellen,** die weit verbreitet waren, entgegen.[5] Nach Inkraft-

---

[1] BGHZ 109, 334, 337.
[2] Vgl. ausdrücklich *BGH* DStR 2007, 1874 m. Anm. *Goette*.
[3] *BGH* DStR 2007, 2270.
[4] Vgl. *BGH* NJW 2004, 1111; aktuell zur Frage, wann Leistungen unzulässig sind *BGH* DStR 2008, 2378, 2379.
[5] Vgl. etwa *Goette*, Einführung in das neue GmbH-Recht, 2008, S. 23.

II. Neuregelung

treten des MoMiG und noch zu einem Sachverhalt auf Basis der alten Rechtslage hat der II. Zivilsenat seine Auffassung geändert und wendet jetzt eine bilanzielle Betrachtungsweise an.[1]

II. Neuregelung

Der Gesetzgeber ist der Auffassung, dass die Rechtsprechung des II. Zivilsenats 672 des BGH die Unternehmen zu sehr beschränkte und er ordnet nunmehr eine **bilanzielle Betrachtungsweise** ausdrücklich an. Darüber hinaus verbietet er über § 31 Abs. 3 GmbHG ausdrücklich die weitere Anwendung der sog. **Rechtsprechungsregeln zum Eigenkapitalersatz,** die die Rechtsprechung des II. Zivilsenats parallel zu den §§ 32a, b GmbHG entwickelt hatte.[2]

Mit der Änderung in § 30 Abs. 1 GmbHG will der Gesetzgeber das **Cash-** 673 **Pooling** in der **Konzernfinanzierung** sichern.[3]

Nach der vom Bundestag beschlossenen Fassung darf das Stammkapital abwei- 674 chend von dem Grundsatz des § 30 Abs. 1 Satz 1 GmbHG an die Gesellschafter ausbezahlt werden, wenn die Leistung aufgrund eines **Beherrschungs- oder Gewinnabführungsvertrags** (§ 291 AktG) erfolgt oder durch einen **vollwertigen Gegenleistungs- oder Rückgewähranspruch** gegen den Gesellschafter gedeckt ist. Damit ordnet der Gesetzgeber die bilanzielle Betrachtungsweise ausdrücklich an.[4]

Mit der Rückkehr zum bilanziellen Denken gelten künftig für die Berechnung 675 die **allgemeinen Bilanzierungsgrundsätze.**

Bei einer Leistung, die durch einen vollwertigen Gegenleistungs- oder Rückerstattungsanspruch gedeckt wird, wird danach ein Aktivtausch vorgenommen. Es liegt kein Verstoß gegen das Kapitalerhaltungsgebot des § 30 Abs. 1 S. 1 GmbHG vor. Die Forderung gegen den Gesellschafter muss **vollwertig** sein, was die **Durchsetzbarkeit** derselben mit einschließt. Spätere, nicht vorhersehbare negative Entwicklungen der Forderung gegen den Gesellschafter und bilanzielle Abwertungen führen nicht nachträglich zu einer **verbotenen Auszahlung.** Es könne dann aber ein Sorgfaltspflichtverstoß des Geschäftsführers gem. § 43 GmbHG gegeben sein, der diese Forderungen stehen ließ, obwohl er sie hätte einfordern können. Spätere Abwertungen könnten auch zur Verlustanzeigepflicht nach § 49 Abs. 3 GmbHG führen.

Die Vorschrift will es den Gesellschaften erleichtern, mit ihren Gesellschaftern 676 – vor allem auch im Konzern – alltägliche und **wirtschaftlich sinnvolle Leistungsbeziehungen** zu unterhalten und abzuwickeln. Diese müsse das Gesetz reibungslos ermöglichen. Dabei soll die Ausnahme vom Kapitalerhaltungsgebot

---

[1] *BGH* ZIP 2009, 70 („MPS"); vgl. dazu *Altmeppen,* ZIP 2009, 49.
[2] Vgl. grundlegend *BGH* NJW 1984, 1891.
[3] Begr RegE, BT-Drucks. 16/6140, S. 41; vgl. dazu jetzt ausf. *Hangebrauck,* Kapitalaufbringung, Kapitalerhaltung und Existenzschutz bei konzernweiten Cash-Pooling Systemen, Diss. 2008.
[4] Begr RegE, BT-Drucks. 16/6140, S. 41 f.

F. Neuregelung zur Kapitalerhaltung – Grundzüge

nicht wie noch im Regierungsentwurf vorgesehen auf Leistungen „zwischen den Vertragsteilen" beschränkt sein. Vom Verbot der Einlagenrückgewähr sollen vielmehr auch Leistungen an Dritte auf Veranlassung des herrschenden Unternehmens, beispielsweise an andere Konzernunternehmen oder an Unternehmen, die mit dem herrschenden Unternehmen oder anderen Konzernunternehmen in Geschäftsverbindung stehen, freigestellt werden[1].

677 Keineswegs soll diese klärende Regelung jedoch das Ausplündern von Gesellschaften ermöglichen oder erleichtern. Dies werde durch die ausdrückliche Einführung des **Vollwertigkeits- und des Deckungsgebots** gewährleistet. Die Vollwertigkeit der Rückzahlungsforderung sei eine nicht geringe Schutzschwelle.

678 In der Literatur wird grundsätzlich die Rückkehr des Gesetzgebers zur **bilanziellen Betrachtungsweise** begrüsst und als Fortschritt im Kapitalsschutzkonzept bewertet.[2] Allerdings wird auf ein anderes Problem hingewiesen: § 43a GmbHG verbiete es, u.a. den Geschäftsführern Kredite aus dem zur Erhaltung des Stammkapitals erforderlichen Vermögen der Gesellschaft zu gewähren. Die Erleichterung gem. § 30 GmbHG für Darlehen an Gesellschafter sollte daher auch auf Darlehen an Geschäftsführer analog anzuwenden sein.[3] Die Probleme von Darlehen an Gesellschafter sowie des Cash-Pools werden durch die Neufassung des § 30 Abs. 1 GmbHG nicht gelöst, sondern nur auf § 43a GmbHG verlagert.[4]

679 Es wird außerdem kritisch angemerkt, dass sich der **Geschäftsführer** künftig möglicherweise unter einem dreifachen Gesichtspunkt **schadensersatzpflichtig** machen kann. Bisher konnte er eine von den Gesellschaftern geforderte Leistung verweigern, wenn dadurch eine Unterbilanz ausgelöst oder verschärft worden wäre. Durch § 30 Abs. 1 GmbHG wird die Verantwortung des Geschäftsführer nun verlagert, da er die Auszahlung nur noch mit dem Einwand der fehlenden Solvenz des Empfängers verweigern kann. Versäume er dies, mache er sich zunächst nach § 43 GmbHG, sodann nach § 64 Abs. 2 GmbHG a. F. = § 64 Satz 1 GmbHG n. F., wenn sich nachträglich eine Überschuldungslage ergibt und schließlich nach § 64 Satz 3 GmbHG n. F. schadensersatzpflichtig[5]. Darüber hinaus macht er sich nach § 43 GmbHG schadensersatzpflichtig, wenn er nicht die Rückgewähr des Darlehens bei einer Vermögensverschlechterung des Gesellschafters fordert.

680 Zum Teil wird die Absicht des Gesetzgebers, den durch die Rechtsprechung des BGH zum **Cash-Pool** erreichten Schutz zu unterlaufen, auch eher als fragwürdig bezeichnet.[6] Darüber hinaus sei davon auszugehen, dass § 64 Satz 3 GmbHG sowie das Haftungsinstitut des **existenzvernichtenden Eingriffs** die

---

[1] Beschlussempfehlung des Rechtsausschusses des Bundestages vom 24. 6. 2008, S. 98, abrufbar unter www.bmj.de.
[2] *K. Schmidt*, GmbHR 2007, 1072, 1074.
[3] So auch Scholz/*Schneider*, § 43a Rn. 61 ff.
[4] *K. Schmidt*, GmbHR 2007, 1072, 1075 f.
[5] *K. Schmidt*, GmbHR 2008, 449, 453.
[6] *Hölzle*, GmbHR 2007, 729, 734.

II. Neuregelung

Regelung des § 30 Abs. 1 Satz 3 GmbHG überlagern werde, so dass dies dennoch die weitere Teilnahme an einem Cash-Pool ausschließen wird.[1]

Für die Frage, inwieweit der **Rückgewähranspruch** seitens der Gesellschaft **681** **vollwertig** ist, stellen sich die gleichen Probleme, wie sie beim sog. Hin- und Herzahlen auftreten (vgl. dazu oben Rn. 133 ff.). Unklar ist insbesondere, ob der Rückzahlungsanspruch verzinst und besichert sein muss.[2] Der Geschäftsführer gerät hier in eine äußerst schwierige Situation, da er zunächst einmal prüfen muss, ob die Mutter-, Großmutter- oder Konzerngesellschaft ohne weiteres in der Lage ist, das Darlehen **zurückzugewähren**. Ansonsten darf er es gar nicht ausreichen. In der Folge dann trifft ihn die weitere Verpflichtung zu überprüfen, ob die Gesellschaft, der der Kredit gewährt wurde, in der gleichen Vermögensverfassung bleibt. Ansonsten muss er entsprechend § 490 BGB i. V. m. § 43 GmbHG zur Vermeidung eines **Pflichtenverstoßes** sofort das Darlehen kündigen. Dies muss eigentlich zur Folge haben, dass er laufend über die Vermögenssituation informiert wird.

Für die notarielle Praxis ist von besonderer Bedeutung, dass gerade bei **Unter- 682 nehmenskaufverträgen** das nicht unübliche Modell der Besicherung des Kaufpreises über das Vermögen der Gesellschaft in aller Regel auch nach der Neuregelung ein Verstoß gegen die §§ 30 f. GmbHG darstellt. Zum einen ist bereits fraglich, ob die Neuregelung auf diese Fallkonstellationen überhaupt anwendbar ist, da sie ausweislich des gesetzgeberischen Willens auf die **Erhaltung des Cash-Pools** gerichtet ist und somit das vorbeschriebene System der Unternehmensfinanzierung eben gerade nicht erfasst wird. Selbst wenn man der Auffassung wäre, dass diese Begrenzung auf Cash-Pool-Systeme nicht eindeutig aus dem Gesetzeswortlaut zum Ausdruck kommt, so wird doch in aller Regel hier kein vollwertiger Anspruch der Gesellschaft vorliegen, da häufig der Gesellschafter, dem die Sicherheit gewährt wird, nicht ohne weiteres in der Lage sein wird, diese auszulösen. Sonst wäre er in der Regel gar nicht darauf angewiesen, eine derartige Sicherheitstellung durch die Gesellschaft in Anspruch nehmen zu müssen.

---

[1] *Hölzle,* GmbHR 2007, 729, 734.
[2] Vgl. dazu *Altmeppen,* ZIP 2009, 49, 52.

G. Grundzüge des neuen Eigenkapitalersatzrechts/ Insolvenzrechtliche Bezüge

I. Ausgangslage

Soweit die Gesellschaft nicht in der Lage ist, ihre unternehmerische Tätigkeit mit den vorhandenen finanziellen und sachlichen Mitteln weiterzuführen, weist der Gesetzgeber den Gesellschaftern keine Pflicht zu, **Kapital nachzuschießen** oder eigenes Vermögen zur Verfügung zu stellen. Die Gesellschafter haben in dieser Situation schlichtweg die Option, die Gesellschaft zu liquidieren. Ist die Gesellschaft bereits überschuldet oder nicht mehr liquide, so muss Insolvenz angemeldet werden. In der Praxis sind die Gesellschafter häufig einen anderen Weg gegangen: Sie haben in dieser Situation versucht, der Gesellschaft wie ein Darlehensgläubiger Kapital zur Verfügung zu stellen oder aber Vermögen zur Nutzung zu überlassen, insbesondere Betriebsmittel. Man gab sich der Vorstellung hin, dass man dann in der Insolvenz der Gesellschaft genauso behandelt werden würde wie jeder andere Gläubiger. Dem ist zunächst die Rechtsprechung und auch der Gesetzgeber entgegengetreten. 683

Nach alter Rechtslage bestand insoweit ein sog. **zweistufiges Schutzsystem:** Wurden in der Krise Darlehen oder Nutzungen gewährt, so wurden nach der Rechtsprechung des II. Zivilsenats des BGH Leistungen, die zur Kompensation des nicht mehr vorhandenen Stammkapitals oder einer Überschuldung dienten, von den sog. Rechtsprechungsregeln erfasst. Parallel wurden darüber hinausgehende Leistungen über die §§ 32a f. GmbHG a. F. als eigenkapitalersetzend gewertet, mit der Folge, dass sämtliche aus derartigen Darlehens- oder Nutzungsvereinbarungen resultierenden Ansprüche der Gesellschafter in der Insolvenz nachrangig waren, § 39 Abs. 1 Nr. 5 InsO. In der Praxis erhielt dann der Gesellschafter regelmäßig nichts. 684

Die Ansprüche aus derartigen **eigenkapitalersetzenden Leistungen** waren seitens des Gesellschafters gegenüber der Gesellschaft während der Krise nicht durchsetzbar und wurden dies erst wieder, wenn die Krise nachhaltig überwunden war.[1] Entscheidend war dabei, dass sämtliche Leistungen, die an den Gesellschafter während der Krise gewährt wurden, bei Eintritt der Insolvenz wiederum an die Gesellschaft zurückzugewähren waren. Die eigenkapitalersetzende Leistung wurde daher entsprechend den §§ 30, 31 GmbHG a. F.[2] wie haftendes Eigenkapital behandelt. 685

---

[1] Vgl. *BGH* ZIP 2005, 2016.
[2] Großkomm-GmbHG/*Habersack*, §§ 32a/b Rn. 24; Michalski/*Heidinger*, §§ 32a, 32b Rn. 231.

G. Grundzüge des neuen Eigenkapitalersatzrechts/Insolvenzrechtliche Bezüge

686 Besonders umstritten waren die Fälle der **eigenkapitalersetzenden Nutzungsüberlassung.** In diesen Konstellationen war beispielsweise das der Gesellschaft überlassene Grundstück grundsätzlich entsprechend dem abgeschlossenen Vertrag noch weiterhin dem Insolvenzverwalter zur Nutzung zu überlassen und die während der Krise gezahlten Nutzungsentgelte waren zurückzugewähren.[1] Das Nutzungsrecht für den Insolvenzverwalter war grundsätzlich unentgeltlich und endete nach einer aktuellen Entscheidung des BGH erst mit der Insolvenz des Gesellschafters selber.[2]

687 Privilegiert wurden nach § 32a Abs. 3 Satz 2 GmbHG nur sog. Kleinstgesellschafter, die mit weniger als 10% am Stammkapital beteiligt waren, und diejenigen, die einen Sanierungskredit gem. § 32a Abs. 3 Satz 3 GmbHG gewährt hatten.[3]

II. Neuregelung

688 Mit der GmbH-Reform hat der Gesetzgeber das sehr komplexe **Eigenkapitalersatzrecht** dereguliert und vom GmbHG in die **Insolvenzordnung** verlagert.

689 Die Rechtsfigur der **eigenkapitalersetzenden Gesellschafterdarlehen** wurde gänzlich aufgegeben.[4] § 30 Abs. 1 Satz 3 GmbHG ordnet ausdrücklich die Nichtanwendung der sog. Rechtsprechungsregeln an. Der Gesetzgeber streicht weiterhin die §§ 32a und b GmbHG. Den Begriff „eigenkapitalersetzend" oder „Eigenkapitalersatz" findet man im GmbHG künftig weder in einer Überschrift noch im Gesetzestext. Gesellschafterdarlehen und gleichgestellte Leistungen werden nun nicht mehr wie **haftendes Eigenkapital** behandelt. **Tilgungsleistungen** der Gesellschaft auf diese Forderungen sind **keine verbotenen Auszahlungen im Sinne des § 30 Abs. 1 Satz 1 GmbHG.** Da die Gesellschafterdarlehen nur noch in der Insolvenz der Gesellschaft eine wirtschaftliche Bedeutung erlangen können, wurden die bisher bestehenden Regeln für Gesellschafterdarlehen/Leistungen in der Insolvenzordnung neu geregelt, wobei es auf einen kapitalsetzenden Charakter dieser Leistungen in keiner Weise mehr ankommt.

690 Alle **Gesellschafterdarlehen** sind nach § 39 Abs. 1 Nr. 5 InsO im Insolvenzfall stets **nachrangig.**[5] Die Position der Gesellschafter wird damit verschlechtert, da ihnen völlig unabhängig davon, wann und unter welchen Umständen das Darlehen ausgereicht wurde, alle anderen Gläubiger vorgehen. Nachrangig sind auch die für solche Darlehen bestellten Sicherheiten.[6] Leistet die Gesellschaft Rückzah-

---

[1] Vgl. zur Verpflichtung zur Nutzungsüberlassung BGHZ 127, 1f.
[2] *BGH* ZIP 2008, 1176.
[3] Vgl. dazu *Heckschen*, in: Schmidt/Riegger, Gesellschaftsrecht 1999, 2000, 129, 133ff.
[4] Vgl. dazu u. a. *Roth*, GmbHR 2008, 1184 m.w.N.; *Gehrlein/Witt*, GmbH-Recht in der Praxis, 2008, S. 393 mit Darstellung zur neuen und alten Rechtslage.
[5] Zustimmend: *Hoffmann-Becking*, Stellungnahme zum MoMiG, abrufbar unter www.bundestag.de
[6] *Bäuml*, GmbHR-Sonderheft Oktober 2008, 93, 94.

II. Neuregelung

lungen auf diese Darlehen in dem Jahr vor der Insolvenz, so können diese Zahlungen im Wege der **Insolvenzanfechtung** wieder zur Masse gezogen werden. Gem. § 44a InsO werden solche Darlehen außenstehender Dritter nachrangig behandelt und nur entsprechend § 39 Abs. 1 Nr. 5 InsO behandelt, wenn für diese ein Gesellschafter eine Sicherheit gestellt hat.[1]

In § 135 InsO wurde eine **Sonderreglung für Gesellschafterdarlehen** aufgenommen, die nicht nur für die GmbH, sondern aufgrund ihrer Rechtsformneutralität auch auf andere Gesellschaftsformen ist. **691**

Auf eine Unterscheidung zwischen „normalen" und „eigenkapitalersetzenden" Darlehen wurde bewusst verzichtet. Im Unterschied zur alten Rechtslage kann die Darlehensrückzahlung auch dann angefochten werden, wenn sich das Unternehmen bei der Rückzahlung noch gar **nicht in einer Krise** befunden hat, entscheidend ist allein, ob innerhalb des folgenden Jahres ein Antrag auf Eröffnung des Insolvenzverfahrens gestellt wird.[2] Dies führt gerade bei **überraschenden Insolvenzen** (z. B. wegen unvorhergesehenen Forderungsausfällen, Insolvenz von Großkunden, höherer Gewalt, etc.) zu einer erheblichen Ausweitung der Anfechtungsmöglichkeiten des Insolvenzverwalters im Vergleich zur alten Rechtslage.[3] In der Regel wird einem Insolvenzantrag jedoch eine längere Unternehmenskrise vorausgehen, die auch die Gesellschafter bemerken. Die Neuregelung stellt insoweit die allerdings auch aus strafrechtlicher Sicht gefährliche Einladung zur Streckung der Krise auf einen Zeitraum von über einem Jahr dar. Darüber hinaus ist zu berücksichtigen, dass die Gläubiger nicht nur hinnehmen müssen, dass auch in Krisenzeiten Darlehen bedient oder sogar zurückgeführt werden müssen, sondern dass die Anfechtung durch die Insolvenzverwalter von der Eröffnung des Verfahrens abhängig ist. Zur Eröffnung kommt es bekannterweise häufig nicht und die Anfechtungsmöglichkeiten nach dem AnfG erweisen sich als stumpfes Schwert. Letztlich führen nicht selten auch Anfechtungsklagen nicht zu einer Realisierung der Rückforderungsansprüche, weil der Anfechtungsgegner keine entsprechenden Vermögenswerte mehr besitzt. Unklar ist jedoch, in welchem Umfang Leistungen an die Gesellschafter anfechtbar sind[4] und welcher Personenkreis in die Anfechtung einbezogen ist.[5] **692**

In § 135 InsO ist dementsprechend die **Anfechtbarkeit von Leistungen** auf Gesellschafterdarlehen und vergleichbaren Rechtshandlungen durch die Gesellschaft im Vorfeld der Insolvenz geregelt. **693**

Anfechtbar sind demnach **694**

- die **Gewährung von Sicherheiten** für Forderungen der Gesellschafter auf Rückgewähr eines Darlehens, wenn die Handlung in den letzten zehn Jahren vor Stellung des Insolvenzantrages oder danach erfolgte,

---

[1] Vgl. dazu *Gehrlein*, BB 2008, 846, 852.
[2] Krit. dazu insbesondere *Altmeppen*, NJW 2008, 3601.
[3] Krit. dazu *Burg/Westerheide*, BB 2008, 62.
[4] Vgl. dazu *Gehrlein*, BB 2008, 846, 852.
[5] Vgl. dazu *K. Schmidt*, DB 2008, 1727.

G. Grundzüge des neuen Eigenkapitalersatzrechts/Insolvenzrechtliche Bezüge

- **Tilgungszahlungen auf bestehende Darlehensforderungen** innerhalb des letzten Jahres vor dem Eröffnungsantrag bzw. danach sowie
- die **Befriedigung eines Darlehensanspruchs** eines Dritten innerhalb des letzten Jahres vor dem Eröffnungsantrag bzw. danach, wenn ein Gesellschafter für diese Forderung ein Sicherheit bestellt hat oder als Bürge haftet.

Unklar ist, ob im Rahmen einer **Betriebsaufspaltung** geleistete **Nutzungsentgelte** (zur weiteren Nutzung vgl. Rn. 701 ff.) anfechtbar sind. Hier wird einerseits darauf hingewiesen, dass die Rechtsfigur des Eigenkapitalersatzes abgeschafft und damit jedweder Anfechtung die Grundlage entzogen sei.[1] Bejaht man hier eine Anfechtbarkeit, so stelle sich die Frage, ob nicht sämtliche Geschäfte mit den Gesellschaftern anfechtbar seien. Abgrenzungskriterien seien nur schwer erkennbar.[2] Andererseits wird die Anfechtbarkeit bejaht.[3] Eine massive Besserstellung der Gesellschafter könne nicht gewollt sein. Dies dürfte zu bejahen sein, da es sich um „wirtschaftlich" entsprechende Leistungen i. S. v. § 135 InsO handelt.[4]

Welche Zahlungen, die im Rahmen von Cash-Pool-Systemen an die Gesellschaft geleistet werden, **anfechtbar** sind, ist ungeklärt.[5]

Die Übergangsregelung findet sich in Art. 103 EGInsO: Sachverhalte, bei denen das Insolvenzverfahren vor dem 1. 11. 2008 eröffnet worden ist, sind nach altem Recht, Verfahren mit Eröffnung nach dem 1. 11. 2008 sind nach neuem Recht zu beurteilen.

III. Auswirkungen auf die Gestaltung von Unternehmensverkäufen

695 Die Regelungen über die **Anfechtbarkeit von Gesellschafterdarlehen** haben auch mittelbaren Einfluss auf die Veräußerung von GmbH-Anteilen im Wege des **Share Deals**. Hat der Verkäufer eines GmbH-Anteils zuvor an die Gesellschaft ein Darlehen gewährt, so sollte er dieses zusammen mit seinem Anteil verkaufen.

696 Veräußert er hingegen nur seinen GmbH-Anteil und lässt sich das Darlehen von der Gesellschaft auszahlen, besteht die Gefahr, dass die Rückzahlung angefochten wird, wenn die GmbH innerhalb eines Jahres nach Rückzahlung des Darlehens in die Insolvenz gerät. Will er das Darlehen nicht mitveräußern kann

---

[1] Vgl. insbesondere *Altmeppen*, NJW 2008, 3601, 3607; *K. Schmidt*, DB 2008, 1727, 1732; so auch *Bork*, ZGR 2007, 250, 266; zweifelnd insgesamt zur neuen Rechtslage *Gehrlein/Witt*, GmbH-Recht in der Praxis, 2. Aufl. 2008, S. 406 f.

[2] *Gehrlein/Witt*, GmbH-Recht in der Praxis, 2. Aufl. 2008, S. 407.

[3] Vgl. z. B. *Bayer/Graff*, DStR 2006, 1654, 1659.

[4] Strittig, wie hier: *Bormann*, DB 2006, 2616, 2617; *Ockelmann*, in: Bormann/Konka/Ockelmann, Handbuch GmbH-Recht, Kap. 10 Rn. 107 m. w. N.; a. A. *Altmeppen*, NJW 2008, 3601, 3607; *K. Schmidt*, DB 2008, 1727, 1732.

[5] Vgl. dazu einerseits *Klinck/Gärtner*, NZI 2008, 457 (wohl alle Zahlungen der letzten 10 Jahre), andererseits: *Hamann*, NZI 2008, 667.

IV. Eigenkapitalersetzende Nutzungsüberlassungen

er alternativ ein Jahr nach der Tilgung abwarten und erst danach seinen Anteil verkaufen. Nur so kann er die Gefahr der **Rückerstattungspflicht** vermeiden.

Beispielsfall 697

A ist Alleingesellschafter einer GmbH und hat der Gesellschaft ein Darlehen in Höhe von 2 Mio. € gewährt. Nun will er das sehr gesunde Unternehmen an B verkaufen. Kurz vor dem Verkauf an B wird das Darlehen durch die Gesellschaft getilgt. B zahlt an den An einen Kaufpreis von 2.5 Mio. €. Jedoch wirtschaftet B in der Folge schlecht und stellt 10 Monate nach dem Unternehmenskauf den Insolvenzantrag. Das Insolvenzverfahren wird eröffnet und der Insolvenzverwalter fordert nun von A die Rückgewähr des getilgten Darlehens.

Lösung des Beispielfalles 698

Nach dem alten Recht kam es entscheidend darauf an, ob der Gesellschafter den Kredit in der **Krise der Gesellschaft** gewährt bzw. stehengelassen hat. Nur in diesem Fall hatte das Gesellschafterdarlehen eigenkapitalersetzenden Charakter und konnte vom Insolvenzverwalter im Wege der Insolvenzanfechtung wieder zum Gesellschaftsvermögen eingefordert werden (§ 32b GmbHG a. F., §§ 135, 143 InsO, 6 AnfG). Ansonsten bestand für den Gesellschafter keine Möglichkeit die Rückerstattung des Tilgungsbetrages zu verlangen bzw. die Darlehensrückzahlung anzufechten.

Nach neuerem Recht ist die Unterscheidung zwischen eigenkapitalersatzenden 699 und „normalen" Gesellschafterdarlehen aufgehoben. Nach § 135 InsO ist nun jede **Darlehensrückzahlung,** die innerhalb des letzten Jahres vor dem Eröffnungsantrag bzw. nach diesem Antrag vorgenommen worden ist, nach § 135 Abs. 1 Nr. 1 InsO anfechtbar. Demnach kann der Insolvenzverwalter die an A gewährte Darlehensrückzahlung anfechten, mit der Folge der Rückgewährpflicht nach § 143 InsO. Obwohl A das Darlehen der Gesellschaft zu einer gesunden Zeit gewährt und auf die spätere Unternehmensfortführung durch B keinen Einfluss hatte, muss er den Tilgungsbetrag an den Insolvenzverwalter zurückzahlen.

Für **Unternehmensverkäufer** gilt daher, dass sie entweder das Darlehen mit- 700 verkaufen oder nach Tilgung des Darlehens durch die Gesellschaft abwarten, bevor sie die Gesellschaft veräußern.

IV. Eigenkapitalersetzende Nutzungsüberlassungen

Nachdem im Laufe des Gesetzgebungsverfahrens in der Literatur viel über das 701 Schicksal eigenkapitalersetzenden Nutzungsüberlassungen spekuliert wurde[1], ist nun in § 135 Abs. 3 InsO die Fallgruppe der **„eigenkapitalersetzenden Nutzungsüberlassung"** explizit geregelt. Eine ausdrückliche Regelung war auch erforderlich, da mit dem Wegfall des Merkmals „eigenkapitalersetzend" auch die

---

[1] *Heinze,* ZIP 2008, 110; *Hölzle,* GmbHR 2007, 729, 735; *Noack,* DB 2007, 1395, 1398; *Wälzholz,* DStR 2007, 1914, 1920; *Habersack,* ZIP 2007, 2145, 2150f.

G. Grundzüge des neuen Eigenkapitalersatzrechts/Insolvenzrechtliche Bezüge

dogmatische Grundlage für die bisherigen Regelungen der eigenkapitalersetzenden Nutzungsüberlassung entfallen war.[1]

1. Regelungsinhalt und Standort der Norm

702 Die Gebrauchsüberlassung von im Eigentum der Gesellschafter stehenden Gegenständen ist in § 135 InsO erfasst. Die Neuregelung stellt klar, dass entgegen der bisherigen Rechtslage der Gesellschafter im Falle der Insolvenz der Gesellschaft nicht mehr zur **kostenlosen Nutzungsüberlassung** verpflichtet ist. Vielmehr macht der Gesetzgeber deutlich, dass die Nutzungsüberlassung keine mit einem Gesellschafterdarlehen vergleichbare Finanzierungsform darstellt, die der Nachrangigkeit (§ 39 Abs. 1 Nr. 5 InsO) oder der Insolvenzanfechtung (§ 135 InsO) unterliegt.[2]

703 Aufgrund dessen erscheint die Verortung der Neuregelung über die **Nutzungsüberlassung** innerhalb der Bestimmungen über die Anfechtung von Gesellschafterdarlehen unsystematisch. § 135 Abs. 3 InsO enthält nämlich gerade keinen Anfechtungstatbestand, der die Rechtsfolge der §§ 143 ff. InsO vorsieht[3], sondern eine Regelung, die dem Insolvenzverwalter die Weiternutzung von Gesellschaftern zur Nutzung überlassener Sachen und Rechte erlaubt. Damit handelt es sich nicht um ein Anfechtungsrecht, sondern um eine Modifizierung der § 103, §§ 108–112 InsO.[4]

2. Das Nutzungsverhältnis in der Insolvenz der Gesellschaft

a) Fortsetzung des vertraglichen Nutzungsverhältnisses

704 Nach der Systematik des Insolvenzrechts besteht das **entgeltliche Nutzungsverhältnis** zwischen Gesellschaft und Gesellschafter auch nach **Eröffnung des Insolvenzverfahrens** grundsätzlich fort, §§ 103, 108 InsO. Dabei sind noch offene Entgeltforderungen für den Zeitraum vor Eröffnung des Insolvenzverfahrens einfache Insolvenzforderungen, § 108 Abs. 2 InsO. Ab Eröffnung des Insolvenzverfahrens sind die Forderungen des Gesellschafters als Vermieter bzw. Verpächters als **Masseverbindlichkeiten** zu bewerten und damit vorrangig zu befriedigen, § 108 InsO i. V. m. § 55 Abs. 1 Nr. 2 InsO. Im Gegenzug hat die Gesellschaft an dem vertraglich überlassenen Gegenstand ein **Besitzrecht**, so dass der Gesellschafter diesen auch nach Eröffnung des Insolvenzverfahrens nicht herausverlangen kann.

705 Nutzungsverträge über bewegliche Sachen und Rechte unterfallen hingegen der allgemeinen Regelung des § 103 InsO. Dabei entscheidet allein der Insolvenz-

---

[1] *Blöse*, GmbHR-Sonderheft Oktober 2008, 71, 74.
[2] *K. Schmidt*, DB 2008, 1727, 1732.
[3] *K. Schmidt*, DB 2008, 1727, 1732.
[4] *K. Schmidt*, DB 2008, 1727, 1732.

IV. Eigenkapitalersetzende Nutzungsüberlassungen

verwalter über die **Fortführung des Vertrages**. Er hat die Option entweder die Erfüllung desselben zu wählen oder diese abzulehnen, § 103 Abs. 1, 2 S. 1 InsO. Im Falle der Erfüllungswahl wird der Nutzungsvertrag mit Wirkung für und gegen die Masse fortgesetzt.

b) Nicht-Fortsetzen des vertraglichen Nutzungsverhältnisses

Die Neuregelung des § 135 Abs. 3 InsO kommt hingegen erst dann zum tragen, wenn der Insolvenzverwalter einerseits nicht mehr an den bestehenden **Nutzungsvertrag** festhalten und andererseits den Gegenstand aber weiter nutzen will. 706

Der Insolvenzverwalter kann den bestehenden **Nutzungsvertrag** mit einer **gesetzlichen Kündigungsfrist von drei Monaten kündigen**, § 109 Abs. 1 S. 1 InsO bzw. bei Verträgen über bewegliche Gegenstände und Sachen die Erfüllung ablehnen, § 103 Abs. 2 InsO. Mit der Kündigung des Nutzungsvertrages entfällt grundsätzlich das Besitzrecht und der Insolvenzverwalter müsste den Gegenstand an den Gesellschafter wieder herausgeben, § 47 InsO. 707

An diesem Punkt knüpft § 135 Abs. 3 InsO an und gibt dem Insolvenzverwalter die Möglichkeit das vertragliche Nutzungsverhältnis zu kündigen, ohne dass er den vertraglich überlassenen Gegenstand an den Gesellschafter herausgeben muss. Die Norm des § 135 Abs. 3 InsO regelt die **Voraussetzungen und Konditionen des Nutzungsverhältnisses** im Falle der Nicht-Fortsetzung des schuldrechtlich vereinbarten Nutzungsvertrages.[1] Anstelle des gekündigten vertraglichen Schuldverhältnis tritt ein gesetzliches, wodurch das dem Gesellschafter zustehende **Aussonderrecht** hinausgeschoben wird. 708

Mit der Wahl dieser Option kann der Insolvenzverwalter nicht nur langfristige Verträge vermeiden, sondern auch die **Nutzungskosten** senken, wenn der durchschnittliche Vergütung im Jahr vor der Insolvenzeröffnung unterhalb des vertraglich vereinbarten Nutzungsentgelts lag.[2] 709

3. Neuregelung der „eigenkapitalersetzenden" Nutzungsüberlassung – Voraussetzungen

Möchte der Insolvenzverwalter von der Option des § 135 Abs. 3 InsO Gebrauch machen, so müssen folgende Voraussetzungen vorliegen: 710

a) Der Gesellschafter muss der Gesellschaft vor Eröffnung des Insolvenzverfahrens einen **Gegenstand zum Gebrauch oder zur Ausübung überlassen** haben.

b) Diesen **schuldrechtlichen Nutzungsvertrag** mit dem Gesellschafter muss der Insolvenzverwalter **beendet** haben. Es liegt kein widersprüchliches Verhalten des Insolvenzverwalters vor, wenn er zum einen die Kündigung bzw. Nichter- 711

---
[1] K. Schmidt, DB 2008, 1727, 1732.
[2] K. Schmidt, DB 2008, 1727, 1733.

G. Grundzüge des neuen Eigenkapitalersatzrechts/Insolvenzrechtliche Bezüge

füllung erklärt und andererseits sich auf das Nutzungsrecht nach § 135 Abs. 3 InsO beruft. Auch wenn die gesetzliche Normierung ebenso wie die Gesetzesbegründung dazu schweigt, treffen den Insolvenzverwalter in diesem Fall gewisse **Offenbarungspflichten**.[1] Will er das vertragliche Nutzungsverhältnis nicht fortsetzen aber von § 135 Abs. 3 InsO Gebrauch machen, gebietet es die Loyalität gegenüber dem Gesellschafter, ihn über sein Vorhaben zu informieren. Bei einem Verstoß gegen die Loyalitätspflicht muss der Insolvenzverwalter schlimmstenfalls mit einem Rechtsverlust aufgrund Verwirkung rechnen.

712 c) Der Gegenstand muss für die Fortführung des Unternehmens der Gesellschaft von **erheblicher Bedeutung** sein. Entsprechend der vergleichbaren Regelung des § 21 Abs. 2 S. 1 InsO muss der Insolvenzverwalter diese Voraussetzung in Einzelnen darlegen, die lediglich pauschale Behauptung genügt nicht.[2] Die erhebliche Bedeutung für die Fortführung des Unternehmens liegt bereits dann vor, wenn der Betriebsablauf ohne die Nutzung des Gegenstandes nicht nur geringfügig gestört wird.[3]

4. Rechtsfolgen des § 135 Abs. 3 InsO

713 Wählt der Insolvenzverwalter die Option des § 135 Abs. 3 InsO tritt an die Stelle des vertraglichen ein gesetzliches Nutzungsverhältnis.

714 a) Das gesetzliche Schuldverhältnis über den Gegenstand begründet für die Gesellschaft ein **Besitzrecht**.

715 b) Der Gesellschafter kann sein **Aussonderungsrecht** an der Sache nicht geltend machen, maximal aber für einen Zeitraum von einem Jahr ab Eröffnung des Insolvenzverfahrens.

716 Der Insolvenzverwalter ist berechtigt, aber nicht verpflichtet die gesetzlich zulässige **Nutzungsdauer** von einem Jahr auszuschöpfen. Er kann das Nutzungsverhältnis auch ohne Kündigungserklärung beenden, wobei er aber den Gesellschafter rechtzeitig darüber zu informieren hat, soweit für die fristlose Beendigung kein wichtiger rund besteht.[4]

717 Bestehen ernsthafte Sanierungschancen für die auch die Weiternutzung des Gesellschaftergegenstandes erforderlich ist, so sollte der Insolvenzverwalter innerhalb dieser Jahresfrist mit dem Gesellschafter eine schuldrechtliche Vereinbarung über die Weiternutzung treffen.

---

[1] *K. Schmidt*, DB 2008, 1727, 1734.
[2] Kübler/Prütting/*Pape*, § 21 Rn. 40i.
[3] HamburgerKomm/*Schröder*, § 21 Rn. 69d.
[4] *Schmidt*, DB 2008, 1727, 1734.

V. Kleinbeteiligungs- und Sanierungsprivileg

c) Der Gesellschafter hat gegen die Gesellschaft einen Anspruch auf einen **finan-** 718
ziellen Ausgleich für die Gebrauchsüberlassung.

Dem Gesellschafter steht für das Überlassen bzw. für den Gebrauch des Ge- 719
genstandes ein Nutzungsentgelt zu. Dieses wird aus dem durchschnittlichen
Wert des im letzten Jahr vor Eröffnung des Insolvenzverfahren geleisteten Entgelts berechnet. Bei einer kürzeren Überlassungsdauer ist diese maßgebend.

Nach Eröffnung des Insolvenzverfahrens ist das für die Nutzungsüberlassung 720
vereinbarte **Entgelt als Masseverbindlichkeit** zu qualifizieren. Der Gesetzgeber
will damit dafür sorgen, dass der Gesellschafter dieselbe Vergütung erhält, die
ihm schon vor Verfahrenseröffnung zugeflossen ist. Ein über die Überlassung des
Gegenstandes hinausgehendes Sonderopfer soll ihm zugemutet werden.[1] Damit
wird der im Insolvenzverfahren grundsätzlich nachrangige **Gesellschafter zum
Massegläubiger.** Hingegen sind noch offene Entgeltforderungen aus der Zeit vor
der Eröffnung des Insolvenzverfahrens einfache Insolvenzforderungen, § 108
Abs. 2 InsO. Mit der vorrangigen Befriedigung der Entgeltforderung werden
nicht nur die außenstehenden Insolvenzgläubiger benachteiligt, sondern zusätzlich noch die Insolvenzmasse geschmälert.[2]

Dabei handelt es sich aber lediglich um eine konsequente Folge von der Verab- 721
schiedung der Rechtsfigur der „eigenkapitalersetzenden Darlehen bzw. Nutzungsüberlassung". Die **Nutzungsüberlassung** eines Gesellschaftergegenstandes an die
Gesellschaft stellt nach der neuen Rechtslage keine einem Darlehen wirtschaftlich
entsprechende Finanzierungsform im Sinne des § 39 Abs. 1 Nr. 5 InsO dar. Vielmehr fasst der Gesetzgeber die Nutzungsüberlassung unter die §§ 103 ff. InsO
und regelt in § 135 Abs. 3 InsO eine zusätzliche Nutzungsoption im Falle der
Nichtfortsetzung des Nutzungsvertrages.

V. Kleinbeteiligungs- und Sanierungsprivileg

Der Gesetzgeber hat das in § 32a Abs. 3 Satz 2 GmbHG eingeführte **Kleinst-** 722
beteiligungsprivileg in § 39 Abs. 5 InsO übernommen[3]. Demnach gilt der
Nachrang von Gesellschafterdarlehen gemäß § 39 Abs. 1 Nr. 5 InsO nicht für Gesellschafter, die mangels Geschäftsführerstellung und einer Beteiligung von nur
10% oder weniger am Haftkapital keine mitunternehmerische Verantwortung
im Unternehmen tragen.

Die Regelung ist jetzt **rechtsformneutral formuliert,** so dass sie neben der 723
GmbH und der **Aktiengesellschaft** auch für die **KGaA,** die **Genossenschaft** sowie für die **KG** und **OHG** gilt, solang keine natürliche Person persönlich haften-

---

[1] Beschlussempfehlung des Rechtsausschusses des Bundestages vom 24.6.2008, S.107, abrufbar unter www.bundestag.de.
[2] Vgl. dazu *Heinze,* ZIP 2008, 110, 112 zum RegE, der noch keine mit § 135 Abs. 3 InsO
vergleichbare Norm aufwies.
[3] Zustimmung von *Bayer/Graff,* DStR 2006, 1654, 1656 ff.

G. Grundzüge des neuen Eigenkapitalersatzrechts/Insolvenzrechtliche Bezüge

der Gesellschafter ist. Darüber hinaus gilt die Vorschrift für die **Europäische Gesellschaft (SE)** und soll auch für ausländische Gesellschaften anwendbar sei, soweit sie deutschen Insolvenzrecht unterfallen (Art. 3 Abs. 1 i.V. m. Art. 4 Abs. 1 EuInsVO).[1] Vor diesem Hintergrund kann die Anknüpfung des Kleinbeteiligungsprivilegs an den Begriff des Geschäftsführers zu Abgrenzungsschwierigkeiten führen.[2] Insbesondere für die Aktiengesellschaft stellt die Neuregelung eine Verschärfung dar, da bisher die Rechtsprechung des BGH von einem sog. eigenkapitalersetzenden Darlehen nur ausging, wenn der Gesellschafter mehr als 25% der Aktien der Gesellschaft hielt.[3]

724   In § 39 Abs. 4 Satz 2 InsO wurde außerdem das Sanierungsprivileg des § 32a Abs. 3 Satz 3 GmbHG übernommen.[4] Demnach gilt § 39 Abs. 1 Nr. 5 InsO nicht für Personen, die sich bei drohender oder eingetretener Zahlungsunfähigkeit bzw. bei Überschuldung an der Gesellschaft zum Zwecke der Sanierung beteiligen und ein zuvor an die Gesellschaft gewährtes Darlehen „stehen lassen". Voraussetzung dafür ist aber, dass diese Personen vor dem Anteilserwerb entweder kein Gesellschafter war oder dem Kleinbeteiligungsprivileg unterfiel.

VI. Die Bilanzierung in der Überschuldungsbilanz

725   Die **Bilanzierung** von Forderungen auf **Rückgewähr von Gesellschafterdarlehen** war vor der Reform des GmbH-Rechts umstritten. Nach dem BGH und der überwiegenden Ansicht in Literatur und Rechtssprechung waren eigenkapitalersetzende Darlehen/Leistungen als **Fremdverbindlichkeiten** zu passivieren, es sei denn der Gesellschafter hat einen **Rangrücktritt** erklärt.[5]

726   Die Frage der Passivierung von Forderungen aus Gesellschafterdarlehen wurde in § 19 Abs. 2 InsO ausdrücklich geregelt. Demnach sind solche mit einem Rangrücktritt versehene Forderungen grundsätzlich nicht mehr zu passivieren.[6] Von der **Passivierungspflicht** ausgenommen sind aber nicht nur Darlehensforderungen, sondern auch Forderungen aus Rechtshandlungen, die einem Gesellschafterdarlehen wirtschaftlich entsprechen, § 19 Abs. 2 Satz 2 InsO. Der Geschäftsführer muss sich daher nicht mehr mit schwierigen Abgrenzungsfragen beschäftigen.

727   Es ist entsprechend der Rechtsprechung des BGH[7] eine **ausdrückliche Rangrücktrittserklärung** des betreffenden Gesellschafters erforderlich. Nur Forderun-

---

[1] Begr. RegE. Beilage zu ZIP 23/2007, 33.
[2] *Tillmann*, GmbHR 2006, 1289, 1293.
[3] Vgl. BGHZ 90, 381, 390f. sowie *BGH* ZIP 2005, 1316; *Blöse*, GmbHR-Sonderheft Oktober 2008, 71, 75.
[4] Zur alten Rechtslage: *Heidinger*, in: Heckschen/Heidinger, Die GmbH in der Gestaltungspraxis, 2005, § 9 Rn. 44ff.
[5] *BGH* ZIP 2001, 235; *Heckschen*, in: Heckschen/Heidinger, Die GmbH in der Gestaltungs- und Beratungspraxis, 2. Aufl. 2009, § 18 Rn. 46.
[6] Kritisch dazu: *Haas/Oechsler*, NZG 2006, 807, 809; *Poertzgen*, GmbHR 2007, 1258, 1263; *Hölzle*, GmbHR 2007, 729, 735.
[7] *BGH* ZIP 2001, 235 = GmbHR 2001, 190 = NJW 2001, 1280.

VII. Gerichtsstand für Klagen des Insolvenzverwalters

gen, die mit einem ausdrücklichen Rangrücktritt verbunden sind, sind nicht zu passivieren. Durch die aktive Handlung des Gesellschafters ist zum einen eine wichtige Warnfunktion gegeben, die sich bislang bewährt hat, zudem soll die Gefahr einer unkontrollierten Zunahme von masselosen Verfahren verhindert werden.[1]

Mit dem Erfordernis der **ausdrücklichen Rangrücktrittserklärung** durch den Gesellschafter-Kreditgeber kann der Geschäftsführer leicht und rechtssicher entscheiden, ob eine Forderung zu passivieren ist oder nicht. 728

Zu beachten ist aber, dass der den Rangrücktritt erklärende Gesellschafter noch einen Rang hinter den Gesellschafter rückt, der für sein Darlehen keinen Rangrücktritt erklärt hat (§ 39 Abs. 2, Abs. 1 Nr. 5 InsO).[2] 729

VII. Gerichtsstand für Klagen des Insolvenzverwalters

Für Klagen des Insolvenzverwalters gegen Gesellschafter gab es bislang keinen eigenen **besonderen Gerichtsstand** in der ZPO. Um zu vermeiden, dass der Insolvenzverwalter jeden Gesellschafter einzeln an dem allgemeinen Gerichtsstand seines Wohnortes verklagen muss, wurde der besondere Gerichtsstand der Mitgliedschaft nach § 22 ZPO für Klagen des Insolvenzverwalters analog herangezogen. Der besondere Gerichtsstand des § 22 ZPO ermöglichte bisher Klagen der Gesellschaft gegen Gesellschafter sowie Klagen zwischen Gesellschaftern am Sitz der Gesellschaft zu erheben. Diese Regelung wurde im Wege der GmbH-Reform ausdrücklich um die Aufnahme von Klagen des Insolvenzverwalters gegen Gesellschafter ergänzt. 730

---

[1] Beschlussempfehlung des Rechtsausschusses des Bundestages vom 24.6.2008, S. 104f., abrufbar unter www.bmj.de.
[2] *Bäuml,* GmbHR-Sonderheft Oktober 2008, 93, 95.

H. Neuregelungen betreffend den Geschäftsführer

I. Ausgangslage

Das ursprüngliche Hauptziel der Reform war, die Seriosität der GmbH zu steigern und Missbräuche zu verhindern. Insbesondere sollte auch der Zugang zu dem mit großer Verantwortung ausgestatteten Amt des **Geschäftsführers** der GmbH eingeschränkt werden. Schon bisher sieht § 6 GmbHG eine Vielzahl von **Inhabilitätsgründen** vor. Das Vorliegen eines Inhabilitätsgrundes führt dazu, dass die betreffende Person nicht Geschäftsführer werden kann. Die **Bestellung eines inhabilen Geschäftsführers** ist nichtig. Darüber hinaus hat der BGH entschieden, dass das nachträgliche Eintreten eines Inhabilitätsgrundes zum sofortigen Erlöschen der Geschäftsführerstellung führt.[1] Die Gesellschaft wird dann, wenn der letzte oder einzige Geschäftsführer betroffen ist, führungslos. Die Frage, welche Pflichten dann die Gesellschafter treffen und wie eine etwaige Pflichtverletzung sanktioniert wird, ist bisher nicht ausdrücklich geregelt.

Regress- und Haftungsgefahren wie aber auch **strafrechtliche Sanktionen** treffen den Geschäftsführer nicht nur in der Gründungsphase, sondern auch in der bestehenden GmbH und in der Krise oder bei der Liquidation der Gesellschaft.

1. Bei der Gründung

Der Geschäftsführer hat die Gesellschaft gemäß § 7 GmbHG anzumelden. Im Rahmen dieser Anmeldung hat der Geschäftsführer gemäß § 8 Abs. 2 GmbHG zu versichern, dass auf die Stammeinlagen geleistet wurde und dass sich der Gegenstand der Leistung endgültig in der **freien Verfügung der Geschäftsführer** befindet. Zudem hat der Geschäftsführer gemäß § 8 Abs. 3 S. 1 GmbHG zu versichern dass in seiner Person **keine Ausschlussgründe** vorliegen und dass er über seine uneingeschränkte Auskunftspflicht gegenüber dem Gericht belehrt worden ist. Für falsche Angaben haftet der Geschäftsführer hier nach § 9a GmbHG.

2. Bei der bestehenden Gesellschaft

Dem Geschäftsführer obliegt in erster Linie die **Pflicht zur Geschäftsführung.** Diese umfasst alle zur Verfolgung des Gesellschaftszwecks erforderlichen Ent-

---

[1] *BGH* NJW 1991, 2566; vgl. auch *Wicke*, § 6 Rn. 6.

H. Neuregelungen betreffend den Geschäftsführer

scheidungen und die Leitung des Unternehmens. Die Wahrnehmung von Gesellschafterrechten gehört dagegen nicht zu den Pflichten des Geschäftsführers.[1]

735 Der Geschäftsführer einer GmbH unterliegt gegenüber seiner Gesellschaft einer weitreichenden **Treuepflicht**, aus der sich verschiedene Schutz-, Rücksichtnahme- aber auch Handlungspflichten ergeben.[2] So lässt sich aus der Treuepflicht eine **Verschwiegenheitspflicht** des Geschäftsführers ableiten.[3] Daneben ist er gegenüber den Gesellschaftern zu solch umfassender Information verpflichtet, dass die Gesellschafter ihre Mitverwaltungsrechte ausüben können.[4] Neben dieser aus der Treuepflicht abgeleiteten Informationspflicht hat der Geschäftsführer gemäß § 51a Abs. 1 GmbHG jedem Gesellschafter auf Verlangen unverzüglich Auskunft über die Angelegenheiten der Gesellschaft zu geben und Einsicht in die Bücher und Schriften der Gesellschaft zu gewähren.

736 Aus der Treuepflicht folgt ebenso die Verpflichtung des Geschäftsführers, bei der Aufgabenwahrnehmung nur das **Wohl der Gesellschaft** im Auge zu haben. Deshalb darf er nicht zum eigenen wirtschaftlichen Vorteil und zum Vorteil Dritter handeln, soweit Interessen der Gesellschaft berührt werden.[5] Aus dieser sog. Geschäftschancenlehre lässt sich ein umfassendes Wettbewerbsverbot des Geschäftsführers ableiten.[6] Schließlich hat der Geschäftsführer für die Gesellschaft seine gesamte Arbeitskraft einzusetzen.[7]

737 Der Geschäftsführer unterliegt daneben einer Reihe von Anmeldepflichten. So hat er die Pflicht zur **Anmeldung von Satzungsänderungen** (§ 54 GmbHG), von **Kapitalerhöhungen** (§ 57 GmbHG) oder **Kapitalherabsetzungen** (§ 58 GmbHG). Bei der Kapitalerhöhung hat der Geschäftsführer gemäß § 57 Abs. 2 GmbHG zu versichern, dass die Einlagen auf das neue Stammkapital zur freien Verfügung geleistet worden. Er hat für die Gesellschaft ferner eine **Verschmelzung** (§ 16 UmwG), eine **Spaltung** (§ 129 UmwG) oder einen **Formwechsel** (§ 198 UmwG) anzumelden. Schließlich hat er gemäß § 39 GmbHG die **Anmeldung der Geschäftsführer** vorzunehmen.

738 Den Geschäftsführer treffen zudem eine Reihe von Einreichungspflichten. So hat er gemäß § 40 GmbHG die Gesellschafterliste beim Handelsregister einzureichen. Weiterhin hat er beim Betreiber des elektronischen Bundesanzeigers den Jahresabschluss, Lagebericht, Ergebnisverwendungsvorschlag und -beschluss (§ 325 Abs. 1 HGB) sowie bei konzernabschlußpflichtigen Gesellschaften den Konzernabschluß sowie -lagebericht (§ 325 Abs. 3 HGB) einzureichen.

739 Der Geschäftsführer hat gemäß § 49 Abs. 1 GmbHG die Gesellschafterversammlung einzuberufen und diese auch vorzubereiten.

---

[1] Baumbach/Hueck/*Zöllner/Noack*, § 35 Rn. 29.
[2] Vgl. hierzu Baumbach/Hueck/*Zöllner/Noack*, § 35 Rn. 39.
[3] Scholz/*Schneider*, § 43 Rn. 144.
[4] Scholz/*Schneider*, § 43 Rn. 149.
[5] *BGH* NJW 1986, 586f.
[6] Baumbach/Hueck/*Zöllner/Noack*, § 35 Rn. 41ff.
[7] Baumbach/Hueck/*Zöllner/Noack*, § 35 Rn. 49.

II. Neuregelung

Den Geschäftsführer trifft gemäß § 41 GmbHG die Pflicht zur ordnungsge- 740
mäßen Buchführung und gemäß § 264 Abs. 1 HGB die Verpflichtung zur Aufstellung des Jahresabschlusses.

3. Bei der Gesellschaft in der Krise

Bei **Verlust der Hälfte des Stammkapitals** hat der Geschäftsführer gemäß 741
§ 49 Abs. 3 GmbHG unverzüglich die Gesellschafterversammlung einzuberufen.
Bei **Zahlungsunfähigkeit und Überschuldung** trifft den Geschäftsführer ge- 742
mäß § 64 Abs. 1 GmbHG die Verpflichtung, unverzüglich einen Insolvenzantrag zu stellen. § 64 Abs. 2 GmbHG enthält die mittelbare Verpflichtung des Geschäftsführers, die bei Eintritt eines Insolvenzauslösetatbestandes noch vorhandene Masse zu erhalten. Soweit der Geschäftsführer trotzdem Zahlungen aus dem Gesellschaftsvermögen vornimmt, die nicht mit der Sorgfalt eines ordentlichen Geschäftsmanns vereinbar sind, ist er der Gesellschaft gegenüber zur Erstattung verpflichtet.[1]

4. In der Liquidation

Im Rahmen der **Liquidation** treffen den Geschäftsführer wiederum Anmelde- 743
pflichten. So hat er gemäß § 65 Abs. 1 S. 1 GmbHG die Auflösung der Gesellschaft und gemäß § 67 Abs. 1 GmbHG die ersten Liquidatoren beim Handelsregister anzumelden.

Sofern der Geschäftsführer auch Liquidator der Gesellschaft ist, treffen ihn An- 744
melde- (§§ 67, 74 GmbHG) und Bilanzierungspflichten (§ 71 GmbHG). Er hat gemäß § 70 GmbHG die laufenden Geschäfte zu beenden und sämtliche Forderungen und Verbindlichkeiten abzuwickeln. Schließlich haben sie nach Befriedigung der Gesellschaftsgläubiger das Vermögen zu verteilen (§§ 72, 73 GmbHG).

II. Neuregelung

1. Ausweitung der Verantwortung und Haftung der Geschäftsführer

Das MoMiG verschärft die Haftung der Geschäftsführer und weitet deren Ver- 745
antwortungsbereich in einer Vielzahl von Fallkonstellationen deutlich aus:
Der Geschäftsführer muss die Einlagen der Gesellschafter zur freien Verfügung 746
erhalten. Dementsprechend hat er eine strafbewehrte Versicherung gegenüber dem Handelsregister abzugeben, § 8 Abs. 2 Satz 1 GmbHG. Die Norm wird nur vom Wortlaut insoweit angepasst, als der Geschäftsführer zu versichern hat, dass

---

[1] Vgl. hierzu Großkomm-GmbHG/*Casper*, § 64 Rn. 2.

H. Neuregelungen betreffend den Geschäftsführer

die Leistungen auf die Geschäftsanteile (früher auf die Stammeinlagen) bewirkt sind. Entscheidend aber ist, dass nun § 19 Abs. 5 GmbHG das sog. **Hin- und Her-Zahlen** unter den dort genannten Bedingungen ausdrücklich erlaubt (vgl. dazu schon Rn. 110 ff.). Der Gesellschafter kann nunmehr seine Einlageverpflichtung in der Weise erfüllen, dass er der Gesellschaft seine Einlage zur Verfügung stellt und gleichzeitig vereinbart, dass die Gesellschaft ihm diese Leistung zurückgewährt. Ein solches wird dann als Erfüllung der Einlagepflicht fingiert, wenn der Rückgewähranspruch der Gesellschaft vollwertig und jederzeit fällig oder durch fristlose Kündigung durch die Gesellschaft fällig gestellt werden kann. Der Geschäftsführer muss eine solche Leistung bei der **Handelsregisteranmeldung** der Gründung der Gesellschaft oder einer entsprechenden Kapitalerhöhung ausdrücklich angeben. Verabsäumt er die **Offenlegung** oder aber liegen die beiden vorgenannten Gründe, die die Fiktion der Einlageleistung nach Auffassung des Gesetzgebers rechtfertigen, nicht vor, so wird auch nicht unterstellt, dass die Einlagen zur freien Verfügung standen. Die Versicherung des Geschäftsführers ist dann falsch und er macht sich strafbar.

747 Der Geschäftsführer ist nunmehr verpflichtet, die durchaus schwierige Prüfung anzustellen, inwieweit der Rückgewähranspruch der Gesellschaft vollwertig ist. Nimmt er dies zu Unrecht an, haftet er der Gesellschaft unmittelbar und auch deren Gläubigern für den daraus entstehenden Schaden.

748 Mit der Gründung endet aber die Haftung des Geschäftsführers nicht. Vielmehr muss er nun in der Folge ständig kontrollieren, inwieweit der Rückgewähranspruch nun auch **vollwertig** bleibt. Für die Frage, ob die Einlage des Gesellschafters wirksam geleistet ist, kommt es zwar nur auf den Moment der Einlageleistung an. Der Gesellschafter ist also von seiner Haftung befreit, wenn zu diesem Zeitpunkt die Einlage vollwertig und der Rückgewähranspruch jederzeit fällig oder durch fristlose Kündigung fällig gestellt werden konnte. Der Geschäftsführer aber muss sofort, wenn er sieht, dass diese **Vollwertigkeit** nicht gegeben ist, entsprechend § 490 BGB kündigen und die Rückgewähr verlangen, wenn sich die Vermögensverhältnisse des Darlehensnehmers wesentlich verschlechtern oder eine solche Verschlechterung einzutreten droht. Verabsäumt er eine solche außerordentliche Kündigung, macht er sich seinerseits haftbar gem. § 43 Abs 2 GmbHG. Der Liberalisierung des Kapitalaufbringungsrechts zugunsten des Gesellschafters steht somit eine Verschärfung und Ausweitung der Haftungsposition des Geschäftsführers gegenüber.

749 Die Konstellationen des Hin- und Herzahlens sind für den Geschäftsführer nicht nur bei der Kapitalaufbringung regressträchtig, sondern auch in der Folge, da er ständig beobachten muss, ob der Rückzahlungsanspruch gegen den Gesellschafter noch werthaltig ist und insofern dessen Vermögenssituation überprüfen muss (vgl. auch Rn. 150 f.).

750 Gleiches gilt für die Neuregelung zur Kapitalerhaltung gem. § 30 GmbHG. Der Geschäftsführer hat zunächst zu überprüfen, ob der Rückgewähranspruch vollwertig ist. Schon der Prüfungsmaßstab ist bisher völlig unklar, da der Gesetzgeber keine Aussage zu der Frage getroffen hat, ob die Forderung verzinst sein

II. Neuregelung

muss und ob sie auch besichert sein muss (vgl. Rn. 133 f.). In der Folge obliegt dem Geschäftsführer dann die ständige Kontrolle, ob die Forderung auch werthaltig bleibt, da er sich nach § 43 GmbHG schadensersatzpflichtig macht, wenn er bei Vermögensverschlechterungen des Gesellschafters nicht die Rückzahlung des fälligen Darlehens einfordert oder den Anspruch nicht fällig stellt und dann Zahlung verlangt (vgl. Rn. 679).

Haftungsgefahren löst auch die Neuregelung in § 64 Satz 3 GmbHG aus. Hier 751 haftet der Geschäftsführer für Zahlungen, die zur Krise führen und nicht mehr nur für die, die in der Krise geleistet wurden.

2. Erweiterung der Ausschlussgründe

Die Ausschlussgründe für Geschäftsführer sind in § 6 GmbHG geregelt. Der 752 Katalog der **Ausschlussgründe** wurde mit dem MoMiG nicht nur übersichtlicher gestaltet, sondern auch die **Bestellungsvoraussetzungen** für die Geschäftsführer einer GmbH wurden durch die Erweiterung um wichtige Ausschlussgründe verschärft.

Die bisher bestehenden Ausschlussgründe der Betreuung (§ 1903 BGB), des 753 Vorliegens eines Berufsverbots und der Verurteilung wegen Insolvenzstraftaten nach den §§ 283 bis 283d StGB wurden um weitere **Vermögensdelikten** ergänzt. Insbesondere die Verurteilung aufgrund **Insolvenzverschleppung** und wegen **allgemeiner Vermögensdelikte** nach §§ 263 bis 264a, §§ 265b bis 266a StGB wurden in den Katalog der **Inhabilitätsgründe** aufgenommen. Auch die Verwirklichung von Straftatbeständen aus dem GmbHG und anderen gesellschaftsrechtlichen Gesetzen führt künftig zur Inhabilität (§§ 399, 400 AktG, § 331 HGB, § 313 UmwG, § 17 PublG und § 82 GmbHG).

Der Referenten- und der Regierungsentwurf hatten noch davon abgesehen, die 754 **allgemeinen Vermögensdelikte** des Strafgesetzbuches in den Katalog der **Inhabilitätsgründe** aufzunehmen, weil Straftaten wie der Betrug nicht notwendigerweise mit Geschäftsleitungstätigkeit im inneren Zusammenhang stehen würden.[1] Der Bundestag ist jedoch auf die berechtigten Forderungen der Praxis und Wissenschaft[2] eingegangen und hat den Katalog um die allgemeinen Vermögensdelikte erweitert.

Für die Aufnahme von Verurteilungen nach den allgemeinen Vermögensdelikten sprach vor allem, dass grundsätzlich davon ausgegangen werden kann, dass eine Person, die aufgrund eines **Vermögensdelikts** zu einer Freiheitsstrafe von mindestens einem Jahr verurteilt worden ist, ungeeignet ist die finanziellen Belange einer Kapitalgesellschaft zuverlässig zu verwalten und zu betreuen. Die Vermögensdelikte weisen allesamt einen **unternehmerischen** bzw. **vermögensverwaltenden Charakter** auf. 755

---

[1] Begr. RegE. Beilage zu ZIP 23/2007, S. 8.
[2] *Heckschen*, NotBZ 2006, 381, 389; *ders.*, DStR 2007, 1442, 1449; *Römermann*, GmbHR 2006, 673, 681; *Wachter*, GmbHR 2006, 739, 797.

H. Neuregelungen betreffend den Geschäftsführer

a) Insolvenzverschleppung

756 § 6 Abs. 2 Nr. 3a) GmbHG schließt denjenigen zukünftig als Geschäftsführer aus, der wegen **Insolvenzverschleppung** verurteilt wurde. Auf das **Strafmaß** kommt es insoweit nicht an. Entscheidend ist es allein, dass es unterlassen wurde, einen Antrag auf Eröffnung des Insolvenzverfahrens zu stellen und insoweit die Pflicht gem. § 15a Abs. 4 InsO verletzt wurde. Insoweit ist nicht klar, ob nur derjenige, der den Insolvenzantrag überhaupt nicht gestellt hat und insoweit verurteilt wurde, erfasst ist, oder auch diejenigen, die diesen Antrag nicht richtig oder vor allem nicht rechtzeitig stellen.[1]

b) Falsche Angaben nach § 82 GmbHG oder § 399 AktG

757 Eine Erweiterung, die in der Praxis große Relevanz erlangen wird, stellt die Inhabilität wegen **falscher gesellschaftsrechtlicher Angaben** dar. Aus dem Bereich des GmbHG sind sämtliche Falschangaben nach § 82 Abs. 1, 2 GmbHG erfasst. Die strafrechtlichen Risiken des Geschäftsführers sind hier besonders vielfältig. Falsche Angaben bei der Übernahme von Geschäftsanteilen und vor allem bei der Leistung der Einlagen auf die Geschäftsanteile werden besonders häufig bei den sog. **verdeckten Sacheinlagen** gemacht. Da die gesetzlichen Privilegierungen in § 19 Abs. 4 GmbHG nur für den Gesellschafter Wirkungen entfalten, nicht aber für den Geschäftsführer (vgl. oben Rn. 87), liegt hier ebenso wie bei falschen Angaben im Bereich des **Hin- und Herzahlens** (vgl. oben Rn. 150ff.) eine enorme Quelle für strafrechtliche Verurteilung von Geschäftsführern.[2] Gleiches gilt für **Kapitalerhöhungsvorgänge.**

c) Unrichtige gesellschaftsbezogene Darstellungen

758 Neu ist die Einbeziehung von Verstößen gegen § 400 AktG, § 331 HGB, § 313 UmwG oder § 17 PublG in den Kreis der Delikte, die eine Inhabilität auslösen.

d) Verurteilungen wegen sonstiger vermögensrechtlicher Delikte

759 Eine deutliche Ausweitung der Inhabilitätsgründe ergibt sich auch aus der Aufnahme einiger Vermögensdelikte in den Katalog des § 6 GmbHG.

760 Der Ausschluss wegen einer in § 6 Abs. 2 Satz 2 Nr. 3e) GmbHG genannten Straftaten setzt voraus, dass es sich um eine **vorsätzliche Tat** handelte und mindestens eine **Freiheitsstrafe von einem Jahr** verhängt wurde. Dabei genügt es für das Entstehen des Ausschlussgrundes bereits, wenn derjenige auf **Bewährung** zu einer Freiheitsstrafe verurteilt wurde. Der Vollzug der Strafe ist nicht erforderlich.

---

[1] Vgl. dazu *Römermann*, GmbHR-Sonderheft Oktober 2008, 62, 63.
[2] Vgl. *Römermann*, GmbHR-Sonderheft Oktober 2008, 62, 64.

II. Neuregelung

In der Literatur wird teilweise geltend gemacht, dass der Angriff, der durch diese Inhabilitätsgründe in die Berufsfreiheit gem. Art. 12 GG vorgenommen werde, zu weit ausfalle und verfassungsrechtlich bedenklich sei.[1]

e) Auslandsdelikte

Nach § 6 Abs. 2 Nr. 3 Satz 3 GmbHG führt auch die Verurteilung im Ausland wegen einer Straftat, die den zuvor genannten Straftaten nach § 6 Abs. 2 Nr. 3 GmbHG vergleichbar ist, zur Inhabilität. 761

Der Ausschluss gilt für die **Dauer von fünf Jahren** ab Rechtskraft des Urteils, wobei die Zeit einer behördlich angeordneten Verwahrung in einer Anstalt nicht eingerechnet wird.

Die massive **Ausweitung der Inhabilitätsgründe** für Geschäftsführer einer GmbH sowie auch für den Vorstand einer Aktiengesellschaft hat gravierende Folgen für die Praxis. Die Fälle, in denen eine Gesellschaft führungslos ist oder wird, werden sich enorm vermehren. Dies hat auch für die Gesellschafter Konsequenzen, die der Gesetzgeber nun mit dem MoMiG auch ausdrücklich festlegt. Zu erwähnen sind insbesondere folgende Vorschriften: 762

- Haftung der Gesellschafter bei Überlassung der Geschäfte an einen inhabilen Geschäftsführer gem. § 6 Abs. 5 GmbHG. Erfasst werden sowohl faktische als auch tatsächlich bestellte Geschäftsführer.

- Vertretung der führungslosen Gesellschaft durch die Gesellschafter bei Empfang von Willenserklärungen und Zustellung von Schriftstücken gemäß § 35 Abs. 1 GmbHG.

- Insolvenzantragspflicht der Gesellschafter bei führungsloser Gesellschaft gem. § 15a InsO.

- Insolvenzantragsrecht der Gesellschafter bei führungsloser Gesellschaft gemäß § 15 Abs. 1 InsO.

- Anhörung der Gesellschafter im Insolvenzverfahren bei führungsloser Gesellschaft gemäß § 10 Abs. 2 InsO.

In diesem Zusammenhang ist die Vorschrift des § 6 Abs. 5 GmbHG zu erwähnen. Danach werden die **Gesellschafter** stärker in die Verantwortung einbezogen. So haften Gesellschafter gegenüber der Gesellschaft solidarisch, wenn sie eine Person, die aufgrund § 6 Abs. 2 Satz 2 GmbHG nicht Geschäftsführer sein kann, vorsätzlich oder grob fahrlässig die Führung der Gesellschaft überlassen.[2] 763

---

[1] *Römermann*, GmbHR-Sonderheft Oktober 2008, 62, 65. Dieser weist im Übrigen darauf hin, dass unklar sei, wie zu verfahren ist, wenn eine Gesamtstrafe aus den in § 6 Abs. 2 Nr. 3 e) GmbHG genannten Delikten und anderen Delikten verhängt wurde.
[2] Vorschlag bereits vom Bundesrat, BR-Drs. 354/07 (B), 10.

H. Neuregelungen betreffend den Geschäftsführer

3. Übergangsregelung

764 Die **Übergangsregelung** in § 3 Abs. 2 EGGmbHG differenziert hinsichtlich des Wirksamwerdens der erweiterten **Ausschlussgründe** bei **neu bestellten** und **bereits im Amt** befindlichen Geschäftsführern. Bereits im Amt befindliche Geschäftsführer verlieren ihre Organstellung nur und erst dann, wenn sie wegen eines der nunmehr neu in die Inhabilitätsgründe aufgenommenen Ausschlussgrundes nach Inkrafttreten des Gesetzes rechtskräftig verurteilt wurden.

765 In der Praxis haben sich diese Differenzierungen sicherlich viele der im Amt befindlichen und von einer Strafverfolgung betroffenen Geschäftsführer nicht vor Augen geführt. Geschäftsführer und Gesellschafter sollten von ihren Beratern nachdrücklich auf die geänderte Rechtslage hingewiesen werden.

766 Eine Neubestellung von Geschäftsführern ist nur unter Berücksichtigung der neuen Inhabilitätsgründe zulässig. Wer also nach Inkrafttreten des Gesetzes zum Geschäftsführer bestellt werden soll, darf nicht rechtskräftig wegen einer der in § 6 Abs. 2 genannten Delikte verurteilt sein bzw. darf nicht wirksam mit einer der dort genannten Maßnahmen belegt sein oder einen der dort genannten Pflichtverstöße begangen haben. Tritt allerdings nach Inkrafttreten des Gesetzes für einen ab Inkrafttreten des Gesetzes bestellten Geschäftsführer ein derartiger Inhabilitätsgrund ein, so ist wiederum seine Bestellung nichtig und er verliert die Organfähigkeit.

767 Praxishinweis

- Die Beratungspraxis muss berücksichtigen, dass nach ganz h. M. die Bestellung eines inhabilen Geschäftsführers nichtig ist.[1] Wirksame Rechtsgeschäfte kann ein solcher Geschäftsführer nicht vornehmen und können gegenüber einem solchen Geschäftsführer auch nicht getätigt werden. Handelt es sich um den einzigen Geschäftsführer der Gesellschaft, so ist die Gesellschaft führungslos. Die Gesellschafter müssen dann berücksichtigen, dass sie beispielsweise zur Stellung des Insolvenzantrages selber verpflichtet sind und zahlreiche Pflichten auf sie übergehen (vgl. Rn. 806 ff.). Die Überprüfung des Geschäftsführers auf Inhabilitätsgründe gewinnt daher für die Praxis eine noch stärkere Bedeutung angesichts des weiten Umfangs der jetzt vom Gesetzgeber aufgenommenen Ausschlussgründe und der ggf. auf die Gesellschafter übergehenden Verantwortlichkeiten.

768
- Die Registergerichte fordern, dass der Geschäftsführer in der Registeranmeldung, mit der seine Bestellung zum vertretungsberechtigten Organ der Gesellschaft angemeldet wird, ausdrücklich nicht nur versichert, dass keine Inhabilitätsgründe vorliegen, sondern ihm durch eine schlagwortartige Angabe dieser Delikte der Umfang der Ausschlussgründe deutlich ge-

---

[1] *BGH* NJW 1991, 2566; *OLG Düsseldorf* GmbHR 1994, 114; *Wicke*, § 6 Rn. 6.

III. Auswirkungen auf Auslandsgesellschaften

> macht wird. Es sind daher sämtliche Registeranmeldungen für Geschäftsführer und Vorstände anzupassen und die zusätzlichen Inhabilitätsgründe in den schlagwortartigen Katalog aufzunehmen (vgl. das Muster einer Registeranmeldung Rn. 162).

III. Auswirkungen auf Auslandsgesellschaften

Die Erweiterungen der **Ausschlussgründe** hat auch Einfluss auf die Gründung von Zweigniederlassungen im Inland durch gesetzlichen Vertreter von Auslandsgesellschaften. Nach § 13e Abs. 3 Satz 2 HGB können gesetzliche **Vertreter von Auslandsgesellschaften** keine Zweigniederlassung in Deutschland anmelden, wenn sie eine in den Katalogen der § 76 AktG und § 6 GmbHG bezeichneten Straftaten begangen haben. 769

Die Vorschrift regelt nur, dass ausländische Vertreter, die nach deutschem Recht nicht Geschäftsführer einer GmbH sein könnten, keine **Zweigniederlassung anmelden** dürfen. Dem deutschen Gesetzgeber fehlt jedoch die Regelungsbefugnis, Inhabilitätsgründe festzulegen, die die Fähigkeit von Personen, Organ einer ausländischen Gesellschaft zu sein, bestimmen. Das ist vielmehr Aufgabe des Rechts, dem die ausländische Gesellschaft unterliegt. 770

Den ausländischen Gesellschaften wird mit dieser Regelung nach der Gesetzbegründung nicht die Gründung einer Zweigniederlassung im Inland verboten, sondern nur die Anmeldung derselben beim Handelsregister verwehrt.[1] Ein **inländischer Geschäftsbetrieb** kann demnach sehr wohl durch inhabile Personen errichtet werden. Die Kontrolle der persönlichen Qualifikation kann erst bei der Eintragung ansetzen, so dass die Regelung nur dann Wirkung zeigen kann, wenn die deutsche Zweigniederlassung tatsächlich zur Anmeldung kommt. Gerade diejenigen, die Inhabilitätsgründen unterliegen, werden eine Registeranmeldung der Zweigniederlassung schlichtweg nicht vornehmen. Dies verstößt zwar gegen das Gesetz, denn nach § 13e Abs. 2 HGB muss eine Zweigniederlassung, und zwar auch die einer Gesellschaft mit Satzungssitz im Ausland, zur Eintragung in das Handelsregister angemeldet werden. Angesichts der geringen Sanktionen bei Nichtbeachtung der Eintragungspflicht ist aber nicht zu erwarten, dass sich an dem Zustand, dass die meisten Zweigniederlassungen von ausländischen Gesellschaften nicht angemeldet werden, etwas ändert. Den deutschen Gesetzgeber scheint es nicht zu beunruhigen, dass er mit den derzeitigen Regelungen eindeutig gegen die Zweigniederlassungsrichtlinie verstößt. Diese schreibt vor, dass die nationalen Staaten effektive Mittelt bereit stellen müssen, um die Registrierung herbeizuführen.[2] 771

---

[1] Kritisch dazu: *Noack*, DB 2006, 1475, 1483.
[2] *Römermann*, GmbHR 2006, 673, 681; *Wachter*, GmbHR 2006, 793, 799.

H. Neuregelungen betreffend den Geschäftsführer

772 Die Vorschrift des § 13e Abs. 3 Satz 2 HGB verstößt nicht gegen **höherrangiges Europarecht.** Zwar beschränkt die Regelung die Möglichkeit ausländischer Gesellschaften eine Zweigniederlassung zu gründen und zu betreiben, indem sie festlegt welche Personen dafür geeignet sind. Allerdings unterliegen auch deutsche Gesellschaften bei der Gründung diesen Beschränkungen, so dass keine Ungleichbehandlung vorliegt.

IV. Haftungserweiterungen für Geschäftsführer

773 Hat ein Geschäftsführer Zahlungen nach Eintritt der Zahlungsunfähigkeit der Gesellschaft oder nach Feststellung deren Überschuldung veranlasst, ist er der Gesellschaft zum Ersatz verpflichtet, § 64 Satz 1 GmbHG. Die Haftung des Geschäftsführers wurde durch die GmbH-Reform erweitert und erstreckt sich nun auch auf Zahlungen an Gesellschafter, die **zur Zahlungsunfähigkeit geführt** haben bzw. **zu ihr führen mussten,** § 64 Satz 3 GmbHG.

1. Rechtliche Einordnung der Norm

774 Die erweiterte Haftung der Geschäftsführer richtet sich gegen den **Abzug von Vermögenswerten,** die die Gesellschaft zur Erfüllung ihrer Verbindlichkeiten benötigt. Damit erfasst die **Insolvenzverursachungshaftung**[1] einen Teilbereich der Haftung wegen **existenzvernichtenden Eingriffs** und erstreckt diesen auf die Geschäftsführer. Im Gegensatz zu der Fallgruppe des „existenzvernichtenden Eingriffs", bei dem der nur schwer zu bestimmende Begriff der fehlenden Rücksichtnahme auf den Zweck des Stammkapitals entscheidender Anknüpfungspunkt für die Haftung ist, lässt sich das Tatbestandsmerkmal der Zahlungsunfähigkeit ziemlich präzise erfassen.[2]

775 Dabei ergänzt § 64 Satz 3 GmbHG die Vorschriften der Kapitalerhaltung (§ 30 Abs. 1 GmbHG), indem er die Haftung auch auf Zahlungen erweitert, die zwar nicht das zur Erhaltung des Stammkapitals erforderliche Gesellschaftsvermögen antasten, die aber zur tatsächlichen **Zahlungsunfähigkeit** der Gesellschaft führen. Die Regelung ermöglicht eine Haftung auch in den Fällen, in denen eine Insolvenzanfechtung von Zahlungen an die Gesellschafter und sonstige gesellschafterbegünstigende Rechtshandlungen nach den §§ 129 ff. InsO bzw. dem Anfechtungsgesetz nicht in betracht kommen, sei es aufgrund Fristablaufs oder fehlendem bzw. nicht nachweisbaren Gläubigerbenachteiligungsvorsatz.

776 Gleichzeitig führt diese Neuregelung zu einer **Vorverlegung des Gläubigerschutzes,** indem sie Insolvenzwahrscheinlichkeit von Gesellschaften verringert.

---

[1] *Greulich/Rau,* NZG 2008, 284.
[2] *Römermann,* GmbHR 2006, 673, 681; *Greulich/Bunnemann,* NZG 2006, 681, 682.

IV. Haftungserweiterungen für Geschäftsführer

Sie setzt somit bereits vor der bisherigen Haftungsregelung des § 64 Abs. 2 GmbHG an.[1]

2. Haftungsvoraussetzungen

a) Geschäftsführerstellung

Haftungsschuldner sind nicht die Zahlungsempfänger, die Zahlungen erhalten haben, die zur Zahlungsunfähigkeit führen mussten, sondern der **Geschäftsführer** einer GmbH.[2] Der Geschäftsführer wird damit auch im Rahmen des Gläubigerschutzes stärker in die Verantwortung genommen. Er hat die Aufgabe im Interesse der Gläubiger auf das Vermögen der Gesellschaft zu achten („Wächter über die Liquidität"[3]). Dieser Aufgabe kann sich der Geschäftsführer nicht durch **Weisungen der Gesellschafter** entziehen. Zwar ist der Geschäftsführer grundsätzlich an die Weisungen der Gesellschafter gebunden und muss ihnen Folge leisten auch, wenn er sie für unternehmerisch verfehlt hält. Jedoch ist er nicht an Weisungen gebunden, mit deren Ausführung er gegen eine, ihn treffende gesetzliche Pflicht verstößt und sich gegenüber der Gesellschaft schadensersatzpflichtig macht, vgl. § 43 Abs. 3 GmbHG.[4] Bei Zweifeln über die Zulässigkeit der Auszahlung wird dem Geschäftsführer empfohlen **sein Amt niederzulegen**, anstatt der Weisung zu folgen. Der Gesetzgeber bewertet dies auch bei einer Fremdgeschäftsführung, die in der Regel eine wirtschaftliche Abhängigkeit des Geschäftsführers mit sich bringt, nicht als unbillig, da die Haftung nach § 64 Satz 3 GmbHG nur einen eng begrenzten Anwendungsbereich erfasst.[5]

777

b) Zahlungen

Trotz Kritik an der Formulierung knüpft die Haftung des Geschäftsführers an „Zahlungen" und nicht wie gefordert allgemein an **„Leistungen"** an.[6] Der Begriff „Zahlungen" umfasst aber ebenfalls wie bisher in § 64 Abs. 2 Satz 1 jetzt § 64 Satz 1 GmbHG nicht nur reine Geldleistungen, sondern auch sonstige vergleichbare Leistungen zu Lasten des Gesellschaftsvermögens, die potentiell zur Zahlungsunfähigkeit führen.[7] Eine einschränkende Auslegung des Begriffes, dahingehend, dass nur Geldzahlungen erfasst werden, stünde nicht im Einklang mit dem Ziel des Gesetzgebers, den Gläubigerschutz durch Verringerung der In-

778

---

[1] *Greulich/Bunnemann*, NZG 2006, 681, 684.
[2] Kritisch dazu: *Schmidt, K.*, GmbHR 2007, 1072, 1079; *Hoffmann-Becking*, Stellungnahme zur Anhörung des Rechtsausschusses, S. 6, abrufbar unter: www.bundestag.de/ausschuesse/a06/anhoerungen/28_MoMiG/04_Stellungnahmen/index.html.
[3] *Greulich/Bunnemann*, NZG 2006, 681, 683.
[4] Begr. RegE., Beilage zu ZIP 23/2007, S. 21; *Greulich/Bunnemann*, NZG 2006, 681, 683.
[5] Begr. RegE., Beilage zu ZIP 23/2007, S. 21 f.
[6] Für eine Anknüpfung an die „Leistung" statt „Zahlung": *Knof*, DStR 2007, 1536, 1538.
[7] Begr. RegE., Beilage zu ZIP 23/2007, S. 21.

H. Neuregelungen betreffend den Geschäftsführer

solvenzanfälligkeit zu erweitern. Demnach kann zum Beispiel auch die Bestellung einer Sicherheit für Verbindlichkeiten eines Gesellschafters eine „Zahlung" in diesem Sinne darstellen. Dabei ist aber zu beachten, dass bereits bei Bestellung der Sicherheit eine Inanspruchnahme derselben wahrscheinlich ist und kein liquider Rückgriffsanspruch besteht.[1]

779 Geeignete **Zahlungsempfänger** sind zunächst die Gesellschafter. Aber auch **Zahlungen an Dritte** können die Haftung nach § 64 Satz 3 auslösen, wenn sie wirtschaftlich betrachtet Zahlungen an den Gesellschafter entsprechen, z. B. aufgrund enger wirtschaftlicher oder rechtlicher Verbundenheit zwischen dem Dritten und dem Gesellschafter. Bereits bei § 30 Abs. 1 GmbHG sowie im Bereich der Existenzvernichtungshaftung ist anerkannt, dass auch Zahlungen an Dritte den Tatbestand der Haftungsnorm erfüllen können.[2] Zwar enthält § 64 Satz 3 GmbHG diesbezüglich keine ausdrückliche Regelung[3], aber auch hier ist der Normzweck der Haftungsregelung ebenso betroffen, wie wenn die Zahlung direkt an den Gesellschafter erfolgt.[4]

c) Kausaler Eintritt der Zahlungsunfähigkeit

780 Die durch den Geschäftsführer getätigten Zahlungen müssen zur **Zahlungsunfähigkeit der Gesellschaft** führen.

781 Nach § 17 Abs. 2 InsO liegt **Zahlungsunfähigkeit** vor, wenn die Gesellschaft voraussichtlich dauerhaft nicht mehr in der Lage ist ihre Zahlungspflichten zu erfüllen. Bei Einstellung der Zahlungen wird die Zahlungsunfähigkeit vermutet, § 17 Abs. 2 Satz 1 InsO. Nicht ausreichend ist hingegen eine nur vorübergehende **Zahlungsstockung.** Kann die Gesellschaft aber innerhalb einer Frist von 2–4 Wochen[5] keine liquiden Mittel beschaffen, liegt Zahlungsunfähigkeit vor.

782 Die Zahlungsunfähigkeit muss **kausale Folge** der getätigten Zahlungen sein. Die Zahlung muss ohne das Hinzutreten weiterer Kausalbeiträge zur Zahlungsunfähigkeit der Gesellschaft führen, d. h. in dem Moment der Zahlung muss sich bereits klar abzeichnen, dass die Gesellschaft unter dem normalen Lauf der Dinge ihre Verbindlichkeiten nicht mehr wird erfüllen können.[6] Nicht erfasst sind somit sämtliche Zahlungen, die in irgendeiner Weise kausal für die Zahlungsunfähigkeit werden. Gerade Leistungen, die erst durch das Hinzutreten weiterer Umstände oder nach erheblichen Zeitabstand die Zahlungsunfähigkeit (mit-) begründen, sind nicht kausal. Im Gegenzug bleiben **außergewöhnliche Umstände,** die die Zahlungsunfähigkeit hätten abwenden können außer Betracht, wenn im Moment der Zahlung nicht damit zu rechnen war.

---

[1] *Greulich/Bunnemann,* NZG 2006, 681, 684.
[2] Baumbach/Hueck/*Hueck/Fastrich,* § 30 Rn. 17; *BGH* NZG 2005, 177; *Vetter,* ZIP 2003, 601, 609.
[3] Dafür: Stellungnahme des DIHK zum Regierungsentwurf des MoMiG, abrufbar unter www.bundestag.de/ausschuesse/a06/anhoerungen/28_MoMiG/04_Stellungnahmen/index.html.
[4] Dazu auch: *Greulich/Bunnemann,* NZG 2006, 681, 685; *Knof,* DStR 2007, 1536, 1538.
[5] Zum Meinungsstand Roth/Altmeppen/*Altmeppen,* § 64 Rn. 7.
[6] Begr. RegE., Beilage zu ZIP 23/2007, S. 21; *Greulich/Bunnemann,* NZG 2006, 681, 685.

IV. Haftungserweiterungen für Geschäftsführer

Leistungen aufgrund eines beidseitigen Geschäfts zwischen der Gesellschaft und einem Gesellschafter begründen keinen Kausalzusammenhang zu einer eintretenden Zahlungsunfähigkeit, wenn der Gesellschaft durch die Gegenleistung des Gesellschafters **in gleicher Weise wieder liquide Mittel** zugeführt werden.[1] 783

d) Entlastung

Mit dem Verweis auf § 64 Satz 2 GmbHG wird dem Geschäftsführer die Möglichkeit der **Entlastung** eingeräumt, wenn auch unter Beachtung der Sorgfalt eines ordentlichen Geschäftsmannes der Eintritt der Zahlungsunfähigkeit aufgrund der Zahlung nicht erkennbar war. Dies betrifft die Fälle in denen der Geschäftsführer subjektiv aufgrund besonderer Umstände die Herbeiführung der Zahlungsunfähigkeit nicht erkennen konnte.[2] 784

Näher zu konkretisieren ist dabei die von dem Geschäftsführer darzulegende erforderliche **Sorgfalt eines ordentlichen Geschäftsmannes.** 785

Der Geschäftsführer muss vor der Zahlung an den Gesellschafter prüfen, ob durch die Zahlung die Gesellschaft in Zahlungsunfähigkeit gerät. Dazu hat er eine **Prognose** über den zukünftigen Zahlungsverkehr der Gesellschaft, also über die Einnahmen und Ausgaben zu erstellen und zu späteren Beweiszwecken zu dokumentieren.[3] Für welchen Zeitraum die Prognose zu erfolgen hat ist dabei noch unklar und wird vom Gesetzgeber nicht geregelt. In Betracht kommt ein **Prognosezeitraum** begrenzt auf das gegenwärtige und das folgende Geschäftsjahr, wie er zur Zeit bei der Prüfung der drohenden Zahlungsunfähigkeit nach § 18 InsO zu Grunde gelegt wird.[4] 786

Bei der **Prognoseerstellung** muss der Geschäftsführer sowohl die unmittelbar anstehenden, aber auch die weiter in der Zukunft liegenden Entwicklungen berücksichtigen. Dabei können vorliegende Bilanzen sowie bereits in der Vergangenheit aufgetretene Zahlungsströme eine Orientierung für die künftige Entwicklung des Unternehmens liefern.[5] 787

Praxishinweis 788

Der Geschäftsführer sollte vor der Zahlung an Gesellschafter einen Liquiditätsplan **(solvency test)** erstellen. Damit kann er zum einen Streitigkeiten über den Ursachenzusammenhang zwischen Zahlungen und dem Eintritt

---

[1] Begr. RegE., Beilage zu ZIP 23/2007, S. 21; der BDI forderte eine ausdrückliche gesetzliche Regelung, die „Leistungen, die aufgrund eines beidseitigen Geschäfts mit dem Gesellschafter zu Marktkonditionen erfolgen" von dem Anwendungsbereich des § 64 S. 3 GmbHG auszunehmen, Stellungnahme des BDI zum Regierungsentwurf, abrufbar unter: www.bundestag.de/ausschuesse/a06/anhoerungen/28_MoMiG/04_Stellungnahmen/index.html.
[2] Begr. RegE., Beilage zu ZIP 23/2007, S. 21.
[3] *Noack*, DB 2006, 1475, 1479; *Greulich/Bunnemann*, NZG 2006, 681, 685; *Hölzle*, GmbHR 2007, 729.
[4] Vgl. IDW PS 800 12.
[5] *Greulich/Bunnemann*, NZG 2006, 681, 686.

> der Zahlungsunfähigkeit entgehen. Zum anderen kann er sich im Fall einer dennoch kausal eintretenden Zahlungsunfähigkeit von einer Haftung nach § 64 Satz 3 GmbHG exkulpieren.

3. Rechtsfolgen

789 Liegen die Voraussetzungen für die Haftung des Geschäftsführers nach § 64 Satz 3 GmbHG vor, so haftet er für den **Ersatz der geleisteten Zahlungen**, § 64 Satz 3 i.V.m. Satz 1 GmbHG. Der Geschäftsführer muss der Gesellschaft demnach alle zur Zahlungsunfähigkeit führenden Zahlungen Zug um Zug gegen Abtretung möglicher Ansprüche der Masse gegen den Gesellschafter erstatten. Der Umfang der Haftung richtet sich danach inwieweit der Gesellschaft liquide Mittel entzogen und nicht wieder, z. B. durch eine Gegenleistung wieder ausgeglichen worden sind.[1] Im Gegensatz zur **Existenzvernichtungshaftung** ist der Anspruch gegen den Geschäftsführer daher der Höhe nach begrenzt.[2] Die Gesellschaft bzw. der Insolvenzverwalter muss dem Anspruchsgegner ebenso wie bei der Haftung nach § 64 Satz 1 GmbHG keinen Schaden darlegen[3] und auch der Einwand, der Insolvenzverwalter hätte die Zahlung gegenüber dem Zahlungsempfänger nicht angefochten, obwohl diese aussichtsreich gewesen wäre, ist dem Geschäftsführer verwehrt.[4]

4. Anwendung auf (Schein-)Auslandsgesellschaften

790 Die Haftung nach § 64 Satz 2 GmbHG soll auch auf **Auslandsgesellschaften**, die ihren **Tätigkeitsschwerpunkt** in Deutschland haben („Scheinauslandsgesellschaften"), anwendbar sein und damit die teilweise geringen Gründungsvoraussetzungen von Auslandsgesellschaften mit beschränkter Haftung, insbesondere fehlendes Mindestkapital, kompensieren.[5]

791 Der Gläubigerschutz ausländischer Gesellschaften, insbesondere der **englischen** Ltd. bestimmt sich hauptsächlich nach dem Insolvenzrecht und nicht nach dem Gesellschaftsrecht. Aufgrund Art. 3 Abs. 1, 4 Abs. 1 und 2 Satz 1 EuInsVO findet das Insolvenzrecht des Landes Anwendung, in dem die Gesellschaft ihren **Interessenschwerpunkt** besitzt. Da sog. Scheinauslandsgesellschaften schwerpunktmäßig in Deutschland tätig sind, liegt auch in Deutschland und nicht etwa im Land des Satzungssitzes ihr Interessenschwerpunkt.[6] Damit unterliegen diese Gesellschaften deutschem Insolvenzrecht, das bislang keine vergleich-

---

[1] Begr. RegE., Beilage zu ZIP 23/2007, S. 21.
[2] *Greulich/Bunnemann*, NZG 2006, 681, 686.
[3] Roth/Altmeppen/*Altmeppen*, § 64 Rn. 75 ff.
[4] *BGH* zu § 64 S. 1 GmbHG (§ 64 Abs. 2 GmbHG) NJW 1996, 850; Roth/Altmeppen/*Altmeppen*, § 64 Rn. 85.
[5] Begr. RegE., Beilage zu ZIP 23/2007, S. 22.
[6] *Greulich/Bunnemann*, NZG 2006, 681, 682 m.w.N. in Fn. 23.

IV. Haftungserweiterungen für Geschäftsführer

bare Haftungsregelung vorsah. Der Gesetzgeber ist der Auffassung, dass aufgrund des starken insolvenzrechtlichen Bezugs des § 64 Satz 3 GmbHG diese Norm auch für diese Auslandsgesellschaften anwendbar sein soll.[1]

5. Weitere Haftungserweiterungen

Auch im Bereich der Neuregelungen zur verdeckten Sachgründung/Sachkapitalerhöhung bleiben beträchtliche Risiken für den Geschäftsführer: Das jetzt vom Gesetzgeber eingeführte sog. **Anrechnungsmodell** (vgl. dazu Rn. 90 ff.) hat zwar zur Folge, dass grundsätzlich die die Bareinlage verschleierten Sacheinlagevereinbarungen nicht mehr wie bei der alten Rechtslage schuldrechtlich und dinglich nichtig sind. Dies ist für den Geschäftsführer günstig, da seine Haftung nunmehr so wie die Haftung der Gesellschafter auf die Differenz zwischen versprochener Bareinlage und dem Wert der geleisteten Sacheinlage begrenzt wird. Andererseits aber bleibt es zu Lasten des Geschäftsführers dabei, dass seine Versicherung dem Handelsregister gegenüber falsch und **strafbewehrt** ist, wenn anstatt der vereinbarten Bareinlage eine Sacheinlage geleistet wird. Die Prüfung der Werthaltigkeit der Einlage fällt in seinen Risikobereich. 792

Weitere Haftungsgefahren birgt auch die Neuregelung betreffend die **Erstellung und Einreichung von Gesellschafterlisten** durch den Geschäftsführer in sich (vgl. dazu Rn. 540). Bisher haftete der Geschäftsführer nur den Gesellschaftsgläubigern in dem Fall, in dem er eine unrichtige Gesellschafterliste eingereicht hat. Nunmehr wird die Haftung erstreckt zugunsten derjenigen, deren Beteiligung sich geändert hat. Somit sind also auch Erwerber und Veräußerer schadensersatzberechtigt. 793

---

[1] Begr. RegE., Beilage zu ZIP 23/2007, S. 22.

I. Zustellung und Zustellungserleichterungen

I. Firmenanschrift und Empfangsbevollmächtigter

1. Inländische Geschäftsanschrift

a) Ausgangslage

Bislang konnte sich die Rechtsverfolgung gegenüber Gesellschaften schwierig gestalten, da die **Richtigkeit der Geschäftsanschriften** und deren **Änderungen** nicht durch Eintragung in das Handelsregister gesichert war.

794

b) Neuregelung

Nach § 8 Abs. 4 Nr. 1 GmbHG müssen die Gesellschaften nun bei der **Anmeldung** eine zustellungsfähige Geschäftsanschrift angeben, die in das **Handelsregister eingetragen wird** und so für jeden Dritten auch online einsehbar ist. Unter dieser Anschrift können an die Vertreter der Gesellschaft wirksam **Zustellungen** erfolgen.

795

Weiter sind nun die Gesellschaften verpflichtet, **Änderungen in der Geschäftsanschrift** beim Handelsregister anzumelden, § 31 HGB. Damit unterliegt auch die Änderung der inländischen Geschäftsanschrift der Anmeldpflicht.[1] Es handelt sich um eine **Registeranmeldung,** die wie jede andere Anmeldung zum Handelsregister der **notariellen Beglaubigung** bedarf. Der Notar übermittelt im Anschluss daran die Registeranmeldung mit der qualifizierten elektronischen Signatur elektronisch an das Handelsregister. Insoweit ändert sich die Rechtslage, da bisher die Gesellschaften eine Änderung der Geschäftsanschrift außerhalb einer normalen Registeranmeldung auch ohne den Notar dem Handelsregister mitteilen konnten.

796

Die Eintragung der geänderten Geschäftanschrift liegt im Interesse der Gesellschaft, da anderenfalls bei **Verletzung der Aktualisierungspflicht** die erleichterte Zustellung nach § 185 ZPO n. F. möglich ist. Die Gesellschaften können sich somit nicht einfach durch Verlegung der Geschäftsräume, Schließung eines Ladenlokals, Umzug des Geschäftsführers ins Ausland oder durch Zulassen der Führungslosigkeit den Gläubigern entziehen.

797

Die Pflicht zur Anmeldung einer inländischen Geschäftsanschrift besteht auch für **Altgesellschaften,** die bereits vor Inkrafttreten des MoMiG in das Handelsregister eingetragen wurden. Die inländische Geschäftsanschrift muss bis spätestens

798

---

[1] So auch Begr. RegE Beilage zu ZIP 23/2007, S. 11.

I. Zustellung und Zustellungserleichterungen

31. 10. 2009 dem Handelsregister gemeldet werden, § 3 Abs. 1 EGGmbHG, § 64 EGHGB. Ansonsten trägt das Gericht von Amts wegen die ihm bekannte inländische Geschäftsanschrift ohne Überprüfung, dafür aber kostenfrei ein.

799 **Praxishinweis**

- Um sicherzustellen, dass die aktuelle und korrekte Geschäftsanschrift im Handelsregister eingetragen wird, sollten die Gesellschaften ihre inländische Geschäftsanschrift beim Handelsregister anmelden. Ab sofort sollten die Gesellschaften bei jedweder anderweitigen Registeranmeldung auf diese Pflicht hingewiesen werden und vorsorglich sollte jede Anmeldung dazu genutzt werden, die Geschäftsanschrift dem Handelsregister mitzuteilen.
- Das Gesetz verwendet sowohl in § 31 HGB als auch in § 3 Abs. 1 EGBGB den Terminus „anmelden" und nicht etwa „mitteilen" oder „anzeigen". Daraus und aus dem Verweis in § 31 HGB auf § 29 HGB sowie dem Umstand, dass es sich um eine eintragungspflichtige Tatsache handelt, ist zu folgern, dass die Anmeldung in der Form des § 12 HGB zu erfolgen hat. Es ist somit eine öffentliche Beglaubigung erforderlich. Dies gilt auch für Anmeldungen betreffend die Änderung der Geschäftsanschrift, wenn diese Änderung nicht mit einer Satzungsänderung aufgrund des Wechsels der politischen Gemeinde verbunden ist. Somit ist der Umzug innerhalb derselben politischen Gemeinde von der A-Straße in die B-Straße in notariell beglaubigter Form anzumelden.

2. Empfangsbevollmächtigter

800 Neben der Eintragung der inländischen Geschäftsanschrift kann die Gesellschaft eine Person in das Handelsregister eintragen lassen, die neben den Vertretern der Gesellschaft als zusätzlicher **Zustellungsempfänger** dient, § 10 Abs. 2 GmbHG. Dabei handelt es sich nicht um eine eintragungspflichtige, sondern nur um eine eintragungsfähige Tatsache, für die § 10 Abs. 2 aber klarstellt, dass auch für diese die Registerpublizität gilt.

801 Gegenüber dem Empfangsberechtigten können nicht nur Zustellungen erfolgen, sondern auch Willenserklärungen abgegeben werden. Die **Eintragung eines Empfangsbevollmächtigten** eröffnet daher zum einen für die Gesellschaft eine weitere Möglichkeit zur Kenntniserlangung von einem zuzustellenden Schriftstück, zum anderen bietet sie aber auch für die Gläubiger eine weitere Option eine wirksame Zustellung zu bewirken. Mit der Bestellung eines Empfangsbevollmächtigten kann die Gesellschaft auch der Gefahr einer öffentlichen Zustellung entgehen, wenn bei einem Wechsel der Geschäftsanschrift eine Korrektur im Handelsregister unterbleibt.[1]

---

[1] *Wachter*, GmbHR 2006, 793, 800.

II. Führerlose Gesellschaften

Auch die Anmeldung eines solchen **Empfangsberechtigten** hat in der Form des § 12 HGB, also in öffentlich-beglaubigter Form, zu erfolgen.   802

3. Öffentliche Zustellung

Ist ein Empfangsbevollmächtigter bestellt, kann der Weg der **öffentlichen Zustellung** erst dann beschritten werden, wenn zunächst versucht wurde an diesen zuzustellen. Scheitert auch der Zustellungsversuch an den Empfangsbevollmächtigten aus tatsächlichen Gründen, kann der Gläubiger auf die öffentliche Zustellung des § 185 Nr. 2 ZPO n. F., § 15a HGB zurückgreifen.   803

Zuständiges Gericht ist das Amtsgericht in dessen Bezirk sich die eingetragene Geschäftsanschrift befindet, unabhängig davon, ob sich dort noch ein Geschäftslokal befindet oder nicht.   804

II. Führerlose Gesellschaften

1. Ausgangslage

Für die Gesellschafter wird es praktisch unmöglich, Rechte und Ansprüche gegenüber der Gesellschaft geltend zu machen, wenn diese über **keinen Geschäftsführer** mehr verfügt. Gerade in der Krise sind derartige Gesellschaften ohne Geschäftsführer häufig anzutreffen. Dies liegt zum einen daran, dass teilweise der letzte bestellte oder vorhandene Geschäftsführer Inhabilitätsgründen unterliegt und somit seine Bestellung unwirksam war oder wurde. Zum Teil liegt es auch daran, dass der Geschäftsführer das Amt niedergelegt hat oder Abberufen wurde, ohne dass ein neuer Geschäftsführer bestellt wurde, der keinen Inhabilitätsgründen unterliegt.   805

2. Neuregelung

Bei einer führungslosen Gesellschaft sind nun die Gesellschafter die **Empfangsvertreter** der Gesellschaft, § 35 Abs. 1 GmbHG. Damit wird verhindert, dass die Gesellschaften durch eine bewusste Abberufung der Geschäftsführer Zustellungen und den Zugang von Willenserklärungen vereiteln können. Ohne einen gesetzlichen oder rechtsgeschäftlichen Vertreter wäre die Gesellschaft prozessunfähig, so dass eine Zustellung an diese unwirksam wäre, § 170 Abs. 1 ZPO und einer öffentlichen Zustellung § 170 Abs. 1 S. 2 ZPO entgegensteht.   806

Die **Zustellung von Schriftstücken** oder der **Zugang von Willenerklärungen** erfolgt unter der im Handelsregister eingetragenen Geschäftsanschrift. Dies gilt auch dann, wenn die Gesellschafter Empfangsvertreter sind, da § 35 Abs. 2 S. 3 GmbHG eine unwiderlegliche Vermutung begründet, dass unter dieser Adresse ein Vertreter der Gesellschaft erreichbar ist.   807

I. Zustellung und Zustellungserleichterungen

808 Sollte unter dieser Adresse keine Zustellung möglich sein, droht den Gesellschaften die Zustellung im Wege der **öffentlichen Bekanntgabe,** § 185 Nr. 2 ZPO. Damit ist die professionelle Firmenbestattung, bei der die Geschäftsführer ins Ausland verschwinden, um Zustellungen zu vereiteln, nicht mehrt möglich.

III. Weitere Maßnahmen gegen „Firmenbestatter"

1. Insolvenzantragspflicht der Gesellschafter

809 Im Kampf gegen „Firmenbestattungen"[1] sind im Falle der führungslosen Gesellschaften auch die Gesellschafter verpflichtet einen Insolvenzantrag zu stellen, § 15a Abs. 3 InsO. Mit dieser Regelung soll die Umgehung der Insolvenzantragspflicht verhindert und damit die Stärkung des Gläubigerschutzes erzielt werden. Gleichzeitig wird wird für die Gesellschafter ein Anreiz geschaffen, einen handlungsfähigen Vertreter für die Gesellschaft zu bestellen, denn dann entfällt auch wieder die **Antragspflicht der Gesellschafter.**

810 Die Gesellschafter müssen einen Insolvenzantrag stellen, wenn

- die Gesellschaft führerlos ist und

- ein Insolvenzgrund (Zahlungsunfähigkeit oder Überschuldung) vorliegt.

811 Von diesem Tatbestandsmerkmalen muss der Gesellschafter Kenntnis haben. Kenntnis meint in diesem Sinne die positive Kenntnis. Das bloße Kennenmüssen reicht hingegen nicht aus[2], wovon aber der Fall des bewussten Verschließens vor der Kenntnis abzugrenzen ist, das einer **positiven Kenntnis** gleichsteht.

812 Die Antragspflicht entfällt, wenn der Gesellschafter von einer der beiden Voraussetzungen keine Kenntnis hatte. Dafür trägt er aber die volle **Beweislast,** wobei den Gesellschafter aber keine überzogene Nachforschungspflicht trifft. Hat der Gesellschafter aber Kenntnis von einem Element, so muss das jedoch für ihn Anlass genug sein, in Erfahrung zu bringen, warum der Geschäftsführer keinen Insolvenzantrag gestellt hat bzw. wie es um die Vermögensverhältnisse der Gesellschaft bestellt ist. Zu berücksichtigen ist dabei aber, dass ein Gesellschafter mit nur einer geringen Beteiligung von 10% oder weniger in der Regel keinen oder weniger Anlass zur Nachprüfung hat und sich so leichter entlasten kann.

2. Rechtsfolgen bei Verstoß gegen Insolvenzantragspflicht

813 Kommen die Gesellschafter ihrer Verpflichtung nicht nach und stellen bei Führungslosigkeit und bei Bestehen eines Insolvenzgrundes keinen Insolvenzan-

---

[1] Vgl. *Heckschen,* in: Heckschen/Heidinger, Die GmbH in der Beratungs- und Gestaltungspraxis, 2. Aufl. 2009, § 18 Rn. 213ff.

[2] Kritisch dazu: *Breitenstein/Meyding,* BB 2006, 1457, 1461.

IV. Regelungen für die Zweigniederlassung mit Sitz im Ausland

trag, machen sie sich nach § 15a Abs. 4 **strafbar und schadensersatzpflichtig,** § 823 Abs. 2 BGB i. V. m. § 15a InsO. Soweit der Gesellschafter minderjährig oder geschäftsunfähig ist, liegt hier ein Risiko, das auch den gesetzlichen Vertreter trifft. Die Einräumung der Rechtsposition als Gesellschafter einer GmbH ist somit in Zukunft für Minderjährige mit einem zusätzlichen Risiko behaftet.

3. Insolvenzantragsrecht

In Ergänzung zu der Insolvenzantragspflicht des § 15a Abs. 3 InsO haben die Gesellschafter im Falle der Führungslosigkeit der Gesellschaft auch ein **Insolvenzantragsrecht,** § 15 Abs. 1 Satz 2 InsO. Streitigkeiten über die Führungslosigkeit der Gesellschaft und dem Bestehen eines Insolvenzgrundes sollen dadurch verhindert werden, dass die Gesellschafter bei Stellung des Insolvenzantrags nicht nur das Bestehen eines Insolvenzgrundes, sondern auch die Führungslosigkeit der Gesellschaft glaubhaft machen müssen, § 15 Abs. 2 Satz 1 InsO. Das ist auch interessengerecht, da ein unbegründeter Insolvenzantrag der Gesellschaft großen Schaden zufügen kann.[1]

814

IV. Regelungen für die Zweigniederlassung von Gesellschaften mit Sitz im Ausland

1. Inländische Geschäftsanschrift

Ebenso wie die deutschen Gesellschaften sind auch ausländische Gesellschaften, die im deutschen Inland eine Zweigniederlassung betreiben, dazu verpflichtet eine **inländische Geschäftsanschrift** zum Handelsregister anzumelden, § 13e Abs. 2 Satz 3 HGB. Scheitern nach Eintragung der Adresse, § 13d Abs. 2 HGB Zustellungen an dieselbige, kann im Wege der öffentlichen Bekanntmachung zugestellt werden, § 185 Nr. 2 ZPO.

815

2. Insolvenzantragspflicht

Die **Insolvenzantragspflicht** nach § 15a InsO soll nach der Konzeption des Gesetzgebers auch für die Gesellschafter vergleichbarer ausländischer Gesellschaften bestehen, die in Deutschland ihren Verwaltungssitz und Betrieb haben, da diese nach Art. 4 Abs. 1 i. V. m. Art. 3 Abs. 1 InsO dem deutschen Insolvenzrecht unterfallen.[2]

816

---

[1] Stellungnahme des Bundesrates zum MoMiG, 6.7.2007, S. 25f., abrufbar unter www.bmj.de.
[2] Begr. RegE. Beilage zu ZIP 23/2007, S. 31; dazu auch *Knof/Mock*, GmbHR 2007, 852; *Poertzgen*, GmbHR 2007, 1258, 1360; *Wälzholz*, DStR 2007, 1914, 1915.

I. Zustellung und Zustellungserleichterungen

817 In der Literatur ist die Anwendung des § 15a Abs. 3 InsO auf diese sogenannten „Scheinauslandsgesellschaften" umstritten. Während teilweise daran gezweifelt wird, dass allein der Standort der Norm im Insolvenzrecht diese auch als international-privatrechtlich qualifiziere[1], wird die Norm von anderen als eindeutig insolvenzrechtlich eingestuft.[2] Damit erfasst die Insolvenzantragspflicht nicht nur Scheinauslandsgesellschaften, sondern auch „echte" **Auslandsgesellschaften,** wobei aber nur über das inländische Vermögen der Auslandsgesellschaft ein Partikularinsolvenzverfahren eröffnet werden kann.[3] Maßgeblich für die Insolvenzantragspflicht ist aber das Vermögen des ausländischen Rechtsträgers, es genügt nicht, dass nur die deutsche Niederlassung überschuldet oder zahlungsunfähig ist.

818 Auch hinsichtlich der Insolvenzantragspflicht der Gesellschafter nach § 15a Abs. 3 InsO im Falle der Führungslosigkeit der Gesellschaft wird bezweifelt, dass diese für die Gesellschafter vergleichbarer (Schein-)Auslandsgesellschaften gelten soll.[4]

---

[1] *Knof/Mock,* GmbHR 2007, 852.
[2] *Poertzgen,* GmbHR 2007, 1258, 1260; *Wälzholz,* DStR 2007, 1914, 1915.
[3] *Wälzholz,* DStR 2007, 1914, 1916f.
[4] *Knof/Mock,* GmbHR 2007, 852.

J. Überblick über die Änderungen im Recht der Aktiengesellschaften

Entsprechend den Änderungen im GmbHG hat der Gesetzgeber auch viele vergleichbare Normen des Aktienrechts angepasst.[1]   819

	GmbH	Aktiengesellschaft	Geltung der neuen Regelung
Musterprotokoll als Alternative zum klassischen Gründungsverfahren	§ 2 Abs. 1a GmbHG i. V. m. Anlage 1	–	• mit Inkrafttreten des MoMiG (1. 11. 2008), Art. 25 MoMiG
Verwaltungssitz kann vom Satzungssitz verschieden sein	§ 4a GmbHG	§ 5 Abs. 1 AktG	• mit Inkrafttreten des MoMiG (1. 11. 2008), Art. 25 MoMiG
Verwaltungssitz kann auch im Ausland sein	Streichung des § 4a Abs. 2 GmbHG a. F.	Streichung des § 5 Abs. 2 AktG a. F.	• mit Inkrafttreten des MoMiG (1. 11. 2008), Art. 25 MoMiG
Reduzierung des Mindestnennbetrages eines Geschäftsanteils auf 1 €/Teilbarkeit durch 1	§ 5 Abs. 2 Satz 1 GmbHG	–	• mit Inkrafttreten des MoMiG (1. 11. 2008), Art. 25 MoMiG
Möglichkeit der Übernahme mehrerer Geschäftsanteile durch einen Gesellschafter bereits bei der Gründung	§ 5 Abs. 2 Satz 2 GmbHG	–	• mit Inkrafttreten des MoMiG (1. 11. 2008), Art. 25 MoMiG
Kein Auseinanderfallen von Stammkapital und Summe der Nennbeträge aller Geschäftsanteile	§ 5 Abs. 3 Satz 2 GmbHG	–	• mit Inkrafttreten des MoMiG (1. 11. 2008), Art. 25 MoMiG
Einführung der Unternehmergesellschaft/UG (haftungsbeschränkt) mit einem Mindeststammkapital von 1 € als Unterform der GmbH	§ 5a GmbHG	–	• mit Inkrafttreten des MoMiG (1. 11. 2008), Art. 25 MoMiG
Keine Volleinzahlung oder Sicherheitsleistungen bei Einpersonen-Gründungen	Streichung von § 7 Abs. 2 Satz 3 und § 8 Abs. 2 Satz 2 GmbHG a. F.	Streichung des § 36 Abs. 2 Satz 2 AktG a. F.	• mit Inkrafttreten des MoMiG (1. 11. 2008), Art. 25 MoMiG

---

[1] Vgl. dazu ausf. *Möller*, Der Konzern 2008, 1; *Knapp*, DStR 2008, 2371.

J. Überblick über die Änderungen im Recht der Aktiengesellschaften

	GmbH	Aktien-gesellschaft	Geltung der neuen Regelung
Erweiterung der Ausschlussgründe für Geschäftsführer	§ 6 Abs. 2 Satz 2–4 GmbHG	§ 76 Abs. 3 AktG	• mit Inkrafttreten des MoMiG (1. 11. 2008), Art. 25 MoMiG GmbH: • § 6 Abs. 2 Satz 2 Nr. 3 lit. a), c), d) und e) GmbHG ist nicht auf Personen anwendbar, die vor dem 1.11. 2008 zum Geschäftsführer bestellt worden sind, wenn die Verurteilung vor dem 1. 11. 2008 rechtskräftig geworden ist. Entsprechendes gilt für die Regelung des § 6 Abs. 2 Satz 3 GmbHG, § 3 Abs. 2 EGGmbHG. AG: • § 76 Abs. 3 Satz 2 Nr. 3 lit. a), c), d) und e) AktG ist nicht auf Personen anwendbar, die vor dem 1.11. 2008 zum Vorstandsmitglied bestellt worden sind, wenn die Verurteilung vor dem 1. 11. 2008 rechtskräftig geworden ist. Entsprechendes gilt für die Regelung des § 76 Abs. 3 Satz 3 AktG, § 19 EGAktG.
Haftung der Gesellschafter, die vorsätzlich oder grob fahrlässig die Führung der Geschäfte einer inhabilen Person überlassen	§ 6 Abs. 5 GmbHG	–	• mit Inkrafttreten des MoMiG (1. 11. 2008), Art. 25 MoMiG
Kennzeichnung aller Geschäftsanteile mit einer laufenden Nummer in der Gesellschafterliste	§ 8 Abs. 1 Nr. 3 GmbHG	–	• mit Inkrafttreten des MoMiG (1. 11. 2008), Art. 25 MoMiG
Genehmigung des Unternehmensgegenstandes ist keine Eintragungsvoraussetzung mehr	Streichung des § 8 Abs. 1 Nr. 6 GmbHG a. F.	Streichung des § 37 Abs. 4 Nr. 5 AktG	• mit Inkrafttreten des MoMiG (1. 11. 2008), Art. 25 MoMiG
Belehrung nach § 53 Abs. 2 BZRG auch im Ausland	§ 8 Abs. 3 Satz 2 GmbHG	§ 37 Abs. 2 Satz 2 AktG	• mit Inkrafttreten des MoMiG (1. 11. 2008), Art. 25 MoMiG
Anmeldung und Eintragung einer inländischen Geschäfts-	§ 8 Abs. 4 Nr. 1, § 10	§§ 37 Abs. 3 Nr. 1, 39	• mit Inkrafttreten des MoMiG (1. 11. 2008),

J. Überblick über die Änderungen im Recht der Aktiengesellschaften

	GmbH	Aktien-gesellschaft	Geltung der neuen Regelung
anschrift	Abs. 1 Satz 1 GmbHG	Abs. 1 Satz 1 AktG	Art. 25 MoMiG • gilt für bereits bestehende und ab dem 1. 11. 2008 neu gegründete Gesellschaften, § 3 Abs. 1 EGGmbHG bzw. § 18 EGAktG • bestehende Gesellschaften müssen spätestens bis zum 31. 10. 2009 inländische Geschäftsanschrift angemeldet haben, anderenfalls wird ohne weitere Überprüfung dem Handelsregister bereits bekannte Anschrift als inländische Geschäftsanschrift ins Handelsregister eingetragen, § 3 Abs. 1 EGGmbHG bzw. § 18 EGAktG
Möglichkeit der Bestellung und Eintragung eines inländischen Empfangsbevollmächtigten	§ 10 Abs. 2 Satz 2 GmbHG	§ 39 Abs. 1 Satz 2 AktG	• mit Inkrafttreten des MoMiG (1. 11. 2008), Art. 25 MoMiG
Veröffentlichung der Gesellschafterliste im Handelsregister	§ 16 GmbHG	–	• mit Inkrafttreten des MoMiG (1. 11. 2008), Art. 25 MoMiG
Eröffnung der Möglichkeit des gutgläubigen Erwerbs an Geschäftsanteilen und Möglichkeit der Zuordnung eines Widerspruchs gegen die Richtigkeit der Gesellschafterliste	§ 16 Abs. 3 GmbHG	–	• mit Inkrafttreten des MoMiG (1. 11. 2008), Art. 25 MoMiG • Bei Gesellschaften, die vor dem 1. 11. 2008 gegründet worden sind, findet § 16 Abs. 3 GmbHG für den Fall, dass die Unrichtigkeit in der Gesellschafterliste bereits vor dem 1. 11. 2008 vorhanden und dem Berechtigten zuzurechnen ist, hinsichtlich des betreffenden Geschäftsanteils frühestens auf Rechtsgeschäfte nach dem 1. 5. 2009 Anwendung. Ist die Unrichtigkeit dem Berechtigten im Fall des Satzes 1 nicht zuzurechnen, so ist abweichend von dem 1. 5. 2009 der 1. 11. 2011 maßge-

J. Überblick über die Änderungen im Recht der Aktiengesellschaften

	GmbH	Aktiengesellschaft	Geltung der neuen Regelung
freie Teilbarkeit der Geschäftsanteile	Streichung des § 17 GmbHG	–	bend, § 3 Abs. 3 EGGmbHG • mit Inkrafttreten des MoMiG (1. 11. 2008), Art. 25 MoMiG
Wegfall der Verpflichtung zur Volleinzahlung des Stammkapitals oder Sicherheitenbestellung bei Vereinigung aller Anteile in einer Hand	Streichung des § 19 Abs. 4 GmbHG a. F.	–	• mit Inkrafttreten des MoMiG (1. 11. 2008), Art. 25 MoMiG
Abmilderungen der Rechtsfolgen der verdeckten Sacheinlage durch Einführung des sog. Anrechnungsmodells; Befreiung des Gesellschafters von der Einlagepflicht bei Hin- und Herzahlen unter der Voraussetzung des vollwertigen und jederzeit fälligen Rückgewähranspruchs bei gleichzeitiger Offenlegung	§ 19 Abs. 4, 5 GmbHG	–	• mit Inkrafttreten des MoMiG (1. 11. 2008), Art. 25 MoMiG • gelten auch für Einlagenleistungen, die vor diesem Zeitpunkt bewirkt worden sind, soweit sie nach der vor dem 1. 11. 2008 geltenden Rechtslage wegen der Vereinbarung einer Einlagenrückgewähr oder wegen einer verdeckten Sacheinlage keine Erfüllung der Einlagenverpflichtung bewirkt haben. Dies gilt nicht, soweit über die aus der Unwirksamkeit folgenden Ansprüche zwischen der Gesellschaft und dem Gesellschafter bereits vor dem 1. 11. 2008 ein rechtskräftiges Urteil ergangen oder eine wirksame Vereinbarung zwischen der Gesellschaft und dem Gesellschafter getroffen worden ist; in diesem Fall beurteilt sich die Rechtslage nach den bis zum 1. 11. 2008 geltenden Vorschriften, § 3 Abs. 4 EGGmbHG
Zulässigkeit der Gewährung von Leistungen an die Gesellschafter aus dem gebundenen Gesellschaftsvermögen bei Bestehen eines Beherrschungs- oder Gewinnabführungsvertrages oder bei Beste-	§ 30 Abs. 1 GmbHG	§ 57 Abs. 1 AktG	• mit Inkrafttreten des MoMiG (1. 11. 2008), Art. 25 MoMiG

J. Überblick über die Änderungen im Recht der Aktiengesellschaften

	GmbH	Aktiengesellschaft	Geltung der neuen Regelung
hen eines vollwertigen Rückgewähranspruchs, insbesondere im Cash-Pool			
Abschaffung des Instituts der eigenkapitalersetzenden Darlehen und Gebrauchsüberlassung; Verlagerung in die InsO, insbesondere Anfechtungsrecht	Streichung der §§ 32a, b GmbHG (neu: §§ 39, 135 InsO, §§ 6, 6a AnfG)	jetzt ausdrücklich in §§ 39, 135 InsO, §§ 6, 6a AnfG	• mit Inkrafttreten des MoMiG (1.11.2008), Art. 25 MoMiG
Kleinbeteiligten- und Sanierungsprivileg	Streichung des § 32 Abs. 3 Satz 2 und 3 GmbHG und Verlagerung in § 39 Abs. 4 Satz 2 und Abs. 5 InsO	Erstmalige gesetzliche Erfassung des Kleingesellschafterprivilegs und Absenkung der von der Rechtsprechung aufgestellten Schwelle von bisher 25 % auf nun 10 %.	• mit Inkrafttreten des MoMiG (1.11.2008), Art. 25 MoMiG
Vertretung im Falle der Führungslosigkeit	§ 35 Abs. 1 Satz 2 GmbHG (Vertretung durch die Gesellschafter)	§ 78 Abs. 1 Satz 2 AktG (Vertretung durch den Aufsichtsrat)	• mit Inkrafttreten des MoMiG (1.11.2008), Art. 25 MoMiG
Vertretung der Gesellschaft durch die Geschäftsführung bzw. den Vorstand	Streichung des § 35 Abs. 3 GmbHG Geltung der allgemeinen Regeln	Streichung des § 79 AktG Geltung der allgemeinen Regeln	• mit Inkrafttreten des MoMiG (1.11.2008), Art. 25 MoMiG
Erstreckung des Katalogs von Pflichtangaben auf Geschäftsbriefe der Zweigniederlassungen ausländischer Gesellschaften	§ 35a Abs. 4 Satz 1 GmbHG	§ 80 Abs. 4 Satz 1 AktG	• mit Inkrafttreten des MoMiG (1.11.2008), Art. 25 MoMiG
Anfertigen und Einreichen der Gesellschafterliste beim Handelsregister durch den Notar, sofern er bei der Anteilsveränderung mitgewirkt hat	§ 40 Abs. 2 GmbHG	–	• mit Inkrafttreten des MoMiG (1.11.2008), Art. 25 MoMiG

J. Überblick über die Änderungen im Recht der Aktiengesellschaften

	GmbH	Aktiengesellschaft	Geltung der neuen Regelung
Teilung und Zusammenlegung von Geschäftsanteilen bedarf eines Gesellschafterbeschlusses, sofern die Satzung keine abweichende Regelung enthält	§ 46 Nr. 4 GmbHG	–	• mit Inkrafttreten des MoMiG (1. 11. 2008), Art. 25 MoMiG
Möglichkeit der Schaffung eines genehmigten Kapitals	§ 55a GmbHG	–	• mit Inkrafttreten des MoMiG (1. 11. 2008), Art. 25 MoMiG
1 € = 1 Stimme	§ 47 Abs. 2 GmbHG	–	• mit Inkrafttreten des MoMiG (1. 11. 2008), Art. 25 MoMiG
Verlagerung der Insolvenzantragspflicht in die Insolvenzordnung	Streichung des § 64 Abs. 1 GmbHG a. F. (neu: § 15a Abs. 1 InsO)	Streichung des § 92 Abs. 2 AktG a. F. (neu: § 15° Abs. 1 InsO)	• mit Inkrafttreten des MoMiG (1. 11. 2008), Art. 25 MoMiG
Erweiterung der Insolvenzantragspflicht im Fall der Führungslosigkeit der Gesellschaft	§ 15a Abs. 3 InsO (jeder Gesellschafter)	§ 15a Abs. 3 InsO (jedes Aufsichtsratsmitglied)	• mit Inkrafttreten des MoMiG (1. 11. 2008), Art. 25 MoMiG • keine Anwendung auf Insolvenzverfahren, die vor dem 1. 11. 2008 eröffnet worden sind → Anwendung des bis dahin geltenden Rechts, Art. 103d EGInsO
Einführung der Haftung von Geschäftsführung/Vorstand bei Zahlungen an Gesellschafter/Aktionäre, die zur Zahlungsunfähigkeit der Gesellschaft führen mussten, soweit dies erkennbar war	§ 64 Satz 3 GmbHG	§ 92 Abs. 2 Satz 3, § 93 Abs. 3 Nr. 6 AktG	• mit Inkrafttreten des MoMiG (1. 11. 2008), Art. 25 MoMiG
Erweiterung des persönlichen Anwendungsbereichs der Strafvorschriften für falsche Angaben	§ 82 Abs. 1 Nr. 5 GmbHG (auf Geschäftsleiter einer ausländischen juristischen Person)	§ 399 Abs. 1 Nr. 6 AktG (auf Leitungsorgane einer ausländischen juristischen Person)	• mit Inkrafttreten des MoMiG (1. 11. 2008), Art. 25 MoMiG
Nachrangigkeit sämtlicher Gesellschafterdarlehen in der Insolvenz	Streichung des § 32a Abs. 1 GmbHG	Änderung des § 39 Abs. 1 Nr. 5 InsO	• Geltung für alle Insolvenzverfahren, die ab dem 1. 11. 2008 eröffnet werden, Art. 103d S. 1 InsO

J. Überblick über die Änderungen im Recht der Aktiengesellschaften

	GmbH	Aktiengesellschaft	Geltung der neuen Regelung
	Änderung des § 39 Abs. 1 Nr. 5 InsO		
Anfechtbarkeit der Rückzahlung sämtlicher Gesellschafterdarlehen, die im letzten Jahr vor dem Eröffnungsantrag geleistet wurde	§ 135 Abs. 1 Nr. 2 InsO	§ 135 Abs. 1 Nr. 2 InsO	• Geltung für alle Insolvenzverfahren, die ab dem 1.11.2008 eröffnet werden, Art. 103d S. 1 InsO • im Rahmen von nach dem 1.11.2008 eröffneten Insolvenzverfahren Geltung der bisherigen Vorschriften der InsO für auf vor dem 1.11.2008 vorgenommene Rechtshandlungen, soweit die Rechtshandlungen nach dem bisherigen Recht der Anfechtung entzogen oder in geringerem Umfang unterworfen sind, Art. 103d S. 2 InsO
Regelung der Behandlung der durch Gesellschafter der Gesellschaft überlassenen Gegenstände in der Insolvenz	§ 135 Abs. 3 InsO	§ 135 Abs. 3 InsO	• Geltung für alle Insolvenzverfahren, die ab dem 1.11.2008 eröffnet werden, Art. 103d S. 1 InsO

820 Ebenso wie die GmbH kann die Aktiengesellschaft ihren Verwaltungssitz abweichend vom Satzungssitz wählen. Dies hat vor allem im Konzern Bedeutung und sollte die Überlegung veranlassen, alle Konzerngesellschaften im Inland an einem Handelsregister zu konzentrieren (vgl. Rn. 352).

821 Bei der Anpassung des Aktiengesetzes ist der Gesetzgeber von den Änderungen des GmbHG ausgegangen. Dabei hat er übersehen § 181 Abs. 1 Satz 3 AktG derart anzupassen, dass bei **Satzungsänderungen**, die einer staatlichen Genehmigung bedürfen, die Genehmigungsurkunde nicht der Anmeldung beizufügen ist, entsprechend der Streichung des § 37 Abs. 3 Nr. 5 AktG. Die fehlende Anpassung dieser Norm ist lediglich als ein redaktionelles Versehen zu bewerten,[1] da der Gesetzgeber offensichtlich bezwecken wollte, dass keinerlei staatliche Genehmigungsurkunden Bestandteil der Anmeldeunterlagen sein sollen. Es ist auch kein sachlicher Grund ersichtlich, warum zwar bei der Anmeldung einer neugegründeten Gesellschaft die Genehmigungsurkunde nicht einzureichen ist, während dies bei der späteren Satzungsänderung erforderlich sein soll.

822 Für die **verdeckte Sachgründung** und **Sachkapitalerhöhung** enthält das MoMiG keine Regelungen für die AG. Insoweit verbleibt es bei der alten Rechtslage, die dazu führt, dass sowohl das schuldrechtliche als auch das dingliche Rechtsge-

---

[1] *Katschinski/Rawert*, ZIP 2008, 1993, 1994 Fn. 12.

J. Überblick über die Änderungen im Recht der Aktiengesellschaften

schäft entsprechend § 27 Abs. 3 Satz 1 AktG unwirksam sind. Über eine Anpassung des Grundkapitals und eine Neuregelung der Rechtsfolgen der verdeckten Sacheinlage will der Gesetzgeber erst nach einer Änderung der Kapitalrichtlinie nachdenken.[1]

823 Mit der Neuregelung in §§ 57 Abs. 1, 71 a Abs. 1 Satz 3 AktG wird der Cash-Pool im Konzern auch für die Aktiengesellschaft ermöglicht.[2] Die Verantwortlichkeit des Vorstands einer in den Cash-Pool einbezogenen Gesellschaft ist enorm: Er muss nicht nur bei der Ausreichung des Kredits prüfen, ob der Rückgewähranspruch vollwertig ist (vgl. dazu Rn. 133 ff.), sondern er muss weiterhin ständig kontrollieren, wie sich die wirtschaftlichen Verhältnisse der den Cash-Pool führenden Gesellschaft entwickeln. Der Vorstand muss sofort den Darlehensanspruch durch Kündigung fällig stellen und den Rückzahlungsanspruch geltend machen, wenn sich die wirtschaftlichen Verhältnisse des Kreditnehmers nachhaltig verschlechtern.

824 Für die Praxis ist die Änderung in § 36 Abs. 2 Satz 2 AktG von Bedeutung, dass jetzt bei der Einmann-AG keine Volleinzahlung/Besicherung mehr erforderlich ist, sondern die Einzahlung von 12 500 Euro ausreichend ist.

825 Die Insolvenzantragsgründe und -antragsrechte finden sich in §§ 15, 15 a InsO.

826 Erhebliche materielle Änderungen erfährt das Aktiengesetz vor allem durch die Verlagerung von Pflichten des Vorstands auf den **Aufsichtsrat bei führungslosen Gesellschaften** (vgl. Rn. 819): Im Falle der Führungslosigkeit, die auch bei der Aktiengesellschaft schon dann eintritt, wenn z. B. das letzte vorhandene Vorstandsmitglied inhabil wird, gehen zahlreiche Rechte und Pflichten auf jedes einzelne Aufsichtsratsmitglied über. Diese Regelung hat bei der Aktiengesellschaft schon deswegen zusätzliche Bedeutung.

Checkliste – Auf den Aufsichtsrat übergehende Rechte und Pflichten (Führungslosigkeit):

☑ Empfangszuständigkeit gem. § 78 Abs. 1 Satz 2 AktG

☑ Insolvenzantragspflicht gem. § 15 a Abs. 3 AktG

☑ Insolvenzantragsrecht gem. § 15 Abs. 1 Satz 2 AktG

827 Die Schwelle, ab der sogenannte **Kleingesellschafter in der Krise** privilegiert werden, wird deutlich reduziert. Der Gesetzgeber übernimmt die bisher in § 32 a Abs. 3 Satz 2 GmbHG enthaltene Privilegierung für Kleingesellschafter in § 39 Abs. 5 InsO geregelten Tatbestand nun auch für die Aktiengesellschaft, da die

---

[1] RL 2006/68/EG des Europäischen Parlaments und des Rats v. 6. 9. 2006 zur Änderung der Richtlinie 77/91/EWG des Rates in Bezug auf die Gründung von Aktiengesellschaften und die Erhaltung und Änderung ihres Kapitals, ABl. EU Nr. L 264/32; *Möller,* Der Konzern 2008, 1, 2; *Wirsch,* GmbHR 2007, 736 ff.

[2] Vgl. dazu *Knapp,* DStR 2008, 2371; *Kiefner/Theusinger,* NZG 2008, 801.

J. Überblick über die Änderungen im Recht der Aktiengesellschaften

Vorschriften der Insolvenzordnung rechtsformneutral ausformuliert sind. Dies bedeutet materiell, dass die bisher von der Rechtsprechung bei 25 % festgelegte Grenze nunmehr auf 10 % abgesenkt wird.[1]

Praxishinweise

- Für die notarielle Praxis ist darauf zu achten, dass sämtliche Muster für die Erstanmeldung einer Aktiengesellschaft wie aber auch für Vorstandsänderungen anzupassen sind, da der Belehrungshinweis sich auf die deutlich erweiterten Inhabilitätsgründe erstrecken muss.   828

- Da bei der Aktiengesellschaft § 181 Abs. 1 Satz 3 AktG nicht gestrichen wurde, bedarf es bei Änderungen des Unternehmensgegenstandes weiterhin einer Genehmigung. Dies sollte Anlass für die Überlegung sein, in Zukunft beabsichtigte genehmigungsbedürftige Gegenstände sofort in den Unternehmensgegenstand bei der Gründung aufzunehmen.   829

- Enorme praktische Bedeutung und Haftungsgefahren ergeben sich aus der Erweiterung der Inhabilitätsgründe, die dazu führen, dass in stärkerem Umfang zukünftig führungslose Gesellschaften entstehen werden. Es ist zu berücksichtigen, dass das Amt des Vorstandes nicht nur nicht angetreten werden darf bzw. die Bestellung nichtig ist, wenn ein Inhabilitätsgrund vorliegt, sondern dass auch das Amt eines bestehenden Vorstands sofort endet, wenn ein Inhabilitätsgrund eintritt. Die Übergangsregelung bewirkt lediglich, dass bei Inkrafttreten des Gesetzes im Amt befindliche Vorstände ihre Vorstandsstellung nicht verlieren, wenn sie diese aufgrund der erweiterten Inhabilitätsgründe heute nicht mehr einnehmen könnten. Tritt aber nach Inkrafttreten des Gesetzes ein Inhabilitätsgrund ein, so endet das Amt automatisch. Dies steigert die Verantwortung der Aufsichtsräte, gerade auch mit Rücksicht auf die zahlreichen aktienspezifischen Inhabilitätsgründe deutlich. Der Aufsichtsrat gerade einer kleinen Aktiengesellschaft, die nur einen kleinen Vorstand hat, muss sich darüber im Klaren sein, dass er hier schnell in eine persönliche Haftung geraten kann, insbesondere mit Rücksicht darauf, dass er insolvenzantragspflichtig werden kann und bei der Verletzung der Insolvenzantragspflicht auf ihn persönlich Schadensersatzansprüche (Verletzung eines Schutzgesetzes im Sinne des § 823 Abs. 2 BGB) und strafrechtliche Sanktionen zukommen können.   830

- Auch bei der Aktiengesellschaft sind die Geschäftsanschriften zu überprüfen und jeder Kontakt mit der Aktiengesellschaft sollte durch den Notar dazu genutzt werden, Geschäftsanschriften abzufragen und ggf. die aktuelle Geschäftsanschrift beim Handelsregister anzumelden.   831

---

[1] Vgl. dazu *Blöse,* GmbHR-Sonderheft Oktober 2008, 71, 75.

Anhang

I. Synopse GmbHG vor und nach MoMiG

Erster Abschnitt. Errichtung der Gesellschaft

§ 1 [Zweck]
Gesellschaften mit beschränkter Haftung können nach Maßgabe der Bestimmungen dieses Gesetzes zu jedem gesetzlich zulässigen Zweck durch eine oder mehrere Personen errichtet werden.

§ 2 [Form des Gesellschaftsvertrags]
(1) Der Gesellschaftsvertrag bedarf notarieller Form. Er ist von sämtlichen Gesellschaftern zu unterzeichnen.

(2) Die Unterzeichnung durch Bevollmächtigte ist nur auf Grund einer notariell errichteten oder beglaubigten Vollmacht zulässig.

§ 3 [Inhalt des Gesellschaftsvertrags]
(1) Der Gesellschaftsvertrag muß enthalten:
1. die Firma und den Sitz der Gesellschaft,
2. den Gegenstand des Unternehmens,
3. den Betrag des Stammkapitals,
4. den Betrag der von jedem Gesellschafter auf das Stammkapital zu leistenden Einlage (Stammeinlage).

(2) Soll das Unternehmen auf eine gewisse Zeit beschränkt sein oder sollen den Gesellschaftern außer der Leistung von Kapitaleinlagen noch andere Verpflichtungen gegenüber der Gesellschaft auferlegt werden, so bedürfen auch diese Bestimmungen der Aufnahme in den Gesellschaftsvertrag.

§ 4 [Firma]
Die Firma der Gesellschaft muß, auch wenn sie nach § 22 des Handelsgesetzbuchs oder nach anderen gesetzlichen Vorschriften fortgeführt wird, die Bezeichnung „Gesellschaft mit beschränkter Haftung" oder eine allgemein verständliche Abkürzung dieser Bezeichnung enthalten.

§ 4a [Sitz der Gesellschaft]
(1) Sitz der Gesellschaft ist der Ort, den der Gesellschaftsvertrag bestimmt.

(2) Als Sitz der Gesellschaft hat der Gesellschaftsvertrag in der Regel den Ort, an dem die Gesellschaft einen Betrieb hat, oder den Ort zu bestimmen, an dem sich die Geschäftsleitung befindet oder die Verwaltung geführt wird.

Erster Abschnitt. Errichtung der Gesellschaft

§ 1 Zweck; Gründerzahl

Gesellschaften mit beschränkter Haftung können nach Maßgabe der Bestimmungen dieses Gesetzes zu jedem gesetzlich zulässigen Zweck durch eine oder mehrere Personen errichtet werden.

§ 2 Form des Gesellschaftsvertrags

(1) Der Gesellschaftsvertrag bedarf notarieller Form. Er ist von sämtlichen Gesellschaftern zu unterzeichnen.

(1a) Die Gesellschaft kann in einem vereinfachten Verfahren gegründet werden, wenn sie höchstens drei Gesellschafter und einen Geschäftsführer hat. Für die Gründung im vereinfachten Verfahren ist das in der Anlage bestimmte Musterprotokoll zu verwenden. Darüber hinaus dürfen keine vom Gesetz abweichenden Bestimmungen getroffen werden. Das Musterprotokoll gilt zugleich als Gesellschafterliste. Im Übrigen finden auf das Musterprotokoll die Vorschriften dieses Gesetzes über den Gesellschaftsvertrag entsprechende Anwendung.

(2) Die Unterzeichnung durch Bevollmächtigte ist nur auf Grund einer notariell errichteten oder beglaubigten Vollmacht zulässig.

§ 3 Inhalt des Gesellschaftsvertrags

(1) Der Gesellschaftsvertrag muß enthalten:
1. die Firma und den Sitz der Gesellschaft,
2. den Gegenstand des Unternehmens,
3. den Betrag des Stammkapitals,
4. *die Zahl und die Nennbeträge der Geschäftsanteile, die jeder Gesellschafter gegen Einlage auf das Stammkapital (Stammeinlage) übernimmt.*

(2) Soll das Unternehmen auf eine gewisse Zeit beschränkt sein oder sollen den Gesellschaftern außer der Leistung von Kapitaleinlagen noch andere Verpflichtungen gegenüber der Gesellschaft auferlegt werden, so bedürfen auch diese Bestimmungen der Aufnahme in den Gesellschaftsvertrag.

§ 4 Firma

Die Firma der Gesellschaft muß, auch wenn sie nach § 22 des Handelsgesetzbuchs oder nach anderen gesetzlichen Vorschriften fortgeführt wird, die Bezeichnung „Gesellschaft mit beschränkter Haftung" oder eine allgemein verständliche Abkürzung dieser Bezeichnung enthalten.

§ 4a Sitz der Gesellschaft

Sitz der Gesellschaft ist der Ort *im Inland* den der Gesellschaftsvertrag bestimmt. *Absatz 2 wird aufgehoben.*

§ 5 [Stammkapital; Stammeinlage]

(1) Das Stammkapital der Gesellschaft muß mindestens fünfundzwanzigtausend Euro, die Stammeinlage jedes Gesellschafters muß mindestens hundert Euro betragen.

(2) Kein Gesellschafter kann bei Errichtung der Gesellschaft mehrere Stammeinlagen übernehmen.

(3) Der Betrag der Stammeinlage kann für die einzelnen Gesellschafter verschieden bestimmt werden. Er muß in Euro durch fünfzig teilbar sein. Der Gesamtbetrag der Stammeinlagen muß mit dem Stammkapital übereinstimmen.

(4) Sollen Sacheinlagen geleistet werden, so müssen der Gegenstand der Sacheinlage und der Betrag der Stammeinlage, auf die sich die Sacheinlage bezieht, im Gesellschaftsvertrag festgesetzt werden. Die Gesellschafter haben in einem Sachgründungsbericht die für die Angemessenheit der Leistungen für Sacheinlagen wesentlichen Umstände darzulegen und beim Übergang eines Unternehmens auf die Gesellschaft die Jahresergebnisse der beiden letzten Geschäftsjahre anzugeben.

§ 6 [Geschäftsführer]

(1) Die Gesellschaft muß einen oder mehrere Geschäftsführer haben.

(2) Geschäftsführer kann nur eine natürliche, unbeschränkt geschäftsfähige Person sein. Ein Betreuter, der bei der Besorgung seiner Vermögensangelegenheiten ganz oder teilweise einem Einwilligungsvorbehalt (§ 1903 des Bürgerlichen Gesetzbuchs) unterliegt, kann nicht Geschäftsführer sein. Wer wegen einer Straftat nach den §§ 283 bis 283d des Strafgesetzbuchs verurteilt worden ist, kann auf die Dauer

§ 5 Stammkapital; Geschäftsanteil

(1) Das Stammkapital der Gesellschaft muß mindestens fünfundzwanzigtausend Euro betragen.
(2) Der Nennbetrag jedes Geschäftsanteils muss auf volle Euro lauten. Ein Gesellschafter kann bei Errichtung der Gesellschaft mehrere Geschäftsanteile übernehmen.
(3) Die Höhe der Nennbeträge der einzelnen Geschäftsanteile kann verschieden bestimmt werden. Die Summe der Nennbeträge aller Geschäftsanteile muss mit dem Stammkapital übereinstimmen.
(4) Sollen Sacheinlagen geleistet werden, so müssen der Gegenstand der Sacheinlage und der *Nennbetrag des Geschäftsanteils, auf den* sich die Sacheinlage bezieht, im Gesellschaftsvertrag festgesetzt werden. Die Gesellschafter haben in einem Sachgründungsbericht die für die Angemessenheit der Leistungen für Sacheinlagen wesentlichen Umstände darzulegen und beim Übergang eines Unternehmens auf die Gesellschaft die Jahresergebnisse der beiden letzten Geschäftsjahre anzugeben.

§ 5a *Unternehmergesellschaft*

(1) Eine Gesellschaft, die mit einem Stammkapital gegründet wird, das den Betrag des Mindeststammkapitals nach § 5 Abs. 1 unterschreitet, muss in der Firma abweichend von § 4 die Bezeichnung „Unternehmergesellschaft (haftungsbeschränkt)" oder „UG (haftungsbeschränkt)" führen.
(2) Abweichend von § 7 Abs. 2 darf die Anmeldung erst erfolgen, wenn das Stammkapital in voller Höhe eingezahlt ist. Sacheinlagen sind ausgeschlossen.
(3) In der Bilanz des nach den §§ 242, 264 des Handelsgesetzbuchs aufzustellenden Jahresabschlusses ist eine gesetzliche Rücklage zu bilden, in die ein Viertel des um einen Verlustvortrag aus dem Vorjahr geminderten Jahresüberschusses einzustellen ist. Die Rücklage darf nur verwandt werden
1. für Zwecke des § 57c;
2. zum Ausgleich eines Jahresfehlbetrags, soweit er nicht durch einen Gewinnvortrag aus dem Vorjahr gedeckt ist;
3. zum Ausgleich eines Verlustvortrags aus dem Vorjahr, soweit er nicht durch einen Jahresüberschuss gedeckt ist.
(4) Abweichend von § 49 Abs. 3 muss die Versammlung der Gesellschafter bei drohender Zahlungsunfähigkeit unverzüglich einberufen werden.
(5) Erhöht die Gesellschaft ihr Stammkapital so, dass es den Betrag des Mindeststammkapitals nach § 5 Abs. 1 erreicht oder übersteigt, finden die Absätze 1 bis 4 keine Anwendung mehr; die Firma nach Absatz 1 darf beibehalten werden.

§ 6 Geschäftsführer

(1) Die Gesellschaft muß einen oder mehrere Geschäftsführer haben.
(2) Geschäftsführer kann nur eine natürliche, unbeschränkt geschäftsfähige Person sein. *Geschäftsführer kann nicht sein, wer*
1. als Betreuter bei der Besorgung seiner Vermögensangelegenheiten ganz oder teilweise einem Einwilligungsvorbehalt (§ 1903 des Bürgerlichen Gesetzbuchs) unterliegt,

von fünf Jahren seit der Rechtskraft des Urteils nicht Geschäftsführer sein; in die Frist wird die Zeit nicht eingerechnet, in welcher der Täter auf behördliche Anordnung in einer Anstalt verwahrt worden ist. Wem durch gerichtliches Urteil oder durch vollziehbare Entscheidung einer Verwaltungsbehörde die Ausübung eines Berufs, Berufszweigs, Gewerbes oder Gewerbezweigs untersagt worden ist, kann für die Zeit, für welche das Verbot wirksam ist, bei einer Gesellschaft, deren Unternehmensgegenstand ganz oder teilweise mit dem Gegenstand des Verbots übereinstimmt, nicht Geschäftsführer sein.

(3) Zu Geschäftsführern können Gesellschafter oder andere Personen bestellt werden. Die Bestellung erfolgt entweder im Gesellschaftsvertrag oder nach Maßgabe der Bestimmungen des dritten Abschnitts.

(4) Ist im Gesellschaftsvertrag bestimmt, daß sämtliche Gesellschafter zur Geschäftsführung berechtigt sein sollen, so gelten nur die der Gesellschaft bei Festsetzung dieser Bestimmung angehörenden Personen als die bestellten Geschäftsführer.

§ 7 [Anmeldung]

(1) Die Gesellschaft ist bei dem Gericht, in dessen Bezirk sie ihren Sitz hat, zur Eintragung in das Handelsregister anzumelden.

(2) Die Anmeldung darf erst erfolgen, wenn auf jede Stammeinlage, soweit nicht Sacheinlagen vereinbart sind, ein Viertel eingezahlt ist. Insgesamt muß auf das Stammkapital mindestens soviel eingezahlt sein, daß der Gesamtbetrag der eingezahlten Geldeinlagen zuzüglich des Gesamtbetrags der Stammeinlagen, für die Sacheinlagen zu leisten sind, die Hälfte des Mindeststammkapitals gemäß § 5 Abs. 1 erreicht. Wird die Gesellschaft nur durch eine Person errichtet, so darf die Anmeldung erst erfolgen, wenn mindestens die nach den Sätzen 1 und 2 vorgeschriebenen Einzahlungen geleistet sind und der Gesellschafter für den übrigen Teil der Geldeinlage eine Sicherung bestellt hat.

2. aufgrund eines gerichtlichen Urteils oder einer vollziehbaren Entscheidung einer Verwaltungsbehörde einen Beruf, einen Berufszweig, ein Gewerbe oder einen Gewerbezweig nicht ausüben darf, sofern der Unternehmensgegenstand ganz oder teilweise mit dem Gegenstand des Verbots übereinstimmt,
3. wegen einer oder mehrerer vorsätzlich begangener Straftaten
   a) des Unterlassens der Stellung des Antrags auf Eröffnung des Insolvenzverfahrens (Insolvenzverschleppung),
   b) nach den §§ 283 bis 283d des Strafgesetzbuchs (Insolvenzstraftaten),
   c) der falschen Angaben nach § 82 dieses Gesetzes oder § 399 des Aktiengesetzes,
   d) der unrichtigen Darstellung nach § 400 des Aktiengesetzes, § 331 des Handelsgesetzbuchs, § 313 des Umwandlungsgesetzes oder § 17des Publizitätsgesetzes oder
   e) nach den §§ 263 bis 264a oder den §§ 265b bis 266a Strafgesetzbuchs zu einer Freiheitsstrafe von mindestens einem Jahr verurteilt worden ist; dieser Ausschluss gilt für die Dauer von fünf Jahren seit der Rechtskraft des Urteils, wobei die Zeit nicht eingerechnet wird, in welcher der Täter auf behördliche Anordnung in einer Anstalt verwahrt worden ist.

Satz 2 Nr. 3 gilt entsprechend bei einer Verurteilung im Ausland wegen einer Tat, die mit den in Satz 2 Nr. 3 genannten Taten vergleichbar ist.

(3) Zu Geschäftsführern können Gesellschafter oder andere Personen bestellt werden. Die Bestellung erfolgt entweder im Gesellschaftsvertrag oder nach Maßgabe der Bestimmungen des dritten Abschnitts.

(4) Ist im Gesellschaftsvertrag bestimmt, daß sämtliche Gesellschafter zur Geschäftsführung berechtigt sein sollen, so gelten nur die der Gesellschaft bei Festsetzung dieser Bestimmung angehörenden Personen als die bestellten Geschäftsführer.

(5) Gesellschafter, die vorsätzlich oder grob fahrlässig einer Person, die nicht Geschäftsführer sein kann, die Führung der Geschäfte überlassen, haften der Gesellschaft solidarisch für den Schaden, der dadurch entsteht, dass diese Person die ihr gegenüber der Gesellschaft bestehenden Obliegenheiten verletzt.

§ 7 Anmeldung der Gesellschaft

(1) Die Gesellschaft ist bei dem Gericht, in dessen Bezirk sie ihren Sitz hat, zur Eintragung in das Handelsregister anzumelden.

(2) Die Anmeldung darf erst erfolgen, wenn auf *jeden Geschäftsanteil*, soweit nicht Sacheinlagen vereinbart sind, ein Viertel *des Nennbetrags* eingezahlt ist. Insgesamt muß auf das Stammkapital mindestens soviel eingezahlt sein, daß der Gesamtbetrag der eingezahlten Geldeinlagen zuzüglich des *Gesamtnennbetrags der Geschäftsanteile*, für die Sacheinlagen zu leisten sind, die Hälfte des Mindeststammkapitals gemäß § 5 Abs. 1 erreicht.

Satz 3 wird aufgehoben.

(3) Die Sacheinlagen sind vor der Anmeldung der Gesellschaft zur Eintragung in das Handelsregister so an die Gesellschaft zu bewirken, daß sie endgültig zur freien Verfügung der Geschäftsführer stehen.

§ 8 [Inhalt der Anmeldung]
(1) Der Anmeldung müssen beigefügt sein:
1. der Gesellschaftsvertrag und im Fall des § 2 Abs. 2 die Vollmachten der Vertreter, welche den Gesellschaftsvertrag unterzeichnet haben, oder eine beglaubigte Abschrift dieser Urkunden,
2. die Legitimation der Geschäftsführer, sofern dieselben nicht im Gesellschaftsvertrag bestellt sind,
3. eine von den Anmeldenden unterschriebene Liste der Gesellschafter, aus welcher Name, Vorname, Geburtsdatum und Wohnort der letzteren sowie der Betrag der von einem jeden derselben übernommenen Stammeinlage ersichtlich ist,
4. im Fall des § 5 Abs. 4 die Verträge, die den Festsetzungen zugrunde liegen oder zu ihrer Ausführung geschlossen worden sind, und der Sachgründungsbericht,
5. wenn Sacheinlagen vereinbart sind, Unterlagen darüber, daß der Wert der Sacheinlagen den Betrag der dafür übernommenen Stammeinlagen erreicht,
6. in dem Fall, daß der Gegenstand des Unternehmens der staatlichen Genehmigung bedarf, die Genehmigungsurkunde.

(2) In der Anmeldung ist die Versicherung abzugeben, daß die in § 7 Abs. 2 und 3 bezeichneten Leistungen auf die Stammeinlagen bewirkt sind und daß der Gegenstand der Leistungen sich endgültig in der freien Verfügung der Geschäftsführer befindet. Wird die Gesellschaft nur durch eine Person errichtet und die Geldeinlage nicht voll eingezahlt, so ist auch zu versichern, daß die nach § 7 Abs. 2 Satz 3 erforderliche Sicherung bestellt ist.

(3) In der Anmeldung haben die Geschäftsführer zu versichern, daß keine Umstände vorliegen, die ihrer Bestellung nach § 6 Abs. 2 Satz 3 und 4 entgegenstehen, und daß sie über ihre unbeschränkte Auskunftspflicht gegenüber dem Gericht belehrt worden sind. Die Belehrung nach *§ 51 Abs. 2* des Gesetzes über das Zentralregister und das Erziehungsregister in der Fassung der Bekanntmachung *vom 22. Juli 1976 (BGBl. I S. 2005)* kann auch durch einen Notar vorgenommen werden.

(4) In der Anmeldung ist ferner anzugeben, welche Vertretungsbefugnis die Geschäftsführer haben.

(5) Für die Einreichung von Unterlagen nach diesem Gesetz gilt § 12 Abs. 2 des Handelsgesetzbuchs entsprechend.

§ 9 [Geldeinlage statt Sacheinlage]
(1) Erreicht der Wert einer Sacheinlage im Zeitpunkt der Anmeldung der Gesellschaft zur Eintragung in das Handelsregister nicht den Betrag der dafür übernom-

(3) Die Sacheinlagen sind vor der Anmeldung der Gesellschaft zur Eintragung in das Handelsregister so an die Gesellschaft zu bewirken, daß sie endgültig zur freien Verfügung der Geschäftsführer stehen.

§ 8 Inhalt der Anmeldung

(1) Der Anmeldung müssen beigefügt sein:
1. der Gesellschaftsvertrag und im Fall des § 2 Abs. 2 die Vollmachten der Vertreter, welche den Gesellschaftsvertrag unterzeichnet haben, oder eine beglaubigte Abschrift dieser Urkunden,
2. die Legitimation der Geschäftsführer, sofern dieselben nicht im Gesellschaftsvertrag bestellt sind,
3. eine von den Anmeldenden unterschriebene Liste der Gesellschafter, aus welcher Name, Vorname, Geburtsdatum und Wohnort der letzteren sowie *die Nennbeträge und die laufenden Nummern der von einem jeden derselben übernommenen Geschäftsanteile ersichtlich sind.*
4. im Fall des § 5 Abs. 4 die Verträge, die den Festsetzungen zugrunde liegen oder zu ihrer Ausführung geschlossen worden sind, und der Sachgründungsbericht,
5. wenn Sacheinlagen vereinbart sind, Unterlagen darüber, daß der Wert der Sacheinlagen den *Nennbetrag der dafür übernommenen Geschäftsanteile erreicht.*
6. wird aufgehoben

(2) In der Anmeldung ist die Versicherung abzugeben, daß die in § 7 Abs. 2 und 3 bezeichneten Leistungen auf die *Geschäftsanteile* bewirkt sind und daß der Gegenstand der Leistungen sich endgültig in der freien Verfügung der Geschäftsführer befindet. *Das Gericht kann bei erheblichen Zweifeln an der Richtigkeit der Versicherung Nachweise (unter anderem Einzahlungsbelege) verlangen.*

(3) In der Anmeldung haben die Geschäftsführer zu versichern, daß keine Umstände vorliegen, die ihrer Bestellung nach *§ 6 Abs. 2 Satz 2 Nr. 2 und 3 sowie Satz 3* entgegenstehen, und daß sie über ihre unbeschränkte Auskunftspflicht gegenüber dem Gericht belehrt worden sind. *Die Belehrung nach § 53 Abs. 2 des Bundeszentralregistergesetzes kann schriftlich vorgenommen werden; sie kann auch durch einen Notar oder einen im Ausland bestellten Notar, durch einen Vertreter eines vergleichbaren rechtsberatenden Berufs oder einen Konsularbeamten erfolgen.*
(4) In der Anmeldung sind ferner anzugeben
1. eine inländische Geschäftsanschrift,
2. Art und Umfang der Vertretungsbefugnis der Geschäftsführer.
(5) Für die Einreichung von Unterlagen nach diesem Gesetz gilt § 12 Abs. 2 des Handelsgesetzbuchs entsprechend.

§ 9 Überbewertung der Sacheinlagen

(1) Erreicht der Wert einer Sacheinlage im Zeitpunkt der Anmeldung der Gesellschaft zur Eintragung in das Handelsregister nicht den *Nennbetrag des dafür über-*

menen Stammeinlage, hat der Gesellschafter in Höhe des Fehlbetrags eine Einlage in Geld zu leisten.
(2) Der Anspruch der Gesellschaft verjährt in zehn Jahren seit der Eintragung der Gesellschaft in das Handelsregister.

§ 9a [Ersatzansprüche der Gesellschaft]
(1) Werden zum Zweck der Errichtung der Gesellschaft falsche Angaben gemacht, so haben die Gesellschafter und Geschäftsführer der Gesellschaft als Gesamtschuldner fehlende Einzahlungen zu leisten, eine Vergütung, die nicht unter den Gründungsaufwand aufgenommen ist, zu ersetzen und für den sonst entstehenden Schaden Ersatz zu leisten.
(2) Wird die Gesellschaft von Gesellschaftern durch Einlagen oder Gründungsaufwand vorsätzlich oder aus grober Fahrlässigkeit geschädigt, so sind ihr alle Gesellschafter als Gesamtschuldner zum Ersatz verpflichtet.
(3) Von diesen Verpflichtungen ist ein Gesellschafter oder ein Geschäftsführer befreit, wenn er die die Ersatzpflicht begründenden Tatsachen weder kannte noch bei Anwendung der Sorgfalt eines ordentlichen Geschäftsmannes kennen mußte.
(4) Neben den Gesellschaftern sind in gleicher Weise Personen verantwortlich, für deren Rechnung die Gesellschafter Stammeinlagen übernommen haben. Sie können sich auf ihre eigene Unkenntnis nicht wegen solcher Umstände berufen, die ein für ihre Rechnung handelnder Gesellschafter kannte oder bei Anwendung der Sorgfalt eines ordentlichen Geschäftsmannes kennen mußte.

§ 9b [Verzicht auf Ersatzansprüche]
(1) Ein Verzicht der Gesellschaft auf Ersatzansprüche nach § 9a oder ein Vergleich der Gesellschaft über diese Ansprüche ist unwirksam, soweit der Ersatz zur Befriedigung der Gläubiger der Gesellschaft erforderlich ist. Dies gilt nicht, wenn der Ersatzpflichtige zahlungsunfähig ist und sich zur Abwendung des Insolvenzverfahrens mit seinen Gläubigern vergleicht oder wenn die Ersatzpflicht in einem Insolvenzplan geregelt wird.
(2) Ersatzansprüche der Gesellschaft nach § 9a verjähren in fünf Jahren. Die Verjährung beginnt mit der Eintragung der Gesellschaft in das Handelsregister oder, wenn die zum Ersatz verpflichtende Handlung später begangen worden ist, mit der Vornahme der Handlung.

§ 9c [Ablehnung der Eintragung]
(1) Ist die Gesellschaft nicht ordnungsgemäß errichtet und angemeldet, so hat das Gericht die Eintragung abzulehnen. Dies gilt auch, wenn Sacheinlagen überbewertet worden sind.
(2) Wegen einer mangelhaften, fehlenden oder nichtigen Bestimmung des Gesellschaftsvertrages darf das Gericht die Eintragung nach Absatz 1 nur ablehnen, soweit diese Bestimmung, ihr Fehlen oder ihre Nichtigkeit
1. Tatsachen oder Rechtsverhältnisse betrifft, die nach § 3 Abs. 1 oder auf Grund anderer zwingender gesetzlicher Vorschriften in dem Gesellschaftsvertrag be-

nommenen Geschäftsanteils, hat der Gesellschafter in Höhe des Fehlbetrags eine Einlage in Geld zu leisten. *Sonstige Ansprüche bleiben unberührt.*

(2) Der Anspruch der Gesellschaft *nach Absatz 1 Satz 1* verjährt in zehn Jahren seit der Eintragung der Gesellschaft in das Handelsregister.

§ 9a Ersatzansprüche der Gesellschaft

(1) Werden zum Zweck der Errichtung der Gesellschaft falsche Angaben gemacht, so haben die Gesellschafter und Geschäftsführer der Gesellschaft als Gesamtschuldner fehlende Einzahlungen zu leisten, eine Vergütung, die nicht unter den Gründungsaufwand aufgenommen ist, zu ersetzen und für den sonst entstehenden Schaden Ersatz zu leisten.

(2) Wird die Gesellschaft von Gesellschaftern durch Einlagen oder Gründungsaufwand vorsätzlich oder aus grober Fahrlässigkeit geschädigt, so sind ihr alle Gesellschafter als Gesamtschuldner zum Ersatz verpflichtet.

(3) Von diesen Verpflichtungen ist ein Gesellschafter oder ein Geschäftsführer befreit, wenn er die die Ersatzpflicht begründenden Tatsachen weder kannte noch bei Anwendung der Sorgfalt eines ordentlichen Geschäftsmannes kennen mußte.

(4) Neben den Gesellschaftern sind in gleicher Weise Personen verantwortlich, für deren Rechnung die Gesellschafter *Geschäftsanteile* übernommen haben. Sie können sich auf ihre eigene Unkenntnis nicht wegen solcher Umstände berufen, die ein für ihre Rechnung handelnder Gesellschafter kannte oder bei Anwendung der Sorgfalt eines ordentlichen Geschäftsmannes kennen mußte.

§ 9b Verzicht auf Ersatzansprüche

(1) Ein Verzicht der Gesellschaft auf Ersatzansprüche nach § 9a oder ein Vergleich der Gesellschaft über diese Ansprüche ist unwirksam, soweit der Ersatz zur Befriedigung der Gläubiger der Gesellschaft erforderlich ist. Dies gilt nicht, wenn der Ersatzpflichtige zahlungsunfähig ist und sich zur Abwendung des Insolvenzverfahrens mit seinen Gläubigern vergleicht oder wenn die Ersatzpflicht in einem Insolvenzplan geregelt wird.

(2) Ersatzansprüche der Gesellschaft nach § 9a verjähren in fünf Jahren. Die Verjährung beginnt mit der Eintragung der Gesellschaft in das Handelsregister oder, wenn die zum Ersatz verpflichtende Handlung später begangen worden ist, mit der Vornahme der Handlung.

§ 9c Ablehnung der Eintragung

(1) Ist die Gesellschaft nicht ordnungsgemäß errichtet und angemeldet, so hat das Gericht die Eintragung abzulehnen. Dies gilt auch, wenn Sacheinlagen *nicht unwesentlich* überbewertet worden sind.

(2) Wegen einer mangelhaften, fehlenden oder nichtigen Bestimmung des Gesellschaftsvertrages darf das Gericht die Eintragung nach Absatz 1 nur ablehnen, soweit diese Bestimmung, ihr Fehlen oder ihre Nichtigkeit
1. Tatsachen oder Rechtsverhältnisse betrifft, die nach § 3 Abs. 1 oder auf Grund anderer zwingender gesetzlicher Vorschriften in dem Gesellschaftsvertrag be-

stimmt sein müssen oder die in das Handelsregister einzutragen oder von dem Gericht bekanntzumachen sind,
2. Vorschriften verletzt, die ausschließlich oder überwiegend zum Schutze der Gläubiger der Gesellschaft oder sonst im öffentlichen Interesse gegeben sind, oder
3. die Nichtigkeit des Gesellschaftsvertrages zur Folge hat.

§ 10 [Eintragung in das Handelsregister]
(1) Bei der Eintragung in das Handelsregister sind die Firma und der Sitz der Gesellschaft, der Gegenstand des Unternehmens, die Höhe des Stammkapitals, der Tag des Abschlusses des Gesellschaftsvertrags und die Personen der Geschäftsführer anzugeben. Ferner ist einzutragen, welche Vertretungsbefugnis die Geschäftsführer haben.
(2) Enthält der Gesellschaftsvertrag eine Bestimmung über die Zeitdauer der Gesellschaft, so ist auch diese Bestimmung einzutragen.
(3) (weggefallen)

§ 11 [Rechtszustand vor der Eintragung]
(1) Vor der Eintragung in das Handelsregister des Sitzes der Gesellschaft besteht die Gesellschaft mit beschränkter Haftung als solche nicht.
(2) Ist vor der Eintragung im Namen der Gesellschaft gehandelt worden, so haften die Handelnden persönlich und solidarisch.

§ 12 [Bekanntmachungen der Gesellschaft]
Bestimmt das Gesetz oder der Gesellschaftsvertrag, dass von der Gesellschaft etwas bekannt zu machen ist, so erfolgt die Bekanntmachung im elektronischen Bundesanzeiger (Gesellschaftsblatt). Daneben kann der Gesellschaftsvertrag andere öffentliche Blätter oder elektronische Informationsmedien als Gesellschaftsblätter bezeichnen. Sieht der Gesellschaftsvertrag vor, dass Bekanntmachungen der Gesellschaft im Bundesanzeiger erfolgen, so ist die Bekanntmachung im elektronischen Bundesanzeiger ausreichend.

Zweiter Abschnitt. Rechtsverhältnisse der Gesellschaft und der Gesellschafter

§ 13 [Juristische Person; Handelsgesellschaft]
(1) Die Gesellschaft mit beschränkter Haftung als solche hat selbständig ihre Rechte und Pflichten; sie kann Eigentum und andere dingliche Rechte an Grundstücken erwerben, vor Gericht klagen und verklagt werden.

stimmt sein müssen oder die in das Handelsregister einzutragen oder von dem Gericht bekanntzumachen sind,
2. Vorschriften verletzt, die ausschließlich oder überwiegend zum Schutze der Gläubiger der Gesellschaft oder sonst im öffentlichen Interesse gegeben sind, oder
3. die Nichtigkeit des Gesellschaftsvertrages zur Folge hat.

§ 10 Inhalt der Eintragung
(1) Bei der Eintragung in das Handelsregister sind die Firma und der Sitz der Gesellschaft, *eine inländische Geschäftsanschrift*, der Gegenstand des Unternehmens, die Höhe des Stammkapitals, der Tag des Abschlusses des Gesellschaftsvertrages und die Personen der Geschäftsführer anzugeben. Ferner ist einzutragen, welche Vertretungsbefugnis die Geschäftsführer haben.
(2) Enthält der Gesellschaftsvertrag eine Bestimmung über die Zeitdauer der Gesellschaft, so ist auch diese Bestimmung einzutragen. *Wenn eine Person, die für Willenserklärungen und Zustellungen an die Gesellschaft empfangsberechtigt ist, mit einer inländischen Anschrift zur Eintragung in das Handelsregister angemeldet wird, sind auch diese Angaben einzutragen; Dritten gegenüber gilt die Empfangsberechtigung als fortbestehend, bis sie im Handelsregister gelöscht und die Löschung bekannt gemacht worden ist, es sei denn, dass die fehlende Empfangsberechtigung dem Dritten bekannt war.*

§ 11 Rechtszustand vor der Eintragung
(1) Vor der Eintragung in das Handelsregister des Sitzes der Gesellschaft besteht die Gesellschaft mit beschränkter Haftung als solche nicht.
(2) Ist vor der Eintragung im Namen der Gesellschaft gehandelt worden, so haften die Handelnden persönlich und solidarisch.

§ 12 Bekanntmachungen der Gesellschaft
Bestimmt das Gesetz oder der Gesellschaftsvertrag, dass von der Gesellschaft etwas bekannt zu machen ist, so erfolgt die Bekanntmachung im elektronischen Bundesanzeiger (Gesellschaftsblatt). Daneben kann der Gesellschaftsvertrag andere öffentliche Blätter oder elektronische Informationsmedien als Gesellschaftsblätter bezeichnen. Sieht der Gesellschaftsvertrag vor, dass Bekanntmachungen der Gesellschaft im Bundesanzeiger erfolgen, so ist die Bekanntmachung im elektronischen Bundesanzeiger ausreichend.

Zweiter Abschnitt. Rechtsverhältnisse der Gesellschaft und der Gesellschafter

§ 13 Juristische Person; Handelsgesellschaft
(1) Die Gesellschaft mit beschränkter Haftung als solche hat selbständig ihre Rechte und Pflichten; sie kann Eigentum und andere dingliche Rechte an Grundstücken erwerben, vor Gericht klagen und verklagt werden.

(2) Für die Verbindlichkeiten der Gesellschaft haftet den Gläubigern derselben nur das Gesellschaftsvermögen.
(3) Die Gesellschaft gilt als Handelsgesellschaft im Sinne des Handelsgesetzbuchs.

§ 14 [Geschäftsanteil]
Der Geschäftsanteil jedes Gesellschafters bestimmt sich nach dem Betrag der von ihm übernommenen Stammeinlage.

§ 15 [Übertragung von Geschäftsanteilen]
(1) Die Geschäftsanteile sind veräußerlich und vererblich.
(2) Erwirbt ein Gesellschafter zu seinem ursprünglichen Geschäftsanteil weitere Geschäftsanteile, so behalten dieselben ihre Selbständigkeit.
(3) Zur Abtretung von Geschäftsanteilen durch Gesellschafter bedarf es eines in notarieller Form geschlossenen Vertrags.
(4) Der notariellen Form bedarf auch eine Vereinbarung, durch welche die Verpflichtung eines Gesellschafters zur Abtretung eines Geschäftsanteils begründet wird. Eine ohne diese Form getroffene Vereinbarung wird jedoch durch den nach Maßgabe des vorigen Absatzes geschlossenen Abtretungsvertrag gültig.
(5) Durch den Gesellschaftsvertrag kann die Abtretung der Geschäftsanteile an weitere Voraussetzungen geknüpft, insbesondere von der Genehmigung der Gesellschaft abhängig gemacht werden.

§ 16 [Rechtsstellung von Veräußerer und Erwerber]
(1) Der Gesellschaft gegenüber gilt im Fall der Veräußerung des Geschäftsanteils nur derjenige als Erwerber, dessen Erwerb unter Nachweis des Übergangs bei der Gesellschaft angemeldet ist.

(2) Die vor der Anmeldung von der Gesellschaft gegenüber dem Veräußerer oder von dem letzteren gegenüber der Gesellschaft in bezug auf das Gesellschaftsverhältnis vorgenommenen Rechtshandlungen muß der Erwerber gegen sich gelten lassen.
(3) Für die zur Zeit der Anmeldung auf den Geschäftsanteil rückständigen Leistungen ist der Erwerber neben dem Veräußerer verhaftet.

(2) Für die Verbindlichkeiten der Gesellschaft haftet den Gläubigern derselben nur das Gesellschaftsvermögen.
(3) Die Gesellschaft gilt als Handelsgesellschaft im Sinne des Handelsgesetzbuchs.

§ 14 Einlagepflicht

Auf jeden Geschäftsanteil ist eine Einlage zu leisten. Die Höhe der zu leistenden Einlage richtet sich nach dem bei der Errichtung der Gesellschaft im Gesellschaftsvertrag festgesetzten Nennbetrag des Geschäftsanteils. Im Fall der Kapitalerhöhung bestimmt sich die Höhe der zu leistenden Einlage nach dem in der Übernahmeerklärung festgesetzten Nennbetrag des Geschäftsanteils.

§ 15 Übertragung von Geschäftsanteilen

(1) Die Geschäftsanteile sind veräußerlich und vererblich.
(2) Erwirbt ein Gesellschafter zu seinem ursprünglichen Geschäftsanteil weitere Geschäftsanteile, so behalten dieselben ihre Selbständigkeit.
(3) Zur Abtretung von Geschäftsanteilen durch Gesellschafter bedarf es eines in notarieller Form geschlossenen Vertrags.
(4) Der notariellen Form bedarf auch eine Vereinbarung, durch welche die Verpflichtung eines Gesellschafters zur Abtretung eines Geschäftsanteils begründet wird. Eine ohne diese Form getroffene Vereinbarung wird jedoch durch den nach Maßgabe des vorigen Absatzes geschlossenen Abtretungsvertrag gültig.
(5) Durch den Gesellschaftsvertrag kann die Abtretung der Geschäftsanteile an weitere Voraussetzungen geknüpft, insbesondere von der Genehmigung der Gesellschaft abhängig gemacht werden.

§ 16 Rechtsstellung bei Wechsel der Gesellschafter oder Veränderung des Umfangs ihrer Beteiligung; Erwerb vom Nichtberechtigten

(1) Im Verhältnis zur Gesellschaft gilt im Fall einer Veränderung in den Personen der Gesellschafter oder des Umfangs ihrer Beteiligung als Inhaber eines Geschäftsanteils nur, wer als solcher in der im Handelsregister aufgenommenen Gesellschafterliste (§ 40) eingetragen ist. Eine vom Erwerber in Bezug auf das Gesellschaftsverhältnis vorgenommene Rechtshandlung gilt als von Anfang an wirksam, wenn die Liste unverzüglich nach Vornahme der Rechtshandlung in das Handelsregister aufgenommen wird.

(2) Für Einlageverpflichtungen, die in dem Zeitpunkt rückständig sind, ab dem der Erwerber gemäß Absatz 1 Satz 1 im Verhältnis zur Gesellschaft als Inhaber des Geschäftsanteils gilt, haftet der Erwerber neben dem Veräußerer.

(3) Der Erwerber kann einen Geschäftsanteil oder ein Recht daran durch Rechtsgeschäft wirksam vom Nichtberechtigten erwerben, wenn der Veräußerer als Inhaber des Geschäftsanteils in der im Handelsregister aufgenommenen Gesellschafterliste eingetragen ist. Dies gilt nicht, wenn die Liste zum Zeitpunkt des Erwerbs hinsichtlich des Geschäftsanteils weniger als drei Jahre unrichtig und die Unrichtigkeit dem Berechtigten nicht zuzurechnen ist. Ein gutgläubiger Erwerb ist ferner nicht möglich, wenn dem Erwerber die mangelnde Berechtigung bekannt oder infolge grober Fahrlässigkeit unbekannt ist oder der Liste ein Widerspruch zugeordnet ist. Die Zuordnung eines Wider-

§ 17 [Veräußerung von Teilen eines Geschäftsanteils]
(1) Die Veräußerung von Teilen eines Geschäftsanteils kann nur mit Genehmigung der Gesellschaft stattfinden.
(2) Die Genehmigung bedarf der schriftlichen Form; sie muß die Person des Erwerbers und den Betrag bezeichnen, welcher von der Stammeinlage des ungeteilten Geschäftsanteils auf jeden der durch die Teilung entstehenden Geschäftsanteile entfällt.
(3) Im Gesellschaftsvertrag kann bestimmt werden, daß für die Veräußerung von Teilen eines Geschäftsanteils an andere Gesellschafter, sowie für die Teilung von Geschäftsanteilen verstorbener Gesellschafter unter deren Erben eine Genehmigung der Gesellschaft nicht erforderlich ist.
(4) Die Bestimmungen in § 5 Abs. 1 und 3 über den Betrag der Stammeinlagen finden bei der Teilung von Geschäftsanteilen entsprechende Anwendung.
(5) Eine gleichzeitige Übertragung mehrerer Teile von Geschäftsanteilen eines Gesellschafters an denselben Erwerber ist unzulässig.
(6) Außer dem Fall der Veräußerung und Vererbung findet eine Teilung von Geschäftsanteilen nicht statt. Sie kann im Gesellschaftsvertrag auch für diese Fälle ausgeschlossen werden.

§ 18 [Mitberechtigung am Geschäftsanteil]
(1) Steht ein Geschäftsanteil mehreren Mitberechtigten ungeteilt zu, so können sie die Rechte aus demselben nur gemeinschaftlich ausüben.
(2) Für die auf den Geschäftsanteil zu bewirkenden Leistungen haften sie der Gesellschaft solidarisch.
(3) Rechtshandlungen, welche die Gesellschaft gegenüber dem Inhaber des Anteils vorzunehmen hat, sind, sofern nicht ein gemeinsamer Vertreter der Mitberechtigten vorhanden ist, wirksam, wenn sie auch nur gegenüber einem Mitberechtigten vorgenommen werden. Gegenüber mehreren Erben eines Gesellschafters findet diese Bestimmung nur in bezug auf Rechtshandlungen Anwendung, welche nach Ablauf eines Monats seit dem Anfall der Erbschaft vorgenommen werden.

§ 19 [Einzahlungen auf die Stammeinlage]
(1) Die Einzahlungen auf die Stammeinlagen sind nach dem Verhältnis der Geldeinlagen zu leisten.
(2) Von der Verpflichtung zur Leistung der Einlagen können die Gesellschafter nicht befreit werden. Gegen den Anspruch der Gesellschaft ist die Aufrechnung nicht zulässig. An dem Gegenstand einer Sacheinlage kann wegen Forderungen, welche sich nicht auf den Gegenstand beziehen, kein Zurückbehaltungsrecht geltend gemacht werden.

spruchs erfolgt aufgrund einer einstweiligen Verfügung oder aufgrund einer Bewilligung desjenigen, gegen dessen Berechtigung sich der Widerspruch richtet. Eine Gefährdung des Rechts des Widersprechenden muss nicht glaubhaft gemacht werden.

§ 17 *(weggefallen)*

§ 18 **Mitberechtigung am Geschäftsanteil**
(1) Steht ein Geschäftsanteil mehreren Mitberechtigten ungeteilt zu, so können sie die Rechte aus demselben nur gemeinschaftlich ausüben.
(2) Für die auf den Geschäftsanteil zu bewirkenden Leistungen haften sie der Gesellschaft solidarisch.
(3) Rechtshandlungen, welche die Gesellschaft gegenüber dem Inhaber des Anteils vorzunehmen hat, sind, sofern nicht ein gemeinsamer Vertreter der Mitberechtigten vorhanden ist, wirksam, wenn sie auch nur gegenüber einem Mitberechtigten vorgenommen werden. Gegenüber mehreren Erben eines Gesellschafters findet diese Bestimmung nur in bezug auf Rechtshandlungen Anwendung, welche nach Ablauf eines Monats seit dem Anfall der Erbschaft vorgenommen werden.

§ 19 **Leistung der Einlagen**
(1) Die Einzahlungen auf die *Geschäftsanteile* sind nach dem Verhältnis der Geldeinlagen zu leisten.
(2) Von der Verpflichtung zur Leistung der Einlagen können die Gesellschafter nicht befreit werden. Gegen den Anspruch der Gesellschaft ist die Aufrechnung *nur zulässig mit einer Forderung aus der Überlassung von Vermögensgegenständen, deren Anrechnung auf die Einlageverpflichtung nach § 5 Abs. 4 Satz 1 vereinbart worden ist.*
An dem Gegenstand einer Sacheinlage kann wegen Forderungen, welche sich nicht:auf den Gegenstand beziehen, kein Zurückbehaltungsrecht geltend gemacht werden.

(3) Durch eine Kapitalherabsetzung können die Gesellschafter von der Verpflichtung zur Leistung von Einlagen höchstens in Höhe des Betrags befreit werden, um den das Stammkapital herabgesetzt worden ist.
(4) Vereinigen sich innerhalb von drei Jahren nach der Eintragung der Gesellschaft in das Handelsregister alle Geschäftsanteile in der Hand eines Gesellschafters oder daneben in der Hand der Gesellschaft, so hat der Gesellschafter innerhalb von drei Monaten seit der Vereinigung der Geschäftsanteile alle Geldeinlagen voll einzuzahlen oder der Gesellschaft für die Zahlung der noch ausstehenden Beträge eine Sicherung zu bestellen oder einen Teil der Geschäftsanteile an einen Dritten zu übertragen.

(5) Eine Leistung auf die Stammeinlage, welche nicht in Geld besteht oder welche durch Aufrechnung einer für die Überlassung von Vermögensgegenständen zu gewährenden Vergütung bewirkt wird, befreit den Gesellschafter von seiner Verpflichtung nur, soweit sie in Ausführung einer nach § 5 Abs. 4 Satz 1 getroffenen Bestimmung erfolgt.

(6) Der Anspruch der Gesellschaft auf Leistung der Einlagen verjährt in zehn Jahren von seiner Entstehung an. Wird das Insolvenzverfahren über das Vermögen der Gesellschaft eröffnet, so tritt die Verjährung nicht vor Ablauf von sechs Monaten ab dem Zeitpunkt der Eröffnung ein.

§ 20 [Verzugszinsen]
Ein Gesellschafter, welcher den auf die Stammeinlage eingeforderten Betrag nicht zur rechten Zeit einzahlt, ist zur Entrichtung von Verzugszinsen von Rechts wegen verpflichtet.

§ 21 [Kaduzierung]
(1) Im Fall verzögerter Einzahlung kann an den säumigen Gesellschafter eine erneute Aufforderung zur Zahlung binnen einer zu bestimmenden Nachfrist unter Androhung seines Ausschlusses mit dem Geschäftsanteil, auf welchen die Zahlung zu erfolgen hat, erlassen werden. Die Aufforderung erfolgt mittels eingeschriebenen Briefes. Die Nachfrist muß mindestens einen Monat betragen.
(2) Nach fruchtlosem Ablauf der Frist ist der säumige Gesellschafter seines Geschäftsanteils und der geleisteten Teilzahlungen zugunsten der Gesellschaft verlustig zu erklären. Die Erklärung erfolgt mittels eingeschriebenen Briefes.
(3) Wegen des Ausfalls, welchen die Gesellschaft an dem rückständigen Betrag oder den später auf den Geschäftsanteil eingeforderten Beträgen der Stammeinlage erleidet, bleibt ihr der ausgeschlossene Gesellschafter verhaftet.

(3) Durch eine Kapitalherabsetzung können die Gesellschafter von der Verpflichtung zur Leistung von Einlagen höchstens in Höhe des Betrags befreit werden, um den das Stammkapital herabgesetzt worden ist.

(4) Ist eine Geldeinlage eines Gesellschafters bei wirtschaftlicher Betrachtung und aufgrund einer im Zusammenhang mit der Übernahme der Geldeinlage getroffenen Abrede vollständig oder teilweise als Sacheinlage zu bewerten (verdeckte Sacheinlage), so befreit dies den Gesellschafter nicht von seiner Einlageverpflichtung. Jedoch sind die Verträge über die Sacheinlage und die Rechtshandlungen zu ihrer Ausführung nicht unwirksam. Auf die fortbestehende Geldeinlagepflicht des Gesellschafters wird der Wert des Vermögensgegenstandes im Zeitpunkt der Anmeldung der Gesellschaft zur Eintragung in das Handelsregister oder im Zeitpunkt seiner Überlassung an die Gesellschaft, falls diese später erfolgt, angerechnet. Die Anrechnung erfolgt nicht vor Eintragung der Gesellschaft in das Handelsregister. Die Beweislast für die Werthaltigkeit des Vermögensgegenstandes trägt der Gesellschafter.

(5) Ist vor der Einlage eine Leistung an den Gesellschafter vereinbart worden, die wirtschaftlich einer Rückzahlung der Einlage entspricht und die nicht als verdeckte Sacheinlage im Sinne von Absatz 4 zu beurteilen ist, so befreit dies den Gesellschafter von seiner Einlageverpflichtung nur dann, wenn die Leistung durch einen vollwertigen Rückgewähranspruch gedeckt ist, der jederzeit fällig ist oder durch fristlose Kündigung durch die Gesellschaft fällig werden kann. Eine solche Leistung oder die Vereinbarung einer solchen Leistung ist in der Anmeldung nach § 8 anzugeben.

(6) Der Anspruch der Gesellschaft auf Leistung der Einlagen verjährt in zehn Jahren von seiner Entstehung an. Wird das Insolvenzverfahren über das Vermögen der Gesellschaft eröffnet, so tritt die Verjährung nicht vor Ablauf von sechs Monaten ab dem Zeitpunkt der Eröffnung ein.

§ 20 Verzugszinsen

Ein Gesellschafter, welcher den auf die Stammeinlage eingeforderten Betrag nicht zur rechten Zeit einzahlt, ist zur Entrichtung von Verzugszinsen von Rechts wegen verpflichtet.

§ 21 Kaduzierung

(1) Im Fall verzögerter Einzahlung kann an den säumigen Gesellschafter eine erneute Aufforderung zur Zahlung binnen einer zu bestimmenden Nachfrist unter Androhung seines Ausschlusses mit dem Geschäftsanteil, auf welchen die Zahlung zu erfolgen hat, erlassen werden. Die Aufforderung erfolgt mittels eingeschriebenen Briefes. Die Nachfrist muß mindestens einen Monat betragen.

(2) Nach fruchtlosem Ablauf der Frist ist der säumige Gesellschafter seines Geschäftsanteils und der geleisteten Teilzahlungen zugunsten der Gesellschaft verlustig zu erklären. Die Erklärung erfolgt mittels eingeschriebenen Briefes.

(3) Wegen des Ausfalls, welchen die Gesellschaft an dem rückständigen Betrag oder den später auf den Geschäftsanteil eingeforderten Beträgen der Stammeinlage erleidet, bleibt ihr der ausgeschlossene Gesellschafter verhaftet.

§ 22 [Haftung der Rechtsvorgänger]

(1) Wegen des von dem ausgeschlossenen Gesellschafter nicht bezahlten Betrags der Stammeinlage ist der Gesellschaft der letzte und jeder frühere, bei der Gesellschaft angemeldete Rechtsvorgänger des Ausgeschlossenen verhaftet.

(2) Ein früherer Rechtsvorgänger haftet nur, soweit die Zahlung von dessen Rechtsnachfolger nicht zu erlangen ist; dies ist bis zum Beweis des Gegenteils anzunehmen, wenn der letztere die Zahlung nicht bis zum Ablauf eines Monats geleistet hat, nachdem an ihn die Zahlungsaufforderung und an den Rechtsvorgänger die Benachrichtigung von derselben erfolgt ist.

(3) Die Haftpflicht des Rechtsvorgängers ist auf die innerhalb der Frist von fünf Jahren auf die Stammeinlage eingeforderten Einzahlungen beschränkt. Die Frist beginnt mit dem Tage, an welchem der Übergang des Geschäftsanteils auf den Rechtsnachfolger ordnungsmäßig angemeldet ist.

(4) Der Rechtsvorgänger erwirbt gegen Zahlung des rückständigen Betrags den Geschäftsanteil des ausgeschlossenen Gesellschafters.

§ 23 [Versteigerung des Geschäftsanteils]

Ist die Zahlung des rückständigen Betrags von Rechtsvorgängern nicht zu erlangen, so kann die Gesellschaft den Geschäftsanteil im Wege öffentlicher Versteigerung verkaufen lassen. Eine andere Art des Verkaufs ist nur mit Zustimmung des ausgeschlossenen Gesellschafters zulässig.

§ 24 [Aufbringung von Fehlbeträgen]

Soweit eine Stammeinlage weder von den Zahlungspflichtigen eingezogen, noch durch Verkauf des Geschäftsanteils gedeckt werden kann, haben die übrigen Gesellschafter den Fehlbetrag nach Verhältnis ihrer Geschäftsanteile aufzubringen. Beiträge, welche von einzelnen Gesellschaftern nicht zu erlangen sind, werden nach dem bezeichneten Verhältnis auf die übrigen verteilt.

§ 25 [Zwingende Vorschriften]

Von den in den §§ 21 bis 24 bezeichneten Rechtsfolgen können die Gesellschafter nicht befreit werden.

§ 26 [Nachschußpflicht]

(1) Im Gesellschaftsvertrag kann bestimmt werden, daß die Gesellschafter über den Betrag der Stammeinlagen hinaus die Einforderung von weiteren Einzahlungen (Nachschüssen) beschließen können.

(2) Die Einzahlung der Nachschüsse hat nach Verhältnis der Geschäftsanteile zu erfolgen.

(3) Die Nachschußpflicht kann im Gesellschaftsvertrag auf einen bestimmten, nach Verhältnis der Geschäftsanteile festzusetzenden Betrag beschränkt werden.

§ 27 [Unbeschränkte Nachschußpflicht]

(1) Ist die Nachschußpflicht nicht auf einen bestimmten Betrag beschränkt, so hat jeder Gesellschafter, falls er die Stammeinlage vollständig eingezahlt hat, das Recht,

§ 22 Haftung der Rechtsvorgänger

(1) Für eine von dem ausgeschlossenen Gesellschafter nicht erfüllte Einlageverpflichtung haftet der Gesellschaft auch der letzte und jeder frühere Rechtsvorgänger des Ausgeschlossenen, der im Verhältnis zu ihr als Inhaber des Geschäftsanteils gilt.

(2) Ein früherer Rechtsvorgänger haftet nur, soweit die Zahlung von dessen Rechtsnachfolger nicht zu erlangen ist; dies ist bis zum Beweis des Gegenteils anzunehmen, wenn der letztere die Zahlung nicht bis zum Ablauf eines Monats geleistet hat, nachdem an ihn die Zahlungsaufforderung und an den Rechtsvorgänger die Benachrichtigung von derselben erfolgt ist.

(3) Die Haftung des Rechtsvorgängers ist auf die innerhalb der Frist von fünf Jahren auf die Einlageverpflichtung eingeforderten Leistungen beschränkt. Die Frist beginnt mit dem Tag, ab welchem der Rechtsnachfolger im Verhältnis zur Gesellschaft als Inhaber des Geschäftsanteils gilt.

(4) Der Rechtsvorgänger erwirbt gegen Zahlung des rückständigen Betrags den Geschäftsanteil des ausgeschlossenen Gesellschafters.

§ 23 Versteigerung des Geschäftsanteils

Ist die Zahlung des rückständigen Betrags von Rechtsvorgängern nicht zu erlangen, so kann die Gesellschaft den Geschäftsanteil im Wege öffentlicher Versteigerung verkaufen lassen. Eine andere Art des Verkaufs ist nur mit Zustimmung des ausgeschlossenen Gesellschafters zulässig.

§ 24 Aufbringung von Fehlbeträgen

Soweit eine Stammeinlage weder von den Zahlungspflichtigen eingezogen, noch durch Verkauf des Geschäftsanteils gedeckt werden kann, haben die übrigen Gesellschafter den Fehlbetrag nach Verhältnis ihrer Geschäftsanteile aufzubringen. Beiträge, welche von einzelnen Gesellschaftern nicht zu erlangen sind, werden nach dem bezeichneten Verhältnis auf die übrigen verteilt.

§ 25 Zwingende Vorschriften

Von den in den §§ 21 bis 24 bezeichneten Rechtsfolgen können die Gesellschafter nicht befreit werden.

§ 26 Nachschusspflicht

(1) Im Gesellschaftsvertrag kann bestimmt werden, daß die Gesellschafter über *die Nennbeträge der Geschäftsanteile* hinaus die Einforderung von weiteren Einzahlungen (Nachschüssen) beschließen können.

(2) Die Einzahlung der Nachschüsse hat nach Verhältnis der Geschäftsanteile zu erfolgen.

(3) Die Nachschußpflicht kann im Gesellschaftsvertrag auf einen bestimmten, nach Verhältnis der Geschäftsanteile festzusetzenden Betrag beschränkt werden.

§ 27 Unbeschränkte Nachschußpflicht

(1) Ist die Nachschußpflicht nicht auf einen bestimmten Betrag beschränkt, so hat jeder Gesellschafter, falls er die Stammeinlage vollständig eingezahlt hat, das Recht,

sich von der Zahlung des auf den Geschäftsanteil eingeforderten Nachschusses dadurch zu befreien, daß er innerhalb eines Monats nach der Aufforderung zur Einzahlung den Geschäftsanteil der Gesellschaft zur Befriedigung aus demselben zur Verfügung stellt. Ebenso kann die Gesellschaft, wenn der Gesellschafter binnen der angegebenen Frist weder von der bezeichneten Befugnis Gebrauch macht, noch die Einzahlung leistet, demselben mittels eingeschriebenen Briefes erklären, daß sie den Geschäftsanteil als zur Verfügung gestellt betrachte.

(2) Die Gesellschaft hat den Geschäftsanteil innerhalb eines Monats nach der Erklärung des Gesellschafters oder der Gesellschaft im Wege öffentlicher Versteigerung verkaufen zu lassen. Eine andere Art des Verkaufs ist nur mit Zustimmung des Gesellschafters zulässig. Ein nach Deckung der Verkaufskosten und des rückständigen Nachschusses verbleibender Überschuß gebührt dem Gesellschafter.

(3) Ist die Befriedigung der Gesellschaft durch den Verkauf nicht zu erlangen, so fällt der Geschäftsanteil der Gesellschaft zu. Dieselbe ist befugt, den Anteil für eigene Rechnung zu veräußern.

(4) Im Gesellschaftsvertrag kann die Anwendung der vorstehenden Bestimmungen auf den Fall beschränkt werden, daß die auf den Geschäftsanteil eingeforderten Nachschüsse einen bestimmten Betrag überschreiten.

§ 28 [Beschränkte Nachschußpflicht]

(1) Ist die Nachschußpflicht auf einen bestimmten Betrag beschränkt, so finden, wenn im Gesellschaftsvertrag nicht ein anderes festgesetzt ist, im Fall verzögerter Einzahlung von Nachschüssen die auf die Einzahlung der Stammeinlagen bezüglichen Vorschriften der §§ 21 bis 23 entsprechende Anwendung. Das gleiche gilt im Fall des § 27 Abs. 4 auch bei unbeschränkter Nachschußpflicht, soweit die Nachschüsse den im Gesellschaftsvertrag festgesetzten Betrag nicht überschreiten.

(2) Im Gesellschaftsvertrag kann bestimmt werden, daß die Einforderung von Nachschüssen, auf deren Zahlung die Vorschriften der §§ 21 bis 23 Anwendung finden, schon vor vollständiger Einforderung der Stammeinlagen zulässig ist.

§ 29 [Gewinnverwendung]

(1) Die Gesellschafter haben Anspruch auf den Jahresüberschuß zuzüglich eines Gewinnvortrags und abzüglich eines Verlustvortrags, soweit der sich ergebende Betrag nicht nach Gesetz oder Gesellschaftsvertrag, durch Beschluß nach Absatz 2 oder als zusätzlicher Aufwand auf Grund des Beschlusses über die Verwendung des Ergebnisses von der Verteilung unter die Gesellschafter ausgeschlossen ist. Wird die Bilanz unter Berücksichtigung der teilweisen Ergebnisverwendung aufgestellt oder werden Rücklagen aufgelöst, so haben die Gesellschafter abweichend von Satz 1 Anspruch auf den Bilanzgewinn.

(2) Im Beschluß über die Verwendung des Ergebnisses können die Gesellschafter, wenn der Gesellschaftsvertrag nichts anderes bestimmt, Beträge in Gewinnrücklagen einstellen oder als Gewinn vortragen.

(3) Die Verteilung erfolgt nach Verhältnis der Geschäftsanteile. Im Gesellschaftsvertrag kann ein anderer Maßstab der Verteilung festgesetzt werden.

sich von der Zahlung des auf den Geschäftsanteil eingeforderten Nachschusses dadurch zu befreien, daß er innerhalb eines Monats nach der Aufforderung zur Einzahlung den Geschäftsanteil der Gesellschaft zur Befriedigung aus demselben zur Verfügung stellt. Ebenso kann die Gesellschaft, wenn der Gesellschafter binnen der angegebenen Frist weder von der bezeichneten Befugnis Gebrauch macht, noch die Einzahlung leistet, demselben mittels eingeschriebenen Briefes erklären, daß sie den Geschäftsanteil als zur Verfügung gestellt betrachte.

(2) Die Gesellschaft hat den Geschäftsanteil innerhalb eines Monats nach der Erklärung des Gesellschafters oder der Gesellschaft im Wege öffentlicher Versteigerung verkaufen zu lassen. Eine andere Art des Verkaufs ist nur mit Zustimmung des Gesellschafters zulässig. Ein nach Deckung der Verkaufskosten und des rückständigen Nachschusses verbleibender Überschuß gebührt dem Gesellschafter.

(3) Ist die Befriedigung der Gesellschaft durch den Verkauf nicht zu erlangen, so fällt der Geschäftsanteil der Gesellschaft zu. Dieselbe ist befugt, den Anteil für eigene Rechnung zu veräußern.

(4) Im Gesellschaftsvertrag kann die Anwendung der vorstehenden Bestimmungen auf den Fall beschränkt werden, daß die auf den Geschäftsanteil eingeforderten Nachschüsse einen bestimmten Betrag überschreiten.

§ 28 Beschränkte Nachschußpflicht

(1) Ist die Nachschußpflicht auf einen bestimmten Betrag beschränkt, so finden, wenn im Gesellschaftsvertrag nicht ein anderes festgesetzt ist, im Fall verzögerter Einzahlung von Nachschüssen die auf die Einzahlung der Stammeinlagen bezüglichen Vorschriften der §§ 21 bis 23 entsprechende Anwendung. Das gleiche gilt im Fall des § 27 Abs. 4 auch bei unbeschränkter Nachschußpflicht, soweit die Nachschüsse den im Gesellschaftsvertrag festgesetzten Betrag nicht überschreiten.

(2) Im Gesellschaftsvertrag kann bestimmt werden, daß die Einforderung von Nachschüssen, auf deren Zahlung die Vorschriften der §§ 21 bis 23 Anwendung finden, schon vor vollständiger Einforderung der Stammeinlagen zulässig ist.

§ 29 Ergebnisverwendung

(1) Die Gesellschafter haben Anspruch auf den Jahresüberschuß zuzüglich eines Gewinnvortrags und abzüglich eines Verlustvortrags, soweit der sich ergebende Betrag nicht nach Gesetz oder Gesellschaftsvertrag, durch Beschluß nach Absatz 2 oder als zusätzlicher Aufwand auf Grund des Beschlusses über die Verwendung des Ergebnisses von der Verteilung unter die Gesellschafter ausgeschlossen ist. Wird die Bilanz unter Berücksichtigung der teilweisen Ergebnisverwendung aufgestellt oder werden Rücklagen aufgelöst, so haben die Gesellschafter abweichend von Satz 1 Anspruch auf den Bilanzgewinn.

(2) Im Beschluß über die Verwendung des Ergebnisses können die Gesellschafter, wenn der Gesellschaftsvertrag nichts anderes bestimmt, Beträge in Gewinnrücklagen einstellen oder als Gewinn vortragen.

(3) Die Verteilung erfolgt nach Verhältnis der Geschäftsanteile. Im Gesellschaftsvertrag kann ein anderer Maßstab der Verteilung festgesetzt werden.

(4) Unbeschadet der Absätze 1 und 2 und abweichender Gewinnverteilungsabreden nach Absatz 3 Satz 2 können die Geschäftsführer mit Zustimmung des Aufsichtsrats oder der Gesellschafter den Eigenkapitalanteil von Wertaufholungen bei Vermögensgegenständen des Anlage- und Umlaufvermögens und von bei der steuerrechtlichen Gewinnermittlung gebildeten Passivposten, die nicht im Sonderposten mit Rücklageanteil ausgewiesen werden dürfen, in andere Gewinnrücklagen einstellen. Der Betrag dieser Rücklagen ist entweder in der Bilanz gesondert auszuweisen oder im Anhang anzugeben.

§ 30 [Rückzahlungen]

(1) Das zur Erhaltung des Stammkapitals erforderliche Vermögen der Gesellschaft darf an die Gesellschafter nicht ausgezahlt werden.

(2) Eingezahlte Nachschüsse können, soweit sie nicht zur Deckung eines Verlustes am Stammkapital erforderlich sind, an die Gesellschafter zurückgezahlt werden. Die Zurückzahlung darf nicht vor Ablauf von drei Monaten erfolgen, nachdem der Rückzahlungsbeschluß nach § 12 bekannt gemacht ist. Im Fall des § 28 Abs. 2 ist die Zurückzahlung von Nachschüssen vor der Volleinzahlung des Stammkapitals unzulässig. Zurückgezahlte Nachschüsse gelten als nicht eingezogen.

§ 31 [Erstattung von verbotenen Rückzahlungen]

(1) Zahlungen, welche den Vorschriften des § 30 zuwider geleistet sind, müssen der Gesellschaft erstattet werden.

(2) War der Empfänger in gutem Glauben, so kann die Erstattung nur insoweit verlangt werden, als sie zur Befriedigung der Gesellschaftsgläubiger erforderlich ist.

(3) Ist die Erstattung von dem Empfänger nicht zu erlangen, so haften für den zu erstattenden Betrag, soweit er zur Befriedigung der Gesellschaftsgläubiger erforderlich ist, die übrigen Gesellschafter nach Verhältnis ihrer Geschäftsanteile. Beiträge, welche von einzelnen Gesellschaftern nicht zu erlangen sind, werden nach dem bezeichneten Verhältnis auf die übrigen verteilt.

(4) Zahlungen, welche auf Grund der vorstehenden Bestimmungen zu leisten sind, können den Verpflichteten nicht erlassen werden.

(5) Die Ansprüche der Gesellschaft verjähren in den Fällen des Absatzes 1 in zehn Jahren sowie in den Fällen des Absatzes 3 in fünf Jahren. Die Verjährung beginnt mit dem Ablauf des Tages, an welchem die Zahlung, deren Erstattung beansprucht wird, geleistet ist. In den Fällen des Absatzes 1 findet § 19 Abs. 6 Satz 2 entsprechende Anwendung.

(6) Für die in den Fällen des Absatzes 3 geleistete Erstattung einer Zahlung sind den Gesellschaftern die Geschäftsführer, welchen in betreff der geleisteten Zahlung ein Verschulden zur Last fällt, solidarisch zum Ersatz verpflichtet. Die Bestimmungen in § 43 Abs. 1 und 4 finden entsprechende Anwendung.

(4) Unbeschadet der Absätze 1 und 2 und abweichender Gewinnverteilungsabreden nach Absatz 3 Satz 2 können die Geschäftsführer mit Zustimmung des Aufsichtsrats oder der Gesellschafter den Eigenkapitalanteil von Wertaufholungen bei Vermögensgegenständen des Anlage- und Umlaufvermögens und von bei der steuerrechtlichen Gewinnermittlung gebildeten Passivposten, die nicht im Sonderposten mit Rücklageanteil ausgewiesen werden dürfen, in andere Gewinnrücklagen einstellen. Der Betrag dieser Rücklagen ist entweder in der Bilanz gesondert auszuweisen oder im Anhang anzugeben.

§ 30 Kapitalerhaltung

(1) Das zur Erhaltung des Stammkapitals erforderliche Vermögen der Gesellschaft darf an die Gesellschafter nicht ausgezahlt werden. Satz 1 gilt nicht bei Leistungen, die bei Bestehen eines Beherrschungs- oder Gewinnabführungsvertrags (§ 291 des Aktiengesetzes) erfolgen, oder durch einen vollwertigen Gegenleistungs- oder Rückgewähranspruch gegen den Gesellschafter gedeckt sind. Satz 1 ist zudem nicht anzuwenden auf die Rückgewähr eines Gesellschafterdarlehens und Leistungen auf Forderungen aus Rechtshandlungen, die einem Gesellschafterdarlehen wirtschaftlich entsprechen.

(2) Eingezahlte Nachschüsse können, soweit sie nicht zur Deckung eines Verlustes am Stammkapital erforderlich sind, an die Gesellschafter zurückgezahlt werden. Die Zurückzahlung darf nicht vor Ablauf von drei Monaten erfolgen, nachdem der Rückzahlungsbeschluß nach § 12 bekanntgemacht ist. Im Fall des § 28 Abs. 2 ist die Zurückzahlung von Nachschüssen vor der Volleinzahlung des Stammkapitals unzulässig. Zurückgezahlte Nachschüsse gelten als nicht eingezogen.

§ 31 Erstattung verbotener Rückzahlungen

(1) Zahlungen, welche den Vorschriften des § 30 zuwider geleistet sind, müssen der Gesellschaft erstattet werden.
(2) War der Empfänger in gutem Glauben, so kann die Erstattung nur insoweit verlangt werden, als sie zur Befriedigung der Gesellschaftsgläubiger erforderlich ist.
(3) Ist die Erstattung von dem Empfänger nicht zu erlangen, so haften für den zu erstattenden Betrag, soweit er zur Befriedigung der Gesellschaftsgläubiger erforderlich ist, die übrigen Gesellschafter nach Verhältnis ihrer Geschäftsanteile. Beiträge, welche von einzelnen Gesellschaftern nicht zu erlangen sind, werden nach dem bezeichneten Verhältnis auf die übrigen verteilt.
(4) Zahlungen, welche auf Grund der vorstehenden Bestimmungen zu leisten sind, können den Verpflichteten nicht erlassen werden.
(5) Die Ansprüche der Gesellschaft verjähren in den Fällen des Absatzes 1 in zehn Jahren sowie in den Fällen des Absatzes 3 in fünf Jahren. Die Verjährung beginnt mit dem Ablauf des Tages, an welchem die Zahlung, deren Erstattung beansprucht wird, geleistet ist. In den Fällen des Absatzes 1 findet § 19 Abs. 6 Satz 2 entsprechende Anwendung.
(6) Für die in den Fällen des Absatzes 3 geleistete Erstattung einer Zahlung sind den Gesellschaftern die Geschäftsführer, welchen in betreff der geleisteten Zahlung ein Verschulden zur Last fällt, solidarisch zum Ersatz verpflichtet. Die Bestimmungen in § 43 Abs. 1 und 4 finden entsprechende Anwendung.

§ 32 [Rückzahlung von Gewinn]

Liegt die in § 31 Abs. 1 bezeichnete Voraussetzung nicht vor, so sind die Gesellschafter in keinem Fall verpflichtet, Beträge, welche sie in gutem Glauben als Gewinnanteile bezogen haben, zurückzuzahlen.

§ 32a [Rückgewähr von Darlehen]

(1) Hat ein Gesellschafter der Gesellschaft in einem Zeitpunkt, in dem ihr die Gesellschafter als ordentliche Kaufleute Eigenkapital zugeführt hätten (Krise der Gesellschaft), statt dessen ein Darlehen gewährt, so kann er den Anspruch auf Rückgewähr des Darlehens im Insolvenzverfahren über das Vermögen der Gesellschaft nur als nachrangiger Insolvenzgläubiger geltend machen.

(2) Hat ein Dritter der Gesellschaft in einem Zeitpunkt, in dem ihr die Gesellschafter als ordentliche Kaufleute Eigenkapital zugeführt hätten, statt dessen ein Darlehen gewährt und hat ihm ein Gesellschafter für die Rückgewähr des Darlehens eine Sicherung bestellt oder hat er sich dafür verbürgt, so kann der Dritte im Insolvenzverfahren über das Vermögen der Gesellschaft nur für den Betrag verhältnismäßige Befriedigung verlangen, mit dem er bei der Inanspruchnahme der Sicherung oder des Bürgen ausgefallen ist.

(3) Diese Vorschriften gelten sinngemäß für andere Rechtshandlungen eines Gesellschafters oder eines Dritten, die der Darlehensgewährung nach Absatz 1 oder 2 wirtschaftlich entsprechen. Die Regeln über den Eigenkapitalersatz gelten nicht für den nicht geschäftsführenden Gesellschafter, der mit zehn vom Hundert oder weniger am Stammkapital beteiligt ist. Erwirbt ein Darlehensgeber in der Krise der Gesellschaft Geschäftsanteile zum Zweck der Überwindung der Krise, führt dies für seine bestehenden oder neugewährten Kredite nicht zur Anwendung der Regeln über den Eigenkapitalersatz.

§ 32b [Haftung für zurückgezahlte Darlehen]

Hat die Gesellschaft im Fall des § 32a Abs. 2, 3 das Darlehen im letzten Jahr vor dem Antrag auf Eröffnung des Insolvenzverfahrens oder nach diesem Antrag zurückgezahlt, so hat der Gesellschafter, der die Sicherung bestellt hatte oder als Bürge haftete, der Gesellschaft den zurückgezahlten Betrag zu erstatten; § 146 der Insolvenzordnung gilt entsprechend. Die Verpflichtung besteht nur bis zur Höhe des Betrags, mit dem der Gesellschafter als Bürge haftete oder der dem Wert der von ihm bestellten Sicherung im Zeitpunkt der Rückzahlung des Darlehens entspricht. Der Gesellschafter wird von der Verpflichtung frei, wenn er die Gegenstände, die dem Gläubiger als Sicherung gedient hatten, der Gesellschaft zu ihrer Befriedigung zur Verfügung stellt. Diese Vorschriften gelten sinngemäß für andere Rechtshandlungen, die der Darlehensgewährung wirtschaftlich entsprechen.

§ 33 [Erwerb eigener Geschäftsanteile]

(1) Die Gesellschaft kann eigene Geschäftsanteile, auf welche die Einlagen noch nicht vollständig geleistet sind, nicht erwerben oder als Pfand nehmen.

§ 32 Rückzahlung von Gewinn

Liegt die in § 31 Abs. 1 bezeichnete Voraussetzung nicht vor, so sind die Gesellschafter in keinem Fall verpflichtet, Beträge, welche sie in gutem Glauben als Gewinnanteile bezogen haben, zurückzuzahlen.

§ 32a *aufgehoben*

§ 32b *aufgehoben*

§ 33 Erwerb eigener Geschäftsanteile

(1) Die Gesellschaft kann eigene Geschäftsanteile, auf welche die Einlagen noch nicht vollständig geleistet sind, nicht erwerben oder als Pfand nehmen.

(2) Eigene Geschäftsanteile, auf welche die Einlagen vollständig geleistet sind, darf sie nur erwerben, sofern der Erwerb aus dem über den Betrag des Stammkapitals hinaus vorhandenen Vermögen geschehen und die Gesellschaft die nach § 272 Abs. 4 des Handelsgesetzbuchs vorgeschriebene Rücklage für eigene Anteile bilden kann, ohne das Stammkapital oder eine nach dem Gesellschaftsvertrag zu bildende Rücklage zu mindern, die nicht zu Zahlungen an die Gesellschafter verwandt werden darf. Als Pfand nehmen darf sie solche Geschäftsanteile nur, soweit der Gesamtbetrag der durch Inpfandnahme eigener Geschäftsanteile gesicherten Forderungen oder, wenn der Wert der als Pfand genommenen Geschäftsanteile niedriger ist, dieser Betrag nicht höher ist als das über das Stammkapital hinaus vorhandene Vermögen. Ein Verstoß gegen die Sätze 1 und 2 macht den Erwerb oder die Inpfandnahme der Geschäftsanteile nicht unwirksam; jedoch ist das schuldrechtliche Geschäft über einen verbotswidrigen Erwerb oder eine verbotswidrige Inpfandnahme nichtig.

(3) Der Erwerb eigener Geschäftsanteile ist ferner zulässig zur Abfindung von Gesellschaftern nach § 29 Abs. 1, § 122i Abs. 1 Satz 2, § 125 Satz 1 in Verbindung mit § 29 Abs. 1, § 207 Abs. 1 Satz 1 des Umwandlungsgesetzes, sofern der Erwerb binnen sechs Monaten nach dem Wirksamwerden der Umwandlung oder nach der Rechtskraft der gerichtlichen Entscheidung erfolgt und die Gesellschaft die nach § 272 Abs. 4 des Handelsgesetzbuchs vorgeschriebene Rücklage für eigene Anteile bilden kann, ohne das Stammkapital oder eine nach dem Gesellschaftsvertrag zu bildende Rücklage zu mindern, die nicht zu Zahlungen an die Gesellschafter verwandt werden darf.

§ 34 [Einbeziehung (Amortisation)]

(1) Die Einziehung (Amortisation) von Geschäftsanteilen darf nur erfolgen, soweit sie im Gesellschaftsvertrag zugelassen ist.

(2) Ohne die Zustimmung des Anteilsberechtigten findet die Einziehung nur statt, wenn die Voraussetzungen derselben vor dem Zeitpunkt, in welchem der Berechtigte den Geschäftsanteil erworben hat, im Gesellschaftsvertrag festgesetzt waren.

(3) Die Bestimmung in § 30 Abs. 1 bleibt unberührt.

Dritter Abschnitt. Vertretung und Geschäftsführung

§ 35 [Vertretung durch Geschäftsführer]

(1) Die Gesellschaft wird durch die Geschäftsführer gerichtlich und außergerichtlich vertreten.

(2) Dieselben haben in der durch den Gesellschaftsvertrag bestimmten Form ihre Willenserklärungen kundzugeben und für die Gesellschaft zu zeichnen. Ist nichts darüber bestimmt, so muß die Erklärung und Zeichnung durch sämtliche Geschäftsführer erfolgen. Ist der Gesellschaft gegenüber eine Willenserklärung abzugeben, so genügt es, wenn dieselbe an einen der Geschäftsführer erfolgt.

(2) Eigene Geschäftsanteile, auf welche die Einlagen vollständig geleistet sind, darf sie nur erwerben, sofern der Erwerb aus dem über den Betrag des Stammkapitals hinaus vorhandenen Vermögen geschehen und die Gesellschaft die nach § 272 Abs. 4 des Handelsgesetzbuchs vorgeschriebene Rücklage für eigene Anteile bilden kann, ohne das Stammkapital oder eine nach dem Gesellschaftsvertrag zu bildende Rücklage zu mindern, die nicht zu Zahlungen an die Gesellschafter verwandt werden darf. Als Pfand nehmen darf sie solche Geschäftsanteile nur, soweit der Gesamtbetrag der durch Inpfandnahme eigener Geschäftsanteile gesicherten Forderungen oder, wenn der Wert der als Pfand genommenen Geschäftsanteile niedriger ist, dieser Betrag nicht höher ist als das über das Stammkapital hinaus vorhandene Vermögen. Ein Verstoß gegen die Sätze 1 und 2 macht den Erwerb oder die Inpfandnahme der Geschäftsanteile nicht unwirksam; jedoch ist das schuldrechtliche Geschäft über einen verbotswidrigen Erwerb oder eine verbotswidrige Inpfandnahme nichtig.

(3) Der Erwerb eigener Geschäftsanteile ist ferner zulässig zur Abfindung von Gesellschaftern nach § 29 Abs. 1, § 122i Abs. 1 Satz 2, § 125 Satz 1 in Verbindung mit § 29 Abs. 1, § 207 Abs. 1 Satz 1 des Umwandlungsgesetzes, sofern der Erwerb binnen sechs Monaten nach dem Wirksamwerden der Umwandlung oder nach der Rechtskraft der gerichtlichen Entscheidung erfolgt und die Gesellschaft die nach § 272 Abs. 4 des Handelsgesetzbuchs vorgeschriebene Rücklage für eigene Anteile bilden kann, ohne das Stammkapital oder eine nach dem Gesellschaftsvertrag zu bildende Rücklage zu mindern, die nicht zu Zahlungen an die Gesellschafter verwandt werden darf.

§ 34 Einziehung von Geschäftsanteilen

(1) Die Einziehung (Amortisation) von Geschäftsanteilen darf nur erfolgen, soweit sie im Gesellschaftsvertrag zugelassen ist.

(2) Ohne die Zustimmung des Anteilsberechtigten findet die Einziehung nur statt, wenn die Voraussetzungen derselben vor dem Zeitpunkt, in welchem der Berechtigte den Geschäftsanteil erworben hat, im Gesellschaftsvertrag festgesetzt waren.

(3) Die Bestimmung in § 30 Abs. 1 bleibt unberührt.

Dritter Abschnitt. Vertretung und Geschäftsführung

§ 35 Vertretung der Gesellschaft

(1) Die Gesellschaft wird durch die Geschäftsführer gerichtlich und außergerichtlich vertreten. *Hat eine Gesellschaft keinen Geschäftsführer (Führungslosigkeit), wird die Gesellschaft für den Fall, dass ihr gegenüber Willenserklärungen abgegeben oder Schriftstücke zugestellt werden, durch die Gesellschafter vertreten.*

(2) Sind mehrere Geschäftsführer bestellt, sind sie alle nur gemeinschaftlich zur Vertretung der Gesellschaft befugt, es sei denn, dass der Gesellschaftsvertrag etwas anderes bestimmt. Ist der Gesellschaft gegenüber eine Willenserklärung abzugeben, genügt die Abgabe gegenüber einem Vertreter der Gesellschaft nach Absatz 1. An die Vertreter der Gesellschaft nach Absatz 1 können unter der im Handelsregister

(3) Die Zeichnung geschieht in der Weise, daß die Zeichnenden zu der Firma der Gesellschaft ihre Namensunterschrift beifügen.
(4) Befinden sich alle Geschäftsanteile der Gesellschaft in der Hand eines Gesellschafters oder daneben in der Hand der Gesellschaft und ist er zugleich deren alleiniger Geschäftsführer, so ist auf seine Rechtsgeschäfte mit der Gesellschaft § 181 des Bürgerlichen Gesetzbuchs anzuwenden. Rechtsgeschäfte zwischen ihm und der von ihm vertretenen Gesellschaft sind, auch wenn er nicht alleiniger Geschäftsführer ist, unverzüglich nach ihrer Vornahme in eine Niederschrift aufzunehmen.

§ 35a [Angaben auf Geschäftsbriefen]
(1) Auf allen Geschäftsbriefen gleichviel welcher Form, die an einen bestimmten Empfänger gerichtet werden, müssen die Rechtsform und der Sitz der Gesellschaft, das Registergericht des Sitzes der Gesellschaft und die Nummer, unter der die Gesellschaft in das Handelsregister eingetragen ist, sowie alle Geschäftsführer und, sofern die Gesellschaft einen Aufsichtsrat gebildet und dieser einen Vorsitzenden hat, der Vorsitzende des Aufsichtsrats mit dem Familiennamen und mindestens einem ausgeschriebenen Vornamen angegeben werden. Werden Angaben über das Kapital der Gesellschaft gemacht, so müssen in jedem Fall das Stammkapital sowie, wenn nicht alle in Geld zu leistenden Einlagen eingezahlt sind, der Gesamtbetrag der ausstehenden Einlagen angegeben werden.
(2) Der Angaben nach Absatz 1 Satz 1 bedarf es nicht bei Mitteilungen oder Berichten, die im Rahmen einer bestehenden Geschäftsverbindung ergehen und für die üblicherweise Vordrucke verwendet werden, in denen lediglich die im Einzelfall erforderlichen besonderen Angaben eingefügt zu werden brauchen.
(3) Bestellscheine gelten als Geschäftsbriefe im Sinne des Absatzes 1. Absatz 2 ist auf sie nicht anzuwenden.
(4) Auf allen Geschäftsbriefen und Bestellscheinen, die von einer Zweigniederlassung einer Gesellschaft mit beschränkter Haftung mit Sitz im Ausland verwendet werden, müssen das Register, bei dem die Zweigniederlassung geführt wird, und die Nummer des Registereintrags angegeben werden; im übrigen gelten die Vorschriften der Absätze 1 bis 3, soweit nicht das ausländische Recht Abweichungen nötig macht. Befindet sich die ausländische Gesellschaft in Liquidation, so sind auch diese Tatsache sowie alle Liquidatoren anzugeben.

§ 36 [Wirkung der Vertretung]
Die Gesellschaft wird durch die in ihrem Namen von den Geschäftsführern vorgenommenen Rechtsgeschäfte berechtigt und verpflichtet; es ist gleichgültig, ob das Geschäft ausdrücklich im Namen der Gesellschaft vorgenommen worden ist, oder

eingetragenen Geschäftsanschrift Willenserklärungen abgegeben und Schriftstücke für die Gesellschaft zugestellt werden. Unabhängig hiervon können die Abgabe und die Zustellung auch unter der eingetragenen Anschrift der empfangsberechtigten Person nach § 10 Abs. 2 Satz 2 erfolgen.

(3) aufgehoben

(3) Befinden sich alle Geschäftsanteile der Gesellschaft in der Hand eines Gesellschafters oder daneben in der Hand der Gesellschaft und ist er zugleich deren alleiniger Geschäftsführer, so ist auf seine Rechtsgeschäfte mit der Gesellschaft § 181 des Bürgerlichen Gesetzbuchs anzuwenden. Rechtsgeschäfte zwischen ihm und der von ihm vertretenen Gesellschaft sind, auch wenn er nicht alleiniger Geschäftsführer ist, unverzüglich nach ihrer Vornahme in eine Niederschrift aufzunehmen.

§ 35 a Angaben auf Geschäftsbriefen

(1) Auf allen Geschäftsbriefen gleichviel welcher Form, die an einen bestimmten Empfänger gerichtet werden, müssen die Rechtsform und der Sitz der Gesellschaft, das Registergericht des Sitzes der Gesellschaft und die Nummer, unter der die Gesellschaft in das Handelsregister eingetragen ist, sowie alle Geschäftsführer und, sofern die Gesellschaft einen Aufsichtsrat gebildet und dieser einen Vorsitzenden hat, der Vorsitzende des Aufsichtsrats mit dem Familiennamen und mindestens einem ausgeschriebenen Vornamen angegeben werden. Werden Angaben über das Kapital der Gesellschaft gemacht, so müssen in jedem Fall das Stammkapital sowie, wenn nicht alle in Geld zu leistenden Einlagen eingezahlt sind, der Gesamtbetrag der ausstehenden Einlagen angegeben werden.
(2) Der Angaben nach Absatz 1 Satz 1 bedarf es nicht bei Mitteilungen oder Berichten, die im Rahmen einer bestehenden Geschäftsverbindung ergehen und für die üblicherweise Vordrucke verwendet werden, in denen lediglich die im Einzelfall erforderlichen besonderen Angaben eingefügt zu werden brauchen.
(3) Bestellscheine gelten als Geschäftsbriefe im Sinne des Absatzes 1. Absatz 2 ist auf sie nicht anzuwenden.
(4) Auf allen Geschäftsbriefen und Bestellscheinen, die von einer Zweigniederlassung einer Gesellschaft mit beschränkter Haftung mit Sitz im Ausland verwendet werden, müssen das Register, bei dem die Zweigniederlassung geführt wird, und die Nummer des Registereintrags angegeben werden; im übrigen gelten die Vorschriften der Absätze 1 bis 3 *für die Angaben bezüglich der Haupt- und der Zweigniederlassung* soweit nicht das ausländische Recht Abweichungen nötig macht. Befindet sich die ausländische Gesellschaft in Liquidation, so sind auch diese Tatsache sowie alle Liquidatoren anzugeben.

§ 36 *(weggefallen)*

ob die Umstände ergeben, daß es nach dem Willen der Beteiligten für die Gesellschaft vorgenommen werden sollte.

§ 37 [Beschränkung der Vertretungsbefugnis]
(1) Die Geschäftsführer sind der Gesellschaft gegenüber verpflichtet, die Beschränkungen einzuhalten, welche für den Umfang ihrer Befugnis, die Gesellschaft zu vertreten, durch den Gesellschaftsvertrag oder, soweit dieser nicht ein anderes bestimmt, durch die Beschlüsse der Gesellschafter festgesetzt sind.
(2) Gegen dritte Personen hat eine Beschränkung der Befugnis der Geschäftsführer, die Gesellschaft zu vertreten, keine rechtliche Wirkung. Dies gilt insbesondere für den Fall, daß die Vertretung sich nur auf gewisse Geschäfte oder Arten von Geschäften erstrecken oder nur unter gewissen Umständen oder für eine gewisse Zeit oder an einzelnen Orten stattfinden soll, oder daß die Zustimmung der Gesellschafter oder eines Organs der Gesellschaft für einzelne Geschäfte erfordert ist.

§ 38 [Widerruf der Bestellung]
(1) Die Bestellung der Geschäftsführer ist zu jeder Zeit widerruflich, unbeschadet der Entschädigungsansprüche aus bestehenden Verträgen.
(2) Im Gesellschaftsvertrag kann die Zulässigkeit des Widerrufs auf den Fall beschränkt werden, daß wichtige Gründe denselben notwendig machen. Als solche Gründe sind insbesondere grobe Pflichtverletzung oder Unfähigkeit zur ordnungsmäßigen Geschäftsführung anzusehen.

§ 39 [Anmeldung der Geschäftsführer]
(1) Jede Änderung in den Personen der Geschäftsführer sowie die Beendigung der Vertretungsbefugnis eines Geschäftsführers ist zur Eintragung in das Handelsregister anzumelden.
(2) Der Anmeldung sind die Urkunden über die Bestellung der Geschäftsführer oder über die Beendigung der Vertretungsbefugnis in Urschrift oder öffentlich beglaubigter Abschrift beizufügen.
(3) Die neuen Geschäftsführer haben in der Anmeldung zu versichern, daß keine Umstände vorliegen, die ihrer Bestellung nach § 6 Abs. 2 Satz 3 und 4 entgegenstehen und daß sie über ihre unbeschränkte Auskunftspflicht gegenüber dem Gericht belehrt worden sind. § 8 Abs. 3 Satz 2 ist anzuwenden.
(4) (weggefallen)

§ 40 [Liste der Gesellschafter]
(1) Die Geschäftsführer haben nach jeder Veränderung in den Personen der Gesellschafter oder des Umfangs ihrer Beteiligung unverzüglich eine von ihnen unterschriebene Liste der Gesellschafter, aus welcher Name, Vorname, Geburtsdatum und Wohnort der letzteren sowie ihre Stammeinlagen zu entnehmen sind, zum Handelsregister einzureichen. Hat ein Notar einen Vertrag über die Abtretung eines Geschäftsanteils nach § 15 Abs. 3 beurkundet, so hat er diese Abtretung unverzüglich dem Registergericht anzuzeigen.

§ 37 Beschränkungen der Vertretungsbefugnis

(1) Die Geschäftsführer sind der Gesellschaft gegenüber verpflichtet, die Beschränkungen einzuhalten, welche für den Umfang ihrer Befugnis, die Gesellschaft zu vertreten, durch den Gesellschaftsvertrag oder, soweit dieser nicht ein anderes bestimmt, durch die Beschlüsse der Gesellschafter festgesetzt sind.

(2) Gegen dritte Personen hat eine Beschränkung der Befugnis der Geschäftsführer, die Gesellschaft zu vertreten, keine rechtliche Wirkung. Dies gilt insbesondere für den Fall, daß die Vertretung sich nur auf gewisse Geschäfte oder Arten von Geschäften erstrecken oder nur unter gewissen Umständen oder für eine gewisse Zeit oder an einzelnen Orten stattfinden soll, oder daß die Zustimmung der Gesellschafter oder eines Organs der Gesellschaft für einzelne Geschäfte erfordert ist.

§ 38 Widerruf der Bestellung

(1) Die Bestellung der Geschäftsführer ist zu jeder Zeit widerruflich, unbeschadet der Entschädigungsansprüche aus bestehenden Verträgen.

(2) Im Gesellschaftsvertrag kann die Zulässigkeit des Widerrufs auf den Fall beschränkt werden, daß wichtige Gründe denselben notwendig machen. Als solche Gründe sind insbesondere grobe Pflichtverletzung oder Unfähigkeit zur ordnungsmäßigen Geschäftsführung anzusehen.

§ 39 Anmeldung der Geschäftsführer

(1) Jede Änderung in den Personen der Geschäftsführer sowie die Beendigung der Vertretungsbefugnis eines Geschäftsführers ist zur Eintragung in das Handelsregister anzumelden.

(2) Der Anmeldung sind die Urkunden über die Bestellung der Geschäftsführer oder über die Beendigung der Vertretungsbefugnis in Urschrift oder öffentlich beglaubigter Abschrift beizufügen.

(3) Die neuen Geschäftsführer haben in der Anmeldung zu versichern, daß keine Umstände vorliegen, die ihrer Bestellung nach *§ 6 Abs. 2 Satz 2 Nr. 2 und 3 sowie Satz 3* entgegenstehen und daß sie über ihre unbeschränkte Auskunftspflicht gegenüber dem Gericht belehrt worden sind. § 8 Abs. 3 Satz 2 ist anzuwenden.

(4) (weggefallen)

§ 40 Liste der Gesellschafter

(1) Die Geschäftsführer haben unverzüglich nach Wirksamwerden jeder Veränderung in den Personen der Gesellschafter oder des Umfangs ihrer Beteiligung eine von ihnen unterschriebene Liste der Gesellschafter zum Handelsregister einzureichen, aus welcher Name, Vorname, Geburtsdatum und Wohnort der letzteren sowie die Nennbeträge und die laufenden Nummern der von einem jeden derselben übernommenen Geschäftsanteile zu entnehmen sind. Die Änderung der Liste durch die Geschäftsführer erfolgt auf Mitteilung und Nachweis.

(2) Geschäftsführer, welche die ihnen nach Absatz 1 obliegende Pflicht verletzen, haften den Gläubigern der Gesellschaft für den daraus entstandenen Schaden als Gesamtschuldner.

§ 41 [Buchführung]
(1) Die Geschäftsführer sind verpflichtet, für die ordnungsmäßige Buchführung der Gesellschaft zu sorgen.

(2)–(4) aufgehoben

§ 42 [Bilanz]
(1) In der Bilanz des nach den §§ 242, 264 des Handelsgesetzbuchs aufzustellenden Jahresabschlusses ist das Stammkapital als gezeichnetes Kapital auszuweisen.

(2) Das Recht der Gesellschaft zur Einziehung von Nachschüssen der Gesellschafter ist in der Bilanz insoweit zu aktivieren, als die Einziehung bereits beschlossen ist und den Gesellschaftern ein Recht, durch Verweisung auf den Geschäftsanteil sich von der Zahlung der Nachschüsse zu befreien, nicht zusteht. Der nachzuschießende Betrag ist auf der Aktivseite unter den Forderungen gesondert unter der Bezeichnung „Eingeforderte Nachschüsse" auszuweisen, soweit mit der Zahlung gerechnet werden kann. Ein dem Aktivposten entsprechender Betrag ist auf der Passivseite in dem Posten „Kapitalrücklage" gesondert auszuweisen.

(3) Ausleihungen, Forderungen und Verbindlichkeiten gegenüber Gesellschaftern sind in der Regel als solche jeweils gesondert auszuweisen oder im Anhang anzugeben; werden sie unter anderen Posten ausgewiesen, so muß diese Eigenschaft vermerkt werden.

§ 42a [Vorlage des Jahresabschlusses und des Lageberichts]
(1) Die Geschäftsführer haben den Jahresabschluß und den Lagebericht unverzüglich nach der Aufstellung den Gesellschaftern zum Zwecke der Feststellung des Jahresabschlusses vorzulegen. Ist der Jahresabschluß durch einen Abschlußprüfer zu prüfen, so haben die Geschäftsführer ihn zusammen mit dem Lagebericht und dem Prüfungsbericht des Abschlußprüfers unverzüglich nach Eingang des Prüfungsberichts vorzulegen. Hat die Gesellschaft einen Aufsichtsrat, so ist dessen Bericht über das Ergebnis seiner Prüfung ebenfalls unverzüglich vorzulegen.

(2) Die Gesellschafter haben spätestens bis zum Ablauf der ersten acht Monate oder, wenn es sich um eine kleine Gesellschaft handelt (§ 267 Abs. 1 des Handelsgesetzbuchs), bis zum Ablauf der ersten elf Monate des Geschäftsjahrs über die Fest-

(2) Hat ein Notar an Veränderungen nach Absatz 1 Satz 1 mitgewirkt, hat er unverzüglich nach deren Wirksamwerden ohne Rücksicht auf etwaige später eintretende Unwirksamkeitsgründe die Liste anstelle der Geschäftsführer zu unterschreiben, zum Handelsregister einzureichen und eine Abschrift der geänderten Liste an die Gesellschaft zu übermitteln. Die Liste muss mit der Bescheinigung des Notars versehen sein, dass die geänderten Eintragungen den Veränderungen entsprechen, an denen er mitgewirkt hat, und die übrigen Eintragungen mit dem Inhalt der zuletzt im Handelsregister aufgenommenen Liste übereinstimmen.

(3) Geschäftsführer, welche die ihnen nach Absatz 1 obliegende Pflicht verletzen, haften *denjenigen, deren Beteiligung sich geändert hat, und* den Gläubigern der Gesellschaft für den daraus entstandenen Schaden als Gesamtschuldner.

§ 41 Buchführung

Die Geschäftsführer sind verpflichtet, für die ordnungsmäßige Buchführung der Gesellschaft zu sorgen.

§ 42 Bilanz

(1) In der Bilanz des nach den §§ 242, 264 des Handelsgesetzbuchs aufzustellenden Jahresabschlusses ist das Stammkapital als gezeichnetes Kapital auszuweisen.

(2) Das Recht der Gesellschaft zur Einziehung von Nachschüssen der Gesellschafter ist in der Bilanz insoweit zu aktivieren, als die Einziehung bereits beschlossen ist und den Gesellschaftern ein Recht, durch Verweisung auf den Geschäftsanteil sich von der Zahlung der Nachschüsse zu befreien, nicht zusteht. Der nachzuschießende Betrag ist auf der Aktivseite unter den Forderungen gesondert unter der Bezeichnung „Eingeforderte Nachschüsse" auszuweisen, soweit mit der Zahlung gerechnet werden kann. Ein dem Aktivposten entsprechender Betrag ist auf der Passivseite in dem Posten „Kapitalrücklage" gesondert auszuweisen.

(3) Ausleihungen, Forderungen und Verbindlichkeiten gegenüber Gesellschaftern sind in der Regel als solche jeweils gesondert auszuweisen oder im Anhang anzugeben; werden sie unter anderen Posten ausgewiesen, so muß diese Eigenschaft vermerkt werden.

§ 42a Vorlage des Jahresabschlusses und des Lageberichts

(1) Die Geschäftsführer haben den Jahresabschluß und den Lagebericht unverzüglich nach der Aufstellung den Gesellschaftern zum Zwecke der Feststellung des Jahresabschlusses vorzulegen. Ist der Jahresabschluß durch einen Abschlußprüfer zu prüfen, so haben die Geschäftsführer ihn zusammen mit dem Lagebericht und dem Prüfungsbericht des Abschlußprüfers unverzüglich nach Eingang des Prüfungsberichts vorzulegen. Hat die Gesellschaft einen Aufsichtsrat, so ist dessen Bericht über das Ergebnis seiner Prüfung ebenfalls unverzüglich vorzulegen.

(2) Die Gesellschafter haben spätestens bis zum Ablauf der ersten acht Monate oder, wenn es sich um eine kleine Gesellschaft handelt (§ 267 Abs. 1 des Handelsgesetzbuchs), bis zum Ablauf der ersten elf Monate des Geschäftsjahrs über die Fest-

stellung des Jahresabschlusses und über die Ergebnisverwendung zu beschließen. Der Gesellschaftsvertrag kann die Frist nicht verlängern. Auf den Jahresabschluß sind bei der Feststellung die für seine Aufstellung geltenden Vorschriften anzuwenden.

(3) Hat ein Abschlußprüfer den Jahresabschluß geprüft, so hat er auf Verlangen eines Gesellschafters an den Verhandlungen über die Feststellung des Jahresabschlusses teilzunehmen.

(4) Ist die Gesellschaft zur Aufstellung eines Konzernabschlusses und eines Konzernlageberichts verpflichtet, so sind die Absätze 1 bis 3 entsprechend anzuwenden. Das Gleiche gilt hinsichtlich eines Einzelabschlusses nach § 325 Abs. 2a des Handelsgesetzbuchs, wenn die Gesellschafter die Offenlegung eines solchen beschlossen haben.

§ 43 [Haftung der Geschäftsführer]

(1) Die Geschäftsführer haben in den Angelegenheiten der Gesellschaft die Sorgfalt eines ordentlichen Geschäftsmannes anzuwenden.

(2) Geschäftsführer, welche ihre Obliegenheiten verletzen, haften der Gesellschaft solidarisch für den entstandenen Schaden.

(3) Insbesondere sind sie zum Ersatz verpflichtet, wenn den Bestimmungen des § 30 zuwider Zahlungen aus dem zur Erhaltung des Stammkapitals erforderlichen Vermögen der Gesellschaft gemacht oder den Bestimmungen des § 33 zuwider eigene Geschäftsanteile der Gesellschaft erworben worden sind. Auf den Ersatzanspruch finden die Bestimmungen in § 9b Abs. 1 entsprechende Anwendung. Soweit der Ersatz zur Befriedigung der Gläubiger der Gesellschaft erforderlich ist, wird die Verpflichtung der Geschäftsführer dadurch nicht aufgehoben, daß dieselben in Befolgung eines Beschlusses der Gesellschafter gehandelt haben.

(4) Die Ansprüche auf Grund der vorstehenden Bestimmungen verjähren in fünf Jahren.

§ 43a [Kredit aus Gesellschaftsvermögen]

Den Geschäftsführern, anderen gesetzlichen Vertretern, Prokuristen oder zum gesamten Geschäftsbetrieb ermächtigten Handlungsbevollmächtigten darf Kredit nicht aus dem zur Erhaltung des Stammkapitals erforderlichen Vermögen der Gesellschaft gewährt werden. Ein entgegen Satz 1 gewährter Kredit ist ohne Rücksicht auf entgegenstehende Vereinbarungen sofort zurückzugewähren.

§ 44 [Stellvertreter von Geschäftsführern]

Die für die Geschäftsführer gegebenen Vorschriften gelten auch für Stellvertreter von Geschäftsführern.

§ 45 [Rechte der Gesellschafter im Allgemeinen]

(1) Die Rechte, welche den Gesellschaftern in den Angelegenheiten der Gesellschaft, insbesondere in bezug auf die Führung der Geschäfte zustehen, sowie die Ausübung derselben bestimmen sich, soweit nicht gesetzliche Vorschriften entgegenstehen, nach dem Gesellschaftsvertrag.

stellung des Jahresabschlusses und über die Ergebnisverwendung zu beschließen. Der Gesellschaftsvertrag kann die Frist nicht verlängern. Auf den Jahresabschluß sind bei der Feststellung die für seine Aufstellung geltenden Vorschriften anzuwenden.

(3) Hat ein Abschlußprüfer den Jahresabschluß geprüft, so hat er auf Verlangen eines Gesellschafters an den Verhandlungen über die Feststellung des Jahresabschlusses teilzunehmen.

(4) Ist die Gesellschaft zur Aufstellung eines Konzernabschlusses und eines Konzernlageberichts verpflichtet, so sind die Absätze 1 bis 3 entsprechend anzuwenden. Das Gleiche gilt hinsichtlich eines Einzelabschlusses nach § 325 Abs. 2a des Handelsgesetzbuchs, wenn die Gesellschafter die Offenlegung eines solchen beschlossen haben.

§ 43 Haftung der Geschäftsführer

(1) Die Geschäftsführer haben in den Angelegenheiten der Gesellschaft die Sorgfalt eines ordentlichen Geschäftsmannes anzuwenden.

(2) Geschäftsführer, welche ihre Obliegenheiten verletzen, haften der Gesellschaft solidarisch für den entstandenen Schaden.

(3) Insbesondere sind sie zum Ersatz verpflichtet, wenn den Bestimmungen des § 30 zuwider Zahlungen aus dem zur Erhaltung des Stammkapitals erforderlichen Vermögen der Gesellschaft gemacht oder den Bestimmungen des § 33 zuwider eigene Geschäftsanteile der Gesellschaft erworben worden sind. Auf den Ersatzanspruch finden die Bestimmungen in § 9b Abs. 1 entsprechende Anwendung. Soweit der Ersatz zur Befriedigung der Gläubiger der Gesellschaft erforderlich ist, wird die Verpflichtung der Geschäftsführer dadurch nicht aufgehoben, daß dieselben in Befolgung eines Beschlusses der Gesellschafter gehandelt haben.

(4) Die Ansprüche auf Grund der vorstehenden Bestimmungen verjähren in fünf Jahren.

§ 43a Kreditgewährung aus Gesellschaftsvermögen

Den Geschäftsführern, anderen gesetzlichen Vertretern, Prokuristen oder zum gesamten Geschäftsbetrieb ermächtigten Handlungsbevollmächtigten darf Kredit nicht aus dem zur Erhaltung des Stammkapitals erforderlichen Vermögen der Gesellschaft gewährt werden. Ein entgegen Satz 1 gewährter Kredit ist ohne Rücksicht auf entgegenstehende Vereinbarungen sofort zurückzugewähren.

§ 44 Stellvertreter von Geschäftsführern

Die für die Geschäftsführer gegebenen Vorschriften gelten auch für Stellvertreter von Geschäftsführern.

§ 45 Rechte der Gesellschafter

(1) Die Rechte, welche den Gesellschaftern in den Angelegenheiten der Gesellschaft, insbesondere in bezug auf die Führung der Geschäfte zustehen, sowie die Ausübung derselben bestimmen sich, soweit nicht gesetzliche Vorschriften entgegenstehen, nach dem Gesellschaftsvertrag.

(2) In Ermangelung besonderer Bestimmungen des Gesellschaftsvertrags finden die Vorschriften der §§ 46 bis 51 Anwendung.

§ 46 [Aufgabenkreis der Gesellschafter]
Der Bestimmung der Gesellschafter unterliegen:
1. die Feststellung des Jahresabschlusses und die Verwendung des Ergebnisses;
1 a. die Entscheidung über die Offenlegung eines Einzelabschlusses nach internationalen Rechnungslegungsstandards (§ 325 Abs. 2 a des Handelsgesetzbuchs) und über die Billigung des von den Geschäftsführern aufgestellten Abschlusses;
1 b. die Billigung eines von den Geschäftsführern aufgestellten Konzernabschlusses;
2. die Einforderung von Einzahlungen auf die Stammeinlagen;
3. die Rückzahlung von Nachschüssen;
4. die Teilung sowie die Einziehung von Geschäftsanteilen;
5. die Bestellung und die Abberufung von Geschäftsführern sowie die Entlastung derselben;
6. die Maßregeln zur Prüfung und Überwachung der Geschäftsführung;
7. die Bestellung von Prokuristen und von Handlungsbevollmächtigten zum gesamten Geschäftsbetrieb;
8. die Geltendmachung von Ersatzansprüchen, welche der Gesellschaft aus der Gründung oder Geschäftsführung gegen Geschäftsführer oder Gesellschafter zustehen, sowie die Vertretung der Gesellschaft in Prozessen, welche sie gegen die Geschäftsführer zu führen hat.

§ 47 [Abstimmung]
(1) Die von den Gesellschaftern in den Angelegenheiten der Gesellschaft zu treffenden Bestimmungen erfolgen durch Beschlußfassung nach der Mehrheit der abgegebenen Stimmen.
(2) Jede fünfzig Euro eines Geschäftsanteils gewähren eine Stimme.
(3) Vollmachten bedürfen zu ihrer Gültigkeit der Textform.
(4) Ein Gesellschafter, welcher durch die Beschlußfassung entlastet oder von einer Verbindlichkeit befreit werden soll, hat hierbei kein Stimmrecht und darf ein solches auch nicht für andere ausüben. Dasselbe gilt von einer Beschlußfassung, welche die Vornahme eines Rechtsgeschäfts oder die Einleitung oder Erledigung eines Rechtsstreits gegenüber einem Gesellschafter betrifft.

§ 48 [Gesellschafterversammlung]
(1) Die Beschlüsse der Gesellschafter werden in Versammlungen gefaßt.
(2) Der Abhaltung einer Versammlung bedarf es nicht, wenn sämtliche Gesellschafter in Textform mit der zu treffenden Bestimmung oder mit der schriftlichen Abgabe der Stimmen sich einverstanden erklären.
(3) Befinden sich alle Geschäftsanteile der Gesellschaft in der Hand eines Gesellschafters oder daneben in der Hand der Gesellschaft, so hat er unverzüglich nach der Beschlußfassung eine Niederschrift aufzunehmen und zu unterschreiben.

(2) In Ermangelung besonderer Bestimmungen des Gesellschaftsvertrags finden die Vorschriften der §§ 46 bis 51 Anwendung.

§ 46 Aufgabenkreis der Gesellschafter
Der Bestimmung der Gesellschafter unterliegen:
1. die Feststellung des Jahresabschlusses und die Verwendung des Ergebnisses;
1 a. die Entscheidung über die Offenlegung eines Einzelabschlusses nach internationalen Rechnungslegungsstandards (§ 325 Abs. 2 a des Handelsgesetzbuchs) und über die Billigung des von den Geschäftsführern aufgestellten Abschlusses;
1 b. die Billigung eines von den Geschäftsführern aufgestellten Konzernabschlusses;
2. *die Einforderung der Einlagen*
3. die Rückzahlung von Nachschüssen;
4. die Teilung, *die Zusammenlegung* sowie die Einziehung von Geschäftsanteilen;
5. die Bestellung und die Abberufung von Geschäftsführern sowie die Entlastung derselben;
6. die Maßregeln zur Prüfung und Überwachung der Geschäftsführung;
7. die Bestellung von Prokuristen und von Handlungsbevollmächtigten zum gesamten Geschäftsbetrieb;
8. die Geltendmachung von Ersatzansprüchen, welche der Gesellschaft aus der Gründung oder Geschäftsführung gegen Geschäftsführer oder Gesellschafter zustehen, sowie die Vertretung der Gesellschaft in Prozessen, welche sie gegen die Geschäftsführer zuführen hat.

§ 47 Abstimmung
(1) Die von den Gesellschaftern in den Angelegenheiten der Gesellschaft zu treffenden Bestimmungen erfolgen durch Beschlußfassung nach der Mehrheit der abgegebenen Stimmen.
(2) Jeder Euro eines Geschäftsanteils gewährt eine Stimme.
(3) Vollmachten bedürfen zu ihrer Gültigkeit der Textform.
(4) Ein Gesellschafter, welcher durch die Beschlußfassung entlastet oder von einer Verbindlichkeit befreit werden soll, hat hierbei kein Stimmrecht und darf ein solches auch nicht für andere ausüben. Dasselbe gilt von einer Beschlußfassung, welche die Vornahme eines Rechtsgeschäfts oder die Einleitung oder Erledigung eines Rechtsstreits gegenüber einem Gesellschafter betrifft.

§ 48 Gesellschafterversammlung
(1) Die Beschlüsse der Gesellschafter werden in Versammlungen gefaßt.
(2) Der Abhaltung einer Versammlung bedarf es nicht, wenn sämtliche Gesellschafter in Textform mit der zu treffenden Bestimmung oder mit der schriftlichen Abgabe der Stimmen sich einverstanden erklären.
(3) Befinden sich alle Geschäftsanteile der Gesellschaft in der Hand eines Gesellschafters oder daneben in der Hand der Gesellschaft, so hat er unverzüglich nach der Beschlußfassung eine Niederschrift aufzunehmen und zu unterschreiben.

§ 49 [Einberufung der Versammlung]
(1) Die Versammlung der Gesellschafter wird durch die Geschäftsführer berufen.
(2) Sie ist außer den ausdrücklich bestimmten Fällen zu berufen, wenn es im Interesse der Gesellschaft erforderlich erscheint.
(3) Insbesondere muß die Versammlung unverzüglich berufen werden, wenn aus der Jahresbilanz oder aus einer im Laufe des Geschäftsjahres aufgestellten Bilanz sich ergibt, daß die Hälfte des Stammkapitals verloren ist.

§ 50 [Minderheitsrechte]
(1) Gesellschafter, deren Geschäftsanteile zusammen mindestens dem zehnten Teil des Stammkapitals entsprechen, sind berechtigt, unter Angabe des Zwecks und der Gründe die Berufung der Versammlung zu verlangen.
(2) In gleicher Weise haben die Gesellschafter das Recht zu verlangen, daß Gegenstände zur Beschlußfassung der Versammlung angekündigt werden.
(3) Wird dem Verlangen nicht entsprochen oder sind Personen, an welche dasselbe zu richten wäre, nicht vorhanden, so können die in Absatz 1 bezeichneten Gesellschafter unter Mitteilung des Sachverhältnisses die Berufung oder Ankündigung selbst bewirken. Die Versammlung beschließt, ob die entstandenen Kosten von der Gesellschaft zu tragen sind.

§ 51 [Form der Einberufung]
(1) Die Berufung der Versammlung erfolgt durch Einladung der Gesellschafter mittels eingeschriebener Briefe. Sie ist mit einer Frist von mindestens einer Woche zu bewirken.
(2) Der Zweck der Versammlung soll jederzeit bei der Berufung angekündigt werden.
(3) Ist die Versammlung nicht ordnungsmäßig berufen, so können Beschlüsse nur gefaßt werden, wenn sämtliche Gesellschafter anwesend sind.
(4) Das gleiche gilt in bezug auf Beschlüsse über Gegenstände, welche nicht wenigstens drei Tage vor der Versammlung in der für die Berufung vorgeschriebenen Weise angekündigt worden sind.

§ 51a [Auskunfts- und Einsichtsrecht]
(1) Die Geschäftsführer haben jedem Gesellschafter auf Verlangen unverzüglich Auskunft über die Angelegenheiten der Gesellschaft zu geben und die Einsicht der Bücher und Schriften zu gestatten.
(2) Die Geschäftsführer dürfen die Auskunft und die Einsicht verweigern, wenn zu besorgen ist, daß der Gesellschafter sie zu gesellschaftsfremden Zwecken verwenden und dadurch der Gesellschaft oder einem verbundenen Unternehmen einen nicht unerheblichen Nachteil zufügen wird. Die Verweigerung bedarf eines Beschlusses der Gesellschafter.
(3) Von diesen Vorschriften kann im Gesellschaftsvertrag nicht abgewichen werden.

§ 49 Einberufung der Versammlung

(1) Die Versammlung der Gesellschafter wird durch die Geschäftsführer berufen.
(2) Sie ist außer den ausdrücklich bestimmten Fällen zu berufen, wenn es im Interesse der Gesellschaft erforderlich erscheint.
(3) Insbesondere muß die Versammlung unverzüglich berufen werden, wenn aus der Jahresbilanz oder aus einer im Laufe des Geschäftsjahres aufgestellten Bilanz sich ergibt, daß die Hälfte des Stammkapitals verloren ist.

§ 50 Minderheitsrechte

(1) Gesellschafter, deren Geschäftsanteile zusammen mindestens dem zehnten Teil des Stammkapitals entsprechen, sind berechtigt, unter Angabe des Zwecks und der Gründe die Berufung der Versammlung zu verlangen.
(2) In gleicher Weise haben die Gesellschafter das Recht zu verlangen, daß Gegenstände zur Beschlußfassung der Versammlung angekündigt werden.
(3) Wird dem Verlangen nicht entsprochen oder sind Personen, an welche dasselbe zu richten wäre, nicht vorhanden, so können die in Absatz 1 bezeichneten Gesellschafter unter Mitteilung des Sachverhältnisses die Berufung oder Ankündigung selbst bewirken. Die Versammlung beschließt, ob die entstandenen Kosten von der Gesellschaft zu tragen sind.

§ 51 Form der Einberufung

(1) Die Berufung der Versammlung erfolgt durch Einladung der Gesellschafter mittels eingeschriebener Briefe. Sie ist mit einer Frist von mindestens einer Woche zu bewirken.
(2) Der Zweck der Versammlung soll jederzeit bei der Berufung angekündigt werden.
(3) Ist die Versammlung nicht ordnungsmäßig berufen, so können Beschlüsse nur gefaßt werden, wenn sämtliche Gesellschafter anwesend sind.
(4) Das gleiche gilt in bezug auf Beschlüsse über Gegenstände, welche nicht wenigstens drei Tage vor der Versammlung in der für die Berufung vorgeschriebenen Weise angekündigt worden sind.

§ 51a Auskunfts- und Einsichtsrecht

(1) Die Geschäftsführer haben jedem Gesellschafter auf Verlangen unverzüglich Auskunft über die Angelegenheiten der Gesellschaft zu geben und die Einsicht der Bücher und Schriften zu gestatten.
(2) Die Geschäftsführer dürfen die Auskunft und die Einsicht verweigern, wenn zu besorgen ist, daß der Gesellschafter sie zu gesellschaftsfremden Zwecken verwenden und dadurch der Gesellschaft oder einem verbundenen Unternehmen einen nicht unerheblichen Nachteil zufügen wird. Die Verweigerung bedarf eines Beschlusses der Gesellschafter.
(3) Von diesen Vorschriften kann im Gesellschaftsvertrag nicht abgewichen werden.

§ 51 b [Gerichtliche Entscheidung über das Auskunfts- und Einsichtsrecht]
Für die gerichtliche Entscheidung über das Auskunfts- und Einsichtsrecht findet § 132 Abs. 1, 3 bis 5 des Aktiengesetzes entsprechende Anwendung. Antragsberechtigt ist jeder Gesellschafter, dem die verlangte Auskunft nicht gegeben oder die verlangte Einsicht nicht gestattet worden ist.

§ 52 [Aufsichtsrat]
(1) Ist nach dem Gesellschaftsvertrag ein Aufsichtsrat zu bestellen, so sind § 90 Abs. 3, 4, 5 Satz 1 und 2, § 95 Satz 1, § 100 Abs. 1 und 2 Nr. 2, § 101 Abs. 1 Satz 1, § 103 Abs. 1 Satz 1 und 2, §§ 105, 110 bis 114, 116 des Aktiengesetzes in Verbindung mit § 93 Abs. 1 und 2 des Aktiengesetzes, §§ 170, 171 des Aktiengesetzes entsprechend anzuwenden, soweit nicht im Gesellschaftsvertrag ein anderes bestimmt ist.
(2) Werden die Mitglieder des Aufsichtsrats vor der Eintragung der Gesellschaft in das Handelsregister bestellt, gilt § 37 Abs. 4 Nr. 3 und 3a des Aktiengesetzes entsprechend. Die Geschäftsführer haben bei jeder Änderung in den Personen der Aufsichtsratsmitglieder unverzüglich eine Liste der Mitglieder des Aufsichtsrats, aus welcher Name, Vorname, ausgeübter Beruf und Wohnort der Mitglieder ersichtlich ist, zum Handelsregister einzureichen; das Gericht hat nach § 10 des Handelsgesetzbuchs einen Hinweis darauf bekannt zu machen, dass die Liste zum Handelsregister eingereicht worden ist.
(3) Schadensersatzansprüche gegen die Mitglieder des Aufsichtsrats wegen Verletzung ihrer Obliegenheiten verjähren in fünf Jahren.

Vierter Abschnitt. Abänderungen des Gesellschaftsvertrags

§ 53 [Form der Satzungsänderung]
(1) Eine Abänderung des Gesellschaftsvertrags kann nur durch Beschluß der Gesellschafter erfolgen.
(2) Der Beschluß muß notariell beurkundet werden, derselbe bedarf einer Mehrheit von drei Vierteilen der abgegebenen Stimmen. Der Gesellschaftsvertrag kann noch andere Erfordernisse aufstellen.
(3) Eine Vermehrung der den Gesellschaftern nach dem Gesellschaftsvertrag obliegenden Leistungen kann nur mit Zustimmung sämtlicher beteiligter Gesellschafter beschlossen werden.

§ 54 [Anmeldung und Eintragung]
(1) Die Abänderung des Gesellschaftsvertrags ist zur Eintragung in das Handelsregister anzumelden. Der Anmeldung ist der vollständige Wortlaut des Gesellschaftsvertrags beizufügen; er muß mit der Bescheinigung eines Notars versehen sein, daß die geänderten Bestimmungen des Gesellschaftsvertrags mit dem Beschluß über die Änderung des Gesellschaftsvertrags und die unveränderten Bestimmungen mit dem zuletzt zum Handelsregister eingereichten vollständigen Wortlaut des Gesellschaftsvertrags übereinstimmen.

§ 51b Gerichtliche Entscheidung über das Auskunfts- und Einsichtsrecht
Für die gerichtliche Entscheidung über das Auskunfts- und Einsichtsrecht findet § 132 Abs. 1, 3 bis 5 des Aktiengesetzes entsprechende Anwendung. Antragsberechtigt ist jeder Gesellschafter, dem die verlangte Auskunft nicht gegeben oder die verlangte Einsicht nicht gestattet worden ist.

§ 52 Aufsichtsrat
(1) Ist nach dem Gesellschaftsvertrag ein Aufsichtsrat zu bestellen, so sind § 90 Abs. 3, 4, 5 Satz 1 und 2, § 95 Satz 1, § 100 Abs. 1 und 2 Nr. 2, § 101 Abs. 1 Satz 1, § 103 Abs. 1 Satz 1 und 2, §§ 105, 110 bis 114, 116 des Aktiengesetzes in Verbindung mit § 93 Abs. 1 und 2 des Aktiengesetzes, §§ 170, 171 des Aktiengesetzes entsprechend anzuwenden, soweit nicht im Gesellschaftsvertrag ein anderes bestimmt ist.
(2) Werden die Mitglieder des Aufsichtsrats vor der Eintragung der Gesellschaft in das Handelsregister bestellt, gilt § 37 Abs. 4 Nr. 3 und 3a des Aktiengesetzes entsprechend. Die Geschäftsführer haben bei jeder Änderung in den Personen der Aufsichtsratsmitglieder unverzüglich eine Liste der Mitglieder des Aufsichtsrats, aus welcher Name, Vorname, ausgeübter Beruf und Wohnort der Mitglieder ersichtlich ist, zum Handelsregister einzureichen; das Gericht hat nach § 10 des Handelsgesetzbuchs einen Hinweis darauf bekannt zu machen, dass die Liste zum Handelsregister eingereicht worden ist.
(3) Schadensersatzansprüche gegen die Mitglieder des Aufsichtsrats wegen Verletzung ihrer Obliegenheiten verjähren in fünf Jahren.

Vierter Abschnitt. Abänderungen des Gesellschaftsvertrags

§ 53 Form der Satzungsänderung
(1) Eine Abänderung des Gesellschaftsvertrags kann nur durch Beschluß der Gesellschafter erfolgen.
(2) Der Beschluß muß notariell beurkundet werden, derselbe bedarf einer Mehrheit von drei Vierteilen der abgegebenen Stimmen. Der Gesellschaftsvertrag kann noch andere Erfordernisse aufstellen.
(3) Eine Vermehrung der den Gesellschaftern nach dem Gesellschaftsvertrag obliegenden Leistungen kann nur mit Zustimmung sämtlicher beteiligter Gesellschafter beschlossen werden.

§ 54 Anmeldung und Eintragung der Satzungsänderung
(1) Die Abänderung des Gesellschaftsvertrags ist zur Eintragung in das Handelsregister anzumelden. Der Anmeldung ist der vollständige Wortlaut des Gesellschaftsvertrags beizufügen; er muß mit der Bescheinigung eines Notars versehen sein, daß die geänderten Bestimmungen des Gesellschaftsvertrags mit dem Beschluß über die Änderung des Gesellschaftsvertrags und die unveränderten Bestimmungen mit dem zuletzt zum Handelsregister eingereichten vollständigen Wortlaut des Gesellschaftsvertrags übereinstimmen.

(2) Bei der Eintragung genügt, sofern nicht die Abänderung die in § 10 bezeichneten Angaben betrifft, die Bezugnahme auf die bei dem Gericht eingereichten Dokumente über die Abänderung.
(3) Die Abänderung hat keine rechtliche Wirkung, bevor sie in das Handelsregister des Sitzes der Gesellschaft eingetragen ist.

§ 55 [Erhöhung des Stammkapitals]
(1) Wird eine Erhöhung des Stammkapitals beschlossen, so bedarf es zur Übernahme jeder auf das erhöhte Kapital zu leistenden Stammeinlage einer notariell aufgenommenen oder beglaubigten Erklärung des Übernehmers.
(2) Zur Übernahme einer Stammeinlage können von der Gesellschaft die bisherigen Gesellschafter oder andere Personen, welche durch die Übernahme ihren Beitritt zu der Gesellschaft erklären, zugelassen werden. Im letzteren Fall sind außer dem Betrag der Stammeinlage auch sonstige Leistungen, zu welchen der Beitretende nach dem Gesellschaftsvertrag verpflichtet sein soll, in der in Absatz 1 bezeichneten Urkunde ersichtlich zu machen.
(3) Wird von einem der Gesellschaft bereits angehörenden Gesellschafter eine Stammeinlage auf das erhöhte Kapital übernommen, so erwirbt derselbe einen weiteren Geschäftsanteil.
(4) Die Bestimmungen in § 5 Abs. 1 und 3 über den Betrag der Stammeinlagen, die Bestimmung in § 5 Abs. 2 über die Unzulässigkeit der Übernahme mehrerer Stammeinlagen sowie die Bestimmungen in § 19 Abs. 6 über die Verjährung finden auch hinsichtlich der auf das erhöhte Kapital zu leistenden Stammeinlagen Anwendung.

§ 56 [Kapitalerhöhung mit Sacheinlagen]
(1) Sollen Sacheinlagen geleistet werden, so müssen ihr Gegenstand und der Betrag der Stammeinlage, auf die sich die Sacheinlage bezieht, im Beschluß über die Erhöhung des Stammkapitals festgesetzt werden. Die Festsetzung ist in die in § 55 Abs. 1 bezeichnete Erklärung des Übernehmers aufzunehmen.
(2) Die §§ 9 und 19 Abs. 5 finden entsprechende Anwendung.

(2) Bei der Eintragung genügt, sofern nicht die Abänderung die in § 10 bezeichneten Angaben betrifft, die Bezugnahme auf die bei dem Gericht eingereichten Dokumente über die Abänderung.

(3) Die Abänderung hat keine rechtliche Wirkung, bevor sie in das Handelsregister des Sitzes der Gesellschaft eingetragen ist.

§ 55 Erhöhung des Stammkapitals

(1) Wird eine Erhöhung des Stammkapitals beschlossen, so bedarf es zur Übernahme *jedes Geschäftsanteils an dem erhöhten Kapital* zu leistenden Stammeinlage einer notariell aufgenommenen oder beglaubigten Erklärung des Übernehmers.

(2) Zur Übernahme *eines Geschäftsanteils* können von der Gesellschaft die bisherigen Gesellschafter oder andere Personen, welche durch die Übernahme ihren Beitritt zu der Gesellschaft erklären, zugelassen werden. Im letzten Fall sind außer dem *Nennbetrag des Geschäftsanteils* auch sonstige Leistungen, zu welchen der Beitretende nach dem Gesellschaftsvertrag verpflichtet sein soll, in der in Absatz 1 bezeichneten Urkunde ersichtlich zu machen.

(3) Wird von einem der Gesellschaft bereits angehörenden Gesellschafter *ein Geschäftsanteil an dem erhöhten* Kapital übernommen, so erwirbt derselbe einen weiteren Geschäftsanteil.

(4) Die Bestimmungen in § 5 Abs. 2 und 3 über die Nennbeträge der Geschäftsanteile sowie die Bestimmungen in § 19 Abs. 6 über die Verjährung des Anspruchs der Gesellschaft auf Leistung der Einlagen sind auch hinsichtlich der an dem erhöhten Kapital übernommenen Geschäftsanteile anzuwenden.

§ 55a Genehmigtes Kapital

(1) Der Gesellschaftsvertrag kann die Geschäftsführer für höchstens fünf Jahre nach Eintragung der Gesellschaft ermächtigen, das Stammkapital bis zu einem bestimmten Nennbetrag (genehmigtes Kapital) durch Ausgabe neuer Geschäftsanteile gegen Einlagen zu erhöhen. Der Nennbetrag des genehmigten Kapitals darf die Hälfte des Stammkapitals, das zur Zeit der Ermächtigung vorhanden ist, nicht übersteigen.

(2) Die Ermächtigung kann auch durch Abänderung des Gesellschaftsvertrages für höchstens fünf Jahre nach deren Eintragung erteilt werden.

(3) Gegen Sacheinlagen (§ 56) dürfen Geschäftsanteile nur ausgegeben werden, wenn die Ermächtigung es vorsieht.

§ 56 Kapitalerhöhung mit Sacheinlagen

(1) Sollen Sacheinlagen geleistet werden, so müssen ihr Gegenstand und der *Nennbetrag des Geschäftsanteils, auf den* sich die Sacheinlage bezieht, im Beschluß über die Erhöhung des Stammkapitals festgesetzt werden. Die Festsetzung ist in die in § 55 Abs. 1 bezeichnete Erklärung des Übernehmers aufzunehmen.

(2) Die §§ 9 und *19 Abs. 2 Satz 2 und Abs. 4* finden entsprechende Anwendung.

§ 56a [Leistungen auf das neue Stammkapital]
Für die Leistungen der Einlagen auf das neue Stammkapital und die Bestellung einer Sicherung findet § 7 Abs. 2 Satz 1 und 3, Abs. 3 entsprechende Anwendung.

§ 57 [Anmeldung der Erhöhung]
(1) Die beschlossene Erhöhung des Stammkapitals ist zur Eintragung in das Handelsregister anzumelden, nachdem das erhöhte Kapital durch Übernahme von Stammeinlagen gedeckt ist.
(2) In der Anmeldung ist die Versicherung abzugeben, daß die Einlagen auf das neue Stammkapital nach § 7 Abs. 2 Satz 1 und 3, Abs. 3 bewirkt sind und daß der Gegenstand der Leistungen sich endgültig in der freien Verfügung der Geschäftsführer befindet. Für die Anmeldung findet im übrigen § 8 Abs. 2 Satz 2 entsprechende Anwendung.
(3) Der Anmeldung sind beizufügen:
1. die in § 55 Abs. 1 bezeichneten Erklärungen oder eine beglaubigte Abschrift derselben;
2. eine von den Anmeldenden unterschriebene Liste der Personen, welche die neuen Stammeinlagen übernommen haben; aus der Liste muß der Betrag der von jedem übernommenen Einlage ersichtlich sein;
3. bei einer Kapitalerhöhung mit Sacheinlagen die Verträge, die den Festsetzungen nach § 56 zugrunde liegen oder zu ihrer Ausführung geschlossen worden sind.
(4) Für die Verantwortlichkeit der Geschäftsführer, welche die Kapitalerhöhung zur Eintragung in das Handelsregister angemeldet haben, finden § 9a Abs. 1 und 3, § 9b entsprechende Anwendung.

§ 57a [Ablehnung der Eintragung]
Für die Ablehnung der Eintragung durch das Gericht findet § 9c Abs. 1 entsprechende Anwendung.

§ 57b [Bekanntmachung der Eintragung der Kapitalerhöhung]
In die Bekanntmachung der Eintragung der Kapitalerhöhung sind außer deren Inhalt die bei einer Kapitalerhöhung mit Sacheinlagen vorgesehenen Festsetzungen aufzunehmen. Bei der Bekanntmachung dieser Festsetzungen genügt die Bezugnahme auf die beim Gericht eingereichten Urkunden.

§ 57c [Kapitalerhöhung aus Gesellschaftsmitteln]
(1) Das Stammkapital kann durch Umwandlung von Rücklagen in Stammkapital erhöht werden (Kapitalerhöhung aus Gesellschaftsmitteln).
(2) Die Erhöhung des Stammkapitals kann erst beschlossen werden, nachdem der Jahresabschluß für das letzte vor der Beschlußfassung über die Kapitalerhöhung abgelaufene Geschäftsjahr (letzter Jahresabschluß) festgestellt und über die Ergebnisverwendung Beschluß gefaßt worden ist.
(3) Dem Beschluß über die Erhöhung des Stammkapitals ist eine Bilanz zugrunde zu legen.

§ 56 a Leistungen auf das neue Stammkapital
Für die Leistungen der Einlagen auf das neue Stammkapital *finden § 7 Abs. 2 Satz 1, Abs. 3 sowie § 19 Abs. 5 entsprechende Anwendung.*

§ 57 Anmeldung der Erhöhung
(1) Die beschlossene Erhöhung des Stammkapitals ist zur Eintragung in das Handelsregister anzumelden, nachdem das erhöhte Kapital durch Übernahme von *Geschäftsanteilen* gedeckt ist.

(2) In der Anmeldung ist die Versicherung abzugeben, daß die Einlagen auf das neue Stammkapital nach § 7 Abs. 2 Satz 1, Abs. 3 bewirkt sind und daß der Gegenstand der Leistungen sich endgültig in der freien Verfügung der Geschäftsführer befindet. *§ 8 Abs. 2 Satz 2 gilt entsprechend.*

(3) Der Anmeldung sind beizufügen:
1. die in § 55 Abs. 1 bezeichneten Erklärungen oder eine beglaubigte Abschrift derselben;
2. eine von den Anmeldenden unterschriebene Liste der Personen, welche die neuen *Geschäftsanteile* übernommen haben; aus der Liste *müssen die Nennbeträge der von jedem übernommenen Geschäftsanteile* ersichtlich sein;
3. bei einer Kapitalerhöhung mit Sacheinlagen die Verträge, die den Festsetzungen nach § 56 zugrunde liegen oder zu ihrer Ausführung geschlossen worden sind.

(4) Für die Verantwortlichkeit der Geschäftsführer, welche die Kapitalerhöhung zur Eintragung in das Handelsregister angemeldet haben, finden § 9a Abs. 1 und 3, § 9b entsprechende Anwendung.

§ 57 a Ablehnung der Eintragung
Für die Ablehnung der Eintragung durch das Gericht findet § 9c Abs. 1 entsprechende Anwendung.

§ 57 b (weggefallen)

§ 57 c Kapitalerhöhung aus Gesellschaftsmitteln
(1) Das Stammkapital kann durch Umwandlung von Rücklagen in Stammkapital erhöht werden (Kapitalerhöhung aus Gesellschaftsmitteln).

(2) Die Erhöhung des Stammkapitals kann erst beschlossen werden, nachdem der Jahresabschluß für das letzte vor der Beschlußfassung über die Kapitalerhöhung abgelaufene Geschäftsjahr (letzter Jahresabschluß) festgestellt und über die Ergebnisverwendung Beschluß gefaßt worden ist.

(3) Dem Beschluß über die Erhöhung des Stammkapitals ist eine Bilanz zugrunde zu legen.

(4) Neben den §§ 53 und 54 über die Abänderung des Gesellschaftsvertrags gelten die §§ 57d bis 57o.

§ 57d [Ausweisung von Kapital- und Gewinnrücklagen]
(1) Die Kapital- und Gewinnrücklagen, die in Stammkapital umgewandelt werden sollen, müssen in der letzten Jahresbilanz und, wenn dem Beschluß eine andere Bilanz zugrunde gelegt wird, auch in dieser Bilanz unter „Kapitalrücklage" oder „Gewinnrücklagen" oder im letzten Beschluß über die Verwendung des Jahresergebnisses als Zuführung zu diesen Rücklagen ausgewiesen sein.

(2) Die Rücklagen können nicht umgewandelt werden, soweit in der zugrunde gelegten Bilanz ein Verlust, einschließlich eines Verlustvortrags, ausgewiesen ist.

(3) Andere Gewinnrücklagen, die einem bestimmten Zweck zu dienen bestimmt sind, dürfen nur umgewandelt werden, soweit dies mit ihrer Zweckbestimmung vereinbar ist.

§ 57e [Zugrundelegung der letzten Jahresbilanz; Prüfung]
(1) Dem Beschluß kann die letzte Jahresbilanz zugrunde gelegt werden, wenn die Jahresbilanz geprüft und die festgestellte Jahresbilanz mit dem uneingeschränkten Bestätigungsvermerk der Abschlußprüfer versehen ist und wenn ihr Stichtag höchstens acht Monate vor der Anmeldung des Beschlusses zur Eintragung in das Handelsregister liegt.

(2) Bei Gesellschaften, die nicht große im Sinne des § 267 Abs. 3 des Handelsgesetzbuchs sind, kann die Prüfung auch durch vereidigte Buchprüfer erfolgen; die Abschlußprüfer müssen von der Versammlung der Gesellschafter gewählt sein.

§ 57f [Anforderungen an die Bilanz]
(1) Wird dem Beschluß nicht die letzte Jahresbilanz zugrunde gelegt, so muß die Bilanz den Vorschriften über die Gliederung der Jahresbilanz und über die Wertansätze in der Jahresbilanz entsprechen. Der Stichtag der Bilanz darf höchstens acht Monate vor der Anmeldung des Beschlusses zur Eintragung in das Handelsregister liegen.

(2) Die Bilanz ist, bevor über die Erhöhung des Stammkapitals Beschluß gefaßt wird, durch einen oder mehrere Prüfer darauf zu prüfen, ob sie dem Absatz 1 entspricht. Sind nach dem abschließenden Ergebnis der Prüfung keine Einwendungen zu erheben, so haben die Prüfer dies durch einen Vermerk zu bestätigen. Die Erhöhung des Stammkapitals kann nicht ohne diese Bestätigung der Prüfer beschlossen werden.

(3) Die Prüfer werden von den Gesellschaftern gewählt; falls nicht andere Prüfer gewählt werden, gelten die Prüfer als gewählt, die für die Prüfung des letzten Jahresabschlusses von den Gesellschaftern gewählt oder vom Gericht bestellt worden sind. Im übrigen sind, soweit sich aus der Besonderheit des Prüfungsauftrags nichts anderes ergibt, § 318 Abs. 1 Satz 2, § 319 Abs. 1 bis 4, § 319a Abs. 1, § 320 Abs. 1 Satz 2, Abs. 2 und die §§ 321 und 323 des Handelsgesetzbuchs anzuwenden. Bei Gesellschaften, die nicht große im Sinne des § 267 Abs. 3 des Handelsgesetzbuchs sind, können auch vereidigte Buchprüfer zu Prüfern bestellt werden.

(4) Neben den §§ 53 und 54 über die Abänderung des Gesellschaftsvertrags gelten die §§ 57d bis 57o.

§ 57d Ausweisung von Kapital- und Gewinnrücklagen

(1) Die Kapital- und Gewinnrücklagen, die in Stammkapital umgewandelt werden sollen, müssen in der letzten Jahresbilanz und, wenn dem Beschluß eine andere Bilanz zugrunde gelegt wird, auch in dieser Bilanz unter „Kapitalrücklage" oder „Gewinnrücklagen" oder im letzten Beschluß über die Verwendung des Jahresergebnisses als Zuführung zu diesen Rücklagen ausgewiesen sein.

(2) Die Rücklagen können nicht umgewandelt werden, soweit in der zugrunde gelegten Bilanz ein Verlust, einschließlich eines Verlustvortrags, ausgewiesen ist.

(3) Andere Gewinnrücklagen, die einem bestimmten Zweck zu dienen bestimmt sind, dürfen nur umgewandelt werden, soweit dies mit ihrer Zweckbestimmung vereinbar ist.

§ 57e Zugrundelegung der letzten Jahresbilanz; Prüfung

(1) Dem Beschluß kann die letzte Jahresbilanz zugrunde gelegt werden, wenn die Jahresbilanz geprüft und die festgestellte Jahresbilanz mit dem uneingeschränkten Bestätigungsvermerk der Abschlußprüfer versehen ist und wenn ihr Stichtag höchstens acht Monate vor der Anmeldung des Beschlusses zur Eintragung in das Handelsregister liegt.

(2) Bei Gesellschaften, die nicht große im Sinne des § 267 Abs. 3 des Handelsgesetzbuchs sind, kann die Prüfung auch durch vereidigte Buchprüfer erfolgen; die Abschlußprüfer müssen von der Versammlung der Gesellschafter gewählt sein.

§ 57f Anforderungen an die Bilanz

(1) Wird dem Beschluß nicht die letzte Jahresbilanz zugrunde gelegt, so muß die Bilanz den Vorschriften über die Gliederung der Jahresbilanz und über die Wertansätze in der Jahresbilanz entsprechen. Der Stichtag der Bilanz darf höchstens acht Monate vor der Anmeldung des Beschlusses zur Eintragung in das Handelsregister liegen.

(2) Die Bilanz ist, bevor über die Erhöhung des Stammkapitals Beschluß gefaßt wird, durch einen oder mehrere Prüfer darauf zu prüfen, ob sie dem Absatz 1 entspricht. Sind nach dem abschließenden Ergebnis der Prüfung keine Einwendungen zu erheben, so haben die Prüfer dies durch einen Vermerk zu bestätigen. Die Erhöhung des Stammkapitals kann nicht ohne diese Bestätigung der Prüfer beschlossen werden.

(3) Die Prüfer werden von den Gesellschaftern gewählt; falls nicht andere Prüfer gewählt werden, gelten die Prüfer als gewählt, die für die Prüfung des letzten Jahresabschlusses von den Gesellschaftern gewählt oder vom Gericht bestellt worden sind. Im übrigen sind, soweit sich aus der Besonderheit des Prüfungsauftrags nichts anderes ergibt, § 318 Abs. 1 Satz 2, § 319 Abs. 1 bis 4, § 319a Abs. 1, § 320 Abs. 1 Satz 2, Abs. 2 und die §§ 321 und 323 des Handelsgesetzbuchs anzuwenden. Bei Gesellschaften, die nicht große im Sinne des § 267 Abs. 3 des Handelsgesetzbuchs sind, können auch vereidigte Buchprüfer zu Prüfern bestellt werden.

§ 57 g [Vorherige Bekanntgabe des Jahresabschlusses]
Die Bestimmungen des Gesellschaftsvertrags über die vorherige Bekanntgabe des Jahresabschlusses an die Gesellschafter sind in den Fällen des § 57 f entsprechend anzuwenden.

§ 57 h [Arten der Kapitalerhöhung]
(1) Die Kapitalerhöhung kann vorbehaltlich des § 57 l Abs. 2 durch Bildung neuer Geschäftsanteile oder durch Erhöhung des Nennbetrags der Geschäftsanteile ausgeführt werden. Die neuen Geschäftsanteile und die Geschäftsanteile, deren Nennbetrag erhöht wird, können auf jeden durch zehn teilbaren Betrag, müssen jedoch auf mindestens fünfzig Euro gestellt werden.
(2) Der Beschluß über die Erhöhung des Stammkapitals muß die Art der Erhöhung angeben. Soweit die Kapitalerhöhung durch Erhöhung des Nennbetrags der Geschäftsanteile ausgeführt werden soll, ist sie so zu bemessen, daß durch sie auf keinen Geschäftsanteil, dessen Nennbetrag erhöht wird, Beträge entfallen, die durch die Erhöhung des Nennbetrags des Geschäftsanteils nicht gedeckt werden können.

§ 57 i [Anmeldung des Erhöhungsbeschlusses; Registergericht]
(1) Der Anmeldung des Beschlusses über die Erhöhung des Stammkapitals zur Eintragung in das Handelsregister ist die der Kapitalerhöhung zugrunde gelegte, mit dem Bestätigungsvermerk der Prüfer versehene Bilanz, in den Fällen des § 57 f außerdem die letzte Jahresbilanz, sofern sie noch nicht nach § 325 Abs. 1 des Handelsgesetzbuchs eingereicht ist, beizufügen. Die Anmeldenden haben dem Registergericht gegenüber zu erklären, daß nach ihrer Kenntnis seit dem Stichtag der zugrunde gelegten Bilanz bis zum Tag der Anmeldung keine Vermögensminderung eingetreten ist, die der Kapitalerhöhung entgegenstünde, wenn sie am Tag der Anmeldung beschlossen worden wäre.
(2) Das Registergericht darf den Beschluß nur eintragen, wenn die der Kapitalerhöhung zugrunde gelegte Bilanz für einen höchstens acht Monate vor der Anmeldung liegenden Zeitpunkt aufgestellt und eine Erklärung nach Absatz 1 Satz 2 abgegeben worden ist.
(3) Zu der Prüfung, ob die Bilanzen den gesetzlichen Vorschriften entsprechen, ist das Gericht nicht verpflichtet.
(4) Bei der Eintragung des Beschlusses ist anzugeben, daß es sich um eine Kapitalerhöhung aus Gesellschaftsmitteln handelt.

§ 57 j [Verteilung der Geschäftsanteile]
Die neuen Geschäftsanteile stehen den Gesellschaftern im Verhältnis ihrer bisherigen Geschäftsanteile zu. Ein entgegenstehender Beschluß der Gesellschafter ist nichtig.

§ 57g Vorherige Bekanntgabe des Jahresabschlusses
Die Bestimmungen des Gesellschaftsvertrags über die vorherige Bekanntgabe des Jahresabschlusses an die Gesellschafter sind in den Fällen des § 57f entsprechend anzuwenden.

§ 57h Arten der Kapitalerhöhung
(1) Die Kapitalerhöhung kann vorbehaltlich des § 57l Abs. 2 durch Bildung neuer Geschäftsanteile oder durch Erhöhung des Nennbetrags der Geschäftsanteile ausgeführt werden. Die neuen Geschäftsanteile und die Geschäftsanteile, deren Nennbetrag erhöht wird, *müssen auf einen Betrag gestellt werden, der auf volle Euro lautet.*

(2) Der Beschluß über die Erhöhung des Stammkapitals muß die Art der Erhöhung angeben. Soweit die Kapitalerhöhung durch Erhöhung des Nennbetrags der Geschäftsanteile ausgeführt werden soll, ist sie so zu bemessen, daß durch sie auf keinen Geschäftsanteil, dessen Nennbetrag erhöht wird, Beträge entfallen, die durch die Erhöhung des Nennbetrags des Geschäftsanteils nicht gedeckt werden können.

§ 57i Anmeldung und Eintragung des Erhöhungsbeschlusses
(1) Der Anmeldung des Beschlusses über die Erhöhung des Stammkapitals zur Eintragung in das Handelsregister ist die der Kapitalerhöhung zugrunde gelegte, mit dem Bestätigungsvermerk der Prüfer versehene Bilanz, in den Fällen des § 57f außerdem die letzte Jahresbilanz, sofern sie noch nicht nach § 325 Abs. 1 des Handelsgesetzbuchs eingereicht ist, beizufügen. Die Anmeldenden haben dem Registergericht gegenüber zu erklären, daß nach ihrer Kenntnis seit dem Stichtag der zugrunde gelegten Bilanz bis zum Tag der Anmeldung keine Vermögensminderung eingetreten ist, die der Kapitalerhöhung entgegenstünde, wenn sie am Tag der Anmeldung beschlossen worden wäre.

(2) Das Registergericht darf den Beschluß nur eintragen, wenn die der Kapitalerhöhung zugrunde gelegte Bilanz für einen höchstens acht Monate vor der Anmeldung liegenden Zeitpunkt aufgestellt und eine Erklärung nach Absatz 1 Satz 2 abgegeben worden ist.

(3) Zu der Prüfung, ob die Bilanzen den gesetzlichen Vorschriften entsprechen, ist das Gericht nicht verpflichtet.

(4) Bei der Eintragung des Beschlusses ist anzugeben, daß es sich um eine Kapitalerhöhung aus Gesellschaftsmitteln handelt.

§ 57j Verteilung der Geschäftsanteile
Die neuen Geschäftsanteile stehen den Gesellschaftern im Verhältnis ihrer bisherigen Geschäftsanteile zu. Ein entgegenstehender Beschluß der Gesellschafter ist nichtig.

§ 57k [Teilrechte; Ausübung der Rechte]

(1) Führt die Kapitalerhöhung dazu, daß auf einen Geschäftsanteil nur ein Teil eines neuen Geschäftsanteils entfällt, so ist dieses Teilrecht selbständig veräußerlich und vererblich.

(2) Die Rechte aus einem neuen Geschäftsanteil, einschließlich des Anspruchs auf Ausstellung einer Urkunde über den neuen Geschäftsanteil, können nur ausgeübt werden, wenn Teilrechte, die zusammen einen vollen Geschäftsanteil ergeben, in einer Hand vereinigt sind oder wenn sich mehrere Berechtigte, deren Teilrechte zusammen einen vollen Geschäftsanteil ergeben, zur Ausübung der Rechte (§ 18) zusammenschließen.

§ 57l [Teilnahme an Erhöhung des Stammkapitals]

(1) Eigene Geschäftsanteile nehmen an der Erhöhung des Stammkapitals teil.

(2) Teileingezahlte Geschäftsanteile nehmen entsprechend ihrem Nennbetrag an der Erhöhung des Stammkapitals teil. Bei ihnen kann die Kapitalerhöhung nur durch Erhöhung des Nennbetrags der Geschäftsanteile ausgeführt werden. Sind neben teileingezahlten Geschäftsanteilen vollständig eingezahlte Geschäftsanteile vorhanden, so kann bei diesen die Kapitalerhöhung durch Erhöhung des Nennbetrags der Geschäftsanteile und durch Bildung neuer Geschäftsanteile ausgeführt werden. Die Geschäftsanteile, deren Nennbetrag erhöht wird, können auf jeden durch fünf teilbaren Betrag gestellt werden.

§ 57m [Verhältnis der Rechte; Beziehungen zu Dritten]

(1) Das Verhältnis der mit den Geschäftsanteilen verbundenen Rechte zueinander wird durch die Kapitalerhöhung nicht berührt.

(2) Soweit sich einzelne Rechte teileingezahlter Geschäftsanteile, insbesondere die Beteiligung am Gewinn oder das Stimmrecht, nach der je Geschäftsanteil geleisteten Einlage bestimmen, stehen diese Rechte den Gesellschaftern bis zur Leistung der noch ausstehenden Einlagen nur nach der Höhe der geleisteten Einlage, erhöht um den auf den Nennbetrag des Stammkapitals berechneten Hundertsatz der Erhöhung des Stammkapitals, zu. Werden weitere Einzahlungen geleistet, so erweitern sich diese Rechte entsprechend.

(3) Der wirtschaftliche Inhalt vertraglicher Beziehungen der Gesellschaft zu Dritten, die von der Gewinnausschüttung der Gesellschaft, dem Nennbetrag oder Wert ihrer Geschäftsanteile oder ihres Stammkapitals oder in sonstiger Weise von den bisherigen Kapital- oder Gewinnverhältnissen abhängen, wird durch die Kapitalerhöhung nicht berührt.

§ 57n [Gewinnbeteiligung der neuen Geschäftsanteile]

(1) Die neuen Geschäftsanteile nehmen, wenn nichts anderes bestimmt ist, am Gewinn des ganzen Geschäftsjahres teil, in dem die Erhöhung des Stammkapitals beschlossen worden ist.

(2) Im Beschluß über die Erhöhung des Stammkapitals kann bestimmt werden, daß die neuen Geschäftsanteile bereits am Gewinn des letzten vor der Beschlußfas-

§ 57 k Teilrechte; Ausübung der Rechte

(1) Führt die Kapitalerhöhung dazu, daß auf einen Geschäftsanteil nur ein Teil eines neuen Geschäftsanteils entfällt, so ist dieses Teilrecht selbständig veräußerlich und vererblich.

(2) Die Rechte aus einem neuen Geschäftsanteil, einschließlich des Anspruchs auf Ausstellung einer Urkunde über den neuen Geschäftsanteil, können nur ausgeübt werden, wenn Teilrechte, die zusammen einen vollen Geschäftsanteil ergeben, in einer Hand vereinigt sind oder wenn sich mehrere Berechtigte, deren Teilrechte zusammen einen vollen Geschäftsanteil ergeben, zur Ausübung der Rechte (§ 18) zusammenschließen.

§ 57 l Teilnahme an Erhöhung des Stammkapitals

(1) Eigene Geschäftsanteile nehmen an der Erhöhung des Stammkapitals teil.

(2) Teileingezahlte Geschäftsanteile nehmen entsprechend ihrem Nennbetrag an der Erhöhung des Stammkapitals teil. Bei ihnen kann die Kapitalerhöhung nur durch Erhöhung des Nennbetrags der Geschäftsanteile ausgeführt werden. Sind neben teileingezahlten Geschäftsanteilen vollständig eingezahlte Geschäftsanteile vorhanden, so kann bei diesen die Kapitalerhöhung durch Erhöhung des Nennbetrags der Geschäftsanteile und durch Bildung neuer Geschäftsanteile ausgeführt werden. *Die Geschäftsanteile, deren Nennbetrag erhöht wird, können auf jeden Betrag gestellt werden, der auf volle Euro lautet.*

§ 57 m Verhältnis der Rechte; Beziehungen zu Dritten

(1) Das Verhältnis der mit den Geschäftsanteilen verbundenen Rechte zueinander wird durch die Kapitalerhöhung nicht berührt.

(2) Soweit sich einzelne Rechte teileingezahlter Geschäftsanteile, insbesondere die Beteiligung am Gewinn oder das Stimmrecht, nach der je Geschäftsanteil geleisteten Einlage bestimmen, stehen diese Rechte den Gesellschaftern bis zur Leistung der noch ausstehenden Einlagen nur nach der Höhe der geleisteten Einlage, erhöht um den auf den Nennbetrag des Stammkapitals berechneten Hundertsatz der Erhöhung des Stammkapitals, zu. Werden weitere Einzahlungen geleistet, so erweitern sich diese Rechte entsprechend.

(3) Der wirtschaftliche Inhalt vertraglicher Beziehungen der Gesellschaft zu Dritten, die von der Gewinnausschüttung der Gesellschaft, dem Nennbetrag oder Wert ihrer Geschäftsanteile oder ihres Stammkapitals oder in sonstiger Weise von den bisherigen Kapital- oder Gewinnverhältnissen abhängen, wird durch die Kapitalerhöhung nicht berührt.

§ 57 n Gewinnbeteiligung der neuen Geschäftsanteile

(1) Die neuen Geschäftsanteile nehmen, wenn nichts anderes bestimmt ist, am Gewinn des ganzen Geschäftsjahres teil, in dem die Erhöhung des Stammkapitals beschlossen worden ist.

(2) Im Beschluß über die Erhöhung des Stammkapitals kann bestimmt werden, daß die neuen Geschäftsanteile bereits am Gewinn des letzten vor der Beschlußfas-

sung über die Kapitalerhöhung abgelaufenen Geschäftsjahrs teilnehmen. In diesem Fall ist die Erhöhung des Stammkapitals abweichend von § 57c Abs. 2 zu beschließen, bevor über die Ergebnisverwendung für das letzte vor der Beschlußfassung abgelaufene Geschäftsjahr Beschluß gefaßt worden ist. Der Beschluß über die Ergebnisverwendung für das letzte vor der Beschlußfassung über die Kapitalerhöhung abgelaufene Geschäftsjahr wird erst wirksam, wenn das Stammkapital erhöht worden ist. Der Beschluß über die Erhöhung des Stammkapitals und der Beschluß über die Ergebnisverwendung für das letzte vor der Beschlußfassung über die Kapitalerhöhung abgelaufene Geschäftsjahr sind nichtig, wenn der Beschluß über die Kapitalerhöhung nicht binnen drei Monaten nach der Beschlußfassung in das Handelsregister eingetragen worden ist; der Lauf der Frist ist gehemmt, solange eine Anfechtungs- oder Nichtigkeitsklage rechtshängig ist oder eine zur Kapitalerhöhung beantragte staatliche Genehmigung noch nicht erteilt worden ist.

§ 57o [Anschaffungskosten]

Als Anschaffungskosten der vor der Erhöhung des Stammkapitals erworbenen Geschäftsanteile und der auf sie entfallenden neuen Geschäftsanteile gelten die Beträge, die sich für die einzelnen Geschäftsanteile ergeben, wenn die Anschaffungskosten der vor der Erhöhung des Stammkapitals erworbenen Geschäftsanteile auf diese und auf die auf sie entfallenden neuen Geschäftsanteile nach dem Verhältnis der Nennbeträge verteilt werden. Der Zuwachs an Geschäftsanteilen ist nicht als Zugang auszuweisen.

§ 58 [Herabsetzung des Stammkapitals]

(1) Eine Herabsetzung des Stammkapitals kann nur unter Beobachtung der nachstehenden Bestimmungen erfolgen:
1. der Beschluß auf Herabsetzung des Stammkapitals muß von den Geschäftsführern zu drei verschiedenen Malen in den Gesellschaftsblättern bekanntgemacht werden; in diesen Bekanntmachungen sind zugleich die Gläubiger der Gesellschaft aufzufordern, sich bei derselben zu melden; die aus den Handelsbüchern der Gesellschaft ersichtlichen oder in anderer Weise bekannten Gläubiger sind durch besondere Mitteilung zur Anmeldung aufzufordern;
2. die Gläubiger, welche sich bei der Gesellschaft melden und der Herabsetzung nicht zustimmen, sind wegen der erhobenen Ansprüche zu befriedigen oder sicherzustellen;
3. die Anmeldung des Herabsetzungsbeschlusses zur Eintragung in das Handelsregister erfolgt nicht vor Ablauf eines Jahres seit dem Tage, an welchem die Aufforderung der Gläubiger in den Gesellschaftsblättern zum dritten Mal stattgefunden hat;
4. mit der Anmeldung sind die Bekanntmachungen des Beschlusses einzureichen; zugleich haben die Geschäftsführer die Versicherung abzugeben, daß die Gläubiger, welche sich bei der Gesellschaft gemeldet und der Herabsetzung nicht zugestimmt haben, befriedigt oder sichergestellt sind.

sung über die Kapitalerhöhung abgelaufenen Geschäftsjahrs teilnehmen. In diesem Fall ist die Erhöhung des Stammkapitals abweichend von § 57c Abs. 2 zu beschließen, bevor über die Ergebnisverwendung für das letzte vor der Beschlußfassung abgelaufene Geschäftsjahr Beschluß gefaßt worden ist. Der Beschluß über die Ergebnisverwendung für das letzte vor der Beschlußfassung über die Kapitalerhöhung abgelaufene Geschäftsjahr wird erst wirksam, wenn das Stammkapital erhöht worden ist. Der Beschluß über die Erhöhung des Stammkapitals und der Beschluß über die Ergebnisverwendung für das letzte vor der Beschlußfassung über die Kapitalerhöhung abgelaufene Geschäftsjahr sind nichtig, wenn der Beschluß über die Kapitalerhöhung nicht binnen drei Monaten nach der Beschlußfassung in das Handelsregister eingetragen worden ist; der Lauf der Frist ist gehemmt, solange eine Anfechtungs- oder Nichtigkeitsklage rechtshängig ist oder eine zur Kapitalerhöhung beantragte staatliche Genehmigung noch nicht erteilt worden ist.

§ 57o Anschaffungskosten

Als Anschaffungskosten der vor der Erhöhung des Stammkapitals erworbenen Geschäftsanteile und der auf sie entfallenden neuen Geschäftsanteile gelten die Beträge, die sich für die einzelnen Geschäftsanteile ergeben, wenn die Anschaffungskosten der vor der Erhöhung des Stammkapitals erworbenen Geschäftsanteile auf diese und auf die auf sie entfallenden neuen Geschäftsanteile nach dem Verhältnis der Nennbeträge verteilt werden. Der Zuwachs an Geschäftsanteilen ist nicht als Zugang auszuweisen.

§ 58 Herabsetzung des Stammkapitals

(1) Eine Herabsetzung des Stammkapitals kann nur unter Beobachtung der nachstehenden Bestimmungen erfolgen:
1. der Beschluß auf Herabsetzung des Stammkapitals muß von den Geschäftsführern zu drei verschiedenen Malen in den Gesellschaftsblättern bekanntgemacht werden; in diesen Bekanntmachungen sind zugleich die Gläubiger der Gesellschaft aufzufordern, sich bei derselben zu melden; die aus den Handelsbüchern der Gesellschaft ersichtlichen oder in anderer Weise bekannten Gläubiger sind durch besondere Mitteilung zur Anmeldung aufzufordern;
2. die Gläubiger, welche sich bei der Gesellschaft melden und der Herabsetzung nicht zustimmen, sind wegen der erhobenen Ansprüche zu befriedigen oder sicherzustellen;
3. die Anmeldung des Herabsetzungsbeschlusses zur Eintragung in das Handelsregister erfolgt nicht vor Ablauf eines Jahres seit dem Tage, an welchem die Aufforderung der Gläubiger in den Gesellschaftsblättern zum dritten Mal stattgefunden hat;
4. mit der Anmeldung sind die Bekanntmachungen des Beschlusses einzureichen; zugleich haben die Geschäftsführer die Versicherung abzugeben, daß die Gläubiger, welche sich bei der Gesellschaft gemeldet und der Herabsetzung nicht zugestimmt haben, befriedigt oder sichergestellt sind.

(2) Die Bestimmung in § 5 Abs. 1 über den Mindestbetrag des Stammkapitals bleibt unberührt. Erfolgt die Herabsetzung zum Zweck der Zurückzahlung von Stammeinlagen oder zum Zweck des Erlasses der auf diese geschuldeten Einzahlungen, so darf der verbleibende Betrag der Stammeinlagen nicht unter den in § 5 Abs. 1 und 3 bezeichneten Betrag herabgehen.

§ 58a [Vereinfachte Kapitalherabsetzung]

(1) Eine Herabsetzung des Stammkapitals, die dazu dienen soll, Wertminderungen auszugleichen oder sonstige Verluste zu decken, kann als vereinfachte Kapitalherabsetzung vorgenommen werden.

(2) Die vereinfachte Kapitalherabsetzung ist nur zulässig, nachdem der Teil der Kapital- und Gewinnrücklagen, der zusammen über zehn vom Hundert des nach der Herabsetzung verbleibenden Stammkapitals hinausgeht, vorweg aufgelöst ist. Sie ist nicht zulässig, solange ein Gewinnvortrag vorhanden ist.

(3) Im Beschluß über die vereinfachte Kapitalherabsetzung sind die Nennbeträge der Geschäftsanteile dem herabgesetzten Stammkapital anzupassen. Die Geschäftsanteile können auf jeden durch zehn teilbaren Betrag, müssen jedoch auf mindestens fünfzig Euro gestellt werden. Geschäftsanteile, deren Nennbetrag durch die Herabsetzung unter fünfzig Euro sinken würde, sind von den Geschäftsführern zu gemeinschaftlichen Geschäftsanteilen zu vereinigen, wenn die Einlagen auf die Geschäftsanteile voll geleistet, die Geschäftsanteile nicht mit einer Nachschußpflicht oder mit Rechten Dritter belastet und nach dem Gesellschaftsvertrag nicht mit verschiedenen Rechten und Pflichten ausgestattet sind. Die Erklärung über die Vereinigung der Geschäftsanteile bedarf der notariellen Beurkundung. Die Vereinigung wird mit der Eintragung des Beschlusses über die Kapitalherabsetzung in das Handelsregister wirksam.

(4) Das Stammkapital kann unter den in § 5 Abs. 1 bestimmten Mindestnennbetrag herabgesetzt werden, wenn dieser durch eine Kapitalerhöhung wieder erreicht wird, die zugleich mit der Kapitalherabsetzung beschlossen ist und bei der Sacheinlagen nicht festgesetzt sind. Die Beschlüsse sind nichtig, wenn sie nicht binnen drei Monaten nach der Beschlußfassung in das Handelsregister eingetragen worden sind. Der Lauf der Frist ist gehemmt, solange eine Anfechtungs- oder Nichtigkeitsklage rechtshängig ist oder eine zur Kapitalherabsetzung oder Kapitalerhöhung beantragte staatliche Genehmigung noch nicht erteilt ist. Die Beschlüsse sollen nur zusammen in das Handelsregister eingetragen werden.

(5) Neben den §§ 53 und 54 über die Abänderung des Gesellschaftsvertrags gelten die §§ 58b bis 58f.

§ 58b [Verwendung der gewonnenen Beträge]

(1) Die Beträge, die aus der Auflösung der Kapital- oder Gewinnrücklagen und aus der Kapitalherabsetzung gewonnen werden, dürfen nur verwandt werden, um Wertminderungen auszugleichen und sonstige Verluste zu decken.

(2) Daneben dürfen die gewonnenen Beträge in die Kapitalrücklage eingestellt werden, soweit diese zehn vom Hundert des Stammkapitals nicht übersteigt. Als

(2) Die Bestimmung in § 5 Abs. 1 über den Mindestbetrag des Stammkapitals bleibt unberührt. *Erfolgt die Herabsetzung zum Zweck der Zurückzahlung von Einlagen oder zum Zweck des Erlasses zu leistender Einlagen, dürfen die verbleibenden Nennbeträge der Geschäftsanteile nicht unter den in § 5 Abs. 2 und 3 bezeichneten Betrag herabgehen.*

§ 58a Vereinfachte Kapitalherabsetzung

(1) Eine Herabsetzung des Stammkapitals, die dazu dienen soll, Wertminderungen auszugleichen oder sonstige Verluste zu decken, kann als vereinfachte Kapitalherabsetzung vorgenommen werden.

(2) Die vereinfachte Kapitalherabsetzung ist nur zulässig, nachdem der Teil der Kapital- und Gewinnrücklagen, der zusammen über zehn vom Hundert des nach der Herabsetzung verbleibenden Stammkapitals hinausgeht, vorweg aufgelöst ist. Sie ist nicht zulässig, solange ein Gewinnvortrag vorhanden ist.

(3) Im Beschluß über die vereinfachte Kapitalherabsetzung sind die Nennbeträge der Geschäftsanteile dem herabgesetzten Stammkapital anzupassen. *Die Geschäftsanteile müssen auf einen Betrag gestellt werden, der auf volle Euro lautet.*

(4) Das Stammkapital kann unter den in § 5 Abs. 1 bestimmten Mindestnennbetrag herabgesetzt werden, wenn dieser durch eine Kapitalerhöhung wieder erreicht wird, die zugleich mit der Kapitalherabsetzung beschlossen ist und bei der Sacheinlagen nicht festgesetzt sind. Die Beschlüsse sind nichtig, wenn sie nicht binnen drei Monaten nach der Beschlußfassung in das Handelsregister eingetragen worden sind. Der Lauf der Frist ist gehemmt, solange eine Anfechtungs- oder Nichtigkeitsklage rechtshängig ist oder eine zur Kapitalherabsetzung oder Kapitalerhöhung beantragte staatliche Genehmigung noch nicht erteilt ist. Die Beschlüsse sollen nur zusammen in das Handelsregister eingetragen werden.

(5) Neben den §§ 53 und 54 über die Abänderung des Gesellschaftsvertrags gelten die §§ 58b bis 58f.

§ 58b Beträge aus der Rücklagenauflösung und Kapitalherabsetzung

(1) Die Beträge, die aus der Auflösung der Kapital- oder Gewinnrücklagen und aus der Kapitalherabsetzung gewonnen werden, dürfen nur verwandt werden, um Wertminderungen auszugleichen und sonstige Verluste zu decken.

(2) Daneben dürfen die gewonnenen Beträge in die Kapitalrücklage eingestellt werden, soweit diese zehn vom Hundert des Stammkapitals nicht übersteigt. Als

Stammkapital gilt dabei der Nennbetrag, der sich durch die Herabsetzung ergibt, mindestens aber der nach § 5 Abs. 1 zulässige Mindestnennbetrag.
(3) Ein Betrag, der auf Grund des Absatzes 2 in die Kapitalrücklage eingestellt worden ist, darf vor Ablauf des fünften nach der Beschlußfassung über die Kapitalherabsetzung beginnenden Geschäftsjahrs nur verwandt werden
1. zum Ausgleich eines Jahresfehlbetrags, soweit er nicht durch einen Gewinnvortrag aus dem Vorjahr gedeckt ist und nicht durch Auflösung von Gewinnrücklagen ausgeglichen werden kann;
2. zum Ausgleich eines Verlustvortrags aus dem Vorjahr, soweit er nicht durch einen Jahresüberschuß gedeckt ist und nicht durch Auflösung von Gewinnrücklagen ausgeglichen werden kann;
3. zur Kapitalerhöhung aus Gesellschaftsmitteln.

§ 58c [Rück-Einstellung in Kapitalrücklage]
Ergibt sich bei Aufstellung der Jahresbilanz für das Geschäftsjahr, in dem der Beschluß über die Kapitalherabsetzung gefaßt wurde, oder für eines der beiden folgenden Geschäftsjahre, daß Wertminderungen und sonstige Verluste in der bei der Beschlußfassung angenommenen Höhe tatsächlich nicht eingetreten oder ausgeglichen waren, so ist der Unterschiedsbetrag in die Kapitalrücklage einzustellen. Für einen nach Satz 1 in die Kapitalrücklage eingestellten Betrag gilt § 58b Abs. 3 sinngemäß.

§ 58d [Ausschüttung]
(1) Gewinn darf vor Ablauf des fünften nach der Beschlußfassung über die Kapitalherabsetzung beginnenden Geschäftsjahrs nur ausgeschüttet werden, wenn die Kapital- und Gewinnrücklagen zusammen zehn vom Hundert des Stammkapitals erreichen. Als Stammkapital gilt dabei der Nennbetrag, der sich durch die Herabsetzung ergibt, mindestens aber der nach § 5 Abs. 1 zulässige Mindestnennbetrag.
(2) Die Zahlung eines Gewinnanteils von mehr als vier vom Hundert ist erst für ein Geschäftsjahr zulässig, das später als zwei Jahre nach der Beschlußfassung über die Kapitalherabsetzung beginnt. Dies gilt nicht, wenn die Gläubiger, deren Forderungen vor der Bekanntmachung der Eintragung des Beschlusses begründet worden waren, befriedigt oder sichergestellt sind, soweit sie sich binnen sechs Monaten nach der Bekanntmachung des Jahresabschlusses, auf Grund dessen die Gewinnverteilung beschlossen ist, zu diesem Zweck gemeldet haben. Einer Sicherstellung der Gläubiger bedarf es nicht, die im Fall des Insolvenzverfahrens ein Recht auf vorzugsweise Befriedigung aus einer Deckungsmasse haben, die nach gesetzlicher Vorschrift zu ihrem Schutz errichtet und staatlich überwacht ist. Die Gläubiger sind in der Bekanntmachung nach § 325 Abs. 2 des Handelsgesetzbuchs auf die Befriedigung oder Sicherstellung hinzuweisen.

§ 58e [Jahresabschluß]
(1) Im Jahresabschluß für das letzte vor der Beschlußfassung über die Kapitalherabsetzung abgelaufene Geschäftsjahr können das Stammkapital sowie die Kapital-

Stammkapital gilt dabei der Nennbetrag, der sich durch die Herabsetzung ergibt, mindestens aber der nach § 5 Abs. 1 zulässige Mindestnennbetrag.

(3) Ein Betrag, der auf Grund des Absatzes 2 in die Kapitalrücklage eingestellt worden ist, darf vor Ablauf des fünften nach der Beschlußfassung über die Kapitalherabsetzung beginnenden Geschäftsjahrs nur verwandt werden
1. zum Ausgleich eines Jahresfehlbetrags, soweit er nicht durch einen Gewinnvortrag aus dem Vorjahr gedeckt ist und nicht durch Auflösung von Gewinnrücklagen ausgeglichen werden kann;
2. zum Ausgleich eines Verlustvortrags aus dem Vorjahr, soweit er nicht durch einen Jahresüberschuß gedeckt ist und nicht durch Auflösung von Gewinnrücklagen ausgeglichen werden kann;
3. zur Kapitalerhöhung aus Gesellschaftsmitteln.

§ 58c Nichteintritt angenommener Verluste
Ergibt sich bei Aufstellung der Jahresbilanz für das Geschäftsjahr, in dem der Beschluß über die Kapitalherabsetzung gefaßt wurde, oder für eines der beiden folgenden Geschäftsjahre, daß Wertminderungen und sonstige Verluste in der bei der Beschlußfassung angenommenen Höhe tatsächlich nicht eingetreten oder ausgeglichen waren, so ist der Unterschiedsbetrag in die Kapitalrücklage einzustellen. Für einen nach Satz 1 in die Kapitalrücklage eingestellten Betrag gilt § 58b Abs. 3 sinngemäß.

§ 58d Gewinnausschüttung
(1) Gewinn darf vor Ablauf des fünften nach der Beschlußfassung über die Kapitalherabsetzung beginnenden Geschäftsjahrs nur ausgeschüttet werden, wenn die Kapital- und Gewinnrücklagen zusammen zehn vom Hundert des Stammkapitals erreichen. Als Stammkapital gilt dabei der Nennbetrag, der sich durch die Herabsetzung ergibt, mindestens aber der nach § 5 Abs. 1 zulässige Mindestnennbetrag.
(2) Die Zahlung eines Gewinnanteils von mehr als vier vom Hundert ist erst für ein Geschäftsjahr zulässig, das später als zwei Jahre nach der Beschlußfassung über die Kapitalherabsetzung beginnt. Dies gilt nicht, wenn die Gläubiger, deren Forderungen vor der Bekanntmachung der Eintragung des Beschlusses begründet worden waren, befriedigt oder sichergestellt sind, soweit sie sich binnen sechs Monaten nach der Bekanntmachung des Jahresabschlusses, auf Grund dessen die Gewinnverteilung beschlossen ist, zu diesem Zweck gemeldet haben. Einer Sicherstellung der Gläubiger bedarf es nicht, die im Fall des Insolvenzverfahrens ein Recht auf vorzugsweise Befriedigung aus einer Deckungsmasse haben, die nach gesetzlicher Vorschrift zu ihrem Schutz errichtet und staatlich überwacht ist. Die Gläubiger sind in der Bekanntmachung nach § 325 Abs. 2 des Handelsgesetzbuchs auf die Befriedigung oder Sicherstellung hinzuweisen.

§ 58e Beschluss über die Kapitalherabsetzung
(1) Im Jahresabschluß für das letzte vor der Beschlußfassung über die Kapitalherabsetzung abgelaufene Geschäftsjahr können das Stammkapital sowie die Kapital-

und Gewinnrücklagen in der Höhe ausgewiesen werden, in der sie nach der Kapitalherabsetzung bestehen sollen. Dies gilt nicht, wenn der Jahresabschluß anders als durch Beschluß der Gesellschafter festgestellt wird.
(2) Der Beschluß über die Feststellung des Jahresabschlusses soll zugleich mit dem Beschluß über die Kapitalherabsetzung gefaßt werden.
(3) Die Beschlüsse sind nichtig, wenn der Beschluß über die Kapitalherabsetzung nicht binnen drei Monaten nach der Beschlußfassung in das Handelsregister eingetragen worden ist. Der Lauf der Frist ist gehemmt, solange eine Anfechtungs- oder Nichtigkeitsklage rechtshängig ist oder eine zur Kapitalherabsetzung beantragte staatliche Genehmigung noch nicht erteilt ist.
(4) Der Jahresabschluß darf nach § 325 des Handelsgesetzbuchs erst nach Eintragung des Beschlusses über die Kapitalherabsetzung offengelegt werden.

§ 58f [Gleichzeitige Kapitalerhöhung]
(1) Wird im Fall des § 58e zugleich mit der Kapitalherabsetzung eine Erhöhung des Stammkapitals beschlossen, so kann auch die Kapitalerhöhung in dem Jahresabschluß als vollzogen berücksichtigt werden. Die Beschlußfassung ist nur zulässig, wenn die neuen Stammeinlagen übernommen, keine Sacheinlagen festgesetzt sind und wenn auf jede neue Stammeinlage die Einzahlung geleistet ist, die nach § 56a zur Zeit der Anmeldung der Kapitalerhöhung bewirkt sein muß. Die Übernahme und die Einzahlung sind dem Notar nachzuweisen, der den Beschluß über die Erhöhung des Stammkapitals beurkundet.
(2) Sämtliche Beschlüsse sind nichtig, wenn die Beschlüsse über die Kapitalherabsetzung und die Kapitalerhöhung nicht binnen drei Monaten nach der Beschlußfassung in das Handelsregister eingetragen worden sind. Der Lauf der Frist ist gehemmt, solange eine Anfechtungs- oder Nichtigkeitsklage rechtshängig ist oder eine zur Kapitalherabsetzung oder Kapitalerhöhung beantragte staatliche Genehmigung noch nicht erteilt worden ist. Die Beschlüsse sollen nur zusammen in das Handelsregister eingetragen werden.
(3) Der Jahresabschluß darf nach § 325 des Handelsgesetzbuchs erst offengelegt werden, nachdem die Beschlüsse über die Kapitalherabsetzung und Kapitalerhöhung eingetragen worden sind.

§ 59 (aufgehoben)

Fünfter Abschnitt. Auflösung und Nichtigkeit der Gesellschaft

§ 60 [Auflösungsgründe]
(1) Die Gesellschaft mit beschränkter Haftung wird aufgelöst:
1. durch Ablauf der im Gesellschaftsvertrag bestimmten Zeit;
2. durch Beschluß der Gesellschafter; derselbe bedarf, sofern im Gesellschaftsvertrag nicht ein anderes bestimmt ist, einer Mehrheit von drei Vierteilen der abgegebenen Stimmen;

und Gewinnrücklagen in der Höhe ausgewiesen werden, in der sie nach der Kapitalherabsetzung bestehen sollen. Dies gilt nicht, wenn der Jahresabschluß anders als durch Beschluß der Gesellschafter festgestellt wird.

(2) Der Beschluß über die Feststellung des Jahresabschlusses soll zugleich mit dem Beschluß über die Kapitalherabsetzung gefaßt werden.

(3) Die Beschlüsse sind nichtig, wenn der Beschluß über die Kapitalherabsetzung nicht binnen drei Monaten nach der Beschlußfassung in das Handelsregister eingetragen worden ist. Der Lauf der Frist ist gehemmt, solange eine Anfechtungs- oder Nichtigkeitsklage rechtshängig ist oder eine zur Kapitalherabsetzung beantragte staatliche Genehmigung noch nicht erteilt ist.

(4) Der Jahresabschluß darf nach § 325 des Handelsgesetzbuchs erst nach Eintragung des Beschlusses über die Kapitalherabsetzung offengelegt werden.

§ 58f Kapitalherabsetzung bei gleichzeitiger Erhöhung des Stammkapitals

(1) Wird im Fall des § 58e zugleich mit der Kapitalherabsetzung eine Erhöhung des Stammkapitals beschlossen, so kann auch die Kapitalerhöhung in dem Jahresabschluß als vollzogen berücksichtigt werden. *Die Beschlussfassung ist nur zulässig, wenn die neuen Geschäftsanteile übernommen, keine Sacheinlagen festgesetzt sind und wenn auf jeden neuen Geschäftsanteil die Einzahlung geleistet ist, die nach § 56a zur Zeit der Anmeldung der Kapitalerhöhung bewirkt sein muss.*

(2) Sämtliche Beschlüsse sind nichtig, wenn die Beschlüsse über die Kapitalherabsetzung und die Kapitalerhöhung nicht binnen drei Monaten nach der Beschlußfassung in das Handelsregister eingetragen worden sind. Der Lauf der Frist ist gehemmt, solange eine Anfechtungs- oder Nichtigkeitsklage rechtshängig ist oder eine zur Kapitalherabsetzung oder Kapitalerhöhung beantragte staatliche Genehmigung noch nicht erteilt worden ist. Die Beschlüsse sollen nur zusammen in das Handelsregister eingetragen werden.

(3) Der Jahresabschluß darf nach § 325 des Handelsgesetzbuchs erst offengelegt werden, nachdem die Beschlüsse über die Kapitalherabsetzung und Kapitalerhöhung eingetragen worden sind.

§ 59 *(weggefallen)*

Fünfter Abschnitt. Auflösung und Nichtigkeit der Gesellschaft

§ 60 Auflösungsgründe

(1) Die Gesellschaft mit beschränkter Haftung wird aufgelöst:
1. durch Ablauf der im Gesellschaftsvertrag bestimmten Zeit;
2. durch Beschluß der Gesellschafter; derselbe bedarf, sofern im Gesellschaftsvertrag nicht ein anderes bestimmt ist, einer Mehrheit von drei Vierteilen der abgegebenen Stimmen;

3. durch gerichtliches Urteil oder durch Entscheidung des Verwaltungsgerichts oder der Verwaltungsbehörde in den Fällen der §§ 61 und 62;
4. durch die Eröffnung des Insolvenzverfahrens; wird das Verfahren auf Antrag des Schuldners eingestellt oder nach der Bestätigung eines Insolvenzplans, der den Fortbestand der Gesellschaft vorsieht, aufgehoben, so können die Gesellschafter die Fortsetzung der Gesellschaft beschließen;
5. mit der Rechtskraft des Beschlusses, durch den die Eröffnung des Insolvenzverfahrens mangels Masse abgelehnt worden ist;
6. mit der Rechtskraft einer Verfügung des Registergerichts, durch welche nach den §§ 144a, 144b des Gesetzes über die Angelegenheiten der freiwilligen Gerichtsbarkeit ein Mangel des Gesellschaftsvertrags oder die Nichteinhaltung der Verpflichtungen nach § 19 Abs. 4 dieses Gesetzes festgestellt worden ist;
7. durch die Löschung der Gesellschaft wegen Vermögenslosigkeit nach § 141a des Gesetzes über die Angelegenheiten der freiwilligen Gerichtsbarkeit.

(2) Im Gesellschaftsvertrag können weitere Auflösungsgründe festgesetzt werden.

§ 61 [Auflösung durch Urteil]

(1) Die Gesellschaft kann durch gerichtliches Urteil aufgelöst werden, wenn die Erreichung des Gesellschaftszweckes unmöglich wird, oder wenn andere, in den Verhältnissen der Gesellschaft liegende, wichtige Gründe für die Auflösung vorhanden sind.

(2) Die Auflösungsklage ist gegen die Gesellschaft zu richten. Sie kann nur von Gesellschaftern erhoben werden, deren Geschäftsanteile zusammen mindestens dem zehnten Teil des Stammkapitals entsprechen.

(3) Für die Klage ist das Landgericht ausschließlich zuständig, in dessen Bezirk die Gesellschaft ihren Sitz hat.

§ 62 [Auflösung durch Verwaltungsbehörde]

(1) Wenn eine Gesellschaft das Gemeinwohl dadurch gefährdet, daß die Gesellschafter gesetzwidrige Beschlüsse fassen oder gesetzwidrige Handlungen der Geschäftsführer wissentlich geschehen lassen, so kann sie aufgelöst werden, ohne daß deshalb ein Anspruch auf Entschädigung stattfindet.

(2) Das Verfahren und die Zuständigkeit der Behörden richtet sich nach den für streitige Verwaltungssachen *landesgesetzlich* geltenden Vorschriften.

§ 63 aufgehoben

§ 64 [Insolvenzantragspflicht]

(1) Wird die Gesellschaft zahlungsunfähig, so haben die Geschäftsführer ohne schuldhaftes Zögern, spätestens aber drei Wochen nach Eintritt der Zahlungsunfähigkeit, die Eröffnung des Insolvenzverfahrens zu beantragen. Dies gilt sinngemäß, wenn sich eine Überschuldung der Gesellschaft ergibt.

(2) Die Geschäftsführer sind der Gesellschaft zum Ersatz von Zahlungen verpflichtet, die nach Eintritt der Zahlungsunfähigkeit der Gesellschaft oder nach Feststel-

3. durch gerichtliches Urteil oder durch Entscheidung des Verwaltungsgerichts oder der Verwaltungsbehörde in den Fällen der §§ 61 und 62;
4. durch die Eröffnung des Insolvenzverfahrens; wird das Verfahren auf Antrag des Schuldners eingestellt oder nach der Bestätigung eines Insolvenzplans, der den Fortbestand der Gesellschaft vorsieht, aufgehoben, so können die Gesellschafter die Fortsetzung der Gesellschaft beschließen;
5. mit der Rechtskraft des Beschlusses, durch den die Eröffnung des Insolvenzverfahrens mangels Masse abgelehnt worden ist;
6. *mit der Rechtskraft einer Verfügung des Registergerichts, durch welche nach § 144a des Gesetzes über die Angelegenheiten der freiwilligen Gerichtsbarkeit ein Mangel des Gesellschaftsvertrags festgestellt worden ist;*
7. durch die Löschung der Gesellschaft wegen Vermögenslosigkeit nach § 141a des Gesetzes über die Angelegenheiten der freiwilligen Gerichtsbarkeit.

(2) Im Gesellschaftsvertrag können weitere Auflösungsgründe festgesetzt werden.

§ 61 Auflösung durch Urteil

(1) Die Gesellschaft kann durch gerichtliches Urteil aufgelöst werden, wenn die Erreichung des Gesellschaftszweckes unmöglich wird, oder wenn andere, in den Verhältnissen der Gesellschaft liegende, wichtige Gründe für die Auflösung vorhanden sind.

(2) Die Auflösungsklage ist gegen die Gesellschaft zu richten. Sie kann nur von Gesellschaftern erhoben werden, deren Geschäftsanteile zusammen mindestens dem zehnten Teil des Stammkapitals entsprechen.

(3) Für die Klage ist das Landgericht ausschließlich zuständig, in dessen Bezirk die Gesellschaft ihren Sitz hat.

§ 62 Auflösung durch eine Verwaltungsbehörde

(1) Wenn eine Gesellschaft das Gemeinwohl dadurch gefährdet, daß die Gesellschafter gesetzwidrige Beschlüsse fassen oder gesetzwidrige Handlungen der Geschäftsführer wissentlich geschehen lassen, so kann sie aufgelöst werden, ohne daß deshalb ein Anspruch auf Entschädigung stattfindet.

(2) Das Verfahren und die Zuständigkeit der Behörden richtet sich nach den für streitige Verwaltungssachen *landesgesetzlich* geltenden Vorschriften.

§ 63 *(weggefallen)*

§ 64 Haftung für Zahlungen nach Zahlungsunfähigkeit oder Überschuldung

Die Geschäftsführer sind der Gesellschaft zum Ersatz von Zahlungen verpflichtet, die nach Eintritt der Zahlungsunfähigkeit der Gesellschaft oder nach Feststellung ihrer Überschuldung geleistet werden. Dies gilt nicht von Zahlungen, die auch nach diesem Zeitpunkt mit der Sorgfalt eines ordentlichen Geschäftsmanns vereinbar sind. *Die gleiche Verpflichtung trifft die Geschäftsführer für Zahlungen an Gesellschafter, soweit diese zur Zahlungsunfähigkeit der Gesellschaft führen mussten, es sei*

lung ihrer Überschuldung geleistet werden. Dies gilt nicht von Zahlungen, die auch nach diesem Zeitpunkt mit der Sorgfalt eines ordentlichen Geschäftsmanns vereinbar sind. Auf den Ersatzanspruch finden die Bestimmungen in § 43 Abs. 3 und 4 entsprechende Anwendung.

§ 65 [Anmeldung der Auflösung]
(1) Die Auflösung der Gesellschaft ist zur Eintragung in das Handelsregister anzumelden. Dies gilt nicht in den Fällen der Eröffnung oder der Ablehnung der Eröffnung des Insolvenzverfahrens und der gerichtlichen Feststellung eines Mangels des Gesellschaftsvertrags oder der Nichteinhaltung der Verpflichtungen nach § 19 Abs. 4. In diesen Fällen hat das Gericht die Auflösung und ihren Grund von Amts wegen einzutragen. Im Falle der Löschung der Gesellschaft (§ 60 Abs. 1 Nr. 7) entfällt die Eintragung der Auflösung.
(2) Die Auflösung ist von den Liquidatoren zu drei verschiedenen Malen in den Gesellschaftsblättern bekannt zu machen. Durch die Bekanntmachung sind zugleich die Gläubiger der Gesellschaft aufzufordern, sich bei derselben zu melden.

§ 66 [Liquidatoren]
(1) In den Fällen der Auflösung außer dem Fall des Insolvenzverfahrens erfolgt die Liquidation durch die Geschäftsführer, wenn nicht dieselbe durch den Gesellschaftsvertrag oder durch Beschluß der Gesellschafter anderen Personen übertragen wird.
(2) Auf Antrag von Gesellschaftern, deren Geschäftsanteile zusammen mindestens dem zehnten Teil des Stammkapitals entsprechen, kann aus wichtigen Gründen die Bestellung von Liquidatoren durch das Gericht (§ 7 Abs. 1) erfolgen.
(3) Die Abberufung von Liquidatoren kann durch das Gericht unter derselben Voraussetzung wie die Bestellung stattfinden. Liquidatoren, welche nicht vom Gericht ernannt sind, können auch durch Beschluß der Gesellschafter vor Ablauf des Zeitraums, für welchen sie bestellt sind, abberufen werden.
(4) Für die Auswahl der Liquidatoren findet § 6 Abs. 2 Satz 3 und 4 entsprechende Anwendung.
(5) Ist die Gesellschaft durch Löschung wegen Vermögenslosigkeit aufgelöst, so findet eine Liquidation nur statt, wenn sich nach der Löschung herausstellt, daß Vermögen vorhanden ist, das der Verteilung unterliegt. Die Liquidatoren sind auf Antrag eines Beteiligten durch das Gericht zu ernennen.

§ 67 [Anmeldung der Liquidatoren]
(1) Die ersten Liquidatoren sowie ihre Vertretungsbefugnis sind durch die Geschäftsführer, jeder Wechsel der Liquidatoren und jede Änderung ihrer Vertretungsbefugnis sind durch die Liquidatoren zur Eintragung in das Handelsregister anzumelden.
(2) Der Anmeldung sind die Urkunden über die Bestellung der Liquidatoren oder über die Änderung in den Personen derselben in Urschrift oder öffentlich beglaubigter Abschrift beizufügen.

denn, dies war auch bei Beachtung der in Satz 2 bezeichneten Sorgfalt nicht erkennbar. Auf den Ersatzanspruch finden die Bestimmungen in § 43 Abs. 3 und 4 entsprechende Anwendung.

§ 65 Anmeldung und Eintragung der Auflösung

(1) Die Auflösung der Gesellschaft ist zur Eintragung in das Handelsregister anzumelden. Dies gilt nicht in den Fällen der Eröffnung oder der Ablehnung der Eröffnung des Insolvenzverfahrens und der gerichtlichen Feststellung eines Mangels des Gesellschaftsvertrags. In diesen Fällen hat das Gericht die Auflösung und ihren Grund von Amts wegen einzutragen. Im Falle der Löschung der Gesellschaft (§ 60 Abs. 1 Nr. 7) entfällt die Eintragung der Auflösung.

(2) Die Auflösung ist von den Liquidatoren zu drei verschiedenen Malen in den Gesellschaftsblättern bekannt zu machen. Durch die Bekanntmachung sind zugleich die Gläubiger der Gesellschaft aufzufordern, sich bei derselben zu melden.

§ 66 Liquidatoren

(1) In den Fällen der Auflösung außer dem Fall des Insolvenzverfahrens erfolgt die Liquidation durch die Geschäftsführer, wenn nicht dieselbe durch den Gesellschaftsvertrag oder durch Beschluß der Gesellschafter anderen Personen übertragen wird.
(2) Auf Antrag von Gesellschaftern, deren Geschäftsanteile zusammen mindestens dem zehnten Teil des Stammkapitals entsprechen, kann aus wichtigen Gründen die Bestellung von Liquidatoren durch das Gericht (§ 7 Abs. 1) erfolgen.
(3) Die Abberufung von Liquidatoren kann durch das Gericht unter derselben Voraussetzung wie die Bestellung stattfinden. Liquidatoren, welche nicht vom Gericht ernannt sind, können auch durch Beschluß der Gesellschafter vor Ablauf des Zeitraums, für welchen sie bestellt sind, abberufen werden.
(4) Für die Auswahl der Liquidatoren findet § 6 Abs. 2 Satz 2 und 3 entsprechende Anwendung.
(5) Ist die Gesellschaft durch Löschung wegen Vermögenslosigkeit aufgelöst, so findet eine Liquidation nur statt, wenn sich nach der Löschung herausstellt, daß Vermögen vorhanden ist, das der Verteilung unterliegt. Die Liquidatoren sind auf Antrag eines Beteiligten durch das Gericht zu ernennen.

§ 67 Anmeldung der Liquidatoren

(1) Die ersten Liquidatoren sowie ihre Vertretungsbefugnis sind durch die Geschäftsführer, jeder Wechsel der Liquidatoren und jede Änderung ihrer Vertretungsbefugnis sind durch die Liquidatoren zur Eintragung in das Handelsregister anzumelden.
(2) Der Anmeldung sind die Urkunden über die Bestellung der Liquidatoren oder über die Änderung in den Personen derselben in Urschrift oder öffentlich beglaubigter Abschrift beizufügen.

(3) In der Anmeldung haben die Liquidatoren zu versichern, daß keine Umstände vorliegen, die ihrer Bestellung nach § 66 Abs. 4 entgegenstehen, und daß sie über ihre unbeschränkte Auskunftspflicht gegenüber dem Gericht belehrt worden sind. § 8 Abs. 3 Satz 2 ist anzuwenden.
(4) Die Eintragung der gerichtlichen Ernennung oder Abberufung der Liquidatoren geschieht von Amts wegen.
(5) (weggefallen)

§ 68 [Zeichnung der Liquidatoren]
(1) Die Liquidatoren haben in der bei ihrer Bestellung bestimmten Form ihre Willenserklärungen kundzugeben und für die Gesellschaft zu zeichnen. Ist nichts darüber bestimmt, so muß die Erklärung und Zeichnung durch sämtliche Liquidatoren erfolgen.
(2) Die Zeichnungen geschehen in der Weise, daß die Liquidatoren der bisherigen, nunmehr als Liquidationsfirma zu bezeichnenden Firma ihre Namensunterschrift beifügen.

§ 69 [Rechtsverhältnisse von Gesellschaft und Gesellschaftern]
(1) Bis zur Beendigung der Liquidation kommen ungeachtet der Auflösung der Gesellschaft in bezug auf die Rechtsverhältnisse derselben und der Gesellschafter die Vorschriften des zweiten und dritten Abschnitts zur Anwendung, soweit sich aus den Bestimmungen des gegenwärtigen Abschnitts und aus dem Wesen der Liquidation nicht ein anderes ergibt.
(2) Der Gerichtsstand, welchen die Gesellschaft zur Zeit ihrer Auflösung hatte, bleibt bis zur vollzogenen Verteilung des Vermögens bestehen.

§ 70 [Aufgaben der Liquidatoren]
Die Liquidatoren haben die laufenden Geschäfte zu beendigen, die Verpflichtungen der aufgelösten Gesellschaft zu erfüllen, die Forderungen derselben einzuziehen und das Vermögen der Gesellschaft in Geld umzusetzen; sie haben die Gesellschaft gerichtlich und außergerichtlich zu vertreten. Zur Beendigung schwebender Geschäfte können die Liquidatoren auch neue Geschäfte eingehen.

§ 71 [Bilanz; Rechte und Pflichten]
(1) Die Liquidatoren haben für den Beginn der Liquidation eine Bilanz (Eröffnungsbilanz) und einen die Eröffnungsbilanz erläuternden Bericht sowie für den Schluß eines jeden Jahres einen Jahresabschluß und einen Lagebericht aufzustellen.
(2) Die Gesellschafter beschließen über die Feststellung der Eröffnungsbilanz und des Jahresabschlusses sowie über die Entlastung der Liquidatoren. Auf die Eröffnungsbilanz und den erläuternden Bericht sind die Vorschriften über den Jahresabschluß entsprechend anzuwenden. Vermögensgegenstände des Anlagevermögens sind jedoch wie Umlaufvermögen zu bewerten, soweit ihre Veräußerung innerhalb eines übersehbaren Zeitraums beabsichtigt ist oder diese Vermögensgegenstände nicht mehr dem Geschäftsbetrieb dienen; dies gilt auch für den Jahresabschluß.

(3) In der Anmeldung haben die Liquidatoren zu versichern, daß keine Umstände vorliegen, die ihrer Bestellung nach § 66 Abs. 4 entgegenstehen, und daß sie über ihre unbeschränkte Auskunftspflicht gegenüber dem Gericht belehrt worden sind. § 8 Abs. 3 Satz 2 ist anzuwenden.
(4) Die Eintragung der gerichtlichen Ernennung oder Abberufung der Liquidatoren geschieht von Amts wegen.
(5) (weggefallen)

§ 68 Zeichnung der Liquidatoren
(1) Die Liquidatoren haben in der bei ihrer Bestellung bestimmten Form ihre Willenserklärungen kundzugeben und für die Gesellschaft zu zeichnen. Ist nichts darüber bestimmt, so muß die Erklärung und Zeichnung durch sämtliche Liquidatoren erfolgen.
(2) Die Zeichnungen geschehen in der Weise, daß die Liquidatoren der bisherigen, nunmehr als Liquidationsfirma zu bezeichnenden Firma ihre Namensunterschrift beifügen.

§ 69 Rechtsverhältnisse von Gesellschaft und Gesellschaftern
(1) Bis zur Beendigung der Liquidation kommen ungeachtet der Auflösung der Gesellschaft in bezug auf die Rechtsverhältnisse derselben und der Gesellschafter die Vorschriften des zweiten und dritten Abschnitts zur Anwendung, soweit sich aus den Bestimmungen des gegenwärtigen Abschnitts und aus dem Wesen der Liquidation nicht ein anderes ergibt.
(2) Der Gerichtsstand, welchen die Gesellschaft zur Zeit ihrer Auflösung hatte, bleibt bis zur vollzogenen Verteilung des Vermögens bestehen.

§ 70 Aufgaben der Liquidatoren
Die Liquidatoren haben die laufenden Geschäfte zu beendigen, die Verpflichtungen der aufgelösten Gesellschaft zu erfüllen, die Forderungen derselben einzuziehen und das Vermögen der Gesellschaft in Geld umzusetzen; sie haben die Gesellschaft gerichtlich und außergerichtlich zu vertreten. Zur Beendigung schwebender Geschäfte können die Liquidatoren auch neue Geschäfte eingehen.

§ 71 Eröffnungsbilanz; Rechte und Pflichten
(1) Die Liquidatoren haben für den Beginn der Liquidation eine Bilanz (Eröffnungsbilanz) und einen die Eröffnungsbilanz erläuternden Bericht sowie für den Schluß eines jeden Jahres einen Jahresabschluß und einen Lagebericht aufzustellen.
(2) Die Gesellschafter beschließen über die Feststellung der Eröffnungsbilanz und des Jahresabschlusses sowie über die Entlastung der Liquidatoren. Auf die Eröffnungsbilanz und den erläuternden Bericht sind die Vorschriften über den Jahresabschluß entsprechend anzuwenden. Vermögensgegenstände des Anlagevermögens sind jedoch wie Umlaufvermögen zu bewerten, soweit ihre Veräußerung innerhalb eines übersehbaren Zeitraums beabsichtigt ist oder diese Vermögensgegenstände nicht mehr dem Geschäftsbetrieb dienen; dies gilt auch für den Jahresabschluß.

(3) Das Gericht kann von der Prüfung des Jahresabschlusses und des Lageberichts durch einen Abschlußprüfer befreien, wenn die Verhältnisse der Gesellschaft so überschaubar sind, daß eine Prüfung im Interesse der Gläubiger und der Gesellschafter nicht geboten erscheint. Gegen die Entscheidung ist die sofortige Beschwerde zulässig.

(4) Im Übrigen haben sie die aus §§ 36, 37, 41 Abs. 1, § 43 Abs. 1, 2 und 4, § 49 Abs. 1 und 2, § 64 sich ergebenden Rechte und Pflichten der Geschäftsführer.

(5) Auf allen Geschäftsbriefen, die an einen bestimmten Empfänger gerichtet werden, müssen die Rechtsform und der Sitz der Gesellschaft, die Tatsache, daß die Gesellschaft sich in Liquidation befindet, das Registergericht des Sitzes der Gesellschaft und die Nummer, unter der die Gesellschaft in das Handelsregister eingetragen ist, sowie alle Liquidatoren und, sofern die Gesellschaft einen Aufsichtsrat gebildet und dieser einen Vorsitzenden hat, der Vorsitzende des Aufsichtsrats mit dem Familiennamen und mindestens einem ausgeschriebenen Vornamen angegeben werden. Werden Angaben über das Kapital der Gesellschaft gemacht, so müssen in jedem Falle das Stammkapital sowie, wenn nicht alle in Geld zu leistenden Einlagen eingezahlt sind, der Gesamtbetrag der ausstehenden Einlagen angegeben werden. Der Angaben nach Satz 1 bedarf es nicht bei Mitteilungen oder Berichten, die im Rahmen einer bestehenden Geschäftsverbindung ergehen und für die üblicherweise Vordrucke verwendet werden, in denen lediglich die im Einzelfall erforderlichen besonderen Angaben eingefügt zu werden brauchen. Bestellscheine gelten als Geschäftsbriefe im Sinne des Satzes 1; Satz 3 ist auf sie nicht anzuwenden.

§ 72 [Vermögensverteilung]

Das Vermögen der Gesellschaft wird unter die Gesellschafter nach Verhältnis ihrer Geschäftsanteile verteilt. Durch den Gesellschaftsvertrag kann ein anderes Verhältnis für die Verteilung bestimmt werden.

§ 73 [Sperrjahr]

(1) Die Verteilung darf nicht vor Tilgung oder Sicherstellung der Schulden der Gesellschaft und nicht vor Ablauf eines Jahres seit dem Tage vorgenommen werden, an welchem die Aufforderung an die Gläubiger (§ 65 Abs. 2) in den Gesellschaftsblättern zum dritten Male erfolgt ist.

(2) Meldet sich ein bekannter Gläubiger nicht, so ist der geschuldete Betrag, wenn die Berechtigung zur Hinterlegung vorhanden ist, für den Gläubiger zu hinterlegen. Ist die Berichtigung einer Verbindlichkeit zur Zeit nicht ausführbar oder ist eine Verbindlichkeit streitig, so darf die Verteilung des Vermögens nur erfolgen, wenn dem Gläubiger Sicherheit geleistet ist.

(3) Liquidatoren, welche diesen Vorschriften zuwiderhandeln, sind zum Ersatz der verteilten Beträge solidarisch verpflichtet. Auf den Ersatzanspruch finden die Bestimmungen in § 43 Abs. 3 und 4 entsprechende Anwendung.

(3) Das Gericht kann von der Prüfung des Jahresabschlusses und des Lageberichts durch einen Abschlußprüfer befreien, wenn die Verhältnisse der Gesellschaft so überschaubar sind, daß eine Prüfung im Interesse der Gläubiger und der Gesellschafter nicht geboten erscheint. Gegen die Entscheidung ist die sofortige Beschwerde zulässig.
(4) Im Übrigen haben sie die aus §§ 37, 41, § 43 Abs. 1, 2 und 4, § 49 Abs. 1 und 2, § 64 sich ergebenden Rechte und Pflichten der Geschäftsführer.
(5) Auf den Geschäftsbriefen ist anzugeben, dass sich die Gesellschaft in Liquidation befindet; im Übrigen gilt § 35a entsprechend.

§ 72 Vermögensverteilung
Das Vermögen der Gesellschaft wird unter die Gesellschafter nach Verhältnis ihrer Geschäftsanteile verteilt. Durch den Gesellschaftsvertrag kann ein anderes Verhältnis für die Verteilung bestimmt werden.

§ 73 Sperrjahr
(1) Die Verteilung darf nicht vor Tilgung oder Sicherstellung der Schulden der Gesellschaft und nicht vor Ablauf eines Jahres seit dem Tage vorgenommen werden, an welchem die Aufforderung an die Gläubiger (§ 65 Abs. 2) in den Gesellschaftsblättern zum dritten Male erfolgt ist.
(2) Meldet sich ein bekannter Gläubiger nicht, so ist der geschuldete Betrag, wenn die Berechtigung zur Hinterlegung vorhanden ist, für den Gläubiger zu hinterlegen. Ist die Berichtigung einer Verbindlichkeit zur Zeit nicht ausführbar oder ist eine Verbindlichkeit streitig, so darf die Verteilung des Vermögens nur erfolgen, wenn dem Gläubiger Sicherheit geleistet ist.
(3) Liquidatoren, welche diesen Vorschriften zuwiderhandeln, sind zum Ersatz der verteilten Beträge solidarisch verpflichtet. Auf den Ersatzanspruch finden die Bestimmungen in § 43 Abs. 3 und 4 entsprechende Anwendung.

§ 74 [Schluß der Liquidation]
(1) Ist die Liquidation beendet und die Schlußrechnung gelegt, so haben die Liquidatoren den Schluß der Liquidation zur Eintragung in das Handelsregister anzumelden. Die Gesellschaft ist zu löschen.
(2) Nach Beendigung der Liquidation sind die Bücher und Schriften der Gesellschaft für die Dauer von zehn Jahren einem der Gesellschafter oder einem Dritten in Verwahrung zu geben. Der Gesellschafter oder der Dritte wird in Ermangelung einer Bestimmung des Gesellschaftsvertrags oder eines Beschlusses der Gesellschafter durch das Gericht (§ 7 Abs. 1) bestimmt.
(3) Die Gesellschafter und deren Rechtsnachfolger sind zur Einsicht der Bücher und Schriften berechtigt. Gläubiger der Gesellschaft können von dem Gericht (§ 7 Abs. 1) zur Einsicht ermächtigt werden.

§ 75 [Nichtigkeitsklage]
(1) Enthält der Gesellschaftsvertrag keine Bestimmungen über die Höhe des Stammkapitals oder über den Gegenstand des Unternehmens oder sind die Bestimmungen des Gesellschaftsvertrags über den Gegenstand des Unternehmens nichtig, so kann jeder Gesellschafter, jeder Geschäftsführer und, wenn ein Aufsichtsrat bestellt ist, jedes Mitglied des Aufsichtsrats im Wege der Klage beantragen, daß die Gesellschaft für nichtig erklärt werde.
(2) Die Vorschriften der §§ 246 bis 248 des Aktiengesetzes finden entsprechende Anwendung.

§ 76 [Mängelheilung durch Gesellschafterbeschluß]
Ein Mangel, der die Bestimmungen über den Gegenstand des Unternehmens betrifft, kann durch einstimmigen Beschluß der Gesellschafter geheilt werden.

§ 77 [Wirkung der Nichtigkeit]
(1) Ist die Nichtigkeit einer Gesellschaft in das Handelsregister eingetragen, so finden zum Zwecke der Abwicklung ihrer Verhältnisse die für den Fall der Auflösung geltenden Vorschriften entsprechende Anwendung.
(2) Die Wirksamkeit der im Namen der Gesellschaft mit Dritten vorgenommenen Rechtsgeschäfte wird durch die Nichtigkeit nicht berührt.
(3) Die Gesellschafter haben die versprochenen Einzahlungen zu leisten, soweit es zur Erfüllung der eingegangenen Verbindlichkeiten erforderlich ist.

Sechster Abschnitt. Schlußbestimmungen

§ 78 [Anmeldungspflichtige]
Die in diesem Gesetz vorgesehenen Anmeldungen zum Handelsregister sind durch die Geschäftsführer oder die Liquidatoren, die in § 7 Abs. 1, § 57 Abs. 1, § 57i Abs. 1, § 58 Abs. 1 Nr. 3 vorgesehenen Anmeldungen sind durch sämtliche Geschäftsführer zu bewirken.

§ 74 Schluss der Liquidation

(1) Ist die Liquidation beendet und die Schlußrechnung gelegt, so haben die Liquidatoren den Schluß der Liquidation zur Eintragung in das Handelsregister anzumelden. Die Gesellschaft ist zu löschen.

(2) Nach Beendigung der Liquidation sind die Bücher und Schriften der Gesellschaft für die Dauer von zehn Jahren einem der Gesellschafter oder einem Dritten in Verwahrung zu geben. Der Gesellschafter oder der Dritte wird in Ermangelung einer Bestimmung des Gesellschaftsvertrags oder eines Beschlusses der Gesellschafter durch das Gericht (§ 7 Abs. 1) bestimmt.

(3) Die Gesellschafter und deren Rechtsnachfolger sind zur Einsicht der Bücher und Schriften berechtigt. Gläubiger der Gesellschaft können von dem Gericht (§ 7 Abs. 1) zur Einsicht ermächtigt werden.

§ 75 Nichtigkeitsklage

(1) Enthält der Gesellschaftsvertrag keine Bestimmungen über die Höhe des Stammkapitals oder über den Gegenstand des Unternehmens oder sind die Bestimmungen des Gesellschaftsvertrags über den Gegenstand des Unternehmens nichtig, so kann jeder Gesellschafter, jeder Geschäftsführer und, wenn ein Aufsichtsrat bestellt ist, jedes Mitglied des Aufsichtsrats im Wege der Klage beantragen, daß die Gesellschaft für nichtig erklärt werde.

(2) Die Vorschriften der §§ 246 bis 248 des Aktiengesetzes finden entsprechende Anwendung.

§ 76 Heilung von Mängeln durch Gesellschafterbeschluss

Ein Mangel, der die Bestimmungen über den Gegenstand des Unternehmens betrifft, kann durch einstimmigen Beschluß der Gesellschafter geheilt werden.

§ 77 Wirkung der Nichtigkeit

(1) Ist die Nichtigkeit einer Gesellschaft in das Handelsregister eingetragen, so finden zum Zwecke der Abwicklung ihrer Verhältnisse die für den Fall der Auflösung geltenden Vorschriften entsprechende Anwendung.

(2) Die Wirksamkeit der im Namen der Gesellschaft mit Dritten vorgenommenen Rechtsgeschäfte wird durch die Nichtigkeit nicht berührt.

(3) Die Gesellschafter haben die versprochenen Einzahlungen zu leisten, soweit es zur Erfüllung der eingegangenen Verbindlichkeiten erforderlich ist.

Sechster Abschnitt. Schlußbestimmungen

§ 78 Anmeldepflichtige

Die in diesem Gesetz vorgesehenen Anmeldungen zum Handelsregister sind durch die Geschäftsführer oder die Liquidatoren, die in § 7 Abs. 1, § 57 Abs. 1, § 57i Abs. 1, § 58 Abs. 1 Nr. 3 vorgesehenen Anmeldungen sind durch sämtliche Geschäftsführer zu bewirken.

§ 79 [Zwangsgelder]

(1) Geschäftsführer oder Liquidatoren, die §§ 35a, 71 Abs. 5 nicht befolgen, sind hierzu vom Registergericht durch Festsetzung von Zwangsgeld anzuhalten; § 14 des Handelsgesetzbuchs bleibt unberührt. Das einzelne Zwangsgeld darf den Betrag von fünftausend Euro nicht übersteigen.

(2) In Ansehung der in §§ 7, 54, 57 Abs. 1, § 58 Abs. 1 Nr. 3 ... bezeichneten Anmeldungen zum Handelsregister findet, soweit es sich um die Anmeldung zum Handelsregister des Sitzes der Gesellschaft handelt, eine Festsetzung von Zwangsgeld nach § 14 des Handelsgesetzbuchs nicht statt.

§§ 80–81 a aufgehoben

§ 82 [Falsche Angaben]

(1) Mit Freiheitsstrafe bis zu drei Jahren oder mit Geldstrafe wird bestraft, wer
1. als Gesellschafter oder als Geschäftsführer zum Zweck der Eintragung der Gesellschaft über die Übernahme der Stammeinlagen, die Leistung der Einlagen, die Verwendung eingezahlter Beträge, über Sondervorteile, Gründungsaufwand, Sacheinlagen und Sicherungen für nicht voll eingezahlte Geldeinlagen,
2. als Gesellschafter im Sachgründungsbericht,
3. als Geschäftsführer zum Zweck der Eintragung einer Erhöhung des Stammkapitals über die Zeichnung oder Einbringung des neuen Kapitals oder über Sacheinlagen,
4. als Geschäftsführer in der in § 57i Abs. 1 Satz 2 vorgeschriebenen Erklärung oder
5. als Geschäftsführer in der nach § 8 Abs. 3 Satz 1 oder § 39 Abs. 3 Satz 1 abzugebenden Versicherung oder als Liquidator in der nach § 67 Abs. 3 Satz 1 abzugebenden Versicherung falsche Angaben macht.

(2) Ebenso wird bestraft, wer
1. als Geschäftsführer zum Zweck der Herabsetzung des Stammkapitals über die Befriedigung oder Sicherstellung der Gläubiger eine unwahre Versicherung abgibt oder
2. als Geschäftsführer, Liquidator, Mitglied eines Aufsichtsrats oder ähnlichen Organs in einer öffentlichen Mitteilung die Vermögenslage der Gesellschaft unwahr darstellt oder verschleiert, wenn die Tat nicht in § 331 Nr. 1 oder Nr. 1a des Handelsgesetzbuchs mit Strafe bedroht ist.

§ 83 aufgehoben

§ 84 [Pflichtverletzung bei Verlust, Zahlungsunfähigkeit oder Überschuldung]

(1) Mit Freiheitsstrafe bis zu drei Jahren oder mit Geldstrafe wird bestraft, wer es
1. als Geschäftsführer unterläßt, den Gesellschaftern einen Verlust in Höhe der Hälfte des Stammkapitals anzuzeigen, oder

§ 79 Zwangsgelder

(1) Geschäftsführer oder Liquidatoren, die §§ 35a, 71 Abs. 5 nicht befolgen, sind hierzu vom Registergericht durch Festsetzung von Zwangsgeld anzuhalten; § 14 des Handelsgesetzbuchs bleibt unberührt. Das einzelne Zwangsgeld darf den Betrag von fünftausend Euro nicht übersteigen.

(2) In Ansehung der in §§ 7, 54, 57 Abs. 1, § 58 Abs. 1 Nr. 3... bezeichneten Anmeldungen zum Handelsregister findet, soweit es sich um die Anmeldung zum Handelsregister des Sitzes der Gesellschaft handelt, eine Festsetzung von Zwangsgeld nach § 14 des Handelsgesetzbuchs nicht statt.

§§ 80, 81 *(weggefallen)*

§ 82 Falsche Angaben

(1) Mit Freiheitsstrafe bis zu drei Jahren oder mit Geldstrafe wird bestraft, wer
1. als Gesellschafter oder als Geschäftsführer zum Zweck der Eintragung der Gesellschaft über die Übernahme der *Geschäftsanteile*, die Leistung der Einlagen, die Verwendung eingezahlter Beträge, über Sondervorteile, Gründungsaufwand, *und Sacheinlagen*
2. als Gesellschafter im Sachgründungsbericht,
3. als Geschäftsführer zum Zweck der Eintragung einer Erhöhung des Stammkapitals über die Zeichnung oder Einbringung des neuen Kapitals oder über Sacheinlagen,
4. als Geschäftsführer in der in § 57i Abs. 1 Satz 2 vorgeschriebenen Erklärung oder
5. als Geschäftsführer *einer Gesellschaft mit beschränkter Haftung oder als Geschäftsleiter einer ausländischen juristischen Person* in der nach § 8 Abs. 3 Satz 1 oder § 39 Abs. 3 Satz 1 abzugebenden Versicherung oder als Liquidator in der nach § 67 Abs. 3 Satz 1 abzugebenden Versicherung falsche Angaben macht.

(2) Ebenso wird bestraft, wer
1. als Geschäftsführer zum Zweck der Herabsetzung des Stammkapitals über die Befriedigung oder Sicherstellung der Gläubiger eine unwahre Versicherung abgibt oder
2. als Geschäftsführer, Liquidator, Mitglied eines Aufsichtsrats oder ähnlichen Organs in einer öffentlichen Mitteilung die Vermögenslage der Gesellschaft unwahr darstellt oder verschleiert, wenn die Tat nicht in § 331 Nr. 1 oder Nr. 1a des Handelsgesetzbuchs mit Strafe bedroht ist.

§ 83 *(weggefallen)*

§ 84 Verletzung der Verlustanzeigepflicht

(1) Mit Freiheitsstrafe bis zu drei Jahren oder mit Geldstrafe wird bestraft, wer es als Geschäftsführer unterläßt, den Gesellschaftern einen Verlust in Höhe der Hälfte des Stammkapitals anzuzeigen.

2. als Geschäftsführer entgegen § 64 Abs. 1 oder als Liquidator entgegen § 71 Abs. 4 unterläßt, bei Zahlungsunfähigkeit oder Überschuldung die Eröffnung des Insolvenzverfahrens zu beantragen.

(2) Handelt der Täter fahrlässig, so ist die Strafe Freiheitsstrafe bis zu einem Jahr oder Geldstrafe.

§ 85 [Verletzung der Geheimhaltungspflicht]

(1) Mit Freiheitsstrafe bis zu einem Jahr oder mit Geldstrafe wird bestraft, wer ein Geheimnis der Gesellschaft, namentlich ein Betriebs- oder Geschäftsgeheimnis, das ihm in seiner Eigenschaft als Geschäftsführer, Mitglied des Aufsichtsrats oder Liquidator bekannt geworden ist, unbefugt offenbart.

(2) Handelt der Täter gegen Entgelt oder in der Absicht, sich oder einen anderen zu bereichern oder einen anderen zu schädigen, so ist die Strafe Freiheitsstrafe bis zu zwei Jahren oder Geldstrafe. Ebenso wird bestraft, wer ein Geheimnis der in Absatz 1 bezeichneten Art, namentlich ein Betriebs- oder Geschäftsgeheimnis, das ihm unter den Voraussetzungen des Absatzes 1 bekannt geworden ist, unbefugt verwertet.

(3) Die Tat wird nur auf Antrag der Gesellschaft verfolgt. Hat ein Geschäftsführer oder ein Liquidator die Tat begangen, so sind der Aufsichtsrat und, wenn kein Aufsichtsrat vorhanden ist, von den Gesellschaftern bestellte besondere Vertreter antragsberechtigt. Hat ein Mitglied des Aufsichtsrats die Tat begangen, so sind die Geschäftsführer oder die Liquidatoren antragsberechtigt.

§ 86 [Übergangsregelung]

(1) Gesellschaften, die vor dem 1. Januar 1999 in das Handelsregister eingetragen worden sind, dürfen ihr auf Deutsche Mark lautendes Stammkapital beibehalten; entsprechendes gilt für Gesellschaften, die vor dem 1. Januar 1999 zur Eintragung in das Handelsregister angemeldet, aber erst danach bis zum 31. Dezember 2001 eingetragen werden. Für Mindestbetrag und Teilbarkeit von Kapital, Einlagen und Geschäftsanteilen sowie für den Umfang des Stimmrechts bleiben bis zu einer Kapitaländerung nach Satz 4 die bis dahin gültigen Beträge weiter maßgeblich. Dies gilt auch, wenn die Gesellschaft ihr Kapital auf Euro umgestellt hat; das Verhältnis der mit den Geschäftsanteilen verbundenen Rechte zueinander wird durch Umrechnung zwischen Deutscher Mark und Euro nicht berührt. Eine Änderung des Stammkapitals darf nach dem 31. Dezember 2001 nur eingetragen werden, wenn das Kapital auf Euro umgestellt und die in Euro berechneten Nennbeträge der Geschäftsanteile auf einen durch zehn teilbaren Betrag, mindestens jedoch auf fünfzig Euro gestellt werden.

(2) Bei Gesellschaften, die zwischen dem 1. Januar 1999 und dem 31. Dezember 2001 zum Handelsregister angemeldet und in das Register eingetragen werden, dürfen Stammkapital und Stammeinlagen auch auf Deutsche Mark lauten. Für Mindestbetrag und Teilbarkeit von Kapital, Einlagen und Geschäftsanteilen sowie für den Umfang des Stimmrechts gelten die zu dem vom Rat der Europäischen Union gemäß Artikel 109 l Abs. 4 Satz 1 des EG-Vertrages unwiderruflich festge-

Nr. 2 wird aufgehoben

(2) Handelt der Täter fahrlässig, so ist die Strafe Freiheitsstrafe bis zu einem Jahr oder Geldstrafe.

§ 85 Verletzung der Geheimhaltungspflicht
(1) Mit Freiheitsstrafe bis zu einem Jahr oder mit Geldstrafe wird bestraft, wer ein Geheimnis der Gesellschaft, namentlich ein Betriebs- oder Geschäftsgeheimnis, das ihm in seiner Eigenschaft als Geschäftsführer, Mitglied des Aufsichtsrats oder Liquidator bekannt geworden ist, unbefugt offenbart.
(2) Handelt der Täter gegen Entgelt oder in der Absicht, sich oder einen anderen zu bereichern oder einen anderen zu schädigen, so ist die Strafe Freiheitsstrafe bis zu zwei Jahren oder Geldstrafe. Ebenso wird bestraft, wer ein Geheimnis der in Absatz 1 bezeichneten Art, namentlich ein Betriebs- oder Geschäftsgeheimnis, das ihm unter den Voraussetzungen des Absatzes 1 bekannt geworden ist, unbefugt verwertet.
(3) Die Tat wird nur auf Antrag der Gesellschaft verfolgt. Hat ein Geschäftsführer oder ein Liquidator die Tat begangen, so sind der Aufsichtsrat und, wenn kein Aufsichtsrat vorhanden ist, von den Gesellschaftern bestellte besondere Vertreter antragsberechtigt. Hat ein Mitglied des Aufsichtsrats die Tat begangen, so sind die Geschäftsführer oder die Liquidatoren antragsberechtigt.

§ 86 *aufgehoben*

legten Umrechnungskurs in Deutsche Mark umzurechnenden Beträge des Gesetzes in der ab dem 1. Januar 1999 geltenden Fassung.

(3) Die Umstellung des Stammkapitals und der Geschäftsanteile sowie weiterer satzungsmäßiger Betragsangaben auf Euro zu dem gemäß Artikel 109l Abs. 4 Satz 1 des EG-Vertrages unwiderruflich festgelegten Umrechnungskurs erfolgt durch Beschluß der Gesellschafter mit einfacher Stimmenmehrheit nach § 47; § 53 Abs. 2 Satz 1 findet keine Anwendung. Auf die Anmeldung und Eintragung der Umstellung in das Handelsregister ist § 54 Abs. 1 Satz 2 nicht anzuwenden. Werden mit der Umstellung weitere Maßnahmen verbunden, insbesondere das Kapital verändert, bleiben die hierfür geltenden Vorschriften unberührt; auf eine Herabsetzung des Stammkapitals, mit der die Nennbeträge der Geschäftsanteile auf einen Betrag nach Absatz 1 Satz 4 gestellt werden, findet jedoch § 58 Abs. 1 keine Anwendung, wenn zugleich eine Erhöhung des Stammkapitals gegen Bareinlagen beschlossen und diese in voller Höhe vor der Anmeldung zum Handelsregister geleistet werden.

§ 87 [Anwendbarkeit des § 42a Abs. 4]

§ 42a Abs. 4 in der Fassung des Artikels 3 Abs. 3 des Transparenz- und Publizitätsgesetzes vom 19. Juli 2002 (BGBl. I S. 2681) ist erstmals auf den Konzernabschluss und den Konzernlagebericht für das nach dem 31. Dezember 2001 beginnende Geschäftsjahr anzuwenden.

§ 87 *aufgehoben*

II. Musterprotokolle: Anlage 1 (zu Artikel 1 Nr. 50)

1. Musterprotokoll für die Gründung einer Einpersonengesellschaft

UR. NR. _____

Heute, den _____,
erschien vor mir, _____,
Notar/in mit dem Amtssitz in
_____,

Herr/Frau[1]

_____
_____
_____
_____
_____[2].

1. Der Erschienene errichtet hiermit nach § 2 Abs. 1a GmbHG eine Gesellschaft mit beschränkter Haftung unter der Firma _____ mit dem Sitz in _____.
2. Gegenstand des Unternehmens ist _____.
3. Das Stammkapital der Gesellschaft beträgt _____ € (i. W. _____ €) und wird vollständig von Herrn/Frau[1] _____ (Geschäftsanteil Nr. 1) übernommen. Die Einlage ist in Geld zu erbringen, und zwar sofort in voller Höhe/zu 50 % sofort, im Übrigen sobald die Gesellschafterversammlung ihre Einforderung beschließt[3].
4. Zum Geschäftsführer der Gesellschaft wird Herr/Frau[4] _____, geboren am _____, wohnhaft in _____, bestellt. Der Geschäftsführer ist von den Beschränkungen des § 181 des Bürgerlichen Gesetzbuches befreit.
5. Die Gesellschaft trägt die mit der Gründung verbundenen Kosten bis zu einem Gesamtbetrag von 300 €, höchstens jedoch bis zum Betrag ihres Stammkapitals. Darüber hinausgehende Kosten trägt der Gesellschafter.

Hinweise:
[1] Nicht Zutreffendes streichen. Bei juristischen Personen ist die Anrede Herr/Frau wegzulassen.
[2] Hier sind neben der Bezeichnung des Gesellschafters und den Angaben zur notariellen Identitätsfeststellung ggf. der Güterstand und die Zustimmung des Ehegatten sowie die Angaben zu einer etwaigen Vertretung zu vermerken.
[3] Nicht Zutreffendes streichen. Bei der Unternehmergesellschaft muss die zweite Alternative gestrichen werden.
[4] Nicht Zutreffendes streichen.

6. Von dieser Urkunde erhält eine Ausfertigung der Gesellschafter, beglaubigte Ablichtungen die Gesellschaft und das Registergericht (in elektronischer Form) sowie eine einfache Abschrift das Finanzamt – Körperschaftssteuerstelle –.
7. Der Erschienene wurde vom Notar/von der Notarin insbesondere auf Folgendes hingewiesen:

2. Musterprotokoll für die Gründung einer Mehrpersonengesellschaft mit bis zu drei Gesellschaftern

UR. NR. _____

Heute, den _____,
erschienen vor mir, _____,
Notar/in mit dem Amtssitz in

_____,

Herr/Frau[1]

_____

_____

_____

_____

_____[2].

Herr/Frau[1]

_____

_____

_____

_____

_____[2].

Herr/Frau[1]

_____

_____

_____

_____

_____[2].

1. Der Erschienenen errichtet hiermit nach § 2 Abs. 1 a GmbHG eine Gesellschaft mit beschränkter Haftung unter der Firma _____ mit dem Sitz in _____.
2. Gegenstand des Unternehmens ist _____

_____.

Hinweise:
[1] Nicht Zutreffendes streichen. Bei juristischen Personen ist die Anrede Herr/Frau wegzulassen.
[2] Hier sind neben der Bezeichnung des Gesellschafters und den Angaben zur notariellen Identitätsfeststellung ggf. der Güterstand und die Zustimmung des Ehegatten sowie die Angaben zu einer etwaigen Vertretung zu vermerken.
[3] Nicht Zutreffendes streichen. Bei der Unternehmergesellschaft muss die zweite Alternative gestrichen werden.
[4] Nicht Zutreffendes streichen.

3. Das Stammkapital der Gesellschaft beträgt _____ € (i. W. _____ €) und wird wie folgt übernommen:
Herr/Frau¹ _____ übernimmt einen Geschäftsanteil mit einem Nennbetrag in Höhe von _____ € (i. W. _____ €) (Geschäftsanteil Nr. 1),
Herr/Frau¹ _____ übernimmt einen Geschäftsanteil mit einem Nennbetrag in Höhe von _____ € (i. W. _____ €) (Geschäftsanteil Nr. 2),
Herr/Frau¹ _____ übernimmt einen Geschäftsanteil mit einem Nennbetrag in Höhe von _____ € (i. W. _____ €) (Geschäftsanteil Nr. 3).
Die Einlagen sind in Geld zu erbringen, und zwar sofort in voller Höhe/zu 50% sofort, im Übrigen sobald die Gesellschafterversammlung ihre Einforderung beschließt³.

4. Zum Geschäftsführer der Gesellschaft wird Herr/Frau⁴ _____, geboren am _____, wohnhaft in _____, bestellt. Der Geschäftsführer ist von den Beschränkungen des § 181 des Bürgerlichen Gesetzbuches befreit.

5. Die Gesellschaft trägt die mit der Gründung verbundenen Kosten bis zu einem Gesamtbetrag von 300 €, höchstens jedoch bis zum Betrag ihres Stammkapitals. Darüber hinausgehende Kosten tragen die Gesellschafter im Verhältnis ihrer Geschäftsanteile.

6. Von dieser Urkunde erhält eine Ausfertigung jeder Gesellschafter, beglaubigte Ablichtungen die Gesellschaft und das Registergericht (in elektronischer Form) sowie eine einfache Abschrift das Finanzamt – Körperschaftssteuerstelle –.

7. Der Erschienene wurde vom Notar/von der Notarin insbesondere auf Folgendes hingewiesen:

III. Einführungsgesetz zum Gesetz betreffend die Gesellschaften mit beschränkter Haftung (GmbHG-Einführungsgesetz – EGGmbHG)

§ 1 Umstellung auf Euro

(1) Gesellschaften, die vor dem 1. Januar 1999 in das Handelsregister eingetragen worden sind, dürfen ihr auf Deutsche Mark lautendes Stammkapital beibehalten; Entsprechendes gilt für Gesellschaften, die vor dem 1. Januar 1999 zur Eintragung in das Handelsregister angemeldet und bis zum 31. Dezember 2001 eingetragen worden sind. Für Mindestbetrag und Teilbarkeit von Kapital, Einlagen und Geschäftsanteilen sowie für den Umfang des Stimmrechts bleiben bis zu einer Kapitaländerung nach Satz 4 die bis dahin gültigen Beträge weiter maßgeblich. Dies gilt auch, wenn die Gesellschaft ihr Kapital auf Euro umgestellt hat; das Verhältnis der mit den Geschäftsanteilen verbundenen Rechte zueinander wird durch Umrechnung zwischen Deutscher Mark und Euro nicht berührt. Eine Änderung des Stammkapitals darf nach dem 31. Dezember 2001 nur eingetragen werden, wenn das Kapital auf Euro umgestellt wird.

(2) Bei Gesellschaften, die zwischen dem 1. Januar 1999 und dem 31. Dezember 2001 zum Handelsregister angemeldet und in das Register eingetragen worden sind, dürfen Stammkapital und Stammeinlagen auch auf Deutsche Mark lauten. Für Mindestbetrag und Teilbarkeit von Kapital, Einlagen und Geschäftsanteilen sowie für den Umfang des Stimmrechts gelten die zu dem vom Rat der Europäischen Union nach Artikel 123 Abs. 4 Satz 1 des Vertrages zur Gründung der Europäischen Gemeinschaft unwiderruflich festgelegten Umrechnungskurs in Deutsche Mark umzurechnenden Beträge des Gesetzes in der ab dem 1. Januar 1999 geltenden Fassung.

(3) Die Umstellung des Stammkapitals und der Geschäftsanteile sowie weiterer satzungsmäßiger Betragsangaben auf Euro zu dem nach Artikel 123 Abs. 4 Satz 1 des Vertrages zur Gründung der Europäischen Gemeinschaft unwiderruflich festgelegten Umrechnungskurs erfolgt durch Beschluss der Gesellschafter mit einfacher Stimmenmehrheit nach § 47 des Gesetzes betreffend die Gesellschaften mit beschränkter Haftung; § 53 Abs. 2 Satz 1 des Gesetzes betreffend die Gesellschaften mit beschränkter Haftung ist nicht anzuwenden. Auf die Anmeldung und Eintragung der Umstellung in das Handelsregister ist § 54 Abs. 1 Satz 2 und Abs. 2 Satz 2 des Gesetzes betreffend die Gesellschaften mit beschränkter Haftung nicht anzuwenden. Werden mit der Umstellung weitere Maßnahmen verbunden, insbesondere das Kapital verändert, bleiben die hierfür geltenden Vorschriften unberührt; auf eine Herabsetzung des Stammkapitals, mit der die Nennbeträge der Geschäftsanteile auf einen Betrag nach Absatz 1 Satz; 4; gestellt werden, ist jedoch § 58 Abs. 1 des Gesetzes betreffend die Gesellschaften mit beschränkter Haftung nicht anzuwenden, wenn zugleich eine Erhöhung des Stammkapitals gegen Bareinlagen beschlossen und diese in voller Höhe vor der Anmeldung zum Handelsregister geleistet werden.

§ 2 Übergangsvorschriften zum Transparenz und Publizitätsgesetz

§ 42 a Abs. 4 des Gesetzes betreffend die Gesellschaften mit beschränkter Haftung in der Fassung des Artikels 3 Abs. 3 des Transparenz- und Publizitätsgesetzes vom 19. Juli 2002 (BGBl. I S. 2681) ist erstmals auf den Konzernabschluss und den Konzernlagebericht für das nach dem 31. Dezember 2001 beginnende Geschäftsjahr.

§ 3 Übergangsvorschriften zum Gesetz zur Modernisierung des GmbH-Rechts und zur Bekämpfung von Missbräuchen

(1) Die Pflicht, die inländische Geschäftsanschrift bei dem Gericht nach § 8 des Gesetzes betreffend die Gesellschaften mit beschränkter Haftung in der ab dem Inkrafttreten des Gesetzes vom ... (BGBl. I S. ...) am ... [einsetzen: Datum des Inkrafttretens dieses Gesetzes] geltenden Fassung zur Eintragung in das Handelsregister anzumelden, gilt auch für Gesellschaften, die zu diesem Zeitpunkt bereits in das Handelsregister eingetragen sind, es sei denn, die inländische Geschäftsanschrift ist dem Gericht bereits nach § 24 Abs. 2 der Handelsregisterverordnung mitgeteilt worden und hat sich anschließend nicht geändert. In diesen Fällen ist die inländische Geschäftsanschrift mit der ersten die eingetragene Gesellschaft betreffenden Anmeldung zum Handelsregister ab dem ... [einsetzen: Datum des Inkrafttretens dieses Gesetzes], spätestens aber bis zum 31. Oktober 2009 anzumelden. Wenn bis zum 31. Oktober 2009 keine inländische Geschäftsanschrift zur Eintragung in das Handelsregister angemeldet worden ist, trägt das Gericht von Amts wegen und ohne Überprüfung kostenfrei die ihm nach § 24 Abs. 2 der Handelsregisterverordnung bekannte inländische Anschrift als Geschäftsanschrift in das Handelsregister ein; in diesem Fall gilt die mitgeteilte Anschrift zudem unabhängig von dem Zeitpunkt ihrer tatsächlichen Eintragung ab dem 31. Oktober 2009 als eingetragene inländische Geschäftsanschrift der Gesellschaft, wenn sie im elektronischen Informations- und Kommunikationssystem nach § 9 Abs. 1 des Handelsgesetzbuchs abrufbar ist. Ist dem Gericht keine Mitteilung im Sinne des § 24 Abs. 2 der Handelsregisterverordnung gemacht worden, ist ihm aber in sonstiger Weise eine inländische Geschäftsanschrift bekannt geworden, so gilt Satz 3 mit der Maßgabe, dass diese Anschrift einzutragen ist, wenn sie im elektronischen Informations- und Kommunikationssystem nach § 9 Abs. 1 des Handelsgesetzbuchs abrufbar ist. Dasselbe gilt, wenn eine in sonstiger Weise bekannt gewordene inländische Anschrift von einer früher nach § 24 Abs. 2 der Handelsregisterverordnung mitgeteilten Anschrift abweicht. Eintragungen nach den Sätzen 3 bis 5 werden abweichend von § 10 des Handelsgesetzbuchs nicht bekannt gemacht.

(2) § 6 Abs. 2 Satz 2 Nr. 3 Buchstabe a, c, d und e des Gesetzes betreffend die Gesellschaften mit beschränkter Haftung in der ab dem ... [einsetzen: Datum des Inkrafttretens dieses Gesetzes] geltenden Fassung ist auf Personen, die vor dem ... [einsetzen: Datum des Inkrafttretens dieses Gesetzes] zum Geschäftsführer bestellt worden sind, nicht anzuwenden, wenn die Verurteilung vor dem ... [einsetzen: Datum des Inkrafttretens dieses Gesetzes] rechtskräftig geworden ist. Entsprechendes gilt für § 6 Abs. 2 Satz 3 des Gesetzes betreffend die Gesellschaften mit beschränkter

Haftung in der ab dem... [einsetzen: Datum des Inkrafttretens dieses Gesetzes] geltenden Fassung, soweit die Verurteilung wegen einer Tat erfolgte, die den Straftaten im Sinne des Satzes 1 vergleichbar ist

(3) Bei Gesellschaften, die vor dem... [einsetzen: Datum des Inkrafttretens dieses Gesetzes] gegründet worden sind, findet § 16 Abs. 3 des Gesetzes betreffend die Gesellschaften mit beschränkter Haftung in der ab dem... [einsetzen: Datum des Inkrafttretens dieses Gesetzes] geltenden Fassung für den Fall, dass die Unrichtigkeit in der Gesellschafterliste bereits vor dem... [einsetzen: Datum des Inkrafttreten dieses Gesetzes] vorhanden und dem Berechtigten zuzurechnen ist, hinsichtlich des betreffenden Geschäftsanteils frühestens auf Rechtsgeschäfte nach dem... [einsetzen: Datum sechs Kalendermonate nach Inkrafttreten dieses Gesetzes] Anwendung. Ist die Unrichtigkeit dem Berechtigten im Fäll des Satzes 1 nicht zuzurechnen, so ist abweichend von dem... [einsetzen: Datum sechs Kalendermonate nach Inkrafttreten dieses Gesetzes] der... [einsetzen: Datum 36 Kalendermonate nach Inkrafttreten dieses Gesetzes] maßgebend.

(4) § 19 Abs. 4 und 5 des Gesetzes betreffend die Gesellschaften mit beschränkter Haftung in der ab dem... [einsetzen: Datum und Inkrafttreten des Gesetzes] geltenden Fassung gilt auch für Einlageleistungen, die vor diesem Zeitpunkt bewirkt worden sind, soweit sie nach der vor dem... [einsetzen: Datum und Inkrafttreten des Gesetzes] geltenden Rechtslage wegen der Verinbarung einer Einlagerückgewähr oder wegen einer verdeckten Sacheinlage keine Erfüllung der Einlageverpflichtung bewirkt haben. Dies gilt nicht, soweit über die aus der Unwirksamkeit folgenden Ansprüche zwischen der Gesellschaft und dem Gesellschafter bereits vor dem... [einsetzen: Datum und Inkrafttreten des Gesetzes] ein rechtskräftiges Urteil ergangen oder eine wirksame Vereinbarung zwischen der Gesellschaft und dem Gesellschafter getroffen worden ist; in diesem Fall beurteilt sich die Rechtslage nach dem bis zum... [einsetzen: Datum und Inkrafttreten des Gesetzes] geltenden Vorschriften.

IV. Synopse InsO vor und nach MoMiG

§ 10 Anhörung des Schuldners

(1) Soweit in diesem Gesetz eine Anhörung des Schuldners vorgeschrieben ist, kann sie unterbleiben, wenn sich der Schuldner im Ausland aufhält und die Anhörung das Verfahren übermäßig verzögern würde oder wenn der Aufenthalt des Schuldners unbekannt ist. In diesem Fall soll ein Vertreter oder Angehöriger des Schuldners gehört werden.

(2) Ist der Schuldner keine natürliche Person, so gilt Absatz 1 entsprechend für die Anhörung von Personen, die zur Vertretung des Schuldners berechtigt oder an ihm beteiligt sind.

§ 15 Antragsrecht bei juristischen Personen und Gesellschaften ohne Rechtspersönlichkeit

(1) Zum Antrag auf Eröffnung eines Insolvenzverfahrens über das Vermögen einer juristischen Person oder einer Gesellschaft ohne Rechtspersönlichkeit ist außer den Gläubigern jedes Mitglied des Vertretungsorgans, bei einer Gesellschaft ohne Rechtspersönlichkeit oder bei einer Kommanditgesellschaft auf Aktien jeder persönlich haftende Gesellschafter, sowie jeder Abwickler berechtigt.

(2) Wird der Antrag nicht von allen Mitgliedern des Vertretungsorgans, allen persönlich haftenden Gesellschaftern oder allen Abwicklern gestellt, so ist er zulässig, wenn der Eröffnungsgrund glaubhaft gemacht wird. Das Insolvenzgericht hat die übrigen Mitglieder des Vertretungsorgans, persönlich haftenden Gesellschafter oder Abwickler zu hören.

(3) Ist bei einer Gesellschaft ohne Rechtspersönlichkeit kein persönlich haftender Gesellschafter eine natürliche Person, so gelten die Absätze 1 und 2 entsprechend für die organschaftlichen Vertreter und die Abwickler der zur Vertretung der Gesellschaft ermächtigten Gesellschafter. Entsprechendes gilt, wenn sich die Verbindung von Gesellschaften in dieser Art fortsetzt.

§ 10 Anhörung des Schuldners
(1) Soweit in diesem Gesetz eine Anhörung des Schuldners vorgeschrieben ist, kann sie unterbleiben, wenn sich der Schuldner im Ausland aufhält und die Anhörung das Verfahren übermäßig verzögern würde oder wenn der Aufenthalt des Schuldners unbekannt ist. In diesem Fall soll ein Vertreter oder Angehöriger des Schuldners gehört werden.
(2) Ist der Schuldner keine natürliche Person, so gilt Absatz 1 entsprechend für die Anhörung von Personen, die zur Vertretung des Schuldners berechtigt oder an ihm beteiligt sind. *Ist der Schuldner eine juristische Person und hat diese keinen organschaftlichen Vertreter (Führungslosigkeit), so können die an ihm beteiligten Personen gehört werden; Absatz 1 Satz 1 gilt entsprechend.*

§ 15 Antragsrecht bei juristischen Personen und Gesellschaften ohne Rechtspersönlichkeit
(1) Zum Antrag auf Eröffnung eines Insolvenzverfahrens über das Vermögen einer juristischen Person oder einer Gesellschaft ohne Rechtspersönlichkeit ist außer den Gläubigern jedes Mitglied des Vertretungsorgans, bei einer Gesellschaft ohne Rechtspersönlichkeit oder bei einer Kommanditgesellschaft auf Aktien jeder persönlich haftende Gesellschafter, sowie jeder Abwickler berechtigt. *Bei einer juristischen Person ist im Fall der Führungslosigkeit auch jeder Gesellschafter, bei einer Aktiengesellschaft oder einer Genossenschaft zudem auch jedes Mitglied des Aufsichtsrats zur Antragstellung berechtigt.*
(2) Wird der Antrag nicht von allen Mitgliedern des Vertretungsorgans, allen persönlich haftenden Gesellschaftern, *allen Gesellschaftern der juristischen Person, allen Mitgliedern des Aufsichtsrats* oder allen Abwicklern gestellt, so ist er zulässig, wenn der Eröffnungsgrund glaubhaft gemacht wird. *Zusätzlich ist bei Antragstellung durch Gesellschafter einer juristischen Person oder Mitglieder des Aufsichtsrats auch die Führungslosigkeit glaubhaft zu machen.* Das Insolvenzgericht hat die übrigen Mitglieder des Vertretungsorgans, persönlich haftenden Gesellschafter, *Gesellschafter der juristischen Person, Mitglieder des Aufsichtsrats* oder Abwickler zu hören.
(3) Ist bei einer Gesellschaft ohne Rechtspersönlichkeit kein persönlich haftender Gesellschafter eine natürliche Person, so gelten die Absätze 1 und 2 entsprechend für die organschaftlichen Vertreter und die Abwickler der zur Vertretung der Gesellschaft ermächtigten Gesellschafter. Entsprechendes gilt, wenn sich die Verbindung von Gesellschaften in dieser Art fortsetzt.

§ 15a Antragspflicht bei juristischen Personen und Gesellschaften ohne Rechtspersönlichkeit
(1) Wird eine juristische Person zahlungsunfähig oder überschuldet, haben die Mitglieder ohne schuldhaftes Zögern, spätestens aber drei Wochen nach Eintritt der Zahlungsunfähigkeit oder Überschuldung, einen Insolvenzantrag zu stellen.

§ 19 Überschuldung
(1) Bei einer juristischen Person ist auch die Überschuldung Eröffnungsgrund.
(2) Überschuldung liegt vor, wenn das Vermögen des Schuldners die bestehenden Verbindlichkeiten nicht mehr deckt. Bei der Bewertung des Vermögens des Schuldners ist jedoch die Fortführung des Unternehmens zugrunde zu legen, wenn diese nach den Umständen überwiegend wahrscheinlich ist.

(3) Ist bei einer Gesellschaft ohne Rechtspersönlichkeit kein persönlich haftender Gesellschafter eine natürliche Person, so gelten die Absätze 1 und 2 entsprechend. Dies gilt nicht, wenn zu den persönlich haftenden Gesellschaftern eine andere Gesellschaft gehört, bei der ein persönlich haftender Gesellschafter eine natürliche Person ist.

§ 26 Abweisung mangels Masse
(1) Das Insolvenzgericht weist den Antrag auf Eröffnung des Insolvenzverfahrens ab, wenn das Vermögen des Schuldners voraussichtlich nicht ausreichen wird, um die Kosten des Verfahrens zu decken. Die Abweisung unterbleibt, wenn ein ausrei-

Das Gleiche gilt für die organschaftlichen Vertreter der zur Vertretung der Gesellschaft ermächtigten Gesellschafter oder die Abwickler bei einer Gesellschaft ohne Rechtspersönlichkeit, bei der kein persönlich haftender Gesellschafter eine natürliche Person ist; dies gilt nicht, wenn zu den persönlich haftenden Gesellschaftern eine andere Gesellschaft gehört, bei der ein persönlich haftender Gesellschafter eine natürliche Person ist.

(2) Bei einer Gesellschaft im Sinne des Absatzes 1 Satz 2 gilt Absatz 1 sinngemäß, wenn die organschaftlichen Vertreter der zur Vertretung der Gesellschaft ermächtigten Gesellschafter ihrerseits Gesellschaften sind, bei denen kein Gesellschafter eine natürliche Person ist, oder sich die Verbindung von Gesellschaften in dieser Art fortsetzt.

(3) Im Fall der Führungslosigkeit einer Gesellschaft mit beschränkter Haftung ist auch jeder Gesellschafter, im Fall der Führungslosigkeit einer Aktiengesellschaft oder einer Genossenschaft ist auch jedes Mitglied des Aufsichtsrats zur Stellung des Antrags verpflichtet, es sei denn, diese Person hat von der Zahlungsunfähigkeit und der Überschuldung oder der Führungslosigkeit keine Kenntnis.

(4) Mit Freiheitsstrafe bis zu drei Jahren oder mit Geldstrafe wird bestraft, wer entgegen Absatz 1 Satz 1, auch in Verbindung mit Satz 2 oder Absatz 2 oder Absatz 3, einen Insolvenzantrag nicht, nicht richtig oder nicht rechtzeitig stellt.

(5) Handelt der Täter in den Fällen des Absatzes 4 fahrlässig, ist die Strafe Freiheitsstrafe bis zu einem Jahr oder Geldstrafe.

§ 19 Überschuldung

(1) Bei einer juristischen Person ist auch die Überschuldung Eröffnungsgrund.

(2) Überschuldung liegt vor, wenn das Vermögen des Schuldners die bestehenden Verbindlichkeiten nicht mehr deckt. Bei der Bewertung des Vermögens des Schuldners ist jedoch die Fortführung des Unternehmens zugrunde zu legen, wenn diese nach den Umständen überwiegend wahrscheinlich ist. Forderungen auf Rückgewähr von Gesellschafterdarlehen oder aus Rechtshandlungen, die einem solchen Darlehen wirtschaftlich entsprechen, für die gemäß § 39 Abs. 2 zwischen Gläubiger und Schuldner der Nachrang im Insolvenzverfahren hinter den in § 39 Abs. 1 Nr. 1 bis 5 bezeichneten Forderungen vereinbart worden ist, sind nicht bei den Verbindlichkeiten nach Satz 1 zu berücksichtigen.

(3) Ist bei einer Gesellschaft ohne Rechtspersönlichkeit kein persönlich haftender Gesellschafter eine natürliche Person, so gelten die Absätze 1 und 2 entsprechend. Dies gilt nicht, wenn zu den persönlich haftenden Gesellschaftern eine andere Gesellschaft gehört, bei der ein persönlich haftender Gesellschafter eine natürliche Person ist.

chender Geldbetrag vorgeschossen wird oder die Kosten nach § 4a gestundet werden. Der Beschluss ist unverzüglich öffentlich bekannt zu machen.

(2) Das Gericht hat die Schuldner, bei denen der Eröffnungsantrag mangels Masse abgewiesen worden ist, in ein Verzeichnis einzutragen (Schuldnerverzeichnis). Die Vorschriften über das Schuldnerverzeichnis nach der Zivilprozeßordnung gelten entsprechend; jedoch beträgt die Löschungsfrist fünf Jahre.

(3) Wer nach Absatz 1 Satz 2 einen Vorschuß geleistet hat, kann die Erstattung des vorgeschossenen Betrages von jeder Person verlangen, die entgegen den Vorschriften des Gesellschaftsrechts den Antrag auf Eröffnung des Insolvenzverfahrens pflichtwidrig und schuldhaft nicht gestellt hat. Ist streitig, ob die Person pflichtwidrig und schuldhaft gehandelt hat, so trifft sie die Beweislast.

§ 39 Nachrangige Insolvenzgläubiger

(1) Im Rang nach den übrigen Forderungen der Insolvenzgläubiger werden in folgender
Rangfolge, bei gleichem Rang nach dem Verhältnis ihrer Beträge, berichtigt:
1. die seit der Eröffnung des Insolvenzverfahrens laufenden Zinsen und Säumniszuschläge auf Forderungen der Insolvenzgläubiger;
2. die Kosten, die den einzelnen Insolvenzgläubigern durch ihre Teilnahme am Verfahren erwachsen;
3. Geldstrafen, Geldbußen, Ordnungsgelder und Zwangsgelder sowie solche Nebenfolgen einer Straftat oder Ordnungswidrigkeit, die zu einer Geldzahlung verpflichten;
4. Forderungen auf eine unentgeltliche Leistung des Schuldners;
5. Forderungen auf Rückgewähr des kapitalersetzenden Darlehens eines Gesellschafters oder gleichgestellte Forderungen.

(2) Forderungen, für die zwischen Gläubiger und Schuldner der Nachrang im Insolvenzverfahren vereinbart worden ist, werden im Zweifel nach den in Absatz 1 bezeichneten Forderungen berichtigt.

(3) Die Zinsen der Forderungen nachrangiger Insolvenzgläubiger und die Kosten, die diesen Gläubigern durch ihre Teilnahme am Verfahren entstehen, haben den gleichen Rang wie die Forderungen dieser Gläubiger.

(3) Wer nach Absatz 1 Satz 2 einen Vorschuß geleistet hat, kann die Erstattung des vorgeschossenen Betrages von jeder Person verlangen, die entgegen den Vorschriften des *Insolvenz- oder* Gesellschaftsrechts den Antrag auf Eröffnung des Insolvenzverfahrens pflichtwidrig und schuldhaft nicht gestellt hat. Ist streitig, ob die Person pflichtwidrig und schuldhaft gehandelt hat, so trifft sie die Beweislast.

5. nach Maßgabe der Absätze 4 und 5 Forderungen auf Rückgewähr eines Gesellschafterdarlehens oder Forderungen aus Rechtshandlungen, die einem solchen Darlehen wirtschaftlich entsprechen.
(2) Forderungen, für die zwischen Gläubiger und Schuldner der Nachrang im Insolvenzverfahren vereinbart worden ist, werden im Zweifel nach den in Absatz 1 bezeichneten Forderungen berichtigt.
(3) Die Zinsen der Forderungen nachrangiger Insolvenzgläubiger und die Kosten, die diesen Gläubigern durch ihre Teilnahme am Verfahren entstehen, haben den gleichen Rang wie die Forderungen dieser Gläubiger.
(4) Absatz 1 Nr. 5 gilt für Gesellschaften, die weder eine natürliche Person noch eine Gesellschaft als persönlich haftenden Gesellschafter haben, bei der ein persönlich haftender Gesellschafter eine natürliche Person ist. Erwirbt ein Gläubiger bei drohender oder eingetretener Zahlungsunfähigkeit der Gesellschaft oder bei Überschuldung Anteile zum Zweck ihrer Sanierung, führt dies bis zur nachhaltigen Sanierung nicht zur Anwendung von Absatz 1 Nr. 5 auf seine Forderungen aus bestehenden oder neu gewährten Darlehen oder auf Forderungen aus Rechtshandlungen, die einem solchen Darlehen wirtschaftlich entsprechen.
(5) Absatz 1 Nr. 5 gilt nicht für den nicht geschäftsführenden Gesellschafter einer Gesellschaft im Sinn des Absatzes 4 Satz 1, der mit zehn Prozent oder weniger am Haftkapital beteiligt ist.

§ 101 Organschaftliche Vertreter. Angestellte

(1) Ist der Schuldner keine natürliche Person, so gelten die §§ 97 bis 99 entsprechend für die Mitglieder des Vertretungs- oder Aufsichtsorgans und die vertretungsberechtigten persönlich haftenden Gesellschafter des Schuldners. § 97 Abs. 1 und § 98 gelten außerdem entsprechend für Personen, die nicht früher als zwei Jahre vor dem Antrag auf Eröffnung des Insolvenzverfahrens aus einer in Satz 1 genannten Stellung ausgeschieden sind. § 100 gilt entsprechend für die vertretungsberechtigten persönlich haftenden Gesellschafter des Schuldners.

(2) § 97 Abs. 1 Satz 1 gilt entsprechend für Angestellte und frühere Angestellte des Schuldners, sofern diese nicht früher als zwei Jahre vor dem Eröffnungsantrag ausgeschieden sind.

§ 135 Kapitalersetzende Darlehen

Anfechtbar ist eine Rechtshandlung, die für die Forderung eines Gesellschafters auf Rückgewähr eines kapitalersetzenden Darlehens oder für eine gleichgestellte Forderung
1. Sicherung gewährt hat, wenn die Handlung in den letzten zehn Jahren vor dem Antrag auf Eröffnung des Insolvenzverfahrens oder nach diesem Antrag vorgenommen worden ist;
2. Befriedigung gewährt hat, wenn die Handlung im letzten Jahr vor dem Eröffnungsantrag oder nach diesem Antrag vorgenommen worden ist.

§ 44a Gesicherte Darlehen
In dem Insolvenzverfahren über das Vermögen einer Gesellschaft kann ein Gläubiger nach Maßgabe des § 39 Abs. 1 Nr. 5 für eine Forderung auf Rückgewähr eines Darlehens oder für eine gleichgestellte Forderung, für die ein Gesellschafter eine Sicherheit bestellt oder für die er sich verbürgt hat, nur anteilsmäßige Befriedigung aus der Insolvenzmasse verlangen, soweit er bei der Inanspruchnahme der Sicherheit oder des Bürgen ausgefallen ist.

§ 101 Organschaftliche Vertreter. Angestellte
(1) Ist der Schuldner keine natürliche Person, so gelten die §§ 97 bis 99 entsprechend für die Mitglieder des Vertretungs- oder Aufsichtsorgans und die vertretungsberechtigten persönlich haftenden Gesellschafter des Schuldners. § 97 Abs. 1 und § 98 gelten außerdem entsprechend für Personen, die nicht früher als zwei Jahre vor dem Antrag auf Eröffnung des Insolvenzverfahrens aus einer in Satz 1 genannten Stellung ausgeschieden sind; *verfügt der Schuldner über keinen Vertreter, gilt dies auch für die Personen, die an ihm beteiligt sind.* § 100 gilt entsprechend für die vertretungsberechtigten persönlich haftenden Gesellschafter des Schuldners.
(2) § 97 Abs. 1 Satz 1 gilt entsprechend für Angestellte und frühere Angestellte des Schuldners, sofern diese nicht früher als zwei Jahre vor dem Eröffnungsantrag ausgeschieden sind.
(3) Kommen die in den Absätzen 1 und 2 genannten Personen ihrer Auskunfts- und Mitwirkungspflicht nicht nach, können ihnen im Fall der Abweisung des Antrags auf Eröffnung des Insolvenzverfahrens die Kosten des Verfahrens auferlegt werden.

§ 135 Gesellschafterdarlehen
(1) Anfechtbar ist eine Rechtshandlung, die für die Forderung eines Gesellschafters auf Rückgewähr eines Darlehens im Sinne des § 39 Abs. 1 Nr. 5 oder für eine gleichgestellte Forderung
1. Sicherung gewährt hat, wenn die Handlung in den letzten zehn Jahren vor dem Antrag auf Eröffnung des Insolvenzverfahrens oder nach diesem Antrag vorgenommen worden ist, oder
2. Befriedigung gewährt hat, wenn die Handlung im letzten Jahr vor dem Eröffnungsantrag oder nach diesem Antrag vorgenommen worden ist.
(2) Anfechtbar ist eine Rechtshandlung, mit der eine Gesellschaft einem Dritten für eine Forderung auf Rückgewähr eines Darlehens innerhalb der in Absatz 1 Nr. 2 genannten Fristen Befriedigung gewährt hat, wenn ein Gesellschafter für die Forderung eine Sicherheit bestellt hatte oder als Bürge haftete; dies gilt sinngemäß für Leistungen auf Forderungen, die einem Darlehen wirtschaftlich entsprechen.
(3) Wurde dem Schuldner von einem Gesellschafter ein Gegenstand zum Gebrauch oder zur Ausübung überlassen, so kann der Aussonderungsanspruch während der Dauer des Insolvenzverfahrens, höchstens aber für eine Zeit von einem Jahr ab der Eröffnung des Insolvenzverfahrens nicht geltend gemacht werden, wenn der Gegenstand für die Fortführung des Unternehmens des Schuldners von erheb-

§ 143 Rechtsfolgen
(1) Was durch die anfechtbare Handlung aus dem Vermögen des Schuldners veräußert, weggegeben oder aufgegeben ist, muß zur Insolvenzmasse zurückgewährt werden. Die Vorschriften über die Rechtsfolgen einer ungerechtfertigten Bereicherung, bei der dem Empfänger der Mangel des rechtlichen Grundes bekannt ist, gelten entsprechend.
(2) Der Empfänger einer unentgeltlichen Leistung hat diese nur zurückzugewähren, soweit er durch sie bereichert ist. Dies gilt nicht, sobald er weiß oder den Umständen nach wissen muß, daß die unentgeltliche Leistung die Gläubiger benachteiligt.

§ 345 Öffentliche Bekanntmachung
(1) Sind die Voraussetzungen für die Anerkennung der Verfahrenseröffnung gegeben, so hat das Insolvenzgericht auf Antrag des ausländischen Insolvenzverwalters den wesentlichen Inhalt der Entscheidung über die Verfahrenseröffnung und der Entscheidung über die Bestellung des Insolvenzverwalters im Inland bekannt zu machen. § 9 Abs. 1 und 2 und § 30 Abs. 1 Satz 1 gelten entsprechend. Ist die Eröffnung des Insolvenzverfahrens bekannt gemacht worden, so ist die Beendigung in gleicher Weise bekannt zu machen.
(2) Hat der Schuldner im Inland eine Niederlassung, so erfolgt die öffentliche Bekanntmachung von Amts wegen. Der Insolvenzverwalter oder ein ständiger Vertreter nach § 13e Abs. 2 Satz 4 Nr. 3 des Handelsgesetzbuchs unterrichtet das nach § 348 Abs. 1 zuständige Insolvenzgericht.
(3) Der Antrag ist nur zulässig, wenn glaubhaft gemacht wird, dass die tatsächlichen Voraussetzungen für die Anerkennung der Verfahrenseröffnung vorliegen. Dem Verwalter ist eine Ausfertigung des Beschlusses, durch den die Bekanntmachung angeordnet wird, zu erteilen. Gegen die Entscheidung des Insolvenzgerichts, mit der die öffentliche Bekanntmachung abgelehnt wird, steht dem ausländischen Verwalter die sofortige Beschwerde zu.

licher Bedeutung ist. Für den Gebrauch oder die Ausübung des Gegenstandes gebührt dem Gesellschafter ein Ausgleich; bei der Berechnung ist der Durchschnitt der im letzten Jahr vor Verfahrenseröffnung geleisteten Vergütung in Ansatz zu bringen, bei kürzerer Dauer der Überlassung ist der Durchschnitt während dieses Zeitraums maßgebend.
(4) § 39 Abs. 4 und 5 gilt entsprechend.

§ 143 Rechtsfolgen

(1) Was durch die anfechtbare Handlung aus dem Vermögen des Schuldners veräußert, weggegeben oder aufgegeben ist, muß zur Insolvenzmasse zurückgewährt werden. Die Vorschriften über die Rechtsfolgen einer ungerechtfertigten Bereicherung, bei der dem Empfänger der Mangel des rechtlichen Grundes bekannt ist, gelten entsprechend.

(2) Der Empfänger einer unentgeltlichen Leistung hat diese nur zurückzugewähren, soweit er durch sie bereichert ist. Dies gilt nicht, sobald er weiß oder den Umständen nach wissen muß, daß die unentgeltliche Leistung die Gläubiger benachteiligt.

(3) Im Fall der Anfechtung nach § 135 Abs. 2 hat der Gesellschafter, der die Sicherheit bestellt hatte oder als Bürge haftete, die dem Dritten gewährte Leistung zur Insolvenzmasse zu erstatten. Die Verpflichtung besteht nur bis zur Höhe des Betrags, mit dem der Gesellschafter als Bürge haftete oder der dem Wert der von ihm bestellten Sicherheit im Zeitpunkt der Rückgewähr des Darlehens oder der Leistung auf die gleichgestellte Forderung entspricht. Der Gesellschafter wird von der Verpflichtung frei, wenn er die Gegenstände, die dem Gläubiger als Sicherheit gedient hatten, der Insolvenzmasse zur Verfügung stellt.

(2) Hat der Schuldner im Inland eine Niederlassung, so erfolgt die öffentliche Bekanntmachung von Amts wegen. Der Insolvenzverwalter oder ein ständiger Vertreter nach § 13e Abs. 2 Satz 5 Nr. 3 des Handelsgesetzbuchs unterrichtet das nach § 348 Abs. 1 zuständige Insolvenzgericht.
(3) Der Antrag ist nur zulässig, wenn glaubhaft gemacht wird, dass die tatsächlichen Voraussetzungen für die Anerkennung der Verfahrenseröffnung vorliegen. Dem Verwalter ist eine Ausfertigung des Beschlusses, durch den die Bekanntmachung angeordnet wird, zu erteilen. Gegen die Entscheidung des Insolvenzgerichts, mit der die öffentliche Bekanntmachung abgelehnt wird, steht dem ausländischen Verwalter die sofortige Beschwerde zu.

V. Synopse EGInsO vor und nach MoMiG

Artikel 103d Überleitungsvorschrift zum Gesetz zur Modernisierung des GmbH-Rechts und zur Bekämpfung von Missbräuchen

Auf Insolvenzverfahren, die vor dem Inkrafttreten des Gesetzes vom... (BGBl. I S. ....) am... [einsetzen: Datum des Inkrafttretens dieses Gesetzes] eröffnet worden sind, sind die bis dahin geltenden gesetzlichen Vorschriften weiter anzuwenden. Im Rahmen von nach dem... [einsetzen: Datum des Inkrafttretens dieses Gesetzes] eröffneten Insolvenzverfahren sind auf vor dem... [einsetzen: Datum des Inkrafttretens dieses Gesetzes] vorgenommene Rechtshandlungen die bis dahin geltenden Vorschriften der Insolvenzordnung über die Anfechtung von Rechtshandlungen anzuwenden, soweit die Rechtshandlungen nach dem bisherigen Recht der Anfechtung entzogen oder in geringerem Umfang unterworfen sind.

VI. Synopse KostO vor und nach MoMiG

§ 39 Geschäftswert
(1) Der Geschäftswert bestimmt sich nach dem Wert des Rechtsverhältnisses, auf das sich die beurkundete Erklärung bezieht. Handelt es sich um Veränderungen eines Rechtsverhältnisses, so darf der Wert des von der Veränderung betroffenen Rechtsverhältnisses nicht überschritten werden, und zwar auch dann nicht, wenn es sich um mehrere Veränderungen desselben Rechtsverhältnisses handelt.

(2) Bei Verträgen, die den Austausch von Leistungen zum Gegenstand haben, ist nur der Wert der Leistungen des einen Teils und, wenn der Wert der Leistungen verschieden ist, der höhere maßgebend.

(3) Bei Eheverträgen bestimmt sich der Geschäftswert nach dem zusammengerechneten Wert der gegenwärtigen Vermögen beider Ehegatten und, wenn der Ehevertrag nur das Vermögen eines Ehegatten betrifft, nach diesem. Bei Ermittlung des Vermögens werden die Schulden abgezogen. Betrifft der Ehevertrag nur bestimmte Gegenstände, so ist deren Wert maßgebend. Die Sätze 1 bis 3 gelten entsprechend bei Lebenspartnerschaftsverträgen.

(4) Bei der Beurkundung von Gesellschaftsverträgen und Satzungen sowie von Plänen und Verträgen nach dem Umwandlungsgesetz ist der Wert höchstens auf 5 000 000 Euro, in den Fällen des § 38 Abs. 2 Nr. 7, auch wenn mehrere Anmeldungen in derselben Verhandlung beurkundet werden, auf höchstens 500 000 Euro anzunehmen.

§ 41a Geschäftswert bei Anmeldungen zum Handelsregister
(1) Bei den folgenden Anmeldungen zum Handelsregister ist Geschäftswert der in das Handelsregister einzutragende Geldbetrag, bei Änderung bereits eingetragener Geldbeträge der Unterschiedsbetrag:
1. erste Anmeldung einer Kapitalgesellschaft; ein in der Satzung einer Aktiengesellschaft oder einer Kommanditgesellschaft auf Aktien bestimmtes genehmigtes Kapital ist dem Grundkapital hinzuzurechnen;

2. ...

§ 39 Geschäftswert

(4) Bei der Beurkundung von Gesellschaftsverträgen und Satzungen sowie von Plänen und Verträgen nach dem Umwandlungsgesetz ist der Wert *mindestens auf 25 000 Euro und* höchstens auf 5 000 000 Euro, in den Fällen des § 38 Abs. 2 Nr. 7, auch wenn mehrere Anmeldungen in derselben Verhandlung beurkundet werden, auf höchstens 500 000 Euro anzunehmen.

§ 41a Geschäftswert bei Anmeldungen zum Handelsregister

(1) Bei den folgenden Anmeldungen zum Handelsregister ist Geschäftswert der in das Handelsregister einzutragende Geldbetrag, bei Änderung bereits eingetragener Geldbeträge der Unterschiedsbetrag:
1. erste Anmeldung einer Kapitalgesellschaft; ein in der Satzung einer Aktiengesellschaft oder einer Kommanditgesellschaft auf Aktien bestimmtes genehmigtes Kapital ist dem Grundkapital hinzuzurechnen; *der Wert beträgt mindestens 25 000 Euro;*
2. ...

§ 41d Verwendung von Musterprotokollen

Die in § 39 Abs. 4, § 41a Abs. 1 Nr. 1 und Abs. 4 Nr. 1, auch in Verbindung mit § 41c Abs. 1, bestimmten Mindestwerte gelten nicht für die Gründung einer Gesellschaft gemäß § 2 Abs. 1a des Gesetzes betreffend die Gesellschaften mit beschränkter Haftung und, wenn von dem in der Anlage zu dem Gesetz betreffend die Gesellschaften mit beschränkter Haftung bestimmten Musterprotokoll nicht abgewichen wird, für Änderungen des Gesellschaftsvertrages.

§ 88 Löschungsverfahren, Auflösungsverfahren

(1) Für Löschungen nach den §§ 159 und 161 des Gesetzes über die Angelegenheiten der freiwilligen Gerichtsbarkeit werden keine Gebühren erhoben.

(2) Für die Zurückweisung des Widerspruchs gegen eine angedrohte Löschung in den Fällen der §§ 141 bis 144, 147 Abs. 1, §§ 159, 160b Abs. 1 und § 161 des Gesetzes über die Angelegenheiten der freiwilligen Gerichtsbarkeit und für die Zurückweisung des Widerspruchs gegen eine Aufforderung nach § 144a oder § 144b des Gesetzes über die Angelegenheiten der freiwilligen Gerichtsbarkeit wird das Doppelte der vollen Gebühr erhoben. Das Gleiche gilt für die Verwerfung oder Zurückweisung der Beschwerde gegen die Zurückweisung des Widerspruchs. Der Geschäftswert bestimmt sich nach § 30 Abs. 2.

§ 88 Löschungsverfahren, Auflösungsverfahren

(2) Für die Zurückweisung des Widerspruchs gegen eine angedrohte Löschung in den Fällen der §§ 141 bis 144, 147 Abs. 1, §§ 159, 160b Abs. 1 und § 161 des Gesetzes über die Angelegenheiten der freiwilligen Gerichtsbarkeit und für die Zurückweisung des Widerspruchs gegen eine Aufforderung nach § 144a des Gesetzes über die Angelegenheiten der freiwilligen Gerichtsbarkeit wird das Doppelte der vollen Gebühr erhoben. Das Gleiche gilt für die Verwerfung oder Zurückweisung der Beschwerde gegen die Zurückweisung des Widerspruchs. Der Geschäftswert bestimmt sich nach § 30 Abs. 2.

Stichwortverzeichnis

Die Zahlen verweisen auf die Randnummern.

Aktiengesellschaft 819 ff.
- Cash-Pool 823
- Einmanngesellschaft
  - Volleinzahlungsgebot 824
  - Führungslosigkeit 826
  - Hin- und Herzahlen
  - Vollwertigkeit des Gegenleistungsanspruchs 823
  - Inländische Geschäftsanschrift 830; *s. auch Geschäftsanschrift im Inland*
- Insolvenzantrag 825
- Kleinbeteiligungsprivileg 723, 827
- Unternehmensgegenstand
  - behördliche Genehmigung des 821
- verdeckte Sachgründung 822
- Verwaltungssitz 820
- Vorstand
  - Inhabilitätsgründe 831; *s. auch Geschäftsführer*

Anrechnungslösung *s. verdeckte Sacheinlage*

Anteilsübertragung
- bedingte Anteilsübertragung
  - Gesellschafterliste 459, 506 ff.
  - gutgläubiger Erwerb 575 f.
- Formulierungsbeispiel 595
- Kosten 6
- notarielle Beurkundung 6 ff., 589 ff.

Anwachsungsmodell 236

Anzeigepflichten des Notars
- Anteilsveräußerung
  - alte Rechtslage 443 ff.
- Gründung 300

Ausländische Kapitalgesellschaft & Co. KG 369 ff.

Ausländischer Geschäftsführer
- Belehrung gem. BZRG 25 ff.

Auslandsgesellschaften
- inländische Geschäftsanschrift 815
- Insolvenzantragspflicht 816 ff.

Ausschlussgründe
- Geschäftsführer *s. Geschäftsführer*
- Vorstand *s. Aktiengesellschaft*

Bargründung 30 ff.
- Formulierungsbeispiel
  - Gesellschaftsvertrag Mehrmanngesellschaft 161
  - Gründungsurkunde 160
  - Registeranmeldung Mehrmanngesellschaft 162
- Musterprotokoll 284, 295, 327
- Nachweis der Einlageleistung 56, 60 ff.
- Voreinzahlung 57 f.

Barkapitalerhöhung 598 ff.
- bilanzielle Betrachtungsweise 607
- Her- und Hinzahlen 610
- Hin- und Herzahlen 600, 604 ff., 110 ff.
- Nachweis der Einlageleistung 60 ff.
- Unternehmergesellschaft
  - Beschluss mit Änderung Rechtsformzusatz 272
  - Formulierungsbeispiel 273
- Voreinzahlung 59

Belehrung gem. BZRG 25 ff.
- Formulierungsbeispiel (Deutsch/Englisch) 29
- Zuständigkeit 26

Belehrungshinweise des Notars
- Gründung 160, 301, 337
- Formulierungsbeispiele 160, 337
- Musterprotokoll 301, 337
- Registeranmeldung
  - Formulierungsbeispiele 162, 338

Beweislast
- Hin- und Herzahlen
- Vollwertigkeit des Gegenanspruchs 144 ff., 157

Bilanzielle Betrachtungsweise 119, 121, 133 f., 607, 672
- Kapitalaufbringung 119
- Kapitalerhaltung 119

Cartesio-Verfahren 344 ff.
Cash-Pool 118, 606 ff.

415

- Aktiengesellschaft 823
- Hin- und Herzahlen
  - alte Rechtslage 118, 606
- Versicherung des Geschäftsführers
  - alte Rechtslage 118

Darlehensvertrag
- Hin- und Herzahlen
  - Formulierungsbeispiel 158

EGBGB
- Reform 343, 364 ff.

Eigenkapitalersatz 683 ff.
- eigenkapitalersetzende Gesellschafterdarlehen
  - alte Rechtslage 683 ff.
  - Anfechtbarkeit der Leistung auf Gesellschafterdarlehen 693 ff.
  - Auswirkung auf Gestaltung von Unternehmensverträgen 695 ff.
  - neue Rechtslage 688 ff.
- eigenkapitalersetzende Nutzungsüberlassung
  - alte Rechtslage 683 ff.
  - Bilanzierung in der Überschuldungsbilanz 725 ff.
  - Gerichtsstand 730
  - Kleinbeteiligungs- und Sanierungsprivileg 722 ff.
  - neue Rechtslage 701 ff.
  - Nutzungsverhältnis 704 ff.
  - Rechtsfolgen 713 ff.
  - Regelungsort 702 f.
  - Voraussetzungen der Neuregelung 710 ff.

Eigenkapitalersetzende Gesellschafterdarlehen *s. Eigenkapitalersatz*

Eigenkapitalersetzende Nutzungsüberlassung *s. Eigenkapitalersatz*

Einlageleistung
- Hin- und Herzahlen 110 ff.

Einlageverpflichtung
- Befreiung von Einlageverpflichtung
  - Hin- und Herzahlen 110 ff.
- verdeckte Sacheinlage 88, 191 f.
- Voreinzahlung 58

- Musterprotokoll 295

Einmanngesellschaft
- Kapitalaufbringung bei Gründung 45 ff.
- Musterprotokoll 337
- Sicherheitsleistung bei Gründung 46 ff.
- Behandlung von Altfällen 52 ff.
- Volleinzahlungsgebot 5, 12, 45 ff., 295, 824
- Aktiengesellschaft 824

Einziehung 399

Einziehung von Geschäftsanteilen 39 ff.

Empfangsbevollmächtigter 800 ff.
- Anmeldung 802
- Eintragung ins Handelsregister 800

Erfüllungslösung *s. verdeckte Sacheinlage*

Existenzvernichtender Eingriff 772 ff.

Firma
- Musterprotokoll 287 f.
- Unternehmergesellschaft 178

Firmenbestattung 1, 339, 809

Formwechsel
- GmbH in Unternehmergesellschaft 223 ff.
- Unternehmergesellschaft
  - als Ausgangsgesellschaft 246 ff.
  - als Zielgesellschaft 229 ff.
- Unternehmergesellschaft in GmbH 168, 187, 218 ff.

Führungslose Gesellschaft
- Aktiengesellschaft 826
- Insolvenzantragspflicht 809 ff.
- Insolvenzantragspflicht
  - Beweislast 812
- Insolvenzantragsrecht 814
- Zustellung 804 ff.

Genehmigtes Kapital *s. Kapitalerhöhung*

Geschäftsanschrift im Inland
- Aktiengesellschaft 830
- Anmeldung 14, 332, 334, 356, 360, 795 ff.
- Altgesellschaften 798

Stichwortverzeichnis

- Auslandsgesellschaften 815
- Verletzung der Aktualisierungspflicht 797
- **Geschäftsanteil** 36 ff., 374 ff.
  - Aufstockung 406
  - Einziehung 39 ff., 399
  - gutgläubiger Erwerb 454, 545 ff.; *s. auch gutgläubiger Erwerb*
    - Grenzen der Gutglaubenswirkung 584 ff.
    - vom Scheinerben 587 f.
    - Voraussetzungen 548 ff.
  - Musterprotokoll 294
  - Nennbetrag 36 ff., 603
  - Neuausgabe nach Einziehung 41
  - Formulierungsbeispiel Satzungsbestimmung 42
  - Stimmabgabe
    - alte Rechtslage 384 ff.
    - neue Rechtslage 394 ff.
  - Stückelung 14, 36 ff., 395 ff.
    - Nachteile 395 ff.
  - Teilung
    - alte Rechtslage 409 ff.
    - Gesellschafterliste 431 f., 469
    - neue Rechtslage 416 ff., 469
  - Treuhandkonstruktionen
    - alte Rechtslage 377 ff.
  - Übereinstimmung von Stammkapitalziffer und Summe der Geschäftsanteile
    - alte Rechtslage 403 ff.
    - neue Rechtslage 405 ff.
  - Übernahme mehrerer Geschäftsanteile
    - alte Rechtslage 374 ff.
    - neue Rechtslage 390 ff.
  - Übertragung *s. Anteilsübertragung*
  - Verpfändung 392, 412 ff., 419 ff., 553, 596
    - alte Rechtslage 412 ff.
    - Formulierungsbeispiel 596
    - gutgläubiger Erwerb 553
    - neue Rechtslage 392, 419 ff., 553, 596
    - Teilung 412 ff.
  - Vorratsteilung 391, 416, 419
  - Zusammenlegung
    - alte Rechtslage 435

- Gesellschafterliste 469
- neue Rechtslage 436, 469
- **Geschäftsführer**
  - Ausschlussgründe 752 ff.
  - Auslandsdelikte 761 ff.
  - falsche Angaben nach § 82 GmbHG 757
  - Insolvenzverschleppung 756
  - Übergangsregelung 763
  - unrichtige gesellschaftsbezogene Darstellungen 758
  - Vermögensdelikte 759 f.
  - Vertreter von Auslandsgesellschaften 768 ff.
  - Befreiung von § 181 BGB
  - Musterprotokoll 296
  - Belehrung 25 ff.
  - Bestellung
    - Ausschlussgründe 752 ff.
    - Musterprotokoll 296
  - Haftung
    - bei Hin- und Herzahlen 150 ff., 746 ff.
    - bei Insolvenzverschleppung 756
    - bei Überbewertung Sacheinlage 67
    - bei verdeckter Sacheinlage 88, 98, 105, 791
    - bei Verletzung der Pflicht zur Rücklagenbildung (UG) 200 f.
    - Einreichung der Gesellschafterliste 489, 540, 792
    - existenzvernichtender Eingriff 772 ff.
    - falsche Versicherung 98, 115, 118, 134, 139, 155, 757
    - Herbeiführung der Zahlungsunfähigkeit 772 ff.; *s. auch Insolvenzverursachungshaftung*
    - Kapitalerhaltung 679, 681
  - Pflichten 733 ff.
    - Anmeldepflichten 733, 737, 743 f.
    - Einberufung der Gesellschafterversammlung 739, 741
    - Einreichungspflichten 738
    - Insolvenzantragspflicht 742
    - Liquidation 743 f.
    - Pflicht zur Buchführung 740
    - Pflicht zur Geschäftsführung 734

417

- Treuepflicht 735 f.
- Verschwiegenheitspflicht 735
- Versicherung *s. Versicherung des Geschäftsführers*
- Schadensersatzpflicht *s. Geschäftsführer/Haftung*
- Strafbarkeit *s. Strafbarkeit des Geschäftsführers*
- Versicherung *s. Versicherung des Geschäftsführers*
- Vertretungsregelung
  - Musterprotokoll 332 f.

Gesellschafterdarlehen *s. Eigenkapitalersatz*

Gesellschafterliste 437 ff.
- Anspruch auf Eintragung 456
- anzeigepflichtige Vorgänge 451, 459, 480, 506 ff., 544
  - bedingte Anteilsübertragung 459, 506 ff., 544
  - Erwerb von Todes wegen 511 ff.
- bedingte Anteilsübertragung 459, 506 ff.
- Einreichung
  - Form 487, 524, 548 f.
  - Verstoß gegen Pflicht zur Einreichung 540 ff.
  - Zeitpunkt 485, 503
  - Zuständigkeit 441 ff., 478 ff., 490 ff.
- Fehlerquellen
  - alte Rechtslage 445 ff.
- Funktion 451, 454
- gutgläubiger Erwerb 454
- Inhalt
  - alte Rechtslage 441
  - neue Rechtslage 466
- Kosten 308
- Muster 467
- Notarbescheinigung 516 ff.
  - Formulierungsbeispiel 539
- relative Gesellschafterstellung
  - alte Rechtslage 437 ff.
  - neue Rechtslage 451, 457, 460 ff.
- sich kreuzende Gesellschafterlisten 474 ff.
- Teilung von Geschäftsanteilen 431 f., 469

- Übergangsregelung 542 ff.
- Wirkung der Eintragung 451, 455, 460 ff., 522
- Zusammenlegung von Geschäftsanteilen 469
- Zuständigkeit
  - alte Rechtslage 441 ff.
  - ausländischer Notar 526 ff.
  - Geschäftsführer 441 ff., 478 ff., 548
  - Kapitalerhöhung 476 f., 655 f.
  - Kapitalherabsetzung 476 f.
  - neue Rechtslage 452
  - Notar 443 f., 490 ff.

Gesellschafterversammlung
- Einberufung 202 ff., 740, 742
  - in der Krise 742
  - Unternehmergesellschaft 202 ff.
- Ort 361

Gesellschaftsvertrag
- GmbH
  - Formulierungsbeispiel 161
  - Sitz 352 ff., 358 ff.
  - Formulierungsbeispiel 362
- Unternehmergesellschaft
  - Formulierungsbeispiele 269 f.

Gesetz zur Reform des GmbH-Rechts und zur Bekämpfung von Missbräuchen *s. MoMiG*

Gründung
- Ablehnung der Eintragung 1
- behördliche Genehmigungen 19 ff.
- Belehrungshinweise des Notars
  - Formulierungsbeispiel 160, 337
  - Musterprotokoll 301, 337
- Einmanngesellschaft
  - GmbH 45 ff.
  - Musterprotokoll 337
  - UG 269, 338
- Gesellschaftsvertrag
  - Mehrmanngesellschaft (GmbH) 161
  - Sitz 339 ff., 352 ff., 358 ff.
  - Unternehmergesellschaft 269 f.
- Gründungskosten 276, 308 ff.
  - Musterprotokoll 299, 308 ff.
  - Unternehmergesellschaft 185
- Gründungsmöglichkeiten 17

- Gründungsurkunde für Mehrmanngesellschaft
  - Formulierungsbeispiel 160
- Kapitalaufbringung 30 ff.
- Mehrmanngesellschaft
  - Gesellschaftsvertrag (GmbH) 161
  - Gesellschaftsvertrag (UG) 270
  - Gründungsurkunde (GmbH) 160
  - Gründungsurkunde (UG) 270
  - Musterprotokoll 4, 311 ff., 337
  - Registeranmeldung (GmbH) 162
  - Registeranmeldung (UG) 271
- Musterprotokoll 4, 17, 276 ff.;
  s. auch Musterprotokoll
  - Einpersonengesellschaft 4, 337
  - Mehrpersonengesellschaft 4, 337
- Mustersatzung 4, 278, 0
- Registeranmeldung
  - Mehrmanngesellschaft 162
- Teilung von Geschäftsanteilen 416
- Übernahme mehrerer Geschäftsanteile
  - alte Rechtslage 377 ff.
  - neue Rechtslage 390 ff.
- Unternehmergesellschaft 17, 169 ff.
  - Gesellschaftsvertrag 269 f.
  - Gründungsurkunde 270
  - Registeranmeldung 271

Gründungserleichterungen
- Musterprotokoll 4, 17, 276 ff.;
  s. auch Musterprotokoll
  - Unternehmergesellschaft 163

Gründungskosten 276, 308 ff.
- Musterprotokoll 299, 308 ff.
- Unternehmergesellschaft 185

Gründungsurkunde
- Mehrmanngesellschaft
  - Formulierungsbeispiel (GmbH) 160
  - Formulierungsbeispiel (UG) 270

Gutgläubiger Erwerb
- Gegenstand des Gutglaubensschutzes 546, 585, 586
- Grenzen der Gutglaubenswirkung 584 ff.
- Rechtsscheingrundlage 545
- unrichtige Stükelung 585
- vom Scheinerben 587 f.
- Voraussetzungen 548 ff.

- Drei-Jahres-Frist 557 ff.
- Erwerb durch Rechtsgeschäft 554 ff.
- Erwerb eines Geschäftsanteils 550 ff.
- Gutläubigkeit 568 f.
- kein Widerspruch 570 ff.
- Rechtsinhaberschaft 548 ff.
- Zurechenbarkeit 566 f.
- Widerspruch 570 ff.
  - bedingte Anteilsübertragung 575 ff.
  - Berechtigung 570, 572
  - Formulierungsbeispiele 582 ff.
  - Löschung 573 ff., 579
  - Verfahren 570 ff.
  - Wegfall der Verfügungsberechtigung 580
  - Wirkung 571

Haftung des Geschäftsführers
s. Geschäftsführer

Haftung des Gesellschafters
- Sacheinlage
  - Wertdifferenz 67

Handelndenhaftung
- Unternehmergesellschaft 181

Her- und Hinzahlen 113, 130 ff., 610 f.
Hin- und Herzahlen 62, 76, 110 ff.
- Alles-oder-Nichts-Regel 134, 149
- alte Rechtslage 110 ff.
- Cash-Pool 118
- Altfälle 140, 153 ff.
- Befreiung von Einlageverpflichtung 119 ff.
- Beweislast 144 ff.
- Beratungshinweis 157
- Beweislast für Vollwertigkeit des Gegenanspruchs 144 ff., 157
- bilanzielle Betrachtungsweise 119, 121, 607
- Cash-Pool
  - alte Rechtslage 118, 606
- Darlehensvertrag
  - Formulierungsbeispiel 158
- Einsatzmöglichkeiten 111 ff.
- Barkapitalerhöhung 143, 600, 604 ff.

- GmbH & Co. KG 112, 117, 157
- Haftung des Geschäftsführers 150 ff.
- Her- und Hinzahlen 113, 130 ff., 610 f.
- Kapitalerhöhung 113, 128, 143, 604 ff.
- Musterprotokoll 327 ff.
- Negativabgrenzung verdeckte Sacheinlage 125 ff.
- neue Rechtslage 119 ff.
- Offenlegung 138 ff., 157, 746
  - Formulierungsbeispiel 142
  - Prüfungsbefugnis des Registergerichts 142, 157
  - Verfahren 141 f.
- Prüfungsbefugnis des Registergerichts 62, 142, 157
- Rechtsfolgen 148 f.
- Rückgewähr auf bestehende Darlehensverbindlichkeit 128
- Rückzahlungsanspruch
  - Liquidität 136
  - Verzinsung 134, 611
  - Vollwertigkeit 133 ff.
- Übergangsregelung 153 ff.
- verdeckte Sacheinlage 125 ff.
  - Abgrenzung 126, 149
  - Vereinbarung der Einlagerückgewähr 122 f., 157
  - Zeitpunkt 157
  - Verrechnungsfälle 129, 157
  - Versicherung des Geschäftsführers 115, 139, 155, 746
  - Altfälle 155
- Vollwertigkeit des Gegenanspruchs 133 ff., 747 ff.
  - Aktiengesellschaft 823
  - Beweislast 144 ff., 157
  - Voraussetzungen der Erfüllungswirkung 120, 122 ff.
  - Negativabgrenzung verdeckte Sacheinlage 125 ff.
  - Offenlegung 138 ff., 157
  - Vereinbarung der Einlagerückgewähr 122 f., 157
  -- Vollwertigkeit des Gegenanspruchs 133 ff.

Inhabilitätsgründe
- Geschäftsführer *s. Geschäftsführer*
- Vorstand *s. Aktiengesellschaft*

Insolvenzantragspflicht *s. auch Geschäftsführer*
- Aktiengesellschaft 825
- Auslandsgesellschaften 816 ff.
- Gesellschafter
  - führungslose Gesellschaft 809 ff.; *s. auch führungslose Gesellschaft*

Insolvenzantragsrecht
- Gesellschafter
  - führungslose Gesellschaft 814

Insolvenzverschleppung *s. Geschäftsführer*

Insolvenzverursachungshaftung des Geschäftsführers 772 ff.
- Anwendung auf Auslandsgesellschaften 789 f.
- Voraussetzungen 776 ff.

Kapitalaufbringung 30 ff., 110 ff.
- bilanzielle Betrachtungsweise 119
- Gründung 30 ff.
- Hin- und Herzahlen 110 ff.
- alte Rechtslage 110 ff.
- neue Rechtslage 119 ff.
- Musterprotokoll 295

Kapitalerhaltung 663 ff.
- bilanzielle Betrachtungsweise 119, 672 ff.
- Hin- und Herzahlen 117
- Unternehmenskaufverträge 682
- Vollwertigkeit des Gegenleistungsanspruchs 0, 681
- Zielsetzung der Neuregelung 676 f.

Kapitalerhöhung 598 ff.
- aus genehmigtem Kapital 624 ff.
  - Abgrenzung zum bedingten Kapital 636
  - Aktiengesellschaft 627 f., 635, 653
  - Änderung des Ermächtigungsbeschlusses 649
  - Angabe des Erhöhungsbetrages 634 f.
  - Aufhebung des Ermächtigungsbeschlusses 649

- Ausübung der Ermächtigung 651
- Beendigung des Ermächtigungsbeschlusses 649
- Befristung der Ermächtigung 638 f.
- Bezugsrechtsausschluss 642
- Formulierungsbeispiele 660 ff.
- Gesellschafterliste 655
- Inhalt der Ermächtigung 634 ff.
- Satzungsänderung 653
- Unternehmergesellschaft 644
- Verfahren 643 ff.
- Vorteile 657 ff.
- Zeitpunkt der Beschlussfassung 633 ff.
- Zulässigkeit von Sacheinlagen 640
- aus Gesellschaftsmitteln 616 ff.
- Unternehmergesellschaft (Muster) 274
- Barkapitalerhöhung 598 ff.; s. auch Barkapitalerhöhung
- Gesellschafterliste
  - Zuständigkeit 476 f., 655 f.
- Sachkapitalerhöhung 612 ff.; s. auch Sachkapitalerhöhung

Kapitalherabsetzung 39 ff., 400
- Gesellschafterliste
  - Zuständigkeit 476 f., 655 f.

Kleinbeteiligungsprivileg 722
- Aktiengesellschaft 723, 827

Limited 163 f.

Liquidation
- Pflichten des Geschäftsführers 743 f.
- Unternehmergesellschaft 225 ff.

Mehrmanngesellschaft
- Gesellschaftsvertrag
  - Formulierungsbeispiel (GmbH) 161
  - Formulierungsbeispiel (UG) 270
- Gründungsurkunde
  - Formulierungsbeispiel (GmbH) 160
  - Formulierungsbeispiel (UG) 270
- Musterprotokoll 4, 311 ff., 337

- Registeranmeldung
  - Formulierungsbeispiel (GmbH) 162
  - Formulierungsbeispiel (UG) 271

Mindeststammkapital
- GmbH 15, 31 ff.
- Unternehmergesellschaft 174

MoMiG
- gesetzgeberische Zielsetzung 1 ff.
- historische Entwicklung 1 ff.

Musterprotokoll 276 ff.
- Abweichungen 302 ff.
- Rechtsfolgen 306 ff.
- Änderung 320 ff.
- aufschiebend bedingte Änderung 318 f.
- in der Gründungsphase 316 f.
- kostenrechtliche Privilegierung 322 ff.
- nach Eintragung 315, 319, 321
- Bareinlage 284, 295, 327
- Befreiung von § 181 BGB 298
- Belehrungshinweise 301, 337
- Einmanngesellschaft 337
- Registeranmeldung Einmann-UG 338
- Einsatzmöglichkeiten 284, 311 ff., 327 ff.
- Gründungskosten 308 ff.
- Hin- und Herzahlen 327 ff.
- Inhalt 284 ff.
- Anzahl der Geschäftsanteile 294, 284
- Firma 287 f.
- Geschäftsführerbestellung 296 ff.
- Gründer 292 f.
- Gründungskosten 299
- Hinweise 301
- Sitz 286
- Stammkapital 289
- Unternehmensgegenstand 290 ff.
- Urkundsabschriften 300
- Kapitalaufbringung 284, 295, 327
- Mehrmanngesellschaften 311 ff., 337
- Registeranmeldung 333 ff.
- Formulierungsbeispiel 338
- Sacheinlage 284
- verdeckte Sacheinlage 327 ff.

- Teilung von Geschäftsanteilen 416
- Vertretungsregelung 332 f.

Mustersatzung 4, 278, 290

Nutzungsüberlassung s. *Eigenkapitalersatz*

Prüfungsbefugnis des Registergerichts
- bei Bargründung 55 ff.
- bei Barkapitalerhöhung 56, 60 ff.
- bei Hin- und Herzahlen 62, 142
- bei Sachgründung 66, 69 ff.

Registeranmeldung
- Mehrmanngesellschaft
  - Formulierungsbeispiel (GmbH) 162
  - Formulierungsbeispiel (UG) 271

Relative Gesellschafterstellung
- alte Rechtslage 437 ff.
- Bedeutung und Grenzen der Fiktion 461 ff.
- Erwerb
  - Verfahren 457
  - Zeitpunkt 451, 455, 522
- neue Rechtslage 451 ff.
- Übergangsregelung 542 ff.

Revalorisierung 41, 403

Rücklagenbildung
- Unternehmergesellschaft 193 ff.
  - Verstoß gegen Gebot der Rücklagenbildung 200 f.

Sacheinlage 66 ff., 73 ff.
- Differenzhaftung des Gesellschafters 67, 612
- Kapitalerhöhung aus genehmigtem Kapital 640
- Musterprotokoll 284
- Nachweis der Werthaltigkeit 66
- Prüfungsbefugnis des Registergerichts 66, 69 ff., 615
- Überbewertung 67, 72
- Überbewertung 67, 72
  - Differenzhaftung des Gesellschafters 67, 612
  - Haftung des Geschäftsführers 67
- Unternehmergesellschaft

- Verbot der Sacheinlage 177, 186 ff.
- verdeckte Sacheinlage 73 ff.; s. auch *verdeckte Sacheinlage*
- Zeitpunkt der Einlageleistung 68
- Zeitpunkt der Werthaltigkeit 68
- Unternehmergesellschaft 186

Sacheinlageverbot
- Unternehmergesellschaft
  - bei Umwandlung in GmbH 188 f.
- teleologische Reduktion 189 f.

Sachgründung 66 ff.
- Differenzhaftung bei Überbewertung der Sacheinlage 67
- Musterprotokoll 284
- Nachweis der Werthaltigkeit der Sacheinlage 66
- Prüfungsbefugnis Registergericht 66, 69 ff.
- Überbewertung der Sacheinlage 67, 72
- Unternehmergesellschaft 177, 186 ff.
- verdeckte Sacheinlage 73 ff.; s. auch *verdeckte Sacheinlage*
- Zeitpunkt der Einlageleistung 68
- Zeitpunkt der Werthaltigkeit der Sacheinlage 68

Sachkapitalerhöhung 612 ff.
- Differenzhaftung des Gesellschafters 612
- Prüfungsbefugnis des Registergerichts 66, 69 ff., 615
- Überbewertung der Sacheinlage 67, 72
- verdeckte Sachkapitalerhöhung 613

Satzungsänderung
- Checkliste 373
- Musterprotokoll 320 ff.
- Unternehmensgegenstand
- behördliche Genehmigungen 22

Satzungssitz
- Abweichung vom Verwaltungssitz 339 ff.
- Europäische Entwicklung 339 ff.
- Neuregelung durch MoMiG 352 ff.
- im Inland 356
- Musterprotokoll 286

Sicherheitsleistung
- Einmann-Gründung 46 ff.
- Behandlung von Altfällen 52 ff.

Sitz 14, 286; *s. auch Satzungssitz, Verwaltungssitz*
- Musterprotokoll 286

Sitztheorie 341 f.
- Abkehr von der Sitztheorie 343 ff., 355

Spaltung *s. Unternehmergesellschaft*

Stammeinlage *s. Geschäftsanteil*

Stammkapital
- GmbH
  - Mindestnennbetrag 31 ff., 289
  - Volleinzahlungsgebot 45 ff.
- Musterprotokoll 289
- Unternehmergesellschaft 174 f.
  - Angabe auf Geschäftsbriefen 184
  - Maximalnennbetrag 175, 234, 289
  - Mindestnennbetrag 174, 289
  - Volleinzahlungsgebot 176

Stimmabgabe
- alte Rechtslage 384 ff.
- neue Rechtslage 394 ff.
- uneinheitliche Stimmabgabe
  - alte Rechtslage 384 ff.
  - neue Rechtslage 394 ff.

Stimmanteil 43

Stimmrecht 43 f., 384 ff., 394 ff.

Strafbarkeit des Geschäftsführers
- falsche Versicherung 63, 98, 115, 118, 134, 139, 155, 757
  - Hin- und Herzahlen 115, 118, 134, 139, 155
  - verdeckte Sacheinlage 98
- Hin- und Herzahlen 150 ff.
  - Altfälle 155
- verdeckte Sacheinlage 88, 98, 105

Teilung von Geschäftsanteilen 409 ff.
- alte Rechtslage 409 ff.
- Gesellschafterliste 469
- neue Rechtslage 416 ff., 469
  - in der Gründungsphase 416
  - Zuständigkeit 416 ff., 424 ff., 430

Treuhandvereinbarungen
- alte Rechtslage 377 ff.
- Formulierungsbeispiel 597

Überbewertung
- Sacheinlage 72

UG (haftungsbeschränkt) *s. Unternehmergesellschaft (haftungsbeschränkt)*

UGG *s. Unternehmensgründer-Gesellschaft*

Unternehmensgegenstand
- behördliche Genehmigungen 19 ff.
- Aktiengesellschaft 821
- Musterprotokoll 290, 291
- Unternehmergesellschaft 173

Unternehmensgründer-Gesellschaft 3, 165

Unternehmergesellschaft
- Alternativvorschläge 165
- Eignung als Gesellschafterin 203 ff.
  - Komplementärstellung 204 ff.
  - Einberufung der Gesellschafterversammlung 202 ff.
- Firma 178
- Formwechsel
  - Unternehmergesellschaft als Ausgangsgesellschaft 246 ff.
  - Unternehmergesellschaft als Zielgesellschaft 229 ff.
- Gemeinnützigkeit 207
- Gesellschaftsvertrag 172, 269 f.
  - Formulierungsbeispiele 269 f.
- gesetzliche Rücklage 193 ff.
  - Verstoß gegen Pflicht zur Rücklagenbildung 200 f.
  - Verwendung 195, 197
- Gründung 17, 169 ff.
  - Gesellschaftsvertrag 172 ff., 269 f.
  - Gründer 170
  - Gründungskosten 185
  - Gründungsmöglichkeiten 171
  - Gründungsurkunde 270
  - Musterprotokoll 17, 170, 172
  - Registeranmeldung 271
- Handelndenhaftung 181
- historische Entwicklung 163 ff.
- Kapitalaufbringung 172, 176 f.

- Kapitalerhöhung 186 ff., 219 ff., 272, 274
  - aus genehmigtem Kapital 644
  - aus Gesellschaftsmitteln 274 f.
  - Beschluss mit Änderung Rechtsformzusatz 272
  - Registeranmeldung (Barkapitalerhöhung) 273
- Liquidation 225 ff.
- Nachteile 35, 262 ff.
- Rechtsformzusatz 179 ff., 288
  - Änderung bei Kapitalerhöhung 272
- Sacheinlagenverbot 186 ff., 177
- Sachgründung 177, 186
- Spaltung
  - Unternehmergesellschaft als Ausgangsgesellschaft 253 ff.
  - Unternehmergesellschaft als Zielgesellschaft 243 ff.
- Stammkapital 174 f.
  - Angabe auf Geschäftsbriefen 184
  - Maximalnennbetrag 175, 234, 289
  - Mindestnennbetrag 174, 289
  - Volleinzahlung 176
- Struktur 166 ff.
- Umwandlung
  - GmbH in Unternehmergesellschaft 223 ff.
  - nach Umwandlungsgesetz 228 ff.
  - Unternehmergesellschaft in GmbH 168, 187, 218 ff., 272, 273
- Unternehmensgegenstand 173
- Unternehmensverträge 212 ff.
  - Möglichkeit 212 f.
  - steuerliche Rahmenbedingungen 214 ff.
- verdeckte Sacheinlage
  - Heilung 191 f.
- Verschmelzung
  - als Alternative zur Liquidation 226
  - Unternehmergesellschaft als Ausgangsgesellschaft 251 f.
  - Unternehmergesellschaft als Zielgesellschaft 237 ff.
  - zur Aufnahme 239 ff.
  - zur Neugründung 238

- Volleinzahlungsgebot
  - Gründung 176, 295
  - Kapitalerhöhung 220
- Vorratsgesellschaft 211 ff.
- Vorteile 211 ff., 261

Verdeckte Sacheinlage 73 ff.
- Aktiengesellschaft 822
- Altfälle 98 ff., 107
  - Strafbarkeit des Geschäftsführers 98
  - Versicherung des Geschäftsführers 98
- Anrechnungslösung 82, 84 ff., 791
  - Anrechnungsgegenstand 90 ff.
  - Anrechnungszeitpunkt 88
  - Berechnung des Anrechnungsbetrags 91 ff.
  - Berechnungsbeispiele 94 ff.
  - Verrechnungsabrede 84
  - Willenserklärung bzgl. Anrechnung 84
- Beweislast für Werthaltigkeit 97
- Differenz zwischen Bar- und Sacheinlage 104, 109
  - Formulierungsbeispiel Einzahlung Differenzbetrag 109
- Erfüllungslösung 82 f.
- Hin- und Herzahlen 125 ff.
  - Abgrenzung 126
- Legaldefinition 81
- Mitwirkung von Beratern/Gesellschaftern 89, 108
- Musterprotokoll 327 ff.
- Rechtsfolgen
  - alte Rechtslage 80
  - neue Rechtslage 81 ff.
  - Rückwirkung 99 ff.
- Rückwirkung 99 ff.
- Tatbestand 74, 76 ff.
- Übergangsregelung 98 ff.
- Umgehungsabrede 76 ff., 81
  - Fälle des Hin- und Herzahlens 76, 79
- Unternehmergesellschaft
  - Heilung 191 f.
- Versicherung des Geschäftsführers 87 f., 98, 105

Stichwortverzeichnis

– Altfälle 98
Vereinbarungstreuhand
– Formulierungsbeispiel 597
Verpfändung *s. Geschäftsanteil*
Verschmelzung *s. Unternehmergesellschaft*
Versicherung des Geschäftsführers 55, 57, 63, 87f., 98, 105, 115, 139, 155, 733, 746
– bei der Gründung 733
– bei verdeckter Sacheinlage 87f., 98, 105
– bei Voreinzahlung 57
– beim cash pooling
  – alte Rechtslage 118
  – beim Hin- und Herzahlen 115, 139, 155, 746
  – Altfälle 155
– Zeitpunkt der Richtigkeit 63
Verwaltungssitz 14, 286, 339 ff.
– Abweichung vom Satzungssitz 339 ff.
  – europäischer Hintergrund 339 ff.
  – Neuregelung durch MoMiG 352 ff.
– Aktiengesellschaft 820
– Definition 352
– Musterprotokoll 286
– Verlegung
  – Anmeldung der Zweigniederlassung 352
  – Arbeitnehmermitbestimmung 357
  – ins Ausland 353f., 356

– Zustimmung der Gesellschafter 359
Volleinzahlungsgebot
– Einmann-GmbH 5, 12, 45ff., 295
– Musterprotokoll 295
– Unternehmergesellschaft
  – Gründung 176, 295
  – Kapitalerhöhung 220
Voreinzahlung 57 ff.
– bei Barkapitalerhöhung 59
– technische Voreinzahlung 58
Vorratsgesellschaft
– Unternehmergesellschaft 211 ff.
Vorratsteilung *s. Geschäftsanteil*

Widerspruch *s. gutgläubiger Erwerb*

Zusammenlegung von Geschäftsanteilen 435 f.
– Gesellschafterliste 469
Zustellung 794 ff.
– Empfangsbevollmächtigter
  – Anmeldung 802
  – Eintragung ins Handelsregister 800
– führungslose Gesellschaften 805 ff.
– inländische Geschäftsanschrift
  – Anmeldung 14, 332, 334, 356, 795 ff.
  – Verletzung der Aktualisierungspflicht 797
– öffentliche Bekanntgabe 808
– öffentliche Zustellung 803 f.